Entscheidungen

des

Reichsgerichts.

Herausgegeben

von

den Mitgliedern des Gerichtshofes
und der Reichsanwaltschaft.

Entscheidungen in Zivilsachen.

Neue Folge.

Fünfunddreißigster Band.

Der ganzen Reihe fünfundachtzigster Band.

Leipzig,
Verlag von Veit & Comp.
1915

Entscheidungen

des

Reichsgerichts

in

Zivilsachen.

Neue Folge.

Fünfunddreißigster Band.

Der ganzen Reihe fünfundachtzigster Band.

Leipzig,
Verlag von Veit & Comp.
1915

Druck von Metzger & Wittig in Leipzig.

Inhalt.

I. Bürgerliches Recht.

a. Reichsrecht.

III. Gerichtliches Verfahren.

1. 1. Steht im Falle der Aufhebung der Gütergemeinschaft durch den Tod eines Ehegatten dessen Erben ein Recht zur Übernahme von Gegenständen gemäß § 1477 Abs. 2 BGB. gegenüber dem überlebenden Ehegatten zu?

2. Ist der von dem verstorbenen Ehegatten ernannte Testamentsvollstrecker zur Ausübung des Übernahmerechts befugt?

3. Inwieweit unterliegt die Bestimmung des Zeitpunkts für die Ausübung des Übernahmerechts dem Ermessen des Testamentsvollstreckers?

IV. Zivilsenat. Urt. v. 2. März 1914 i. S. C. (Bekl.) und S. (Nebeninterv.) w. C. Testamentsvollstr. (Kl.). Rep. IV. 635/13.

I. Landgericht Hamburg.
II. Oberlandesgericht daselbst.

Der am 12. November 1909 in Hamburg verstorbene Rentner C. hatte mit der Beklagten, seiner von ihm unter der Herrschaft des alten hamburgischen Rechtes von Tisch und Bett geschiedenen Ehefrau, bis zu seinem Tode in Gütergemeinschaft gelebt. In seinem Testamente hat er die fortgesetzte Gütergemeinschaft ausgeschlossen, die Ehefrau auf den Pflichtteil gesetzt, eine Anzahl Vermächtnisse angeordnet, das Fräulein R., jetzt Frau A., zur Hälfte und seine beiden Töchter, Frau S. und Frau B., zu je einem Vierteil als Vorerben eingesetzt, auf den Erbteil der Frau A. die von ihm ins Leben gerufene C.'sche historische Kunststiftung, auf die Erbteile der Töchter deren Nachkommenschaft als Nacherben berufen und schließlich eine Testamentsvollstreckung angeordnet. Den Testamentsvollstreckern, zu denen die Kläger an erster Stelle ernannt sind, ist der Auftrag erteilt worden, das Gesamtgut zu „konstituieren", die Frauenhälfte an die Witwe auszuantworten, die Pflichtteile auszukehren, die Vermächtnisse auszuzahlen und den Rest des Nachlasses dauernd bis zur Ausantwortung an die Nacherben zu verwalten. Der Frau A. ist ein von dem Erblasser in die Ehe eingebrachtes Grundstück als Vorausvermächtnis zugewiesen und dabei bestimmt worden, das Grundstück sei von den Testamentsvollstreckern unmittelbar nach dem Tode des Erblassers an die Vermächtnisnehmerin aufzulassen.

Die Testamentsvollstrecker wurden auf die Klage der Frau A. rechtskräftig verurteilt, bei der von ihnen hinsichtlich des Gesamtguts der Eheleute C. vorzunehmenden Auseinandersetzung mit der Witwe C. der Frau A. das Eigentum an dem Grundstücke mit den im Testament angegebenen Beschränkungen zu verschaffen. Die Witwe C. lehnte das Verlangen der Testamentsvollstrecker, ihren Anteil an dem Grundstücke gegen Ersatz der Hälfte des Grundstückswerts auf die Erben zu übertragen, ab, und die Testamentsvollstrecker haben darauf gegen sie den Klageweg beschritten, indem sie ihren Anspruch auf § 1477 Abs. 2 BGB. stützten. Die Beklagte bestritt die Aktivlegitimation der Testamentsvollstrecker zur Geltendmachung des Anspruchs aus § 1477 Abs. 2 BGB. und wendete ein, der Anspruch könne zurzeit nicht erhoben werden, weil die Auseinandersetzung in Ansehung des Gesamtguts noch nicht erfolgt und die Gesamtgutsverbindlichkeiten noch nicht erfüllt seien. Das Landgericht verurteilte die Beklagte, den Klägern als den Testamentsvollstreckern des C. ihren Halbanteil an dem Grundstücke gegen Zahlung von 190000 ℳ abzüglich der halben Beschwerung zu übertragen und die alleinige Verfügung der Testamentsvollstrecker über das Grundstück zu dulden. Das Oberlandesgericht wies die Berufung der Beklagten und der Frau S., die ihr als Nebenintervenientin beigetreten war, zurück. Die Revisionen der Beklagten und der Frau S. sind zurückgewiesen worden.

Aus den Gründen:

„1. Die Aktivlegitimation der klagenden Testamentsvollstrecker ist von der Beklagten bestritten worden, weil es sich bei dem im § 1477 Abs. 2 BGB. bestimmten Übernahmerecht um ein höchstpersönliches Recht handle, das, wenn es überhaupt auf die Erben des Ehegatten übergehe, von ihnen nur persönlich und keinesfalls gegen ihren ausdrücklich erklärten Willen von den Testamentsvollstreckern ausgeübt werden könne. Das Berufungsgericht hat diesen Einwand aus folgenden Erwägungen verworfen. Den Erben sei durch die Anordnung des Vermächtnisses, das die Verschaffung eines zum Gesamtgute gehörenden Grundstücks zum Gegenstande habe, die Ausübung des im § 1477 Abs. 2 bestimmten Übernahmerechts vom Erblasser letztwillig zur Pflicht gemacht. Daraus ergebe sich, daß die Testamentsvollstrecker, die kraft ihres Amtes die den Erben als Rechtsnachfolgern des Erblassers obliegenden, zum Nachlasse gehörenden Pflichten zu erfüllen gehalten seien, kraft ihres Amtes nicht nur berechtigt, sondern auch verpflichtet seien, das Grundstück durch Ausübung des Übernahmerechts zum Nachlasse zu ziehen und so das Vermächtnis zur Ausführung zu bringen.

Von beiden Revisionsklägerinnen wird hiergegen geltend gemacht, der Erblasser habe die Ausübung des höchstpersönlichen Übernahmerechts den Testamentsvollstreckern nicht wirksam übertragen können, jedenfalls müsse aber im Verhältnis zu der Beklagten die Weigerung der Erben zur Übernahme des Grundstücks der gegenteiligen Erklärung der Testamentsvollstrecker vorgehen.

Die Ausführungen des Berufungsgerichts sind allerdings nicht ausreichend, die angeregten Bedenken gegen die Aktivlegitimation der Testamentsvollstrecker zu entkräften. Zunächst folgt aus der Anordnung des Vermächtnisses noch nicht, daß die Erben zur Ausübung des Übernahmerechts gemäß § 1477 Abs. 2 BGB. verpflichtet werden sollten. Dem Erblasser kam es lediglich darauf an, daß Fräulein R. das Grundstück erhalten sollte. Die Testamentsvollstrecker sind von ihm demgemäß auch nur angewiesen worden, dem Fräulein R. das Grundstück aufzulassen. Darüber, auf welche Weise sie sich zur Ausführung dieser Anordnung in den Stand zu setzen hatten, enthält das Testament keine Bestimmung. Der Erblasser hat entweder irrtümlicherweise angenommen, daß die Testamentsvollstrecker auf Grund seiner Anordnung ohne weiteres zur Verfügung über das Grundstück berechtigt seien, wofür seine Bestimmung spricht, daß das Grundstück unmittelbar nach seinem Tode an die Vermächtnisnehmerin aufgelassen werden solle, oder er hat den Testamentsvollstreckern den Weg, auf dem sie der Vermächtnisnehmerin das Eigentum an dem Grundstücke verschaffen würden, überlassen wollen. Es muß daher untersucht werden, ob das Übernahmerecht aus § 1477 Abs. 2 BGB. zum Nachlasse gehört und als solches der Verfügung der Testamentsvollstrecker unterliegt oder ob dies etwa, wie die Revisionen meinen, wegen der Eigenschaft dieses Rechtes als eines höchstpersönlichen Rechtes des Erblassers oder der Erben zu verneinen ist. Diese Untersuchung erübrigt sich aber auch dann nicht, wenn mit dem Berufungsgericht anzunehmen wäre, daß der Erblasser den Erben den Erwerb des Grundstücks im Wege des § 1477 Abs. 2 hat aufgeben und die Testamentsvollstrecker zur Ausübung des Übernahmerechts an Stelle der Erben hat ermächtigen und verpflichten wollen. Denn wenn das Übernahmerecht überhaupt nicht zum Nachlasse gehörte oder seine Ausübung doch von der persönlichen Entschließung der Erben abhängig wäre, so würde seine Ausübung den Testamentsvollstreckern nicht wirksam haben übertragen werden können. Die Testamentsvollstrecker würden alsdann zur Geltendmachung des Übernahmerechts gegenüber der Beklagten nicht berechtigt sein, es würde sich vielmehr nur fragen, ob sie auf Grund des § 2208 Abs. 2 BGB. die Erben im Klagewege zur Ausübung des Übernahmerechts anhalten könnten.

a) Die Frage nach der höchstpersönlichen Natur des im § 1477 Abs. 2 bestimmten Übernahmerechts kann nicht im Sinne der Revisionsklägerinnen entschieden werden. Das jedem Ehegatten beigelegte Recht, gewisse zum Gesamtgute gehörende Gegenstände bei der Teilung gegen Ersatz des Wertes zu übernehmen, enthält eine Änderung der im übrigen auf die Auseinandersetzung zwischen den Ehegatten für anwendbar erklärten allgemeinen Teilungsgrundsätze. Sie wird in den Motiven (Bd. 4 S. 415) durch Rücksichten der Billigkeit und die besonderen Verhältnisse der Gütergemeinschaft gerechtfertigt, bei der die Gatten regelmäßig auf eine dauernde Vereinigung des beiderseitigen Vermögens für ihre Lebenszeit rechneten. Daß dieses Recht kein höchstpersönliches, unveräußerliches und unvererbliches Recht sein sollte, hat in den Motiven klaren Ausdruck gefunden. Es wird dort in Ermangelung einer entgegenstehenden Bestimmung als selbstverständlich bezeichnet, daß das jedem der Gatten beigelegte Recht auch ihren etwaigen Rechtsnachfolgern, insbesondere den Erben, zustehe; ein hinreichender Grund für eine entgegengesetzte positive Bestimmung ist verneint worden, weil namentlich die Erben des Ehegatten ein Interesse daran haben könnten, die betreffenden

Gegenstände zu übernehmen und ihrer Familie zu erhalten (Mot. Bd. 4 S. 415). In der Kommissionsberatung wurde der Antrag gestellt, zu bestimmen, daß das Recht nicht auf die Erben übergehe. Dieser Antrag wurde abgelehnt aus folgenden Erwägungen. Der Übergang des Anspruchs auf Übernahme gewisser Gegenstände auf die Erben sei in allen Fällen, wo Kinder oder Angehörige der Familie, aus welcher der zu übernehmende Gegenstand stamme, in Frage ständen, sicher nur zu billigen, namentlich da die zu übernehmenden Gegenstände oft nur für Angehörige Wert hätten, anderseits es sich auch um Grundstücke, die der Familie erhalten werden sollten usw. handele. Aber auch wenn Nichtverwandte, etwa Erbschaftskäufer, in Betracht kämen, sei kein Grund vorhanden, das Recht auf Übernahme auszuschließen (Mugdan, Materialien Bd. 4 S. 828). Wenn hiernach aus den Gesetzesmaterialien auch hervorgeht, daß für die Festsetzung des Übernahmerechts und für die Nichtausschließung seiner Übertragbarkeit im wesentlichen das Interesse des Ehegatten selbst und seiner Familie an der Erhaltung gewisser Gegenstände bestimmend gewesen ist, so erhellt doch anderseits mit aller Deutlichkeit, daß daraus kein Anlaß hat entnommen werden sollen, die Ausübung dieses Rechtes auf einen bestimmten Personenkreis zu beschränken, daß es vielmehr auf alle Rechtsnachfolger des Ehegatten ohne Rücksicht auf ein bestehendes Verwandtschaftsverhältnis hat übergehen und auch außerhalb des Weges der Erbfolge, z. B. im Wege des Erbschaftskaufs hat übertragbar sein sollen. Dieser Standpunkt hat auch im Gesetze selbst hinreichenden Ausdruck gefunden. Die §§ 1474 bis 1477 BGB. regeln die Art der Auseinandersetzung für alle Fälle der Aufhebung der allgemeinen Gütergemeinschaft und gelten insbesondere auch für den im § 1482 vorgesehenen Fall, daß die Gütergemeinschaft durch den Tod des einen Ehegatten endigt und die Auseinandersetzung zwischen seinen Erben und dem überlebenden Ehegatten erfolgt. Hätte für diesen Fall etwas Abweichendes gelten, namentlich das Übernahmerecht des § 1477 Abs. 2 für die Erben des verstorbenen Gatten ausgeschlossen sein sollen, so würde diese Abweichung in gleicher Weise, wie es durch die §§ 1478, 1479 für die dort vorgesehenen besonderen Fälle geschehen ist, durch eine besondere Vorschrift festgesetzt worden sein. Das kann um so weniger bezweifelt werden, als das Gesetz für den Fall der Auseinandersetzung nach beendeter fortgesetzter Gütergemeinschaft in Ansehung des dem überlebenden Ehegatten durch § 1502 Abs. 1 eingeräumten bedeutend weitergehenden Übernahmerechts einen ausdrücklichen Ausspruch, daß dieses Recht nicht auf die Erben übergehe, für notwendig erachtet und anderseits im § 1502 Abs. 2 für den dort vorgesehenen Fall den Eintritt des dem verstorbenen Gatten nach § 1477 Abs. 2 zustehenden Übernahmerechts für die anteilsberechtigten Abkömmlinge anerkannt hat.

b) Ist hiernach davon auszugehen, daß durch § 1477 Abs. 2 BGB. kein höchstpersönliches Recht des Ehegatten oder seiner Erben hat festgesetzt, sondern bei der ehelichen allgemeinen Gütergemeinschaft dem Anspruch auf Auseinandersetzung eine in gewissen Beziehungen von den allgemeinen Teilungsgrundsätzen abweichende Gestaltung seines Inhalts hat gegeben werden sollen, so erweist sich der Einwand der mangelnden Aktivlegitimation der klagenden Testamentsvollstrecker als unbegründet. Der Anteil des Erblassers am Gesamtgute gehört nach § 1482 BGB., da nach den maßgebenden Vorschriften des hamburgischen Rechtes der Erblasser die fortgesetzte Gütergemeinschaft wirksam ausgeschlossen hat, zu seinem Nachlasse. Daraus ergibt sich, daß auch der Anspruch auf Auseinandersetzung in Ansehung des Gesamtguts zum Nachlasse gehört und demgemäß der Verfügung der Testamentsvollstrecker unterliegt, denen der Erblasser die Vornahme der Auseinandersetzung zwischen den Erben, die Erfüllung der angeordneten Vermächtnisse und die Verwaltung der einzelnen Erbteile während der Dauer der Vorerbschaft aufgetragen hat und die daher in erster Linie zu allen der Feststellung des Nachlaßbestandes dienenden Maßnahmen als berechtigt gelten müssen. Die Testamentsvollstrecker sind demnach zur Ausübung aller sich aus dem Auseinandersetzungsanspruch ergebenden Befugnisse und mithin auch des Übernahmerechts aus § 1477 Abs. 2 BGB. berechtigt. Dies würde nur dann nicht der Fall sein, wenn anzunehmen wäre, daß sie dieses Recht nach dem Willen des Erblassers nicht haben sollen (§ 2208 Abs. 1 BGB.). Ein derartiges Bedenken gegen die Verfügungsmacht der Testamentsvollstrecker besteht indessen nicht und würde insbesondere auch nicht daraus herzuleiten sein, daß die Testamentsvollstrecker die Übernahme des Grundstücks aus dem Gesamtgute nur gegen Zahlung des Wertes des Grundstücks fordern können, sie also möglicherweise Verbindlichkeiten für den Nachlaß eingehen müssen. Denn der Auftrag des Erblassers zur Erfüllung eines Verschaffungsvermächtnisses enthält regelmäßig auch die nach § 2207 wirksame Ermächtigung für die Testamentsvollstrecker, die zu dem Erwerbe des Vermächtnisgegenstandes unumgänglichen Verpflichtungen für den Nachlaß einzugehen. Sind aber die Testamentsvollstrecker auf Grund der ihnen vom Erblasser erteilten Machtbefugnisse zur Vertretung des Nachlasses bei der Auseinandersetzung hinsichtlich des Gesamtguts berechtigt, so sind sie auch bei der Ausübung der hiermit verbundenen Befugnisse nicht an die Zustimmung der Erben gebunden. Die Erben können über die der Verwaltung der Testamentsvollstrecker unterliegenden Rechte nicht verfügen und sie nicht gerichtlich geltend machen (§§ 2211, 2212 BGB.), ihr Widerspruch vermag die Testamentsvollstrecker an der Geltendmachung der zum Nachlasse gehörenden Rechte nicht zu hindern, eine schuldhafte Verletzung der den Testamentsvollstreckern obliegenden Verpflichtung zur Wahrnehmung der Interessen der Erben kann für diese vielmehr nur gemäß § 2219 BGB. einen Schadensersatzanspruch gegen die Testamentsvollstrecker begründen und unter Umständen einen Antrag auf Entlassung der Testamentsvollstrecker rechtfertigen (§ 2227 BGB.). Die Tatsache, daß die neben der Frau A. als Erben eingesetzten Töchter des Erblassers der Übernahme des in Rede stehenden Grundstücks aus dem Gesamtgut in die Nachlaßmasse widersprochen haben, ist daher nicht geeignet, den Einwand der Beklagten gegen die Aktivlegitimation der Testamentsvollstrecker zur Ausübung des Übernahmerechts zu rechtfertigen. Das Berufungsgericht hat vielmehr diesen Einwand, wenn auch mit unzulänglicher Begründung, so doch im Ergebnis mit Recht verworfen.

2. Die Beklagte hat der Klage den Einwand entgegengesetzt, daß die Ausübung des Übernahmerechts aus § 1477 Abs. 2 BGB. nur nach Tilgung der Gesamtgutsverbindlichkeiten bei der Teilung statthaft sei, bisher aber weder die Gesamtgutsverbindlichkeiten getilgt seien, noch die Teilung in die Wege geleitet sei. Das Berufungsgericht hat im Anschluß an die Ausführungen in den Motiven (Bd. 4 S. 415) und in dem Urteile des Reichsgerichts vom 9. Februar 1910 (RGZ. Bd. 73 S. 41) angenommen, daß die Befugnis aus § 1477 Abs. 2 erst bei der Teilung ausgeübt werden könne,

jedoch den Einwand der Beklagten zurückgewiesen, weil die Befreiung des als Vermächtnis ausgesetzten Grundstücks vom Miteigentumsrechte der Beklagten, die mit der Klage erstrebt werde, nichts anderes als ein Akt der Auseinandersetzung sei, deren Abwicklung hinsichtlich der Reihenfolge der einzelnen Geschäfte der freien Bestimmung der zu ihr berufenen Testamentsvollstrecker überlassen bleibe. Diese von beiden Revisionen bekämpften Ausführungen des Berufungsgerichts sind nicht frei von Rechtsirrtum.

Zu beanstanden ist zunächst die Ansicht des Berufungsgerichts, daß die Testamentsvollstrecker zur Vornahme der Auseinandersetzung berufen seien, bei der die Ausübung des Übernahmerechts aus § 1477 Abs. 2 in Frage komme. Durch den Tod des Erblassers ist eine zweifache Auseinandersetzung notwendig geworden: zunächst die Auseinandersetzung in Ansehung des Gesamtguts der bisher bestehenden ehelichen Gütergemeinschaft mit dem Ziele, festzustellen, was von dem Gesamtgute der Witwe C. zwecks Befriedigung wegen ihres Anteils und was dem Nachlaß auf den dazu gehörigen Anteil des Erblassers zufällt, sodann die Auseinandersetzung in Ansehung des Nachlasses mit dem Ziele, die letztwilligen Anordnungen des Erblassers zur Ausführung zu bringen. Für die Ausübung des Übernahmerechts aus § 1477 Abs. 2 kommt nur die Auseinandersetzung in Ansehung des Gesamtguts in Betracht, die begrifflich der Erbauseinandersetzung vorausgehen muß, weil sich bei ihrer Vornahme erst ergibt, welche einzelnen Vermögenswerte für die Ausführung der letztwilligen Anordnungen des Erblassers zur Verfügung stehen. Den Testamentsvollstreckern liegt kraft ihres Amtes nur die Bewirkung der Auseinandersetzung in Ansehung des Nachlasses ob (§ 2204 BGB.), bei der sie, ohne an die Wünsche oder die Zustimmung der Beteiligten gebunden zu sein, die Anordnungen des Erblassers nach pflichtmäßigem Ermessen zur Ausführung zu bringen haben (§ 2203 BGB.). Diese Machtbefugnis der Testamentsvollstrecker erstreckt sich auf alle Gegenstände, die auf Grund der Teilung des Gesamtguts zur Nachlaßmasse fließen. Dagegen ist die Stellung, welche die Testamentsvollstrecker bei der Auseinandersetzung in Ansehung des Gesamtguts einnehmen, eine wesentlich beschränktere. Sie haben hierbei nur insoweit mitzuwirken, als der Nachlaß am Gesamtgute beteiligt ist. Die Auseinandersetzung selbst können sie nicht nach eigenem

Ermessen, sondern nur in Gemeinschaft mit der Beklagten vornehmen, die als Teilhaberin am Gesamtgut ihnen selbständig und gleichberechtigt gegenübersteht und in dieser Eigenschaft in ihren Rechten durch die Anordnung der Testamentsvollstreckung nicht beschränkt ist. Der Erblasser hat zwar anscheinend im § 5 des Testaments den Vollstreckern auch die Feststellung und Teilung des Gesamtguts übertragen wollen. Diese Anordnung vermag aber der Beklagten gegenüber keine Wirksamkeit zu äußern, da deren Anteil am Gesamtgute nicht zum Nachlasse des Erblassers gehört, auf den allein sich seine Befugnis zum Erlasse letztwilliger Anordnungen erstreckt hat. Es ist also nicht richtig, daß die Testamentsvollstrecker, wie das Berufungsgericht annimmt, zur Bewirkung der für das Übernahmerecht des § 1477 Abs. 2 in Betracht kommenden Auseinandersetzung berufen seien. Daraus ergibt sich aber ferner die Unhaltbarkeit der Ansicht, daß die Abwicklung dieser Auseinandersetzung hinsichtlich der Reihenfolge der einzelnen Akte der freien Bestimmung der Testamentsvollstrecker unterliege. Die Testamentsvollstrecker haben auch in dieser Hinsicht der Beklagten gegenüber keine weitergehenden Befugnisse, als sie die Erben haben dürften, wenn keine Testamentsvollstreckung stattfände.

Sind hiernach die Gründe, aus denen das Berufungsgericht die Voraussetzungen für die Geltendmachung des Übernahmerechts als gegeben angesehen hat, nicht zu billigen, so ist doch die Entscheidung auch in dieser Beziehung im Ergebnis nicht zu beanstanden.

Das Recht, die Auseinandersetzung zu betreiben, steht nach der Aufhebung der Gütergemeinschaft jedem Teilhaber zu. Die Testamentsvollstrecker waren daher sofort nach ihrem Amtsantritt dazu berechtigt. Der Regel nach ist bei der Auseinandersetzung derart zu verfahren, daß zunächst die Gesamtverbindlichkeiten getilgt werden und hierfür das Gesamtgut, soweit erforderlich, in Geld umgesetzt wird, daß der danach verbleibende Überschuß zur Verteilung gebracht wird und daß dabei geltend gemachte Rechte zur Übernahme einzelner Gegenstände berücksichtigt werden (§§ 1475, 1476 BGB.). Wenn hiernach auch, wie in dem Urteile des Reichsgerichts vom 9. Februar 1910 (RGZ. Bd. 73 S. 41) näher dargelegt ist, das Übernahmerecht nur an dem nach der Berichtigung der Gesamtgutsverbindlichkeiten verbleibenden Überschusse geltend gemacht werden darf, so ist doch anderseits nicht unbedingt erforderlich, daß sämtliche Gesamtgutsverbindlichkeiten bereits tatsächlich getilgt sein müssen. Das Gesetz erkennt selbst an, daß die Erfüllung sämtlicher Gesamtgutsverbindlichkeiten keine notwendige Voraussetzung der Teilung ist, indem es im § 1475 Abs. 1 Satz 2 bei dem Vorhandensein streitiger oder noch nicht fälliger Gesamtgutsverbindlichkeiten die Zurückbehaltung des zur Berichtigung Erforderlichen vorschreibt und damit für genügend erklärt. Die Ausübung des Übernahmerechts muß hiernach für zulässig erachtet werden, wenn zweifelsfrei feststeht, daß der nach der Ausscheidung der zu übernehmenden Gegenstände verbleibende Teil des Gesamtguts zur Berichtigung aller Gesamtgutsverbindlichkeiten ausreicht, daß es mithin zur Schuldentilgung der Versilberung der Gegenstände, deren Herausgabe ein Teilhaber auf Grund des § 1477 Abs. 2 verlangt, nicht bedarf. Der andere Teil ist nicht berechtigt, diesem Verlangen mit der Begründung entgegenzutreten, daß er gerade die Versilberung dieser Gegenstände zur Beschaffung der zur Schuldentilgung nötigen Barmittel beanspruche. Das Recht des Teilhabers, die Versteigerung der zum Gesamtgute gehörenden Gegenstände zu betreiben, reicht dem Übernahmerechte des anderen Teilhabers gegenüber nur so weit, als die Versilberung des Gesamtguts für die Tilgung der Gesamtgutsverbindlichkeiten erforderlich ist (§ 1475 Abs. 3 BGB.), und das ist insoweit nicht der Fall, als andere Gesamtgutsgegenstände zur Versilberung zur Verfügung stehen. Der Senat hält demnach an seiner in dem Urteile vom 2. November 1911 (IV. 59/11) ausgesprochenen Ansicht fest, daß das Übernahmerecht dem Rechte des anderen Teilhabers, die Versteigerung zu betreiben, nicht nachzustehen hat. Ebensowenig vermag der Umstand, daß der Durchführung der Teilung in Ansehung des dafür verfügbaren Uberschusses zufolge Streitigkeiten zwischen den Teilhabern oder aus sonstigen Gründen Hindernisse entgegenstehen, eine Einrede gegen die Geltendmachung des Übernahmerechts zu begründen. Eine Vorschrift, daß das Übernahmerecht erst bei dem Abschlusse der Teilung ausgeübt werden könnte, besteht nicht, die Ausübung dieses Rechtes, die nur gegen Ersatz des Wertes der Übernahmestücke zur Teilungsmasse geschehen kann, dient vielmehr in gleicher Weise wie ein teilungshalber vorgenommener Verkauf der Vorbereitung der endgültigen Teilung und kann daher dieser vorausgehen. Den eigentlichen Gegenstand der Teilung bildet nicht das Übernahmestück, sondern der für seine Übernahme an die Teilungsmasse zu entrichtende Preis. Sobald die Voraussetzungen vorliegen, unter denen nach den §§ 1475, 1476 BGB. zu einer Teilung unter die Teilhaber am Gesamtgute geschritten werden darf, kann auch die Ausantwortung der im § 1477 Abs. 2 bezeichneten Gegenstände an den Übernahmeberechtigten gegen Ersatz des Wertes gefordert werden.

Bei der Anwendung dieser Grundsätze auf den vorliegenden Tatbestand ist das Begehren der klagenden Testamentsvollstrecker auf Überlassung des bezeichneten Grundstücks nicht zu beanstanden." (Wird näher ausgeführt.)

---

2. Ist die Ehescheidung aus § 1568 BGB. zulässig, wenn der schuldlose Ehegatte infolge Geisteskrankheit die ihm zugefügten Kränkungen nicht als solche empfunden hat?

BGB. § 1568.
ZPO. § 612.

IV. Zivilsenat. Urt. v. 26. März 1914 i. S. Ehefr. G. (Kl) w. Ehem. G. (Bekl.). Rep. IV. 674/13.

I. Landgericht Stuttgart.
II. Oberlandesgericht daselbst.

Der Vormund der seit 1904 wegen Geisteskrankheit entmündigten Klägerin hat mit Genehmigung des Vormundschaftsgerichts die Ehescheidungsklage erhoben, die er unter anderem darauf stützte, daß der Beklagte die Klägerin häufig roh mißhandelt und beleidigt habe. Der Beklagte bestritt diese Verfehlung und erhob den Einwand der Verzeihung. Das Landgericht hat der Klage auf Grund des § 1568 BGB. stattgegeben, das Oberlandesgericht aber auf die Berufung des Beklagten die Klage abgewiesen. Die Revision der Klägerin wurde zurückgewiesen.

Aus den Gründen:

„Der Beklagte hat die Klägerin vor der am 1. Oktober 1910 erfolgten Trennung der Parteien häufig in grober Weise gemißhandelt und sich wiederholt über sie in liebloser und beleidigender

Weise zu anderen Personen ausgesprochen. Die Klägerin hat dessenungeachtet stets zu ihm gehalten und ihn selbst nach unmittelbar vorausgegangenen Mißhandlungen in Schutz genommen und entschuldigt. Beide Vorinstanzen haben auf Grund dieses Sachverhalts festgestellt, daß der Beklagte sich schwerer Verfehlungen der durch die Ehe begründeten Pflichten schuldig gemacht habe, die geeignet gewesen seien, das eheliche Verhältnis zu zerrütten, daß aber die Klägerin die Verfehlungen des Beklagten nicht als ehezerrüttend empfunden habe. Das Landgericht hat auf Grund des über den Geisteszustand der Klägerin eingeholten Sachverständigen-Gutachtens als bewiesen angesehen, daß der Klägerin schon seit Jahren infolge ihrer geistigen Erkrankung jegliche Einsicht in die dem Beklagten gegen sie obliegenden Pflichten und in das Entwürdigende seines Verhaltens gefehlt habe, und daraus gefolgert, daß in ihrem Verhalten eine Verzeihung nicht zu finden sei. Es hat die Scheidung auf Grund des § 1568 BGB. ausgesprochen, weil bei der Anlegung eines objektiven Maßstabes eine geschäftsfähige Ehefrau ein Verhalten wie das des Beklagten als mit dem Wesen und Zwecke der Ehe unvereinbar und als eine derartige Kränkung empfunden haben würde, daß ihr die Fortsetzung der Ehe nicht hätte zugemutet werden können. Das Oberlandesgericht ist zur Abweisung des auf § 1568 BGB. gestützten Scheidungsverlangens gelangt. Es führt aus: es könne dahingestellt bleiben, ob die Klägerin dem Beklagten seine Verfehlungen rechtswirksam habe verzeihen können, ob ihr nämlich bei ihrer damaligen geistigen Verfassung die Bedeutung der Verzeihung als einer Betätigung des Willens, trotz der erlittenen Unbill die Ehe fortzusetzen, erkennbar gewesen sei. Denn wenn dies bejaht werden müßte, so würde die Scheidungsklage gemäß § 1570 BGB. unbegründet sein. Habe dagegen die Klägerin die erforderlichen geistigen Fähigkeiten nicht besessen, so liege zwar keine rechtswirksame Verzeihung vor, aber es könne dann anderseits auch nicht festgestellt werden, daß durch das Verhalten des Beklagten das eheliche Verhältnis zerrüttet sei. Die Zerrüttung bestehe in einer gänzlichen inneren Entfremdung der Ehegatten, in einer Zerstörung der ehelichen Gesinnung. Es genüge daher nicht die Feststellung eines Verhaltens des einen Ehegatten, das der andere bei normaler Geistesverfassung als ein ehezerrüttendes hätte empfinden müssen.

Die Revision, die Verletzung des § 1568 BGB. und des § 612 ZPO. rügt, kann keinen Erfolg haben.

Zur Scheidung der Ehe auf Grund des § 1568 BGB. ist erforderlich, daß die Verfehlungen des einen Ehegatten bei Berücksichtigung des Wesens der Ehe als einer auf sittlicher Grundlage beruhenden Lebensgemeinschaft objektiv geeignet sind, dem andern Ehegatten die Fortsetzung der Ehe unerträglich zu machen, und daß sie diese Wirkung auf den andern Gatten auch in der Tat ausgeübt haben. Das subjektive Erfordernis des § 1568 hat nach den Feststellungen der Vorinstanzen bei der Klägerin gefehlt. Es fragt sich daher, ob von diesem Erfordernis, wie die Revision meint, abgesehen werden kann, wenn der gekränkte Ehegatte die Verfehlungen des andern nicht als ehewidrig zu empfinden vermag, weil ihm zufolge Geisteskrankheit das Verständnis für das Wesen der Ehe und für die durch sie begründeten sittlichen Pflichten der Ehegatten abgeht. Diese Frage ist in Übereinstimmung mit dem Oberlandesgericht zu verneinen.

Die Vorschriften des Bürgerlichen Gesetzbuchs beruhen auf den Grundsätzen des Verschuldens und der Relativität der Scheidungsgründe. Ein Gatte soll grundsätzlich die Scheidung nur wegen schweren Verschuldens des andern verlangen können, und zwar auch nur dann, wenn der Richter zugleich die Überzeugung gewinnt, daß dadurch im konkreten Falle eine so tiefgehende Zerrüttung des ehelichen Verhältnisses herbeigeführt ist, daß dem klagenden Ehegatten die Fortsetzung der Ehe nicht zugemutet werden kann (Mot. Bd. 4 S. 572). Gegenüber dieser für die große Mehrzahl der Fälle geltenden Regel des § 1568 erscheinen die in den §§ 1565 bis 1567 anerkannten absoluten Scheidungsgründe als Ausnahmen, deren Zulassung auf der Erwägung beruht, in diesen Fällen sei die Verletzung der ehelichen Pflichten objektiv eine so schwere und unmittelbare, daß dadurch erfahrungsgemäß die Fortsetzung der Ehe dem klagenden Teile, und zwar entschuldbarerweise unerträglich werde und daß daher in diesen Fällen die Scheidung nicht erst von dem Nachweise dieser subjektiven Wirkung der Verfehlungen abhängig gemacht werden dürfe (Motive Bd. 4 S. 574, 575). Der Erfahrungssatz, der für die Zulassung der absoluten Scheidungsgründe maßgebend gewesen ist, wird allerdings auch in anderen Fällen besonders schwerer Verletzungen ehelicher Pflichten als zutreffend anzuerkennen sein. Daraus kann aber nicht gefolgert werden, daß auch in diesen Fällen unter ausdehnender entsprechender Anwendung des für die Fälle der §§ 1565 bis 1567 geltenden Rechtes die Scheidung ohne Rücksicht auf den Eintritt einer ehezerrüttenden Wirkung auf den klagenden Ehegatten ausgesprochen werden dürfte. Vielmehr läßt die Beschränkung des absoluten Scheidungsrechts auf das Vorliegen ganz bestimmter Tatbestände den Willen des Gesetzes erkennen, in allen übrigen Fällen das Scheidungsrecht nur unter den Voraussetzungen des § 1568 und mithin nur bei dem Nachweis eines subjektiven ehezerrüttenden Empfindens auf der Seite des klagenden Gatten zu gewähren. Dieser Wille des Gesetzes wird auch durch die Motive bestätigt, in denen ausdrücklich bemerkt ist, die Aufnahme weiterer absoluter Scheidungsgründe könne weder als durch ein Bedürfnis geboten, noch als zweckmäßig erachtet werden; alle anderen unter die Kategorie der Verschuldung fallenden, in den bestehenden Rechten sich findenden Scheidungsgründe seien derart, daß es sich empfehle, die Frage, ob sie die Zerrüttung der Ehe herbeizuführen geeignet seien und wirklich herbeigeführt hätten, in jedem Falle der richterlichen Prüfung und Würdigung vorzubehalten, und das gelte insbesondere von Mißhandlungen und Beleidigungen (Motive Bd. 4 S. 575).

Es muß daher für alle unter § 1568 BGB. fallenden Scheidungsgründe an dem subjektiven Erfordernis festgehalten werden, daß der klagende Ehegatte die Fortsetzung der Ehe als unerträglich empfindet. Hieraus ergibt sich die Unmöglichkeit einer Scheidung aus § 1568, wenn der in seinen Rechten verletzte Ehegatte infolge seines Geisteszustandes außerstande ist, die Ehewidrigkeit des Verhaltens des anderen zu erkennen und als einen Hinderungsgrund gegen die Fortsetzung der Ehe zu empfinden.

Die Revision glaubt aus der Vorschrift des § 612 ZPO. die gegenteilige Ansicht rechtfertigen zu können. Sie macht geltend, daß durch diese Vorschrift dem gesetzlichen Vertreter des geisteskranken Ehegatten die Entschließung darüber überlassen sei, ob die Ehe zerrüttet sei oder nicht und daß die Übereinstimmung der Entschließung des gesetzlichen Vertreters mit dem mutmaßlichen Willen des geschäftsunfähigen Ehegatten durch das Erfordernis der vormundschaftsgerichtlichen Genehmigung gesichert werde. Dem ist nicht beizutreten. Die im § 612 ZPO. gegebenen Vorschriften regeln die Prozeßfähigkeit für Ehesachen unter Abweichung von den allgemeinen Vorschriften in einer durch den höchstpersönlichen Charakter der Ehe gebotenen Weise. Wenn dabei bestimmt ist, daß für einen geschäftsunfähigen Ehegatten der Rechtsstreit durch den gesetzlichen Vertreter geführt wird, und diese gesetzliche Vertretung in Abweichung von dem gemeinen und von dem früheren preußischen Rechte (vgl. RGZ. Bd. 6 S. 157) auch für die Erhebung von Ehescheidungsklagen zugelassen ist, so folgt daraus nur, daß die Entschließung, ob von einem für den geschäftsunfähigen Ehegatten bestehenden Scheidungsrechte Gebrauch gemacht werden soll, dem gesetzlichen Vertreter vorbehaltlich der Genehmigung des Vormundschaftsgerichts übertragen worden ist. Lediglich das Bestreben, eine sorgfältige und unparteiische Prüfung der Frage zu sichern, ob die Geltendmachung des bestehenden Scheidungsanspruchs dem Interesse und dem mutmaßlichen Willen des geschäftsunfähigen Ehegatten entspricht, hat dazu geführt, die Befugnis des gesetzlichen Vertreters zur Klagerhebung von der Erteilung der Genehmigung des Vormundschaftsgerichts abhängig zu machen. Dagegen kann die Frage, ob im einzelnen Falle ein Scheidungsrecht des geschäftsunfähigen Ehegatten begründet ist, nur auf Grund der Vorschriften des Bürgerlichen Gesetzbuchs, und zwar unabhängig von der Entschließung des gesetzlichen Vertreters durch den Richter entschieden werden. Die Zerstörung der ehelichen Gesinnung des schuldlosen Ehegatten, die § 1568 BGB. als Wirkung der Verfehlungen des anderen Gatten erfordert, ist kein rechtsgeschäftlicher Vorgang, bei dem eine Vertretung des geschäftsunfähigen Ehegatten durch seinen gesetzlichen Vertreter möglich wäre, sondern ein rein innerlicher, dem Seelen- und Empfindungsleben angehöriger Vorgang, der nur in der Person des Ehegatten selbst eintreten kann. Der Mangel der Empfindung für die Zerrüttung der Ehe, der bei einem geschäftsunfähigen Ehegatten im einzelnen Falle besteht, kann daher nicht dadurch ersetzt werden, daß der gesetzliche Vertreter die Fortsetzung der Ehe als eine für seinen Schutzbefohlenen unerträgliche Last empfindet. Daraus folgt nicht etwa, daß eine Klage des gesetzlichen Vertreters auf Grund des § 1568 BGB. nicht zu begründen sei, ein Ergebnis, das gegenüber der unbeschränkten Fassung des § 612 ZPO., der das Klagerecht nicht nur für absolute Scheidungsgründe gewährt, Bedenken erwecken könnte. Das Schwinden der ehelichen Gesinnung setzt, da es nicht rechtsgeschäftlicher Natur ist, an sich nicht die Geschäftsfähigkeit des betreffenden Ehegatten voraus, erfordert vielmehr nur das geistige Vermögen, das Wesen der Ehe verständig zu würdigen und Verfehlungen des anderen Ehegatten als ein ehewidriges Verhalten zu empfinden. Die hierzu erforderlichen geistigen Fähigkeiten können auch bei einem geschäftsunfähigen Ehegatten vorhanden sein, wenn dieser Fall vielleicht auch nicht die Regel bilden wird, z. B. wenn in dem Befinden eines wegen Geisteskrankheit entmündigter Ehegatten eine erhebliche Besserung eingetreten ist, die Entmündigung und damit die Geschäftsunfähigkeit aber noch fortbesteht (§ 104 Nr. 3 BGB.). In derartigen Fällen kann die subjektive Voraussetzung des § 1568 in der Person des verletzten Ehegatten trotz dessen bestehender Geschäftsunfähigkeit gegeben und in seinem Interesse die Erhebung der Scheidungsklage geboten sein, die dann auf Grund des § 612 ZPO. durch den gesetzlichen Vertreter zu erfolgen hat. Die Möglichkeit der erfolgreichen Anstellung einer auf § 1568 BGB. gestützten Scheidungsklage durch den gesetzlichen Vertreter ist hiernach auch bei den an diese Klage in materieller Hinsicht zu stellenden Anforderungen keineswegs ausgeschlossen.

Die Versagung der Scheidungsklage in den Fällen, in welchen dem geisteskranken Ehegatten die Empfindung für die Ehewidrigkeit der ihm zugefügten Kränkungen abgeht, kann auch nicht, wie die Revision meint, als eine unangebrachte Härte gegenüber dem unschuldigen Ehegatten angesehen werden. Dieser wird dadurch nicht künftigen Mißhandlungen und Lieblosigkeiten des anderen Teiles schutzlos preisgegeben. Der Vormund ist vielmehr vermöge der ihm obliegenden Sorge für die Person des entmündigten Ehegatten verpflichtet, die zu dessen Schutze erforderlichen Maßnahmen zu treffen. Dazu wird es in der Regel genügen, wenn der geisteskranke Ehegatte aus dem Haushalte des anderen Teiles entfernt und anderweit untergebracht wird. Der schuldige Ehegatte kann dieser Aufhebung der häuslichen Gemeinschaft nicht mit Erfolg widersprechen, da sich sein Verlangen nach Aufrechterhaltung der Gemeinschaft im Hinblick auf die dem geisteskranken Gatten dabei drohende fernere ehewidrige Behandlung als Mißbrauch seines Rechtes und demnach als unbegründet erweisen würde. Die Kosten der anderweiten Unterbringung würde der schuldige Teil, sofern er überhaupt unterhaltspflichtig ist, zu tragen haben. Der Fortbestand der Ehe wird hiernach in der Regel ohne erhebliche Nachteile für den geisteskranken Ehegatten möglich sein und bietet, abgesehen von der Fortdauer des etwaigen vollen Unterhaltsanspruchs, auch den immerhin nicht zu unterschätzenden Vorteil, daß der Ehegatte für den Fall seiner Gesundung in der Lage bleibt, selbst zu entscheiden, ob er die Ehe fortsetzen will oder nicht, und nicht etwa durch eine während seiner geistigen Erkrankung ohne sein Vorwissen auf Betreiben seines gesetzlichen Vertreters erfolgte Scheidung unliebsam überrascht wird. Das im § 612 ZPO. aufgestellte Erfordernis der Einholung der vormundschaftsgerichtlichen Genehmigung zur Erhebung der Scheidungsklage kann zwar eine gewisse Gewähr, aber keineswegs volle Gewißheit dafür bieten, daß in allen Fällen, in denen die Scheidung als dem mutmaßlichen Willen des geschäftsunfähigen Gatten entsprechend angesehen wird, der Gatte im Falle seiner Gesundung mit einer inzwischen erfolgten Scheidung einverstanden sein würde. Die Gefahr eines Mißgriffs in dieser Beziehung ist besonders groß, wenn der geisteskranke Ehegatte aus Mangel an dem nötigen Empfindungsvermögen die ihm angetanen Kränkungen nicht als so schwer empfunden hat, daß ihm die Fortsetzung der Ehe unerträglich erschienen wäre. Nur für diese Fälle wird aber von dem hier vertretenen Standpunkt aus die Erhebung der Scheidungsklage als unzulässig angesehen." ...

---

3. 1. Zum Begriffe des sog. „abgekürzten" Urteils.

2. Ist ein des Tatbestandes und der Entscheidungsgründe ermangelndes Urteil der formellen Rechtskraft fähig, insbesondere auch dann, wenn es versehentlich als ein „abgekürztes" Urteil erlassen war?

ZPO. §§ 312, 313, 322, 496.

VI. Zivilsenat. Urt. v. 4. Mai 1914 i. S. P. (Kl.) w. G. (Bekl.). Rep. VI. 151/14.

I. Landgericht Bartenstein.
II. Oberlandesgericht Königsberg.

Die Klägerin hat im Konkurse über das Vermögen ihres Ehemanns eine Mitgiftforderung in Höhe von 17000 M angemeldet, die vom Konkursverwalter nach Inhalt der Konkurstabelle bestritten worden ist. Sie hat alsdann bei dem Amtsgericht in Rastenburg auf Anerkennung dieser Forderung durch den beklagten Konkursverwalter Klage erhoben. Diese Klage ist durch Versäumnisurteil vom 23. Dezember 1911 abgewiesen worden.

Im gegenwärtigen Rechtsstreite beantragte die Klägerin, festzustellen, daß die von ihr zur P.'schen Konkursmasse angemeldete Forderung von 17000 M, Nr. 21 der Konkurstabelle, zu Recht bestehe. Die Klage wurde in den Vorinstanzen abgewiesen. Die Revision blieb ohne Erfolg, da der Einwand der rechtskräftig entschiedenen Sache für zutreffend erachtet wurde; und zwar aus folgenden

Gründen:

„In erster Linie wendet sich die Revision gegen die Annahme der Vorinstanzen, der Klage stehe der Einwand der rechtskräftig entschiedenen Sache insoweit entgegen, als die Klägerin ihren Anspruch auf die Tatsache stützt, daß sie ihrem Ehemanne den Betrag von 17000 M als Mitgift in die Ehe eingebracht habe. In dieser Hinsicht macht die Revision geltend, jene Annahme enthalte eine Verletzung der §§ 313, 322, 539 ZPO., weil das amtsgerichtliche Urteil keine Entscheidungsgründe enthalte, obwohl es nicht zu denjenigen Urteilen gehöre, die gemäß § 313 Abs. 3 ZPO. in abgekürzter Form hätten erlassen werden dürfen. Es sei demnach eine Rechtskraft jenes Urteils ausgeschlossen.

Der Revisionsangriff ist unbegründet. Schon der Ausgangspunkt der Revision ist in dieser Hinsicht unrichtig. Es handelt sich, wie die Urschrift des Urteils vom 23. Dezember 1911 (in den Akten des Amtsgerichts Rastenburg) klar ergibt, gar nicht um ein sog. „abgekürztes Urteil“ im Sinne des § 313 Abs. 3 ZPO.; dies schon deshalb nicht, weil es nicht auf die bei den Akten befindliche Urschrift oder Abschrift der Klage oder auf ein damit zu verbindendes Blatt gesetzt worden ist. Es enthält überdies auch die im § 313 Nr. 1 und 2 ZPO. vorgeschriebenen Erfordernisse und ermangelt lediglich des Tatbestandes und der Entscheidungsgründe.

Es bleibt also nur zu prüfen, ob ein solches Urteil als ein wirkliches, der formellen Rechtskraft fähiges Urteil anzusehen ist.

In dieser Hinsicht kommt zunächst in Betracht, daß jedes Urteil bereits durch seine Verkündung an und für sich wirksam und existent wird (§ 312 ZPO.) und daß insbesondere Versäumnisurteile, wie das vorliegende, auch verkündet werden können, wenn die Urteilsformel noch nicht schriftlich abgefaßt ist (§ 311 Abs. 1 ZPO.). Die Niederschrift des mündlich verkündeten Urteils ist aber erforderlich, um die Zustellung einer Ausfertigung oder Abschrift des Urteils herbeiführen zu können und damit eine Notfrist in Lauf zu setzen oder die Zwangsvollstreckung zu ermöglichen (§§ 339, 516, 552, 577, 750 ZPO.). Das hier in Frage stehende, mittels Einspruchs anfechtbare Versäumnisurteil des Amtsgerichts konnte also vor Niederschrift und Zustellung die Rechtskraft nicht erlangen (§ 705 ZPO.). Es fragt sich nun, ob die Rechtskraftwirkung im vorliegenden Falle um deswillen ausgeschlossen ist, weil die Niederschrift des Urteils der durch § 313 Nr. 3 und 4 ZPO. vorgeschriebenen Erfordernisse, nämlich des Tatbestandes und der Entscheidungsgründe, ermangelt. Wäre die in der Rechtslehre[1] vereinzelt vertretene Ansicht richtig, daß ein Urteil, dem es an einem Tatbestande gebricht, als ein solches nicht anzusehen sei, so würde das vorliegende Urteil auch durch die Zustellung einer Ausfertigung nach fruchtlosem Ablaufe der Einspruchsfrist nicht in Rechtskraft erwachsen können. Jener Ansicht kann indessen nicht beigepflichtet werden. Wie nämlich nach der in ständiger Rechtsprechung feststehenden Ansicht des Reichsgerichts nur der Inhalt der Urteilsformel materielle Rechtskraft erlangt, so muß auch die Niederschrift eines nur diese Formel enthaltenden Urteils für ausreichend erachtet werden, seiner formellen Rechtskraft als Grundlage zu dienen. Der Umstand, daß es im Einzelfalle mit Schwierigkeiten verknüpft sein mag, die Tragweite der Rechtskraft eines solchen Urteils festzustellen, kann demgegenüber nicht in Betracht kommen. Das Gesetz betrachtet ein derartiges Urteil nicht etwa als ein „Nicht-Urteil", sondern als ein wirkliches, wenn auch mit einem wesentlichen Mangel behaftetes Urteil.

Daß ferner der Mangel an Entscheidungsgründen das Urteil nicht der Möglichkeit beraubt, in Rechtskraft zu erwachsen, ergibt zweifelsfrei die Vorschrift des § 551 Nr. 7 ZPO., die einen solchen

[1] Vgl. Oetker, Konkursrechtliche Grundbegriffe S. 48.

Mangel als einen absoluten Revisionsgrund bezeichnet, also einem der Entscheidungsgründe entbehrenden Urteil den Charakter einer mittels Rechtsmittels anfechtbaren und damit der Rechtskraft fähigen Entscheidung beimißt.

Jeder Zweifel in dieser Hinsicht wird in einem Falle, wie dem vorliegenden, in dem es sich um die Frage der Rechtskraft eines amtsgerichtlichen Urteils handelt, durch die Vorschrift des § 496 Abs. 6 ZPO. beseitigt. Danach sind die Urteile der Amtsgerichte in allen Fällen, in denen nicht ein abweichender Parteiantrag vorliegt, unter Weglassung des Tatbestandes und der Entscheidungsgründe auszufertigen. Die Zustellung eines derartigen, lediglich die Formel enthaltenden Urteils steht in ihren Wirkungen der Zustellung eines vollständigen, d. h. eines mit Tatbestand und Entscheidungsgründen versehenen Urteils kraft Gesetzes gleich. Daraus ergibt sich mit voller Klarheit, daß, wenn ein lediglich die Urteilsformel enthaltendes amtsgerichtliches Urteil zugestellt wird, dieses nach fruchtlosem Ablaufe der Rechtsmittelfrist in Rechtskraft erwachsen muß, gleichviel, ob die Urschrift des Urteils mit Tatbestand und Entscheidungsgründen versehen ist oder nicht. Wollte man dies nicht annehmen, so ergäbe sich die unerträgliche Folgerung, daß die Partei, die im Vertrauen auf das ordnungsmäßige Verfahren des Gerichts das ohne Tatbestand und Entscheidungsgründe ausgefertigte Urteil dem Gegner hat zustellen lassen, dann, wenn sich nachträglich herausstellt, daß die Urschrift des Tatbestandes und der Entscheidungsgründe ermangelt, noch nach Jahren eine Anfechtung des Urteils gewärtigen könnte, während sie nach der Vorschrift des § 496 Abs. 6 ZPO. der Zustellung jenes Urteils an sich alle Wirkungen eines in vollständiger Form ausgefertigten (und also in Urschrift in dieser Form vorliegenden) Urteils beilegen durfte (vgl. RGZ. Bd. 58 S. 118, insbesondere 123). Die Gründe, die in der Entsch. des RG.'s Bd. 82 S. 422 (Verein. ZS.), wo die vorliegende Frage offen gelassen ist, zu der Annahme geführt haben, daß die Zustellung eines Urteils die Rechtsmittelfrist selbst dann in Lauf setzt, wenn die Urschrift des Urteils die gesetzlich erforderlichen Unterschriften nicht trägt, die Ausfertigung aber vollständig ist und diesen Mangel nicht erkennen läßt, gebieten auch die vorliegende Frage zu bejahen. Demnach muß ein amtsgerichtliches Urteil, das ohne Tatbestand und

Entscheidungsgründe, also nach § 496 Abs. 6 ZPO. ordnungsmäßig, zugestellt ist, nach fruchtlosem Ablaufe der Rechtsmittel- oder Einspruchsfrist selbst dann als rechtskräftig angesehen werden, wenn die Urschrift ohne Tatbestand und Entscheidungsgründe abgefaßt ist.

Zu dem gleichen Ergebnis führt endlich auch die Erwägung, daß die Formel des Urteils den imperativen Ausspruch des Gerichts, also denjenigen Bestandteil des in der Rechtsprechung der Gerichte sich verkörpernden Staatsakts enthält, in dem das Wesen der rechtsprechenden richterlichen Tätigkeit gipfelt. Demnach muß die Niederschrift der Formel des Urteils als erforderlich, aber auch als ausreichend bezeichnet werden, um als Grundlage für die Rechtskraftwirkung zu dienen.

Die vorstehenden Erwägungen greifen ohne weiteres auch dann Platz, wenn man mit der Revision und dem Urteile des Oberlandesgerichts vom 31. Oktober 1912 annehmen wollte, das hier fragliche Urteil sei ein sog. „abgekürztes Urteil" im Sinne des § 313 Abs. 3 ZPO. Es ist zwar richtig, daß das amtsgerichtliche Urteil in dieser Form im vorliegenden Falle nicht hätte erlassen werden dürfen, da jene Vorschrift nur dann zutrifft, wenn nach dem Antrage des Klägers durch Versäumnis- (oder Anerkenntnis)-Urteil erkannt, nicht aber dann, wenn die Klage durch Versäumnisurteil abgewiesen wird. Hat das Gericht gleichwohl versehentlich ein den Kläger abweisendes Versäumnisurteil in der abgekürzten Form des § 313 Abs. 3 ZPO. niedergeschrieben, so steht doch immerhin fest, daß ein ordnungsmäßig verkündetes Urteil vorliegt, das nur in unrichtiger Form abgefaßt und in dieser unrichtigen Form zugestellt ist. Alle diejenigen Gründe, die vorstehend dargelegt sind, um den Nachweis zu erbringen, daß auch ein unvollständig abgefaßtes Urteil der formellen Rechtskraft fähig ist, treffen ohne weiteres auch in diesem Falle zu.

Hiernach erweist sich die Behauptung der Revision, die Vorinstanzen hätten zu Unrecht den Einwand der rechtskräftig entschiedenen Sache für durchgreifend erachtet, als verfehlt." ...

4. Haftet in Preußen der Staat auf Grund des Gesetzes vom 1. August 1909 (§ 1) für Amtspflichtverletzungen der Volksschullehrer?

Preuß. Gesetz über die Haftung des Staates und anderer Verbände für Amtspflichtverletzungen von Beamten bei Ausübung der öffentlichen Gewalt vom 1. August 1909 (GS. S. 691).

III. Zivilsenat. Urt. v. 5. Mai 1914 i. S. B. (Bekl.) w. M. (Kl.). Rep. III. 14/14.

I. Landgericht Essen.
II. Oberlandesgericht Hamm.

Die Frage wurde verneint aus folgenden

Gründen:

„Die Revision rügt zunächst Verletzung des § 1 des preußischen Gesetzes vom 1. August 1909 über die Haftung des Staates und anderer Verbände für Amtspflichtverletzungen von Beamten bei Ausübung der öffentlichen Gewalt. Sie macht dem Berufungsgerichte den Vorwurf, es habe verkannt, daß die Volksschullehrer in Preußen unmittelbare Staatsbeamte im Sinne des § 1 seien. Diese Rüge ist unbegründet.

Durch das Gesetz vom 1. August 1909 ist die Haftung für Amtspflichtverletzungen der Volksschullehrer bei Ausübung der öffentlichen Gewalt nicht ausdrücklich geregelt worden. Der Entwurf des Gesetzes (Drucks. des Hauses der Abg. 21. Leg.-Per. II. Sess. 1908/09 S. 604 flg. Nr. 32) enthielt zwar eine solche Bestimmung. In diesem Entwurfe befand sich außer der dem jetzigen § 1 Abs. 1 des Gesetzes gleichlautenden Bestimmung des § 1 Abs. 1 im § 4 Abs. 1 die folgende: „Die Vorschriften der §§ 1 bis 3 finden entsprechende Anwendung 1. auf die für den Dienst eines Kommunalverbandes angestellten Beamten mit der Maßgabe, daß an die Stelle des Staates der Kommunalverband tritt, 2. auf die Lehrer und Lehrerinnen eines Schulverbandes mit der Maßgabe, daß an die Stelle des Staates der Schulverband tritt." Die Bestimmung des § 4 Abs. 1 Nr. 2 wurde jedoch im Herrenhause durch folgende Bestimmung ersetzt: „Die Vorschriften der §§ 1 bis 3 finden ferner auf die Lehrer und Lehrerinnen eines Schulverbandes Anwendung" (Stenogr. Ber. des Herrenh. 1908/09 S. 392). Nachdem der Entwurf mit dieser Abänderung an das Abgeordnetenhaus zurückgelangt war, strich dieses die Bestimmung über die Lehrer vollständig, so daß der Entwurf die Fassung des jetzt geltenden Gesetzes erhielt (Stenogr. Ber. des Hauses der Abg. 1908/09 S. 7567). Das Herrenhaus schloß sich darauf dem Abgeordnetenhaus an (Stenogr. Ber. des Herrenh. 1908 und 1908/09 S. 450). Während also der Entwurf ebenso wie das fertige Gesetz unmittelbare Staatsbeamte und Kommunalbeamte unterschied und bei jenen den Staat, bei diesen den betreffenden Kommunalverband für haftbar erklärte, waren die Lehrer und Lehrerinnen eines Schulverbandes weder der einen noch der anderen Klasse zugewiesen, sondern im äußeren Gegensatze zu beiden als Gruppe für sich behandelt und den grundlegenden Bestimmungen des Gesetzes mit der Maßgabe unterworfen, daß an die Stelle des Staates der Schulverband treten sollte. Die Staatsregierung wollte also die Volksschullehrer nicht als unmittelbare Staatsbeamte, aber auch nicht als Gemeindebeamte, sondern als ein Drittes angesehen wissen. Dies hat der Justizminister auch in beiden Häusern des Landtags ausdrücklich erklärt (Stenogr. Ber. des Hauses der Abg. 1908/09 S. 7573, Stenogr. Ber. des Herrenh. 1908 und 1908/09 S. 451).

Es erhoben sich hiergegen Angriffe, namentlich im Herrenhause (a. a. O. S. 451, 452), es wurde gesagt, man behandle die Volksschullehrer als „nicht Fisch, nicht Fleisch“, als „Amphibien“, als „drittes Geschlecht“. Man wies ferner darauf hin, daß der Begriff eines mittelbaren Staatsbeamten schlechthin, der keines eigenen Gemeinwesens unmittelbares Organ bilde, ein Unikum und juristisches Monstrum sei. Die Staatsregierung verteidigte den Entwurf damit, daß er bezüglich der Volksschullehrer nichts anderes wolle, als was in Preußen immer gegolten habe, daß es unter allen Umständen vermieden werden solle, in einem Sondergesetze, wie dem vorliegenden, allgemeine staatsrechtliche Fragen in einer Weise zu regeln, die bisher nicht anerkannt sei. Der Vertreter der Staatsregierung führte ferner aus, daß die Haftung für die Amtspflichtverletzungen der Volksschullehrer, obwohl diese Gemeindebeamte nicht seien und auch durch den Entwurf nicht zu solchen gemacht werden sollten, dennoch den Gemeinden auferlegt werden müsse, da diese Haftpflicht zu der Schullast gehöre, deren Träger nach der Verfassung (Art. 25 Abs. 1) die Gemeinde sei (Stenogr. Ber. des Herrenh. 1908 und 1908/09

S. 393 flg. 396, Stenogr. Ber. des Hauses der Abg. 1908/09 S. 7572). Gegen den Beschluß des Herrenhauses, der die Haftung für die Lehrer dem Staate auferlegte, hatte der Justizminister Verwahrung eingelegt, weil dadurch die Lehrer den unmittelbaren Staatsbeamten gleichgestellt würden. Er bezeichnete das Gesetz in dieser Form für die Staatsregierung als unannehmbar. Die völlige Entfernung der die Lehrer betreffenden Bestimmung geschah schließlich, um das Gesetz vor dem Scheitern zu bewahren.

Es fragt sich nun, ob trotz der erwähnten Streichung der die Volksschullehrer betreffenden Bestimmung die Volksschullehrer als unmittelbare Staatsbeamte im Sinne des § 1 des Gesetzes angesehen werden können. Daß sie nicht zu den „für den Dienst eines Kommunalverbandes angestellten Beamten" im Sinne des § 4 des Gesetzes gehören, ist bereits in dem Urteile des erkennenden Senats vom 5. November 1912 (RGZ. Bd. 80 S. 338 flg.) eingehend dargelegt. Sie können auch nicht etwa als mittelbare Staatsbeamte, als welche man sie früher wiederholt bezeichnet hat, angesehen werden. Denn wie der erkennende Senat in dem Urteile vom 9. Januar 1914 in Sachen der Stadtgemeinde Gumbinnen gegen Schmidt (III. 267/13) ausgeführt hat, stellt sich der Begriff eines mittelbaren Staatsbeamten als eines solchen, der keines eigenen Gemeinwesens unmittelbares Organ ist, als juristisch unhaltbar dar, und gibt es den Begriff des mittelbaren Staatsbeamten im Sinne des Allgemeinen Landrechts bei den heutigen völlig veränderten staatsrechtlichen Verhältnissen überhaupt nicht mehr.

Die Volksschullehrer sind vielmehr unmittelbare Staatsbeamte. Dies ergibt sich aus folgendem. Für den heutigen Kulturstaat ist die Versorgung der breiten Volksschichten mit Unterricht eine unbedingte Staatsnotwendigkeit. Der Staat erkennt demgemäß für sich die Pflicht an, für allgemeine Volksschulbildung zu sorgen. Diese Pflicht erfüllt er dadurch, daß er auf die Errichtung der zu diesem Zwecke erforderlichen Schulen hinwirkt, indem er den Gemeinden die gesetzliche Verpflichtung zu ihrer Errichtung auferlegt, ferner dadurch, daß er die erforderliche Zahl von Lehrern beruft und das ganze innere Leben der Schule, nämlich den Unterricht, den Lehrplan, die Methode, den Schulbesuch und die Schulzucht, regelt. Der Volksschullehrer erledigt also bei Ausübung seiner dienstlichen Tätigkeit Staatsgeschäfte, er übt eine Tätigkeit aus, die Staatsaufgabe ist. Das Wesen des Wirkens des Volksschullehrers ist die Erfüllung einer staatlichen Pflicht. Dazu kommt folgende Erwägung. Nach der richtigen Meinung gehört grundsätzlich ein Beamter dem Gemeinwesen an, von dem er angestellt wird. Der Anstellungsakt ist regelmäßig das für die Begründung des Beamtenverhältnisses Wesentliche. Nun finden sich allerdings, wie bereits in dem erwähnten Urteile vom 9. Januar 1914 hervorgehoben worden ist, einzelne Fälle, in denen Gemeindebeamte von staatlichen Organen ernannt werden. Derartige vereinzelte Ausnahmen rechtfertigen aber nicht ein Abgehen von dem Grundsatze, daß die Ernennung eines Beamten regelmäßig einen wichtigen Anhalt für den Charakter seines Dienstverhältnisses abgibt und dafür entscheidend ist, in wessen Diensten er steht. Die Anstellung der Volksschullehrer in Preußen erfolgt nach § 59 Abs. 5 Satz 2 des Gesetzes, betr. die Unterhaltung der öffentlichen Volksschulen, vom 28. Juli 1906 unmittelbar durch die Schulaufsichtsbehörde, also ein staatliches Organ. Durch diese Anstellung wird ein unmittelbares Dienstverhältnis des Lehrers gegenüber dem Staate begründet.

Sind hiernach die Volksschullehrer in Preußen unmittelbare Staatsbeamte, so sind sie doch unmittelbare Staatsbeamte ganz eigener, besonderer Art. Das Besondere ihrer Stellung gegenüber allen übrigen unmittelbaren Staatsbeamten ergibt sich aus ihrer eigentümlichen Stellung zur Gemeinde. Das alles erklärt sich aus der Entwicklung, die das Volksschulwesen in Preußen genommen hat. Diese geht von unten, von der Gemeinde aus. Demgemäß hat der Staat bei der Regelung des Volksschulwesens die Erfüllung der von ihm auf diesem Gebiet als Staatsnotwendigkeit erkannten Pflicht nicht etwa zur vollständigen eigenen Durchführung in die Hand genommen, die Durchführung vielmehr in wesentlichen Teilen in die Hand der Gemeinden gelegt und sie diesen zur Pflicht gemacht. Nicht der Staat errichtet die Schulen und stattet sie aus, sondern die Verpflichtung hierzu hat er den Gemeinden auferlegt. Nicht der Staat bringt, wie das bei der Bedeutsamkeit dieser Staatsaufgabe an sich natürlich und gegeben wäre, durch allgemeine Steuern die Mittel für die Volksschulen auf, sondern die Last der Errichtung und Unterhaltung der Schulen hat er grundsätzlich den Schulgemeinden als den unmittelbar Beteiligten auferlegt. Die Volksschule steht hierdurch in einer außerordentlich engen Beziehung zur Gemeinde, und in diese enge Beziehung tritt auch der an der Volksschule angestellte Lehrer ein, wenn er auch durch seine Tätigkeit eine reine Staatsaufgabe erfüllt und vom Staate angestellt wird. Hierin liegt das Besondere der Stellung des Volksschullehrers gegenüber allen übrigen unmittelbaren Staatsbeamten.

Gerade mit Rücksicht auf diese Besonderheiten wollte der Entwurf des Gesetzes eine besondere Regelung der Haftung für Amtspflichtverletzungen der Volksschullehrer vornehmen. Er ging dabei davon aus, daß derjenige Verband, der die Kosten für die Schule im allgemeinen zu tragen habe, auch für den Schaden aufkommen müsse, der durch etwaige Pflichtverletzungen der Lehrer entstehe. Demgemäß erklärte der Entwurf für den Träger der Haftung bei den öffentlichen Volksschulen den zur Unterhaltung der Schule verpflichteten Verband, also nach dem Gesetze, betr. die Unterhaltung der öffentlichen Volksschulen, vom 28. Juli 1906 im allgemeinen den Schulverband. Die Übernahme der Haftung durch die Schulverbände wurde auch deshalb als der Billigkeit entsprechend bezeichnet, weil diesen Verbänden nach §§ 58 flg. des Gesetzes vom 28. Juli 1906 eine weitgehende Mitwirkung bei der Lehreranstellung eingeräumt sei (vgl. Begründ. zum Entw. des Gesetzes vom 1. August 1909, Drucks. des Hauses der Abg. 1908/09 Nr. 32 S. 15). Der Entwurf des Gesetzes sah die Volksschullehrer zweifellos nicht als unmittelbare Staatsbeamte im Sinne des § 1 des Entwurfs an.

Bei den Verhandlungen in beiden Häusern des Landtags, die vor der Streichung der auf die Lehrer bezüglichen Bestimmungen liegen, herrschte keine Einigkeit der Auffassungen darüber, ob die Volksschullehrer schon an sich unter den § 1 des Entwurfs fielen. Dies ergibt sich z. B. daraus, daß bei der Beratung des Entwurfs durch die Kommission des Abgeordnetenhauses der Antrag (Nr. 5) gestellt wurde, dem § 4 bezüglich der Lehrer folgende Fassung zu geben: „Für Lehrer und Lehrerinnen im öffentlichen Volkschuldienste haftet der Staat in den Fällen, in welchen die Besetzung einer Lehrerstelle ohne Mitwirkung des unterhaltspflichtigen Verbandes erfolgt, sowie in allen Fällen, in denen es sich um Schulen mit 25 oder weniger Schulstellen handelt. Im übrigen tritt an die Stelle des Staates der Schulverband oder die sonstige zur Unterhaltung der Schule verpflichtete Körperschaft des öffentlichen Rechts" (Drucks. des Hauses der Abg. 1908/09 Nr. 354 A S. 12). Hätte der Antragsteller die Volksschullehrer schon als unter den § 1 fallend angesehen, so hätte es eines besonderen Ausspruchs über die in gewissen Fällen erfolgende Übernahme der Haftung für die Lehrer auf den Staat gar nicht bedurft, es wäre vielmehr nur auszusprechen gewesen, in welchen Fällen ausnahmsweise den Schulverband die Haftung treffen sollte.

Ferner wurde bei der ersten Lesung in der Kommission des Herrenhauses (Drucks. des Herrenh. 1908/09, Nr. 139 S. 9) zu § 5 des nach den Beschlüssen des Abgeordnetenhauses in der zweiten Beratung umgeänderten Entwurfs, welcher lautete: „Die Vorschriften der §§ 1 bis 3 finden ferner auf die Lehrer und Lehrerinnen eines Schulverbandes mit der Maßgabe Anwendung, daß an die Stelle des Staates der Schulverband tritt", der Antrag gestellt, dem Paragraphen folgende Fassung zu geben: „Für Lehrer und Lehrerinnen im öffentlichen Schuldienste haftet der Staat". Ein derartiger Antrag wäre unnötig gewesen, wenn nach der Ansicht des Antragstellers die genannten Lehrpersonen schon unter die Bestimmung des § 1 gefallen wären, es hätte dann nur der Streichung des § 5 bedurft. Daß die Frage, ob die Volksschullehrer als unmittelbare Staatsbeamte im Sinne des § 1 des Gesetzes anzusehen seien, nicht für unzweifelhaft gehalten wurde, ergibt sich auch aus zwei bei der zweiten Lesung in der Kommission des Herrenhauses (Drucks. des Herrenh. 1908/09 Nr. 139 S. 26) gestellten Anträgen, deren erster dahin ging, im § 1 hinter den Worten „ein unmittelbarer Staatsbeamter" einzufügen „oder ein Volksschullehrer" und den § 5 zu streichen, während der zweite dem § 5 folgende Fassung gegeben wissen wollte: „Die Vorschriften des § 1 finden ferner auf die Lehrer und die Lehrerinnen eines Schulverbandes Anwendung". Der Berichterstatter der Kommission erklärte allerdings, daß seiner Ansicht nach die Volksschullehrer unmittelbare Staatsbeamte seien und als solche unter den § 1 fielen (a. a. O. S. 26). Dagegen sah die Kommission des Herrenhauses und mit ihr die Vollversammlung des Herrenhauses die Lehrer nicht als unter die Vorschrift des § 1 fallend an; denn die Kommission nahm den Antrag an, dem § 5 folgende Fassung zu geben: „Die Vorschriften der §§ 1 bis 3 finden ferner auf die Lehrer und die Lehrerinnen eines Schulverbandes Anwendung (a. a. O. S. 37)", und die Vollversammlung stimmte dem zu (Stenogr. Ber. des Herrenh. 1908 und 1908/09 S. 407). Damit wurde also die grundsätzliche Haftung des Staates für die Amtspflichtverletzungen der Volksschullehrer neben der Bestimmung des § 1, der sich mit den unmittelbaren Staatsbeamten beschäftigte, ausdrücklich ausgesprochen.

Die Staatsregierung hatte während der ganzen Verhandlungen auf dem Standpunkte gestanden, daß die Volksschullehrer nicht als unmittelbare Staatsbeamte im Sinne des § 1 des Entwurfs anzusehen seien. Der Justizminister ließ keinen Zweifel darüber, daß, wenn man die Haftung für die Volksschullehrer dem Staate aufbürde, das Gesetz für die Staatsregierung unannehmbar sei, und zwar aus dem prinzipiellen Grunde, weil darin ein Anerkenntnis gefunden werden könne und gefunden werden müsse, daß die Lehrer nicht mittelbare, sondern unmittelbare Staatsbeamte seien (vgl. Stenogr. Ber. des Herrenh. 1908 und 1908/09 S. 396). Bei der Beratung des Entwurfs im Herrenhause wurde von dessen Mitgliede Grafen Finck von Finckenstein-Schönberg (a. a. O. S. 402) zur Begründung des Antrags, den § 5 überhaupt zu streichen, ausgeführt, dann trete der Fall ein, daß die Lehrer anders behandelt würden als die übrigen Beamten und das sei vielleicht auch gerechtfertigt; denn sie seien keine unmittelbaren Staatsbeamten, keine mittelbaren Staatsbeamten, keine Gemeindebeamten.

Durch die Streichung der die Volksschullehrer betreffenden Bestimmung des § 5 hat sich der Sinn des § 1, der ihm von der Staatsregierung und bis zur Streichung auch von den beiden Häusern des Landtags, also von allen beteiligten Organen der Gesetzgebung, beigelegt wurde und der die Volksschullehrer nicht mitumfaßte, nicht geändert. Die Volksschullehrer fallen daher, wenn sie auch als unmittelbare Staatsbeamte anzusehen sind, nicht unter den § 1, weil eben diese Vorschrift unter den „unmittelbaren Staatsbeamten", von denen sie spricht, die Volksschullehrer nicht mitbegreifen wollte, wie sich aus der Entstehungsgeschichte des Gesetzes ergibt.

Hierbei darf auch nicht unerwogen bleiben, daß es sich bei der Regelung der Haftung für die Amtspflichtverletzungen der Volksschullehrer um eine zwischen der Staatsregierung und dem Landtage streitige Frage von möglicherweise erheblicher finanzieller Bedeutung handelte, und daß die Streichung des die Volksschullehrer betreffenden § 5 erfolgte, weil darüber eine Einigung zwischen beiden Faktoren der Gesetzgebung nicht zu erzielen war. Dabei ging man auf der einen Seite davon aus, daß diese Streichung das Ausscheiden der Frage der Haftung für die Amtspflichtverletzungen der Volksschullehrer aus dem Gesetze bedeute. Diese Auffassung wurde im Abgeordnetenhause von den Abgeordneten Böhmer (Stenogr. Ber. des Hauses der Abg. 1908/09 S. 7568) und Reinhard (a. a. O. S. 7570) und auch von dem Abgeordneten Boisly (a. a. O. S. 7572) insofern vertreten, als er die Hoffnung aussprach, die Staatsregierung werde demnächst ein besonderes Gesetz in betreff der Regelung der Haftung für die Volksschulen vorlegen. Der Justizminister bemerkte (a. a. O. S. 7573), in der Regierungsvorlage sei unzweideutig zum Ausdrucke gebracht worden, daß die Lehrer an den öffentlichen Volksschulen weder als unmittelbare Staatsbeamte noch als Gemeindebeamte anzusehen seien; gerade deshalb seien in den Entwurf die besonderen Bestimmungen über die Haftung für Amtspflichtverletzungen der Lehrer aufgenommen worden. Sollten diese Bestimmungen gestrichen werden, so würde das vorliegende Gesetz die Haftung für die Lehrer, abgesehen von den Lehrern an staatlichen Anstalten, ungeregelt und insoweit den bisherigen Rechtszustand bestehen lassen. Und der Abgeordnete Cassel erklärte (a. a. O. S. 7574), er teile auch die Befürchtung, daß in der Praxis die Entscheidungen der Gerichte kaum so ausfallen würden, daß die Amtspflichtverletzungen der Volksschullehrer auch in den Rahmen des Gesetzes würden bezogen werden können. Anderseits bemerkte der Abgeordnete Peltasohn (a. a. O. S. 7576), man könne wohl der Ansicht des Justizministers nicht zustimmen, das Gesetz würde überhaupt keinen Einfluß ausüben, wenn ein Lehrer sich eine haftpflichtige Handlung zuschulden kommen lasse; denn es sei denkbar, daß durch die Rechtsprechung festgesetzt werde, daß ein Lehrer ein unmittelbarer Staatsbeamter sei, was ja unwahrscheinlich sei, oder, was wohl möglich sei, daß die Lehrer schon jetzt ohne eine bestimmte Regelung als Kommunalbeamte gälten; dann würde entweder § 1 oder § 3 des Gesetzes ohne weiteres auf sie zur Anwendung kommen. Ähnlich äußerte sich über die Bedeutung der

Streichung des § 5 im Herrenhause der Graf Finck von Finckenstein-Schönberg (Stenogr. Ber. des Herrenh. 1908 und 1908/09 S. 452).

Aus allen diesen Äußerungen ergibt sich, daß bei den gesetzgebenden Faktoren nicht etwa Einigkeit darüber herrschte, daß § 1 nach der Streichung der auf die Lehrer bezüglichen Bestimmung einen anderen Sinn habe, als den ihm vorher allgemein beigelegten." ...

---

5. Bleibt der Ausstattungsschutz, den jemand für seine Ware in Deutschland erlangt hat, für ihn in Deutschland, obwohl er hier seine Ware nicht mehr vertreibt, dadurch aufrecht erhalten, daß er einem anderen gestattet, seine Ausstattung in Deutschland als Kennzeichen der Ware dieses anderen zu benutzen?

Gesetz zum Schutz der Warenbezeichnungen vom 12. Mai 1894 (RGBl. S. 441) § 15.

II. Zivilsenat. Urt. v. 8. Mai 1914 i. S. N. u. Gen. (Bekl.) w. Les Fils de P. Bardinet (Kl.). Rep. II. 28/14.

I. Landgericht II Berlin, Kammer für Handelssachen.
II. Kammergericht daselbst.

Die obige Frage ist verneint worden aus folgenden

Gründen:

„Die in Frankreich ansässige Klägerin — die offene Handelsgesellschaft Les Fils de P. Bardinet in Cauderau bei Bordeaux — hat nach den von den Vorderrichtern getroffenen Feststellungen einen von ihr in Frankreich hergestellten Likör (Kürazao) in Deutschland vor 1898 lange Jahre in Krügen der Art vertrieben, wie sie sie mit der Klage als ihre Ausstattung, als Kennzeichen ihrer Ware in Deutschland, geschützt verlangt. Die Vorderrichter gehen unangefochten davon aus, daß die Klägerin an dem Kruge 1898 in Deutschland einen Ausstattungsschutz im Sinne des § 15 WarBezG. erlangt habe. Gegenüber dem Vorbringen der Beklagten, seit vielen Jahren habe die Klägerin in Deutschland überhaupt keinen Likör mehr vertrieben und daher auch nicht in den fraglichen Krügen, nehmen sie weiter auch an, daß die Klägerin ihren Ausstattungsschutz über das Jahr 1898 hinaus behalten habe und ihn noch jetzt besitze.

Zur Begründung dieser mit der Revision angefochtenen Annahme hat der Berufungsrichter folgendes ausgeführt. Vom Jahre 1896 ab habe die Klägerin ihren Likör wie zuvor in Frankreich nun auch in Deutschland hergestellt; sie habe ihn dabei weiter in den Krügen vertrieben. Im Jahre 1898 habe sie die Firma Les Fils de P. Bardinet G. m. b. H. in Berlin unter Beteiligung mit einer Stammeinlage gegründet. Dieser Firma habe sie als ihrer Filiale in Deutschland die Fabrikation ihres Likörs nach ihren Rezepten übertragen und ihr auch gestattet, den Likör in der in Deutschland als Kennzeichen der Ware der Klägerin bekannten Ausstattung zu vertreiben, während sie selbst — seit 1898 — in Deutschland ihren Likör von Frankreich aus nicht mehr vertreibe. Es sei wie am Warenzeichen so auch am Ausstattungsschutz ein lizenzähnliches Verhältnis denkbar. Da § 15 des Gesetzes nur denjenigen schadensersatzpflichtig mache, der ohne Genehmigung Waren mit einer fremden Ausstattung versehe, müsse die Erteilung einer Genehmigung zum Gebrauch einer Ausstattung denkbar sein. Unzweifelhaft sei jemand, der im Auslande fabriziere, und in Deutschland sein Fabrikat mit bestimmter Ausstattung vertreibe, auch berechtigt, sein Fabrikat in Deutschland herzustellen und in derselben Ausstattung zu vertreiben. Es sei aber ebensowohl zulässig, daß er demnächst seine Fabrikation in Deutschland einem anderen übertrage und dann auch dieser berechtigt sei, dasselbe Fabrikat in Deutschland herzustellen und mit Genehmigung des ausländischen Fabrikanten in dessen bekannter Ausstattung zu vertreiben. So verhalte es sich im vorliegenden Falle. Die Firma Les Fils de P. Bardinet G. m. b. H., eine von der Klägerin gegründete Filiale in Deutschland, stelle denselben Likör nach demselben Rezept in Deutschland her, wie ihn die Klägerin in Frankreich herstelle und selbst in Deutschland hergestellt habe, und wenn die deutsche Filiale dann ihren Likör in der Ausstattung der Klägerin mit deren Genehmigung vertreibe, erhalte sie den Ausstattungsschutz der Klägerin aufrecht. Es könne dabei von einer Täuschung des Publikums keine Rede sein, denn dieses erhalte das Fabrikat, welches unter der bekannten Ausstattung der Klägerin bekannt geworden und das gleiche sei mit dem von der Klägerin selbst in Frankreich hergestellten. Zu diesem einen tatsächlichen Umstande komme hinzu, daß auch nach dem Gutachten des Sachverständigen die Ausstattung der Klägerin noch jetzt als die Ausstattung ihres Likörs in den beteiligten Verkehrskreisen bekannt sei und als Kennzeichen der Ware der Klägerin gelte.

Mit Recht greift die Revision diese Ausführungen als auf Rechtsirrtum beruhend an. Es ist zunächst unklar, was der Berufungsrichter unter „Filiale" der Klägerin in Deutschland verstanden hat. Er scheint dabei an ein Abhängigkeitsverhältnis der Berliner Firma von der Klägerin gedacht zu haben, und es ist sicher richtig, daß eine Zweigniederlassung kein für sich bestehendes Geschäft, kein selbständiges Rechtssubjekt und also auch nicht Träger von Rechten und Pflichten ist; dieser Träger ist und bleibt der Inhaber der Hauptniederlassung. Im vorliegenden Falle stehen sich aber nach dem dem Berufungsrichter unterbreiteten Material die Klägerin und diejenigen Firmen, die mit Genehmigung der Klägerin den von ihnen in Berlin erzeugten Likör in Deutschland in den hier als Kennzeichen der klägerischen Ware bekannt gewordenen Krügen vertrieben haben, als rechtlich durchaus verschiedene, selbständige Rechtssubjekte gegenüber. Das scheint der Berufungsrichter verkannt zu haben, der überhaupt die einzelnen in Betracht kommenden Rechtssubjekte — weil er ein zu geringes rechtliches Gewicht darauf legt — in keiner Weise von einander sondert und unterscheidet. Es ist schon tatsächlich nicht zutreffend, wenn der Berufungsrichter sagt, die Firma Les Fils de P. Bardinet G. m. b. H. sei 1898 von der Klägerin als ihre Filiale in Deutschland gegründet worden. Diese Firma wurde nicht 1898 gegründet; der Berufungsrichter setzt sich mit seiner Angabe in Widerspruch mit dem ersten Richter, dem er sich anderseits ausdrücklich angeschlossen hat, sowie mit den eigenen Anführungen der Klägerin und den von dieser selbst vorgelegten Urkunden.

Danach wurde im Jahre 1898 in Berlin unter Beteiligung der Klägerin eine Gesellschaft unter der Firma P. Bardinet (anscheinend auch eine Gesellschaft m. b. H.) gegründet, deren Geschäftsführer ein gewisser L. gewesen war. Diese Firma P. Bardinet ist sodann auf L. als ihren alleinigen Inhaber übergegangen. In dem von der Klägerin selbst überreichten notariellen Vertrage vom 11. April 1908, durch den erst die Firma Les Fils de P. Bardinet G. m. b. H. in Berlin, und zwar mit einem Stammkapital von 500000 *M* gegründet wurde, ist ausdrücklich gesagt, daß L. als seine Stammeinlage von

420000 ℳ „das von ihm unter der Firma P. Bardinet betriebene Fabrikgeschäft“ und die Klägerin als ihre Stammeinlage von 80000 ℳ das Recht zur Führung der Firma Les Fils de P. Bardinet sowie das Recht zur Benutzung ihrer Etiketten, Flaschenmodelle, Fabrikmarken usw. einbringe. Nach dem in den Instanzen ebenfalls zum Gegenstande der mündlichen Verhandlung gemachten abschriftlichen Auszug aus dem Handelsregister des Amtsgerichts Berlin-Mitte vom 17. Mai 1912 ist die Klägerin an der Gesellschaft m. b. H. Les Fils de P. Bardinet in Berlin im Januar 1912 mit einer Stammeinlage von 20000 ℳ beteiligt gewesen. Es ist nach alledem in keiner Weise ersichtlich, daß die Berliner Firma Les Fils de P. Bardinet eine von der Klägerin abhängige Tochtergesellschaft sei, es muß vielmehr angenommen werden, daß es sich auch bei ihr ebenso wie schon zuvor jedenfalls für die Zeit, in der L. Alleininhaber der Firma P. Bardinet war, um ein durchaus selbständiges Rechtssubjekt gehandelt hat. Diese selbständigen Rechtssubjekte haben nun nach den Feststellungen des Berufungsrichters nicht den von der Klägerin in Frankreich hergestellten Likör in Deutschland vertrieben, sondern sie haben selbst in Deutschland einen Likör hergestellt und diesen vertrieben; es handelte sich also nicht um den Vertrieb der Ware der Klägerin, sondern um eine aus anderen Geschäftsbetrieben herrührende Ware. Die Annahme des Berufungsrichters, die Waren seien identisch, es sei dieselbe Ware gewesen, ist unhaltbar. Die Ware der Klägerin ist ihre Ware, die von den selbständigen Berliner Firmen hergestellte Ware die Ware dieser Firmen. Hieran kann dadurch, daß die aufeinander folgenden Berliner Firmen ihren Likör in Deutschland nach demselben Rezepte wie die Klägerin den ihrigen in Frankreich hergestellt haben und herstellen (oder doch herstellen sollen), nichts geändert werden.

Wenn also die Berliner Firmen bei dem Vertrieb ihres Berliner Likörs — mit Genehmigung der Klägerin — die Ausstattung der Klägerin benutzten, so wurde diese Ausstattung für andere (gleichartige) Waren und für einen anderen Geschäftsbetrieb als bisher benutzt, und es entsteht gegenüber den Ausführungen des Berufungsrichters die Rechtsfrage, ob der Ausstattungsschutz, den jemand für seine Ware in Deutschland erlangt hat, in Deutschland für ihn, obwohl er hier seine Ware nicht mehr vertreibt, lediglich dadurch aufrecht erhalten bleibt, daß er einem anderen gestattet, seine Ausstattung in Deutschland als Kennzeichen der Ware dieses anderen zu benutzen.

Die aufgeworfene Frage ist zu verneinen. § 15 WarBezG. spricht nicht für, sondern entscheidend gegen eine solche Annahme. Wenn § 15 zur Voraussetzung seiner Anwendung hat, daß die in ihm bezeichnete Handlung ohne Genehmigung desjenigen, der einen Ausstattungsschutz erlangt hatte, vorgenommen ist, so geht daraus nur hervor, daß Bestrafung des Täters nicht eintritt und der zum Ausstattungsschutze Berechtigte vom Täter keinen Schadensersatz verlangen kann, wenn der Ausstattungsinhaber die Handlung genehmigt hatte. Über die Möglichkeit einer Lizenzerteilung und insbesondere darüber, wofür eine Lizenz von dem Ausstattungsberechtigten erteilt werden könnte, ist aus den Worten „ohne Genehmigung" nichts zu entnehmen. Die Ausstattung nach § 15 ist grundsätzlich eine vom Verkehr anerkannte Kennzeichnung der Ware eines bestimmten Geschäftsbetriebes; die Ausstattung muß tatsächlich in einem bestimmten Geschäftsbetriebe Verwendung finden und sich im Verkehr die Geltung als aus diesem Betriebe herrührend verschafft haben. Findet eine Verwendung in jenem Geschäftsbetriebe nicht mehr statt, so kann sie auch nicht mehr das Kennzeichen für das Herrühren einer Ware aus jenem Betriebe sein. Es ist dann eine der Voraussetzungen ihres Bestehens fortgefallen. Zu beachten ist dabei auch, daß die durch § 15 mit einem gewissen Schutze versehene Ausstattung nach der feststehenden Rechtsprechung des Reichsgerichts nicht, wie das Warenzeichen, ein Recht, ein selbständiges Ausstattungsrecht, schafft, sondern lediglich ein vom Gesetze gegen gewisse Eingriffe geschützter tatsächlicher Zustand ist (RGZ. Bd. 47 S. 101, Bd. 73 S. 255). Dieser in dem Betriebe eines bestimmten Geschäfts begründete Zustand — und damit der ihm vom Gesetze gewährte Schutz — bleibt zwar erhalten, wenn die tatsächlichen Verhältnisse, die den Zustand bilden, bestehen bleiben, so insbesondere, wenn der Geschäftsinhaber seinen Geschäftsbetrieb auf einen anderen überträgt, also nur die Person des Inhabers des Betriebes wechselt. Aber der Zustand, der in § 15 Schutz findet, daß nämlich die betreffende Ausstattung als Kennzeichen eines bestimmten Geschäftsbetriebes Geltung hat, besteht nicht mehr, wenn die Ausstattung in diesem

Geschäftsbetriebe nicht mehr als Kennzeichen der von ihm herrührenden Waren verwendet wird und daher gar nicht Kennzeichen dieses Geschäftsbetriebes sein kann, wenn vielmehr jetzt ein anderer Geschäftsbetrieb seine Waren mit jener Ausstattung versieht. Das „gelten“ in § 15 hat nicht etwa die Bedeutung, daß es genügte, wenn innerhalb beteiligter Verkehrskreise, sei es auch irrtümlich, angenommen wird, die Ausstattung sei das Kennzeichen der Ware aus dem betreffenden Geschäftsbetriebe; es bedeutet vielmehr: die Ausstattung muß in dem Betriebe tatsächlich verwendet werden, infolgedessen ein Kennzeichen der Ware sein und als solches auch gelten (vgl. RGSt. Bd. 31 S. 29 und Bd. 29 S. 250).

Nun ist es freilich für Warenzeichen anerkannten Rechtens, daß man sein Recht aus diesen nicht verliert, wenn man die Benutzung des Zeichens einem anderen überläßt. Daraus ist aber nichts dafür zu entnehmen, daß dies ebensowohl auch für Ausstattungen Geltung haben müsse. Das eingetragene Warenzeichen gewährt ein Recht; es entsteht mit der Eintragung und geht erst unter mit der Löschung in der Zeichenrolle. Wenn man einem anderen gestattet, das Zeichen zu benutzen, so beschränkt man lediglich sein absolutes Recht nach gewissen Richtungen. Ganz anders liegt die Sache bezüglich der Ausstattung, wo, wie erörtert, nur ein tatsächlicher Zustand geschützt wird, und zwar auf Grund des Bestehens des Zustandes, der tatsächlichen Verwendung des Kennzeichens und seiner Anerkennung in beteiligten Verkehrskreisen.

Es ist weiter noch darauf hinzuweisen, daß eine Verwirrung des Verkehrs eintreten müßte, wenn man die Überlassung der Benutzung der Ausstattung an einen anderen für dessen Ware zulassen würde. Die „Ausstattung“ des § 15 ist und kann nur sein eine Ausstattung der aus dem eigenen Geschäftsbetriebe hervorgehenden Waren (vgl. Kent, Schutz der Warenbezeichnungen Nr. 699 zu § 15 S. 431); die beteiligten Kreise müssen annehmen, daß die mit dieser Ausstattung versehenen Waren aus jenem Geschäftsbetriebe, für den sich die Ausstattung die Geltung verschafft hat, herrühren. Das Publikum wird also immer getäuscht, sobald es unter dieser Ausstattung eine von einer anderen Erzeugungsstelle herrührende Ware erhält. Dementsprechend haben denn auch im vorliegenden Falle die Beklagten behauptet — worauf freilich die Vorderrichter nicht eingegangen sind —, daß tatsächlich die von den Berliner Geschäften (insbesondere P. Bardinet, Inhaber L.) in Berlin hergestellten Liköre an das deutsche Publikum als französische Erzeugnisse (diejenigen der Klägerin) verkauft und also auch als solche gekauft worden seien.

Wenn übrigens der Berufungsrichter am Schlusse seiner Ausführungen sagt, es komme hinzu, daß auch nach dem Gutachten des Sachverständigen L. die Ausstattung der Klägerin noch jetzt als die Ausstattung ihres Likörs in beteiligten Verkehrskreisen bekannt sei und als Kennzeichen der Ware der Klägerin gelte, so ist (ganz abgesehen davon, daß in dieser Schlußbemerkung ein selbständiger Entscheidungsgrund nicht zu finden ist) auf folgendes hinzuweisen. Einmal darauf, daß das „Bekanntsein" des Kruges als Ausstattung der Klägerin sehr wohl darauf beruhen mag, daß eben das Publikum durch die Verwendung des Kruges von seiten anderer Firmen (mit dem Namen Bardinet) verwirrt worden ist und irrig angenommen hat, es handle sich bei der in jenem Kruge angebotenen Ware um die Ware der Klägerin. Es wurde schon bemerkt, daß es nicht auf den irrtümlichen Glauben des Publikums, sondern auf die tatsächliche Verwendung der Ausstattung durch die Klägerin für ihre Ware ankommt und daß, wenn eine Verwendung durch die Klägerin für ihre Ware nicht stattgefunden hat, auch von einem Bekanntsein der Ausstattung als einer Ausstattung der Klägerin nicht die Rede sein kann. Ferner aber machen die Beklagten mit der Revision gegenüber jener Schlußbemerkung des Berufungsrichters zutreffend geltend, daß der Sachverständige — wie nach dem oben Bemerkten auch der Berufungsrichter selbst — die Klägerin und die deutschen Geschäftsbetriebe, die in ihren Firmen den Namen Bardinet führten bzw. jetzt führen, in keiner Weise auseinandergehalten hat. Der Sachverständige spricht von Krügen der Firma „Bardinet". Es war aber nach dem Obigen von Bedeutung, um welche Firma „Bardinet" es sich handelte, ob um die französische Firma Bardinet (die Klägerin) oder um die von dieser zu unterscheidenden deutschen Firmen Bardinet. Wenn die Krüge, wie die Revision zutreffend ausführt, in Deutschland — seit Jahren, seit 1898 — ausschließlich als Ausstattung für die Ware der deutschen Firma P. Bardinet und ihrer Rechtsnachfolgerin, der

Firma Les Fils de P. Bardinet G. m. b. H., benutzt worden sind, so könnten sie vielleicht eine durch § 15 WarBezG. geschützte Ausstattung dieser deutschen Firma geworden, dann aber sicher nicht eine mit dem Schutz des § 15 versehene Ausstattung der Klägerin geblieben sein.

Erscheint schon nach alledem die Verurteilung der Beklagten aus § 15 WarBezG. nicht haltbar, so ist ferner noch zu beachten, daß nach der Rechtsprechung des Reichsgerichts, von der abzugehen kein Anlaß vorliegt, jemand, der im Inland eine Niederlassung nicht besitzt, auf den Schutz seiner Warenbezeichnungen — nicht nur seines Warenzeichens im engeren Sinne, sondern seiner Warenkennzeichnungen überhaupt und insbesondere auch einer Ausstattung — nur dann Anspruch hat, wenn er für das betreffende Kennzeichen auch nach seinem Heimatrechte Schutz genießt (§ 23 Abs. 3 WarBezG.; RGZ. Bd. 40 S. 64, Bd. 46 S. 131; Jur. Wochenschr. 1906 S. 613 Nr. 48). Daß dies für den streitigen Krug der Klägerin zutrifft ist nicht festgestellt und nicht ohne weiteres ersichtlich.

Der Berufungsrichter hat zwar zu § 15 WarBezG. auch noch festgestellt, die Beklagten hätten bezweckt, durch die von ihnen verwendeten Krüge zu täuschen, und hätten zu bewirken gesucht, daß ihr Krug für einen Bardinetschen gehalten werde und die Käufer in den Glauben versetzt würden, in dem Kruge den bekannten Bardinetschen Likör zu kaufen. Da aber zurzeit nicht feststeht, ob diesem sog. „Bardinet"schen Krug überhaupt ein Schutz aus § 15 WarBezG. zukommt und wer der Schutzberechtigte ist, da ferner auch nicht festgestellt ist, daß der Klägerin durch die Handlungen der Beklagten ein Schaden zugefügt wurde oder zugefügt wird, so ist die Entscheidung des Berufungsrichters auch nicht aus § 826 BGB. aufrecht zu erhalten, vielmehr die Sache zur anderweiten Verhandlung und Entscheidung an das Berufungsgericht zurückzuverweisen, das auch zu prüfen haben wird, ob sich die Beklagten durch ihr zum Gegenstande der Klage gemachtes Verhalten eines Verstoßes gegen das Gesetz gegen den unlauteren Wettbewerb schuldig gemacht haben."

6. Was ist im § 55 KO. unter den Worten „im Konkursverfahren" für den Fall der Nr. 3 dieser Vorschrift zu verstehen?

III. Zivilsenat. Urt. v. 12. Mai 1914 i. S. N. Bank Konkurs (Kl.) w. die Erben des Bankdirektors G. (Bekl.). Rep. III. 93/14.

I. Landgericht Osnabrück.
II. Oberlandesgericht Celle.

Aus den den Sachverhalt ergebenden

Gründen:

„Der Erblasser der Beklagten war Leiter der O.er Zweigniederlassung der N. Bank, als am 27. Juli 1910 über deren Vermögen das Konkursverfahren eröffnet wurde. Er stand damals mit seiner Bank in Geschäftsverbindung und schuldete ihr die Klagesumme von 9167,65 *M*, wenn man die Einwendungen der Beklagten mit dem klagenden Konkursverwalter der N. Bank für unberechtigt ansieht. Die Beklagten haben nämlich dem Klaganspruche mehrere Einwendungen entgegengehalten. Der Berufungsrichter beschäftigt sich lediglich mit der einen Einwendung. Diese hält er für durchschlagend und weist deshalb die Klage ab.

Der Einwendung liegt folgender Sachverhalt zugrunde. Am 9. Juli 1910, also vor der Konkurseröffnung, trat Architekt M. seine Forderung von 9600 *M*, die er nach der Klagebehauptung gegen die Bank am 8. Juli 1910 erlangt haben soll, dem Erblasser der Beklagten ab. Am Tage der Abtretung gab dieser seiner Bank die Erklärung ab, er rechne die so erworbene Forderung von 9600 *M* gegen seine Schuld von 9167,65 *M* auf. Forderung und Gegenforderung waren fällig. Deshalb sehen die Beklagten den Klaganspruch als durch Aufrechnung erloschen an (§ 389 BGB.). Dieser Auffassung ist der Berufungsrichter beigetreten.... Der Kläger hat der Aufrechnung entgegengehalten, bereits am 1. Juli 1910 habe die N. Bank ihre Zahlungen eingestellt. Davon habe der Erblasser der Beklagten Kenntnis gehabt und sich im Einvernehmen mit M. dessen Forderung zum Zwecke der Aufrechnung abtreten lassen. Der Kläger bedient sich nicht der Anfechtung nach §§ 29 flg. KO., wie der Berufungsrichter ausdrücklich feststellt, sondern lediglich des § 55 Nr. 3 KO. Er rügt Verletzung dieser Gesetzesvorschrift und außerdem die Verletzung der §§ 139, 286, 551 Nr. 7 ZPO.

Die zuletzt angezogene Gesetzesstelle bleibt außer Betracht. ... § 55 KO. regelt im Abs. 1 Nr. 3 den Fall besonders, wenn ein Schuldner vor der Konkurseröffnung durch Abtretung eine Forderung an den Gemeinschuldner erworben hat, ihm aber zur Zeit des Erwerbes der Forderung die Zahlungseinstellung des Gemeinschuldners bekannt war. § 55 lautet in seinem hier in Betracht kommenden Teile: „eine Aufrechnung im Konkursverfahren ist unzulässig, wenn jemand vor der Eröffnung des Verfahrens dem Gemeinschuldner etwas schuldig war und eine Forderung an den Gemeinschuldner ... durch Rechtsabtretung ... erworben hat, falls ihm zur Zeit des Erwerbes bekannt war, daß der Gemeinschuldner seine Zahlungen eingestellt hatte." ... Die Voraussetzungen der Anwendung dieser Vorschrift hält der Berufungsrichter hier für gegeben; er versagt jedoch den Erfolg und läßt die Aufrechnung zu, weil die N. Bank erst am 11. Juli 1910 ihre Zahlungen eingestellt habe. ... (Das Urteil erörtert nun zwei Verstöße des Berufungsurteils gegen § 139 und § 286 ZPO. Sodann wird fortgefahren:)

Diese Verstöße führen zur Aufhebung des Urteils und zur Zurückverweisung; denn auf ihnen beruht das Urteil. Würde es nämlich bei der erneuten Verhandlung gelingen, auch nur den 9. Juli 1910 (also nicht schon den 8. Juli) als den Tag der Zahlungseinstellung zu ermitteln, so würde der Kläger zum Beweise zuzulassen sein, daß der Erblasser der Beklagten, als er am 9. Juli 1910 die Forderung erwarb, die Zahlungseinstellung kannte, wenn die übrigen Voraussetzungen des § 55 Nr. 3 KO. ebenfalls erfüllt sind. Die Beklagten bestreiten das, weil § 55 Nr. 3 KO. ausdrücklich nur den Fall der Aufrechnung „im Konkursverfahren" treffe, die Aufrechnung hier aber am 9. Juli 1910, also vor Eröffnung des Konkurses, erklärt worden sei. Sie meinen, die durch § 55 Nr. 3 KO. verbotene Aufrechnung falle nicht unter das Verbot, wenn sie schon vor Konkursbeginn vollzogen sei, sondern sie äußere die in § 389 BGB. bestimmte Wirkung des Erlöschens der Schuld. Der Konkursverwalter sei auf eine Anfechtung nach § 30 Nr. 2 KO. beschränkt. Folgt man dieser Ansicht, so wäre die Klage abzuweisen; denn eine Anfechtung ist nicht erfolgt, wie dies der Berufungsrichter, ohne einem Einwande zu begegnen, ausdrücklich an der Spitze seiner Erwägungen ausgeführt hat.

Der Ansicht der Beklagten ist jedoch nicht beizutreten. § 55 Nr. 3 KO. trifft hier unmittelbar zu. Er erklärt in den drei von ihm aufgezählten Fällen die Aufrechnung „im Konkursverfahren" für unzulässig. Es ist zuzugeben, daß dieser die ganze Vorschrift einleitende Satz, wenn man ihn rein wörtlich nimmt, zu dem Mißverständnis Veranlassung geben kann, es wolle der Gesetzgeber die Aufrechnungserklärung zeitlich beschränken, sie nämlich während der Dauer des Konkursverfahrens verbieten und nur dies verfügen. Im § 63 KO. haben die Worte „im Konkursverfahren" allerdings nur die enge Bedeutung, daß die dort bezeichneten Ansprüche zwar in dem mit der Konkurseröffnung eingeleiteten Verfahren nicht geltend gemacht werden können, wohl aber nach Beendigung des Konkurses. Im § 55 KO. haben die Worte „im Konkursverfahren" noch eine andere Bedeutung für den Fall der Nr. 3 der Vorschrift. In diesem Falle sollen sie nämlich als gleichbedeutend gebraucht sein mit den Worten „im Verhältnis des Gläubigers zu der vom Konkursverwalter vertretenen Konkursmasse". Diesen Gedanken kann man auch dahin ausdrücken, der Gesetzgeber ziele mit den Worten „im Konkursverfahren" nicht auf einen zeitlichen Ausschluß der Aufrechnungserklärung während des Konkursverfahrens ab, sondern auf den Ausschluß der Wirkungen einer Aufrechnungserklärung für die Dauer des Konkursverfahrens.

Diese Auslegung der streitigen Worte „im Konkursverfahren" entspricht allein dem Sinn und Zweck des Gesetzes, das es im Interesse der Gläubigergesamtheit mit dem Eintritt des Zustandes der Konkursmäßigkeit dem einzelnen Gläubiger unmöglich machen will, sich Deckung vor den anderen Gläubigern durch Schaffung einer Aufrechnungsmöglichkeit zu erwerben. Diese gesetzgeberische Absicht des § 55 KO. ergibt sich zunächst aus dem Zusammenhange der §§ 53 und 54 mit dem § 55 KO. In den §§ 53, 54 KO. wird der Grundsatz aufgestellt und zur Durchführung gebracht, daß ein konkursrechtlich gültig erworbenes Aufrechnungsrecht, wenn auch die Aufrechnung noch nicht vollzogen, d. h. die Aufrechnungserklärung, um mit dem Bürgerlichen Gesetzbuche zu reden, noch nicht rechtswirksam abgegeben werden kann, im Konkurse doch einen Anspruch auf Deckung durch Abgabe der Aufrechnungserklärung verleiht. Im Gegensatze zu §§ 53 und 54 KO. stellt § 55 KO. die Fälle zusammen, in denen nicht etwa die Aufrechnungserklärung vor der Konkurseröffnung nicht möglich war, sondern in denen vielmehr die wirksame Entstehung eines Aufrechnungsrechts (einer Aufrechnungslage) zugunsten eines einzelnen entweder durch den Eintritt des Konkurses (Nr. 1 und 2 des § 55) oder durch den Konkursanspruch aller Gläubiger (Nr. 3 des § 55) ausgeschlossen wird. Entstanden ist der Konkursanspruch aller Gläubiger sowohl mit Einstellung der Zahlungen, als auch mit Stellung eines Konkursantrags. Mit der Entstehung dieses Konkursanspruchs, d. h. des Anspruchs auf Konkurseröffnung, kann niemand mehr ein Recht auf Aufrechnung erwerben. Dies ist der leitende Gedanke des § 55 KO. Dieser Grundsatz des § 55 wird dann in § 56 KO. gegen eine Umgehung durch Einschiebung von Mittelspersonen geschützt.

Die Motive zum § 48 der KO. vom 1. Februar 1877 besitzen noch ungeschwächte Bedeutnng; denn der § 55 KO. vom 20. Mai 1898, der an die Stelle des alten § 48 KO. getreten ist, hat seine frühere Fassung beibehalten. Diese Motive erklären sich eingehend über den dritten Fall des § 55 der jetzt geltenden Konkursordnung, wonach Schuld und Forderung zwar vor der Konkurseröffnung sich in aufrechnungsfähigem Zustande gegenüberstanden, der Schuldner aber bei Erwerb der Forderung den Eintritt des Konkursanspruchs kannte. Sie führen aus, der Schuldner, der eine Forderung an den Gemeinschuldner in Kenntnis des Konkursanspruchs aller Gläubiger erwerbe und nun aufrechne, könne mit Hilfe der Anfechtungsgrundsätze nur unter ganz besonderen Umständen an der Erlangung voller Deckung durch Aufrechnung gehindert werden, weil wohl ein Gläubiger gegen den Grundsatz der Gleichheit aller Gläubiger sich verfehle, wenn er sich in Kenntnis des Konkursanspruchs vor anderen Befriedigung verschaffe, nicht aber ein Schuldner des Gemeinschuldners. Lasse man diesen Zustand bestehen, so würden die schlimmsten Mißbräuche freigegeben. Infolge des Eintritts des Konkursanspruchs sänken die Forderungen an den Gemeinschuldner im Werte. Seine Schuldner könnten Forderungen in diesem Zeitpunkte billig erwerben und sich ihrer Schuld durch Aufrechnung zum Nachteile der Masse bequem entledigen.

Auch auf Schiebungen anderer Art, die zu einer Ausplünderung der Masse führen müßten, weisen die Motive hin. Allen diesen Unzuträglichkeiten will § 55 Nr. 3 KO. abhelfen. Eine solche Abhilfe ist aber nur möglich, wenn man mit den Motiven den § 55 Nr. 3 KO. so versteht, wie ihn der Gesetzgeber verstanden wissen wollte.

Der Wille des Gesetzgebers in diesem Sinne hat auch im § 55 KO. selbst deutlichen Ausdruck gefunden. Der § 55 KO. behandelt drei Fälle. Im ersten Falle ist die Schuld, die durch Aufrechnung getilgt werden soll, nach der Konkurseröffnung entstanden; im zweiten Falle ist die Forderung, die zur Aufrechnung verwendet werden soll, nach der Konkurseröffnung erworben; im dritten Falle ist die Forderung, die zur Aufrechnung verwendet werden soll, zwar vor der Konkurseröffnung erworben, aber es befand sich der Erwerber nicht in gutem Glauben. Wenn nun in allen drei Fällen verfügt wird, die Aufrechnung finde im Konkursverfahren nicht statt, so kann dies nicht heißen, die Aufrechnungserklärung könne in dem dritten Falle noch bis zur Konkurseröffnung abgegeben werden, obgleich der böse Glaube bereits zur Zeit des Erwerbes der Forderung vorhanden war. Die Gleichstellung der Nr. 3 des § 55 KO. mit der Nr. 2 des § 55 kann vielmehr nur bedeuten, daß der böse Glaube dieselbe Wirkung des Ausschusses der Aufrechnung haben solle, wie wenn der Konkurs zur Zeit des Erwerbs der Forderung bereits eröffnet gewesen wäre.

Zur gleichen Auffassung von der Bedeutung des § 55 Nr. 3 KO. hat sich bereits der VII. Zivilsenat in seinem Urteile vom 24. März 1914, Rep. VII. 509/13, bekannt.

Aus diesen Gründen konnte der Erblasser der Beklagten die von M. erworbene Forderung nicht zur Aufrechnung benutzen, wenn zur Zeit der Abtretung am 9. Juli 1910 die N. Bank bereits ihre Zahlungen eingestellt hatte und der Erblasser der Beklagten diese Zahlungseinstellung kannte. Ob dies aber der Fall ist, bedarf, wie bereits ausgeführt, erst noch der Feststellung.“ . . .

7. Nach welchen Rechtsregeln und unter welchen Voraussetzungen kann eine Gesellschaft m. b. H. Auszahlungen zurückfordern, die sie ihrem Gesellschafter als Vorschuß auf künftigen Gewinnanteil geleistet hat?

GmbHG. § 31.
BGB. § 812.

II. Zivilsenat. Urt. v. 12. Mai 1914 i. S. E.=E., G. m. b. H. und H. E. (Bekl.) w. C. & E., G. m. b. H. i. Liq. (Kl.). Rep. II. 96/14.

I. Landgericht Hamburg, Kammer für Handelssachen.
II. Oberlandesgericht daselbst.

Der Mitbeklagte H. E. war Gesellschafter und Geschäftsführer der beiden streitenden Gesellschaften m. b. H. gewesen. Er hatte seinen Geschäftsanteil bei der klagenden Gesellschaft an die Beklagte abgetreten und für diese im Laufe der ersten neun Monate des Jahres 1912 verschiedene Beträge als Vorschüsse auf den zu erwartenden Gewinn des Jahres 1912 bei der Klägerin entnommen. Die Klägerin war am 1. Oktober 1912 in Liquidation getreten; einen Abschluß für das Jahr 1913 hatte sie nicht festgestellt. Mit der Klage forderte der Liquidator die gezahlten Vorschüsse zurück. Im Laufe des Prozesses legte er einen Status per 3. Oktober 1913 vor, wonach durch die streitigen Entnahmen das Stammkapital der klagenden Gesellschaft nicht angegriffen war, wohl aber die beklagte Gesellschaft mehr erhalten hatte, als nach dem Stande der Liquidationsmasse als Anteil am Überschusse des Gesellschaftsvermögens über das Stammkapital auf sie entfallen würde. Die Beklagten entgegneten, daß tatsächlich im Jahre 1912 ein die Vorschüsse deckender Gewinn erzielt sei und daß die Verrechnung der Vorschüsse bei der schließlichen Auseinandersetzung der Gesellschaften zu erfolgen habe.

Das Landgericht wies die Klage ab. Das Oberlandesgericht verurteilte die Beklagten. Ihre Revision wurde zurückgewiesen aus folgenden

Gründen:

„Auf § 31 des Gesetzes, betr. die Gesellschaften m. b. H. kann die Klage nicht gegründet werden. Diese Vorschrift gibt der Gesellschaft ein Recht zur Rückforderung nur für den Fall, daß das zur

Erhaltung des Stammkapitals erforderliche Vermögen an die Gesellschafter ausgezahlt ist. Nach dem eigenen Schriftsatze der Klägerin vom 27. November 1913 ist aber ihr Stammkapital durch die Entnahmen der Beklagten nicht angegriffen worden. Deswegen sind die Beklagten nicht durch die Vorschrift des § 31 Abs. 1 zur Rückzahlung verpflichtet. Es ist folglich auch die Frage gegenstandslos, ob eine solche Pflicht, wenn sie bestände, infolge der Gutgläubigkeit der Beklagten gemäß § 31 Abs. 2 eingeschränkt wäre. Der Anspruch der Klägerin ist aber gemäß den allgemeinen Grundsätzen des bürgerlichen Rechtes begründet.

Nach dem Vorbringen der Beklagten, das, weil unwiderlegt, hier als richtig zu unterstellen ist, sind die streitigen Beträge der Beklagten zu 1, die Gesellschafterin der Klägerin war, als Vorschuß auf den erwarteten Gewinn des Jahres 1912 ausbezahlt worden, und zwar zu Händen ihres Geschäftsführers, des Beklagten zu 2, der zugleich Geschäftsführer der Klägerin war, und mit Zustimmung des anderen klägerischen Geschäftsführers C. Hiernach genügt zur Rechtfertigung der Klage nicht der Ausspruch des Oberlandesgerichts, die Entnahmen seien rechtswidrig, da das GmbHG. keine Vorschüsse auf Gewinn zulasse. Das Gesetz kennt und regelt freilich nur die Verteilung eines aus der festgestellten Jahresbilanz sich ergebenden Reingewinns; es enthält aber kein Verbot anderer Verteilungen, wie es für die Aktiengesellschaft in § 215 HGB. aufgestellt ist. Ein solches Verbot ist für die Gesellschaft m. b. H. weder in ausdrücklichen Worten ausgesprochen, noch ergibt es sich aus der Gesamtheit des Gesetzes, denn das Interesse der Gläubiger ist durch § 31 gewahrt, und zwingende Bestimmungen zum Schutze der Gesellschafter hat der Gesetzgeber grundsätzlich nicht treffen wollen. Da demnach die Auszahlung von Vorschüssen auf den erwarteten Gewinn nicht gegen ein gesetzliches Verbot verstößt, kann die Erstattung auch nicht etwa auf Grund § 817 BGB. gefordert werden. Ebensowenig liegt ein Fall des § 826 vor. Die Beklagten haben nicht sittenwidrig und nicht vorsätzlich zum Schaden der Klägerin gehandelt, sondern sie haben nur von den gesetzlichen Vertretern der Klägerin Zahlungen erhalten und angenommen, auf die sie, wie bei der Leistung beiden Parteien bekannt war, der Zeit nach keinen Anspruch hatten.

Dagegen ist der Anspruch gemäß § 812 Satz 2 BGB. gerechtfertigt. Die streitigen Zahlungen sind vorschußweise an die Beklagten geleistet und zwar in Vorschuß auf den Gewinnanteil, den die Beklagte zu 1 nach ordnungsmäßiger Feststellung des Abschlusses und Reingewinns für das Jahr 1912 zu beanspruchen haben würde. Weil nun aber die klagende Gesellschaft am 1. Oktober 1912 in Liquidation getreten ist, ist für das Geschäftsjahr 1912 weder ein Abschluß festgestellt, noch die Verteilung eines Reingewinns beschlossen worden. Der Anspruch der Beklagten zu 1, auf den die streitigen Zahlungen im voraus geleistet sind, ist also nicht zur Entstehung gelangt, weshalb sich die Rückforderung gemäß § 812 Satz 2 BGB. (als condictio causa data causa non secuta) rechtfertigt.

Hiergegen kann auch nicht eingewandt werden, daß ein den Vorschüssen entsprechender Gewinn im Jahre 1912 möglicherweise erzielt sei und sich aus der Schlußabrechnung der Liquidation ergeben werde. Diese Schlußabrechnung ergibt nur die Höhe des Gesellschaftsvermögens und somit seinen Überschuß über das Stammkapital, nicht aber den Reingewinn eines bestimmten Jahres. Wenn sich beim Ende der Liquidation für die Beklagte ein Anspruch auf Anteil am Überschusse des Gesellschaftsvermögens über das Stammkapital ergeben sollte, so ist dies inhaltlich ein anderer Anspruch als derjenige, auf den sie die streitigen Summen als Vorschuß erhalten hat. Der Anspruch auf Anteil am Überschusse des Gesellschaftsvermögens wird auch sehr viel später fällig, als der Anspruch auf Gewinnanteil für 1912 fällig geworden wäre, wenn er überhaupt entstanden wäre. Hätte eine Gewinnverteilung für 1912 stattgefunden, so wäre sie in den ersten Monaten des Jahres 1913 erfolgt. Um diese Zeit sollte also nach der bei Vorauszahlung der streitigen Beträge bestehenden Absicht der Vorschuß, sei es durch Verrechnung auf den Gewinn sei es durch Rückzahlung, bereinigt werden. Das war für die klagende Gesellschaft wichtig; denn offenbar hatte sie ein Interesse daran, daß Rechtsverhältnisse, wie sie sich aus der zwar nicht gesetzlich verbotenen, aber wirtschaftlich bedenklichen Vorschußleistung auf künftigen Gewinn ergeben, nicht lange schwebend blieben.

Der begrifflich und inhaltlich verschiedene, auch viel später fällige Anspruch auf Anteil an einem etwaigen Überschusse der Liquidation kann daher nicht dem Anspruch auf Gewinnanteil für 1912 gleichgesetzt werden. Sobald feststand, daß infolge des Eintritts der Klägerin in die Liquidation ein Reingewinn für 1912 nicht zur Verteilung kam, war auch die endgültige Gewißheit gegeben, daß den Beklagten derjenige Anspruch, zu dessen Tilgung sie die streitigen Beträge im voraus empfangen hatten, niemals erwachsen würde. Mit diesem Zeitpunkte wurden die Beklagten zur Rückerstattung der Vorschüsse verpflichtet. Der Berufungsrichter hat also mit Recht dem Klagantrage, soweit er aufrecht erhalten ist, stattgegeben."

---

8. **Rechtliche Natur der im § 17 Abs. 1 des Gesetzes, betr. die Gesellschaften m. b. H., geforderten „Genehmigung". Kann ihr genügt werden durch Einreichung der Liste der Gesellschafter zum Handelsregister? Bedeutung der Vorschrift des § 17 Abs. 2 des genannten Gesetzes.**

II. Zivilsenat. Urt. v. 12. Mai 1914 i. S. Dr. S. (Kl.) w. Kontorhaus Fr., Gesellsch. m. b. H. (Bekl.). Rep. II. 51/14.

I. Landgericht Hamburg.
II. Oberlandesgericht daselbst.

Die Beklagte ist eine Gesellschaft m. b. H. mit einem Stammkapital von 100000 *M*, die am 23. Dezember 1903 in das Handelsregister eingetragen wurde. Nach dem Gesellschaftsvertrage vom 9. Dezember 1903 übernahm der Gesellschafter S. eine Stammeinlage von 96000 *M* und der Gesellschafter F. eine solche von 4000 *M*. Am 9. Dezember 1903 wurden zwei weitere notarielle Verträge geschlossen. In dem ersten zwischen S. und F. verpflichtete sich S., einen Teil von 32000 *M* von seinem 96000 *M* betragenden Geschäftsanteil an F. nach Eintragung der Gesellschaft in das Handelsregister zu übertragen und als Gesellschafter zu der Übertragung seine Genehmigung zu erteilen. In dem zweiten zwischen dem Kläger, F. und S. verpflichtete sich F. „einen Teil von 8000 *M* von seinem ihm von S. zu übertragenden Geschäftsanteil" sowie seinen Stammgeschäftsanteil von 4000 ℳ sofort nach Eintragung der Gesellschaft in das Handelsregister an den Kläger zu übertragen und als Gesellschafter seine Genehmigung hierzu zu erteilen. Auch S. verpflichtete sich, zu der Abtretung als Gesellschafter die Genehmigung zu erteilen. Am 28. Dezember 1903, nach Eintragung der Gesellschaft in das Handelsregister, wurden wiederum zwei notarielle Verträge geschlossen. In dem ersten übertrug S. einen Teil von 32000 ℳ von seinem Geschäftsanteil an F. In dem zweiten übertrug F. „einen Teil von 12000 ℳ von seinem Geschäftsanteil" an den Kläger, wogegen der Kläger erklärte, daß er von F. diesen Teil des Geschäftsanteils in Höhe von 12000 ℳ erwerbe.

Auf Grund der geschilderten Vorgänge will der Kläger Gesellschafter der Beklagten geworden sein. Als solcher erhob er Klage auf Aufhebung mehrerer gegen seinen Widerspruch gefaßter, angeblich gegen den Gesellschaftsvertrag verstoßender Beschlüsse der Gesellschafterversammlung. Die beiden Vorinstanzen wiesen die Klage ab, weil der Kläger nicht Gesellschafter geworden sei. Die Revision des Klägers wurde zurückgewiesen aus folgenden

Gründen:

„Gesellschafter der beklagten Gesellschaft ist der Kläger durch die in dem notariellen Vertrage vom 28. Dezember 1903 beurkundete Abtretung nicht geworden, weil, wie das Berufungsgericht zutreffend annimmt, die in § 17 GmbHG. vorgeschriebene Genehmigung der Gesellschaft nicht erteilt worden ist.

Erforderlich ist nach Abs. 1 § 17 die Genehmigung der Gesellschaft. Die Genehmigung ist gleichbedeutend mit der Zustimmung eines Dritten im Sinne des § 182 BGB. Sie kann daher wirksam nur dem einen oder anderen Vertragsteilnehmer gegenüber und muß namens der Gesellschaft erklärt werden. Dieses Erfordernis ist zwingenden Rechtes für den Fall der Abtretung eines Teiles eines Geschäftsanteils an einen Nichtgesellschafter, wie es der Kläger zur Zeit der Abtretung war. Namens der Gesellschaft kann aber die Genehmigung nur durch den Geschäftsführer erklärt werden. Hieran kann durch die Bestimmung in § 6 des Gesellschaftsvertrags der Beklagten, daß der Aufsichtsrat die Genehmigung zu erteilen habe, nichts geändert werden. Denn die hier in Betracht kommende Genehmigungserklärung ist ein Rechtsgeschäft, bei dem die Gesellschaft nur durch den Geschäftsführer, nicht auch durch den Aufsichtsrat vertreten werden kann. Der letztere hat Vertretungsmacht für die Gesellschaft nur bei Rechtsgeschäften mit dem Geschäftsführer; eine Vertretungsbefugnis gegenüber anderen Personen kann ihm auch durch den Gesellschaftsvertrag nicht eingeräumt werden (§ 52 GmbHG., §§ 246, 247 HGB.).

Fraglich könnte nur sein, ob die Genehmigung des Geschäftsführers allein genügt, oder ob deren Wirksamkeit auch Dritten gegenüber kraft Gesetzes bedingt ist durch die nach § 46 Nr. 4 GmbHG. den Gesellschaftern zustehende Bestimmung über die Teilung von Geschäftsanteilen und ob nicht im vorliegenden Falle durch § 6 des Gesellschaftsvertrags gemäß § 45 GmbHG. die den Gesellschaftern zustehende Bestimmung auf den Aufsichtsrat übertragen worden ist. Diese Frage aber, ob auch die Zustimmung der Gesellschafter oder des im vorliegenden Falle an ihre Stelle tretenden Aufsichtsrats zur Wirksamkeit nach außen erforderlich sei, kann unentschieden bleiben, da jedenfalls eine Genehmigungserklärung des Geschäftsführers erforderlich und eine solche nach den Feststellungen des Berufungsgerichts in einer dem Abs. 2 § 17 GmbHG. genügenden Weise nicht abgegeben ist. . . .

Erforderlich ist nach Abs. 2 § 17 für die Genehmigung eine bestimmte Form, die schriftliche, und ein bestimmter Inhalt. In letzterer Beziehung muß die Genehmigung außer der Person des Erwerbers den Betrag bezeichnen, welcher von der Stammeinlage des ungeteilten Geschäftsanteils auf jeden der durch die Teilung entstehenden Geschaftsanteile entfällt. Im vorliegenden Falle war der Stammgeschäftsanteil des S. von 96000 M bereits durch den Vertrag zwischen S. und F. vom 28. Dezember 1903 in zwei Geschäftsanteile geteilt, von denen S. einen solchen von 64000 M behielt, während ein solcher von 32000 M an F. abgetreten wurde, so daß F. nunmehr zwei Geschäftsanteile hatte, seinen Stammgeschäftsanteil von 4000 M und den von S. hinzuerworbenen von 32000 M. Nach dieser Feststellung unterliegt es allerdings keinem Zweifel, daß durch den folgenden Vertrag von demselben Tage zwischen F. und dem Kläger nach dem Willen der Vertragschließenden ein Teil von 12000 M von dem von F. hinzuerworbenen, durch Teilung entstandenen Geschäftsanteil von 32000 *M* dem Kläger abgetreten werden sollte. Die zur rechtlichen Wirksamkeit dieses Abtretungsvertrags erforderliche schriftliche Zustimmung der Gesellschaft muß aber nicht nur den Betrag bezeichnen, der an den Kläger abgetreten ist, sondern auch den Betrag des dem F. verbleibenden, durch die nachmalige Teilung in seinem Betrage verminderten Geschäftsanteils. Diesem Erfordernis würde auch genügt sein durch Angabe des ursprünglichen Betrags des F.schen von S. erworbenen Geschäftsanteils und des Betrags des davon an den Kläger abgetretenen Geschäftsanteils, weil sich daraus ohne weiteres die Beträge der durch die zweite Teilung entstandenen Geschäftsanteile von 20000 *M* für F. und von 12000 *M* für Kläger ergeben würden. Die Beträge dieser durch die Teilung entstandenen Geschäftsanteile müssen sich jedoch aus der schriftlichen Genehmigungserklärung selbst ergeben oder mindestens aus schriftlichen Urkunden, die in der Erklärung in Bezug genommen sind. Es genügt nicht, daß die Beträge durch außerhalb der Genehmigungsurkunde liegende Umstände festgestellt werden können. Schon aus diesem Grunde konnte in der Abtretungsurkunde vom 28. Dezember 1903 selbst eine rechtswirksame Genehmigung der Gesellschaft nicht gefunden werden, da jede ziffermäßige Angabe über den Betrag des F.schen Geschäftsanteils sowohl vor wie nach der Teilung fehlt.

Eine solche Genehmigung ist auch, entgegen der Annahme der Revision, nicht enthalten in dem notariellen von dem Kläger, F. und S. abgeschlossenen Vertrage vom 9. Dezember 1903, auch nicht für den Betrag von 8000 *M*. Dies schon deshalb nicht, weil jede ziffermäßige Angabe über den Betrag des von S. an F. zu übertragenden Geschäftsanteils, von dem wiederum ein Teil von 8000 *M* dem Kläger abgetreten werden soll, in der Vertragsurkunde fehlt, so daß aus der Urkunde nicht der Betrag ersichtlich ist, welcher nach der Abtretung an den Kläger dem F. von seinem von S. zu erwerbenden Geschäftsanteile verbleiben soll. Überdies enthält der Vertrag nur die Verpflichtung des F. und des S., ihre Genehmigung künftig zu erteilen, nicht die Erklärung der Genehmigung selbst, und F. hat auch diese Verpflichtung ausdrücklich nur in seiner Eigenschaft als Gesellschafter, nicht auch als Geschäftsführer übernommen. Die letztere Unterscheidung erweist sich keineswegs als bedeutungslos, zumal F. als Geschäftsführer, wenigstens im Innenverhältnis, nicht ohne die in § 6 des Gesellschaftsvertrags vorgeschriebene Genehmigung des Aufsichtsrats handeln durfte.

Endlich haben sich F. und S. nur verpflichtet, als Gesellschafter zu genehmigen, daß der Kläger von F. dessen Stammgeschäftsanteil von 4000 *M* und einen Teil von 8000 *M* von dem dem F. von S. zu übertragenden Geschäftsanteil erwerbe. Der Kläger hat aber von F. etwas anderes erworben, nämlich nicht dessen Stammgeschäftsanteil, vielmehr nur einen Teil des dem F. von S. zu übertragenden Anteils, und von diesem nicht 8000 *M* sondern 12000 *M*. Berücksichtigt man, daß die Stammeinlage des F. durch Barzahlung, diejenige des S. aber durch Einbringen eines Grundstücks zu leisten war, daß sich mithin die nach § 16 Abs. 3 GmbHG. mit dem Erwerbe des Klägers verbundenen Verpflichtungen verschieden gestalten konnten, je nachdem Kläger die Stammeinlage des F. oder einen Teil der Stammeinlage des S. erwarb, so kann nicht ohne weiteres mit der Revision angenommen werden, daß die in der Urkunde vom 9. Dezember 1903 übernommene Verpflichtnng des F. und des S. zur Erteilung der Genehmigung auch die tatsächlich erfolgte Abtretung von 12000 *M* des ursprünglich S.schen Geschäftsanteils wenigstens in Höhe von 8000 *M* umfaßte.

Weiter beruft sich die Revision auf die vom Geschäftsführer unterzeichnete, am 4. Januar 1904 gemäß § 40 GmbHG. zum Handelsregister eingereichte Liste der Gesellschafter, in welcher der Kläger mit einer Stammeinlage von 12000 *M* aufgeführt ist. Das Berufungsgericht hat mit Recht in dieser Liste die erforderliche Genehmigung der Gesellschaft schon deshalb nicht gefunden, weil die Liste inhaltlich dem § 17 Abs. 2 des Gesetzes nicht genügt, da sie nicht erkennen läßt, von welchem vorher ungeteilten Geschäftsanteile die 12000 *M* stammen, mit denen der Kläger nach der Liste an der Gesellschaft beteiligt sein soll (vgl. RGZ. Bd. 64 S. 153).

Von diesem, im Gesetz unzweideutig ausgesprochenen Erfordernis hat weder die Entscheidung des erkennenden Senats Jur. Wochenschr. 1904 S. 123 Nr. 28 noch die Entscheidung des VII. Zivilsen. des Reichsgerichts vom 10. Juni 1910 (Jur. Wochenschr. 1910 S. 843 Nr. 85) abgesehen. In letzterer Entscheidung wird besonders hervorgehoben, daß die damals in Frage stehende Liste nach der Feststellung des Berufungsgerichts den Erfordernissen des § 17 Abs. 2 genügte, und es handelte sich nur um die Frage, ob die nach Form und Inhalt die gesetzlich vorgeschriebene Genehmigung des Geschäftsführers enthaltende Liste dem Veräußerer oder Erwerber zugegangen war. Die namens der Gesellschaft abzugebende Genehmigungserklärung ist, wie bereits hervorgehoben, nach Inkrafttreten des Bürgerlichen Gesetzbuchs eine einseitige empfangsbedürftige Willenserklärung, die entweder dem Veräußerer oder dem Erwerber als den Erklärungsgegnern zugehen muß. Ist, wie im vorliegenden Falle, die Person des Veräußerers und die des Geschäftsführers dieselbe, so kann der Geschäftsführer nach § 181 BGB. das einseitige empfangsbedürftige Rechtsgeschäft der Genehmigung namens der Gesellschaft jedenfalls nicht sich selbst gegenüber gültig vornehmen. Der Veräußerer scheidet also hier als Erklärungsempfänger aus. Dem steht nicht entgegen, daß in dem mehrfach erwähnten Urteile des erkennenden Senats Jur. Wochenschr. 1904 S. 123 die Einreichung der Liste durch den Geschäftsführer, der zugleich der Veräußerer war, für genügend erachtet wird. Denn damals handelte es sich um eine angeblich im Jahre 1898 erteilte Genehmigung und eine vor dem Inkrafttreten des Bürgerlichen Gesetzbuchs eingereichte Liste, und es wurde für den damaligen Rechtszustand nicht eine rechtsgeschäftliche empfangsbedürftige Genehmigung, sondern nur eine tatsächliche Kundmachung des Einverständnisses der Gesellschaft für erforderlich angesehen.

Dem Erwerber aber, also hier dem Kläger, ist nach seiner eigenen Behauptung die Liste nicht zugegangen, so daß sie auch schon aus diesem Grunde als Genehmigung der Gesellschaft nicht in Betracht kommen kann. Der bloße Umstand, daß die Liste zum Handelsregister eingereicht wurde, kann nicht die Bedeutung haben, daß diese Liste einem der bei der Veräußerung eines Teiles eines Geschäftsanteils Beteiligten zugegangen ist. Ob dies der Fall wäre, wenn die Liste vorher einem der Beteiligten, hier dem Erwerber, vorgelegt worden wäre, kann dahingestellt bleiben, da eine solche Vorlage nach dem Vorbringen der Parteien nicht erfolgt ist. Der Kläger behauptet nur, daß er im Laufe der Berufungsinstanz von den zum Handelsregister eingereichten Gesellschafterlisten Einsicht genommen habe.

Wenn auch die Einreichung der Liste als Ausdruck des Willens des Geschäftsführers angesehen werden dürfte, jedem, welcher von der Befugnis zur Einsicht des Handelsregisters Gebrauch macht, den Inhalt der Liste kundbar zu machen, so fehlt doch der Wille, daß gerade den an der Veräußerung Beteiligten die Liste kundgemacht werden, daß ihnen die Liste zugehen soll. Ohne einen solchen Willen des Geschäftsführers ist aber die Liste den Beteiligten nicht zugegangen, wenn es ihnen auch tatsächlich wie jedem anderen möglich ist, sich von der Liste Kenntnis zu verschaffen und sie diese Möglichkeit demnächst verwirklicht haben. Es genügt, daß die Erklärung in der Liste nicht für die Beteiligten, hier den Erwerber, bestimmt war, um ein Zugehen der Erklärung an ihn im Sinne des § 130 BGB. auszuschließen. Schon deshalb kann im vorliegenden Falle die Einreichung der Liste nicht als Genehmigungserklärung der Gesellschaft gelten, selbst wenn man in der lediglich zum Handelsregister gemäß § 40 GmbHG. eingereichten Liste einen Ausdruck des Willens, dem Erwerber gegenüber, den Erwerb des Anteils zu genehmigen, erblicken könnte. Zudem würde, nachdem im gegenwärtigen Prozesse die Gesellschaft durch ihren Geschäftsführer dem Kläger erklärt hat, daß sie die Genehmigung versage, diese sich nicht mehr in einem späteren Zeitpunkte dadurch, daß der Kläger in der Berufungsinstanz von der am 4. Januar 1904 eingereichten Liste Einsicht nahm, vollenden können.

Inhaltlich der notariellen Verhandlung vom 23. April 1904 endlich haben zwar in der Gesellschafterversammlung der Beklagten die als alleinige Gesellschafter aufgeführten drei Personen, der Kläger, F. und S., erklärt, daß die Geschäftsanteile des Klägers 12000, die des S. 64000 und die des F. 24000 *M* betrügen. Damit haben zwar, wie die Revision hervorhebt, F. und S. den Kläger als dritten Gesellschafter anerkannt. Indes enthielt auch jene Erklärung nicht die für den Erwerb des Klägers nach § 17 Abs. 2 des Gesetzes erforderliche Bezeichnung, von welchem vorher ungeteilten Geschäftsanteile die 12000 *M* des Klägers stammten. Es ist insbesondere nicht ersichtlich, ob der Kläger und ebenso F. nur einen Geschäftsanteil oder mehrere Geschäftsanteile besaßen, ob also der Kläger als Inhaber des ursprünglichen Stammgeschäftsanteils des F. von 4000 *M* anerkannt werden sollte oder nicht. Daß den beteiligten

Personen die Herkunft des Geschäftsanteils des Klägers bekannt war, ist bedeutungslos, da, wie bereits ausgeführt, diese Herkunft aus der Urkunde selbst hervorgehen muß." ...

---

9. 1. Welche Bedeutung hat bei Wechselforderungen die Zahlung des Regreßschuldners für den Übergang des Wechselrechts auf den Zahlenden?

2. Kann der Wechselregreßschuldner, dem von dem Akzeptanten ein Pfand bestellt ist, im Konkurse des Akzeptanten sein Pfandrecht geltend machen trotz der Anmeldung der Wechselforderung durch den Inhaber des Wechsels?

II. Zivilsenat. Urt. v. 12. Mai 1914 i. S. L. Konkurs (Kl.) w. Bl. Konkurs (Bekl.). Rep. II. 692/13.

I. Landgericht I Berlin.
II. Kammergericht daselbst.

Über das Vermögen des Rauchwarenhändlers Bl. wurde am 20. März 1911 das Konkursverfahren eröffnet. Die Firma L., eine offene Handelsgesellschaft, meldete sieben Wechselforderungen von zusammen 44094 *M* zur Tabelle an, die im Prüfungstermine festgestellt wurden. Die Forderungen rührten aus Akzepten her, die der Gemeinschuldner dem Rauchwarenhändler G. gegeben hatte und die von diesem an die Firma L. indossiert worden waren. Die Wechsel waren fällig in der Zeit vom 10. März bis 10. April 1911. Die Firma L. hatte ferner an den Gemeinschuldner eine vor der Konkurseröffnung entstandene Darlehnsforderung von 96773,70 *M*. Für diese Forderung hatte der Gemeinschuldner der Firma L. fünf Akzepte über zusammen 97318,30 *M* zahlungshalber gegeben. Außerdem hatte er ihr Pelzwaren verpfändet. Die eben erwähnten fünf Wechsel hatte die Firma L. an die Firma Louis W. indossiert. Diese meldete den Wechselbetrag im Konkurs an und erlangte im Prozeßwege die vorbehaltlose Feststellung des ganzen Betrags.

Am 17. August 1911 verteilte der Konkursverwalter eine Abschlagsdividende von 20 %. Da er den auf die festgestellten Wechselforderungen der Firma L. entfallenden Betrag von 8818,80 *M* hinterlegte und das Recht der Gläubigerin auf den Bezug bestritt, verlangte diese von ihm mit der vorliegenden Klage die Einwilligung in die Auszahlung des Hinterlegten. Das Landgericht wies die Klage ab. Die Berufung der Klägerin wurde zurückgewiesen.

Nach der Erlassung des Berufungsurteils geriet die klagende offene Handelsgesellschaft in Konkurs. Auf die Revision des Konkursverwalters wurde das Berufungsurteil aufgehoben und die Sache an das Kammergericht zurückverwiesen.

Aus den Gründen:

„Das Berufungsgericht weist die Klage nicht aus einem einheitlichen Grunde ab, sondern ist der Ansicht, daß sie für die einzelnen Teile der angemeldeten und festgestellten Gesamtforderung der Klägerin aus verschiedenen Gründen hinfällig sei. Für einen Betrag von 21840 *M* nimmt es an, daß die Klägerin deshalb nichts aus der Masse zu beanspruchen habe, weil die Wechselforderung insoweit nicht mehr ihr, sondern ihrem Indossanten G. zustehe. Dazu wird ausgeführt, G. habe schon vor der am 20. März 1911 erfolgten Konkurseröffnung eine auf den Betrag von vier der sieben Wechsel bemessene Sicherheit in Höhe von 21840 *M* der Klägerin ausgehändigt, nach der Anmeldung und Feststellung der klägerischen Konkursforderung sei dann — im Dezember 1911 — zwischen der Klägerin und G. vereinbart worden, daß die vier Wechsel durch den hingegebenen Betrag von G. eingelöst sein sollten. Die Revision wendet sich mit Recht gegen diese Auffassung.

Nach § 145 Abs. 2 KO. hat der von der Klägerin erlangte Tabelleneintrag die Wirkung eines rechtskräftigen Urteils. Die Klägerin kann deshalb auf Grund des Eintrags ohne weiteres die Auszahlung der streitigen Abschlagsdividende verlangen, vorausgesetzt daß sie, wie bei jeder auf einen Wechsel zu leistenden Zahlung, bei der Empfangnahme des Geldes die sie als die legitimierte Inhaberin ausweisenden Wechsel zur Abquittierung vorlegt. Das schließt freilich nicht aus, daß der beklagte Konkursverwalter nachträglich eingetretene Tatsachen geltend macht, die ihn nach § 767 ZPO. zur Erhebung der Vollstreckungsgegenklage berechtigen, und es ist auch dem Berufungsgericht unbedenklich darin beizutreten, daß der Beklagte gegenüber der vorliegenden, auf den Tabelleneintrag gestützten Klage einredeweise solche Tatsachen vorbringen kann. Allein die Erwägungen des Berufungsgerichts reichen nicht aus, den nachträglichen Wegfall des Anspruchs der Klägerin zu begründen.

Wie das Reichsgericht in ständiger Rechtsprechung anerkannt hat, sind Zahlungen, die ein Wechselregreßschuldner dem Wechselinhaber leistet, in ihrer Wirkung den sonstigen Zahlungen gleichzustellen (vgl. RGZ. Bd. 11 S. 18, Bd. 48 S. 214, Bd. 61 S. 5). Die Zahlung als solche hat insbesondere nicht die Folge, daß das Wechselrecht des bisher Berechtigten erlischt und dasjenige des Regreßschuldners wieder auflebt. Sie gibt dem zahlenden Regreßschuldner nur einen Anspruch auf Auslieferung des Wechsels und auch das nur, soweit nicht Abreden entgegenstehen, durch die das Recht zur weiteren Geltendmachung des Wechselanspruchs dem bisherigen Inhaber belassen ist. Im gegebenen Falle erklärt nun das Berufungsgericht allerdings für erwiesen, daß G. nicht nur nach der im Dezember 1911 mit der Klägerin getroffenen Vereinbarung die Wechsel bezahlt habe, sondern daß er sie auch zufolge einer Aushändigung durch die Klägerin besitze. Allein die Ausführungen, womit das Berufungsgericht zu dieser Feststellung und damit zur Verneinung des Gläubigerrechts der Klägerin kommt, können nicht als rechtlich einwandfrei angesehen werden.

Das Berufungsgericht gründet seine Auffassung auf Aussagen, die der Teilhaber der Klägerin Felix W. in einem anderen Rechtsstreit als Zeuge gemacht hat, und auf einen an G. gerichteten Brief des damaligen Zeugen vom 20. Dezember 1911. Eben in diesem Briefe, in dem auch von der Übersendung der Wechsel die Rede ist, hat sich aber Felix W. ausdrücklich vorbehalten, daß der in dem Konkurse des Akzeptanten aus den Wechseln zu erzielende Erlös ihm und nicht dem G. zuzukommen habe, daß er zur Erhebung der Dividende nach wie vor berechtigt sein solle und daß ihm dazu die Wechsel von G. zu übermitteln seien. Wenn das Berufungsgericht hierin nur einen Versuch des Felix W. erblickt, den in Wahrheit eingetretenen Übergang des Wechselrechts auf G. nach Möglichkeit zu verhindern, so wird diese Erwägung der Bedeutung eines solchen Vorbehalts und den Grundsätzen, die für den Übergang des Wechselrechts auf den zahlenden Regreßschuldner gelten, nicht gerecht. Mag auch der Klägerin ein Regreßanspruch gegen G. nicht mehr zustehen und der Besitz der Wechsel auf G. übergegangen sein, so ist damit immer noch vereinbar, daß das Recht zur Geltendmachung des Wechselanspruchs gegen den Akzeptanten der Klägerin verblieben ist. Denn die Tatsache der Tilgung der Regreßschuld würde nur das Verhältnis zwischen der Klägerin und G., dagegen nicht die Verpflichtung des Akzeptanten berühren; eine Besitzübertragung aber, die nicht zum Zwecke der Aufgabe des Wechselrechts erfolgt wäre, könnte den Verlust dieses Rechts nicht nach sich ziehen. Unerheblich für den vorliegenden Rechtsstreit ist das Vorbringen des Beklagten, daß G. den auf ihn übergegangenen Wechselanspruch in dem erwähnten anderen Prozeß erfolgreich zur Aufrechnung gegenüber einem Anspruche der Konkursmasse von 2276 *M* verwendet habe. Was in jenem anderen Rechtsstreit, an dem die Klägerin nicht beteiligt war, G. gegenüber entschieden worden ist, kann die Rechtsstellung der Klägerin nicht beeinträchtigen.

Was sodann die restlichen 22254 *M* der festgestellten klägerischen Gesamtforderung betrifft, so hält das Berufungsgericht insoweit die Klage deshalb für unbegründet, weil das von der Klägerin durch die Ausübung eines Absonderungsrechts Erlangte anzurechnen sei. Die Klägerin war im Besitz eines ihr von dem Gemeinschuldner durch Hingabe von Pelzwaren bestellten Pfandes. Das Pfand war bestellt worden für eine Darlehnsforderung der Klägerin an den Gemeinschuldner, die sich schließlich auf 96773,70 *M* belief, sollte aber auch für alle sonstigen Forderungen der Klägerin haften. Für dieselbe Darlehnsforderung hatte der Gemeinschuldner der Klägerin Akzepte in Höhe von 97318,30 *M* gegeben. Der Anspruch aus diesen Wechseln ist für die Firma Louis W., die Indossatarin der Klägerin, in der Konkurstabelle festgestellt. Die Klägerin hat, wie sie behauptet, aus dem Verkaufe des Pfandes 50233,05 *M* erlöst und den ganzen Erlös an die Firma Louis W. als die ihr gegenüber regreßberechtigte Inhaberin der Wechsel abgeführt. Sie ist der Ansicht, daß das ihr gegen den Gemeinschuldner zustehende Rückgriffsrecht die Einbehaltung des ganzen Pfanderlöses rechtfertige. Das Berufungsgericht hat diese Auffassung nicht gebilligt. Es führt aus, daß die Konkursmasse nicht schlechter gestellt werden dürfe, als wenn die Darlehnsforderung und die aus den Darlehnswechseln herrührenden Forderungen in einer Hand wären und daß die Klägerin, von der der Indossatar volle Befriedigung verlangen könnte, einen entsprechenden Teil des Pfanderlöses auf ihre anderen durch das Pfand gesicherten Forderungen verrechnen oder an die Masse herausgeben müsse, da sie sonst auf Kosten der Masse ungerechtfertigt bereichert wäre. Hiervon ausgehend stellt das Berufungsgericht folgende Berechnung auf. Da nach der glaubhaften, von der beweispflichtigen Klägerin nicht widerlegten Behauptung des beklagten Konkursverwalters eine Gesamtdividende von 60 % zu erwarten sei, erhalte die Firma Louis W. auf ihre Wechselforderungen von rund 97000 ℳ rund 58000 ℳ; dagegen würde, wenn die Wechselforderungen und die Darlehnsforderung in einer Hand wären, bei einem Pfanderlöse von rund 50000 ℳ nur eine Befriedigung von 60 % für 47000 ℳ zu gewähren, also ein Betrag von rund 28200 ℳ aus der Masse zu zahlen sein. Die Masse müsse also rund 29800 (58000—28200) ℳ zuviel zahlen und habe deshalb einen Anspruch darauf, daß die Klägerin einen entsprechenden Teil des Pfanderlöses auf ihre Klageforderung verrechne. Da diese bei Berücksichtigung der durch die Einlösung eines Teiles der ihr zugrunde liegenden Wechsel nur noch 22254 ℳ betrage, erleide die Klägerin an ihr keinen Ausfall und könne deshalb auch keinen Dividendenanspruch erheben.

Diese Erwägungen können schon deshalb nicht zutreffen, weil das Berufungsgericht die geschätzte Dividende als bereits gezahlt behandelt und daraufhin eine Bereicherung, die den Anspruch der Klägerin ausschließen soll, auf Grund einer Tatsache annimmt, die erst der Zukunft angehört und deren Eintritt ungewiß ist. Aber auch sonst ist das Ausgeführte nicht zu billigen. Allerdings kann sich die Klägerin wegen ihrer Darlehnsforderung an der Ausschüttung der Konkursmasse nicht beteiligen, weil der Anspruch aus den für die Forderung hingegebenen Wechseln von der Firma Louis W. angemeldet und für diese zur Tabelle festgestellt ist. Dasselbe gilt nach der ständigen Rechtsprechung des Reichsgerichts von ihrer durch die Einlösung der Wechsel bedingten Forderung aus den Akzepten. Ansprüche solcher Art macht die Klägerin aber auch nicht geltend. Vielmehr verlangt sie, daß das ihr für alle ihre Forderungen bestellte Pfand dazu verwendet werde, ihr Befriedigung für ihre bedingte Forderung zu verschaffen. Die Frage, ob dieses Verlangen zulässig ist, muß bejaht werden. Die abgesonderte Befriedigung erfolgt nach § 4 KO. unabhängig vom Konkursverfahren und unterliegt nicht den Schranken, die für die Teilnahme am Konkurse bestehen. Deshalb ist die Klägerin durch die Anmeldung der Firma Louis W. nicht gehindert, ihr Pfandrecht der Masse gegenüber geltend zu machen. Wollte man dies der Klägerin ganz oder auch nur teilweise versagen, so würde die Folge eintreten, daß die ihr durch das Pfand gewährte Sicherung, die gerade im Falle der Zahlungsunfähigkeit des Schuldners ihre eigentliche Bedeutung erlangen sollte, diesen Zweck nicht erfüllen würde, obwohl sie nach dem Gesetze durch die Konkurseröffnung nicht hinfällig geworden ist. Freilich darf die Geltendmachung des Absonderungsrechts nicht dazu führen, daß die Klägerin sich auf Kosten der Masse bereichert, wie es der Fall sein könnte, wenn die Klägerin auf Grund ihrer Regreßpflicht an die Firma Louis W. weniger zu zahlen hat, als der Pfanderlös beträgt. Allein zurzeit liegt dieser Fall zweifellos nicht vor, da das schließliche Ergebnis überhaupt noch nicht feststeht. Aber auch den von dem Beklagten und dem Berufungsgerichte weiter angezogenen Vorschriften des § 153 KO. ist nach der Sachlage nichts der Klage Entgegenstehendes zu entnehmen. Die Klägerin hat ausdrücklich erklärt, daß sie das Absonderungsrecht geltend mache für ihre Ansprüche aus den Darlehnswechseln und daß sie deshalb hinsichtlich der den Gegenstand der Klage bildenden Wechselforderungen nichts aus dem Rechte auf abgesonderte Befriedigung verlange. Damit hat sie für die letzteren Forderungen in zulässiger Weise auf die abgesonderte Befriedigung verzichtet." ...

---

10. Kann dem gutgläubigen Erwerber einer Briefhypothek entgegengehalten werden, daß die seinen Vormann legitimierenden notariellen Ausfertigungen angeblicher Abtretungserklärungen widerrechtlich angefertigt seien, und daß ihnen entsprechende notarielle Akte nicht zugrunde lägen?

V. Zivilsenat. Urt. v. 13. Mai 1914 i. S. M. (Kl.) w. L. (Bekl.). Rep. V. 551/13.

I. Landgericht Hamburg.
II. Oberlandesgericht daselbst.

Für den Kläger standen auf 8 Grundstücken in B. (Bl. 249, 250, 251, 253, 256, 257, 258, 271) Hypotheken in Teilbeträgen (12000, 12000, 11000, 14370, 10000, 12000, 12000 bzw. 4000 *M*) von zusammen 87370 *M* eingetragen. Am 21. November 1912 übergab der Kläger die Hypothekenbriefe über diese Posten dem damaligen Notar Dr. J. B. in H., wie er angibt zur Herbeiführung der Grundbuchberichtigung, weil er mit der Schuldnerin, Terraingesellschaft B. eing. Genossenschaft m. b. H., Änderungen der Fälligkeits- und Pfandentlassungsbestimmungen vereinbart hatte.

Am 3. Januar 1913 trat Dr. J. B. in einer notariellen Urkunde, die sein Teilhaber, der Notar Dr. O., aufnahm, diese 8 Hypotheken dem Kaufmann N. in H. ab und bewilligte die Aushändigung der überreichten Hypothekenbriefe. Er legte dabei folgende Urkunden vor: a) 8 vom 2. Januar 1913 datierte und von ihm unterschriebene und untersiegelte Ausfertigungen von Abtretungserklärungen, die der Kläger am 28. August 1912 von ihm zugunsten der Firma C. B., Gesellschaft m. b. H., zu notariellem Protokoll abgegeben haben sollte, b) notarielle Generalvollmacht der Firma C. B., die namens dieser der Architekt F. B. am 22. Juni 1912 für den Notar J. B. dem Vertreter von O. zu notariellem Protokoll erklärt und O. am 25. November 1912 ausgefertigt hatte. Noch am selben 3. Januar 1913 trat dann N. in einer von dem Notar Dr. J. B. aufgenommenen notariellen Urkunde die 8 Hypotheken dem Beklagten ab und bewilligte die Aushändigung der Hypothekenbriefe.

Der Kläger erhob Feststellungsklage gegen den Beklagten dahin, daß dieser nicht berechtigt sei, die Umschreibung der Hypotheken im Grundbuche herbeizuführen, und daß ihm irgendwelche Rechtsansprüche auf diese Hypotheken nicht zuständen. Er machte, ohne den guten Glauben des Beklagten in Zweifel zu ziehen, geltend, daß dieser keinerlei Rechte habe erwerben können, weil die Abtretungsurkunden vom 2. Januar 1913 fälschlich ausgefertigt, die angeblichen Urschriften vom 28. August 1912 überhaupt nicht vorhanden und im Notariatsregister nicht eingetragen seien. Der Beklagte, der hiervon nichts zu wissen erklärte, berief sich auf seinen guten Glauben, wurde aber vom Landgericht am 10. April 1913 nach dem Klagantrage verurteilt.

Beim Grundbuchamte dagegen erzielte der Beklagte im Beschwerdewege, zuletzt durch Beschluß des Hanseatischen Oberlandesgerichts vom 19. April 1913, die Anordnung der Umschreibung und demnächst auch die Umschreibung der Hypotheken. Das Oberlandesgericht nahm einen Erwerb in gutem Glauben an und erachtete die Übergabe der Hypothekenbriefe, die der Notar B. dem Grundbuchamt eingereicht hatte, durch die in den Abtretungsurkunden enthaltenen Erklärungen gemäß § 1117 Abs. 2 BGB. für dargetan.

Gegen das Urteil des Landgerichts legte der Beklagte Berufung ein. Der Kläger stellte mit Rücksicht auf die inzwischen erfolgte Umschreibung hilfsweise den Antrag, den Beklagten zur Herausgabe der Hypothekenbriefe und zur Bewilligung der Wiederumschreibung zu verurteilen. Das Oberlandesgericht gab jedoch der Berufung statt und wies die Klage ab. Die vom Kläger hiergegen eingelegte Revision ist zurückgewiesen worden aus folgenden

Gründen:

„In betreff des guten Glaubens des Beklagten, der in den Vorinstanzen nicht angezweifelt worden ist, und in betreff der Übergabe der Hypothekenbriefe, die der Berufungsrichter in Übereinstimmung mit dem Grundbuchrichter für nachgewiesen angenommen hat, sind Revisionsrügen nicht erhoben worden. Bedenken waren in dieser Beziehung auch nicht vorhanden.

Die Revision wendet sich nur gegen die Annahme des Berufungsrichters, daß die Urkunden vom 2. Januar 1913 öffentlich beglaubigte Abtretungserklärungen im Sinne des § 1155 BGB. seien. Wenn, wie der Berufungsrichter unterstellt habe, ein notarieller Akt überhaupt nicht aufgenommen worden sei, so seien sie eine Fälschung, im rechtlichen Sinne ein Nichts; § 1155 BGB. aber verlange zur Legitimation des Veräußerers das Vorhandensein von Abtretungserklärungen.

Dabei wird jedoch übersehen, daß hier nicht ein regelrechter Erwerb mit Hilfe der (angefochtenen) Abtretung vom 28. August 1912 in Frage steht, sondern der gutgläubige Erwerb N.'s oder wenigstens des Beklagten, der als solcher nur eintreten konnte, wenn die den Vormann legitimierende Abtretung rechtsunwirksam war. Für den gutgläubigen Erwerb genügt der durch öffentliche Abtretungsurkunden vermittelte Schein einer solchen Legitimation. Dieser wird durch notarielle Ausfertigungen um so sicherer erbracht, als die Urschriften dem Verkehr nicht zugänglich sind. Notarielle Ausfertigungen sind, auch wenn ihnen gefälschte Urkunden oder überhaupt keine Urkunden zugrunde liegen, an sich keine Fälschungen im Sinne der §§ 267 flg. StGB., sondern echte Urkunden, die widerrechtlich, unter Verstoß gegen § 348 StGB. aufgenommen sind (vgl. RGSt. Bd. 30 S. 239, Bd. 31 S. 42). Es kommt aber hierauf nicht einmal an, denn auch wenn Fälschungen vorlägen, würden sie, sofern sie nur geeignet sind, den Schein einer echten Urkunde hervorzurufen, ebensogut, wie gefälschte Wechsel (Art. 36, 74 flg. WO., Entsch. des ROHG.'s Bd. 2 S. 281, RGZ. Bd. 55 S. 47/9), eine geeignete Grundlage für gutgläubigen Erwerb bilden. Vgl. Protok. zu § 1112 des I. Entw. eines Bürgerl. Gesetzbuchs Bd. 3 S. 657; Planck Anm. 2bα; Turnau-Förster Anm. 2 zu § 1155 BGB. Daß Ausfertigungen eine öffentliche Beglaubigung im Sinne des § 1155 BGB. enthalten, unterliegt keinem Zweifel (Turnau-Förster, Bd. 2 S. 197 zu § 29 GrBO.; Güthe, Grundbuchordnung § 29 Anm. 80, 136, Bd. 1 S. 686, 710), den Erfordernissen der §§ 1155, 892 BGB. ist sonach genügt."

---

11. Kann derjenige, welcher ein Recht an einem Grundstück auf Grund einer Einigung mit dem eingetragenen Scheineigentümer erworben hat, vom wahren Eigentümer wegen fahrlässiger widerrechtlicher Eigentumsverletzung auf Schadensersatz in Anspruch genommen werden?

BGB. §§ 823, 892.

V. Zivilsenat. Urt. v. 13. Mai 1914 i. S. B. (Kl.) w. R. (Bekl.). Rep. V. 540/13.

I. Landgericht Danzig.
II. Oberlandesgericht Marienwerder.

Der Beklagte, von Gläubigern bedrängt, ließ im September 1896 seine Grundstücke Gl. B. und W. Blatt 8, 9 und 19 an den Rentner L. und im Frühjahr 1897 seinen übrigen Grundbesitz an Marie L. auf. L. und Marie L. wurden als Eigentümer der ihnen aufgelassenen Grundstücke eingetragen. Bald darauf leistete der Beklagte den Offenbarungseid. Die Staatsanwaltschaft erhob Anklage gegen ihn wegen betrüglichen Bankerotts und Meineids, und er wurde zu mehrjähriger Zuchthausstrafe verurteilt. Im Jahre 1903, während der Beklagte sich im Zuchthause befand, beauftragte L. die damals unter der jetzigen Firma des Klägers bestehende offene Handelsgesellschaft mit der Aufteilung der Grundstücke Gl. und W. Diese führte den Auftrag aus, indem sie die Grundstücke im Namen L.'s in Stücken verkaufte und den Trennstückskäufern übergab. Nach seiner Entlassung aus dem Zuchthause erhob der Beklagte 1905 Klage gegen Marie L. auf Einwilligung in seine Wiedereintragung als Eigentümer der, wie er geltend machte, ihr nur zum Scheine aufgelassenen Grundstücke und gegen die Witwe und Erbin des L. eine gleiche Klage wegen der diesem aufgelassenen Grundstücke Gl. und W. Beide Prozesse wurden auf Grund der Feststellung, daß die Auflassungen an L. und an Marie L. nur zum Scheine erfolgt seien, rechtskräftig zu seinen Gunsten entschieden, und daraufhin wurde er wieder als Eigentümer eingetragen.

Der Kläger erhob wegen einer auf den Grundstücken Gl. und W. für ihn eingetragenen Hypothek von 5500 *M* nebst 5 % Zinsen die dingliche Klage auf Duldung der Zwangsvollstreckung in die Pfandgrundstücke. Der Beklagte setzte dem Anspruch aufrechnungsweise Forderungen von 4000 *M* und 3100 *M* entgegen, die er darauf gründete, daß der Kläger und sein inzwischen verstorbener Mitgesellschafter A. ihm bei der im Auftrage des L. vorgenommenen Aufteilung durch Belastung der Grundstücke Gl. und W. mit Hypotheken schuldhaft Schaden zugefügt hätten.

Das Landgericht verurteilte den Beklagten dem Klagantrage gemäß. Auf die Berufung des Beklagten wies das Oberlandesgericht die Klage ab. Das Berufungsgericht stellte fest, daß es sich bei der Auflassung der Grundstücke Gl. und W. an L. um ein Scheingeschäft gehandelt habe: es sei bei der Aufteilung dieser Grundstücke allgemein bekannt gewesen, daß L. nur Scheineigentümer und zur Verfügung über die Grundstücke nicht befugt war; die von ihm beauftragte offene Handelsgesellschaft und insbesondere der Kläger seien ausdrücklich hierauf hingewiesen worden. Es nahm danach weiter an, daß die Gesellschafter der offenen Handelsgesellschaft, indem sie für diese auf Grund einer Einigung mit dem Scheineigentümer L. zwei Hypotheken von 4000 M und 3100 M auf die Grundstücke eintragen ließen, mindestens fahrlässig das Eigentum des Beklagten verletzt hätten und diesem dadurch schadensersatzpflichtig geworden seien. Auf die Revision des Klägers wurde das Berufungsurteil aufgehoben.

Aus den Gründen:

... „Zur Aufhebung des angefochtenen Urteils führt nach den §§ 549, 564 ZPO. auch eine Verletzung von Vorschriften des sachlichen Rechtes bei der Beurteilung des festgestellten Sachverhalts durch das Berufungsgericht. Dieses findet die Grundlage für die zur Aufrechnung gebrachte, auf den § 823 Abs. 1 BGB. gestützte Schadensersatzforderung, nämlich für eine widerrechtliche Verletzung des Eigentums des Beklagten durch die Mitglieder der früheren offenen Handelsgesellschaft A. & B. und insbesondere durch den Kläger, in der Belastung der Grundstücke Gl. und W. mit den darauf für die Gesellschaft eingetragenen Hypotheken von 4000 M und 3100 M. Dabei läßt es dahingestellt, ob der Kläger oder sein früherer Mitgesellschafter gewußt hat, daß L. nur Scheineigentümer und zur Verfügung über die Grundstücke nicht berechtigt war, und stellt nur fest, daß jene jedenfalls fahrlässig gehandelt haben. Blieb aber hiernach die Möglichkeit offen, daß die in der Eintragung des L. gegebene Unrichtigkeit des Grundbuchs dem Kläger und seinem früheren Mitgesellschafter beim „Erwerbe" der Hypotheken oder in dem Zeitpunkte der Stellung des Eintragungsantrags oder der etwa erst später zustande gekommenen Einigung nicht bekannt war, so durfte bei Beantwortung der Frage, ob der Kläger und sein Mitgesellschafter durch die Belastung der Grundstücke mit den Hypotheken widerrechtlich das Eigentum des Beklagten verletzt haben, nicht unberücksichtigt bleiben, daß im bezeichneten Falle der Inhalt des Grundbuchs nach § 892 BGB. zu ihren Gunsten als richtig galt. Seine hauptsächliche Bedeutung hat dies allerdings für die Frage des dinglichen Rechtserwerbs, insofern sich daraus ergeben würde, daß das Eigentum des Beklagten dem Erwerbe der Hypotheken durch die offene Handelsgesellschaft nicht entgegenstand, die Frage der Wirksamkeit der Hypothekbestellung vielmehr auf der Grundlage zu beantworten ist, als wäre L. mit

Recht als Eigentümer eingetragen gewesen. Allein die Bedeutung des § 892 beschränkt sich nach seiner allgemeineren Fassung nicht hierauf. Diese weist darauf hin, daß derjenige, welcher ein Recht am Grundstück oder ein Recht an einem solchen durch Rechtsgeschäft erwirbt, falls nicht einer der durch den Nachsatz mit den Eingangsworten „es sei denn" bezeichneten Umstände vorliegt, sich schlechthin auf den Inhalt des Grundbuchs verlassen und sich auf diesen deshalb auch gegenüber persönlichen Ansprüchen des nicht eingetragenen Berechtigten berufen kann, wenn diese auf eine Rechtslage gegründet werden, der der Inhalt des Grundbuchs widerspricht.

Eine diese Regel bestätigende Ausnahme macht das Bürgerliche Gesetzbuch nur im Satze 2 des § 816, indem es für den — übrigens weit über das Anwendungsgebiet des § 892 hinausgehenden — Fall, daß ein Nichtberechtigter über einen Gegenstand eine dem Berechtigten gegenüber wirksame Verfügung trifft, dem letzteren einen Anspruch auf Herausgabe auch gegen denjenigen gibt, der auf Grund der Verfügung unmittelbar einen rechtlichen Vorteil erlangt hat, aber nur, wenn die Verfügung unentgeltlich erfolgt ist. Diese Ausnahmebestimmung beruht auf einem Beschlusse der II. Kommission. Diese ist im übrigen auf dem Standpunkte des I. Entwurfs stehen geblieben, der in den Motiven zu § 839 des Entwurfs unter 2) besonderen Ausdruck gefunden hat in den Sätzen: „Der Dritte, welcher unter dem Schutze des öffentlichen Glaubens des Grundbuchs von dem Nichtberechtigten gültig erworben hat, haftet dem Berechtigten nicht" und: „Die Rechtssicherheit im Realverkehr ist nur dann verbürgt, wenn der Erwerber durch den § 837 gegen jeden Anspruch des Berechtigten geschützt ist". Dem § 837 des I. Entwurfs entspricht der § 892 des Gesetzes." ...

---

12. 1. Wann muß der mit der Vollstreckungsklausel versehene Schuldtitel für eine nach § 146 Abs. 6 KO. angemeldete Forderung vorliegen?

2. Ist den Gläubigern bestrittener Konkursforderungen von Amts wegen ein beglaubigter Auszug aus der Konkurstabelle zu erteilen?

3. Entschuldbarer Rechtsirrtum des Konkursrichters.

KO. §§ 146 Abs. 1 u. 6.

BGB. § 839.

Preuß. Gesetz vom 1. August 1909 über die Haftung des Staates für Amtspflichtverletzungen von Beamten bei Ausübung der öffentlichen Gewalt (GS. S. 691).

III. Zivilsenat. Urt. v. 19. Mai 1914 i. S. D. (Kl.) w. preuß. Fiskus (Bekl.). Rep. III. 84/14.

I. Landgericht Düsseldorf.
II. Oberlandesgericht daselbst.

Die den Sachverhalt ergebenden

Gründe

lauten:

„Der Kläger besaß, als im Jahre 1912 das Konkursverfahren über das Vermögen seines Schuldners H. R. in R. eröffnet wurde, gegen diesen einen vollstreckbaren Titel für eine Wechselforderung von 383,65 ℳ und für die Prozeßkosten. Diese Kosten waren noch nicht festgesetzt; sie betragen unstreitig 30,10 ℳ. Die beiden Forderungen meldete der Kläger unter Berufung auf seinen mit der Vollstreckungsklausel versehenen Titel, jedoch ohne diesen in Urschrift oder Abschrift beizufügen, als Konkursforderungen an. Der Konkursverwalter bestritt im Prüfungstermine die Forderungen bis zur Vorlegung des Titels. Von diesem Widerspruch erfuhr der Kläger, als am 3. April 1913 die Masse ausgeschüttet war. Ein Auszug aus der Tabelle ist ihm nicht zugefertigt worden und er ist im Konkurse leer ausgegangen. Der Kläger erblickt in dieser Unterlassung eine schuldhafte Verletzung der Amtspflicht des Konkursrichters oder auch des Gerichtsschreibers nach § 839 BGB., weil § 146 Abs. 1 KO. die Erteilung eines beglaubigten Tabellenauszugs an die Gläubiger der streitig gebliebenen Forderungen von Amts wegen vorschreibe. Wegen dieser Amtspflichtverletzung des Konkursgerichts nimmt er den preußischen Fiskus nach § 1 des preußischen Gesetzes vom 1. August 1909 über die Haftung des Staates für Amtspflichtverletzungen von Beamten bei Ausübung der öffentlichen Gewalt in Anspruch. Er verlangt die Konkursdividende von 25% mit 103,40 ℳ, die im Falle seiner Beteiligung an der Masse unstreitig auf ihn entfallen wäre, weil er durch die Amtspflichtverletzung des Konkursrichters oder des Gerichtsschreibers an der rechtzeitigen Wahrnehmung seiner Rechte verhindert worden sei.

Die Instanzen gehen mit den Parteien davon aus, es sei die Anmeldung des Klägers als eine Anmeldung von Forderungen zu behandeln, für die ein mit der Vollstreckungsklausel versehener Schuldtitel nicht vorliege; sie wenden daher nur den § 146 Abs. 1 KO. und nicht den § 146 Abs. 6 an, welcher die mit einem vollstreckbaren Schuldtitel versehenen Forderungen betrifft. Der Berufungsrichter weist die Klage deswegen ab, weil dem Kläger nach § 146 Abs. 1 KO. ein beglaubigter Tabellenauszug nur auf Antrag hätte erteilt werden müssen. Auf die fürsorgliche Verteidigung des Beklagten, daß sich der Konkursrichter in einem entschuldbaren Rechtsirrtume befunden habe und daß dem Kläger der Vorwurf überwiegenden Verschuldens (§ 254 BGB.) zu machen sei, wenn der Tabellenauszug von Amts wegen zu erteilen gewesen wäre, geht der Berufungsrichter nicht ein. Von seinem Standpunkte brauchte er darauf auch nicht einzugehen. Dieser Standpunkt des Berufungsrichters ist jedoch unrichtig. Zunächst ist allerdings davon auszugehen, daß man es nicht mit einer Forderung zu tun hat, für welche ein mit der Vollstreckungsklausel versehener Schuldtitel im Sinne des § 146 Abs. 6 KO. zur Zeit der Anmeldung vorlag. Hätte man es mit einer solchen Forderung (einer sog. titulierten Forderung) zu tun, so würde zuerst die Frage zu entscheiden sein, ob der Tabellenauszug des § 146 Abs. 1 KO., wenn er überhaupt von Amts wegen zu erteilen ist, dem Kläger oder nur dem widersprechenden Konkursverwalter oder beiden zu erteilen gewesen wäre. Diese Frage ist streitig, weil der Tabellenauszug nur zum Zwecke der Prozeßführung demjenigen erteilt werden soll, der diesen Prozeß führen muß. Bei Forderungen, für die kein vollstreckbarer Schuldtitel vorliegt, muß der Gläubiger der bestrittenen Forderung die Feststellung seiner Forderung erstreiten, sonst wird sie im Konkurse nicht berücksichtigt. So ist es dem Kläger gemäß § 152 KO. ergangen. Er hat nichts erhalten, weil man im Konkurse davon ausging, es wäre seine Sache gewesen, seine Forderung zu betreiben. Wäre die Forderung des Klägers als eine solche anzusehen, für welche ein vollstreckbarer Schuldtitel vorlag, so würde es sich gerade umgekehrt verhalten. Der Kläger hätte sich dann um den Widerspruch des Konkursverwalters nicht zu kümmern brauchen und es wäre dessen Sache gewesen, seinen Widerspruch zu betreiben; unter allen Umständen hätte die Konkursdividende zurückbehalten werden müssen (§ 168 Nr. 1, § 152 KO.). Zum Betriebe dieses Prozesses würde der Konkursverwalter des Auszugs bedurft haben. Dem Kläger hätte es keinen Schaden bringen können, auch wenn er in Unkenntnis von dem Widerspruche blieb, falls der Konkursverwalter die Dividende ausbezahlt oder zurückbehalten hätte, wie er es hätte tun müssen, wenn es sich um eine titulierte Forderung nach § 146 Abs. 6 KO. gehandelt hätte. Von einer titulierten Forderung könnte man allerdings nur reden hinsichtlich der Wechselforderung von 383,65 *M*; denn hinsichtlich der Kostenforderung von 30,10 *M* fehlte es an einem vollstreckbaren Schuldtitel überhaupt (§§ 104, 724, 725, 794 Nr. 2a ZPO.).

Die Meinungen gehen darüber auseinander, wann ein mit der Vollstreckungsklausel versehener Schuldtitel nach § 146 Abs. 6 KO. „vorliegt". Desselben Ausdrucks bedient sich § 152 KO., indem er die zeitliche Grenze angibt, bis zu der die Konkursgläubiger für ihre bestrittenen Forderungen, hinsichtlich deren ein mit der Vollstreckungsklausel versehener Schuldtitel nicht „vorliegt", dem Konkursverwalter den Betreibungsnachweis erbracht haben müssen. In den Gesetzesmaterialien findet sich keine ausdrückliche Erläuterung, was man unter dem „Vorliegen" eines mit der Vollstreckungsklausel versehenen Schuldtitels zu verstehen hat. Nach einer Meinung soll es zur Anwendung des § 146 Abs. 6 KO. und folgeweise zur Berücksichtigung bei der Verteilung genügen, wenn überhaupt ein mit der Vollstreckungsklausel versehener Schuldtitel zur Zeit der Konkurseröffnung bereits vorhanden war. Die Entscheidung darüber, ob der Titel vorhanden war, soll dem nun nach § 146 Abs. 6 KO. von dem Widersprechenden anzustrengenden Rechtsstreite vorbehalten bleiben. Die Vertreter dieser Meinung lassen die Nachbringung des Titels teils jederzeit zu, teils setzen sie als Grenze die Offenlegung des Gläubigerverzeichnisses (§ 151 KO.), teils halten sie es für hinreichend, wenn der Gläubiger seinen Titel durch Einwendung gegen das Verteilungsverzeichnis (§§ 158, 162 KO.) aufdeckt. Die Begründung dieser Meinung geht dahin, daß im Prüfungstermine nur die Konkursforderung, nicht deren Titel zu prüfen sei. Der Titel gehöre zu den urkundlichen Beweismitteln, deren Vorlage nach § 139 Satz 3 KO. nicht unerläßlich sei. Danach würde der Kläger hier eine titulierte Forderung angemeldet haben.

Dieser Meinung ist jedoch nicht beizutreten. Zunächst läßt sich hierfür das Urteil in RGZ. Bd. 54 S. 314 nicht, wie es versucht wird, verwerten. In diesem Urteil ist ausgesprochen, der Absonderungsgläubiger, der auf Grund eines Arrestbefehls gepfändet hat, könne noch im Feststellungsprozeß über seinen Absonderungsanspruch durch Vorlegung des Arrestbefehls die Übereinstimmung des Rechtsgrundes seiner Forderung mit dem im Arrestbefehl angegebenen Rechtsgrunde (§ 146 Abs. 4 KO.) dartun. Für die damals angemeldete Forderung war gerade kein mit der Vollstreckungsklausel versehener Schuldtitel vorhanden. Es handelte sich damals um § 146 Abs. 1 und nicht um § 146 Abs. 6 KO. Denn ein Arrestbefehl bedeutet keinen selbständigen Titel, wie ihn der § 146 Abs. 6 KO. verlangt.

Dagegen ergibt sich aus dem den §§ 146 Abs. 6 und 152 KO. zugrunde liegenden Rechtsgedanken, daß der vollstreckbare Schuldtitel, auf den sich eine Anmeldung nach § 146 Abs. 6 KO. stützt, im Prüfungstermine vorhanden sein, d. h. vorliegen muß. Der Satz 3 des § 139 KO., wonach die urkundlichen Beweisstücke in Urschrift oder in Abschrift der Anmeldung beizufügen sind, bleibt freilich außer Betracht, ganz abgesehen davon, daß er nur eine Ordnungsvorschrift aufstellt. Entscheidend ist vielmehr, daß der Gläubiger, der seine Anmeldung auf einen mit der Vollstreckungsklausel versehenen Schuldtitel stützt, damit die bevorzugte Stellung in Anspruch nimmt, die das Gesetz aus der Vermutung herleitet, daß die Forderung zu Recht bestehe. Diese bevorzugte Stellung, die der Gläubiger kraft des vollstreckbaren Titels in Anspruch nehmen darf, besteht darin, daß der Widersprechende die Klägerrolle übernehmen muß. Verfolgt er seinen Widerspruch nicht, so wird die angemeldete Forderung trotz des Widerspruchs wie eine festgestellte behandelt; die Dividende wird gezahlt. Verfolgt der Widersprechende seinen Widerspruch, so bleibt dem Anmeldenden die Dividende bis zum Austrage gesichert. Wäre der Anmeldende nicht verpflichtet, im Prüfungstermin seinen mit der Vollstreckungsklausel versehenen Schuldtitel vorzulegen und der Prüfung zu unterstellen, so würde zum Nachteile der Gläubiger ein Ausnahmezustand geschaffen, dessen rechtliche Unterlagen gar nicht geprüft werden könnten, weil sie niemand kennt. Einen solchen Rechtszustand kann der Gesetzgeber nicht gewollt haben. Der Gesetzgeber verlangt vielmehr eine Anmeldung, die derart beschaffen sein muß, daß sie geprüft werden kann. Ist dies richtig, so kann der § 146 Abs. 6 KO. nur zur Anwendung gebracht werden, wenn der mit der Vollstreckungsklausel versehene Schuldtitel im Prüfungstermine vorliegt. Dies ist der Sinn sowohl des § 146 Abs. 6 KO. als auch des § 152 KO.

Diesem Erfordernis einer Anmeldung nach § 146 Abs. 6 KO. entsprach die Anmeldung des Klägers nicht. Seine Anmeldung war nur als die einer nicht titulierten Forderung zu erachten. Wollte der Kläger eine titulierte Forderung anmelden, so hätte er die Anordnung eines neuen Prüfungstermins nach § 142 Abs. 2 KO. beantragen und seinen Titel dazu vorlegen müssen.

Aus diesen Gründen ist der Standpunkt der Parteien und der Instanzgerichte zu billigen, die davon ausgehen, es sei vom Kläger auch die Wechselforderung als nicht titulierte Forderung, also nach § 146 Abs. 1 und nicht nach § 146 Abs. 6 KO. angemeldet, denn er hat sie zugleich als Wechselforderung angemeldet.

Nach § 146 Abs. 1 KO. war es Sache des Klägers, seinen Anspruch zur Anerkennung zu bringen. Der § 146 Abs. 1 KO. lautet:

„Den Gläubigern streitig gebliebener Forderungen bleibt es überlassen, die Feststellung derselben gegen die Bestreitenden zu betreiben. Zu diesem Behufe hat das Gericht den Gläubigern einen Auszug aus der Tabelle in beglaubigter Form zu erteilen."

Die Form, in der der Absatz 2 die Erteilung eines Tabellenauszugs gebietet, „hat zu erteilen", deutet allerdings noch nicht mit Gewißheit darauf hin, daß die Erteilung des Auszugs von Amts wegen erfolgen müsse. Der ausgesprochene Zweck der Abschriftserteilung verdeutlicht jedoch den Willen des Gesetzgebers. Das Gesetz sagt selbst ausdrücklich, der Auszug sei zu erteilen, damit der Gläubiger die Feststellung betreiben könne („zu diesem Behufe"). Ohne den Auszug kann er diese Feststellung nicht betreiben, weil er oft erst durch den Auszug Kenntnis erhält, daß seine Forderung bestritten ist und daß er Gefahr läuft, übergangen zu werden, wenn er die Betreibung nicht nachweist (§ 152 KO.). Denn die Prüfung der Forderung bedarf der Anwesenheit des Gläubigers im Prüfungstermine nicht (§ 143 KO.). Der Berufungsrichter versteht den Zusammenhang zwischen Satz 1 und Satz 2 des Abs. 1 des § 146 KO. nicht richtig. Er meint nämlich, der Auszug aus der Tabelle sei nur nötig, um die Einhaltung der Schranken der Feststellungsklage (§ 146 Abs. 4 KO.) zu gewährleisten; das bedeuteten die Worte „zu diesem Behufe", mit denen der Satz 2 beginnt. Für diesen Zweck genüge die Erteilung eines Auszugs auf Antrag. Die Erteilung eines Auszugs setze ein darauf gerichtetes Verlangen des Gläubigers voraus, weil der Gläubiger sich vielleicht bei dem Widerspruche beruhige; erst wenn er sich nicht beruhige, wenn er also die Feststellung der Forderung betreiben wolle, brauche er einen Auszug. Ihm einen Auszug zu erteilen, wenn er ihn gar nicht brauche, verursache unnötiges Schreibwerk. Dies alles findet der Berufungsrichter in der Begründung zum Entwurf einer Konkursordnung vom 21. Januar 1875 § 134 Abs. 1, der dem jetzigen § 146 Abs. 1 KO. wörtlich entspricht. Die betreffende Stelle der Begründung (Hahn, Mat. S. 328) mag wörtlich hierher gesetzt werden, weil sie von Jaeger, 3./4. Aufl. § 146 Anm. 20 und Fitting, Das Reichskonkursrecht 3. Aufl. § 12 Anm. 45 ebenso wie vom Berufungsrichter verstanden wird. Die Stelle lautet:

„Die preußische Konkursordnung (§ 229) läßt von Amts wegen jedem Gläubiger, dessen Forderung bestritten ist, zum Zwecke der Klaganstellung eine beglaubigte Abschrift seiner Anmeldung, des Prüfungsprotokolls und eines Auszugs aus der Tabelle erteilen. Für die zahlreichen Fälle, in welchen der Gläubiger gar nicht beabsichtigt, den Prozeßweg zu beschreiten, erwächst aus dieser Vorschrift überflüssigerweise ein nicht unerhebliches Schreibwerk. Aber auch für die übrigen Fälle kann die Notwendigkeit derselben nicht anerkannt werden, da dem Prozeßrichter die Verpflichtung abgenommen wird, die Begründung jeder Klage von Amts wegen zu prüfen. Ob die zu § 134 Abs. 4 (d. i. jetzt § 146 Abs. 4) zu besprechenden Schranken der Feststellungsklage bei Formulierung der Klaganträge beobachtet sind, läßt sich durch die übereinstimmenden Parteierklärungen konstatieren; eventuell mag die beweispflichtige Partei bei dem Konkursgericht auf Erteilung der erforderlichen Nachweise antragen, jedenfalls wird die vom Entwurf (§ 134 Abs. 1) vorgeschriebene Mitteilung eines beglaubigten Auszugs der Tabelle genügen; diese vorzuschreiben, empfiehlt sich allerdings, um die Kongruenz des ergehenden Urteils mit der Anmeldung jedenfalls zu sichern."

Die Entwurfsbegründung sagt hiermit deutlich, daß es bei der Erteilung eines beglaubigten Tabellenauszugs von Amts wegen verbleiben solle. Dagegen sei es überflüssiges Schreibwerk, wenn man auch noch die Erteilung von beglaubigten Abschriften der Anmeldung und des Prüfungsprotokolls von Amts wegen vorschreiben wollte; in bezug auf diese könne ein Antrag auf Abschriftserteilung abgewartet werden. Die Erteilung eines beglaubigten Tabellenauszugs ist in erster Linie unerläßlich, damit der Anmeldende Kenntnis vom Widerspruch erhält. Diesen ersten Grund berührt die Entwurfsbegründung nicht, weil er auf der Hand liegt. Nur der zweite Grund, nämlich die Sicherung der Übereinstimmung der Anmeldung mit Klage und Urteil, war in der Begründung zu besprechen, weil zu erwägen war, ob etwa aus diesem Gesichtspunkte heraus die Erteilung einer Abschrift der Anmeldung oder des Prüfungsprotokolls von Amts wegen zu verlangen sei.

Das Konkursgericht R. gehört zum Landgerichtsbezirk Düsseldorf. Es bedarf deshalb eines Blickes auf die preußische Geschäftsordnung für die Gerichtsschreibereien vom 11. Oktober 1906 (JMinBl. S. 305), geändert durch die allgemeine Verfügung des Justizministers vom 29. Januar 1910 (JMinBl. S. 20). Die betreffenden §§ 32 flg. der Geschäftsordnung gedenken des § 146 Abs. 1 KO. nicht. Die Erklärung dafür ergibt sich daraus, daß der Konkursrichter, nicht der Gerichtsschreiber, die Erteilung des Auszugs anzuordnen hat, wie oben dargelegt ist. Die bayerische Geschäftsanweisung für die Gerichtsschreibereien der Amtsgerichte vom 2. März 1910 (JMinBl. S. 369) bemerkt in § 196, der Gerichtsschreiber habe den Auszug nach § 146 Abs. 1 KO. auf Anordnung des Konkursgerichts den Gläubigern streitiger Forderungen zu erteilen. Ob das Konkursgericht diese Anordnung in jedem Falle, also ohne Antrag, zu treffen hat, wird nicht gesagt. Der § 1454 der Geschäftsordnung für die sächsischen Justizbehörden (in Kraft seit 1. Januar 1903) schreibt dagegen in Absatz B ausdrücklich vor, daß den Gläubigern bestrittener Forderungen ein beglaubigter Auszug aus der Konkurstabelle von Amts wegen zu erteilen sei.

Wie sich aus den bisher angestellten Erwägungen ergibt, ist dem angefochtenen Urteile die einzige Unterlage, auf der es ruht, entzogen. Trotzdem ist das Urteil nicht aufzuheben, vielmehr aus anderen Gründen aufrecht zu erhalten. Der § 839 BGB. verlangt Vorsatz oder Fahrlässigkeit bei Verletzung einer Amtspflicht, also ein schuldhaftes Handeln. Damit ist ausgesprochen, daß der Beamte, auf den der § 839 BGB. zur Anwendung gebracht werden soll, bei Beobachtung der für einen Beamten der betreffenden Kategorie im Verkehr erforderlichen Sorgfalt in der Lage gewesen sein muß, seine Handlungsweise als einen Verstoß gegen seine Amtspflicht zu erkennen. Wäre die Auslegung, die der Konkursrichter dem § 146 Abs. 1 KO. gegeben hat, offenbar unrichtig, so würde an seinem Verschulden nicht zu zweifeln sein. Nun ist aber die Vorschrift des § 146 Abs. 1 KO., hinsichtlich deren der Konkursrichter geirrt hat, schon ihrem Wortlaute nach nicht so klar, daß man nicht über deren Bedeutung Zweifel hegen könnte. Der Konkursrichter hat, wie bereits bemerkt, namhafte Rechtslehrer auf seiner Seite. Mit Rücksicht auf diese Lage, die das Revisionsgericht selbständig zu beurteilen vermag, ist in dem Verhalten des Konkursrichters ein Verschulden nicht zu erblicken und ihm der Vorwurf der schuldhaften Verletzung einer Amtspflicht nicht zu machen, da das Reichsgericht als die höchste Instanz sich über die streitige Frage auszusprechen, bis jetzt noch keine Gelegenheit gehabt hat (vgl. RGZ. Bd. 60 S. 395, Bd. 59 S. 388).

Aus diesen Gründen ist die Revision zurückzuweisen."

---

13. 1. Zur Auslegung des § 774 Abs. 1 Satz 3 BGB.
2. Inwieweit kann der Hauptschuldner Einwendungen auf Grund dieser Vorschrift geltend machen?

BGB. § 774.
HGB. § 129.

VI. Zivilsenat. Urt. v. 23. Mai 1914 i. S. B. (Bekl.) w. Th. (Kl.). Rep. VI. 180/14.

I. Landgericht Düsseldorf.
II. Oberlandesgericht daselbst.

Der Kläger hat zugunsten der offenen Handelsgesellschaft M. und B. „bzw. des Herrn E. Fr. M.", der ein Mitinhaber jener Gesellschaft und der Schwiegersohn des Klägers war, am 17. Dezember 1907 die selbstschuldnerische Bürgschaft für einen von der Essener Kreditanstalt in Essen zu gewährenden oder bereits gewährten Kredit in Höhe von 20000 ℳ übernommen. Er hat auf Grund dieses Bürgschaftsverhältnisses der Essener Kreditanstalt den Betrag von 12702,20 ℳ gezahlt und wegen dieser Summe nebst Zinsen ein obsiegliches Urteil gegen die Firma M. und B. erstritten.

Im gegenwärtigen Prozesse begehrt der Kläger von dem Beklagten, als einem anderen Mitinhaber jener offenen Handelsgesellschaft, die Erstattung der gezahlten Summe nebst Prozeßkosten zum Gesamtbetrage von 14381,70 ℳ nebst Zinsen. Der Beklagte macht insbesondere geltend, der Kläger habe jene Bürgschaft lediglich übernommen, um der offenen Handelsgesellschaft M. und B. die von seinem Schwiegersohne M. vertraglich zu leistende Einlage von 20000 ℳ zuzuführen und hat um Abweisung der Klage gebeten.

Die Vorinstanzen haben den Beklagten nach dem Klagantrage verurteilt. Auf die Revision des Beklagten ist das Berufungsurteil aufgehoben worden.

Aus den Gründen:

1. Mit zutreffender Begründung geht das Berufungsgericht davon aus, daß der Beklagte auf Grund des gegen die offene Handelsgesellschaft M. und B. ergangenen rechtskräftigen Urteils des Oberlandesgerichts Düsseldorf vom 16. Dezember 1912 gemäß § 128 HGB. an und für sich auch persönlich für die Gesellschaftsschuld von 12702,20 ℳ haftet. Es verkennt aber auch nicht, daß der Beklagte gemäß § 129 HGB. solche Einwendungen dem Kläger gegenüber geltend machen kann, die in seiner Person begründet sind. Auch darin ist dem Berufungsgerichte beizupflichten, daß es, um die Frage entscheiden zu können, ob dem Beklagten persönliche Einwendungen gegen den Kläger zustehen, auf die Natur des Rechtsverhältnisses eingeht, das zu der Verurteilung der offenen Handelsgesellschaft M. und B. geführt hat. In dieser Hinsicht hat das Berufungsgericht mit gleichfalls rechtsirrtumsfreier Begründung angenommen, daß das

Urteil des Vorprozesses lediglich auf Grund des § 774 BGB. ergangen ist, d. h. daß der Kläger die offene Handelsgesellschaft M. und B. nicht auf Grund des Bürgschaftsverhältnisses, sondern lediglich als Rechtsnachfolger der Essener Kreditanstalt in Anspruch genommen hat.

2. Bewegen sich insoweit die Ausführungen des Berufungsgerichts vollständig auf dem Boden des § 774 Abs. 1 Satz 1 BGB., so ist dagegen die Vorinstanz der Vorschrift des Satzes 3 dieses Paragraphen nicht gerecht geworden, wonach trotz des Übergangs der Forderung des Gläubigers auf den Zahlung leistenden Bürgen „Einwendungen des Hauptschuldners aus einem zwischen ihm und dem Bürgen bestehenden Rechtsverhältnis unberührt bleiben".

In dieser Hinsicht kommt in Betracht, daß das Berufungsgericht ausdrücklich feststellt, es könne nicht zweifelhaft sein, daß M. seinen Schwiegervater um Unterstützung bei Leistung der von ihm geschuldeten Einlage angegangen, daß der Kläger seinem Schwiegersohne diese Unterstützung zugesagt und sie in Gestalt des Bürgschaftsvertrages mit der Essener Kreditanstalt verwirklicht hat. Schon diese Feststellung läßt es zweifelhaft erscheinen, ob überhaupt nach Lage der Sache der Kläger berechtigt ist, die auf ihn übergegangene Forderung der Essener Kreditanstalt gegen den Beklagten geltend zu machen. Denn wenn der Kläger mit jener Bürgschaftsübernahme lediglich die Einlageverpflichtung seines Schwiegersohns erfüllen wollte, so kann er aus diesem Umstande ebensowenig einen Anspruch gegen den Beklagten herleiten, wie M. selbst aus dem Umstande, daß er seine Einlage geleistet, einen Anspruch gegen den Beklagten, seinem Mitgesellschafter, geltend machen könnte.

Jener aus der vorerwähnten Feststellung sich ergebende Zweifel wird noch verstärkt, wenn man den Inhalt der nach dem Tatbestande vorgetragenen Schreiben vom 4. und 5. Dezember 1907 in Verbindung mit den weiteren Feststellungen des Berufungsgerichts berücksichtigt. Wie die Vorinstanz als unstreitig hinstellt, hatte M. mit dem Beklagten eine offene Handelsgesellschaft unter der Firma M. und B. errichtet, in welche der Beklagte 10000 ℳ, M. dagegen 20000 ℳ in bar einzulegen hatte. Die Einlage von M. sollte nun, wie das Schreiben des Klägers an die Essener Kreditanstalt vom 4. Dezember 1907 klar ergibt, in der Weise bewirkt werden, daß die Essener

Kreditanstalt dem M. ein Konto von 20000 ℳ zu eröffnen hatte, wofür der Kreditanstalt als „Bürgschaft" des Klägers dessen bei jener „lagernde Bergwerksbeteiligungen dienen" sollten. Im Anschluß an dieses Schreiben ersuchte M. die Essener Kreditanstalt, den ihm „zur Verfügung gestellten Betrag" der Firma M. und B. „gutzuschreiben". „Weitere Einlagen folgen". Durch ein an den Kläger gerichtetes Schreiben vom 5. Dezember 1907 erklärte sich die Kreditanstalt bereit, dem „M. bzw. dessen Firma" den gewünschten Kredit von 20000 ℳ zur Verfügung zu stellen.

Danach kann es keinem Zweifel unterliegen, daß nach dem Inhalte dieser Schreiben „die Krediteröffnung" bei der Essener Kreditanstalt lediglich die Form war, in welcher M. dem Beklagten gegenüber seiner Einlageverpflichtung nachkommen wollte, und daß der Kläger an Stelle M.'s dessen Verpflichtung zu erfüllen übernommen hat. Wenn die Erfüllung des Einlageversprechens des M. sich in der nach diesem Schreiben in Aussicht genommenen Form vollzogen hätte, so hätte der Kläger zweifellos irgendwelche Ansprüche gegen den Beklagten nicht erheben können. Bei dieser Sachlage erscheint es auch fraglich, ob nicht trotz der Ausstellung des Bürgschaftsscheins unter den Beteiligten die Absicht bestand, daß eine Haftung des Beklagten aus dieser Bürgschaftsübernahme nicht eintreten sollte. Nach dieser Richtung hat aber das Berufungsgericht die Sachlage gar nicht geprüft, obwohl der Beklagte alle diese Umstände und ferner geltend gemacht hatte, M. habe ihm die Schreiben vom 4. und 5. Dezember 1907 gezeigt, wonach er, der Beklagte, die Sache für erledigt gehalten habe; der Bürgschaftsvertrag sei nachträglich hinter seinem Rücken vereinbart worden. Einer Prüfung dieses Vorbringens hätte das Berufungsgericht — und schon der darin liegende und gerügte Verstoß gegen § 286 ZPO. muß zur Aufhebung des Urteils führen — sich um so weniger entziehen dürfen, als es selbst in ausführlicher Begründung darlegt, daß der Kläger bei der schließlich mittels des Bürgschaftsscheins vom 17. Dezember 1907 erfolgten Form der Kreditbeschaffung nicht beteiligt gewesen sei, und daß insbesondere nicht erhelle, „daß er durch die Fassung oder die Wahl der Bürgschaft statt der ursprünglich beabsichtigten Verpfändung von Wertpapieren in arglistiger Weise beabsichtigt hätte, die Haftung der Gesellschaft und des Beklagten aus § 774 BGB. herbeizuführen". War aber die Absicht des Klägers gar nicht darauf gerichtet, durch seine Verbürgung die ihm nach § 774 BGB. zustehenden Rechte gegen den Beklagten zu erwerben, so kann dieser mit Fug diese Einwendung gemäß Satz 3 Abs. 1 § 774 BGB. gegen den Klaganspruch geltend machen.

In dieser Hinsicht ist aber der Sachverhalt noch nicht hinreichend geklärt, da das Berufungsgericht lediglich feststellt, der Kläger habe nicht „in arglistiger Weise" beabsichtigt, eine Haftung des Beklagten aus § 774 BGB. herbeizuführen. Es liegt jedoch nach den vorstehenden Darlegungen mindestens die Möglichkeit sehr nahe, daß der Kläger überhaupt nicht daran gedacht hat, durch die schließlich gewählte Form der Sicherheitsleistung für den seinem Schwiegersohne bei der Essener Kreditanstalt zu eröffnenden Kredit eine persönliche Haftung des Beklagten herbeizuführen, daß vielmehr seine Absicht nur dahin ging, in dieser Form die Verpflichtung zur Leistung einer baren Einlage von 20000 ℳ zu erfüllen, die seinem Schwiegersohne gegenüber dem Beklagten aus dem zwischen beiden bestehenden Gesellschaftsverhältnis erwachsen war. Diese Verpflichtung konnte naturgemäß nur dann erfüllt werden, wenn für den dem M. oder der Firma M. und B. bei der Essener Kreditanstalt zu eröffnenden Kredit, der nach kaufmännischer Auffassung einer „baren Einlage" gleichkam, M. oder statt seiner oder neben ihm der Kläger die Haftung ausschließlich übernahm. Wäre die Absicht der Beteiligten dahin gegangen, daß der Beklagte für die 20000 ℳ die Mithaft übernehmen sollte, so würde in Wirklichkeit der Beklagte nicht bloß die von ihm bar eingezahlten 10000 ℳ, sondern auch noch die weiteren 20000 ℳ letzten Endes als Einlage gewährt haben.

Hiernach unterliegt das angefochtene Urteil wegen Verletzung des § 774 BGB. und des § 286 ZPO. der Aufhebung." . . .

---

14. 1. Wird der Urkundenprozeß dadurch unstatthaft, daß der Beklagte einen von ihm durch Eideszuschiebung zu führenden Beweis wegen Eidesunfähigkeit des Klägers nicht mit den Beweismitteln des Urkundenprozesses zu führen vermag?

2. Über die Eidesfähigkeit von Personen chinesischer Nationalität.

3. Muß ein Urteil, das nach § 708 ZPO. ohne Antrag für vorläufig vollstreckbar zu erklären ist, ohne Sicherheitsleistung für vorläufig vollstreckbar erklärt werden, wenn der Kläger selbst nur die Vollstreckbarkeitserklärung gegen Sicherheitsleistung beantragt?

ZPO. §§ 592, 593, 595, 597, 598, 708.
Gesetz über die Konsulargerichtsbarkeit vom 7. April 1900 (RGBl. S. 213) § 20.

VI. Zivilsenat. Urt. v. 23. Mai 1914 i. S. Ch. Y. Ch. (Kl.) w. M. W. (Bekl.). Rep. VI. 327/13.

I. Konsulargericht Tientsin.

Der Beklagte hat durch den in englischer Sprache abgefaßten, von ihm unterschriebenen und vom Kläger mit der Klage vorgelegten Schuldschein vom 12. August 1907 bekannt, von dem Kläger ein Darlehen von 5033,35 Taels, verzinslich zu 7 vom Hundert, rückzahlbar innerhalb von 5 Jahren, empfangen zu haben.

Der Kläger klagte im Urkundenprozesse bei dem Konsulargericht in Tientsin gegen den Beklagten auf Zahlung der 5033,35 Taels nebst 7% Zinsen seit dem 12. August 1907. Der Beklagte bestritt, ein Darlehen empfangen zu haben, und legte ein Schriftstück vom 14. Oktober 1909 vor, in dem der Kläger unter Namensunterschrift erklärt, daß der Beklagte ihm jene Summe nicht schulde und niemals geschuldet habe und daß der Schuldschein nichtig sei. Der Kläger bestritt seine Unterschrift unter diesem Schriftstücke; er pflege seine Unterschrift nur mit einem Namenszug abzugeben, während die Unterschrift unter dem Schriftstück aus drei Zeichen bestehe. Über die Echtheit der Unterschrift schob der Beklagte dem Kläger den Eid zu, den der Kläger annahm.

Das Konsulargericht hat durch Urteil vom 16. April 1913 die Klage als in der gewählten Prozeßart unstatthaft abgewiesen.

Auf die Berufung des Klägers wurde dieses Urteil vom Reichsgericht abgeändert und der Beklagte unter Vorbehalt der Ausführung seiner Rechte nach dem Klagantrage verurteilt. Der Kläger hatte beantragt, das ergehende Urteil gegen Sicherheitsleistung für vorläufig vollstreckbar zu erklären. Diesem Antrage gemäß wurde erkannt.

Aus den Gründen:

„Das Konsulargericht hat von einer Anordnung der Leistung des dem Kläger zugeschobenen und von ihm angenommenen Eides über die Unterschrift des Schriftstücks vom 14. Oktober 1909 (§ 595 Abs. 4 ZPO.) abgesehen, da der Kläger als Chinese keine Vorstellung von der religiösen Bedeutung des Eides und der rechtlichen Bedeutung der Eidespflicht habe, und deshalb nach § 20 KonsGG. die Anwendung der Vorschriften der Zivilprozeßordnung über den Eidesbeweis entfallen müsse. Da aber der Urkundenprozeß — erwägt das Gericht — nur die Beweismittel der Urkunde und der Eideszuschiebung zulasse und der Eid aus einem Grunde, der in der Person des Klägers liege, nicht als Beweismittel dienen könne, dürfe deren Fortfall dem Beklagten nicht zum Nachteile gereichen. Die Klage sei somit als in der gewählten Prozeßart unstatthaft abzuweisen.

Der Kläger ficht diese Rechtsauffassung an. Daß der Chinese von der Bedeutung des Eides keine Kenntnis habe, sei richtig. Daraus ergebe sich aber nicht die vom Vorderrichter gezogene Schlußfolgerung, vielmehr sei der Beklagte beweisfällig, weil er seine Einwendung nicht mit den im Urkundenprozesse zulässigen Beweismitteln dartun könne.

Der Berufung des Klägers war stattzugeben.

Die Annahme des Vorderrichters, daß Personen chinesischer Nationalität von dem Wesen und der Bedeutung des Eides keine genügende Vorstellung haben, woraus folgt, daß von ihrer Beeidigung als Zeugen oder Sachverständige abzusehen ist, wie sie auch zum Parteieide nicht zuzulassen sind, entspricht der aus der Kenntnis des chinesischen Volkes und seiner Kultur- und Rechtszustände geschöpften Anschauung, die in chinesischen Konsularbezirken wie im chinesischen Schutzgebiete Deutschlands herrscht. In einer Strafsache des Jahres 1894 war von dem Landgericht in Bremen das Kaiserliche Generalkonsulat in Shangai um Vernehmung von Zeugen chinesischer Nationalität ersucht worden. Der Konsulatsrichter bezeugte, daß diese Personen wegen mangelnder Verstandesreife gemäß § 56 Nr. 1 StPO. nicht für eidesfähig zu erachten seien, und nahm deshalb von der Beeidigung der Zeugen Abstand. Das entscheidende Gericht erachtete unter Billigung des Reichsgerichts (RGSt. Bd. 26 S. 97) auf Grund des Zeugnisses des ersuchten Konsulats den Mangel der Verstandesreife für gegeben; die Prüfung über die Eidesfähigkeit einer Person falle naturgemäß in erster Linie dem Richter zu, der zur Vernehmung von Zeugen berufen sei. Ferner bestimmt eine auf Grund der Bestimmungen des Schutzgebietsgesetzes erlassene Verordnung des Gouverneurs von Kiautschou vom 15. April 1899 betreffend die Rechtsverhältnisse der Chinesen (Anhang 3. Marine-VerordnBl. für 1899 Nr. 5, wiedergegeben bei Gerstmeyer, Schutzgebietsgesetz S. 252) in § 19, daß in Zivilrechtsstreitigkeiten als Beweismittel Urkunden, Zeugen, Sachverständige und Augenschein zulässig seien, und aus § 12 Abs. 3 derselben Verordnung ergibt sich, daß nur Nichtchinesen als Zeugen beeidigt werden können. Auch im gegebenen Falle ist die Feststellung des mit den Verhältnissen des Gerichtsbezirks vertrauten Konsulargerichts, daß dem Kläger als Chinesen das Verständnis für die religiöse wie die rechtliche Bedeutung des Eides abgehe, für das den Verhältnissen fernstehende Berufungsgericht als maßgebend zu erachten. Es bedarf auch nicht mehr der Untersuchung, ob die Voraussetzungen der §§ 393 Abs. 1 Nr. 1, 471, 473 ZPO. im Einzelfalle gerade für die Person des Klägers gegeben sind; vielmehr war dem Vorderrichter unbedenklich darin beizustimmen, daß die nach §§ 19, 41 KonsGG. an sich auch für das Zivilprozeßverfahren vor dem Konsulargericht anzuwendenden Bestimmungen der Zivilprozeßordnung über den Eidesbeweis auf Grund des § 20 des Gesetzes für die bei dem Konsulargerichte Rechte suchenden Personen chinesischer Nationalität schlechthin außer Anwendung zu bleiben haben, weil sie Verhältnisse voraussetzen, an denen es im Konsulargerichtsbezirke fehlt, da die chinesische Bevölkerung im allgemeinen über das Wesen und die Bedeutung des Eides nicht unterrichtet, daher ihre Glieder allgemeinhin als eidesunfähig anzusehen sind.

Ist insoweit der Entscheidung des Konsulargerichts beizutreten, so können dagegen dessen Schlußfolgerungen aus dem Wegfall des Eidesbeweises über die Echtheit der vom Beklagten vorgelegten Urkunde nicht gebilligt werden. Ein Anspruch auf Zahlung einer Geldsumme kann im Urkundenprozesse geltend gemacht werden, wenn die sämtlichen zur Begründung des Anspruchs erforderlichen Tatsachen durch Urkunden bewiesen werden können (§ 592 ZPO.). Das ist bei dem Anspruche des Klägers der Fall; auch die Voraussetzungen des § 593 ZPO. sind erfüllt. Eine Abweisung der Klage als in der gewählten Prozeßart unstatthaft kann nach § 597 Abs. 2 nur erfolgen, wenn der Kläger einen ihm obliegenden Beweis, wozu auch der Beweis einer Gegeneinwendung (Replik) gehört, nicht mit den im Urkundenprozesse zulässigen Beweismitteln führen kann. Den vom Beklagten zu führenden Beweis seiner Einwendungen hat der Kläger nicht zu vertreten; versagen diesem die Beweismittel des Urkundenprozesses, so trifft dieser Nachteil nicht den Kläger sondern den Beklagten, der den Beweis zu führen hat, wie sich aus § 598 ZPO. ergibt. Daß das Entfallen des Eidesbeweises für die Echtheit der Unterschrift unter der vom Beklagten vorgelegten Urkunde durch Umstände begründet ist, die in der Person des Klägers liegen, kann hieran nichts ändern. Die Rechtsauffassung des Vorderrichters würde folgerichtig dahin führen, daß nicht nur alle Klagen von Chinesen im Urkunden- und Wechselprozesse, dessen Voraussetzungen von Amts wegen zu prüfen sind, als unstatthaft abgewiesen werden müßten, sondern daß auch jede tatsächliche Behinderung eines im Urkundenprozeß in Anspruch genommenen Beklagten, den Beweis seiner Einwendungen durch Urkunden oder Eideszuschiebung zu führen (vgl. Stein, ZPO., 10. Aufl. Anm. II zu § 445), sofern die Ursache der Behinderung in der Person des Klägers gelegen ist, den Urkundenprozeß unstatthaft machen würde.

Dem Urkundenprozesse mußte demnach Fortgang gegeben werden; die Unmöglichkeit für den Beklagten, den ihm obliegenden Beweis der Echtheit der von ihm für seine Einwendung vorgelegten Urkunde vom 14. Oktober 1909 durch Eideszuschiebung zu führen, muß den Verlust der Einwendung für den Urkundenprozeß zur Folge haben (§ 598 ZPO.). Der Beklagte war daher unter Abänderung der im ersten Urteile getroffenen Entscheidung dem Klagantrage gemäß zur Zahlung der eingeklagten Summe zu verurteilen; jedoch war ihm nach § 599 ZPO. die Ausführung seiner Rechte im ordentlichen Verfahren vorzubehalten.

Nach § 708 Nr. 4 ZPO. sind Urteile, die im Urkunden- oder Wechselprozeß ergehen, auch ohne Antrag und ohne Sicherheitsleistung für vorläufig vollstreckbar zu erklären; dem Gegner ist es überlassen, Anträge gemäß §§ 712, 713 ZPO. auf Abstandnahme von der Erklärung der vorläufigen Vollstreckbarkeit oder auf Sicherheitsleistung des Gläubigers oder auf seine Zulassung zur Sicherheitsleistung anzubringen. Da die Bestimmung des § 708 ZPO. aber nur den Schutz des Gläubigers bezweckt, ist es offenbar auch zulässig, daß dieser als Kläger von vornherein einen beschränkten Vollstreckbarkeitsantrag stellt und sich selbst zur Sicherheitsleistung erbietet (vgl. § 713 Abs. 2 ZPO.). Im gegebenen Falle hat der Kläger nur beantragt, das ergehende Urteil gegen Sicherheitsleistung für vorläufig vollstreckbar zu erklären. Diesem Antrage war daher zu entsprechen."

---

15. Kann eine im gesetzlichen Güterstande lebende Ehefrau, die den ehelichen Haushalt aus den Einkünften ihres Vorbehaltsguts bestritten hat und durch einen Unfall unfähig geworden ist, ihre bisherige Tätigkeit im Hauswesen fortzusetzen, selbständig Ersatz der Kosten für ihre Vertretung hierin fordern?

VI. Zivilsenat. Urt. v. 23. Mai 1914 i. S. Gr. Berl. Straßenbahn (Bekl.) w. H. (Kl.). Rep. VI. 158/14.

I. Landgericht I Berlin.
II. Kammergericht daselbst.

Das Berufungsgericht hat der Klägerin, die bei einem Straßenbahnunfalle verletzt wurde, Ersatz der Kosten für die Einstellung einer weiblichen Hilfskraft zur Führung des Haushaltes, den sie bisher selbst besorgt hatte, zugebilligt.

Die Revision der Beklagten hatte keinen Erfolg. Der weitere Sachverhalt ergibt sich aus den

Gründen:

„Die Revision der Beklagten erhebt die Rüge, daß nicht die im gesetzlichen Güterstande lebende Klägerin, sondern nur ihr Ehemann berechtigt sei, Ersatz für die Kosten der Vertretung im Haushalte zu fordern. Die Pflicht der Klägerin, im Hauswesen des Mannes Dienste zu leisten, sei dadurch, daß sie ein eigenes Erwerbsgeschäft betreibe, nicht aufgehoben. Gleichgültig sei es, daß sie tatsächlich die Kosten des Haushalts aus ihren Einnahmen bestritten habe; hierzu sei sie mangels eines der gerichtlichen oder notariellen Form bedürftigen Vertrags nicht verpflichtet gewesen. Gesetzlich habe der Mann den ehelichen Aufwand zu tragen.

Die Angriffe sind nicht gerechtfertigt.

Allerdings geht die Rechtsprechung des Senats dahin, daß, wenn die im gesetzlichen Güterstande lebende Ehefrau durch einen Unfall verletzt und dadurch unfähig wird, Dienste im Haushalt oder im Geschäfte des Mannes fürderhin zu leisten, nur dieser, nicht sie selbst Ersatz des durch ihre Arbeitsunfähigkeit entstandenen Schadens fordern könne. Dabei hat es sich um Fälle gehandelt, in denen die Verletzte bis zu dem Unfall im Hauswesen oder im Geschäfte des Mannes tätig war und der Mann die Kosten des Hauswesens getragen hatte. Nach der Feststellung des Berufungsgerichts hat jedoch die Klägerin, ohne einen Zuschuß von ihrem Manne zu erhalten, die gesamten Kosten des Haushaltes aus den Einkünften ihres Vorbehaltsguts bestritten. Hatte sie dabei durch persönliche Besorgung des Haushaltes die Kosten eines Dienstboten erspart, so ist der dadurch erzielte Nutzen ihrem Vorbehaltsvermögen zugute gekommen, und der durch ihre Arbeitsunfähigkeit eingetretene Schaden ist tatsächlich ihr selbst und nicht ihrem Mann erwachsen. Die Einkünfte des Vorbehaltsguts verringern sich um die Kosten für die Vertretung der Klägerin im Haushalt. Es braucht deshalb nicht erörtert zu werden, ob die Beklagte als Schuldnerin der Klägerin überhaupt befugt ist, sich auf die Bestimmungen der §§ 1356 und 1389 BGB., die das innere Verhältnis zwischen den Eheleuten betreffen, zu berufen, und ob ihrem Einwande nicht auch der in § 843 Abs. 4 BGB. ausgeprägte Rechtsgedanke entgegensteht.

Irrig ist schließlich die Meinung der Revision, daß die Regelung zwischen der Klägerin und ihrem Manne, wonach sie die Kosten des Haushalts übernahm, der in § 1434 BGB. vorgeschriebenen Form unterworfen gewesen sei. Eine Änderung der güterrechtlichen Verhältnisse — § 1432 — steht nicht in Frage. Wohl aber konnte die Klägerin den Beitrag aus den Einkünften ihres Vorbehaltsguts zur Bestreitung des ehelichen Aufwandes, zu dem sie, da nicht erhellt, daß der Mann Nutzungen aus eingebrachtem Gut bezog, nach §§ 1371, 1427 Abs. 2 verpflichtet war, in der Weise leisten, daß sie die Kosten des Haushaltes trug.“ . . .

16. Verliert die Anschlußberufung ihre Wirkung, wenn der Berufungskläger nach dem Verlesen der Anträge und nach der Erklärung der Anschließung die Berufung ohne Einwilligung des Gegners zurücknimmt, bevor eine Verhandlung zur Sache stattgefunden hat?

ZPO. §§ 515, 521, 522.

V. Zivilsenat. Urt. v. 23. Mai 1914 i. S. Bergfiskus (Bekl.) w. S. (Kl.). Rep. V. 2/14.

I. Landgericht Beuthen.
II. Oberlandesgericht Breslau.

Die Klägerin verlangt Ersatz des Schadens, der durch den Betrieb eines dem Beklagten gehörigen Steinkohlenbergwerks ihrem Grundstücke zugefügt werde. Der erste Richter verurteilte zu einem Teile den Beklagten nach dem Klagantrage, wies aber mit der Mehrforderung die Klägerin ab. Hiergegen legte die Klägerin Berufung ein. In dem Verhandlungstermine vom 9. Oktober 1913, als beide Parteien erstmalig vor dem Berufungsgericht erschienen waren, verlas der Prozeßbevollmächtigte der Klägerin nach Feststellung der Rechtzeitigkeit der Berufungseinlegung den Berufungsantrag auf Verurteilung des Beklagten zur Zahlung einer weiteren Entschädigung von 6700 *M*. Der Prozeßbevollmächtigte des Beklagten erklärte darauf unter Überreichung eines Schriftsatzes vom 8. Oktober 1913, daß der Beklagte sich der Berufung anschließe, und verlas aus diesem Schriftsatze den Antrag: unter Zurückweisung der Berufung der Klägerin und unter Abänderung des ersten Urteils die Klage abzuweisen. Der Prozeßbevollmächtigte der Klägerin erklärte darauf, ohne sich zur Sache zu äußern, daß er auf den Schriftsatz vom 8. Oktober 1913, insofern er die Ankündigung der Berufungsanschließung, einen dementsprechenden Antrag und dessen Begründung enthalte, als auf ein neues Vorbringen sich nicht erklären könne, und beantragte deshalb Vertagung. Diesem Antrage, gegen den der Prozeßbevollmächtigte des Beklagten nichts erinnerte, gab das Berufungsgericht statt und setzte, nachdem der Prozeßbevollmächtigte des Beklagten Anberaumung eines neuen Termins beantragt hatte, Termin zur Fortsetzung der mündlichen Verhandlung auf den 13. November 1913 fest. Am Tage vor diesem Termine stellte die Klägerin dem Beklagten einen Schriftsatz vom 12. November 1913 zu, worin sie die Berufung zurücknahm. In dem Termine begann die Klägerin die Verhandlung mit der Wiederholung der Zurücknahmeerklärung. Der Beklagte erklärte, daß er mit der Zurücknahme der Berufung nicht einverstanden sei. Darauf stellte die Klägerin den Antrag, die Anschlußberufung als unzulässig zu verwerfen. Der Beklagte verlas demnächst wieder, wie in der Verhandlung vom 9. Oktober, den Antrag aus dem Schriftsatze vom 8. Oktober 1913. Die nunmehr sich anschließende Verhandlung beschränkte sich auf die Frage nach der Zulässigkeit der Berufungszurücknahme und nach der Statthaftigkeit der Anschlußberufung. Das Berufungsgericht verwarf die Anschlußberufung als unzulässig.

Der Revision des Beklagten wurde stattgegeben aus folgenden

Gründen:

„Die nach § 521 ZPO. zulässige Anschließung an die Berufung ist nach den Vorschriften der Zivilprozeßordnung nicht selbst ein Rechtsmittel, gibt dem Berufungsbeklagten vielmehr nur das Recht, ebenfalls Anträge zu stellen, um zu bewirken, daß der Rechtsstreit von der Berufungsinstanz in weiterem Umfang entschieden werde, als es nach den Anträgen des Gegners geschehen müßte. Daher kann nach den allgemeinen Vorschriften der Zivilprozeßordnung über die in der mündlichen Verhandlung zu berücksichtigenden Anträge die Anschließung erst durch Verlesung der Anschließungsanträge in der mündlichen Verhandlung (§ 297 ZPO.) wirksam erfolgen (RGZ. Bd. 7 S. 245, Bd. 8 S. 381, Bd. 41 S. 382). Der Beklagte hat nun in dem Verhandlungstermine vom 9. Oktober 1913, als beide Parteien erstmalig vor dem Berufungsgericht erschienen waren, nach Feststellung der Rechtzeitigkeit der Berufungseinlegung und nachdem die Klägerin ihren Berufungsantrag verlesen hatte, erklärt, daß er sich der Berufung anschließe, und hat aus dem überreichten Schriftsatze vom 8. Oktober 1913 den Antrag verlesen, die Berufung der Klägerin zurückzuweisen und unter Abänderung des erstinstanzlichen Urteils die Klage abzuweisen. Damit hatte der Beklagte sich der Berufung der Klägerin wirksam angeschlossen. Nun bestimmt allerdings § 522 Abs. 1 ZPO.: „Die Anschließung verliert ihre Wirkung, wenn die Berufung zurückgenommen oder als unzulässig verworfen wird." Aber unter Zurücknahme der Berufung, die hier allein in Frage kommt, ist eine gültige Berufungszurücknahme zu verstehen (RGZ.

Bd. 45 S. 411; Gruchots Beitr. Bd. 41 S. 705). Nach § 515 Abs. 1 ZPO. ist die Zurücknahme der Berufung ohne Einwilligung des Berufungsbeklagten nur bis zum Beginne der mündlichen Verhandlung des Berufungsbeklagten zulässig. Vorliegend hat die Klägerin ihre Berufung erst nach dem Termine vom 9. Oktober durch Zustellung des Schriftsatzes vom 12. November 1913 zurückgenommen. Eingewilligt in die Zurücknahme hat der Beklagte nicht. Vielmehr hat der Beklagte in dem Verhandlungstermine vom 13. November 1913, als die Klägerin ihre Zurücknahmeerklärung wiederholte, erklärt, daß er mit der Zurücknahme nicht einverstanden sei. Trotzdem erachtet der Berufungsrichter die Zurücknahme für wirksam, weil „die mündliche Verhandlung des Berufungsbeklagten" im Termine vom 9. Oktober 1913 noch nicht „begonnen" gehabt habe, und erklärt deshalb die im Termine vom 13. November 1913 vom Beklagten aufrechterhaltene Anschlußberufung für unzulässig. Der Berufungsrichter führt in dieser Hinsicht aus: Die mündliche Verhandlung werde allerdings nach § 137 Abs. 1 ZPO. dadurch eingeleitet, daß die Parteien ihre Anträge stellen, also sich erklären, wie sie den Rechtsstreit vom Gericht entschieden wissen wollten; daher lägen die Anträge innerhalb der mündlichen Verhandlung und hätten als deren Bestandteil zu gelten. Gleichwohl seien die Anträge noch nicht als „die Verhandlung" anzusehen. Denn unter Verhandlung sei die von den Parteien dem Gerichte vorgetragene Erörterung des Rechtsstreits nach seiner tatsächlichen und rechtlichen Seite zu verstehen, wozu sowohl die Stellung der Anträge, als auch die Kundgabe der die Anträge rechtfertigenden Begründung gehöre. Die Erläuterung der Anträge durch deren sachliche Begründung sei für den Begriff der „Verhandlung" nach dem Gesetz ein unentbehrliches Erfordernis. Die Antragstellung ohne jegliche Begründung könne den Begriff der mündlichen Verhandlung eines Rechtsstreits noch nicht ausfüllen. Von einem Beginne der mündlichen Verhandlung des Berufungsbeklagten im Sinne des dem § 271 nachgebildeten § 515 ZPO. könne vielmehr begrifflich erst die Rede sein, wenn nach Vortrag der Anträge der Berufungskläger bereits zu einer begründenden sachlichen Erörterung seines Berufungsantrags das Wort genommen hatte und nunmehr die Gegenpartei in die Besprechung ihres Antrags eingetreten sei. Im gegebenen Falle sei im Termine vom 9. Oktober 1913 nichts weiter geschehen, als daß die Hauptparteien ihre einander widersprechenden Anträge verlesen hätten und darauf, ohne Eintritt in eine Verhandlung über die Begründung des Rechtsmittels, auf den Antrag der Klägerin die Vertagung beschlossen worden sei. Danach habe in dem genannten Termin eine mündliche Verhandlung des Berufungsbeklagten im Sinne des § 515 Abs. 1 ZPO. nicht stattgefunden.

Diesen Ausführungen kann nicht beigetreten werden, wenigstens nicht darin, daß die Anschlußberufung unzulässig gewesen sei, weil der Berufungskläger bis zum Beginne der mündlichen Verhandlung des Berufungsbeklagten einseitig die Berufungszurücknahme erklärt habe. Daß durch den § 515 Abs. 1 ZPO. die Zurücknahme der Berufung beschränkt ist, beruht gerade auf der dem Berufungsbeklagten gestatteten Anschlußberufung und steht mit dem Rechte der Anschließung in Wechselbeziehung (Hahn, Materialien zur Zivilprozeßordnung, S. 351, 710). Nachdem der Berufungsbeklagte sich durch Erklärung der Anschließung in der mündlichen Verhandlung vor dem Berufungsgericht der Berufung wirksam angeschlossen hat, soll dem Berufungskläger nicht mehr gestattet sein, dem Berufungsbeklagten die dadurch erlangten prozessualen Rechte ohne dessen Einwilligung durch Zurücknahme der Berufung zu entziehen. Die Begründung zu § 462 des Entwurfs (§ 522 ZPO.) bemerkt in dieser Hinsicht: „Die Anschließung wird durch die Beantwortung der Berufung oder einen anderen Schriftsatz vorbereitet ... und erfolgt erst durch die Stellung der bezüglichen Anträge in der mündlichen Verhandlung. Der Beginn der mündlichen Verhandlung des Berufungsbeklagten ist daher der Zeitpunkt, von welchem an der Berufungskläger die Anschließung durch Zurücknahme der Berufung nicht mehr verhindern kann (§ 515 ZPO.), während die frühere Zurücknahme die Anschließung unmöglich macht" ... (Hahn, a. a. O. S. 354).

Wenn daher der Berufungsbeklagte im Verhandlungstermine, nachdem der Berufungskläger seinen Berufungsantrag verlesen hat, nicht nur die Zurückweisung der Berufung beantragt, sondern sogleich auch seine Anschließung an die Berufung erklärt, so ist einesteils die Anschließung wirksam erfolgt und hat anderenteils die mündliche Verhandlung des Berufungsbeklagten im Sinne des § 515 Abs. 1 ZPO. begonnen. Der Berufungskläger kann deshalb nun nicht mehr ohne Einwilligung des Berufungsbeklagten die Berufung zurücknehmen und dadurch die Anschlußberufung unwirksam machen. Hieran ändert sich auch nichts, wenn es nach Stellung der genannten Anträge aus diesem oder jenem Grunde, insbesondere, weil auf Antrag die Verhandlung vertagt wird, zur Begründung der Anträge des Berufungsbeklagten oder auch überhaupt zur Erörterung der Streitsache nicht kommt. Die mündliche Verhandlung des Berufungsbeklagten ist in solchen Fällen nicht zur Vollendung gediehen; aber begonnen hatte sie (vgl. RGZ. Bd. 45 S. 409, 411). Dieser Auffassung steht das vom Berufungsrichter zur Stütze seiner Ansicht angezogene Urteil in RGZ. Bd. 10 S. 386 ebensowenig entgegen wie das Urteil des Reichsgerichts in Jur. Wochenschr. 1894 S. 573 Nr. 4. Die Urteile verhalten sich nur darüber, ob, wenn der Rechtsmittelkläger nach dem Verlesen der Parteianträge sogleich die Vertagung beantragt und nach der Ablehnung dieses Antrags nicht weiter verhandelt, eine Verhandlung des Rechtsmittelklägers zur Sache stattgefunden oder ob der Rechtsmittelkläger noch gar nicht zur Sache verhandelt habe, so daß gemäß § 333 ZPO. ein Versäumnisurteil gegen ihn erlassen werden könne. Dabei wird zwar letzteres angenommen. Doch geschieht dies nur nach der besonderen Lage des Falles, indem dargelegt wird, es lasse sich nicht der Satz aufstellen, daß in dem Verlesen der Anträge, womit nach § 137 Abs. 1 ZPO. die mündliche Verhandlung eingeleitet werde, niemals ein Verhandeln zur Sache liegen könne; vielmehr könne auch mit dem Verlesen der Anträge eine Partei schon zur Sache verhandeln; es sei nach den besonderen Umständen des einzelnen Falles zu beurteilen, ob in dem Verlesen der Anträge ein Verhandeln zur Sache enthalten sei oder nicht.

Mit dieser Auffassung steht im Einklange die über die Zurücknahme der Klage gemäß § 271 Abs. 1 ZPO. in der Rechtslehre herrschende Meinung: die Verlesung des Antrags auf Abweisung der Klage durch den Beklagten sei für sich allein noch nicht als mündliche Verhandlung des Beklagten zur Hauptsache zu erachten, weil der Abweisungsantrag auch durch die Erhebung prozeßhindernder Einreden gerechtfertigt werden könne und daher in der Stellung dieses Antrags allein noch nicht ein Verhandeln zur Streitsache selbst zum Ausdrucke gelange; dagegen liege in der vorbehaltlosen Erhebung einer Widerklage eine Einlassung auf die Streitsache, weil sie mit der Erhebung von Prozeßrügen unvereinbar sei (vgl. Gaupp-Stein, Bem. II zu § 272 ZPO., Hofmann in Gruchots Beitr. Bd. 38 S. 829, 834). Der § 515 Abs. 1 ZPO. ist, wie dem Berufungsrichter zuzugeben ist, dem § 271 Abs. 1 nachgebildet. Auch macht es keinen entscheidenden Unterschied, daß die Worte „zur Hauptsache" im § 515 Abs. 1 fehlen. Der Grund für die Weglassung dieser Worte ist lediglich, daß das angefochtene Urteil auch allein eine Entscheidung über prozeßhindernde Einreden zum Gegenstande haben kann. Verhandlung des Berufungsbeklagten im Sinne des § 515 Abs. 1 ZPO. ist Verhandlung des Berufungsbeklagten über das mit der Berufung angefochtene erstinstanzliche Urteil. Danach mag es sein, daß in dem Verlesen des Antrags des Berufungsbeklagten auf Zurückweisung der Berufung des Gegners noch nicht der Beginn der mündlichen Verhandlung des Berufungsbeklagten im Sinne der zuletzt genannten Vorschrift zu erblicken und daher auch noch nach Stellung lediglich dieses Antrags die einseitige Zurücknahme der Berufung durch den Berufungskläger zulässig ist. Wenn aber, wie hier, der Berufungsbeklagte im Termine zur mündlichen Verhandlung, nachdem der Berufungskläger seinen Berufungsantrag verlesen hat, die Anschließung an die Berufung erklärt und außer dem Antrag auf Zurückweisung der Berufung den Anschließungsantrag verliest, so muß einesteils nach dem vorerörterten Zusammenhange des § 515 Abs. 1 ZPO. mit der Anschließung, anderenteils, weil in der Anschließungserklärung ein Angriff gegen das erstinstanzliche Urteil und somit ein Verhandeln des Berufungsbeklagten über dieses Urteil liegt, angenommen werden, daß die mündliche Verhandlung des Berufungsbeklagten im Sinne des § 515 Abs. 1 ZPO. begonnen hat und daher die Berufung ohne Einwilligung des Berufungsbeklagten nicht mehr wirksam zurückgenommen werden kann.

Demnach ist die Ansicht des Berufungsrichters unzutreffend, daß die vom Kläger in dem Schriftsatze vom 12. November erklärte und in dem Termine vom 13. November 1913 wiederholte Zurücknahme der Berufung trotz des Widerspruchs des Beklagten wirksam gewesen sei und daß die vom Beklagten in dem Termine zur mündlichen Verhandlung am 9. Oktober 1913 erhobene Anschlußberufung dadurch gemäß § 522 Abs. 1 ZPO. ihre Wirkung verloren habe." ...

17. Welche Bedeutung hat es, wenn sich der Grundstückseigentümer bei der Einräumung des Vorranges für eine neu einzutragende Grundschuld vor einer eingetragenen Hypothek dem zurücktretenden Hypothekengläubiger gegenüber verpflichtet, die Grundschuld löschen zu lassen, sofern und soweit sie sich mit dem Eigentum in einer Person vereinige?

V. Zivilsenat. Urt. v. 23. Mai 1914 i. S. Cj. (Kl.) w. H. u. Gen. (Bekl.). Rep. V. 71/14.

I. Landgericht Düsseldorf.
II. Oberlandesgericht daselbst.

Auf einem Grundstücke der B.'schen Eheleute waren für die Beklagte zu 1 unter Nr. 14 der III. Abt. eine Restkaufpreishypothek von 20500 *M* und unter 15 eine weitere von 1500 *M* eingetragen. In der notariellen Verhandlung vom 9. Oktober 1911 bestellten die B.'schen Eheleute an demselben Grundstücke der Beklagten zu 3 eine Grundschuld von 75000 *M*, der die Beklagte zu 1 in derselben Verhandlung den Vorrang von ihren Hypotheken einräumte. In der Verhandlung verpflichteten sich die B.'schen Eheleute weiter der Beklagten zu 1 gegenüber, „die hiervor bestellte Grundschuld von 75000 *M* im Grundbuche löschen zu lassen, falls und soweit sich diese Post mit dem Eigentum in einer Person vereinigt," indem sie zugleich die Eintragung einer entsprechenden Vormerkung bewilligten und beantragten.

Darauf wurden die Grundschuld, die Vorrangseinräumung und die Löschungsvormerkung eingetragen.

Am 14. Februar 1912 erwirkte der Kläger gegen die Eheleute B. wegen eines Anspruchs auf Zahlung von 6914,18 *M* für Bauten und Auslagen nebst Zinsen und Kosten einen Arrestbefehl und Pfändungsbeschluß, durch den unter anderem die Rechte der Schuldner gegen die Beklagte zu 3 auf Übertragung des nicht valutierten Teiles der Grundschuld von 75000 *M*, ihr Anspruch auf Löschung dieses Teiles und ihre Ansprüche gegen die Beklagten zu 1 und 3 aus ungerechtfertigter Bereicherung gepfändet wurden. Der Beschluß, in dem es heißt: „Die Drittschuldner dürfen an die Schuldner nicht mehr leisten", wurde den Drittschuldnern und den Schuldnern zugestellt. Später erwirkte der Kläger gegen die Eheleute B. wegen seiner Ansprüche an diese ein rechtskräftig gewordenes Urteil und daraufhin einen Beschluß vom 13. August 1912, durch den ihm jene bereits gepfändeten Rechte und Ansprüche zur Einziehung überwiesen wurden. Auch dieser Beschluß wurde den Beteiligten zugestellt. Inzwischen war auf Antrag der Beklagten zu 1 die Zwangsversteigerung des B.'schen Grundstücks eingeleitet. Unter dem 12. August 1912 bewilligte die Beklagte zu 3, daß von ihrer Grundschuld ein Teilbetrag von 39439 *M* gelöscht werde. Diese Löschung, der die Eheleute B. am 7. August 1912 zugestimmt hatten, wurde am 14. August 1912 im Grundbuche bewirkt. Unter dem 28. August 1912 trat die Beklagte zu 1 von ihrer Restkaufpreishypothek von 20500 *M* einen Teilbetrag von 2000 *M* an den Beklagten zu 2 mit dem Range nach dem ihr verbleibenden Reste ab; auch dies wurde ins Grundbuch eingetragen. Im Versteigerungstermine blieb der Beklagte zu 2 mit einem Bargebote von 22000 *M* Meistbietender und erhielt den Zuschlag. Die für die Beklagte zu 3 noch in Höhe von 35561 *M* eingetragene Grundschuld blieb als Teil des geringsten Gebots bestehen. Im Kaufgelderverteilungstermin am 10. Dezember 1912 wurden dem Beklagten zu 2 auf die ihm abgetretene Teilpost 2055,33 *M*, der Beklagten zu 1 aber auf ihre Resthypothek 18303,26 *M* und auf ihre zweite Hypothek 1389,46 *M* zugeteilt. Der Kläger widersprach dem auf Grund der gedachten Pfändung und Überweisung, indem er wegen seiner Ansprüche an die B.'schen Eheleute von 6926,18 *M* nebst Zinsen und Kosten Befriedigung aus dem Versteigerungserlöse vor den Beklagten zu 1 und 2 beanspruchte. Der streitige Betrag von 7583,98 *M* wurde hinterlegt.

Mit der Klage verfolgte der Kläger seinen Widerspruch, indem er beantragte:

die Beklagten zu 1 und 2 zu verurteilen, in die Auszahlung der hinterlegten 7583,98 *M* nebst Hinterlegungszinsen an ihn zu willigen.

Hilfsweise begehrte er Schadensersatz mit dem Antrage:

die Beklagten zu 1 und 3 als Gesamtschuldner zur Zahlung von 7583,98 *M* nebst Prozeßzinsen an ihn zu verurteilen.

Äußerstenfalls nahm er die Beklagte zu 1 in Höhe von 7583,98 *M* nebst Zinsen und den Beklagten zu 2 in Höhe von 2055,33 *M* nebst Zinsen aus dem Gesichtspunkt einer ungerechtfertigten Bereicherung in Anspruch.

Den Schadensersatzanspruch stützte er darauf, daß die Beklagte zu 3 die Löschung des nicht ausgefüllten Teiles der Grundschuld trotz der Pfändung bewilligt und die Beklagte zu 1 trotz des Hinweises auf die Bedeutungslosigkeit der Löschungsvormerkung dabei mitgewirkt hatte.

Das Landgericht verurteilte die Beklagte zu 3 zur Zahlung von 7583,98 *M* nebst Zinsen an den Kläger und wies die Klage im übrigen ab. Das Oberlandesgericht wies auf die Berufung der Beklagten zu 3 — unter Zurückweisung der Berufung des Klägers — die Klage gänzlich ab und erklärte den vom Kläger gegen den Teilungsplan erhobenen Widerspruch für unbegründet. Die Revision des Klägers wurde zurückgewiesen aus folgenden

Gründen:

„Die Revision greift das Berufungsurteil nur insoweit an, als es auch den mit dem ersten Hilfsantrage des Klägers geltend gemachten Schadensersatzanspruch gegen die Beklagten zu 1 und 3 abweist. Diesen Anspruch gründet der Kläger darauf, daß die Beklagte zu 3 auf Veranlassung der Beklagten zu 1 im August 1912 zur Löschung des „nicht valutierten Teiles" ihrer Grundschuld von 75000 *M* mitgewirkt, dadurch gegen das im Pfändungsbeschluß vom 14. Februar 1912 enthaltene Veräußerungsverbot verstoßen und, wie die Revision hervorhebt, sein mit der Zustellung des Pfändungsbeschlusses erlangtes Pfandrecht an dem Anspruche der Eheleute B. auf Übertragung des „nicht valutierten" Grundschuldteiles widerrechtlich verletzt habe. Die Revision konnte aber keinen Erfolg haben, weil nach dem Inhalte der vom Berufungsgericht auf Grund der Urkunde vom 9. Oktober 1911 festgestellten Vereinbarungen zwischen den Eheleuten B., der Beklagten zu 1 und der Beklagten zu 3 sich die Abweisung rechtfertigt.

Dadurch, daß die Forderung, zu deren Sicherung der Beklagten zu 3 die Grundschuld von 75000 *M* bestellt war, nur in Höhe von 35561 *M* bestand, war das dingliche Recht dieser Beklagten aus der Grundschuld nicht berührt; insbesondere stand nicht etwa auf Grund des § 1163 BGB. zum überschießenden Betrage von 39439 *M* die Grundschuld den B.'schen Eheleuten als Eigentümergrundschuld zu (vgl. RGZ. Bd. 78 namentlich auf S. 64/67). In Frage konnte für diese nur ein schuldrechtlicher Anspruch an die

Beklagte zu 3 auf Übertragung des überschießenden Teiles der Grundschuld kommen, der seinen Rechtsgrund in dem der Grundschuldbestellung zugrunde liegenden Vertrage oder in einer ungerechtfertigten Bereicherung der Beklagten zu 3 (vgl. § 812 BGB.) finden mochte. Von dem Bestehen eines solchen Anspruchs der Eheleute B. und seiner wirksamen Pfändung für den Kläger geht die Revision aus.

Allein nach dem auf dem Gebiete des Rechts der Schuldverhältnisse herrschenden Grundsatze der Vertragsfreiheit konnten die Beteiligten nicht nur den Inhalt des Schuldverhältnisses, nachdem es entstanden war, durch Vertrag ändern, sondern auch die schuldrechtlichen Folgen des Umstandes, daß die durch die Grundschuld zu sichernde Forderung nicht oder nicht in entsprechender Höhe bestand, von vornherein, insbesondere gleich bei der Grundschuldbestellung, anderweit bestimmen. Und einen Vertrag solchen Inhalts hat das Berufungsgericht in den Vereinbarungen zwischen den B.'schen Eheleuten, der Beklagten zu 1 und der Beklagten zu 3 festgestellt. Es weist auf die von den Eheleuten B. in der Urkunde vom 9. Oktober 1911 der Beklagten zu 1 gegenüber übernommene Verpflichtung hin, die Grundschuld, falls sie sich mit dem Eigentum in einer Person vereinigte, löschen zu lassen; es würdigt den Zusammenhang, in dem dies damit steht, daß die Beklagte zu 1 gleichzeitig mit ihren Hypotheken hinter die der Beklagten zu 3 bestellte Grundschuld zurücktrat, daß sie die Bürgschaft für die Grundschuld übernahm und daß alle Barerhebungen der Eheleute B. bei der Beklagten zu 3 ihrer Genehmigung und Anweisung bedurften. Es erwägt, daß, wenn die Eheleute B. über einen „nicht valutierten Teil" der Grundschuld frei hätten verfügen dürfen, die Beklagte zu 1 dem klaren Inhalte der Vereinbarungen zuwider die erforderliche Sicherheit für ihre Hypotheken verloren hätte, und daß das Zurücktreten dieser Beklagten mit ihren Hypotheken nur die Hergabe der Baugelder durch die Beklagte zu 3 ermöglichen, also nur soweit hierzu nötig Platz greifen, keinesfalls aber Dritten zum Erwerb eines Vorranges verhelfen sollte. Hiernach entnimmt es den Vereinbarungen den Vertragswillen, daß die Eheleute B. überhaupt nicht das Recht haben sollten, einen etwaigen Anspruch auf Übertragung des „nicht valutierten" Grundschuldteils oder sonstige Ansprüche betreffs der Grundschuld aus dem ihr zugrunde liegenden Rechtsverhältnis gegen die Beklagte zu 3 geltend zu machen, es sei denn, daß die Beklagte zu 1 ihre Genehmigung dazu erteilte.

Ohne Grund rügt die Revision: diese Auslegung sei nicht nur mit dem Wortlaute der Urkunde, sondern auch mit dem unverkennbaren Rechtsstandpunkte der Vertragschließenden unvereinbar. In letzterer Beziehung kann zugegeben werden, daß die Vertragschließenden bei ihren Vereinbarungen und Festsetzungen von der unrichtigen Rechtsansicht beherrscht gewesen sind, die Grundschuld stehe, soweit die Forderung, zu deren Sicherheit sie diente, nicht entstanden war oder nicht bestand, ohne weiteres den Eheleuten B. als Eigentümergrundschuld zu, und daß bei dieser Rechtsansicht für einen schuldrechtlichen Anspruch der Eheleute B. auf Übertragung dieses Grundschuldteils kein Raum war. Allein die irrige Rechtsansicht der Vertragschließenden berührt hier nicht deren Vertragswillen, sondern nur den ihm gegebenen Ausdruck; bei der Auslegung einer Willenserklärung aber ist nach § 133 BGB. der wirkliche Wille zu erforschen und nicht am buchstäblichen Sinne des Ausdrucks zu haften. Nach Inhalt, Grund und Zweck der Vereinbarungen sollte auf jeden Fall verhindert werden, daß die B.'schen Eheleute zum Nachteile der Beklagten zu 1 ohne deren Genehmigung die Verfügungsmacht über den „nicht valutierten" Grundschuldteil erlangten, und es ist klar, daß, wenn der Wille der Vertragschließenden ihrer irrigen Rechtsansicht entsprechend dahin Ausdruck gefunden hat, daß der nach dieser Ansicht kraft Gesetzes (§ 1163 BGB.) eintretende oder eingetretene Rechtserfolg zugunsten der Beklagten zu 1 ausgeschlossen oder wieder beseitigt werden sollte, damit doch auch ihr Wille feststeht, daß zugunsten der Beklagten zu 1 nicht Ansprüchen Raum zu geben sei, die auf Herbeiführung eines solchen Rechtserfolges durch Übertragung des betreffenden Grundschuldteils gerichtet sind. — Hatten aber die Eheleute B. nach den zwischen ihnen, der Beklagten zu 1 und der Beklagten zu 3 getroffenen Vereinbarungen gemäß der ihnen vom Berufungsgericht gegebenen Auslegung betreffs des „nicht valutierten" Grundschuldteils gegen die Beklagte zu 3 nur einen von der Genehmigung der Beklagten zu 1 abhängigen oder durch deren Genehmigung bedingten Anspruch, so konnte der Kläger durch die Pfändung und die später sich daran anschließende Überweisung auch nur ein Pfandrecht und ein Einziehungsrecht an einem derart beschränkten oder bedingten Rechte erlangen. Von einer widerrechtlichen Verletzung dieses Pfand- und Einziehungsrechts durch die Löschung des „nicht valutierten" Grundschuldteils und vollends von einem dem Kläger daraus entstandenen und nach § 823 Abs. 1 BGB zu ersetzenden Schaden kann angesichts der unstreitigen und von der Revision selbst hervorgehobenen Tatsache, daß die Löschung gerade auf Veranlassung der daran im höchsten Maße interessierten Beklagten zu 1 herbeigeführt worden ist, keine Rede sein. Denn diese Tatsache schließt die Genehmigung der Beklagten zu 1 zur Geltendmachung irgendwelcher Ansprüche der B.'schen Eheleute in betreff des „nicht valutierten" Grundschuldteils, insbesondere eines Anspruchs auf dessen Übertragung, schlechterdings aus.

Wenn die Revision weiter geltend macht: die schuldrechtliche Verpflichtung, einen Vermögenswert nur an einen bestimmten anderen zu übertragen, hindere den Verpflichteten nicht, diesen Vermögenswert rechtswirksam an einen Dritten zu übertragen, und stehe, solange er sich im Vermögen des Verpflichteten befinde, auch nicht einer Pfändung durch einen Dritten entgegen, so stellt sie sich auf einen Boden, der den Vereinbarungen der B.'schen Eheleute, der Beklagten zu 1 und der Beklagten zu 3 und der ihnen vom Berufungsgericht gegebenen Auslegung in keiner Weise entspricht. Eine schuldrechtliche Verpflichtung der B.'schen Eheleute, den „nicht valutierten" Grundschuldteil auf die Beklagte zu 1 zu übertragen, kommt danach gar nicht in Frage. Die Revision erkennt selbst an, daß dieser Grundschuldteil „dinglich" der Beklagten zu 3 zustand, und hinsichtlich des Rechtes der Eheleute B. auf Übertragung dieses Grundschuldteils ergeben jene Vereinbarungen nicht etwa die Begründung einer schuldrechtlichen Verpflichtung zur Übertragung dieses Rechtes auf die Beklagte zu 1, sondern, wie dargelegt, eine Änderung oder anderweitige Bestimmung seines Inhalts.

Dem Wortlaute der Vereinbarungen vom 9. Oktober 1911, insbesondere soweit sie auf die von den B.'schen Eheleuten der Beklagten zu 1 gegenüber übernommene Verpflichtung Bezug haben, und dem vom Berufungsgericht erörterten, namentlich das Interesse dieser Beklagten berücksichtigenden Grund und Zweck dieser Vereinbarungen wird, wenn man die gedachte irrige Rechtsansicht der Beteiligten beachtet, allerdings eine andere Auffassung noch besser gerecht, als die des Berufungsgerichts; aber diese kann ebenfalls nur zur Abweisung des Schadensersatzanspruches des Klägers führen. Bei den Worten nämlich: „falls und soweit sich diese Post (d. i. die der Beklagten zu 3 bestellte Grundschuld) mit dem Eigentum in einer Person vereinigt", haben die Beteiligten, indem sie von der Anwendbarkeit des § 1163 BGB. auf die Grundschulden ausgingen, die Fälle im Auge gehabt, daß die Forderung, zu deren Sicherung die Grundschuld bestellt wurde, nicht oder nicht in voller Höhe zur Entstehung gelangte, oder ganz oder zum Teil wieder erlosch. Indem sie aber für diese Fälle eine Verpflichtung der Eheleute B. gegenüber der Beklagten zu 1 zur Löschung der Grundschuld oder des betreffenden Grundschuldteils begründeten und zugleich die Eintragung einer darauf bezüglichen Löschungsvormerkung ins Grundbuch vorsahen, haben sie zugleich die Entstehung jeglicher Ansprüche der Eheleute B. in Ansehung der „nicht valutierten" Grundschuld, namentlich den Anspruch auf Übertragung, ausgeschlossen. Die Pfändung und Überweisung eines solchen Anspruchs für und an den Kläger würde dann gegenstandslos und eine widerrechtliche Verletzung eines Pfand- und Einziehungsrechts des Klägers schon aus diesem Grunde ausgeschlossen sein.

Eines Eingehens auf die zugunsten der Beklagten zu 1 eingetragene Löschungsvormerkung, auf die vom Berufungsgericht dazu gemachten Ausführungen und die von der Revision dagegen gerichteten Angriffe bedarf es nicht." ...

---

18. Auslegung von Patentschriften. Allgemeine Auslegungsgrundsätze. Beschränkt sich der für ein Verfahren erteilte Patentschutz auf die Anwendung des Verfahrens zu dem in der Patentschrift genannten Zwecke?

Patentgesetz § 4.

I. Zivilsenat. Urt. v. 23. Mai 1914 i. S. Th. G. (Bekl.) w. J. (Kl.). Rep. I. 53/14.

I. Landgericht Essen.
II. Oberlandesgericht Hamm.

Die Klägerin ist Inhaberin des deutschen Patentes Nr. 144584, dessen Anspruch lautet:

> Verfahren zur Darstellung magnetisierbarer Manganlegierungen, dadurch gekennzeichnet, daß in Manganmetall oder in Manganlegierungen, insbesondere Mangankupfer, die Elemente Aluminium, Zinn, Arsen, Antimon, Wismut oder Bor eingeführt werden, und zwar in der Art, daß die Legierungen mindestens 3 % der genannten Elemente und in der Regel nicht weniger als 9 % Mangan enthalten.

Die Beklagte stellt her und vertreibt gewerbsmäßig Legierungen, die aus etwa 27 % Mangan, etwa 63 % Kupfer und etwa 10 % Aluminium bestehen. Hierin erblickte die Klägerin eine Verletzung ihres Patentes. Sie erhob deshalb gegen die Beklagte Klage auf Unterlassung der Herstellung und des Vertriebes solcher Legierungen. Die Beklagte bat um Klagabweisung. Sie entgegnete, der Patentschutz beschränke sich auf den Fall, daß die magnetischen Eigenschaften der nach dem Verfahren hergestellten Legierungen ausgenutzt würden. Dies geschehe aber von der Beklagten nicht, da sie ihrer Abnehmerin, der K. Aktiengesellschaft, die Verpflichtung auferlege, die Legierungen nicht zu magnetischen Zwecken zu benutzen.

Das Landgericht wies die Klage ab. Auf die Berufung der Klägerin erkannte das Oberlandesgericht abändernd auf Verurteilung der Beklagten nach dem Klagantrage. Die Revision der Beklagten wurde zurückgewiesen.

Gründe:

„Wie das Berufungsgericht feststellt, hat die Beklagte Legierungen, die aus 27 % Mangan, 63 % Kupfer und 10 % Aluminium bestanden, in ihrem Gewerbebetriebe hergestellt und der K. Aktiengesellschaft geliefert. Diese Legierungen besaßen die Eigenschaft, daß in ihnen Magnetismus erzeugt werden konnte; sie waren also „magnetisierbar". Die Beklagte hatte aber ihrer Käuferin die Verpflichtung auferlegt, die Legierungen nicht zu magnetischen Zwecken zu benutzen. Dies hat die Käuferin auch befolgt und die Legierungen nur zur Desoxydation und zu weiteren Legierungen verwendet. Der Streit der Parteien dreht sich nun darum, ob die Beklagte durch die Herstellung und die Veräußerung der Legierungen an die K. Aktiengesellschaft das klägerische Patent Nr. 144584 verletzt hat. Es bedarf daher der Bestimmung des Schutzumfanges dieses Patentes.

Hierbei ist in rechtlicher Beziehung davon auszugehen, daß es Sache des Patentamts ist, den Gegenstand der patentierten Erfindung zu bestimmen und den Schutzumfang, soweit tunlich, abzugrenzen. Dies hat durch die Patentschrift zu geschehen. Nur sofern der Inhalt der Patentschrift zu Zweifeln Anlaß bietet, ist zur Ermittelung des Wesens der Erfindung und des Schutzbereichs des Patentes auf die sich darbietenden Auslegungsmittel, wie den Stand der Technik zur Zeit der Patentanmeldung und den Inhalt der Erteilungsakten, zurückzugreifen (RGZ. Bd. 80 S. 54, Warn. Rechtspr. 1914 Nr. 170). Läßt dagegen die Patentschrift klar und bestimmt erkennen, was der Anmelder des Patentes als seine Erfindung beanspruchte und auch das Patentamt unter Schutz stellen wollte, so ist dies für die Gerichte im Patentverletzungsprozesse maßgebend.

Aus den einleitenden Abschnitten der Patentschrift Nr. 144584 ergibt sich nun, daß die Klägerin das Patent angemeldet hat, weil ihre Versuche ergeben hatten, daß dem Manganmetalle, das keine magnetischen Eigenschaften besitzt, sowie den unmagnetischen Legierungen dieses Metalls, wie dem Mangankupfer, eine hohe Magnetisierbarkeit verschafft wird, wenn in das Mangan oder die Legierungen die Elemente Aluminium, Zinn, Arsen, Antimon, Wismut oder Bor in einem bestimmten Mischungsverhältnis eingeführt werden. Dieses Verhältnis wird im Patentanspruche dahin bestimmt, daß die neugewonnenen magnetisierbaren Legierungen mindestens 3% der genannten Elemente und in der Regel nicht weniger als 9% Mangan enthalten sollen. Auf Grund dieser Erkenntnis beantragte die Klägerin die Erteilung eines Patentes für ihr neues „Verfahren zur Darstellung magnetisierbarer Manganlegierungen", und ihrem Antrage wurde vom Patentamte ohne Einschränkung entsprochen. Die Klägerin hat also, weil sie als erste ein geeignetes Mittel erkannt hatte, im Manganmetall oder dessen Legierungen magnetische Eigenschaften zu erzeugen, ganz allgemein den Patentschutz für dasjenige Verfahren erhalten, das unter Anwendung der von ihr angegebenen Mittel, insbesondere des von ihr offenbarten Mischungsverhältnisses, in

Manganlegierungen die Eigenschaft der Magnetisierbarkeit hervorruft. An diesem Umfange des Patentschutzes kann nach dem durchweg klaren Inhalte der Patentschrift kein Zweifel obwalten. Dadurch aber, daß der Klägerin das im Patentanspruche gekennzeichnete Verfahren allgemein geschützt worden ist, hat sie gemäß § 4 PatG. auch die ausschließliche Befugnis erlangt, die durch das Verfahren unmittelbar hergestellten Erzeugnisse gewerbsmäßig in Verkehr zu bringen, feilzuhalten oder zu gebrauchen.

Dieses Alleinrecht erfährt auch nicht, wie die Beklagte vermeint, dadurch eine Beschränkung, daß in der Patentschrift als Verwendungszweck nur die Ausnutzung der als besonders vorteilhaft geschilderten magnetischen Eigenschaften der neuen Legierungen angegeben ist. Im allgemeinen gilt für die Erteilung von Patenten der Grundsatz, daß die Merkmale des Erfindungsgegenstandes nach objektiven Gesichtspunkten zu bestimmen sind. Ein und derselbe Gegenstand oder ein und dasselbe Verfahren kann auf dem Gebiete der Technik verschiedene Vorteile bieten und für verschiedene Zwecke verwendbar sein. Die Erteilung eines Patentes auf einen körperlichen Gegenstand oder ein Verfahren ist aber, die Neuheit und den Erfindungscharakter vorausgesetzt, nur von dem Nachweis abhängig, daß durch die Neuerung auf irgend einem technischen Gebiet ein Fortschritt erreicht wird. Ist dann das Patent erteilt worden, so beschränkt sich der Patentschutz regelmäßig nicht auf den in der Patentschrift bekannt gegebenen Verwendungszweck, vielmehr umfaßt er auch die Ausnutzung der Erfindung für andere, als die vom Erfinder selbst erkannten Zwecke (Kohler, Handbuch des deutschen Patentrechts S. 222; vgl. auch Entsch. des RG.'s im Blatt für Patent-, Muster- und Zeichenwesen Bd. 5 S. 309, Bd. 9 S. 44). Eine Beschränkung des Schutzumfanges auf den aus der Patentschrift ersichtlichen Zweck würde mit den Bedürfnissen des gewerblichen Verkehrs nicht im Einklange stehen, da es in zahlreichen Fällen außerordentlich schwierig erscheint, den Verwendungszweck ohne Schmälerung des Erfindungsgedankens scharf abzugrenzen, auch würde der Wert der Patente wesentlich verringert werden, wenn der Patentinhaber bei Nachahmungen seines Patentes zur Wahrung seiner Schutzrechte erst in der Lage wäre, nachdem er den vom Nachahmer beabsichtigten Verwendungszweck ermittelt hätte. Vor allem aber würde bei der Beschränkung auf den in der Patentschrift angegebenen Zweck das schöpferische Verdienst des Erfinders keine gerechte Entlohnung erfahren, da die Anwendung einer Erfindung für andere Zwecke sich häufig als eine naheliegende Maßnahme ergibt, die im Vergleiche zur Leistung des Erfinders von untergeordneter Bedeutung ist.

Das Verdienst des Erfinders wirkt also der Regel nach auch bei der Anwendung der Erfindung für neue Zwecke fort, und es wäre unbillig, derartige Anwendungsfälle von dem Patentschutz auszunehmen. Anderseits kann in Fällen, in denen die Übertragung der Erfindung auf einen neuen Zweck für sich allein Erfindungscharakter trägt, die Erteilung eines besonderen Patentes in Frage kommen, das dann allerdings gegenüber dem älteren ausnahmsweise durch den Verwendungszweck abgegrenzt sein würde. Die gleiche Ausnahme greift Platz, wenn eine schon bekannte schutzfreie Einrichtung oder ein ebensolches Verfahren zu einem neuen Zwecke angewendet und allein durch diese Art der Verwendung die Grundlage für die Erteilung eines Patentes geschaffen wird. Besteht indessen für die ältere Einrichtung oder das ältere Verfahren patentrechtlicher Schutz, so würde immer noch in Frage kommen, ob nicht die Anwendung der für einen anderen Zweck geschützten Erfindung von der Erlaubnis des Patentinhabers abhängig wäre. Hierauf braucht aber gegenwärtig nicht eingegangen zu werden, da ein solcher Ausnahmefall nach der vom Berufungsgerichte zutreffend gewürdigten Patentschrift Nr. 144584 hier nicht vorliegt. Aus dieser ergibt sich, daß das Patentamt das im Anspruche beschriebene Verfahren für neu erachtet und es wegen der dadurch erreichten Magnetisierbarkeit von Mangan und Manganlegierungen allgemein unter Schutz gestellt hat. Dieser Schutz ist nach den obigen Darlegungen nicht auf den Fall der Anwendung des Verfahrens behufs Herstellung von Erzeugnissen für magnetische Zwecke zu beschränken, sondern umgreift die Anwendung des Verfahrens für jeglichen Zweck, sofern es die Magnetisierbarkeit herbeiführt. Da die Beklagte unstreitig magnetisierbare Legierungen aus Kupfer, Mangan und Aluminium gewerbsmäßig hergestellt und in Verkehr gebracht und zur Herstellung der Legierungen ein Verfahren angewendet hat, das die im Patentanspruch angegebenen Merkmale aufweist, so hat das Berufungsgericht mit Recht eine Patentverletzung für vorliegend erachtet und der Beklagten die weitere

Herstellung und Vertreibung der Legierungen untersagt, auch wenn diese von vornherein nicht für magnetische Zwecke, sondern zur Desoxydation oder Weiterlegierung bestimmt sind." . . .

---

19. Kann ein zwischen Vollkaufleuten geschlossener Vertrag unter Umständen wegen der Höhe der versprochenen Vertragsstrafe nichtig sein?

BGB. § 138 Abs. 1, § 343.
HGB. § 348.

II. Zivilsenat. Urt. v. 26. Mai 1914 i. S. L. (Kl.) w. P. (Bekl.). Rep. II. 620/13.

I. Landgericht Hagen, Kammer für Handelssachen.
II. Oberlandesgericht Hamm.

Der Kläger, der ebenso wie die Beklagte Vollkaufmann ist, hatte diese durch mehrere Verträge mit der Herstellung und Lieferung von Knopfhaltern beauftragt. Der vereinbarte Preis der sämtlichen in Auftrag gegebenen Waren belief sich unstreitig auf höchstens 2200 *M*. Es sind davon insgesamt — teils vor, teils nach dem August 1911 — für 853,28 *M* geliefert und angenommen worden. Wegen verzögerter und wegen mangelhafter Lieferungen waren die Parteien in Streit geraten. Zu dessen Begleichung schlossen sie mittels mehrerer Schreiben vom August 1911 ein Abkommen über die damals noch ausstehenden Lieferungen, in welchem die beklagte Firma insbesondere auch die Zahlung einer Vertragsstrafe von 200 *M* für jeden Tag bei Nichteinhaltung der in dem Abkommen näher bezeichneten Verpflichtungen zusagte. Der Kläger war der Meinung, daß die Beklagte diese Verpflichtungen wiederholt nicht eingehalten habe, und verlangte von der Beklagten mit Schreiben vom 13. Februar 1913 die Zahlung von 5600, 6200, 6000, 6200, 6200 und 2600, insgesamt 32800 *M* für die Zeit vom 2. September 1911 bis zu dem Tage des Schreibens. Da die Beklagte nicht zahlte, wurde der Kläger im März 1912 dahin klagbar: die Beklagte zu verurteilen, an ihn seit dem 2. September 1911 einschließlich pro Tag 200 *M* Konventionalstrafe oder die vom Gericht statt dessen etwa einzusetzende geringere Strafe zu zahlen abzüglich von 853,20 ℳ Guthaben der Beklagten für die gelieferten Waren. Er beschränkte im Laufe des erstinstanzlichen Verfahrens den Antrag auf Verurteilung der Beklagten zur Zahlung von täglich 200 ℳ für die Zeit vom 2. September 1911 bis zum 19. März 1912. Der erste Richter wies die Klage wegen Nichtigkeit des Abkommens vom August 1911 ab. Die Berufung des Klägers, mit der er beantragte: unter Abänderung des ersten Urteils die Beklagte zur Zahlung von 5000 ℳ nebst Zinsen zu verurteilen, wurde zurückgewiesen. Auch die Revision hatte keinen Erfolg.

Gründe:

... „Der Berufungsrichter hat das Abkommen der Parteien vom August 1911 dahin ausgelegt: Die vereinbarte Vertragsstrafe habe nach der Willensmeinung der Parteien dann verfallen sein sollen, wenn nicht die Beklagte wenigstens 80 % der jeweilig zu liefernden Teilmenge in brauchbarer Ware pünktlich zum festgesetzten Liefertermin und die verbleibenden 20 % bis zum Ablaufe der Nachfrist — von $^1/_5$ der Hauptlieferzeit — in brauchbarer Ware liefern würde; die Strafe habe mit 200 ℳ für den Tag bis zur vollendeten ordnungsmäßigen Lieferung gezahlt werden sollen. Dieses Abkommen hat der Berufungsrichter als gegen die guten Sitten verstoßend und darum gemäß § 138 Abs. 1 BGB. als nichtig erachtet, indem er ausgeführt hat: Die vereinbarte Strafe sei nicht nur verhältnismäßig hoch, sie habe in ihrer, jedes einigermaßen verständige Maß und Ziel überschreitenden Höhe bei dem in Frage kommenden Gegenstande des Vertrages jedem besonnenen Menschen als ganz unvernünftig erscheinen müssen. Es möge zutreffen, daß die Parteien nur mit einer kurzfristigen Verspätung der Lieferung gerechnet hätten; insbesondere habe sich die Beklagte zur Zeit des Abkommens nicht der Sorge hingegeben, daß sie größere Beträge als Vertragsstrafe werde zahlen müssen. Aber das schließe nicht aus, daß die nach objektiven Gesichtspunkten zu beantwortende Frage, ob die Vereinbarung gegen die guten Sitten verstoßen habe, zu bejahen sei. Die Lieferung der Knopfhalter habe nicht allein vom guten Willen der Beklagten abgehangen. Selbst bei Anwendung allen Fleißes und aller Sorgfalt habe der Beklagten, die durch nichts als allein durch einen etwa eintretenden Streik habe entschuldigt sein sollen, die rechtzeitige Herstellung brauchbarer Ware mißlingen und sie also völlig schuldlos in die Lage kommen können, Beträge von vielen Tausenden Mark an den Kläger zahlen zu müssen. Das sei nicht nur ethisch durch nichts gerechtfertigt gewesen, sondern es hätte auch die wirtschaftliche Existenz der Beklagten — falls etwa ein Betriebsschaden in ihrer Fabrik eintrat, dessen Beseitigung längere Zeit in Anspruch nahm — ernstlich gefährdet werden können. Daß dergleichen nicht eingetreten sei, könne die zu entscheidende Frage nicht beeinflussen. Daß der Kläger ein über den Rahmen des Objekts hinausgehendes und besonders schutzwürdiges Interesse an der alsbaldigen Lieferung der Knopfhalter gehabt habe, habe er nicht dargelegt.

Diese Ausführungen tragen die getroffene Entscheidung; ein Rechtsirrtum ist in ihnen nicht ersichtlich. Der Berufungsrichter hat das Abkommen nicht nur, wie die Revision meint, um deswillen als gegen die guten Sitten verstoßend erachtet, weil die Höhe der Strafe jedes verständige Maß überschritt, sondern vielmehr auch deswegen weil — ohne daß dieses durch die sonstige Lage der Sache, insbesondere die Bedeutung der Lieferung für den Kläger begründet gewesen wäre — das ganze wirtschaftliche Bestehen der Beklagten, sogar völlig ohne ihr Verschulden, gefährdet werden konnte. Daß eine von einem Kaufmann im Betriebe seines Handelsgewerbes versprochene Vertragsstrafe gemäß § 348 HGB. vom Richter nicht auf Grund der Vorschriften des § 343 BGB. herabgesetzt werden kann, schließt nicht die Nichtigkeit einer Vereinbarung aus, die gegen die guten Sitten verstößt. Unrichtig ist auch die Rüge der Revision, der Berufungsrichter habe nicht beachtet, daß es für die Anwendbarkeit des § 138 Abs. 1 BGB. auf die Sachlage zur Zeit des Vertragsschlusses, aber nicht darauf ankomme, wie sich nachträglich die Dinge, mit oder ohne Schuld des Verpflichteten, gestaltet hätten. Der Berufungsrichter hat durchaus die für die Parteien erkennbare Sachlage zur Zeit des Vertragsabschlusses in Betracht gezogen, daß nämlich die Beklagte schon damals Gefahr lief, in die ihre wirtschaftliche Existenz gefährdende Strafe zu verfallen. Dem steht auch nicht entgegen, daß es in dem Urteile heißt, es möge zutreffen, daß die Parteien nur mit einer kurzfristigen Verspätung der Lieferung gerechnet hätten, insbesondere habe sich die Beklagte zur Zeit des Abkommens nicht der Sorge hingegeben, größere Beträge an Vertragsstrafe zahlen zu müssen. Der Berufungsrichter sagt damit nicht mehr, als daß es die Parteien, insbesondere die Beklagte, nicht für sehr wahrscheinlich gehalten haben, daß es zu einer erheblichen Verspätung in der Lieferung oder zu einer nicht ordnungsmäßigen Lieferung kommen werde.

Wenn mit der Revision in letzter Linie die Auslegung des Vertrages, wonach die Beklagte die so hohe Strafe auch ohne alles und jedes Verschulden (bei verspäteter oder mangelhafter Lieferung) habe zahlen sollen, als rechtsirrig, weil dem Wesen der Vertragsstrafe oder der mutmaßlichen Absicht der Vertragschließenden widersprechend, angegriffen hat, so ist auch das verfehlt. Einmal können die Parteien, da die Vorschriften über die Vertragsstrafe nachgiebiges Recht enthalten, den Verfall der Strafe sehr wohl auch ohne irgend ein Verschulden bedingen. Und was sodann die Absicht der Parteien beim Abschluß des streitigen Vertrags anlangt, so hat der Berufungsrichter aus dem in dieser Beziehung übrigens völlig klaren Briefwechsel der Parteien entnommen, daß nach dem Willen der Parteien die nicht rechtzeitige Lieferung brauchbarer Ware durch nichts als durch Streik entschuldigt werden könne. Er hat ferner auch noch festgestellt: dafür, daß die Vertragsstrafe von 200 ℳ für den Tag nur für die Dauer einer bestimmten Höchstfrist gezahlt werden solle, fehle es in dem Briefwechsel völlig an Anhaltspunkten; die Parteien hätten auch keinerlei Ausführungen in dieser Richtung gemacht, und der Kläger zum mindesten habe zum Ausdruck gebracht, daß er jene Beschränkung der Verpflichtung der Beklagten nicht annehme."

---

20. Zu der Frage, inwieweit eine Änderung in der Gesetzgebung auf laufende Kaufverträge einwirkt.

II. Zivilsenat. Urt. v. 26. Mai 1914 i. S. Spiritus-Zentrale (Bekl. u. Widerkl.) w. M. & W. M. (Kl. u. Widerbekl.). Rep. II. 136/14.

I. Landgericht I Berlin, Kammer für Handelssachen.
II. Kammergericht daselbst.

Die Klägerin hatte mit der Löbtauer Spritfabrik C. & H. in Dresden am 7. Mai 1908 einen Vertrag geschlossen, durch den sich diese verpflichtete, der Klägerin vom Jahre 1908 bis zum Jahre 1918 jährlich 110000 Liter „70er Kartoffelrohspiritus" „zum Preise von 4,20 M für 100 Liter r. A. über den endgültigen Verwertungspreis der Zentrale" zu liefern. Die Beklagte, das ist „die Zentrale", hatte den Betrieb der Löbtauer Spritfabrik übernommen und war vom 1. Oktober 1912 ab in deren Vertrag mit der Klägerin eingetreten. Sie lieferte 1912/13 die Ware zu $^2/_3$ vergällungsfrei, zu $^1/_3$ vergällungspflichtig. Die Klägerin stellte den vergällungspflichtigen Teil als vertragswidrig zur Verfügung und verlangte mit der Klage die Verurteilung der Beklagten, das der Klägerin danach für die Kampagne 1912/13 noch zustehende Quantum 70er Kartoffelspiritus vergällungsfrei zu liefern. Die Beklagte machte geltend: seit der Branntweinsteuergesetzgebung aus den Jahren 1909 und 1912 unterliege die gesamte deutsche Branntweinproduktion in einem bestimmten, jährlich vom Bundesrat festzusetzenden Teile der Vergällungspflicht; es könnte deshalb nunmehr immer, auch von der Klägerin aus dem Vertrage vom 7. Mai 1908, nur Branntwein der Art, wie er jetzt allein noch hergestellt und in den Verkehr gebracht werden dürfe, beansprucht werden. Sie beantragte Abweisung der Klage und im Wege der Widerklage Verurteilung der Klägerin, anzuerkennen, daß die Beklagte berechtigt sei, bei den auf Grund des Vertrages vom 7. Mai 1908 zu bewirkenden Lieferungen denjenigen Prozentsatz in vergällungspflichtiger Ware zu liefern, welchen der Bundesrat für das betreffende Vertragsjahr allgemein für die Vergällungspflicht festgesetzt habe.

Der erste Richter wies die Klage wie die Widerklage ab. Hiergegen legten beide Parteien Berufung ein.

Der Berufungsrichter wies die Berufung der Beklagten zurück und verurteilte auf die Berufung der Klägerin die Beklagte klagegemäß. Auf die Revision der Beklagten wurde das Berufungsurteil zur Klage aufgehoben.

Gründe:

„Zur Zeit des Abschlusses des für das Rechtsverhältnis der Parteien maßgebenden Vertrags vom 7. Mai 1908 war das Branntweinsteuergesetz vom 24. Juni 1887/16. Juni 1895 in der Fassung der Bekanntmachung vom 17. Juni 1895 (RGBl. S. 276) und mit den sich aus dem Gesetze vom 7. Juli 1902 (RGBl. S. 243) ergebenden Abänderungen in Kraft. Nach diesen Gesetzen war zu unterscheiden zwischen dem zu Konsumzwecken verwendeten Branntwein und dem zu gewerblichen Zwecken verwendeten, von welch letzterem Steuer überhaupt nicht erhoben wurde oder bezüglich dessen doch die erhobene Steuer, insbesondere die Maischbottig- und Brennsteuer, in gewisser Weise vergütet wurde; vgl. § 1 Abs. 4 und 5, § 41 I und V, § 43 I, II, § 43 a, § 43 c der Gesetze vom 24. Juni 1887/16. Juni 1895 und 7. Juli 1902. Es wurde damals lediglich unterschieden zwischen ungenießbarem, zu gewerblichen Zwecken verwendetem denaturiertem (vergälltem) und undenaturiertem (unvergälltem) Spiritus (vgl. auch § 43 e der zuletzt angeführten Gesetze). Das änderte sich zufolge des Branntweinsteuergesetzes vom 15. Juli 1909 (RGbl. S. 661) insofern, als dieses Gesetz eine Pflicht zur Vergällung (Denaturierung) eines gewissen Teiles des erzeugten Branntweins einführte § 21, § 72), ohne aber grundsätzlich an der Befreiung von Steuern bzw. der Vergütung für entrichtete Steuern bezüglich des zu gewerblichen Zwecken vergällten Branntweins etwas zu ändern (§ 3 Z. 2, §§ 54 flg., 42, 52). Letzteres gilt auch von dem am 1. Oktober 1912 in Kraft getretenen Gesetze, betr. Beseitigung des Branntweinkontingents vom 14. Juni 1912 (RGbl. S. 378), durch welches einerseits die Pflicht zur Vergällung eines Teiles des erzeugten Branntweins (insbesondere § 16) erweitert, dafür aber anderseits auch der durch die Einnahmen aus der Betriebsauflage zur Vergütung für vergällten Branntwein gebildete Fonds (§§ 52 flg. Gesetz von 1909) erheblich verstärkt wurde (§ 1 Abs. 2 Gesetz von 1912). Zufolge der Gesetze von 1909 und 1912 ist nun im Verkehr nicht mehr nur zwischen vergälltem (Industriespiritus) und unvergälltem Branntwein, sondern in betreff des letzteren weiter noch zwischen vergällungsfreiem und vergällungspflichtigem zu unterscheiden, und es fragt sich, ob jemand, der 1908 unvergällten Branntwein (70er Rohspiritus) in jährlichen Lieferungen bis zum Jahre 1918 gekauft hat, diesen Branntwein frei von der Vergällungspflicht zu beanspruchen hat, wie die Klägerin meint, oder ob er sich — wie die Beklagte erstinstanzlich und eventuell auch noch in zweiter Instanz geltend gemacht hat — gefallen lassen muß, daß er den Branntwein teils zwar vergällungsfrei, teils aber vergällungspflichtig geliefert erhält, und zwar letzteres zu dem Prozentsatz, der nach den gesetzlichen Bestimmungen vom Bundesrat für den erzeugten Branntwein als vergällungspflichtig festgesetzt wird.

Der Berufungsrichter ist der Auffassung der Klägerin beigetreten und das muß für zutreffend erachtet werden. Die Klägerin hat 1908 unvergällten Spiritus gekauft (wie sie übrigens behauptet, worüber aber eine Feststellung nicht getroffen ist: der Verkäuferin erkennbar zu Konsumzwecken). Unvergällter Spiritus war 1908 solcher, mit dem der Käufer nach seinem Belieben schalten konnte; er hatte ihn zu seiner völlig freien Verwendung. Würde er nun, weil jetzt bei dem unvergällten Spiritus zwischen vergällungsfreiem, der freien Verwendung unterliegendem, und vergällungspflichtigem, in der Verwendung Beschränkungen unterworfenem Branntwein zu unterscheiden ist, die von ihm gekaufte Ware zum Teil (zu $^1/_3$ oder auch mehr, nach wechselndem Prozentsatz) vergällungspflichtig erhalten, so würde er nicht in vollem Umfange das erhalten, was er gekauft hat; er bekäme vielmehr zu einem sehr beträchtlichen Teile eine Ware von anderen Eigenschaften, eine Ware, in deren Verwendung er beschränkt ist und die, wenigstens zurzeit, unstreitig auch von einem niederen Werte ist. Eine solche Ware anzunehmen, ist der Käufer nicht verpflichtet (§ 459 Abs. 1 BGB.).

Es kann dabei auch keine Rede davon sein, daß es der Beklagten, wie diese auszuführen versucht hat, unmöglich geworden sei, der Klägerin nur vergällungsfreien Branntwein zu liefern; solcher ist jederzeit in außerordentlich großen Mengen am Markte und daher für die Beklagte ohne Schwierigkeit jederzeit zu beschaffen. Zugleich folgt aus dem Vorgesagten, daß eine Veränderung des Gegenstandes der Vertragslieferung, eines in seiner Verwendbarkeit nicht beschränkten Branntweins, durch die Änderung in der Gesetzgebung nicht herbeigeführt ist. Ohne Rechtsirrtum hat der Berufungsrichter ferner auch angenommen, daß — insbesondere zufolge der Bestimmungen der Branntweinsteuer-Befreiungsordnung in der Bekanntmachung vom 19. Juli 1912 (R.-Zentralbl. S. 647flg.) — die Nachteile, die durch die Änderung der Gesetzgebung, insbesondere die Einführung der Vergällungspflichtigkeit eines Teiles des erzeugten Branntweins, für die Beklagte bei Lieferung des der Klägerin verkauften Spiritus herbeigeführt sind und in einem gewissen Unterschiede des Marktpreises zwischen vergällungsfreiem und vergällungspflichtigem Branntwein ihren Ausdruck finden, keine übergroßen und nicht derartige sind, daß sie die Auflösung des Vertrags oder einen Rücktritt der Beklagten von dem Vertrage zu begründen vermöchten und es als wider Treu und Glauben verstoßend erscheinen ließen, daß die Klägerin von der Beklagten unter Festhalten an dem Vertrage Lieferung von nur vergällungsfreiem Branntwein verlangt.

Es wird nun aber in dem Vertrage vom 7. Mai 1908 der Kaufpreis der der Klägerin zu liefernden Ware bestimmt: nach dem „endgültigen Verwertungspreis der Zentrale" zuzüglich 4,20 ℳ für jedes Hektoliter r. A., und die Beklagte hatte gerade auch mit Rücksicht auf diese Preisbestimmung geltend gemacht, daß der Vertrag wegen der veränderten Verhältnisse nicht mehr zu Recht bestehe. Sie hatte ausgeführt, der Begriff des „Verwertungspreises der Zentrale" habe seine frühere Bedeutung völlig verloren. Früher sei es der Verwertungspreis des einheitlichen, einer Vergällungspflicht nicht unterworfenen Rohspiritus gewesen, jetzt sei es der Verwertungspreis einer Mischung von vergällungsfreier und vergällungspflichtiger Ware. Das sei nicht derjenige Verwertungspreis, nach dem die Kontrahenten den Kaufpreis in dem Vertrage vom 7. Mai 1908 bestimmt hätten und hätten bestimmen wollen. Über dieses Vorbringen der Beklagten hat sich der Berufungsrichter lediglich dahin geäußert: daß und wie in der durch die Steuer (Vergällungspflicht?) bedingten Umgestaltung des Verwertungspreises, der die Preisberechnung mitbestimmte, eine Mehrbelastung der Beklagten liegen sollte, habe sie nicht dargetan. Mit Recht rügt die Revision, daß der Berufungsrichter mit dieser Ausführung dem Vorbringen der Beklagten nicht gerecht geworden sei und es nicht erschöpfend gewürdigt habe. Der Berufungsrichter hatte bei der Lage der Sache zu prüfen und festzustellen, wie die Vertragskontrahenten bei Abschluß des Vertrags den „Verwertungspreis der Zentrale" verstanden wissen wollten, was heute unter dem Verwertungspreise der Zentrale (der Beklagten) zu verstehen ist und ob danach auch jetzt noch die nötige Grundlage für eine Preisbestimmung, wie sie im Vertrage vorgesehen ist und dem Willen der Vertragschließenden bei Abschluß des Vertrags entsprach, vorhanden ist. Daß sich der Berufungsrichter der Erheblichkeit dieser Fragen bewußt gewesen ist, läßt sich aus seiner vorstehend mitgeteilten Begründung mit Sicherheit ebensowenig entnehmen, wie eine Feststellung dahin, daß die vertragliche Grundlage der Preisbemessung sich so wenig geändert habe, daß sie noch heute maßgebend sei und die Beklagte keine Veranlassung habe, dieserhalb den Vertrag als aufgelöst zu betrachten." ...

---

21. 1. Zurückbehaltung einer Geldschuld gegen eine Geldschuld des Gläubigers?
2. Inwieweit ist die Zurückbehaltung zulässig, wenn das Aufrechnungsverbot einschlägt?
3. Wirksamkeit der Einrede der Arglist gegenüber dem Aufrechnungsverbot?

BGB. §§ 273, 394.

III. Zivilsenat. Urt. v. 26. Mai 1914 i. S. E. (Kl.) w. Hamburgischen Staat (Bekl.). Rep. III. 62/14.

I. Landgericht Hamburg.
II. Oberlandesgericht daselbst.

Die den Sachverhalt ergebenden

Gründe

lauten:

„1. Der Kläger hat als im Hamburgischen Staatsdienst angestellter Zollaufseher im Dezember 1911 fünf Fuhren Branntwein gegen eine Belohnung von 150 ℳ für die Fuhre unverzollt in das Zollgebiet einfahren lassen, ist deshalb zu Zuchthausstrafe verurteilt und wegen dieser seiner Beteiligung an der Zollhinterziehung dem Beklagten mindestens den Betrag von 4660 ℳ zu ersetzen schuldig. Zur Deckung dieser Ersatzschuld hat der Beklagte seit 1. Februar 1913 das gesamte Gehalt des Klägers von monatlich 215 ℳ zurückbehalten und dies dem Kläger durch Schreiben vom 30. Januar 1913 unter Berufung auf § 273 BGB. eröffnet. Die Klage fordert die am 1. Februar und 1. März 1913 fällig gewesenen, unpfändbaren Gehaltsbeträge mit 2 × 185 = 370 ℳ nebst Zinsen, während der Beklagte die Zurückbehaltung auch des unpfändbaren Gehaltsteils für zulässig erachtet.

Das Landgericht hat den Beklagten klaggemäß verurteilt, da die Zurückbehaltung in Wahrheit eine Aufrechnung und darum nach § 394 BGB. unzulässig sei. Der Berufungsrichter hat den Beklagten verurteilt, „dem Kläger Zug um Zug gegen eine vom Kläger an den Beklagten zu leistende Zahlung von 4600 M 370 M zu zahlen", mit der Begründung: Zurückbehaltung und Aufrechnung seien ihrer Natur nach verschieden, aus der Unzulässigkeit der Aufrechnung folge nicht die der Zurückbehaltung, und der Beklagte habe ausdrücklich nur ein Zurückbehaltungsrecht geltend gemacht, also den zulässigen Weg der Zurückbehaltung gewählt, gerade weil ihm die Unzulässigkeit einer Aufrechnung bekannt gewesen sei.

2. In diesen Entscheidungen der Instanzen, welche sich beim Mangel landesgesetzlicher Vorschriften gemäß Art. 81 EG. z. BGB. auch in diesem Streitfalle lediglich auf die anzuwendenden Bestimmungen des Bürgerlichen Gesetzbuchs gründen, wiederholen sich die gegensätzlichen Rechtsauffassungen über das Verhältnis zwischen Zurückbehaltung und Aufrechnung, die seit langem in Theorie und Praxis zu lebhaftem Streit und zu widersprechenden Erkenntnissen geführt haben; vgl. z. B. Seuff. Arch. Bd. 59 Nr. 52 (Kammergericht: 14. März 1903) und Bd. 65 Nr. 22 (OLG. Marienwerder: 29. Oktober 1909). So wie jetzt der Berufungsrichter hat der erkennende III. Zivilsenat des Reichsgerichts durch Urteil vom 17. Februar 1903 (unvollständig abgedruckt in RGZ. Bd. 55 S. 1) in einem dem vorliegenden gleichen Falle entschieden: Gehaltsklage eines Eisenbahnbeamten, Einwand der Aufrechnung oder der Zurückbehaltung von seiten des beklagten preußischen Fiskus wegen eines Erstattungsanspruchs aus Amtsunterschlagung. Die Entscheidung besagt, daß der Einwand der Aufrechnung nach § 394 BGB. unzulässig sei, daß jedoch der damalige Berufungsrichter (Oberlandesgericht Kiel, 27. Oktober 1902, Rechtspr. OLG. Bd. 6 S. 225), der zur Zahlung des Gehalts „gegen Erstattung des dem Beklagten unterschlagenen Betrags" verurteilt hatte, „in richtiger Anwendung des § 273 den Beklagten für befugt erklärt habe, die geschuldete Leistung (Gehaltsbetrag von 648,33 M) zu verweigern, bis der Kläger den unterschlagenen Betrag von 1166,63 M erstatte."

Dieses Urteil, auf welches der Kommissar des Reichsjustizamtes in der Sitzung des Reichstags vom 4. Mai 1911 gegenüber fünf an den Reichstag gerichteten Petitionen um Änderung und Ergänzung des § 394 (des Kaufmannsgerichts Berlin, des Ausschusses für das Gewerbegericht Breslau, des Vereins Deutscher Spediteure, der Handelskammer für das Herzogtum Oldenburg, des Niedersächsischen Schutzverbandes für Handel und Gewerbe) verwiesen hat, kann jedoch nicht aufrecht erhalten und den Gründen des jetzigen Berufungsrichters nicht beigetreten werden. Die Nachprüfung der ganzen Frage führt vielmehr zu anderen Ergebnissen.

3. a) Die Verschiedenheit von Zurückbehaltung und Aufrechnung nach Voraussetzungen und Wirkungen (insbesondere: Erfordernis der Konnexität nur bei der Zurückbehaltung, Wirkung des Erlöschens der Forderung nur bei der Aufrechnung) ist offensichtlich und bereits so häufig dargelegt worden, daß es einer Wiederholung nicht bedarf. Aus dieser Verschiedenheit folgt jedoch nicht, daß, wenn aufrechenbare und zugleich im Sinne des § 273 konnexe Forderungen sich gegenüberstehen, der Schuldner sich schlechthin des Zurückbehaltungsrechts bedienen dürfe, nämlich immer auch dann, wenn er mit seiner Gegenforderung nach § 394 nicht aufrechnen darf. Die Erwägung, es könne der Gegenforderung die nur aus ihrer Konnexität fließende Eigenschaft der Zurückhaltbarkeit (§ 273) nicht um deswillen entzogen werden, weil ihr die von Konnexität unabhängige Aufrechenbarkeit durch § 394 entzogen ist, geht fehl. Eine solche Trennung der Rechtsbehelfe für eine und dieselbe Gegenforderung gegen eine und dieselbe Forderung ist immer dann ausgeschlossen, wenn die Zurückbehaltung denselben Zweck und denselben Erfolg hat, den § 394 für eben diese Gegenforderung und Forderung verbietet. Wird kraft der Zurückbehaltung für den einen und einheitlichen Tatbestand eine Wirkung erzielt, die nach dem eben diesen Tatbestand ergreifenden Aufrechnungsverbote des § 394 unzulässig ist, dann kann diese Wirkung nicht dadurch gerechtfertigt werden, daß sie wenigstens nach § 273, für sich allein betrachtet, statthaft sei: der Tatbestand unterliegt ebensowohl den Vorschriften über das Zurückbehaltungsrecht, als zugleich den Vorschriften über Aufrechnung. Dieses sein eigentliches, individuelles Wesen wird verkannt und verletzt, wenn durch Zurückbehaltung eben der Rechtserfolg erstrebt und erreicht wird, den die Aufrechnungsvorschriften gerade ausschließen. Ob § 394 eine nicht auszudehnende lex singularis ist oder ein allgemeines Prinzip enthält,

kann nicht in Frage kommen; denn der gegebene Tatbestand wird tatsächlich und wirklich eben auch von den Aufrechnungsnormen neben den Zurückbehaltungsnormen beschränkt.

Nach seinem Grundgedanken verfolgt das Lohnbeschlagnahmegesetz vom 21. Juni 1869, wie der Beschluß des Oberlandesgerichts Hamburg vom 22. Januar 1887 (Seufferts Arch. Bd. 42 S. 240) zutreffend bemerkt, den Zweck, der im Erwerbe begriffenen Arbeitskraft gegen jeden Angriff Schutz zu gewähren und das Produkt der Arbeitstätigkeit (Lohn, Gehalt usw.) zunächst unangefochten in die Hände des Arbeitnehmers hinüberzuführen, damit dieser zur Erhaltung seiner Arbeitslust und Arbeitskraft die für sich und die Seinigen unentbehrlichen Lebensbedürfnisse bestreiten könne (vgl. Komm. Ber. in den Stenograph. Ber. des Reichstags, Sess. 1869 Bd. 3 S. 582 Sp. 2, 583 Sp. 1 und Mandry, Der zivilrechtliche Inhalt der Reichsgesetze, 4. Aufl., S. 246):

> „das Gesetz strebt als hauptsächlichstes Resultat das Freibleiben und Verbleiben des Arbeitsverdienstes, welcher das Mittel für die Forterhaltung der Arbeitskraft ist, und hiermit das Freibleiben der Arbeitskraft selbst an";

und S. 249:

> „zugrunde liegt die Anschauung: es solle die noch nicht verwertete und noch nicht zum Kapital gewordene Arbeitskraft so wenig als die menschliche Individualität selbst zugunsten des Gläubigers in Anspruch genommen werden dürfen".

Eben diesem Zwecke, die Vergütung ganz oder zu einem gewissen Teile unverkürzt und unverkümmert in die Hand des kraft geleisteter Arbeiten oder Dienste Vergütungsberechtigten gelangen zu lassen, dient wie die Gewerbeordnung in ihren gegen das Trucksystem gerichteten Vorschriften (RGSt. Bd. 17 S. 286, Bd. 26 S. 210), soweit diese reichen, so der § 850 ZPO. und so das diese prozessuale Vorschrift in das Zivilrecht einführende (vgl. RGZ. Bd. 41 S. 53/54 und Oberstes LG. für Bayern in Seuff. Arch. Bd. 43 S. 159/63) Aufrechnungsverbot des § 394; vgl. Motive Bd. 2 S. 113 (Sicherung des nötigen Lebensunterhalts, die zugleich im Staatsinteresse liege und durch die Rücksicht auf das allgemeine Wohl gefordert werde).

Dieser Zweck kann nur erreicht und soll erreicht werden durch die rechtzeitige wirkliche Erfüllung der Verbindlichkeit zur Entrichtung der Vergütung (Lohn, Gehalt, Honorar, Sold, Pension), also durch Erlöschen des Schuldverhältnisses infolge Bewirkung der vom Vergütungspflichtigen geschuldeten Leistung. Das Gegenteil dieses Zweckes aber, nämlich, daß der Vergütungsberechtigte zur rechten Zeit nichts in die Hand bekommt, tritt ein, sowohl wenn die Forderung des Vergütungsberechtigten ohne wirkliche Erfüllung, auf andere Weise, zum Erlöschen gebracht wird (Aufrechnung), als wenn die Leistung der Vergütung verweigert wird, bis der Vergütungsberechtigte eine anderweite, ihm gegenüber dem Vergütungsschuldner obliegende Leistung bewirkt (Zurückbehaltung). Diese, die Zurückbehaltung, ist an sich durch § 273 positiv gestattet und insoweit das Recht des Vergütungsgläubigers auf wirkliche sofortige Erfüllung der Vergütungsschuld eingeschränkt. Diese Beschränkung ist abgeleitet aus der Anwendung des Grundsatzes von Treu und Glauben auf konnexe aus demselben rechtlichen Verhältnis fließende Forderungen (Jur. Wochenschr. 1907 S. 101 Sp. 1; RGZ. Bd. 68 S. 34; Motive Bd. 2 S. 41; KommProt. Bd. 1 S. 311; Wächter, Pandekten, Bd. 2 S. 336/337). Immer dann aber, wenn nach den objektiven und dem Zurückbehaltenden bekannten Umständen der Vergütungsgläubiger die ihm gegen den Vergütungsschuldner obliegende Leistung nie oder doch nicht in absehbarer Zeit wird leisten können, widerstreitet die Zurückbehaltung dem gekennzeichneten Gesetzeszweck und kann nicht mehr als eine Treu und Glauben entsprechende Verknüpfung der beiderseitigen Ansprüche erachtet werden. Dann bezweckt und bewirkt die Zurückbehaltung in Wahrheit nicht etwas Vorläufiges, sondern eine endgültige Nichterfüllung der Vergütungsforderung; dann ist der formelle Fortbestand dieser Forderung nur ein Schleier, hinter dem sich deren gewollte materielle Auslöschung verbirgt. Dann ist die erklärte Zurückbehaltung nicht mehr ein „präsentes Sicherungsmittel“, „ein Zwangsmittel“, wie es die Zurückbehaltung sein soll, Motive Bd. 2 S. 41/42, KommProt. Bd. 1 S. 311/312, sondern sie ist einfach ein „Mittel zur Deckung“; sie ist der Sache nach eine Aufrechnung, und auf die Sache und deren inneren Kern kommt es an, nicht auf die gebrauchten Worte. Der Richter ist an die Erklärung der Partei, daß das Zurückbehaltungsrecht geltend gemacht werde, nicht gebunden, wenn ersichtlich ist, daß der wahre Rechtswille der Partei eben nicht auf

Zurückbehaltung, auf zeitweilige Unterlassung der geschuldeten Vergütungsleistung, sondern auf ihre endgültige Verweigerung geht. Der Fall liegt anders als der RGZ. Bd. 62 S. 130 entschiedene, in welchem die Parteien, gerade weil ihnen die Unwirksamkeit einer ohne körperliche Übergabe vereinbarten Verpfändung (§ 1205 BGB.) bekannt war, die Sicherstellung der Forderung durch Sicherungsübereignung erstrebten. Denn dieser andere Weg der Sicherstellung der Forderung ist nach der Praxis des Reichsgerichts nicht verboten (RGZ. Bd. 26 S. 184/185, Bd. 59 S. 148), sondern gesetzlich gestattet. Hier jedoch steht gerade in Frage, ob das Gesetzesgebot, daß der Vergütungsberechtigte die Vergütung in die Hand bekommen soll, und das zur Durchführung dieses Gebots aufgestellte Aufrechnungsverbot die rechtliche Möglichkeit offen lassen, den verbotenen wirtschaftlichen Erfolg, die insoweit endgültige Entblößung des Vergütungsberechtigten von den im erarbeiteten Verdienste gesuchten und in diesem bestehenden Existenzmitteln, auf dem anderen Wege der Zurückbehaltung herbeizuführen. Das muß verneint werden. Darum ist die Erklärung der Zurückbehaltung, während in Wirklichkeit der sachliche Enderfolg einer Aufrechnung in Aussicht genommen und gewollt wird, belanglos. Der wahre Wille entscheidet, nicht der, um dem Gesetzesverbot zu entgehen, gewählte Wortlaut. So hat z. B. die Entscheidung des Reichsgerichts in Strafsachen Bd. 27 S. 280 die behufs Vermeidung der Rechtsfolge des § 2 Abs. 2 des Lohnbeschlagnahmegesetzes gewählte Bezeichnung „Vollmacht" für gänzlich bedeutungslos erklärt, weil die „Vollmacht" in Wirklichkeit eine Anweisung war; vgl. Reichstagssitzung vom 5. Mai 1891, Stenograph. Ber. S. 2772 Sp. 1.

Ein solcher Sachverhalt ist z. B. gegeben, wenn ein Arbeiter, der eine kostspielige Maschine seines Arbeitgebers absichtlich zersägt hat, eine Lohnklage erhoben hat (DJurZ. 1901 S. 305) und der Arbeitgeber zur Zahlung des Lohnes von 100 *M* Zug um Zug gegen Erstattung des Wertes der Maschine von (angenommen) 20000 *M* verurteilt wird. Ein gleicher Sachverhalt besteht aber auch hier, wo der Beklagte den Gehaltsteil von 370 *M* an den Kläger zahlen soll gegen eine von dem zurzeit eine Zuchthausstrafe verbüßenden Kläger an ihn zu leistende Zahlung von 4660 *M*.

Diese Auffassung ergibt sich ohne Zuhilfenahme des Zwischensatzes in § 273 „sofern nicht aus dem Schuldverhältnis sich ein anderes ergibt", der nur den individuellen Inhalt des einzelnen und einzeln für sich betrachteten Schuldverhältnisses, insbesondere die etwaige Vorleistungspflicht des Schuldners im Auge hat (Ent. eines Bürgerl. Gesetzbuchs § 234, 364; Motive Bd. 2 S. 43, KommProt. Bd. 1 S. 312). Und von dieser Auffassung ist der erkennende Senat bereits im Urteile vom 30. September 1913, RGZ. Bd. 83 S. 140, ausgegangen: die Erklärung der Zurückbehaltung ist eine Erklärung der Aufrechnung, „wenn der Erklärende weiß, daß seine Forderung von dem Gegner nicht beigetrieben und daher voraussichtlich auf andere Weise als durch Aufrechnung nicht getilgt werden kann".

b) Dazu kommt ein zweiter Gesichtspunkt.

Schon im Urteile vom 24. April 1908, Rep. II. 524/07, (Warneyer 1908 S. 440/441) hat der zweite Zivilsenat des Reichsgerichts im Anschluß an einen Tatbestand, für den § 394 nicht in Betracht kam, ausgesprochen: „wo es sich um Geldforderungen auf beiden Seiten handelt, können Geldleistungen Zug um Zug unter gewöhnlichen Umständen nur den Sinn einer Aufrechnung haben." Daran ist festzuhalten, und zwar gerade auch dann, wenn das Aufrechnungsverbot des § 394 hineinspielt. Allerdings ist das Zurückbehaltungsrecht des Bürgerlichen Gesetzbuchs ein anderes Recht als das kaufmännische Retentionsrecht und das Retentionsrecht des Preußischen Allgemeinen Landrechts (Entsch. des ROHG. Bd. 21 S. 34, Jur. Wochenschr. 1881 S. 142 Sp. 1, RGZ. Bd. 12 S. 90, Bd. 21 S. 292); es ist zulässig nicht nur an fremdem Gelde und nicht nur an einer Geldspezies, sondern es kann auch eine eigene Geldschuld zurückbehalten werden. Daraus aber und weil ferner auch bei gleichartigen Leistungen die Zurückbehaltung stattfindet, folgt nicht, daß die Zurückbehaltung einer Geldschuld gegen eine Geldschuld immer auch wirklich eine Zurückbehaltung ist. Gewöhnlich wird sie es nicht sein, und ein besonderer Umstand kommt hier nicht in Betracht. Unter gewöhnlichen Umständen stellt, zunächst abgesehen von dem Aufrechnungsverbote, die Zurückbehaltung einer geschuldeten Geldleistung gegen eine dem Zurückbehaltenden gebührende Geldleistung nicht eine Suspension der Leistung von seiten des Zurückbehaltenden dar, sondern eine Suspension der vom Zurückbehaltenden für den Fall, daß der Gegner leisten könnte und leisten wollte, beabsichtigten Aufrechnung, also gerade eine Suspension der Nichtleistung der vielmehr anderweit zum Erlöschen zu bringenden Schuld. Denn der Parteiwille kann ernstlich nicht die sinnlose Gebarung ins Auge fassen, daß der Zurückbehaltungsgegner die von ihm geschuldete Geldsumme dem Zurückbehaltenden auszahlt und gleichzeitig der Zurückbehaltende seine Geldschuld an den Gegner bar berichtigt.

Der gegen diese Auffassung erhobene Einwand betrifft hauptsächlich den Fall, daß für eben diese vom Zurückbehaltenden geschuldete Geldleistung das Aufrechnungsverbot einschlägt. Dann, wird ausgeführt, habe die Zurückbehaltung der Geldschuld einen vollen, nämlich einen den Arbeitnehmer benachteiligenden Sinn; dann könne sich die Zurückbehaltung nie und nimmermehr zur Aufrechnung gestalten, weil diese eben verboten sei. Dieser Einwand wird der Rechtslage nicht gerecht. Es kommt nicht an auf den Sinn, den der Zurückbehaltende einer derartigen Zurückbehaltung nach außen hin und dem Buchstaben nach beizulegen versucht, sondern immer kommt es an auf den wirklichen Willen und den hieraus sich ergebenden wahren Sinn. Eben weil die Zurückbehaltung einer Geldschuld gegen eine Geldschuld eine für später gewollte und angekündigte Aufrechnung ist, wird sie, soweit das Aufrechnungsverbot einschlägt, noch aus einem zweiten selbständigen Grunde unzulässig, nämlich wegen Verletzung des Aufrechnungsverbots. Dieser zweite Grund schließt sich an den ersten Grund an. Der erste Grund geht dahin, daß materiell und wirklich, also rechtlich, bei der Zurückbehaltung einer Geldschuld gegen eine Geldschuld immer nicht eine dem Wortlaut nach erklärte Zurückbehaltung, sondern eine bedingte, nämlich durch die zukünftige Zahlungsfähigkeit und Zahlungsbereitschaft des Zurückbehaltungsgegners bedingte Aufrechnung erstrebt und erreicht wird, demnach eine Aufrechnung, deren Erklärung nach § 388 Satz 2 BGB. unwirksam ist; Motive Bd. 2 S. 108, KommProt. Bd. 1 S. 365/366. Falls aber eine solche nur verdeckte und bedingte Aufrechnung doch an sich für zulässig erachtet werden könnte, dann wird sie, fährt der zweite Grund fort, jedenfalls in den vom Aufrechnungsverbote betroffenen Fällen durch dieses unzulässig.

4. Nach dem bisher Dargelegten (3a und b) ist vorliegend die vom Beklagten, offenbar im Anschluß an die frühere Entscheidung dieses Senats vom 17. Februar 1903, erklärte Zurückbehaltung in Wahrheit eine Aufrechnungserklärung. Und danach wäre diese Aufrechnung unzulässig und ergäbe sich das Urteil des Landgerichts als zutreffend.

5. In Frage steht aber weiter, ob nicht dem Beklagten gegenüber der Gehaltsforderung des Klägers trotz des Wortlauts des § 394 eine präsente und unbedingte, also wirksame Aufrechnung darum zusteht, weil die ihm gegen den Kläger erwachsene Schadensersatzforderung sich gründet auf eine vorsätzliche unerlaubte und sogar strafbare, im Rahmen eben des Dienstverhältnisses, aus welchem der Gehaltsanspruch des Klägers entsteht, begangene Handlung. Auf diese Frage beziehen sich zahlreiche an den Reichstag und den Bundesrat gerichtete Petitionen; die Petenten waren: der Ausschuß des deutschen Handelstages (2. Juni 1908); der Ausschuß für das Gewerbegericht Breslau (20. März 1910); der deutsche Handelstag — zustimmend die Handelskammer Lübeck — (21. April 1910); der deutsche Handwerks- und Gewerbekammertag (10. September 1910); der Verein deutscher Spediteure (9. Oktober 1913), dem sich die Handelskammern Görlitz, Harburg, Leipzig, Osnabrück, Bielefeld, Bonn, Geestemünde, Gera, Posen, Mühlheim angeschlossen haben. Vgl. die im Auftrage des deutschen Handelstages herausgegebene Zeitschrift „Handel und Gewerbe", Jahrgang 15 S. 643; 17 S. 81; 18 S. 560, S. 213; 21 S. 519. Die Frage ist, ob nach dem geltenden Rechte des Bürgerlichen Gesetzbuchs in solchen Fällen der Berufung auf das Aufrechnungsverbot des § 394 die Replik der Arglist im weiteren Sinne entgegensteht (Wächter, Erörterungen Heft 2 S. 50 Anm. 10, RGZ. Bd. 58 S. 356, Bd. 78 S. 354). Dies muß bejaht werden, so daß die Aufrechnung allerdings statthat und es insoweit eines Eingreifens des Gesetzgebers nicht bedarf. Dabei geht der erkennende Senat nach eingehender Prüfung — deren Ergebnisse im einzelnen auszuführen der vorliegende Rechtsstreit nicht erfordert — davon aus, daß diese Frage nur nach dem Bürgerlichen Gesetzbuche zu beantworten ist, da das Lohnbeschlagnahmegesetz und die Gewerbeordnung über die Aufrechnung keinerlei Bestimmungen enthalten.

6. Der § 394 Satz 1 BGB. ist ein Glied im Organismus des einheitlichen geschlossenen Rechtssystems; er darf nicht für sich allein, sondern nur als Stück des in allen seinen Teilen untrennbar zusammenhängenden Ganzen betrachtet werden. Das System des Bürgerlichen Gesetzbuchs wird durchdrungen von dem Grundsatze von Treu und Glauben mit Rücksicht auf die Verkehrssitte und von dem Grundsatze der Zurückweisung jeder Arglist im weitesten Sinne. Die §§ 157, 226, 242, 826 erscheinen nur als besondere Ausprägungen eines allgemeinen Prinzips. Die §§ 242 und 394 stehen sich nicht als zwei gleich zwingende und gleich kräftige Rechtssätze gegenüber, in deren Zusammentreffen § 394 als die lex specialis die Oberhand behalten müßte; sondern das allgemeine Prinzip beherrscht alle Einzelbestimmungen und muß gerade in ihnen lebendige Wirkung üben, zur Klärung, Erweiterung, Ergänzung oder Beschränkung des vereinzelten Wortlauts. Dem in § 394 zum öffentlichen Wohl und im Staatsinteresse verfolgten Zwecke der Sicherung des Lebensunterhalts und eines darüber hinaus genügenden Einkommensteils darf keine Durchführung und Erfüllung zugestanden werden, die auf dem Irrwege eines unfreien formalistischen Haftens am Wortlaute der Arglist zum Siege verhelfen würde. Darüber will und kann der § 394 selbst nichts besagen; das ergibt sich aus dem Grundgedanken des Bürgerlichen Gesetzbuchs. Von diesem Standpunkt aus ist der vorliegende Fall und die zu beantwortende Frage zu prüfen.

Der Vergütungs- oder Diensteinkommensberechtigte verletzt bei bestehendem Arbeits- oder Dienstverhältnis die ihm danach obliegenden Treupflichten vorsätzlich, indem er im Rahmen des Arbeits- oder Dienstverhältnisses unter Benutzung der ihm dadurch gegebenen Befugnisse oder Zugriffsmöglichkeiten den Dienstherrn durch vorsätzliche unerlaubte und strafbare Handlungen (Diebstahl, Unterschlagung, Betrug, Untreue, Sachbeschädigung) schädigt. Trotzdem fordert er die ihm aus dem Arbeits- oder Dienstverhältnis zustehende Vergütung und beruft sich, wenn der derart von ihm beschädigte Dienstherr mit dem entsprechenden Teile seiner vielleicht außerordentlich hohen Schadensersatzforderung aufrechnet, auf § 394.

Eine solche Berufung auf § 394 kann nicht zugelassen werden. Das verstieße gröblich, wie gegen das allgemeine Rechtsgefühl, so gegen den obersten Leitsatz des Bürgerlichen Gesetzbuchs. Der formell

Vergütungsberechtigte selbst hat durch vorsätzliche Straftat den Vertragsboden, aus dem er seinen Lebensunterhalt durch vertragstreue Arbeit und vertragstreuen Verdienst ziehen wollte und sollte, zerstört und zur Schädigung des andern Teiles mißbraucht, und zwar in dem Bewußtsein, den so von ihm zugefügten Schaden niemals oder kaum jemals ersetzen zu können; er hat z. B. wertvolle Maschinen zersägt und so den Betrieb des Dienstherrn schwer gestört oder gar lahmgelegt oder er hat Mittel,* die seine Lohnforderung weit übersteigen, durch Diebstahl, Unterschlagung, Untreue, dem Dienstherrn entwendet und sich selbst zugeeignet. Dürfte er dessen ungeachtet dem aufrechnenden Dienstherrn entgegenhalten, daß sein Lohn als der Betrag der ihm nötigen Lebensunterhaltsmittel ihm gesichert zu bleiben habe, so wäre das ein Erfolg der Arglist; es wäre eine Anerkennung, daß, wer selbst innerhalb eines Vertragsbandes treulos und strafbar handelt, trotzdem den andern Teil an der baren Gegenvertragsleistung in eben dem Verhältnis festhalten dürfe. Das widerstreitet dem allgemeinen Wohl und dem Staatsinteresse.

Bei einer solchen Sachlage ist die Einforderung der Vergütung und deren Einklagung für sich allein schon eine gegen die gute Sitte verstoßende Handlung, welche in sich selbst die Arglist offen zur Schau und vor den Richter bringt, und welche die durch zuvor begangene arglistige Straftat zugefügte Schädigung nur fortsetzen und zu einer völlig endgültigen machen will. Wer das Dienstverhältnis zu vorsätzlicher strafbarer Schädigung des Dienstherrn mißbraucht hat, muß es sich — auch wenn der Wert der Arbeit an sich durch die Straftat unberührt blieb, also nicht, sei es als durch sie nutzlos geworden, sei es als Posten der Schadensliquidation des Dienstherrn ohne weiteres, d. h. ohne Aufrechnung, unterging — nach den Geboten der Billigkeit und des richtigen Rechtes als Folge seiner Arglist gefallen lassen, daß die formell erwachsene und bestehende Lohnfordernug durch die Schadensersatzgegenforderung ausgestrichen wird; er darf nicht beanspruchen, deu nötigen Lebensunterhalt als Entgelt aus der Hand dessen zu erhalten, den er derart beschädigt hat.

Zutreffend ist darauf hingewiesen worden, daß § 394 als Schutzgesetz im Sinne des § 823 Abs. 2 BGB. erachtet werden muß. In dem gegebenen Falle würde sich also der Dienstherr, der gegen die Vergütungsforderung des derart ungetreuen Bediensteten dem isolierten Wortlaut des § 394 zuwider aufrechnet, seinerseits einer unerlaubten Handlung schuldig machen und seinerseits entsprechend haften. Das ergäbe eine durchaus unerträgliche Verkehrung der Sachlage: eine Deliktshaftung würde den treffen, der sich gegen die Folgen eines in demselben Vertragsverhältnis vorsätzlich gegen ihn begangenen, vielleicht sehr schweren Delikts dem Täter gegenüber wehren will.

Der bisher gewürdigte Tatbestand beschränkt sich auf eine Schadensersatzforderung, die aus demselben Arbeits- oder Dienstverhältnis durch eine vorsätzlich begangene, unerlaubte, und zwar strafbare Handlung gegen den Dienstherrn diesem selbst erwachsen ist. Die Würdigung schließt alle Schadensersatzforderungen irgendwelcher Art aus, die nicht dem Dienstherrn selbst, sondern einem Dritten entstanden und auf ihn nur übertragen sind; und sie umfaßt keineswegs alle sonstigen Schadensersatzforderungen, die dem Dienstherrn selbst aus demselben Arbeits- oder Dienstverhältnis zustehen.

Wohl aber kann die exceptio doli generalis begründet sein schon durch unerlaubte Haudlungen, die der Bedienstete gegen den Dienstherrn im Arbeits- oder Dienstverhältnis vorsätzlich begangen hat, die aber nicht strafbar sind. Gerade in diesem weiteren Rahmen ist der Gedanke der exceptio doli generalis im Bürgerlichen Gesetzbuche sogar zu ausdrücklicher Ausprägung gekommen. Zunächst in § 273 Abs. 2 Fall 2, der dem zur Herausgabe eines Gegenstandes Verpflichteten das Zurückbehaltungsrecht wegen Verwendungen auf den Gegenstand oder wegen eines ihm durch diesen verursachten Schadens versagt, wenn er den Gegenstand durch eine vorsätzlich begangene unerlaubte Handlung erlangt hat. Die Motive Bd 2 S. 44 bemerken dazu ohne weitere Begründung: „Solchenfalls ist der Schuldner unter allen Umständen vorleistungspflichtig bzw. er hat seinen Gegenanspruch selbständig zu verfolgen". Sodann besonders für die Aufrechnung in § 393, den die Motive Bd. 2 S. 112 als eine Ausdehnung des Satzes L 14 § 2 C 4, 31 „Possessionem autem alienam perperam occupantibus compensatio non datur" und als eine mit § 273 Abs. 2 Fall 2 korrespondierende Vorschrift bezeichnen. Die Entziehung des

Aufrechnungsrechts sei nicht nur gegen Ansprüche aus widerrechtlicher Besitzaneignung gerechtfertigt, sondern gegen alle Ansprüche aus vorsätzlich begangenen unerlaubten Handlungen. § 393 gibt die Vorschrift, daß der Forderungsberechtigte, dem eine Gegenforderung aus von ihm vorsätzlich begangener unerlaubter Handlung gegenübersteht, für seine Forderung zunächst nicht soll Erfüllung verlangen dürfen, insbesondere nicht durch Selbstvollstreckung mittels von ihm erklärter Aufrechnung gegen jene Gegenforderung, daß er vielmehr zunächst der so gearteten Gegenforderung zu genügen hat. Es fehlt denn auch nicht an Stimmen, die in § 393 die positive Satzung finden, daß der einer vorsätzlich begangenen unerlaubten Handlung Schuldige „sich der Deckungshandlung des Gläubigers (nämlich der Aufrechnung desselben) nicht entziehen darf.“

Übrigens wäre es vergeblich und unrichtig, den Tatbestand der hier in Frage stehenden, das Aufrechnungsverbot des § 394 beseitigenden exceptio doli generalis im voraus abschließend kennzeichnen zu wollen. Denn die Würdigung dieser Einrede muß ihrer Natur nach dem völlig freien Ermessen des Richters überlassen bleiben. Ihre Zulassung oder Ablehnung kann immer nur aus den im voraus nicht übersehbaren, individuellen Umständen des Einzelfalles gefolgert werden; die Grenzen lassen sich rein theoretisch überhaupt nicht ziehen.

7. Nach dem Dargelegten wäre vorliegend auf Abweisung der Klage zu erkennen gewesen, da die Zurückbehaltung des Beklagten in Wahrheit die Erklärung einer Aufrechnung, und zwar einer zulässigen Aufrechnung darstellt.

Der Beklagte hat jedoch die Revision nicht eingelegt; es ist demnach lediglich die Revision des Klägers zurückzuweisen.“

---

22. 1. Genügt bei der Errichtung eines öffentlichen Testaments als mündliche Erklärung des letzten Willens eine mündliche Bestätigung dessen, was in einem dem Erblasser vorgelesenen Protokollentwurfe vor der Hinzuziehung der Zeugen niedergeschrieben worden ist? Äußerungen des Erblassers durch Kopfnicken.

2. Lassen sich die mündliche Erklärung des letzten Willens und die Vorlesung und Genehmigung des Protokolls zu einem einzigen Verhandlungsvorgange zusammenziehen?

BGB. §§ 2238 Abs. 1, 2239, 2242, 2243.

ZPO. § 415.

IV. Zivilsenat. Urt. v. 28. Mai 1914 i. S. B. (Bekl.) und D. (Nebenintervenient) w. V. u. Gen. (Kl.). Rep. IV. 12/14.

I. Landgericht Hildesheim.
II. Oberlandesgericht Celle.

Am 8. Januar 1913 verstarb in Hildesheim, wo sie mit der Beklagten in häuslicher Gemeinschaft gelebt hatte, die unverehelichte Wilhelmine L. Sie hinterließ ein ebendaselbst am 4. Januar 1913 von dem Notar Justizrat D. aufgenommenes Testament. Wie das Protokoll über die Testamentserrichtung lautet, hat sie in Gegenwart der zugezogenen beiden Zeugen ihren letzten Willen dem Notar mündlich dahin erklärt, daß sie die Beklagte zu ihrer alleinigen Erbin ernenne, und daß, wenn die Beklagte etwa vor ihr versterben sollte, deren Sohn Christian A., sofern aber auch dieser vor ihr verstürbe, die Tochter der Beklagten Marie K. geb. A. den ganzen Nachlaß als Erben erhalten sollten. Das Protokoll enthält ferner die Feststellung, daß die Erblasserin erklärt habe, nicht schreiben zu können und schließt mit den Worten ab:

„Das vorstehende Protokoll wurde den Erschienenen vorgelesen, von der Erblasserin genehmigt und von den Zeugen eigenhändig wie folgt unterschrieben".

Es folgen die Unterschriften der beiden Zeugen und die des Notars.

Die Beklagte hat nach dem Tode der Erblasserin den Nachlaß in Besitz genommen; die Erbfolge wird ihr jedoch von den drei Klägerinnen streitig gemacht. Diese sind halbbürtige Schwestern der Erblasserin und als solche allein zur gesetzlichen Erbfolge berufen, wenn die in dem Testament enthaltenen letztwilligen Verfügungen der Rechtswirksamkeit entbehren. Sie behaupten, daß diese Voraussetzung zutreffe, weil bei der Errichtung des Testaments die gesetzlichen Vorschriften nicht gewahrt seien und weil die Erblasserin zur Zeit der Errichtung auch nicht mehr geschäftsfähig gewesen sei.

Ihrem Klagantrag entsprechend hat das Landgericht auf Feststellung der Nichtigkeit des Testaments erkannt und die Beklagte verurteilt, den Klägerinnen durch Einreichnng eines Nachlaßverzeichnisses über den Bestand der Erbschaft und über den Verbleib der Erbschaftsgegenstände sowie darüber, welche erbschaftlichen Geschäfte sie geführt habe, Auskunft zu erteilen, auch den Klägerinnen wie in dem Urteilssatze des näheren bestimmt wird, das Erlangte herauszugeben. Die Entscheidung beruht auf der Annahme, daß die Formerfordernisse der Testamentserrichtung in der Tat nicht gewahrt seien; denn die Beweisaufnahme habe ergeben, daß die Erblasserin ihren letzten Willen dem Notar nicht in Gegenwart der zugezogenen beiden Zeugen erklärt habe.

Schon in erster Instanz war auf vorhergegangene Streitverkündung der Notar Justizrat D. der Beklagten als Nebenintervenient beigetreten. Der Nebenintervenient legte Berufung ein. Die Berufung und die demnächst von dem Nebenintervenienten eingelegte Revision blieben ohne Erfolg.

Aus den Gründen:

„Bei der Verlautbarung und bei der Beurkundung des letzten Willens der Erblasserin ist von dem Notar Justizrat D. am 4. Januar 1913 in folgender Weise verfahren worden. Zunächst hat sich der Notar in Gegenwart der Beklagten, ohne daß die Testamentszeugen zugegen waren, von der Erblasserin angeben lassen, wie sie letztwillig verfügen wolle. Sodann hat er sich nach dem unteren Stockwerke des Hauses begeben und dort das Protokoll entworfen. Darauf hat er die beiden Zeugen zugezogen und sich mit ihnen nach dem oberen Zimmer, in dem die Erblasserin zu Bett lag, zurückbegeben. Über den weiteren Verlauf trifft der Berufungsrichter auf Grund der eidlichen Aussagen der darüber vernommenen Testamentszeugen folgende Feststellungen. Der Notar habe das von ihm vorher niedergeschriebene Testament, ohne daß zunächst nochmals darüber eine Besprechung mit der Erblasserin stattgefunden habe, dieser nur vorgelesen. Allerdings sei die Vorlesung so langsam erfolgt, daß die Erblasserin nach jedem Absatze Gelegenheit zur Erklärung über die Richtigkeit des Vorgelesenen gehabt habe. Sie habe denn auch tatsächlich ihr Einverständnis mit jedem ihr vorgelesenen Absatz entweder durch Kopfnicken oder dadurch erklärt, daß sie „Ja, ja" sagte.

Außerdem habe sie, nachdem das ganze Testament vorgelesen war, auf die Frage des Notars, ob sie noch Wünsche habe und ob etwas geändert werden solle, erwidert: „Nein, so wolle sie es haben". Der Notar habe sie alsdann aufgefordert, das Protokoll zu unterschreiben und sie habe darauf erklärt, nicht schreiben zu können. Hierauf seien, ohne daß eine zweite Vorlesung des Protokolls stattgefunden habe, der Notar und die Zeugen wieder in das untere Zimmer gegangen. Dort sei das Protokoll, in dem der Notar auch vermerkt habe, daß die Erblasserin nach ihrer Erklärung nicht schreiben könne, unterschrieben worden.

Bei der Prüfung, ob durch diese Vorgänge die gesetzlichen Formvorschriften der Testamentserrichtung erfüllt sind, scheidet der Berufungsrichter als unwesentlich zunächst das aus, was sich vor dem Erscheinen der Testamentszeugen abgespielt hat. Einen Formmangel der Testamentserrichtung erblickt er anderseits auch weder darin, daß, bevor die eigentliche Verhandlung in Gegenwart der Zeugen begann, der Notar den Protokollentwurf nach den Angaben der Erblasserin in deren Abwesenheit herstellte, noch auch darin, daß wiederum in Abwesenheit der Erblasserin hinterher das Protokoll von dem Notar und von den Zeugen unterschrieben wurde. Alles das entspricht der feststehenden Rechtsprechung des Reichsgerichts und unterliegt auch bei nochmaliger Prüfung keinem rechtlichen Bedenken. Für ungenügend hält jedoch der Berufungsrichter die Art und Weise, wie in Gegenwart der Testamentszeugen die Verhandlung mit der Erblasserin von dem Notar geführt wurde. Zwar verneint er nicht mit gleicher Entschiedenheit wie das Landgericht, daß in den festgestellten Vorgängen eine in Gegenwart der Zeugen abgegebene mündliche Erklärung zu erblicken sei, durch die dem Notar der Vorschrift des § 2238 BGB. entsprechend die Erblasserin ihren letzten Willen kundgegeben habe. Indessen bezeichnet er auch diese Annahme schon als äußerst zweifelhaft und hält es namentlich für bedenklich, daß die Erklärung zum Teil jedenfalls nicht mit Worten, sondern durch bloßes Kopfnicken abgegeben wurde. Wenn aber auch — was vielleicht nicht ganz abzulehnen sei — die Vorschrift des § 2238 als erfüllt zu gelten habe, so fehle es unter dieser Voraussetzung an dem weiteren gesetzlichen Erfordernisse, daß das über die Errichtung des Testaments aufgenommene Protokoll in Gegenwart der Zeugen vorgelesen und von der Erblasserin genehmigt wurde. Aus diesem Grunde sei das Testament nichtig und daraus ergebe sich die Aufrechterhaltung der landgerichtlichen Entscheidung.

Mit der Revision wird gerügt, daß die §§ 2238 und 2242 BGB. durch unrichtige Anwendung verletzt seien. Die Rüge ist nicht begründet.

Da die über die Errichtung des Testaments vom 4. Januar 1913 aufgenommene notarielle Urkunde nach § 415 Abs. 1 ZPO. den vollen Beweis der Tatsache begründet, daß in Gegenwart der zugezogenen Zeugen die Erblasserin nicht nur ihren letzten Willen dem Notar mündlich erklärt hat, sondern daß auch das darüber aufgenommene Protokoll vorgelesen und von der Erblasserin genehmigt worden ist, handelt es sich bei der Entscheidung um den nach § 415 Abs. 2 zulässigen Beweis, daß der Vorgang unrichtig beurkundet sei.

Was dabei zunächst die Frage nach der mündlichen Verlautbarung des letzten Willens anlangt, so enthalten insoweit die auf unbestimmte Endsätze auslaufenden Erwägungen des Berufungsrichters nicht die erforderlichen tatsächlichen Feststellungen einer nachgewiesenen Unrichtigkeit. Hat der beurkundende Beamte, bevor in Gegenwart der Zeugen mit der für die Formfrage allein maßgebenden Verhandlung (§ 2239 BGB.) begonnen wird, sich durch eine Rücksprache mit dem Erblasser über den zu beurkundenden letzten Willen unterrichtet und diesen Angaben entsprechend das Testamentsprotokoll im voraus entworfen, so ist es anerkannten Rechtens, daß die Vorschrift des § 2238 in genügender Weise dann als befolgt zu gelten hat, wenn er demnächst an der Hand des Entwurfs zu Angehör der Zeugen sich durch nochmalige Befragung des Erblassers die sachliche Richtigkeit des als letzter Wille Niedergeschriebenen im einzelnen mündlich bestätigen läßt (vgl. die Urteile des erkennenden Senats vom 3. November 1904 Rep. IV. 151/04, vom 13. April 1905 Seuff. Arch. Bd. 60 Nr. 237, vom 31. Mai 1905 Gruchots Beitr. Bd. 50 S. 115, vom 30. November 1905 Gruchots Beitr. Bd. 50 S. 1010, sowie vom 6. Februar 1913 Rep. IV. 495/12). Handelt es sich dabei um eine Mehrheit von letztwilligen Verfügungen, die — wie im gegebenen Falle die Erbeinsetzung, die Anordnung einer bevorrechtigten und die Anordnung einer ihr nachgestellten zweiten Ersatzerbfolge — in demselben Testamente getroffen werden sollen, so wird entsprechend der bei freier Rede bestehenden Notwendigkeit, eine jede dieser Verfügungen für sich allein besonders zum Ausdrucke zu bringen, eine solche Befragung sich gleichfalls auf die Einzelheiten erstrecken müssen und nicht bloß auf eine summarische Bestätigung der Gesamtheit aller schon niedergeschriebenen Einzelverfügungen hinauskommen dürfen. Indessen steht nach den Feststellungen des Berufungsrichters für den Streitfall keineswegs fest, daß die Befragung der Erblasserin und ihre bejahenden Antworten dieser Anforderung etwa nicht entsprochen hätten, auch wenn nicht ersichtlich ist, daß bei der absatzweisen Vorlesung und Bestätigung die sachliche Gliederung der letztwilligen Verordnungen eingehalten wurde. Denn das Schicksal des Testaments darf nicht davon abhängig gemacht werden, ob sich hinterher die Verhandlungs- und Beurkundungsvorgänge positiv in einer Weise aufklären lassen, daß auch der Einzelverlauf der geführten Reden und Gegenreden daraus mit Bestimmtheit erkennbar wird. Vielmehr besteht die öffentliche Beurkundung so lange zu Recht, bis durch die etwa mögliche Aufklärung dieses Einzelverlaufs ihre Unrichtigkeit in volle Gewißheit gesetzt wird. In dieser Weise schlägt es auch zugunsten der Aufrechterhaltung des Testaments aus, wenn nicht mehr festgestellt werden konnte, inwieweit die Erblasserin die Übereinstimmung ihres Willens mit dem Niedergeschriebenen durch bloßes Kopfnicken zu erkennen gegeben hat. An und für sich kann allerdings durch bloße Gebärden an Stelle des gesprochenen Wortes das Mündlichkeitsgebot des § 2238 nicht erfüllt werden. Das Gesetz hat im § 2243 für den Fall, daß nach der Überzeugung des Richters oder Notars der Erblasser stumm oder auch nur am Sprechen verhindert ist, das Verfahren der Testamentserrichtung in besonderer Weise, und zwar so geregelt, daß es die Anwendbarkeit des mündlichen Verlautbarungsverfahrens nach § 2238 alsdann überhaupt ausschließt, auch unter der Voraussetzung, daß der Erblasser trotz seines Gebrechens oder seiner Unfähigkeit zu reden sich mit dem Richter oder Notar durch Zeichen zu verständigen vermag. Die Vorschrift beruht auf der gesetzgeberischen Erwägung, daß bloße Zeichen als Ausdrucksmittel dem gesprochenen Worte nicht gleichwertig sind und daß sie bei der Ermittelung des letzten Willens der genügenden Zuverlässigkeit entbehren (Motive zum ersten Entw. Bd. 5 S. 251, 276). In demselben Maße unzuverlässig ist aber die

Willenskundgebung des Erblassers auch dann, wenn er zwar sprechen kann, gleichwohl aber sich nur durch lautlose Gebärden äußert. Es ist deshalb mit der Mehrheit der Schriftsteller einer Auslegung des § 2238 entgegenzutreten, wonach, wenn die Voraussetzungen des § 2243 nicht vorliegen, es als mündliche Erklärung des letzten Willens genügen soll, daß der Erblasser auf die Fragen des beurkundenden Beamten durch Zeichen anstatt durch Worte antwortet. Im gegebenen Falle aber hat die Erblasserin sich bald in der einen, bald in der anderen Weise geäußert. Die Möglichkeit, daß sie sich bei den einzelnen Erklärungen sowohl der Worte als auch des zustimmenden Kopfnickens bedient hat, erscheint nach den tatsächlichen Erwägungen des Berufungsrichters nicht gänzlich ausgeschlossen. Es steht auch namentlich nicht fest, daß sie bei der Vorlesung des Entwurfs gerade die Berufung der Klägerin zur Alleinerbfolge nur mit einem Kopfnicken bestätigt hat (§ 2085 BGB.). Schließlich ist allen ihren bisherigen bei der Vorlesung des Entwurfs abgegebenen Erklärungen auf die zusammenfassende Frage des Notars auch noch die mündliche Äußerung hinzugetreten, daß nichts geändert werden solle und daß sie es so haben wolle. Um so weniger läßt sich annehmen, daß nach dem Gesamtergebnis der vom Berufungsrichter getroffenen Feststellungen die in dem Testamentsprotokoll enthaltene öffentliche Beurkundung, wonach die Erblasserin ihren letzten Willen dem Notar mündlich erklärt hat, als widerlegt gelten darf.

Wird aber hieran festgehalten, so muß anderseits dem Berufungsrichter darin beigetreten werden, daß unter dieser Voraussetzung es an der durch § 2242 BGB. vorgeschriebenen Vorlesung des Protokolls gefehlt hat. Zwar ist auch die Erfüllung dieser Formvorschrift in dem Protokolle selbst fürs erste mit öffentlichem Glauben bezeugt. Hat aber, wie feststeht, der Notar den vor dem Beginn der Testamentsverhandlung niedergeschriebenen Entwurf der Erblasserin abschnittsweise vorgelesen, um auf diese Weise die mündliche Erklärung darüber zu erlangen, wie sie letztwillig verfügen wolle, so richtete er in dieser Gestalt Fragen an die Erblasserin, in die er die entsprechenden von ihm vorgelesenen Abschnitte des Entwurfs einflocht. Und zwar betrafen diese Fragen den sachlichen Inhalt des letzten Willens, dessen Erklärung jeweilig noch bevorstand. Sie hatten also mit Einschluß dessen, was darin durch wörtliche Vorhaltung des

Niedergeschriebenen einbezogen war, noch nicht die Bedeutung einer Vorlesung des Protokolls. Begriffsmäßig ist es ausgeschlossen, daß derselbe Vorgang die Bedeutung einer Frage nach dem Inhalt einer bevorstehenden Erklärung und daneben auch die einer mündlichen Feststellung der bereits geschehenen Erklärung haben könnte. Den Anforderungen der Logik und des geschriebenen Rechtes entspricht es ebensowenig, in der Antwort auf die sich an den Protokollentwurf anlehnende Frage gleichzeitig die Erklärung des letztens Willens und die Genehmigung des Protokolls zu erblicken. Kommt durch einen derartigen Verhandlungsvorgang die nach § 2238 erforderliche mündliche Erklärung des letzten Willens zustande, so muß ihr immer noch eine besondere Vorlesung des Protokolls nachfolgen. Sie muß bei wortgetreuer Wiederholung des Niedergeschriebenen dem Erblasser und den Zeugen verständlich machen, was als bereits geschehen beurkundet werden soll und muß sie in den Stand setzen, sich davon zu überzeugen, daß die Beurkundung mit dem unmittelbar vorher Verhandelten vollkommen übereinstimmt. Umgekehrt würde es, wenn man in einem derartigen Verhandlungsvorgange die Vorlesung und Genehmigung des Protokolls über die Errichtung des Testaments erblicken wollte, im gegebenen Falle an der mündlichen in Gegenwart der Zeugen abgegebenen Erklärung des Erblassers fehlen, welches sein letzter Wille sei. Die tatsächlichen Feststellungen des Berufungsrichters ergeben also eine Widerlegung der in dem Protokoll enthaltenen öffentlichen Beurkundung dessen, daß die Erblasserin sowohl (dem § 2238 BGB. entsprechend) in Gegenwart der Zeugen ihren letzten Willen dem Notar mündlich erklärt, als auch (dem § 2242 entsprechend) nach geschehener Vorlesung des Protokolls das Protokoll genehmigt habe.

Darin, daß auf die Erfüllung beider Erfordernisse unbedingt entscheidendes Gewicht zu legen ist, kann eine über die Gesetzesvorschriften hinausgehende nutzlose Formenstrenge nicht erblickt werden. Das Gesetz hat mit gutem Grunde Vorsorge getroffen, daß bei der Errichtung des öffentlichen Testaments die sachliche Willenserklärung des Erblassers zweimal, und zwar jedesmal in anderer Art und in anderer Bedeutung zu Gehör gebracht wird: einmal durch unmittelbare mündliche Kundgebung von seiten des Erblassers und sodann von der anderen Seite durch die Vorlesung des Protokolls, vermöge deren der Erblasser und die Zeugen erfahren, wie der beurkundende Beamte den Erblasser verstanden hat, und durch die der Erblasser übrigens gleichzeitig Gelegenheit erhält, nochmals zu überlegen, ob er an dem Erklärten festhalten will. Wollte man darin nachlassen, daß die beiden Einzelakte der mündlichen Erklärung des letzten Willens und der Vorlesung und Genehmigung des Protokolls voneinander getrennt zu halten und in zeitlicher Aufeinanderfolge ein jeder für sich besonders vorzunehmen sind, und wollte man sich insbesondere damit begnügen, daß die beiden Formbestandteile in unklarer Weise zu einem einzigen Verhandlungsakte zusammengezogen werden, so läge darin eine unzulässige Verringerung der Sicherungsmittel, auf denen nach der Absicht des Gesetzes die erstrebte unbedingte Zuverlässigkeit der öffentlichen Beurkundung letztwilliger Verfügungen beruhen soll.

Der Berufungsrichter hat dies um so mehr für unzulässig gehalten, als im gegebenen Falle, wie er bemerkt, schon die mündliche Erklärung des letzten Willens wenn überhaupt, so doch nur in der notdürftigsten Weise zustande gekommen sei, überdies die Klägerinnen behauptet hätten, daß, da die Erblasserin unzurechnungsfähig gewesen sei, ein Fall der Erbschleicherei vorliege und schließlich auch die tatsächliche Möglichkeit ihrer Beeinflussung durch die Beklagte bei der ersten mit dem Notar gepflogenen Rücksprache bestanden habe, hierbei sogar möglicherweise die Beklagte selbst für sie gehandelt haben könne. Von der Revision wird gerügt, daß damit unter Verletzung des § 286 Abs. 1 ZPO. bestrittene Behauptungen als feststehende Tatsachen der Entscheidung zugrunde gelegt worden seien. Die Rüge geht gleichfalls fehl. Denn es handelt sich hierbei lediglich um rechtsgrundsätzliche Erwägungen, mit denen die Bedenklichkeit einer milderen Beurteilung und einer nachlässigeren Handhabung der Formvorschriften ihre nähere Erläuterung dadurch gefunden hat, daß der Berufungsrichter im Hinblick auf die besondere, insoweit festgestellte Sachlage des weiteren bloße Möglichkeiten erörtert, ohne seine tatsächlichen Feststellungen darauf auszudehnen." . . .

23. Zum Begriffe der Fahruntüchtigkeit. Inwiefern hat der Reeder versicherungsrechtlich Seeuntüchtigkeit zu vertreten, die auf Mängeln der Stauung beruht?

Allg. Seeversicherungs-Bedingungen von 1867 § 70 Nr. 1, § 69 Nr. 6.
HGB. § 821 Nr. 1, § 820 Nr. 6.

I. Zivilsenat. Urt. v. 6. Juni 1914 i. S. A. E. P. (Kl.) w. N. Versicherungsgesellschaft u. Gen. (Bekl.). Rep. I. 6/14.

I. Landgericht Hamburg, Kammer für Handelssachen.
II. Oberlandesgericht daselbst.

Die Schute des Klägers „Lena" ist am 28. Dezember 1910, als sie zusammen mit einer anderen Schute von dem Schlepper des Klägers „Collet" die Elbe hinabgeschleppt wurde, gesunken und total verloren gegangen. Sie war mit Quebrachoholz dergestalt beladen, daß die Luken nicht hatten geschlossen werden können, weil die Ladung über sie hinausragte. Die Beklagten, bei denen die „Lena" auf Grund der Allgemeinen Versicherungsbedingungen von 1867 versichert gewesen war, lehnten die Zahlung der Versicherungssumme mit der Behauptung ab, daß die Schute wegen der angegebenen Art der Beladung nicht fahrtüchtig gewesen sei. Sie habe, als der Schleppzug über den Pagensand hinaus und in lebhaften Wellengang gekommen sei, Wasser übergenommen. Dieses sei durch die Luken in den Raum eingedrungen und habe erst Schlagseite, dann aber das Kentern des Fahrzeugs verursacht. Durch die Beweisaufnahme ist diese Behauptung bestätigt worden.

Die Klage ist in allen Instanzen abgewiesen worden, vom Reichsgericht aus folgenden

Gründen:

„Die tatsächliche Feststellung, daß die Lena für eine Fahrt nach der Unterelbe nicht fahrtüchtig gewesen sei, erscheint rechtlich einwandfrei. Die Ansichten der Sachverständigen sind geteilt. (Wird näher ausgeführt.) ... Wenn bei dieser Sachlage der Vorderrichter sich der Auffassung derjenigen Sachverständigen angeschlossen hat, welche den strengeren Maßstab anlegen, so ist das rechtlich in keiner Weise zu beanstanden. Schon das Landgericht hat den versicherungsrechtlich völlig zutreffenden und entscheidenden Gesichtspunkt hervorgehoben, indem es ausführt, daß eine Kastenschute eben kein offenes Fahrzeug ist, sondern ein Fahrzeug, dessen Raum geschlossen und so gegen das Eindringen von Wasser geschützt werden kann, daß ein Versicherer, wenn er auf ein solches Fahrzeug Versicherung gibt, annehmen darf, es werde von der zum Schutze von Schiff und Ladung dienenden Einrichtung Gebrauch gemacht werden, und daß das Risiko, das er übernimmt, anders geartet ist, je nachdem die Schute nach einem Fahrwasser, wie es die Unterelbe ist, mit verschlossener (oder jederzeit sofort verschließbarer) Luke hinausgesandt wird oder mit offener Luke. Darum gerade ist nur eine solche Schute für Fahrten nach der Unterelbe geeignet, weil sie mit völlig abgedecktem Raume versehen ist oder versehen werden kann, und sie kann als ein für solche Fahrten geeignetes Fahrzeug nicht mehr gelten, wenn nicht nur die Luke nicht geschlossen ist, sondern auch keine Möglichkeit besteht, beim Eintritt von schlechtem Wetter sie sofort zu schließen.

Mit Recht spricht daher der Vorderrichter auch dem unter Beweis gestellten Umstande, daß die Ladung mit 4 Persennigen bedeckt, diese aber nach allen Seiten an den Kummings befestigt und verschalkt waren, entscheidende Bedeutung ab. Dadurch ist die offene Schute nicht zu einer abgedeckten geworden. Eine solche Abdichtung gewährt sicherlich bis zu einem gewissen Grade nicht nur für die Güter, sondern auch gegen das Eindringen von Spritzwasser in den Raum einen erhöhten Schutz. Einen vollgültigen Ersatz für die ordnungsmäßige Abdeckung der Luken vermag sie nicht darzustellen.

Es handelt sich freilich um eine Fahruntüchtigkeit, die hervorgerufen ist durch die unzulässige Art, die Güter im Schiffe zu verstauen, und es fragt sich, ob sich der Versicherer dem Versicherten gegenüber auf eine solche Fahruntüchtigkeit ohne weiteres berufen kann. Denn wenn auch nach § 70 Allg. Seevers.-Bed. (Zusatz) dem Versicherer diejenigen Schäden nicht zur Last fallen sollen, welche durch die Seeuntüchtigkeit verursacht sind, so bestimmt doch auf der anderen Seite wiederum § 69 Nr. 6, daß der Versicherer die Gefahr des Verschuldens des Schiffers zu tragen hat, sofern daraus für den versicherten Gegenstand ein Schaden entsteht. Und gerade die Verstauung der Güter ist nicht nur an sich Aufgabe des Schiffers, sondern gehört auch in dasjenige Gebiet seiner Aufgaben, in welchem er bis zu einem gewissen Grade unabhängig von den Anordnungen des Reeders mit selbständiger Verantwortlichkeit auch Dritten gegenüber dasteht. Allerdings hat der erkennende Senat in dem Urteile RGZ. Bd. 70 S. 94 flg., wo es sich um einen Fall von Seeuntüchtigkeit handelte, die durch unrichtigen Trimm der Ladung verursacht war, den Einwand des Versicherers für durchschlagend erachtet. Rechtliche Bedenken scheinen nach der hier interessierenden Richtung damals von keiner Seite geltend gemacht zu sein. Jedenfalls wird die Entscheidung nach dieser Richtung nicht weiter begründet, die rechtliche Zulässigkeit des Einwandes vielmehr gleichsam als selbstverständlich unterstellt. Aber in RGZ. Bd. 25 S. 104 flg. ist doch in einem Falle, wo versäumt war, für genügende, der Ware entsprechende Garnierung zu sorgen, also in einem Falle relativer Seeuntüchtigkeit anerkannt, daß der Reeder frachtrechtlich hierfür kraft eigener Verantwortlichkeit nicht aufzukommen hat (wobei freilich der Fall in Gegensatz gestellt wird zu dem Falle mangelhafter Stauung im engeren Sinne). Und die Theorie steht einhellig auf dem entgegengesetzten Standpunkte.

Vgl. Boyens, Seerecht I S. 323 flg., II § 559 Anm. 1 S. 100 flg.; Schaps, Seerecht § 559 Anm. 1; Sieveking, Seeversicherungsrecht S. 35; Wittmaack in der Zeitschr. f. Handelsrecht Bd. 53 S. 370.

Das englische Recht geht freilich weiter. Es legt dem Reeder schlechthin die Garantie für Seetüchtigkeit auf, ohne in der hier zur Rede stehenden Richtung Unterscheidungen zu machen. Aber es bürdet damit — entgegen dem Grundgedanken jeder Versicherung — dem Versicherten die Gefahr von Verfehlungen des Schiffers und der Schiffsmannschaft auf, gegen die er nach den obwaltenden tatsächlichen und rechtlichen Verhältnissen schlechthin machtlos ist. Das deutsche Recht hat, wie auch Boyens a. a. O. I S. 324 Anm. 2 bezeugt, von jeher auf dem entgegengesetzten Standpunkte gestanden.

Indessen kann dies im vorliegenden Falle zu keiner anderen Entscheidung führen. Denn der Reeder kann den eingetretenen Schaden nicht auf ein Verschulden des Schiffers zurückführen und damit eine Haftung des Versicherers in Gemäßheit des angef. § 69 begründen wollen, wenn er selbst die betreffende Art der Stauung angeordnet oder wenn er darum gewußt und sie geduldet hat. So liegt es hier. Der Kläger hat nicht nur im Prozesse das Verfahren des Schiffsführers als einwandfrei und üblich verteidigt, sondern sich auch geradezu darauf berufen, daß er in den letzten sieben Jahren eine große Reihe von Quebrachoholztransporten mit offenen Luken ausgeführt habe. Dem Versicherer sei das auch bekannt gewesen. Diese Behauptung hat sich dann freilich nicht bestätigt."

---

24. Ist für die Festsetzung von Vollstreckungskosten das Vollstreckungsgericht oder das Prozeßgericht zuständig?

ZPO. §§ 103, 766, 769 Abs. 2, 788 Abs. 1, 794 Nr. 5, 797 Abs. 5, 899.

IV. Zivilsenat. Beschl. v. 10. Juni 1914 i. S. J. (Gläubigers) w. J. (Schuldnerin). Rep. IV. G. B. 394/14.

Das Reichsgericht war nach § 36 Nr. 6 ZPO., da sowohl das Vollstreckungsgericht als das Prozeßgericht sich zur Festsetzung der Vollstreckungskosten rechtskräftig für unzuständig erklärt hatten, um Bestimmung des zuständigen Gerichts angegangen.

Aus den Gründen:

... „Nach § 78 Abs. 1 Satz 2 ZPO. sind die Kosten der Zwangsvollstreckung mit dem zur Zwangsvollstreckung stehenden Anspruche beizutreiben. Es bedarf in diesem Falle keiner besonderen Festsetzung und es hat, wenn das den Zwangsvollstreckungsakt anordnende Vollstreckungsgericht etwa die Form der Festsetzung wählen sollte, dieser Ausspruch nur die Bedeutung, daß die festgesetzten Kosten durch den Vollstreckungsakt mit beizutreiben sind. Dem Gläubiger ist es aber unverwehrt, statt des Verfahrens aus § 788 die Vollstreckungskosten als allgemein von dem Schuldner zu erstattende auf dem Wege des § 103 ZPO. festsetzen zu lassen. Für diese Festsetzung ist mit der herrschenden Meinung (vgl. Stein, ZPO. Bem. III zu § 103; Seuffert, ZPO. Bem. 1f zu § 788) das Prozeßgericht als zuständig anzusehen. Anzuerkennen ist allerdings die Befugnis des Vollstreckungsgerichts, in solchen Fällen, wo es nicht bloß die Vollstreckung durchzuführen, sondern gleich dem Prozeßrichter einen besonderen Streit zu entscheiden hat (vgl. §§ 766, 769 Abs. 1, 899 flg. ZPO.), die Kosten der Entscheidung festzusetzen. Hieraus kann aber nicht mit Falkmann, Zwangsvollstreckung 2. Aufl. S. 360 (vgl. auch Rechtspr. OLG. Bd. 13 S. 193) ein Grund entnommen werden, die sonstige dem § 103 Abs. 2 ZPO. entsprechende Zuständigkeit des Prozeßgerichts zu verneinen. Gegen diese Zuständigkeit des Prozeßgerichts kann auch nicht angeführt werden, daß bei Ablehnung einer Zwangsvollstreckungsmaßregel das über die Zulässigkeit der Maßregel entscheidende Vollstreckungsgericht zur Festsetzung der vom Gläubiger zu tragenden Kosten berufen ist und daß hinsichtlich der vollstreckbaren Urkunden des § 794 Nr. 5 ZPO. — welcher Fall hier nicht vorliegt — es zweifelhaft sein kann, ob beim Fehlen eines eigentlichen Prozeßgerichts die Befugnis zur Festsetzung der Vollstreckungskosten dem Vollstreckungsgerichte beizulegen ist (Hein, Handbuch der Zwangsvollstreckung 2. Aufl. § 17 S. 201), oder ob an Stelle des Prozeßgerichts das in § 797 Abs. 5 ZPO. bestimmte Gericht zu treten hat.

Es erschien hiernach gerechtfertigt, da für die Festsetzung der Vollstreckungskosten das Amtsgericht Dresden als Prozeßgericht zuständig war, es bei dieser Zuständigkeit auch für die nach § 36 Nr. 6 ZPO. zu treffende Zuständigkeitsbestimmung zu belassen."

---

25. 1. Hat der Mieter eines Grundstücks nach § 556 Abs. 2 BGB. auch dann kein Zurückbehaltungsrecht, wenn er den Mietvertrag wirksam angefochten hat?

2. Ist das Zurückbehaltungsrecht aus § 273 BGB. zulässig, obwohl der Gegenanspruch des Beklagten durch eine Hypothek genügend gesichert ist?

III. Zivilsenat. Urt. v. 12. Juni 1914 i. S. D. (Kl.) w. B. (Bekl.). Rep. III. 47/14.

I. Landgericht Cöln.
II. Oberlandesgericht daselbst.

Durch notariellen Vertrag vom 1. Oktober 1912 verpachteten die Eheleute Josef D. den Beklagten das Grundstück Hohenstaufenring 22 in Cöln mit dem Hotel R. einschließlich des Wirtschafts- und Hotelinventars für die Zeit vom 1. Oktober 1912 bis 30. September 1917. Der Zins wurde auf 18000 ℳ jährlich festgesetzt, für das erste Halbjahr aber auf 8000 ℳ ermäßigt; er sollte für das erste Halbjahr sofort, sonst vierteljährlich im voraus bezahlt werden und, wenn die Pächter mit einer Rate länger als zwei Wochen rückständig wären, sollten die Verpächter berechtigt sein, ohne weitere Fristsetzung vom Vertrage zurückzutreten und Schadensersatz zu beanspruchen. Zur Sicherung der Ansprüche der Verpächter aus dem Pachtvertrage sollten die Pächter eine Sicherheit von 10000 ℳ leisten, wovon die Hälfte sofort an die Verpächter zu deren freier Verfügung zu zahlen und der Rest in Vierteljahrsraten von 500 ℳ, beginnend mit dem 1. Januar 1916, bei einer bestimmten Sparkasse zu hinterlegen war. Anderseits bewilligten die Verpächter den Pächtern die Eintragung einer Höchstbetragshypothek von 10000 ℳ an dem Pachtgrundstücke zur Sicherung aller ihrer Ansprüche aus dem Vertrage. Diese Hypothek wurde am 25. November 1912 in das Grundbuch eingetragen.

Durch notariellen Vertrag vom 6. November 1912 bestellten die Verpächter dem Kläger Jean D. den Nießbrauch an dem Pachtgrundstück auf die Zeit von 5 Jahren vom 1. Januar 1913 ab.

Mit der Behauptung, daß die Beklagten von dem bei Beginn der Pacht zu zahlenden Pachtzinse 3193,50 ℳ und die am 1. April 1913 fälligen 4500 ℳ sowie die fälligen Raten der zweiten Kautionshälfte nicht gezahlt hätten, kündigte der Kläger am 15. April 1913 den Beklagten das Pachtverhältnis fristlos und erhob Klage mit dem Antrage, die Beklagten zur Herausgabe des Pachtgrundstücks und zur Bewilligung der Löschung der zu ihren Gunsten eingetragenen Sicherungshypothek zu verurteilen. Den letzteren Antrag begründete er damit, daß eine durch die Hypothek gesicherte Forderung für die Beklagten nicht entstanden sei.

Die Beklagten fochten den Pachtvertrag an, weil sie von Josef D. durch bewußt falsche Angaben über die Höhe des Wein- und Bierumsatzes zu dem Vertragsschlusse bestimmt worden seien, und machten ein Zurückbehaltungsrecht wegen ihres Anspruchs auf Rückzahlung der von ihnen entrichteten 8000 ℳ sowie auf Ersatz ihrer Auslagen und Aufwendungen geltend.

Das Landgericht hat durch Teilurteil die Beklagten zur Herausgabe des Grundstücks mit Gebäuden nebst dem ihnen von den Eheleuten Josef D. übergebenen Wirtschaft- und Hotelinventar verurteilt, die Verhandlung über den Rechtsstreit im übrigen aber bis zur Entscheidung einer von den Beklagten gegen den Kläger erhobenen Vollstreckungsgegenklage ausgesetzt. Das Berufungsgericht hat den Kläger mit seinem Antrag auf Herausgabe abgewiesen. Dieses Urteil wurde auf die Revision des Klägers aufgehoben und die Sache zur anderweiten Verhandlung und Entscheidung an das Berufungsgericht zurückverwiesen.

Gründe:

„Das Berufungsgericht hält die Anfechtung des Pachtvertrags wegen arglistiger Täuschung für begründet, deshalb den § 556 Abs. 2 BGB., der dem Grundstücksmieter ein Zurückbehaltungsrecht versagt, für unanwendbar und weist die Klage auf Grund des Zurückbehaltungsrechts ab, weil den Beklagten nach Abzug einer angemessenen Vergütung für die Benutzung des Pachtgegenstandes, die sich höchstens auf 7956 ℳ belaufe, noch ein Restanspruch auf Erstattung ihrer mindestens 9806,50 ℳ betragenden Zahlungen und Auslagen übrig bleibe; danach sei das Verlangen des Klägers, daß die Beklagten ohne weiteres zur Herausgabe des Hotelrestaurants verurteilt würden, nicht begründet.

Von diesen Ausführungen wird die erste, nämlich die Feststellung der Nichtigkeit des Pachtvertrags infolge der Anfechtung wegen arglistiger Täuschung, von der Revision nicht angefochten. Die Revisionsangriffe richten sich lediglich gegen die Entscheidung über das Zurückbehaltungsrecht der Beklagten. Der Kläger hat allerdings das Vorliegen des nach § 273 BGB. erforderlichen rechtlichen Zusammenhanges zwischen seinem Klaganspruch und den Gegenansprüchen der Beklagten nicht in Zweifel gezogen. Trotz der Nichtigkeit des Pachtvertrags bestehen in dieser Hinsicht keine Bedenken (vgl. RGZ. Bd. 72 S. 65). Er hat auch nicht bestritten, daß die Beklagten ihre Gegenansprüche ihm entgegenhalten und nicht etwa nur gegenüber ihren Vermietern geltend machen können. Er hält aber in Übereinstimmung mit dem Landgericht und aus den von diesem angeführten Gründen die Vorschrift des § 556 Abs. 2 auf den gegebenen Fall trotz der wirksamen Anfechtung des Pachtvertrags für anwendbar und leugnet deshalb die Zulässigkeit des Zurückbehaltungsrechts. Die Ausführungen des Landgerichts gehen nämlich dahin: der § 556 Abs. 2 verdanke seine Entstehung den Erwägungen, daß der dem Vermieter durch die Zurückhaltung drohende Schaden nicht im Verhältnis stehe zu den Ansprüchen des Mieters, daß das Zurückbehaltungsrecht Anreiz zu Schikanen biete und daß der Mieter durch den Grundbesitz des Vermieters genügend gesichert sei (Prot. Bd. 2 S. 189); wer also einem anderen ein Grundstück mietweise überlasse, solle sich darauf verlassen dürfen, daß es ihm nach Erlöschen des Mietvertrags ohne Einwendung zurückgegeben werden müsse. Dabei könne es keinen Unterschied machen, ob der Mietvertrag infolge Zeitablaufs oder Kündigung nur für die Zukunft erlösche oder ob er infolge einer von dem Mieter erklärten Anfechtung mit rückwirkender Kraft weggefallen sei. Gerade der gesetzgeberische Zweck, Schikanen vorzubeugen, zwinge zu dieser Auslegung des § 556 Abs. 2, da es sonst dem Mieter ein leichtes wäre, durch Erklärung einer Anfechtung sich den weiteren Besitz des Grundstücks zu sichern, bis die Grundlosigkeit der Anfechtung im Prozesse festgestellt werde; nur dann sei die Anwendbarkeit des § 556 Abs. 2 zu verneinen, wenn der Kläger von vornherein nicht aus dem Mietvertrage, sondere aus dem Eigentum oder einem sonstigen dinglichen Rechte klage, weil er dadurch selbst auf die Wohltat des § 556 Abs. 2 verzichte (vgl. Jur. Woch. 1907 S. 100).

Dem kann nicht beigepflichtet werden. Der § 556 Abs. 2 bestimmt eine Ausnahme von der allgemeinen Regel des § 273 (vgl. Prot. Bd. 2 S. 189) lediglich für den Grundstücksmietvertrag, nicht für den Mietvertrag über bewegliche Sachen und nicht für ein sonstiges Rechtsverhältnis, auf Grund dessen eine Partei der anderen ein Grundstück zur Benutzung überlassen hat, obwohl auch bei ihnen ein den Zurückfordernden schwer schädigendes, schikanöses Vorschützen eines Zurückbehaltungsrechts vorkommen kann. Die zweite Kommission hat einen Antrag, die Bestimmung des § 556 Abs. 2 auf die Grundstücksleihe für entsprechend anwendbar zu erklären, abgelehnt, weil sie bei der Seltenheit der Gebrauchsleihe eines Grundstücks ein Bedürfnis für die Anwendung dieser Vorschrift auf die

Leihe nicht anerkannte (Prot. Bd. 2 S. 275); deshalb hat das Reichsgericht bereits ausgesprochen, daß dem Entleiher eines Grundstücks ein Zurückbehaltungsrecht nach Maßgabe des § 273 zusteht (RGZ. Bd. 65 S. 276 flg.). Ist aber die Vorschrift des § 556 Abs. 2 lediglich eine aus besonderen Zweckmäßigkeitsgründen getroffene, eng begrenzte Ausnahmebestimmung, so ist ihre Anwendung auf den im Gesetze bestimmten Fall zu beschränken und nicht auf andere Fälle zu erstrecken. Von § 556 Abs. 2 betroffen ist aber nur der Fall, daß die Klage auf Herausgabe des Grundstücks auf einen Mietvertrag gestützt und aus diesem Gesichtspunkt auch begründet ist. Es genügt weder, daß der Beklagte auf Grund eines Mietvertrags in den Besitz des Grundstücks gelangt ist, auf dessen Rückgabe er verklagt wird, noch daß der Kläger mit seiner auf einen Grundstücksmietvertrag gestützten Klage aus einem anderen Rechtsgrunde durchdringt. Ersteres ist bereits vom Reichsgericht in dem von dem Landgericht erwähnten Urteile vom 15. Dezember 1906, Rep. V. 352/06 (Jur. Woch. 1907 S. 100 Nr. 2) ausgesprochen worden. Dort ist die Bestimmung des § 556 Abs. 2 für nicht anwendbar erklärt, wenn der Vermieter nicht aus dem Mietvertrage, sondern aus seinem Eigentum klagt, weil der Beklagte ein Recht darauf habe, der Klage alle Einreden entgegenzusetzen, die das Recht der angestellten Klage, also in dem gegebenen Falle der Eigentumsklage, zulasse. Und für letzteres spricht die Erwägung, daß der Kläger nicht durch die Behauptung eines in Wahrheit nicht bestehenden Mietverhältnisses dem Beklagten Einreden abschneiden kann. Stellt sich der Klagantrag aus einem anderen als dem vom Kläger in erster Linie geltend gemachten rechtlichen Gesichtspunkt als begründet dar, so ist auch die Zulässigkeit der Einwendungen aus diesem heraus zu beurteilen. Da nun hier infolge der begründeten Anfechtung des Mietvertrags ein Mietverhältnis nicht gegeben ist (§ 142 BGB.), hat das Berufungsgericht die Vorschrift des § 556 Abs. 2 zutreffend für nicht anwendbar erklärt.

Der weitere gegen die Zulässigkeit des Zurückbehaltungsrechts gerichtete Revisionsangriff ist dagegen begründet. Die Revision meint, die Beklagten seien durch die zu ihren Gunsten auf Grund des Pachtvertrags bestellte Höchstbetragshypothek von 10000 *M* bereits genügend gesichert. Dieser Einwand, dessen sachliche Richtigkeit vom

Berufungsgerichte noch nicht geprüft ist, ist an sich begründet. Das Reichsgericht hat bereits in einem Urteile vom 20. Juni 1905 (RGZ. Bd. 61 S. 133) ausgesprochen: der Sicherungszweck, dem das Zurückbehaltungsrecht diene, die Billigkeit und der Grundsatz von Treu und Glauben ließen nicht zu, daß das Zurückbehaltungsrecht übermäßig ausgedehnt werde, ein Gedanke, der im § 320 Abs. 2 für ein nahe verwandtes Rechtsgebiet zu gesetzlichem Ausdrucke gelangt sei und schon der älteren Rechtsprechung zugrunde gelegen habe. Hiermit und mit der Bestimmung des § 273 Abs. 3, nach der der Gläubiger die Ausübung des Zurückbehaltungsrechts durch Sicherheitsleistung abwenden kann, steht es im Einklange, wenn der erkennende Senat schon in einem Urteile vom 5. November 1913 (Rep. III. 297/1913) ein Zurückbehaltungsrecht wegen genügender anderweiter Sicherheit versagt hat. Dementsprechend ist auch hier das Zurückbehaltungsrecht der Beklagten für unzulässig zu erachten, wenn wirklich, was vom Berufungsgerichte noch zu prüfen ist, die hier fraglichen Gegenansprüche zu den durch die Hypothek gesicherten Forderungen gehören und dadurch genügend gesichert sind.

Auf Grund des Zurückbehaltungsrechts durfte der Vorderrichter ferner nicht, wie er getan hat, die Klage abweisen, sondern er mußte nach § 274 die Beklagten zur Herausgabe gegen Berichtigung ihrer Gegenansprüche verurteilen." . . .

---

26. 1. Ist die Satzungsvorschrift, daß der Vorstand einer Genossenschaft seine Erklärungen durch drei seiner Mitglieder, darunter den Vorsteher oder seinen Stellvertreter, abzugeben hat, gegen Dritte wirksam, wenn sie in das Genossenschaftsregister eingetragen und veröffentlicht ist?

2. Sind, falls eine Satzungsvorschrift dieses Inhalts besteht, der Vorsteher und sein Stellvertreter im Register als solche zu bezeichnen?

3. Sind fakultative Eintragungen in das Handelsregister oder das Genossenschaftsregister zulässig?

Gesetz, betr. die Erwerbs- und Wirtschaftsgenossenschaften vom 1. Mai 1889/20. Mai 1898 (RGBl. 1898 S. 810) §§ 25, 27, 10, 12, 29.

II. Zivilsenat. Beschl. v. 12. Juni 1914 i. S. Plater Spar- u. Darlehnskassen-Verein e. G. m. u. H. Rep. II. B. 1/14.

I. Amtsgericht Schwerin.
II. Landgericht daselbst.

Gründe:

„Die Satzung des P.er Spar- und Darlehnskassenvereins e. G. bestimmt im § 16, daß der Verein durch den Vorstand gerichtlich und außergerichtlich vertreten wird sowie daß der Vorstand mindestens durch drei Mitglieder, darunter den Vorsteher oder seinen Stellvertreter, seine Willenserklärungen kundzugeben und für den Verein zu zeichnen hat. Im Jahre 1911 ist der Lehrer St. in den Vorstand gewählt worden, und zwar als Vorsteher. Er ist als Mitglied des Vorstandes in das Genossenschaftsregister eingetragen, jedoch dabei nicht als Vorsteher bezeichnet worden; was auch nicht beantragt war.

Im Jahre 1912 hat der Verein beantragt, das Genossenschaftsregister dahin zu vervollständigen, daß St. als Vorsteher bezeichnet werde. Das Amtsgericht hat den Antrag abgelehnt. Das Landgericht hat die gegen diesen Beschluß eingelegte Beschwerde zurückgewiesen. Auf die weitere Beschwerde hat das Oberlandesgericht Rostock unter dem 28. April 1914 beschlossen, die Sache gemäß § 28 FGG. dem Reichsgericht vorzulegen, weil es dem Rechtsmittel stattgeben wollte, sich aber durch den Beschluß des Kammergerichts vom 1. November 1912 (abgedr. RJAmtEntsch. Bd. 12 S. 318) gehindert sah.

Es handelt sich um zwei Streitpunkte: erstens darum, ob der Vorschrift der Satzung, daß der Vorstand seine Erklärungen durch drei Mitglieder, darunter den Vorsteher oder seinen Stellvertreter, abzugeben hat, Rechtswirkung gegen Dritte zukommt; zweitens, wenn dies bejaht wird, ob die zum Vorsteher und Stellvertreter gewählten Mitglieder des Vorstandes im Genossenschaftsregister als solche zu bezeichnen sind.

Da das Kammergericht diese letzte Frage in dem bezeichneten Beschluße verneint, während das Oberlandesgericht Rostock sie bejahen will, so liegt ein Fall des § 28 Abs. 2 FGG. vor. Das Kammergericht will anscheinend auch die Rechtswirkung der Statutenvorschrift gegen Dritte bezweifeln. Da es über diesen Punkt nicht entscheidet, würde deswegen allein die Anrufung des Reichsgerichts nicht statthaft sein. Er kommt aber für die dem Reichsgericht obliegende Entscheidung über die weitere Beschwerde in erster Linie in Betracht und muß deswegen entschieden werden.

Das Reichsgericht tritt in diesem Punkte dem Ausspruche des Oberlandesgerichts Rostock bei. Der § 27 GenG. handelt nur von Beschränkungen, die dem Vorstand als solchem und in seiner Gesamtheit durch die Satzung oder die Generalversammlung gesetzt sind. Laut Abs. 1 ist der Vorstand gegenüber der Genossenschaft verpflichtet, solche Beschränkungen einzuhalten. Laut Abs. 2 sind sie Dritten gegenüber unwirksam; sie mindern die Vertretungsmacht des Vorstandes nicht. Jedes Rechtsgeschäft, das der Vorstand in der vom Gesetz oder von der Satzung bestimmten Form namens der Genossenschaft vorgenommen hat, gilt als von der Genossenschaft vorgenommen und verpflichtet sie. Die Satzung kann nicht mit Wirksamkeit gegen Dritte bestimmen, daß Rechtsgeschäfte des Vorstandes unter gewissen Voraussetzungen nicht, oder nur bei Zustimmung anderer Organe, wie etwa des Aufsichtsrats, als Handlungen der Genossenschaft gelten sollen. Dagegen bestimmt dieser Paragraph nicht darüber, ob alle, oder wie viele und welche Mitglieder des Vorstandes mitwirken müssen, damit ein Rechtsgeschäft als vom Vorstande namens der Genossenschaft vorgenommen gilt. Der § 27 steht also der hier fraglichen Vorschrift der Satzung und ihrer Wirksamkeit gegenüber Dritten nicht entgegen.

Ebensowenig steht irgend eine andere Vorschrift des Gesetzes dem im Wege. Es ist nirgends geboten, daß alle Mitglieder des Vorstandes in gleicher Weise an der Ausübung der Vertretungsmacht beteiligt sein müssen. Die einschlagende Vorschrift ist der § 25. Laut diesem Paragraphen bestimmt das Statut über die „Form", in der der Vorstand seine Willenserklärungen kundzugeben hat. Daß unter dem vielleicht nicht ganz deutlichen und treffenden Ausdrucke „Form" die Art der für Erklärungen des Vorstandes erforderlichen Mitwirkung seiner einzelnen Mitglieder verstanden ist, ergibt ganz klar der Zusammenhang mit dem nächsten Satze; denn in diesem wird bestimmt, daß, wenn „darüber" — nämlich über die Form — im Statut nichts bestimmt ist, sämtliche Mitglieder mitwirken müssen. Die Bestimmung darüber, wie viele Mitglieder und in welcher Weise sie zusammenwirken müssen, damit eine Erklärung des Vorstandes für die Genossenschaft zustande kommt, ist also in erster Linie dem Statut überlassen, mit der alleinigen, im dritten Satze enthaltenen Einschränkung, daß nicht weniger als zwei Mitglieder hierfür bestimmt werden dürfen. Der statutarischen Anordnung, daß bei Willenserklärungen des Vorstandes die Inhaber bestimmter Ämter in jedem Falle, und von den übrigen Mitgliedern eine gewisse Zahl mitzuwirken haben, steht also keine gesetzliche Schranke entgegen. Insbesondere ist die Rechtswirksamkeit solcher Vorschriften gegen Dritte nicht eingeschränkt. Daß im Gegenteil ihre Wirksamkeit nach außen bedacht und beabsichtigt war, ist daraus zu entnehmen, daß sie laut GenG. § 12 Abs. 4 und dem sich hieran anschließenden § 15 der die Führung des Registers betreffenden Verordnung des Bundesrats in das Register einzutragen und zu veröffentlichen sind. Denn der Ausdruck „Form der Erklärungen des Vorstandes" ist in § 12 des Gesetzes augenscheinlich in demselben Sinne verwandt, der ihm nach § 25 zukommt.

Das Oberlandesgericht Rostock spricht hiernach mit Recht aus, daß Bestimmungen, wie der hier fragliche § 16 im Statute des beschwerdeführenden Vereins, durch Eintragung und Veröffentlichung gegenüber Dritten rechtswirksam werden. Es ist weiter nicht zu bezweifeln, daß sich für den Verkehr Unzuträglichkeiten ergeben, wenn sich aus dem veröffentlichten Registerinhalte nicht auch ersehen läßt, wer Vorsteher und Stellvertreter ist. Wenn aber das Oberlandesgericht ausführt, daß die Eintragung der Ämterverteilung im Gesetze nicht geboten, aber auch nicht verboten und deshalb wegen ihrer Zweckmäßigkeit fakultativ zuzulassen sei, so konnte das Reichsgericht dies nicht billigen. Die bloß fakultative Eintragung würde dem Verkehr keine Sicherheit schaffen und sie ist rechtlich unzulässig.

In allen Zweigen des Registerrechts gilt der Grundsatz, daß in die gerichtlichen Register die im Gesetze bezeichneten Tatsachen und nur diese einzutragen sind. Das älteste Register ist das durch das Handelsgesetzbuch eingeführte Handelsregister. Das Handelsgesetzbuch a. F. bestimmte im Art. 12 ausdrücklich, daß in das Handelsregister die in dem Gesetz angeordneten Eintragungen — also keine anderen — aufzunehmen sind. Diese Vorschrift ist zwar in den § 8

HGB. von 1897 nicht übergegangen. Sie ist aber nicht ausgelassen worden, weil man sie aufheben wollte, sondern weil man sie für selbstverständlich hielt. Das ergibt die Denkschrift zum Entwurfe des Handelsgesetzbuchs S. 22, wo der Gedanke, gewisse Eintragungen nicht zu gebieten, sondern nur zuzulassen, ausdrücklich gemißbilligt wird. Der für das Handelsregister gültige Grundsatz gilt in gleicher Weise für das Genossenschaftsregister, das ursprünglich — nach dem Gesetze von 1868 — einen Teil des Handelsregisters gebildet hat. Wenn das Genossenschaftsgesetz eine ausdrückliche Vorschrift des Inhalts, daß nur die im Gesetze bezeichneten Tatsachen in das Register aufzunehmen seien, nicht enthält, so erklärt sich dies daraus, daß man eine solche Vorschrift ebenso wie im Handelsgesetzbuch für überflüssig erachtet hat. Es ist aber in den einzelnen Paragraphen bestimmt, welche Tatsachen eingetragen werden sollen. Eine bloß zulässige Eintragung ist weder im Gesetze noch in der auf Grund des § 161 erlassenen Verordnung des Bundesrats erwähnt. Das Gesetz kennt sie nicht und gestattet sie nicht.

Aber angesichts der klaren Rechtslage, daß statutarische Vorschriften, wie die der Beschwerde zugrunde liegende, zulässig und gegen Dritte wirksam sind, daß sie deswegen auch in das Register eingetragen werden müssen, ist es nicht nur für die Interessenten erwünscht, sondern es ist eine logisch notwendige Folge der übrigen Vorschriften des Gesetzes, daß auch die Verteilung der Ämter im Vorstande so weit in das Register eingetragen und veröffentlicht werden muß, als dies nötig ist, um Dritten ein Urteil darüber zu ermöglichen, ob eine von Mitgliedern des Vorstandes abgegebene Erklärung gemäß den Statuten die Genossenschaft bindet. Zweck der gesamten einschlagenden Vorschriften ist es, daß ein Dritter, der zu der Genossenschaft in Rechtsbeziehungen tritt, aus dem Register und den Veröffentlichungen sich über die verfassungsmäßige Vertretung der Genossenschaft unterrichten kann. Dem dienen die Bestimmungen, wonach Vorschriften des Statuts über die Form der Erklärungen des Vorstandes und die Namen seiner Mitglieder, sowie jeder Wechsel im Vorstande in das Register einzutragen und zu veröffentlichen sind. Dem dient vor allem die Regel des § 29, nach der Änderungen der Organisation in diesen Punkten gutgläubigen Dritten nicht entgegengehalten werden können, solange sie nicht öffentlich bekannt gemacht sind. Der veröffentlichte Registerinhalt soll also die Grundlage des Verkehrs zwischen der Genossenschaft und Dritten bilden. Er würde aber eine Lücke haben, die ihn hierfür untauglich macht, wenn, wie im Streitfalle, die Satzung zu Erklärungen des Vorstandes die Mitwirkung des Inhabers eines bestimmten Amtes fordert und wenn dann der Inhaber des Amtes nicht in dem Register und den Bekanntmachungen bezeichnet wird. Der Dritte würde dann durch den veröffentlichten Inhalt des Registers nicht in den Stand gesetzt sein, zu beurteilen, ob eine namens der Genossenschaft abgegebene Erklärung auf Grund des Statuts für sie verbindlich ist. Eine Auslegung, die zu diesem Ergebnisse führt, widerspricht dem deutlich erkennbaren Zwecke des Gesetzes und geht somit fehl.

Wenn die §§ 10, 12, 28 anordnen, daß die Mitglieder des Vorstandes einzutragen und öffentlich bekannt zu geben sind, daß auch jede Änderung des Vorstandes einzutragen und zu veröffentlichen ist, so erhellt aus dem erörterten Zusammenhange des Gesetzes, daß diese den Vorstand betreffenden Eintragungen alles zu enthalten haben, was erforderlich ist, um beurteilen zu können, ob eine Erklärung des Vorstandes der Satzung gemäß abgegeben ist. Dazu gehört, daß in den Eintragungen und Veröffentlichungen die Inhaber solcher Ämter bezeichnet werden, deren Mitwirkung zu Erklärungen des Vorstandes durch die Satzung gefordert wird. Die Eintragung dieser Bezeichnungen wird demnach durch das Gesetz nach seinem ganzen Sinn und Zusammenhange zwingend geboten, wenn es auch an einer Vorschrift in ausdrücklichen Worten fehlt.

Es mag hier noch besonders betont werden, daß nur diejenige Verteilung der Geschäfte unter den Vorstandsmitgliedern, die gemäß der Satzung für die Ausübung der Vertretungsmacht wesentlich ist, eingetragen werden muß und darf; nicht dagegen eine vom Vorstande gewillkürte Geschäftsverteilung, die die Erteilung einer Vollmacht an einzelne Mitglieder in sich schließt.

Ist es hiernach bei den gemäß §§ 10 und 12 erfolgenden ersten Eintragungen und Veröffentlichungen geboten, daß die Mitglieder des Vorstandes, die kraft der Satzung und ihres Amtes bei Erklärungen des Vorstandes mitzuwirken haben, als solche bezeichnet werden, so folgt ohne weiteres, daß auch die Änderungen in der Inhaberschaft solcher Ämter unter die Vorschrift des § 28 fallen, also einzutragen und zu veröffentlichen sind. Dem steht die in der Reichstagskommission von 1889 (7. Leg.-Per. IV. Sess. 88/9 Nr. 132 S. 21) erfolgte Feststellung nicht entgegen, daß „Änderung des Vorstandes" nur den Fall bezeichne, wenn andere Personen in den Vorstand kommen, oder die Zahl der Mitglieder verringert wird. Man hat hierbei ersichtlich an den Sonderfall einer Statutenvorschrift von der Art der streitigen nicht gedacht. Auch könnte einer derartigen Bemerkung der Kommission gegenüber dem aus der Gesamtheit des Gesetzes notwendig folgenden abweichenden Verständnisse keinesfalls entscheidende Bedeutung beigemessen werden.

Nach alledem ist es in dem hier streitigen Fall, in dem der Vorstand seine Willenserklärungen durch drei Mitglieder, darunter den Vorsteher oder seinen Stellvertreter, abzugeben hat, gesetzlich notwendig, daß der Vorsteher und sein Stellvertreter im Register bezeichnet, daß jeder Wechsel in diesen Ämtern eingetragen, und daß Eintragungen dieses Inhalts veröffentlicht werden.

Demzufolge mußte der Beschluß des Großherzoglich Mecklenburgischen Landgerichts zu Schwerin aufgehoben und der weiteren Beschwerde stattgegeben werden."

---

27. 1. Bewirkt die Unanfechtbarkeit der Bescheide der Militärverwaltungsbehörden, die gemäß der §§ 29 und 41 des Mannschaftsversorgungsgesetzes infolge Unterlassung des Einspruchs oder der Beschreitung des Rechtswegs eintritt, materielle Rechtskraft der getroffenen Entscheidung?

2. Von welchem Zeitpunkt ab sind dem Berechtigten die im Falle des § 31 des Mannschaftsversorgungsgesetzes durch anderweiten Bescheid der Militärverwaltungsbehörde festgesetzten Versorgungsgebührnisse zu gewähren?

3. Ist das Verfahren vor den Militärverwaltungsbehörden zur Entscheidung über einen Anspruch auf eine Versorgungsgebührnis nach dem sog. Verhandlungsgrundsatze oder als Offizialverfahren gestaltet?

Mannschaftsversorgungsgesetz vom 31. Mai 1906 (RGBl. S. 593) §§ 2, 27—31, 42, 43.

Pensionierungsvorschrift für das preußische Heer vom 16. März 1912 T. III Nr. 39 flg., 41, 55.

III. Zivilsenat. Urt. v. 12. Juni 1914 i. S. Reichsfiskus (Bekl.) w. Sch. (Kl.). Rep. III. 132/14.

I. Landgericht I Berlin.
II. Kammergericht daselbst.

Der Kläger diente vom 14. Oktober 1897 bis zum 15. Dezember 1910 teils im preußischen Heere, teils in der Schutztruppe von Südwestafrika. In den Jahren 1904 bis 1907 nahm er an dem Feldzuge gegen die Herero und die Hottentotten teil. Nach seiner Entlassung wurde ihm vom 1. Januar 1911 ab eine monatliche Militärrente von 18,75 *M* zugebilligt. Mit seinem Antrag auf Bewilligung der Tropenzulage von 25 *M* monatlich wurde er dagegen abgewiesen, und zwar zuletzt durch Bescheid des Kriegsministeriums vom 3. Juni 1912, weil der Muskelrheumatismus, an dem er litt, weder als Kriegs- noch als Tropendienstbeschädigung anzuerkennen sei. Am 8. Oktober 1912 wiederholte er seinen Antrag und nunmehr wurde nach erneuter Untersuchung der Muskelrheumatismus als Kriegsdienstbeschädigung durch Tropendienst anerkannt, und es wurde dem Kläger neben der bisherigen Rente die Tropenzulage von 25 *M* monatlich vom 1. Oktober 1912 an zugebilligt. Er beantragte darauf, ihm die Tropenzulage schon vom 1. Januar 1912 an zu gewähren, wurde damit jedoch abgewiesen, zuletzt durch Bescheid des Kriegsministeriums vom 8. April 1913. Er beschritt deshalb den Rechtsweg und beantragte, den Beklagten zu verurteilen, an ihn 525 *M* zu zahlen.

Dieser hielt den geltendgemachten Anspruch durch den Bescheid des Kriegsministeriums vom 3. Juni 1912, der nicht mit der Klage angefochten worden sei, für endgültig erledigt. Das Material, auf Grund dessen später die Tropendienstbeschädigung anerkannt worden sei, sei erst nachträglich in der Eingabe vom 8. Oktober 1912 beigebracht worden, und die Zahlung der höheren Gebührnisse könne daher nach § 32 MVG. erst mit dem 1. Oktober 1912 beginnen.

Das Landgericht verurteilte den Beklagten nach dem Klagantrage. Seine Berufung und ebenso seine Revision ist zurückgewiesen worden, diese aus folgenden

Gründen:

„Das Berufungsgericht hatte übereinstimmend mit dem Landgericht angenommen, daß die in der erneuten Festsetzung der

Militärbehörde zu findende Anerkennung des Anspruchs des Klägers als eines von vornherein gegebenen, der nur wegen nicht genügender Klarstellung seiner Voraussetzungen bestritten gewesen sei, auch dahin führen müsse, den früheren abweisenden Bescheid als aufgehoben anzusehen, da er dem materiellen Rechte nicht entsprochen habe. Deshalb müsse dem neuen Bescheide, der das Vorhandensein der maßgebenden Voraussetzungen feststelle, auch rückwirkende Kraft beigelegt werden.

Hiergegen richtet sich der erste Angriff der Revision. Sie führt aus: Nach den §§ 27 bis 31 und 42, 43 MVG. hätten die früheren Anträge des Klägers durch den Bescheid des Kriegsministeriums vom 3. Juni 1912 und den Ablauf der Frist zur Klagerhebung ihre endgültige Erledigung gefunden, so daß mit dem Antrage vom 8. Oktober 1912 ein völlig neues, selbständiges Verfahren seinen Anfang genommen habe. Auf welchen Gründen jener erste ablehnende Bescheid beruht habe, sei ebenso unerheblich wie der Umstand, daß der Kläger nicht in der Lage gewesen sei, gegen diesen Bescheid im Wege der Klage mit Erfolg vorzugehen; denn auch sachlich unrichtige Bescheide erlangten Rechtskraft. Komme hiernach eine Wiederaufnahme dieses rechtskräftig und endgültig abgeschlossenen Verfahrens nicht in Frage, so folge daraus ohne weiteres, daß die in dem neuen Verfahren ergangene Entscheidung keine Rückwirkung auf die Zeit vor der Antragstellung habe ausüben können. Gemäß § 32 Abs. 3 des Gesetzes habe deshalb die Zahlung der Tropenzulage frühestens mit dem Monate beginnen können, in welchem die neue Anmeldung erfolgt sei.

Demgegenüber ist vorweg folgendes zu bemerken. Die Entscheidungen der Militärbehörden über die Gesuche um Bewilligung von Versorgungsgebührnissen nach Maßgabe des Mannschaftsversorgungsgesetzes vom 31. Mai 1906 stellen sich ihrer Natur nach als Entscheidungen von Verwaltungsbehörden dar. Von diesen gilt aber die Regel, daß sie nicht nur auf Antrag, sondern auch von Amts wegen abgeändert werden können, wenn die Behörde sich überzeugt, entweder, daß die tatsächlichen Grundlagen der Entscheidung, die als gegeben angesehen waren, in Wirklichkeit nicht bestanden oder anders, als sie angenommen worden, gestaltet waren, oder daß die getroffene Entscheidung auf einer unrichtigen Auffassung des Gesetzes beruhte. Diese Regel muß demnach auch für jene Verwaltungsentscheidungen der Militärbehörden Geltung beanspruchen. Hieran kann auch der Umstand nichts ändern, daß nach den §§ 29 und 42 MVG. die Entscheidungen der Militärverwaltungsbehörden über die Gewährung von Versorgungsgebührnissen infolge Unterlassung des Einspruchs oder der Klagerhebung für die Gesuchsteller unanfechtbar werden. Denn das bedeutet nur, daß diesen kein Rechtsanspruch auf nochmalige Prüfung und Entscheidung über ihren Antrag auf Bewilligung einer Versorgungsgebührnis überhaupt oder einer solchen von größerem Umfange zusteht. Dagegen hindert eine solche in diesem Sinne unanfechtbar gewordene Entscheidung die Militärbehörde selbst nicht, von Amts wegen (vgl. diesen Ausdruck in § 31) in eine nochmalige Untersuchung der maßgebenden Verhältnisse einzutreten, wenn ihr aus irgend einem Grunde nachträglich Bedenken gegen die objektive Richtigkeit der getroffenen Entscheidung aufsteigen, und dann gegebenenfalls ebenso von Amts wegen die frühere Entscheidung zu ändern. Selbstverständlich kann zu diesem Behufe der Gesuchsteller durch Beibringung von ärztlichen Zeugnissen oder auf andere Weise auch seinerseits eine Anregung geben. Vgl. hierzu das Urteil des erkennenden Senats vom 19. Dezember 1905 RGZ. Bd. 62 S. 237, 238.

Schon hieraus ergibt sich aber weiter, daß die Unanfechtbarkeit der Bescheide der Militärverwaltungsbehörden, die gemäß den §§ 29 und 42 des Gesetzes dadurch eintritt, daß die Beteiligten es unterlassen, innerhalb der vorgeschriebenen Fristen gegen die Entscheidungen der unteren Militärbehörden Einspruch zu erheben oder gegen den Bescheid der obersten Militärverwaltungsbehörde binnen der bestimmten Frist den Rechtsweg zu beschreiten, nicht die Bedeutung hat, daß die erlassenen Entscheidungen materielle Rechtskraft erlangen, etwa in dem Sinne, wie es bei den Urteilen der Gerichte nach § 322 ZPO. dergestalt geschieht, daß durch die Entscheidungen nicht nur zwischen den Parteien das Recht festgestellt wird, sondern daß auch die Gerichte selbst daran gebunden sind. Bei den vorher wiedergegebenen Darlegungen der Revision über die Rechtskraftwirkung gewisser Entscheidungen der Militärbehörden nach dem Mannschaftsversorgungsgesetz ist demnach durchweg der Unterschied zwischen einer wenn auch nur innerhalb einer bestimmten Frist anfechtbaren, Entscheidung einer Verwaltungsbehörde und den Endurteilen der Gerichte verkannt. Konnte aber somit die neue, auf den Antrag vom 8. Oktober 1912 nach erneuter Untersuchung ergangene Entscheidung ihrem Wesen nach nur dazu bestimmt sein, an die Stelle der früheren vom 3. Juni 1912 deshalb zu treten, weil diese auf unrichtigen oder ungenügenden tatsächlichen Unterlagen beruhte, so folgte schon hieraus die Notwendigkeit der Zurückbeziehung ihrer Wirkungen auf den Zeitpunkt, von dem ab dem Kläger die Versorgungsgebührnisse nach dem Gesetze überhaupt zustanden.

Im weiteren rügt die Revision zwar mit Recht die Bezugnahme auf § 30 MVG. im Berufungsurteile zur Begründung des Satzes, daß eine anderweite Festsetzung der Gebührnisse nicht bloß auf Antrag, sondern auch von Amts wegen erfolgen könne. Denn um eine Veränderung der für die Bewilligung maßgebend gewesenen Verhältnisse im Sinne des § 30 handelt es sich hier überhaupt nicht. Indessen folgt aus dieser an sich zutreffenden Bemerkung der Revision nichts zugunsten des Kerns der Rechtsauffassung des Beklagten, und die Entscheidung des Berufungsgerichts stellt sich trotzdem im Ergebnis als richtig dar (ZPO. § 563). In dieser Beziehung kommt folgendes in Betracht:

Die maßgebende Vorschrift ist nicht § 30, sondern § 31 MVG. Der § 30 behandelt den Fall, daß

„in den Verhältnissen, welche für die Bewilligung maßgebend gewesen sind, eine wesentliche Veränderung eintritt".

Er geht also davon aus, daß die tatsächlichen Umstände, die für die Festsetzung der Versorgungsgebührnisse bestimmend waren, also insbesondere der Grad der Minderung der Erwerbsfähigkeit, und nach denen die Versorgungsgebührnisse damals zutreffend festgesetzt waren, sich inzwischen geändert haben, und er will dieser Änderung durch die Anordnung einer anderweiten Festsetzung Rechnung tragen. Der § 31 trifft dagegen Vorsorge für den Fall, daß erweislich

„die Voraussetzungen, unter denen sie" — d. h. die Versorgungsgebührnisse — „bewilligt worden waren, den tatsächlichen Verhältnissen nicht entsprochen haben".

Er will demnach die Wirkungen einer irrtümlichen Beurteilung der tatsächlichen Verhältnisse beseitigen, die nach dem Gesetze für die Entscheidung über die Bewilligung von Versorgungsgebührnissen überhaupt und über ihr Maß entscheidend sein sollen, mag der Irrtum durch Täuschung hervorgerufen oder durch andere Umstände verursacht worden sein, und mag er eine objektiv unrichtige Entscheidung der zuständigen Behörden zugunsten oder zuungunsten des Gesuchstellers herbeigeführt haben. Die Worte „die Voraussetzungen, unter denen sie bewilligt worden waren," sind somit nach dem Zusammenhange nicht im objektiven Sinne gemeint, wonach sie gleichbedeutend wären mit den „tatsächlichen Verhältnissen" (§ 30), die nach dem Gesetze für die Bewilligung einer bestimmten Versorgungsgebührnis erforderlich sind, sondern im subjektiven Sinne, wonach sie so viel bedeuten wie die „Annahmen", von denen die Behörden bei ihrer früheren Entscheidung ausgingen. Ist freilich über den Versorgungsanspruch bereits gemäß den §§ 42 und 43 des Gesetzes ein gerichtliches Urteil ergangen, so kann von einer Änderung der dadurch getroffenen Entscheidung selbstverständlich nur nach Maßgabe der Vorschriften der Zivilprozeßordnung die Rede sein. Es können dann nur die ordentlichen Rechtsmittel des bürgerlichen Streitverfahrens in Frage kommen, soweit danach noch neue Anführungen tatsächlicher Natur zulässig sind, ebenso freilich auch die außerordentlichen Rechtsbehelfe der Wiederaufnahme des Verfahrens, insbesondere die Restitutionsklage des § 580 ZPO.

Diese Bedeutung des § 31 wird auch durch die Begründung zu dem Entwurfe des Gesetzes bestätigt. Sie besagt zu dem entsprechenden § 31 des Entwurfs:

> „Es kommen erfahrungsmäßig Fälle vor, in denen es Militärpersonen gelingt, die Vorgesetzten und den untersuchenden Arzt über ihren Körperzustand zu täuschen und auf diese Weise unberechtigt in den Genuß einer zu hohen Versorgung oder überhaupt zu einer Versorgung zu gelangen. Es muß ferner mit dem Falle gerechnet werden, daß die Bewilligung der Gebührnisse durch einen Irrtum oder ein Versehen der Militärbehörde nicht den gesetzlichen Vorschriften gemäß stattgefunden hat.
>
> Für derartige Fälle soll die Vorschrift der Militärverwaltung die Handhabe geben, die zuerkannten Versorgungsgebührnisse anderweit festsetzen bzw. entziehen zu können."

Vgl. Drucks. des Reichstags 1905/06 Nr. 13 S. 33.

Ist hiernach als Zweck des § 31 anzusehen, den zuständigen Militärbehörden die Möglichkeit zu gewähren, von einer Entscheidung über die Bewilligung oder Nichtbewilligung einer Versorgungsgebührnis oder über deren Maß, die sie selbst getroffen haben, „von Amts wegen" wieder abzugehen und eine andere Festsetzung zu treffen oder die zuerkannte Gebührnis wieder zu entziehen, so entspricht es diesem Zwecke und liegt im Wesen der anderweiten Festsetzung, daß deren Wirkungen auch auf die Zeit zurückbezogen werden, für die überhaupt nach Maßgabe des anderweit festgestellten Sachverhältnisses die Entscheidung zu treffen war. Denn nach dem Zwecke der Bestimmung soll die Entscheidung, die auf Grund der neu geführten Untersuchung der maßgebenden Verhältnisse (s. die Worte: „sobald erwiesen ist, daß die Voraussetzungen" usw.) getroffen worden ist, an die Stelle der nunmehr als objektiv unrichtig erkannten früheren treten. Dann muß sie aber auch in ihren Wirkungen so gestellt werden, als wenn sie allein von vornherein ergangen wäre.

Das steht denn auch im Einklange mit § 32 des Gesetzes, der von der Zahlung der Versorgungsgebührnisse handelt. Dieser enthält in seinen drei ersten Absätzen Vorschriften über die Art der Zahlung der Versorgungsgebührnisse und den Beginn der Zahlungen, je nachdem der Anspruch vor oder nach der Entlassung aus dem Dienste angemeldet worden ist, und der Abs. 4 beschäftigt sich mit dem Beginne der Wirksamkeit eines eine Minderung oder Entziehung der Versorgungsgebührnisse aussprechenden Bescheids, während über den Zeitpunkt der Wirksamkeit des eine Erhöhung festsetzenden Bescheids der Schlußsatz des Abs. 3 Bestimmung trifft. In der Vorschrift des Abs. 4 ist aber hinter dem Worte „Versorgungsgebührnisse" in Klammern „§ 30" hinzugefügt und damit klar zum Ausdrucke gebracht, daß sie sich nur auf die in diesem behandelten Fälle, also diejenigen bezieht, in denen nach der ursprünglichen Festsetzung der Versorgungsgebührnisse eine Änderung in den maßgebenden Verhältnissen, also insbesondere in dem Umfange der Minderung der Erwerbsfähigkeit, eingetreten ist. Über den Zeitpunkt des Beginns der Wirksamkeit einer gemäß § 31 getroffenen Entscheidung enthält demnach der § 32 keine Bestimmung, und das erklärt sich eben daraus, daß es einer solchen auch nicht bedurfte, weil der Zeitpunkt sich ohne weiteres aus dem Zwecke des § 31 ergab. Eine Bestätigung dessen liefert aber auch die Begründung zum § 32 des Entwurfs des Gesetzes, die unter anderem folgendes bemerkt:

„Da die Renten monatlich im voraus bezahlt werden, so kann die Herabsetzung oder Einstellung der Zahlung von Versorgungsgebührnissen nur mit dem Ablaufe des Monats eintreten, in welchem der entsprechende Bescheid zugestellt worden ist. Dieses Verfahren beseitigt auch die überall schwer empfundenen wirtschaftlichen Nachteile der Rückzahlung einmal empfangener Beträge; es soll sich jedoch nicht auf diejenigen Fälle des § 31 erstrecken, in denen von einer Rückzahlung zu Unrecht erhobener Beträge nicht abgesehen werden kann."

Vgl. a. a. O. S. 33.

Hiernach ging die Begründung des Entwurfs selbst davon aus, daß Versorgungsgebührnisse, die nach der anderweiten gemäß § 31 getroffenen Entscheidung der Militärbehörde objektiv zu Unrecht, wenn auch auf Grund der ursprünglichen Entscheidung gezahlt und erhoben waren, zurückgezahlt werden müßten. Damit erkannte sie aber an, daß die Wirkung der neuen Entscheidung eben wegen des Zwecks und Wesens der abändernden Entscheidungen im Falle des § 31 auf den Zeitpunkt zurückzubeziehen war, der für die Wirkung der ursprünglichen Festsetzung maßgebend gewesen war. Galt dies aber für die nach der neuen Entscheidung zuviel oder überhaupt zu Unrecht gezahlten Versorgungsgebührnisse, so mußte es auch für die durch die neue Entscheidung zugebilligten höheren Bezüge und ebenso für die durch sie überhaupt erst gewährten Versorgungsgebührnisse Geltung haben. Auch diese mußten dann von dem Zeitpunkt an nachgezahlt werden, der sich nach der nunmehr als von Anfang an vorhanden gewesen angenommenen tatsächlichen Lage der maßgebenden Dinge, wie sie durch die spätere Untersuchung erwiesen wurde, als der gesetzliche Zeitpunkt des Beginns der Zahlung der Versorgungsgebührnisse ergab.

Der § 31 des Gesetzes stellt demnach auch in dieser Hinsicht nur ein Ergebnis durch ausdrückliche Anordnung sicher, das auch ohnedies schon aus dem Wesen der in Betracht kommenden Entscheidungen der Militärbehörden als Verwaltungsentscheidungen abzuleiten gewesen wäre

Verfehlt ist endlich die Rüge der Revision, das Berufungsgericht habe die einschlägigen Bestimmungen der Pensionierungsvorschrift verkannt. Sie führt aus: Es könne keinem Zweifel unterliegen, daß es nach Nr. 41 T. III daselbst zunächst Pflicht des Gesuchstellers sei, die zur Begründung seines Anspruchs dienenden Unterlagen und Beweismittel zur Stelle zu schaffen. Versäume er dies oder reiche der von ihm beigebrachte Stoff zur Begründung des geltend gemachten Anspruchs nicht aus, so bleibe nur übrig, auf Grund desjenigen Materials, über das die Behörde von Amts wegen verfüge, über den Anspruch zu entscheiden. Sei aber einmal eine solche Entscheidung ergangen und rechtskräftig geworden, so bestehe nur die Möglichkeit, durch einen neuen, besser begründeten Antrag ein neues Verfahren in Gang zu bringen, sofern die für die Geltendmachung der Ansprüche bestehenden gesetzlichen Ausschlußfristen noch nicht abgelaufen seien; sonst müsse es bei dem rechtskräftig gewordenen Bescheide bewenden. Allerdings legt Nr. 41 der zur Ausführung des Offizierpensionsgesetzes und des Mannschaftsversorgungsgesetzes erlassenen Pensionierungsvorschrift für das preußische Heer vom 16. März 1912 dem Gedanken des Gesetzes entsprechend dem Antragsteller die Pflicht auf, bei der Anbringung des Gesuchs um Gewährung von Versorgungsgebührnissen nach der Entlassung aus dem Dienste „den Militärpaß, frühere Bescheide, Ausweise über zivilärztliche Behandlung und andere zur Begründung seines Anspruchs dienende Unterlagen und Beweismittel mit zur Stelle zu bringen oder dem schriftlichen Antrage beizufügen." Und ferner heißt es in Nr. 55:

> „Dem Antragsteller muß es überlassen bleiben, die zum Nachweise der Richtigkeit seiner Angaben etwa notwendigen zivilärztlichen Zeugnisse oder Bekundungen über frühere Behandlungen usw. selbst beizubringen."

Allein dadurch und ebenso dadurch, daß nach § 2 des Gesetzes der Anspruch auf Rente überhaupt der Anmeldung bedarf, wird das Verfahren zur Herbeiführung einer Entscheidung über den Anspruch nicht zu einem solchen, worin, ähnlich wie im bürgerlichen Rechtsstreit, es grundsätzlich den Beteiligten überlassen wäre, den hierzu erforderlichen Stoff an tatsächlichen Behauptungen und Beweismitteln ihrerseits vorzubringen (sog. Verhandlungsmaxime). Vielmehr ist das Verfahren, nachdem einmal die Anmeldung des Anspruchs erfolgt ist, nach dem Grundgedanken des Gesetzes und, wie insbesondere die Vorschriften über das Verfahren in den §§ 27 bis 31 ergeben, als ein von Amts wegen durchzuführendes gestaltet, bei dem der Gesuchsteller nur in seinem eigenen Interesse durch Beibringung von Material mitwirken kann. Dem entsprechen auch die Bestimmungen der Pensionierungsvorschrift, insbesondere in den Nrn. 39 flg. über Anmeldung und Prüfung von Versorgungsansprüchen nach der Entlassung aus dem aktiven Dienste." . . .

---

28. Ist im Sinne des § 606 Abs. 4 ZPO. das deutsche Gericht zur Scheidung von Ausländern zuständig, wenn sich zwar seine Unzuständigkeit aus den eigentlichen Zuständigkeitsbestimmungen des fremden Staates nicht ergibt, dieser aber dem deutschen Urteile die Anerkennung versagen würde?

IV. Zivilsenat. Urt. v. 15. Juni 1914 i. S. J. (Bekl). w. J. (Kl.). Rep. IV. 618/13.

I. Landgericht Hof.
II. Oberlandesgericht Bamberg.

Die Parteien haben am 11. April 1907 in Plauen die Ehe miteinander geschlossen. Beide Eheleute sind österreichische Staatsangehörige, und zwar ist der Mann von Geburt an Österreicher, während die Frau, eine frühere Deutsche, erst durch ihre Verheiratung Österreicherin geworden ist. Ihren gemeinsamen ehelichen Wohnsitz hatten die Parteien in Marktredwitz. Im November 1912 erhob die Frau bei dem für Marktredwitz zuständigen Landgericht in Hof Klage auf Ehescheidung. Seinerseits erhob der Mann beim K. K. Kreisgericht in Eger Klage mit dem Antrage, die Ehe dem Bande nach zu trennen, mindestens aber von Tisch und Bett zu scheiden. In der mündlichen Verhandlung, die vor dem Landgericht in Hof auf die Klage der Frau stattfand, brachte der Mann, die Verhandlung zur Hauptsache verweigernd, zwei prozeßhindernde Einreden vor, die Einrede der Unzuständigkeit des Gerichts und die der Rechtshängigkeit. Das Landgericht verwarf durch Zwischenurteil beide Einreden. Die Berufung des Beklagten gegen dieses Urteil wurde vom Oberlandesgericht als unbegründet zurückgewiesen. Die Revision des Beklagten führte zur Aufhebung des Berufungsurteils und zur Abweisung der Klage wegen Unzuständigkeit des angerufenen Gerichts.

Aus den Gründen:

... „Das Oberlandesgericht ist der Anschauung, daß der für Ehestreitigkeiten österreichischer Staatsangehöriger in Österreich nach den §§ 76 und 100 der österreichischen Jurisdiktionsnorm vom 1. August 1895 (JN.) begründete Gerichtsstand kein ausschließlicher sei. Zur Begründung dieser Anschauung führt es aus:

Der Beklagte suche unter Hinweis auf die Rechtsprechung des österreichischen Obersten Gerichtshofs darzutun, daß die österreichischen Gerichte für sich eine ausschließliche Zuständigkeit in Anspruch nähmen. Das möge sein, wie sich denn tatsächlich in dem Beschlusse vom 2. September 1913, den der österreichische Oberste Gerichtshof gerade in dem vom Beklagten beim Kreisgericht in Eger anhängig gemachten Ehestreite erlassen hat, der Satz finde, die österreichische Gesetzgebung habe den Grundsatz ausgesprochen, daß in allen Ehesachen österreichischer Staatsangehöriger die sachliche Zuständigkeit ausschließlich den österreichischen Gerichten zustehe. Maßgebend sei aber diese Entscheidung des österreichischen Obersten Gerichtshofs für die deutschen Gerichte nicht. Sie scheine auch anfechtbar zu sein. Mit ausdrücklichen Worten ausgesprochen sei der Grundsatz in der österreichischen Gesetzgebung nirgends. Der Oberste Gerichtshof folgere ihn nur aus § 81 Nr. 3 der österreichischen Exekutionsordnung vom 27. Mai 1896 (EO.), wonach die Bewilligung der Exekution aus auswärtigen Erkenntnissen zu versagen ist, wenn der Exekutionstitel den Personenstand eines österreichischen Staatsangehörigen betrifft und gegen diesen vollzogen werden soll. Nun sei zwar zweifellos richtig, daß auf Grund dieser Gesetzesbestimmung die Nichtanerkennung des etwa ergehenden deutschen Urteils in Österreich sicher feststehe. Gleichwohl aber sei die Urteilspflicht der deutschen Gerichte begründet, da im übrigen die Voraussetzungen des § 606 Abs. 4 ZPO. gegeben seien. Das deutsche Urteil werde auch trotz seiner Nichtanerkennung in Österreich keinesfalls wertlos sein, es werde unter allen Umständen in Deutschland vollziehbar sein und z. B., wenn es dem Antrage der Klägerin entsprechen sollte, dieser die Wiederverehelichung in Deutschland ermöglichen. Die ausschließliche Zuständigkeit der österreichischen Gerichte sei daher nicht anzuerkennen, vielmehr seien zur Verhandlung und Entscheidung von Ehestreitigkeiten österreichischer Staatsangehöriger, die in Deutschland wohnen und ihre Ehe vor einem deutschen Standesamte geschlossen haben, die deutschen Gerichte für zuständig zu erachten. Zuständiges Ehegericht sei im gegebenen Falle gemäß § 606 Abs. 1 ZPO. das Landgericht in Hof. Die in § 606 Abs. 4 festgesetzte Ausnahme finde keine Anwendung, weil eben der in Österreich begründete Gerichtsstand den ausländischen Gerichtsstand nicht ausschließe....

Die Revision geht ersichtlich davon aus, daß sie sich, wenn das Oberlandesgericht über das österreichische Recht einen bestimmten Ausspruch getan hätte, dabei beruhigen müßte und daß der Ausspruch auch für das Revisionsgericht maßgebend wäre (§§ 549, 562 ZPO.). Dieser Ausgangspunkt der Revision ist, auch soweit es sich um die Frage nach der Zuständigkeit des angerufenen Gerichts, also um einen Punkt handelt, den das Oberlandesgericht sogar von Amts wegen zu prüfen gehabt hätte, zutreffend und entspricht dem, was der Senat in anderen Fällen der hier vorliegenden Art bereits wiederholt (vgl. die Urteile vom 7. Januar 1907, Jur. Wochenschr. S. 127 Nr. 4 Schluß und vom 15. Februar 1912, RGZ. Bd. 78 S. 235 flg., insbes. S. 235) und erst ganz kürzlich (vgl. das Urteil vom 22. September 1913, Jur. Wochenschr. S. 1154 Nr. 11) als richtig anerkannt hat.

Auf der anderen Seite irrt aber die Revision, wenn sie meint, das Oberlandesgericht äußere zwar Zweifel, es enthalte sich jedoch eines bestimmten Ausspruchs über das österreichische Recht. Mit aller nur wünschenswerten Deutlichkeit erklärt vielmehr das Oberlandesgericht, daß der für Ehestreitigkeiten österreichischer Staatsangehöriger in Österreich nach den §§ 76 und 100 JN. begründete Gerichtsstand kein ausschließlicher sei, daß vielmehr zur Verhandlung und Entscheidung von Ehestreitigkeiten österreichischer Staatsangehöriger, die in Deutschland wohnen und ihre Ehe vor einem deutschen Standesbeamten geschlossen haben, auch die deutschen Gerichte zuständig seien. Die Richtigkeit dieser Ansicht ist, wie dargetan, im Rechtszuge der Revision nicht nachzuprüfen. Nachzuprüfen ist nur die Frage, ob das Oberlandesgericht, indem es den von ihm als richtig erkannten Satz des österreichischen Rechtes auf den zu entscheidenden Streitfall anwendet, von einer zutreffenden Auslegung des § 606

Abs. 4 ZPO., also des in erster Linie maßgebenden deutschen Prozeßrechts, ausgeht, wonach, wenn beide Teile Ausländer sind, die Scheidungsklage im Inlande nur erhoben werden kann, wenn das inländische Gericht auch nach den Gesetzen des Staates zuständig ist, dem der Ehemann angehört. Diese Frage ist es, die die Revision hauptsächlich verneinen zu wollen scheint, und sie ist in der Tat zu verneinen.

Das Oberlandesgericht bezeichnet es selbst als zweifellos richtig, daß auf Grund des § 81 Nr. 3 EO. ein im vorliegenden Rechtsstreit etwa zugunsten der Klägerin ergehendes deutsches Urteil in Österreich nicht anerkannt werden würde. Auch dieser Ausspruch über das österreichische Recht ist für das Revisionsgericht schlechterdings maßgebend. Nun ist die in § 606 Abs. 4 ZPO. verordnete Einschränkung des in § 606 Abs. 1 bestimmten Gerichtsstandes ausgesprochenermaßen (Denkschrift zur Novelle von 1898 S. 127) gerade zu dem Zweck erfolgt, den Unzuträglichkeiten vorzubeugen, die sich daraus ergeben, daß gegenüber ausländischen Ehegatten von inländischen Gerichten erlassene Scheidungsurteile in dem ausländischen Staate, dem die Ehegatten angehören, häufig nicht anerkannt werden, eine Gefahr, die allerdings schon durch Art. 17 Abs. 1 EG. z. BGB. gemindert ist. Diese Erwägung nötigt zu der Ansicht, daß, wenn ein ausländischer Staat ... von vornherein erklärt, er erkenne die von fremden Gerichten seinen Staatsangehörigen gegenüber erlassenen Scheidungsurteile unter keinen Umständen an, darin im Sinne und nach dem Zwecke des § 606 Abs. 4 ZPO. eine Verneinung der Zuständigkeit der inländischen Gerichte selbst dann zu finden ist, wenn sich die Unzuständigkeit fremder Gerichte aus den eigentlichen Zuständigkeitsbestimmungen des ausländischen Staates nicht ergeben sollte. Das Oberlandesgericht beruft sich für seine entgegengesetzte Ansicht auf Stein (10. Aufl. Bem. II, 2 zu § 606 bei und in Note 14), der allerdings ausführt, die Urteilspflicht des deutschen Gerichts sei unter der Voraussetzung des Abs. 4 auch dann begründet, wenn die Nichtanerkennung des deutschen Urteils im Staate der Eheleute aus anderen Gründen, wie z. B. in Österreich wegen § 81 Nr. 3 EO., sicher feststehe.... Diese Ausführung kann aber nach der mitgeteilten Entstehungsgeschichte des § 606 Abs. 4, der die Fassung keineswegs entgegensteht, nicht für richtig erachtet werden. Auch das, was das

Oberlandesgericht sonst noch zur Unterstützung seiner Ansicht anführt, spricht, wenn man den Zweck des § 606 Abs. 4 im Auge behält, nicht für, sondern gegen diese Ansicht. Der hier vertretenen entgegenstehenden Auffassung ist der Senat bereits in seinem Urteile vom 20. Oktober 1910 (Jur. Wochenschr. 1911 S. 55 Nr. 55) insofern gefolgt, als er für Ungarn daraus, daß nach ungarischem Recht in dem Ehestreit eines ungarischen Staatsbürgers nur das Urteil des ungarischen Gerichts wirksam ist, ohne weiteres auf die Unzuständigkeit der deutschen Gerichte im Sinne des § 606 Abs. 4 ZPO. geschlossen hat.

Die besonderen Bestimmungen des Haager Abkommens über das Ehescheidungsrecht vom 12. Juni 1902 (Reichsgesetzblatt 1904 S. 231) sind für den Streitfall ohne Bedeutung, da das Abkommen von Österreich noch nicht ratifiziert ist. Immerhin mag darauf hingewiesen werden, daß in dem für Österreich vorgesehenen Durchführungsgesetze zu diesem Abkommen nach § 3 eine Bestimmung in Aussicht genommen ist (vgl. Bettelheim in Böhms Zeitschrift für internationales Privat- und öffentliches Recht Bd. 17 S. 641/642), wonach die österreichischen Gerichte ausschließlich berufen sein sollen, über ein Begehren österreichischer Staatsangehöriger um Ehetrennung oder um Scheidung von Tisch und Bett zu erkennen, und daß in der Begründung zum Durchführungsgesetze bemerkt ist, § 3 wolle den Gedanken des § 81 Nr. 3 EO. aufrecht erhalten.

Das angefochtene Urteil des Oberlandesgerichts unterliegt hiernach schon wegen unrichtiger Anwendung des § 606 Abs. 4 ZPO. der Aufhebung." ...

---

29. Kann bei der Gesellschaft des bürgerlichen Rechtes ein Gläubiger, der zugleich Gesellschafter ist, wegen einer unabhängig vom Gesellschaftsverhältnis gegen die Gesellschaft erlangten Forderung die einzelnen Gesellschafter gesamtschuldnerisch in Anspruch nehmen?

BGB. §§ 705 flg.

III. Zivilsenat. Urt. v. 16. Juni 1914 i. S. W.'sche Bank (Kl.) w. T. (Bekl.). Rep. III. 37/13.

I. Landgericht Hamburg.
II. Oberlandesgericht daselbst.

Der Beklagte ist Mitglied des „H. T.-Syndikats", dessen Zweck die Gründung einer Aktiengesellschaft war zur Verwertung der einem H. H. auf ein Trockenverfahren erteilten Patente. Diesem Syndikate, das sich jetzt in Liquidation befindet, hatte die Ha. Bank in Hamburg, wie die Klägerin behauptet, einen Kredit eröffnet. Den ihr daraus angeblich zustehenden Restanspruch von 10962,50 ℳ hat sie an die Klägerin abgetreten, die ihn in diesem Rechtsstreite mit der Begründung geltend macht, daß der Beklagte als Syndikatsmitglied gesamtschuldnerisch für ihre Forderung hafte. Die Ha. Bank war zeitweilig ebenfalls Syndikatsmitglied, — ob von vornherein und zur Zeit der Kreditgewährung, ist streitig.

Das Oberlandesgericht hat die Berufung gegen das klagabweisende Urteil des Landgerichts zurückgewiesen. Der Revision ist stattgegeben worden aus folgenden

Gründen:

„In der vom Berufungsgericht angeführten Entscheidung, Rep. VI 274/12, hat der sechste Zivilsenat des Reichsgerichts 'das H. T.-Syndikat für eine Gesellschaft des bürgerlichen Rechtes erklärt. Dem ist beizutreten. Das Berufungsgericht hat ferner die für den Rechtszug der Revision maßgebende Feststellung getroffen, daß die Rechtsvorgängerin der Klägerin, die Ha. Bank, zur Zeit der Kreditgewährung, ja ständig „von der Gründung des Syndikats an bis jetzt" Mitglied des Syndikats, mithin Gesellschafterin gewesen ist. Ebenso steht fest, daß sie den Kredit gewährt hat nicht in ihrer Eigenschaft als Gesellschafterin, sondern unabhängig von ihren Beziehungen zur Gesellschaft lediglich in Ausübung ihres Bankgewerbes.

Hätte irgend eine der Gesellschaft nicht angehörige dritte Person der Gesellschaft den Kredit gewährt und aus der Kreditgewährung den Anspruch erworben, so würde der § 427 BGB. Platz greifen: weil die Gesellschafter, nach § 714 BGB. vertreten durch den Geschäftsführer, sich durch Vertrag gemeinschaftlich zu einer Geldleistung, einer teilbaren Leistung, verpflichtet haben, haften sie als Gesamtschuldner. Die Gesellschaft des bürgerlichen Rechtes ist keine selbständige Rechtspersönlichkeit; der Dritte, der mit ihr einen Vertrag schließt, tritt dadurch in unmittelbare Vertragsbeziehungen zu der in der Gesellschaft vereinigten Personenmehrheit. Er braucht sich mit seinen Vertragsansprüchen nicht, auch nicht vorläufig, auf ein aus dem Vermögen dieser Personen ausgeschiedenes Gesellschaftsvermögen verweisen und beschränken zu lassen, weder nach Vorschriften des Gesellschaftsrechts, noch nach einer Treu und Glauben berücksichtigenden Auslegung des ihn mit der Gesellschaft verbindenden Vertrages. Im Gegenteil verlangen Treu und Glauben und die Sicherheit des Rechtsverkehrs bei der besonderen Gestaltung der bürgerlichrechtlichen Gesellschaft, daß dem Dritten, der mit der Gesellschaft ein Vertragsverhältnis eingegangen ist, der Zugriff auf das Vermögen der Gesellschafter ohne weiteres als Vertragsrecht zugestanden wird. Nur im Falle ausdrücklicher oder stillschweigender Vereinbarung würde der Dritte genötigt sein, sich an das Gesellschaftsvermögen, sei es ausschließlich sei es vorab, zu halten.

Es fragt sich, welche Bedeutung dem Umstande zukommt, daß die Ha. Bank nicht nur Gläubigerin, sondern zugleich Gesellschafterin des Syndikats war. Die Beantwortung dieser Frage ist für die Beurteilung der Sache entscheidend. Denn die Klägerin ist zwar nicht Gesellschafterin, sie hat aber die Forderung durch Abtretung mit allen ihr aus der Gesellschaftereigenschaft der Rechtsvorgängerin etwa anhaftenden Schwächen erworben und muß sich nach § 404 BGB. alle aus jener Eigenschaft gegen die Ha. Bank etwa begründeten Einwendungen gleichfalls entgegensetzen lassen. Bei der Beantwortung der Frage ist zu unterscheiden, ob es sich handelt um einen Anspruch, der aus dem Gesellschaftsverhältnis selber entstanden ist, z. B. um den Anspruch auf einen Gewinnanteil, auf Ersatz von Auslagen und Aufwendungen, oder um einen Anspruch, den der Gesellschafter unabhängig von dem Gesellschaftsverhältnis gegen die Gesellschaft erworben hat, und den ebensogut jeder Dritte hätte erwerben können. Um einen Anspruch der zweiten Art handelt es sich hier. Für solche Ansprüche ist die Frage in der Rechtslehre streitig und auch in der Rechtsprechung durchaus nicht übereinstimmend beantwortet. Die Antwort fällt verschieden aus, je nachdem man mehr die Eigenschaft des Gläubigers als eines Dritten betont oder die des Gesellschafters.

Eine vertragsmäßige Regelung kommt für den vorliegenden Fall nicht in Betracht. Zwar hat der Beklagte im Rechtszuge der Revision behauptet, es sei stillschweigend vereinbart worden, daß nur das Gesellschaftsvermögen, nicht die einzelnen Gesellschafter haften sollten. Das ergebe sich aus der im Gründungsvertrage vorgesehenen, der Rechtsvorgängerin der Klägerin zur Zeit der Kreditgewährung bekannt gewesenen Bemessung der einzelnen Gesellschaftsanteile auf je 1000 *M*. Allein eine solche Behauptung war in den früheren Rechtszügen nicht aufgestellt worden und kann im Revisionsverfahren nicht nachgeholt werden. Schon aus diesem Grunde (§ 561 ZPO.) hat das Revisionsgericht nicht zu entscheiden, ob die für das Innenverhältnis zwischen der Gesellschaft und den Gesellschaftern getroffene Anteilsbemessung überhaupt einen Schluß auf einen derartigen Vertragswillen zuläßt.

Die von der Revision geltend gemachte stillschweigende Vereinbarung in entgegengesetztem Sinne ist ebensowenig gegeben. Die Revision folgert sie daraus, daß eine Bank, also ein Unternehmen, das sich mit Kreditgewährung geschäftsmäßig befasse, die Kreditgeberin ist, und daß nach § 5 des Gründungsvertrags die Ha. Bank ihre 50 Anteile „für ihre Bemühungen und als Ersatz für die Gründungskosten" erhalten habe. Daraus ergebe sich, daß die Bank im Innenverhältnis nur Rechte haben solle, so daß ihre Gesellschaftereigenschaft nicht zu Einwendungen gegen ihre anderweit begründeten Ansprüche habe verwertet werden dürfen. Diese Ausführung geht fehl. Daß eine stillschweigende Vereinbarung des Rechtes auf gesamtschuldnerische Inanspruchnahme nicht schon aus der Gewerbsmäßigkeit der Kreditgewährung folgt, hat das Oberlandesgericht zutreffend begründet. Sie ergibt sich aber auch nicht aus dem im Gründungsvertrage festgelegten Grunde für die Überweisung der 50 Anteile. Das Entgelt für Mühe und Kosten bestand nach dem Gründungsvertrage darin, daß diese Anteile „als voll eingezahlt gelten" sollten. Daß sie außerdem haftungsfrei sein, und daß der Ha. Bank das Recht der Inanspruchnahme jedes Gesellschafters frei von etwaigen Einwendungen aus ihrer eigenen Gesellschaftereigenschaft vertragsmäßig eingeräumt werden sollte, läßt sich weder aus dem Gründungsvertrage, noch sonst als von den Gründern gewollt erkennen. Der Revisionsangriff, daß durch Nichtbeachtung des § 5 des Gründungsvertrags der § 286 ZPO. verletzt sei, ist danach verfehlt.

Das Oberlandesgericht versagt der Klägerin wegen der Gesellschaftereigenschaft ihrer Rechtsvorgängerin den Zugriff gegen die einzelnen Gesellschafter, insbesondere gegen den Beklagten. Von derselben Auffassung geht das Kammergericht aus in der vom Berufungsgericht angeführten Entscheidung Rspr. d. OLG. Bd. 24 S. 406. Die ferner angeführte Entscheidung aus Soergel, Rechtsprechung 1911, Urteil des ersten Zivilsenats des Reichsgerichts (Rep. I. 283/10) vom 12. April 1911, betrifft einen aus dem Gesellschafterverhältnisse selber erwachsenen Anspruch: der dortige Kläger hatte als Gesellschafter eine Schuld der Gesellschaft bezahlt. Der Stand der Rechtsprechung ist im übrigen folgender. Das Reichsoberhandelsgericht versagte dem Gesellschafter-Gläubiger die gesamtschuldnerische Inanspruchnahme der einzelnen Gesellschafter ... (Entsch. des ROHG. Bd. 13 S. 145). Dagegen hat der zweite Zivilsenat des Reichsgerichts in einer, wie die Entstehungsgeschichte des Handelsgesetzbuchs ergibt, auch für dessen Fassung bedeutsam gewordenen Rechtsprechung für offene Handelsgesellschaften dem Gesellschafter, der ohne Rücksicht auf das Gesellschaftsverhältnis einen Anspruch gegen die Gesellschaft erworben hat, die Geltendmachung gegen die anderen Gesellschafter während Bestehens der Gesellschaft zugestanden (RGZ. Bd. 36 S. 60, Jur. Wochenschr. 1896 S. 58 Nr. 10) und diese Geltendmachung nur für die aus dem Gesellschaftsverhältnis entstandenen Forderungen für unzulässig erklärt (RGZ. Bd. 59 S. 143). In demselben Sinne hat sich der siebente Zivilsenat für die Gesellschaft des bürgerlichen Rechtes in dem Urteile vom 2. Januar 1909 (Rep. VII. 421/08, „Recht" 1909 Nr. 663) ausgesprochen.

Entgegengesetzt hat wiederholt der erste Zivilsenat entschieden: so in RGZ. Bd. 77 S. 102 auf Grund des besonderen Sachverhalts unter Ablehnung einer grundsätzlichen Stellungnahme. In der in der Leipziger Zeitschrift, Jahrgang 12 S. 912[3], abgedruckten Entscheidung, nach deren Tatbestande der klagende Gesellschafter einen Darlehnsgläubiger beerbt hatte, führt der erste Senat aus, das Gesellschaftsverhältnis bedinge, daß jeder Gesellschafter während Bestehens der Gesellschaft gegenüber seinem Mitgesellschafter auf das Gesellschaftsvermögen als das ausschließliche Tilgungsmittel für Gesellschaftsschulden sich verweisen lassen müsse. Ebenso in dem RGZ. Bd. 77 S. 104 angeführten Urteile (Rep. I. 318/03). Die Entscheidungen Rep. V. 178/11 (Jur. Wochenschr. 1912 S. 240 Nr. 7) und Rep. II. 326/12 (RGZ. Bd. 80 S. 268) kommen deshalb nicht in Betracht, weil sie von Ansprüchen handeln, die aus dem Gesellschaftsverhältnis erwachsen sind: aus Tilgung von Gesellschaftsschulden und für Aufwendungen des Geschäftsführers.

Die Stellung der Rechtslehre ist bei Düringer und Hachenburg, Bd. 4 Abt. I Anm. 15 zu § 128 HGB. (vgl. Allgemeine Einleitung S. 219 Anm. 257) wiedergegeben. Die herrschende Ansicht teilt die Auffassung des zweiten Senats (vgl. auch Staub-Könige, Anm. 24 zu § 128 HGB.). Danach kann der Gesellschafter-Gläubiger die anderen Gesellschafter gesamtschuldnerisch in Anspruch nehmen.

Dieser Auffassung schließt sich der erkennende Senat an. Hinsichtlich der unabhängig vom Gesellschaftsverhältnis erwachsenen Ansprüche steht der Gesellschafter-Gläubiger jedem dritten Gläubiger gleich. Inhalt und Richtung seines Vertragsanspruchs bestimmen sich allein nach dem Vertrage und werden durch die Vorschriften des Gesellschaftsrechts nicht beeinflußt. Insbesondere steht also seinem Vorgehen gegen die einzelnen Gesellschafter auch nicht die Bestimmung des § 707 BGB. entgegen, wonach ein Gesellschafter zur Erhöhung des vereinbarten Beitrags nicht verpflichtet ist. Wäre das Gesellschaftsrecht von Einfluß auf seinen Anspruch, so könnte im Gegenteil der Gesellschafter-Gläubiger die Vorschrift des § 707 für sich in Anspruch nehmen. Denn ihm darf erst recht nicht zugemutet werden, um den Betrag seiner Forderung seinen Gesellschaftsbeitrag zu erhöhen, und das würde geschehen, wenn man ihm das Recht des Zugriffs gegen die Gesellschafter versagen, ja in gewissem Umfange schon dann, wenn man ihm die Gefahr der Unzulänglichkeit des Gesellschaftsvermögens zuschieben wollte. Von dem Satze, daß die Rechte des Gesellschafter-Gläubigers durch seine Zugehörigkeit zur Gesellschaft nicht zu seinem Nachteile beeinflußt werden, ist jedoch in Übereinstimmung mit der Rechtsprechung des zweiten Senates und mit der herrschenden Lehre eine alsbald zu erwähnende Ausnahme zu machen.

Die Stellungnahme des erkennenden Senats gegenüber der Rechtsprechung des ersten Zivilsenats zwingt nicht zur Anrufung der vereinigten Zivilsenate. Die Entscheidungen des ersten Senats beschäftigten sich nicht mit der Gesellschaft des bürgerlichen Rechtes, sondern mit der offenen Handelsgesellschaft; sie wenden deshalb nicht die Vorschriften des bürgerlichen Gesetzbuchs sondern die des Handelsgesetzbuchs an. Außerdem ergibt sich aus der Tatsache der Nichtanrufung der vereinigten Zivilsenate durch den ersten Zivilsenat, daß es gar nicht in der Absicht dieses Senates gelegen hat, in einer zur Anwendung des § 137 GVG. nötigenden Weise von den hier gebilligten Entscheidungen der anderen Senate abzuweichen.

Die Ausnahme, in der sich die Eigenschaft des Gläubigers als eines Gesellschafters und der Schuld als einer Gesellschaftsschuld geltend macht, liegt in folgendem. Für die seiner Forderung entsprechende Schuld haftet der Gläubiger selber mit. Wollte er ohne Rücksicht auf diese Mithaftung seinen Anspruch im vollen Umfang erheben, so würde ihm die Einrede der Arglist entgegenstehen: er fordert, was er zum Teil, d. h. nach Maßgabe seines Beteiligungsverhältnisses, zurückgeben müßte.

Die Klage ist demnach begründet, jedoch muß sich die Klägerin das absetzen lassen, was ihre Rechtsvorgängerin nach ihrem Beteiligungsverhältnisse zur Tilgung der Gesellschaftsschuld beizutragen hat. Dieses Verhältnis ist noch nicht festgestellt. Der Klaganspruch kann deshalb noch nicht dem Grunde nach für berechtigt erklärt werden, die Sache ist vielmehr unter Aufhebung des angefochtenen Urteils an das Berufungsgericht zurückzuverweisen."

---

30. Inwieweit findet bei der Vollziehung des Arrestes in ein Grundstück durch Eintragung einer Höchstbetragshypothek der § 12 GBO. Anwendung?

V. Zivilsenat. Urt. v. 17. Juni 1914 i. S. R. (Kl.) w. preuß. Justizfiskus (Bekl.). Rep. V. 21/14.

I. Landgericht Posen.
II. Oberlandesgericht daselbst.

Der Kläger hatte beim Amtsgerichte W. gegen den Landwirt M. in S. einen Arrestbefehl vom 20. November 1911 wegen einer Forderung von 939 *M* und einer Kostenpauschsumme von 200 *M* erwirkt. Diesen Arrestbefehl reichte er durch seinen Bevollmächtigten, den Justizrat P., zu den Grundakten des Grundstücks des Schuldners mit dem Antrag auf Eintragung einer Sicherungshypothek ein. Da im Arrestbefehle der Vorname des Schuldners nicht angegeben war, erging am 22. November 1911 folgende Verfügung des Grundbuchrichters an P.: „Ohne Angabe des Vornamens des Schuldners ist dessen Identität mit dem Grundstückseigentümer nicht ersichtlich. Frist 2 Wochen." P. erwirkte den Ergänzungsbeschluß am 24. November 1911 und überreichte diesen und den ihm zurückgegebenen Arrestbefehl unter Wiederholung seines Eintragungsantrags zu den Grundakten. Am Tage des Einganges, dem 28. November 1911, wurde auf Verfügung des Grundbuchrichters eine Höchstbetragshypothek von 1139 *M* für den Kläger auf das Grundstück eingetragen. Inzwischen waren andere Eintragungsanträge bei den Grundakten eingegangen und daraufhin am 23. und 24. November 1911 vier Hypotheken, darunter zwei von 4000 *M* und 2000 *M* für die Bank Ludowy in M., auf das Grundstück eingetragen worden. Erst am 4. Dezember 1911 wurde der Arrestbefehl des Klägers zugleich mit dem Ergänzungsbeschlusse dem Schuldner zugestellt.

Im April 1912 kam das Grundstück zur Zwangsversteigerung. Der Kläger fiel bei der Kaufgelderverteilung mit seiner Höchstbetragshypothek ganz aus. Das Meistgebot war aber so hoch, daß der Kläger daraus befriedigt worden wäre, wenn ihm die Bank Ludowy nicht mit ihren beiden Hypotheken vorgegangen wäre.

Der Kläger führt seinen Ausfall auf eine Amtspflichtverletzung des Grundbuchrichters zurück, die er darin erblickt, daß dieser nicht gemäß dem § 18 Abs. 2 GBO. mit Rücksicht auf die vor Erledigung seines Antrags eingegangenen Eintragungsanträge jenem den Vorrang vor diesen durch eine Vormerkung gesichert habe. Er nahm den beklagten Fiskus auf Ersatz des ihm aus diesem Versehen erwachsenen, zunächst auf 1069,90 *M* berechneten Schadens in Anspruch. Der Beklagte wendete ein, daß der Kläger die von der Einreichung seines Eintragungsantrags vom 20. November 1911 laufende einwöchige Frist für die Zustellung des Arrestbefehls nicht gewahrt habe, und daß deshalb auch bei Eintragung einer Vormerkung die für ihn eingetragene Höchstbetragshypothek wirkungslos gewesen sein würde. Das Landgericht verurteilte den Beklagten. Auf dessen Berufung wies das Oberlandesgericht die Klage ab. Die Revision des Klägers wurde zurückgewiesen aus folgenden

Gründen:

„Das Berufungsgericht geht mit dem Landgericht und mit den Parteien davon aus, daß der Grundbuchrichter den Eintragungsanträgen, die vor Erledigung des Antrags des Klägers vom 20. November 1911 eingegangen waren, da sie dasselbe Recht, nämlich das Grundstückseigentum des M. betrafen, nicht hätte entsprechen dürfen, ohne von Amts wegen eine Vormerkung zugunsten jenes Antrags einzutragen, und daß der Grundbuchrichter, indem er dies unterließ, gegen den § 18 Abs. 2 GBO. verstoßen, damit aber eine ihm obliegende Amtspflicht, und zwar fahrlässig, verletzt habe. Das Berufungsgericht prüft nicht, ob dem Kläger durch den auf diese Amtspflichtverletzung zurückgeführten Ausfall der am 28. November 1911 für ihn eingetragenen Höchstbetragshypothek ein Schaden entstanden ist. Es kommt zur Abweisung der Klage, indem es den ursächlichen Zusammenhang zwischen dem etwaigen Schaden des Klägers und der Amtspflichtverletzung verneint — und zwar allein schon deshalb, weil der Arrestbefehl dem Schuldner M. erst am 4. Dezember 1911 und somit nicht unter Wahrung der im § 929 Abs. 3 ZPO. vorgeschriebenen einwöchigen Frist zugestellt worden sei. Hierbei faßt es als den nach dem § 932 Abs. 3 ZPO. als Vollziehung des Arrestbefehls im Sinne des § 929 Abs. 2 und 3 geltenden Antrag auf Eintragung der Hypothek den am 20. November 1911 beim Grundbuchamt eingegangenen, durch die Verfügung vom 22. November 1911 beanstandeten Antrag ins Auge und nicht dessen nach Beseitigung des Hindernisses am 28. November 1911 eingegangene Wiederholung. Damit setzt es sich in Widerspruch mit dem Standpunkte, den insbesondere das Kammergericht in einem Beschlusse vom 11. Januar 1906 (RJA. Bd. 7 S. 69 = Jahrbuch der Entsch. Bd. 31 S. A 331 = Rspr. der OLG. Bd. 13 S. 231) eingenommen hat, und der auch in der Rechtslehre wohl überwiegend vertreten wird. Gegen diese Auffassung des § 932 Abs. 3 richten sich denn auch die Angriffe der Revision. Es bedarf indes keines Eingehens auf diese Angriffe und keiner Stellungnahme in dem Streit über den Sinn der eben bezeichneten Gesetzesstelle, weil sich die vom Berufungsgerichte getroffene Entscheidung jedenfalls aus einem anderen Grunde rechtfertigt (vgl. § 563 ZPO.). Der Kläger gründet seinen Schadensersatzanspruch lediglich darauf, daß der Grundbuchrichter es unterlassen hat, den Rang der für ihn auf Grund des Arrestbefehls einzutragenden Höchstbetragshypothek gemäß dem § 18 Abs. 2 GBO. durch eine Vormerkung zu sichern. Der Anspruch, der seine gesetzliche Stütze im § 12 GBO. sucht, fällt, wenn in dieser Unterlassung entgegen der Annahme der Parteien und der Vorinstanzgerichte eine Amtspflichtverletzung des Grundbuchrichters nicht zu finden ist. Und dies trifft zu.

Die Vollziehung des Arrestes in ein Grundstück durch Eintragung einer Höchstbetragshypothek gemäß § 932 ist ebenso wie die Zwangsvollstreckung in das unbewegliche Vermögen durch Eintragung einer Sicherungshypothek gemäß den §§ 866 Abs. 1, 867, 868 ZPO. in die Hand des Grundbuchamts gelegt. Damit ist sie ihrer prozeßrechtlichen Eigenart indes nicht entkleidet. Die Eintragung ist zugleich Vollstreckungsakt und grundbuchrechtlicher Akt. In letzterer Eigenschaft untersteht sie den Vorschriften des Grundbuchrechts, insbesondere der Grundbuchordnung, in ersterer den einschlagenden Bestimmungen des Prozeßrechts. Nach diesen bestimmen sich namentlich die allgemeinen Voraussetzungen der Arrestvollziehung oder Zwangsvollstreckung und das bei deren Nichtvorhandensein zu beobachtende Verfahren. Um eine solche prozeßrechtliche Voraussetzung aber handelt es sich namentlich auch bei dem Erfordernis, das der § 750 ZPO. aufstellt, eine Vorschrift, die gemäß § 928 auf die Vollziehung des Arrestes entsprechende Anwendung findet. Danach darf eine Zwangsvollstreckung nur beginnen, wenn die Person, gegen die sie stattfinden soll, im Urteil oder in der ihm beigefügten Vollstreckungsklausel namentlich bezeichnet ist. Die mit der Zwangsvollstreckung befaßten Behörden oder Beamten sind hierdurch für die von ihnen zu beantwortende Frage, ob sie gegen eine Person mit Zwangsvollstreckungsmaßregeln vorgehen dürfen, auf die Bezeichnung des Schuldners im Urteil oder in der Vollstreckungsklausel hingewiesen. Ob diese Bezeichnung ausreicht, ob dazu insbesondere eine solche nach Namen, Stand und Wohnort, wie sie der § 313 Nr. 1 ZPO. vorschreibt, genügt, oder ob auch die in der Verfügung des preußischen Justizministers vom 17. Dezember 1883 (JMBl. S. 363) vorgeschriebene Angabe des Vornamens erforderlich ist, hängt davon ab, ob durch die Bezeichnung sichergestellt ist, daß derjenige, gegen den die Zwangsvollstreckung stattfinden soll, die nach dem Urteil oder der Vollstreckungsklausel als Schuldner in Betracht kommende Person ist. Und diese, wie bemerkt, in entsprechender Weise auch bei der Vollziehung eines Arrestes vorzunehmende Prüfung liegt dem mit der Vollstreckung befaßten Grundbuchrichter in gleicher Weise ob wie dem Vollstreckungsgericht oder dem Gerichtsvollzieher. Kam im vorliegenden Falle der mit der Arrestvollziehung befaßte Grundbuchrichter bei der Prüfung zu dem in seiner Verfügung vom 22. November 1911 bezeichneten Ergebnisse, so vermißte er eben das in den angezogenen §§ 750, 928 ZPO. als Voraussetzung jeder Zwangsvollstreckung und Arrestvollziehung aufgestellte Erfordernis, und er durfte mit der Vollziehung nicht beginnen, sondern mußte, wie im entsprechenden Falle das Vollstreckungsgericht oder der Gerichtsvollzieher, die Vollziehung ablehnen. Für eine Zwischenverfügung und jedenfalls für die Anwendung des § 18 GBO. war da kein Raum. Der Senat trägt kein Bedenken, sich der Ansicht des Kammergerichts in seinem Beschlusse vom 15. Mai 1911 (RJA. Bd. 11 auf S. 232) anzuschließen: daß die Anwendung dieses Paragraphen in Fällen, wo es sich um Eintragungen im Wege der Zwangsvollstreckung oder Arrestvollziehung handelt, zwar nicht schlechthin auszuschließen, aber doch auf Hindernisse zu beschränken sei, die sich aus den grundbuchrechtlichen Erfordernissen der Eintragung ergeben. Um ein solches Hindernis handelt es sich im vorliegenden Falle nach dem Ausgeführten nicht; insbesondere ist der Grund der Beanstandung in der Verfügung vom 22. November 1911 nicht etwa aus § 40 GBO. hergenommen. Der Grundbuchrichter zieht darin nicht in Zweifel, daß derjenige, dessen Recht durch die beantragte Eintragung getroffen wird, als der Berechtigte eingetragen ist, — der Eintragungsantrag richtete sich ja gerade gegen den eingetragenen Eigentümer —; er bezweifelt vielmehr nur die Identität des eingetragenen Eigentümers mit dem im Arrestbefehle — ohne Angabe des Vornamens — bezeichneten Schuldner, und dies weist, wie dargelegt, auf die §§ 750, 928 ZPO. sowie auf das behandelte sich aus ihnen ergebende Erfordernis hin.

Dieser rechtlichen Beurteilung steht der Umstand nicht entgegen, daß der Beklagte mit dem Kläger über einen dem Grundbuchrichter zur Last fallenden Verstoß gegen den § 18 Abs. 2 GBO. einig zu sein scheint; denn in der rechtlichen Würdigung des Parteivorbringens ist das Gericht durch die Rechtsauffassung und Rechtsausführungen der Parteien in keiner Weise gebunden (vgl. RGZ. Bd. 80 S. 364/5). An der hier vertretenen Unanwendbarkeit des § 18 Abs. 2 und der daraus gefolgerten Hinfälligkeit des Klaganspruchs kann aber auch der Umstand nichts ändern, daß der Grundbuchrichter den Antrag des Klägers vom 20. November 1911 nicht zurückgewiesen, sondern nur durch eine Zwischenverfügung beanstandet hat und damit augenscheinlich selbst von der Anwendbarkeit des § 18 ausgegangen ist. In Frage könnte nur kommen, ob der Grundbuchrichter sich hierdurch einer Amtspflichtverletzung schuldig gemacht hat, für die der Beklagte aufzukommen hätte. Die Bejahung dieser Frage könnte aber dem Klaganspruche schon deshalb nicht zur Stütze dienen, weil der vom Kläger geltend gemachte Schaden in dem in Rede stehenden Umstande nicht seine Ursache haben würde. Denn die Zwischeneintragungen, auf die der Kläger seinen Ausfall zurückführt, sind am 23. und 24. November vorgenommen, während der Ergänzungsbeschluß, durch den das in der Zwischenverfügung bezeichnete Hindernis beseitigt wurde, unter dem 24. November 1911 erlassen und erst am 28. November 1911 beim Grundbuchamt eingereicht worden ist. Daß dies früher und wenigstens schon vor der letzten Zwischeneintragung geschehen wäre, wenn der Grundbuchrichter den Antrag vom 20. November 1911 glatt zurückgewiesen hätte, ist nicht anzunehmen. Ebensowenig ist mit der Möglichkeit zu rechnen, daß zur Feststellung der Identität des eigetragenen Eigentümers mit dem im Arrestbefehle bezeichneten Schuldner es einer Ergänzung durch Angabe des Vornamens gar nicht bedurft habe und daß deshalb die Arresthypothek für den Kläger sofort hätte eingetragen werden können. Behauptungen hat der Kläger weder nach der einen noch nach der anderen Richtung aufgestellt." . . .

---

31. Gehört es zum Tatbestande des Vermögensübernahmevertrags nach § 419 BGB., daß sich die Vertragschließenden dieser rechtlichen Beschaffenheit des Vertrags bewußt sind?

III. Zivilsenat. Urt. v. 12. Mai 1914 i. S. J. (Kl.) w. K. (Bekl.). Rep. III. 30/14.

I. Landgericht Göttingen.
II. Oberlandesgericht Celle.

Aus den Gründen:

... „Der Berufungsrichter bejaht, daß die Kläger am 2. Juni 1908 das Vermögen ihrer Großmutter übernommen haben.... Die Revision rügt, die Vertragschließenden (die Kläger und die Großmutter) seien sich überhaupt nicht oder doch jedenfalls nicht sämtlich bewußt gewesen, daß sie eine Vermögensübernahme bewirkten. Dieser Einwand ist rechtsirrig, weil es für die Anwendung des § 419 BGB. auf ein solches Bewußtsein der Übernahmeparteien nicht ankommt. Der Berufungsrichter hat denn auch durchaus zutreffend bei der Frage, ob der Tatbestand des § 419 BGB. vorliegt, jenes Bewußtsein gar nicht erwähnt, sondern er hat nur bei der Prüfung und richtigen Verneinung der anderen Frage, ob der Vertrag vom 2./4. Juni 1908 ein Vertrag im Sinne des § 311 BGB. sei, bemerkt, dieser Vertrag werde dadurch, daß die veräußerten Gegenstände tatsächlich fast das ganze Vermögen der Erblasserin ausmachten und die Beteiligten sich dessen bewußt gewesen seien, noch nicht zu einem Vertrag im Sinne des § 311; vgl. die in RGZ. Bd. 76 S. 4 lediglich wiederholten Worte der Entscheidung Bd. 69 S. 420 a. E.

Die Haftung des Übernehmers für die zur Zeit der Übernahme bestehenden Schulden mit dem Bestande des übernommenen Vermögens (§ 419 BGB.) beruht darauf, daß „da, wo die Vermögensmasse, die natürliche Unterlage des dem Schuldner gewährten Kredits, geblieben ist, auch die Befriedigung von den Gläubigern soll gesucht werden dürfen", RGZ. a. a. O. Bd. 69 S. 288. Und ebensowenig wie in betreff der Schuldenhaftung die sie etwa sogar ausdrücklich ausschließende Parteiabsicht von Belang ist, kann in Betracht kommen, ob die Übernahmeparteien etwa in objektiv unrichtiger Schätzung und Würdigung der einzelnen zurückbehaltenen Stücke des Bewußtseins entbehrten, es werde von ihnen ein Vermögen übergeben und übernommen. Das Erfordernis eines solchen Bewußtseins als eines Tatbestandsmerkmals würde den § 419 ebenso illusorisch machen, wie wenn es auf den Schuldübernahmewillen der Parteien ankäme (RGZ. Bd. 69 S. 287/88), oder wie wenn den Parteien freistände, durch eine dem § 311 BGB. nicht unterliegende Vertragsform den

§ 419 auszuschließen, RGZ. a. a. O. Bd. 76 S. 4. Die Folge der Schuldenhaftung nach § 419 ist von den Absichten und Vorstellungen der Übernahmeparteien unabhängig und lediglich geknüpft an den Abschluß eines Vertrags auf objektiv wirkliche Vermögensübernahme." ...

---

32. Unter welchen Voraussetzungen begeht ein Aktionär eine wider die guten Sitten verstoßende Handlung zum Schaden anderer Aktionäre nach § 826 BGB., wenn er ihm gehörige Aktien, denen nach § 252 Abs. 3 HGB. das Stimmrecht für eine Beschlußfassung in der Generalversammlung entzogen ist, an Dritte zu dem Zwecke veräußert, daß sie in deren Händen Stimmrecht erlangen und in seinem Sinne an der Beschlußfassung teilnehmen können?

VI. Zivilsenat. Urt. v. 11./18. Juni 1914 i. S. Le. u. Gen. (Bekl.) w. Lu. u. Gen. (Kl.). Rep. VI. 135/14.

I. Landgericht Cöln.
II. Oberlandesgericht daselbst.

Die Kläger waren Aktionäre der im Jahre 1909 mit der B.-A.-Maschinenbau-Aktiengesellschaft (Bamag) verschmolzenen Cölnischen Maschinenbau-Aktiengesellschaft in Cöln-Bayenthal, und zwar Lu. mit 30 Aktien, D. mit 1 Aktie im Nennwerte von je 1200 ℳ. Die Bamag hatte bereits 1904 mehr als $^3/_4$ der Aktien der Cölner Gesellschaft erworben und suchte auch den Rest an sich zu bringen; bis 1909 hatte sie von den 1273 Aktien mehr als $^9/_{10}$, nämlich 1148 angekauft. Zu der von ihr angestrebten Verschmelzung des cölnischen mit ihrem eigenen Unternehmen bedurfte sie nach § 303, 252 Abs. 3 Satz 2 HGB. einer Mehrheit von $^3/_4$ der nicht in ihrem Besitze befindlichen Aktien. In der Generalversammlung vom 1. Mai 1909 wurde die Verschmelzung der Cölner Gesellschaft mit der Bamag unter Übertragung des Gesellschaftsvermögens als Ganzen mit 462 gegen 3 Stimmen beschlossen, wobei den Aktionären der Cölner Gesellschaft 3000 neue Bamag-Aktien gegen nominell 6000 Bayenthal-Aktien zur Verfügung gestellt wurden. Der Kläger D. nahm an der Generalversammlung teil, der Kläger Lu. war, angeblich wegen Krankheit, nicht erschienen.

Ein Aktionär erhob gegen den Generalversammlungsbeschluß Anfechtungsklage. Der Rechtsstreit endete mit einem Vergleich, durch den dem damaligen Kläger für seine Aktie statt der gezahlten 105 % 155 % vergütet wurden. In ähnlicher Weise wurden einige andere Aktionäre abgefunden.

Der Kläger D. verkaufte seine Aktie im August 1909 zum Kurswerte von 102 %. Der Kläger Lu. erhielt im Wege des Umtausches neue Bamagaktien. Die beiden Kläger behaupten, der Generalversammlungsbeschluß vom 1. Mai 1909 sei nur so zustande gekommen, daß die Beklagten unter Verletzung von Vorschriften des Handelsgesetzbuchs eine Schiebung ins Werk setzten, indem sie 400 Aktien, die Eigentum der Bamag waren, zum Schein veräußerten und an der Abstimmung teilnehmen ließen, und daß sie die Generalversammlung über maßgebende Verhältnisse der Gesellschaft täuschten. Sie seien durch die Ausführung des Beschlusses geschädigt, da der wirkliche Wert der Aktien der Kölner Gesellschaft den gezahlten Preis von 102 und 105 % erheblich überstiegen und mindestens 155 % betragen habe. Sie haben deshalb auf Grund der §§ 826, 823 Abs. 2 BGB. Klage erhoben, mit der sie die Beklagten als Gesamtschuldner zur Zahlung von 18000 ℳ an den Kläger Lu. und von 635 ℳ an den Kläger D. zu verurteilen beantragen.

Das Landgericht hat die Klage abgewiesen, das Oberlandesgericht hat abändernd die Schadensersatzansprüche der Kläger dem Grunde nach für gerechtfertigt erklärt. Im Gegensatze zum Landgerichte, das annahm, den Beklagten sei weder eine unerlaubte Handlung durch Verletzung von Schutzgesetzen, noch eine vorsätzliche Schädigung der Kläger durch einen Verstoß gegen die guten Sitten nachgewiesen, sieht das Berufungsgericht eine unerlaubte Handlung der Beklagten zum Schaden der Kläger im Sinne des § 826 BGB. für dargetan an.

Auf die Revision der Beklagten wurde das Urteil des Oberlandesgerichts aufgehoben aus folgenden

Gründen:

... „Das Berufungsgericht erblickt ein wider die guten Sitten verstoßendes Verhalten der Beklagten (§ 826 BGB.) bereits in ihrer Mitwirkung zu einer Veräußerung der 400 Aktien seitens der Bamag an die Banken, wenn diese „zu dem Zwecke geschehen sei, die für den Fusionsbeschluß befürchtete . . . Minderheit in eine Mehrheit zu verwandeln." Ein solches Verfahren „zur Fälschung des Mehrheitswillens und zur Umgehung der garantierten Rechte der Minderheit" verstoße gegen die Gepflogenheiten des redlichen Geschäftsverkehrs und gegen die Grundsätze des anständigen Kaufmanns. Das Berufungsgericht nimmt für erwiesen an, daß die erwerbenden Banken diesen von der Bamag verfolgten Zweck der Veräußerung kannten und daß sie bereit waren, zu diesem Zwecke mitzuwirken. Damit sieht das Berufungsgericht die Grundlage eines Schadensersatzanspruchs der Kläger aus § 826 BGB. für gegeben an.

Diesen Erwägungen kann aber nicht zugestimmt werden; sie enthalten eine Überspannung der Anforderungen, die im Interesse der Redlichkeit des Verkehrs an das kaufmännische Geschäftsleben, insbesondere im Aktienverkehr, zu stellen sind. Die Bamag hatte im Laufe der Zeit die Aktien der Cöln-Bayenthaler Gesellschaft bis auf einen kleinen Rest durch Kauf an sich gebracht. Sie besaß damit die Macht und das Recht, über die Geschicke der Gesellschaft auch gegen den Willen der Minderheit der außenstehenden Aktienbesitzer zu verfügen; sie hätte auch die Fusionierung der Cöln-Bayenthal-Gesellschaft mit einem dritten Unternehmen unbeanstandet durchsetzen können. Nur für die von ihr betriebene Verschmelzung des Unternehmens der Cölner Gesellschaft mit ihrem eigenen gleichartigen Unternehmen half ihr ihre weit überwiegende Aktienmehrheit nichts, weil sie nach § 252 Abs. 3 HGB. bei der Beschlußfassung, die die Vornahme eines Rechtsgeschäfts mit einem Aktionär zum Gegenstande hatte, ihr Stimmrecht nicht ausüben durfte. In dieser Frage bildete also in Wahrheit eine verschwindende Minderheit die Mehrheit und konnte der erdrückenden Mehrheit ihren Willen aufzwingen. Das von der Bamag verfolgte Interesse, eine Verschmelzung der Cöln-Bayenthaler Gesellschaft mit der ihrigen herbeizuführen und durchzusetzen, war an sich ein erlaubtes. Es verstößt auch keineswegs schon gegen die guten Sitten, wenn sie, um diesen erlaubten Zweck zu erreichen, einen Teil ihres Aktienbesitzes abstieß, um diese Aktien bei der Beschlußfassung über die Verschmelzung mitstimmen zu lassen und jener verschwindenden Minderheit ihr Übergewicht zu nehmen; es kommt lediglich auf die Mittel an, deren sie sich dabei bediente. In der Aktiengesellschaft entscheidet eben die Mehrheit des Aktienbesitzes und die Minderheit muß sich die Beschlüsse der Mehrheit gefallen lassen, wenn sie auf gesetzlichem Boden bleiben. Der gesetzliche Boden wird aber nicht verlassen und es kann von einer Umgehung des § 252 Abs. 3 HGB. nicht die Rede sein, wenn die Beklagten im gegebenen Falle eine ernstlich gemeinte Veräußerung von Aktien in der Absicht und in der Erwartung vornahmen, daß die Erwerber in der Frage der geplanten Verschmelzung in ihrem Sinne und Interesse stimmen würden. Gegen die erwähnte Gesetzesvorschrift und gegen die Anschauungen und Anforderungen des redlichen Geschäftsverkehrs verstießen die Vertreter der Bamag erst dann, wenn entweder die Veräußerung nur zum Scheine vorgenommen wurde, um eine Vertretungsbefugnis für die Aktien durch dritte Personen nach außen herzustellen, während im inneren Verhältnis alles beim alten bleiben sollte, oder wenn wenigstens die Bamag den Willen der Erwerber beeinflußte, diese sich in die Abhängigkeit des Veräußerers begaben und sich verpflichteten, in bestimmter ihnen vorgeschriebener Weise das Stimmrecht der Aktien auszuüben. Ob die Veräußerung zwar in der Erwartung geschah, damit ein günstiges Ergebnis bei der Abstimmung zu erzielen, aber doch so, daß die abgestoßenen Aktien sich aus dem selbständigen Rechte ihrer Erwerber an der Abstimmung beteiligten, ist nicht etwa nur, wie das Berufungsgericht meint, von Bedeutung für den ursächlichen Zusammenhang des Abstimmungsergebnisses mit der Schiebung, die das Berufungsgericht auch dann noch als unsittlich ansieht. Vielmehr ist in dem behandelten Falle die „Schiebung“ eine durchaus erlaubte Maßnahme zur Erreichung eines erlaubten Zweckes; eine Handlung wider die guten Sitten liegt überhaupt nicht vor. Das Berufungsgericht spricht nun zwar von einer festen Marschroute, mit der die Vertreter der 400 Aktien in der Generalversammlung erschienen seien; es stellt aber in Wirklichkeit nur fest, daß den erwerbenden Banken der Zweck, den die Bamag mit der Veräußerung verfolgte, bekannt war, und daß sie bereit waren, zu diesem Zwecke mitzuwirken. Allein wenn sie hierbei ohne Bindung ihres Willens von außen, ohne eine Verpflichtung übernommen zu haben, handelten, ihr Stimmrecht also nach eigenem Ermessen auszuüben in der Lage waren und demgemäß auch im entgegengesetzten Sinne, gegen die Verschmelzung, hätten stimmen können, ohne sich der Bamag dadurch verantwortlich zu machen, dann bewegte sich der ganze Rechtsvorgang auf gesetzlichem Boden und gibt der schließlich überstimmten Minderheit in keiner Weise ein Recht zur Beschwerde.

Das Berufungsgericht ergänzt seine Ausführungen über den unsittlichen Charakter der Veräußerung der Aktien weiter durch die rechtliche Erwägung: auch wenn den erwerbenden Banken die Kenntnis des unsittlichen Zweckes dieser Veräußerung nicht innegewohnt haben würde, werde das Ergebnis kein anderes, da der Eigentumsübergang bezüglich der 400 Aktien nach den Abmachungen vom 15. April 1909 als stillschweigend durch das Zustandekommen der Verschmelzung aufschiebend bedingt anzusehen sei. Auch diese Auffassung erscheint rechtlich nicht haltbar. Sie widerspricht der vom Berufungsgerichte selbst festgestellten Sachlage. Gerade der vom Berufungsgerichte für seine Annahme verwertete Umstand, daß das Veräußerungsgeschäft hinsichtlich der 400 Aktien im engsten Zusammenhange stand mit dem „Konsortialvertrage", durch den die Erwerber der 400 Aktien einen weiteren Bestand der von der Bamag zu Verschmelzungszwecken auszugebenden Aktien behufs Weiterveräußerung unter Vereinbarung einer Gewinnverteilung übernahmen, spricht deutlich gegen eine aufschiebende Bedingung. Der Konsortialvertrag regelte schon vor der Verschmelzung die Inverkehrbringung der neu auszugebenden Aktien der Bamag, während der Veräußerungsvertrag hinsichtlich der 400 Aktien im Sinne des Veräußerers das Zustandekommen der Verschmelzung sichern sollte. Das Berufungsgericht spricht selbst aus: es war alles so wohl vorbereitet, daß die Möglichkeit eines Scheiterns des Verschmelzungsplanes gar nicht einmal in Erwägung gezogen wurde. Aufschiebend bedingt konnte das Veräußerungsgeschäft hinsichtlich der 400 Aktien aber nur sein, wenn die Vertragsparteien ihm ausdrücklich oder stillschweigend die aufschiebende Bedingung setzten und seine Wirksamkeit von deren Eintritt abhängig machten. Das ist ausgeschlossen, wenn sie, oder wenn auch nur der Veräußerer gar nicht an den Fall der angeblichen stillschweigend gesetzten Bedingung, an eine Ablehnung der Verschmelzung durch die Generalversammlung der Cöln-Bayenthal-Gesellschaft dachten. Eher würde, wie die Revision mit Recht bemerkt, allenfalls von einer auflösenden Bedingung die Rede sein können. Zwar steht auch der Annahme einer solchen entgegen, daß die Vertragsparteien ein Nichtzustandekommen der Verschmelzung überhaupt nicht ins Auge faßten. Immerhin wäre hier zu beachten, daß ein jeder Zukunftserfolg durch unvorhergesehene und zufällige Ereignisse in Frage gestellt werden kann — im gegebenen Falle etwa dadurch, daß der Generalversammlungsbeschluß durch Aktionäre der Minderheit wegen eines Formfehlers oder aus sonstigem Grunde angefochten wurde. Diese allgemeine, wenn auch entfernte Möglichkeit war auch den Parteien des Veräußerungsvertrags bekannt. Darin könnte die Grundlage für die Annahme eines auflösend bedingten Geschäfts gefunden werden, das freilich die vom Berufungsgerichte für das aufschiebend bedingte angenommene Wirkung nicht gehabt haben würde, die Wirkung nämlich, daß die Banken überhaupt nicht auf Grund der Veräußerung Eigentümer der Aktien wurden, sondern nur die Bamag, die Eigentümerin geblieben war, mit ihrer Abstimmung vertraten. Die Banken wurden vielmehr in diesem Falle Eigentümer und übten das ihnen zustehende Stimmrecht aus. In Frage kommen kann nur, ob nicht etwa in dem in dieser Weise unter auflösender Bedingung geschlossenen Veräußerungsgeschäfte, wenn die Bedingung die Vereitelung des Verschmelzungsplanes der Bamag war, die von dem Abstimmungsergebnis abhing, eine Bindung des Willens der erwerbenden Banken gefunden werden könnte, dahin, daß sie stillschweigend die Verpflichtung übernahmen, im Sinne der Verkäuferin für die Verschmelzung ihre Stimme abzugeben.

Mag nun ein unbedingtes oder mag ein unter auflösender Bedingung geschlossenes Veräußerungsgeschäft vorliegen: wider die guten Sitten verstößt das Geschäft, wie ausgeführt wurde, nur, wenn eine solche Bedingung des Willens der Erwerber der Aktien wirklich stattgefunden hat, wenn von diesen also nicht nur ohne Verpflichtung ihrerseits erwartet wurde, daß sie nach eigenem Ermessen im Sinne der Bamag stimmen würden, sondern wenn sie sich vom Willen der letzteren abhängig machten und die Verpflichtung eingingen, diesen fremden Willen zur Durchführung zu verhelfen, oder wenn — was noch weitergeht — eine Veräußerung gar nicht ernstlich gewollt, sondern nur nach außen hergestellt wurde, während im inneren Verhältnis die Banken lediglich Beauftragte und Werkzeuge der Bamag waren. Denn in diesem letzteren Falle liegt die Umgehung der Gesetzesvorschrift des § 252 Abs. 3 HGB. auf der Hand. Es nahmen alsdann Aktien an der Abstimmung teil, die von dieser gesetzlich ausgeschlossen waren. Das Geschäft selbst war in diesem Falle nach § 117 BGB. nichtig, und das dahinter versteckte Auftragsgeschäft ergab keine Berechtigung der Banken zur Aktienvertretung.

Das Berufungsgericht geht von der Auffassung aus, als Grundlage des Schadensersatzanspruchs der Kläger genüge es, wenn die Veräußerung der 400 Aktien von der Bamag zu dem Zwecke vorgenommen wurde, die veräußerten Aktien an der Abstimmung über die Verschmelzung teilnehmen zu lassen, obwohl sie, wenn sie nicht veräußert wurden, von dieser Abstimmung ausgeschlossen waren, und wenn den Erwerbern diese Absicht der Bamag bekannt war, möge selbst eine Beeinflussung ihres Willens nicht stattgefunden, die veräußernde Bamag vielmehr ohne solche erwartet haben, daß die Erwerber in ihrem Sinne stimmen würden. Das Berufungsgericht ist hiernach zur Feststellung eines Tatbestandes, wie er nach den hier gegebenen Rechtsausführungen zur Erfüllung des § 826 BGB. erfordert wird, nicht gelangt. Das angefochtene Urteil mußte deshalb aufgehoben und die Sache zur anderweiten Verhandlung und Entscheidung an das Berufungsgericht zurückverwiesen werden. . . . Beanstandet werden von der Revision auch die Erwägungen des Berufungsgerichts in bezug auf den Schaden der Kläger, auf dessen ursächlichen Zusammenhang mit der vom Berufungsgericht angenommenen unerlaubten Handlung, und auf den schädigenden Vorsatz der Beklagten sowie in der Frage, welchen Schaden der Kläger Lu., der nach Maßgabe des Verschmelzungsbeschlusses der Generalversammlung die einzutauschenden Aktien der Bamag an Stelle derjenigen der Cöln-Bayenthaler Gesellschaft in Empfang genommen hat, geltend zu machen berechtigt ist. Ob diese Erwägungen zu rechtlichen Bedenken Veranlassung geben, und ob sie überall geeignet sind, die gegenwärtig von dem Berufungsgerichte getroffene Entscheidung zu tragen, war bei der gegenwärtigen Prozeßlage nicht zu erörtern. Darin, daß der Kläger Lu. — vorausgesetzt, daß der Tatbestand einer unerlaubten Handlung der Beklagten bei der Herbeiführung des Verschmelzungsbeschlusses der Generalversammlung nach § 826 BGB. vorliegt — einen Schadensersatzanspruch gegen die Schädiger geltend zu machen überhaupt berechtigt ist, obwohl er mit seinem Aktienbesitz an der Generalversammlung nicht teilgenommen und sich dadurch auch der Möglichkeit begeben hat, deren Beschlüsse gemäß § 271 HGB. anzufechten, ist dem Berufungsgerichte zuzustimmen. Der Schadensersatzanspruch aus unerlaubter Handlung gegen die Personen, die für diese verantwortlich sind, muß in jedem Falle unabhängig von der Anfechtung des Beschlusses der Generalversammlung den Geschädigten zustehen."

---

33. 1. Unter welchen Umständen ist eine von einem Kartell angedrohte und verhängte Lieferungssperre als eine zum Schadensersatze gemäß § 826 BGB. verpflichtende Handlung anzusehen?

2. Zur Auslegung der §§ 1025, 1026 ZPO.

VI. Zivilsenat. Urt. v. 18. Juni 1914 i. S. Verband Deutscher Damen- und Mädchen-Mäntelfabrikanten, e. V. (Bekl.) w. H. (Kl.). Rep. VI. 168/14.

I. Landgericht I Berlin.
II. Kammergericht daselbst.

Der Kläger, der in Lyck ein umfangreiches Konfektionsgeschäft betreibt, hatte im Oktober 1912 von der dem beklagten Verbande angehörigen Firma H. u. R. in Berlin „2 Backfischmäntel" geliefert erhalten, die nach seiner Ansicht mangelhaft waren. Er wurde jedoch durch ein vom beklagten Verbande eingerichtetes Schiedsgericht zur Zahlung des Kaufpreises von 23,50 ℳ und zur Abnahme der Mäntel verurteilt. Der Kläger weigerte sich, den Schiedsspruch anzuerkennen. Darauf schrieb ihm der Beklagte, daß, wenn er den Schiedsspruch nicht binnen einer Woche anerkenne, der Verband die satzungsmäßigen Folgerungen ziehen werde. Dies geschah denn auch wirklich. Durch ein vom Beklagten an seine sämtlichen Mitglieder gerichtetes Zirkular vom 6. März 1913 wurde allen Verbandsmitgliedern untersagt, dem Kläger bis auf weiteres irgendwelche Waren zu liefern. Die Sperre wurde den Mitgliedern des Verbandes durch zwei weitere Zirkulare vom 14. März und 16. April 1913 in Erinnerung gebracht.

Auf Grund dieser Sperre wurde dann dem Kläger von zahlreichen Lieferanten, mit denen er in Geschäftsverbindung stand, jede Warenlieferung verweigert.

Der Kläger behauptete, er sei durch die über ihn verhängte Sperre erheblich geschädigt, da dem beklagten Verbande der größte Teil der Damen- und Mädchen-Mäntel-Fabrikanten angehöre und ihm daher der Bezug der zu seinem Geschäftsbetrieb erforderlichen Damen- und Mädchenmäntel unmöglich gemacht oder doch sehr erheblich erschwert werde. Er hat beantragt,

1. den Beklagten zu verurteilen, die Versendung von Sperrzirkularen bei Vermeidung einer gerichtlich festzusetzenden Strafe zu unterlassen und
2. festzustellen, daß der Beklagte dem Kläger zum Ersatze des ihm durch die Versendung der Sperrzirkulare erwachsenen und in Zukunft erwachsenden Schadens verpflichtet sei.

Die Vorinstanzen haben den Beklagten klagegemäß verurteilt. Die Revision des Beklagten hatte keinen Erfolg.

Aus den Gründen:

... „Wie das Reichsgericht in der Sache B. und Gen. gegen den beklagten Verband Rep. VI. 151/12 (Urteil vom 7. November 1912, teilweise abgedruckt in Jur. Wochenschr. 1913 S. 134 Nr. 11 und Warneyer 1913 S. 108 Nr. 182) bereits dargelegt hat, bildet der beklagte Verband ein sog. Kartell, dessen Ziele rechtlich an und für sich nicht zu beanstanden sind. Er darf aber diese Ziele nicht mit unerlaubten Mitteln verfolgen.

Im vorliegenden Falle, handelt es sich nicht etwa, wie in der dem Urteile vom 7. November 1912 zugrunde liegenden Sache, darum, einen Gewerbegenossen zum Beitritt zum Verbande durch Druckmittel, insbesondere durch Lieferungssperre zu zwingen. Vielmehr ist der Kläger als Manufakturwarendetailhändler lediglich der Abnehmer einer dem Verbande angehörigen Firma H. u. R. ... Es liegt demnach ohne weiteres auf der Hand, daß die Satzung des beklagten Verbandes und die von diesem auf Grund seiner Satzung aufgestellten „Verkaufs- und Lieferungsbedingungen" für das Rechtsverhältnis des Klägers zu der Firma H. u. R. an und für sich nicht maßgebend sind. Erst dann, wenn die dem beklagten Verbande angehörigen Mitglieder bei ihren Verkaufsabschlüssen mit ihren Kunden jene Verkaufs- und Lieferungsbedingungen abredegemäß zu einem Bestandteile des Kaufvertrags gemacht haben, können diese für das zwischen dem Verkäufer und Käufer bestehende Rechtsverhältnis in Betracht kommen.

Zu diesen Lieferungsbedingungen gehören nun auch diejenigen Bestimmungen, die unter IV mit der Überschrift „Schiedsgericht" aufgestellt sind. Diese lauten wörtlich: „Alle Streitigkeiten, welche sich aus dem Geschäftsverkehr auf Grund der vorstehenden Verkaufs- und Lieferungsbedingungen ergeben, unterliegen, unter Ausschluß des ordentlichen Gerichts, der Entscheidung des Schiedsgerichts des Verbandes nach Maßgabe der Schiedsgerichtsordnung. Reine Kauf- und Warenklagen gehören vor die ordentlichen Gerichte. Die Entscheidung darüber, ob eine Klage als reine Kauf- oder Warenklage anzusehen ist, steht im Zweifelsfalle den Vorsitzenden des Verbandes, in Breslau und Erfurt dem Obmann des Schiedsgerichts zu. Die Verbandsmitglieder sind verpflichtet, nur an diejenigen Abnehmer zu liefern, die die Zuständigkeit und die Entscheidungen des Schiedsgerichts anerkennen".

Es kann hier dahingestellt bleiben, ob die vorstehenden Festsetzungen überhaupt geeignet sind, einem Schiedsvertrag als Grundlage zu dienen, ob nicht vielmehr ein solcher im Sinne der §§ 1025 flg. ZPO. zu seiner Rechtsgültigkeit voraussetzt, daß die Parteien bestimmt vereinbart haben, die Entscheidung einer Rechtsstreitigkeit solle durch einen oder mehrere Schiedsrichter erfolgen, wie § 1025 ZPO. ausdrücklich vorsieht, während es nach den obigen Bestimmungen von dem unanfechtbaren Ermessen eines Dritten abhängt, darüber zu befinden, ob ein zwischen den Parteien entstehender Streit im Einzelfalle durch das ordentliche Gericht oder durch ein Schiedsgericht entschieden werden soll. Denn es fehlt schon an jeder Grundlage dafür, daß überhaupt zwischen dem Kläger und der Firma H. u. R. ein Schiedsvertrag zustande gekommen ist. Wenn die Revision in dieser Hinsicht geltend macht, das Berufungsgericht unterstelle, daß der Kläger die Konditionen des Verbandes bei Eingehung des Geschäfts mit der Firma H. u. R. gekannt habe, „also" ein Schiedsvertrag zwischen dem Kläger und H. u. R. zustande gekommen sei, so ist diese Behauptung unrichtig. Das Berufungsgericht hat lediglich als möglich unterstellt, daß „der Kläger die Konditionen bei Eingehung des Geschäfts mit H. u. R. gekannt habe", daraus aber keineswegs die Schlußfolgerung gezogen, daß ein Schiedsvertrag zwischen dieser Firma und dem Kläger zustande gekommen sei. Diese Schlußfolgerung würde aber auch rechtsirrig sein. Denn der Beklagte hat lediglich behauptet, er selbst habe namens und im Auftrage seiner Mitglieder am 4. Januar 1910 dem Kläger unter Beifügung der Verkaufs- und Lieferungsbedingungen des Verbandes, sowie eines Mitgliederverzeichnisses eine Mitteilung übersandt, wonach die seinem Verbande angehörigen Mitglieder sich verpflichtet hätten, ihren Abnehmern zu keinen günstigeren, als den mitübersandten Verkaufsbedingungen zu liefern. Mit Recht und mit zutreffender Begründung hat das Landgericht, dessen Entscheidung das Kammergericht im wesentlichen beigetreten ist, dem gegenüber ausgeführt, daß durch eine derartige im Jahre 1910 vom Beklagten ausgegangene Mitteilung ein Vertragsverhältnis zwischen dem Kläger und der Firma H. u. R. nicht entstanden und noch viel weniger ein Schiedsvertrag bezüglich des von ihm im Oktober 1912 abgeschlossenen Kaufvertrags zustande gekommen ist. Dem Zustandekommen eines solchen Schiedsvertrags würde — abgesehen von den eingangs erwähnten Bedenken — schon die Vorschrift des § 1026 ZPO. entgegenstehen, wonach ein Schiedsvertrag dann keine rechtliche Wirkung hat, wenn er sich nicht auf ein bestimmtes Rechtsverhältnis und die aus ihm entspringenden Rechtsstreitigkeiten bezieht. Der Umstand aber, daß der Beklagte im Januar 1910 dem Kläger von den „Verkaufs- und Lieferungsbedingungen des Verbandes" und damit auch von deren auf das „Schiedsgericht" sich beziehenden Inhalte Mitteilung gemacht hat, konnte einen Schiedsvertrag hinsichtlich des im Oktober 1912 zwischen dem Kläger und der Firma H. u. R. abgeschlossenen Kaufgeschäfts nicht zur Entstehung bringen, dies auch dann nicht, wenn jener Mitteilung aus dem Jahre 1910 ein Mitgliederverzeichnis des beklagten Verbandes beigefügt war, in dem sich auch die Firma H. u. R. aufgeführt fand. Denn daß etwa der Kläger gewußt habe, jene Firma sei noch zur Zeit des Vertragsabschlusses mit dem Kläger, also im Oktober 1912, Mitglied des beklagten Verbandes gewesen, ist von diesem nicht behauptet worden, wie in dieser Hinsicht überhaupt irgendwelche Behauptungen nach den Tatbeständen der Urteile der Vorinstanzen nicht aufgestellt sind. Ebensowenig steht fest oder ist auch nur vom Beklagten behauptet worden, daß dem Kläger im Oktober 1912 bekannt gewesen wäre, die ihm im Jahre 1910 mitgeteilten Verkaufs- und Lieferungsbedingungen seien zur Zeit des Vertragsabschlusses noch in unveränderter Geltung gewesen. Da nun aber, wie im landgerichtlichen Urteil ausdrücklich festgestellt ist, zwischen dem Kläger und der Firma H. u. R. bei dem Vertragsabschlusse der Verkaufs- und Lieferungsbedingungen des Verbandes überhaupt nicht Erwähnung getan worden ist, so hätten diese als stillschweigend vereinbart höchstens dann gelten können, wenn angenommen werden konnte, daß auch der Kläger bei Abschluß des Vertrags mit H. u. R. sowohl gewußt hat, daß diese Firma zu jener Zeit dem beklagten Verbande noch angehörte, wie auch, daß zu jener Zeit die ihm im Jahre 1910 mitgeteilten Bedingungen noch unverändert in Geltung waren.

Steht sonach nicht fest, daß ein gültiger Schiedsvertrag zwischen dem Kläger und der Firma H. u. R. bestanden hat, so konnte auch der von dem Schiedsgerichte des beklagten Verbandes am 4. Februar 1913 angeblich gefällte Schiedsspruch, wonach der Kläger für verpflichtet erklärt wurde, der Firma H. u. R. 23,50 *M* zu zahlen und die gelieferten Mäntel zu behalten, irgendwelche rechtliche Verpflichtung des Klägers nicht erzeugen. Gleichwohl wurde der Kläger durch das Schreiben des Beklagten vom 20. Februar 1913 aufgefordert, binnen einer Woche die Angelegenheit im Sinne des Schiedsspruches zu erledigen und das Urteil des Schiedsgerichts anzuerkennen, widrigenfalls der Beklagte die satzungsgemäß vorgesehenen Konsequenzen ziehen und seinen Mitgliedern entsprechende Mitteilung zugehen lassen werde. In diesem Schreiben konnte das Berufungsgericht ohne Rechtsirrtum die Androhung der Lieferungssperre, also einer Maßregel erblicken, die den Kläger mittels Androhung einer Schadenszufügung zwingen sollte, sich dem Schiedsspruche zu unterwerfen. Ist nun auch der Revision zuzugeben, daß nach der ständigen Rechtsprechung des Reichsgerichts die Verhängung oder Androhung der Lieferungssperre an sich nicht als eine sittenwidrige Handlung im Sinne des § 826 BGB. anzusehen ist, so kann sie doch diesen Charakter annehmen, wenn sie dazu dient, in unerlaubter Weise von dem Gesperrten oder mit einer Sperre Bedrohten die Vornahme einer Handlung zu erzwingen. Daß im vorliegenden Falle die Androhung der Sperre die Ankündigung eines Übels enthielt, kann nicht zweifelhaft sein. Denn wie die Vorinstanz feststellt, beläuft sich der Umsatz der dem beklagten Verbande angehörigen Mitglieder auf jährlich 150—200 Millionen ℳ, wogegen die dem Verbande nicht angehörigen Lieferanten von Damen- und Mädchenmänteln nur einen Umsatz von jährlich rund 6 Millionen ℳ erzielen. Schon daraus ergibt sich, daß die Lieferungssperre für den Kläger ein „Übel" bedeutete, da dadurch für ihn die Möglichkeit, seinen Jahresbedarf an Damen- und Mädchenmänteln in Höhe von 25 bis 30000 ℳ decken zu können, außerordentlich erschwert wurde.

Bei dieser Sachlage konnten die Vorinstanzen die Androhung und Verhängung der Lieferungssperre lediglich zu dem Zwecke, um vom Kläger die Anerkennung eines ungültigen Schiedsspruchs zu erzwingen, und ihn zu verhindern, die Ungültigkeit des Schiedsvertrages und des schiedsrichterlichen Verfahrens im Rechtswege geltend zu machen, als eine gegen die guten Sitten verstoßende Handlung bezeichnen. Wollte man selbst annehmen, daß der beklagte Verband geglaubt hat, es sei ein rechtsgültiger Schiedsvertrag zwischen dem Kläger und der Firma H. u. R. zustande gekommen, so durfte er doch gegenüber dem ernsthaften, motivierten und, wie oben dargelegt, auch sachlich berechtigten Bestreiten des Klägers, daß überhaupt ein Schiedsvertrag zwischen ihm und der Firma H. u. R zustande gekommen sei, durch das von ihm angewandte Zwangsmittel dem Kläger nicht die Möglichkeit nehmen, seinen abweichenden Standpunkt im Rechtswege geltend zu machen. Vielmehr mußte er es, wie das Berufungsgericht zutreffend angenommen hat, seinem Mitgliede, der Firma H. u. R., überlassen, durch Erhebung der Klage auf Erlaß des Vollstreckungsurteils den gesetzlich vorgeschriebenen Weg zur Durchführung des Schiedsspruchs zu beschreiten; dies um so mehr, als dem Kläger zur Zeit der Androhung der Lieferungssperre ein ordnungsmäßig mit Gründen versehener Schiedsspruch noch nicht einmal zugegangen war. Die den Kläger schädigende Lieferungssperre, die lediglich zu dem Zwecke erfolgt ist, ihn gegen seinen Willen zur Anerkennung eines nach seiner Überzeugung zu Unrecht erlassenen Schiedsspruchs — und zwar ohne Kenntnis seines näheren Inhalts und unter Verzicht auf die Möglichkeit, gemäß § 1041 ZPO. dessen Anfechtung herbeizuführen — zu zwingen, konnte demnach ohne Rechtsirrtum von den Vorinstanzen als eine gemäß § 826 BGB. zum Schadensersatze verpflichtende Handlung angesehen werden." ...

34. Besteht ein Vertragsverhältnis zwischen dem zur Behandlung eines Kindes zugezogenen Arzte und den ihn zuziehenden Eltern oder zwischen ihm und dem Kinde?

BGB. §§ 164, 823, 1630.

III. Zivilsenat. Urt. v. 19. Juni 1914 i. S. St. (Bekl.) w. Sch. (Kl.). Rep. III. 105/14.

I. Landgericht Gießen.
II. Oberlandesgericht Darmstadt.

Der vom Kläger zur Behandlung seines an linksseitigem Nasenbluten leidenden, damals noch nicht 4 Jahre alten Sohnes H. berufene Beklagte ätzte am 26. Mai 1911 die linke Nasenseite des Kindes mit Trichloressigsäure, und zwar derart unvorsichtig und den Regeln der ärztlichen Kunst zuwider, daß später zwei Operationen vorgenommen werden mußten, die Gesundheit des Kindes aber zeitweilig erheblich gestört wurde und zurzeit noch eine Narbe sowie eine leichte Verschiebung des linken Naseneinganges sichtbar sind.

Das Landgericht hat klagegemäß den Beklagten zur Zahlung von 835,12 *M* an den Kläger verurteilt und festgestellt, daß er verpflichtet ist, allen weiteren dem Klägern erwachsenen und erwachsenden Schaden, auch den Schaden, der nicht Vermögensschaden ist, zu ersetzen. Die Berufung des Beklagten wurde zurückgewiesen, ebenso seine Revision.

Aus den Gründen:

„Der Berufungsrichter prüft nicht, wer der Vertragsgegner des Beklagten war. Den Vertrag mit dem Beklagten hat lediglich der Vater für sich selbst, nicht als Vertreter des Kindes für dieses, abgeschlossen. Es erscheint völlig ausgeschlossen, daß der Vater in Ausübung der ihm nach § 1630 BGB. zustehenden Vertretungsmacht für das Kind handeln wollte. Weder hat er den Vertrag ausdrücklich auf den Namen des Kindes gestellt, noch ergeben die Umstände, daß er dies irgend wollte (§ 164 Abs. 1 Satz 2 BGB.). Im Gegenteil entspricht es der Natur der Sache und der Verkehrssitte, daß der von den Eltern, hier vom Vater, zur Behandlung eines kleinen, zweifellos vermögenslosen Kindes zugezogene Arzt mit den Eltern den Vertrag schließt. Nur darauf ist, von ganz besonderen Umständen abgesehen, der immer ohne weiteres ersichtliche und nach dem sittlichen wie rechtlichen Inhalte des Elternverhältnisses notwendige Vertragswille beider Teile gerichtet; insbesondere auch der Vertragswille des Arztes, der die Verweisung seiner Honorarforderung an das Kind, wie wenn sie gegen dieses und nur gegen dieses entstanden wäre, als eine befremdliche Verkennung der dem Vertrage zugrunde liegenden Lebensverhältnisse ablehnen würde und ablehnen müßte. In dem zwischen Arzt und Vater geschlossenen Vertrage ist das Kind nur der Dritte, an dem sich die dem Vater geschuldete Vertragsleistung des Arztes vollziehen soll.

Daraus ergibt sich, daß der Kläger die von ihm für die weitere Behandlung und für die Gesundung des Kindes gemachten und noch zu machenden Auslagen vom Beklagten ersetzt verlangen kann, nicht, weil er, wie der Berufungsrichter meint, mit diesen Aufwendungen in nützlicher Geschäftsführung für den Beklagten oder zu dessen ungerechtfertigter Bereicherung gehandelt hat, sondern weil diese Aufwendungen den Schaden bilden, der ihm selbst als Vertragsgläubiger des Beklagten durch dessen schuldhafte Vertragsverletzung entstanden ist.

Daraus folgt weiter, daß dem Kinde gegenüber, für das allein ein immaterieller Schade in Betracht kommt, der Beklagte nur eine unerlaubte Handlung, nicht auch zugleich eine Vertragswidrigkeit begangen hat. Übrigens ist daran festzuhalten, daß der Arzt, wenn es sich um die Behandlung des anderen Vertragsteils selbst handelt, für schuldhafte Kunstfehler nicht nur aus Vertrag, sondern zugleich aus unerlaubter Handlung haftet. Die Entscheidung des erkennenden Senats vom 14. März 1911 (Jur. Wochenschr. 1911 S. 449 Nr. 17 und im „Recht" 1911 Nr. 1741, vgl. RGZ. Bd. 68 S. 431) enthält nicht den im Archiv für zivilistische Praxis Bd. 108 S. 455 abgedruckten Schlußsatz:

> „wo solche Einwilligung besteht, kann der Arzt dem Patienten gegenüber aus dem Kunstfehler nur nach den Vertragsgrundsätzen, also nicht auf Schmerzensgeld haften",

sondern lautet statt dessen:

> „mit dem zur Beseitigung der Talgdrüsenentzündung nicht erforderlichen, schmerzhaften, zu tiefen Brennen und der dadurch verursachten Entstellung der Klägerin waren aber nach den Feststellungen des Vorderrichters die Klägerin und ihre Eltern nicht einverstanden."...

35. 1. Vertrags- und außervertragliche Haftung des Gastwirts wegen Beschädigung der in der Gaststube Verkehrenden. 2. Zum Begriffe der bei Gericht offenkundigen Tatsache.

III. Zivilsenat. Urt. v. 19. Juni 1914 i. S. K. (Bekl.) w. P. (Kl.). Rep. III. 136/14.

I. Landgericht Elberfeld.
II. Oberlandesgericht Düsseldorf.

Am 9. September 1911 saß der Kläger in der Wirtschaft des Beklagten beim Skatspiel an einem Tische 1,20 m vom Billard entfernt, diesem den Rücken zuwendend. Als das Skatspiel begann, wurde noch nicht Billard gespielt, späterhin fingen einige junge Leute damit an. Plötzlich erhielt der Kläger mit dem schweren unteren Ende eines Billardstockes einen heftigen Stoß an den Hinterkopf. Er behauptet, durch die Folgen der Verletzung sei seine Erwerbsfähigkeit gemindert, und verlangt vom Beklagten Ersatz der von ihm aufgewandten 148 ℳ Arzt- und Arzneikosten, Zahlung eines Schmerzensgeldes von 500 ℳ und einer bis zur Vollendung seines 70. Lebensjahres zu entrichtenden Jahresrente von 1200 ℳ. Der Beklagte hatte am Abend des 9. September, an dem in der Wirtschaft lebhafter Verkehr herrschte, den Tisch näher als sonst an das Billard herangerückt, um für seine Gäste mehr Raum zu gewinnen. Darin sowie in dem Umstande, daß der Zwischenraum zwischen Tisch und Billard ohnehin zu klein gewesen sei und daß der Beklagte das Billardspielen zugelassen habe, ohne die am Tische sitzenden Gäste, insbesondere ihn, darauf aufmerksam zu machen, erblickt der Kläger das Verschulden des Beklagten, das den Unfall verursacht habe.

Das Landgericht hat dem Kläger eine Jahresrente von 800 ℳ bis zum vollendeten 60., von da bis zum vollendeten 65. Lebensjahre eine solche von 400 ℳ zugesprochen und den Beklagten zur Zahlung von $^2/_3$ des auf 300 ℳ ermäßigten Schmerzensgeldes und von $^2/_3$ der sonst geforderten Beträge verurteilt, im übrigen die Klage abgewiesen. Das Oberlandesgericht hat die Berufung des Beklagten und die Anschließung des Klägers zurückgewiesen. Die Revision des Beklagten wurde zurückgewiesen, der des Klägers teilweise stattgegeben.

Gründe:

„Der Klaganspruch ist nicht nur auf den zwischen den Streitteilen bestehenden Gastaufnahmevertrag, sondern auch auf die Vorschriften über unerlaubte Handlungen gestützt. In jeder der beiden Richtungen hat ihn das Berufungsgericht mit Recht für begründet erachtet.

Der erkennende Senat hat in einer Reihe von Entscheidungen (z. B. in den Urteilen vom 23. April 1909 Rep. III. 339/08, vom 11. Juni 1909 Rep. III. 12/09, vom 17. Dezember 1909 Rep. III. 18/09, vom 8. November 1910 Rep. III. 495/09, vom 7. Dezember 1910 Rep. III. 274/10) ausgesprochen, daß der Gastwirt für die Gefahrlosigkeit und Verkehrssicherheit der Wirtschaftsräume, soweit sie nicht ausschließlich für die Benutzung durch die Gäste bestimmt sind, nicht bloß den Personen haftet, mit denen er als seinen Gästen ein Vertragsverhältnis eingeht, sondern allen Personen, die sich in den Räumen auf Grund des vom Wirte darin eröffneten Verkehrs aufhalten. Die Verkehrseröffnung ergibt die allgemeine Rechtspflicht, Gefahren von den Verkehrenden abzuwenden. Dies gilt, abgesehen von den allgemeinen Zu- und Ausgängen, insbesondere von der Gaststube selber.

Der Beklagte hat in seiner Wirtsstube einen allgemeinen Verkehr eröffnet. Auch die Sitzplätze im Wirtschaftsraume sind nicht unbedingt lediglich den Gästen vorbehalten. Ihre Benutzung stellt der Wirt z. B. ohne weiteres auch den Personen frei, die ohne die Absicht, mit ihm ein Vertragsverhältnis einzugehen, die Wirtschaft betreten, um mit ihm selber oder den in der Wirtsstube sitzenden Gästen amtlich oder in Privatangelegenheiten zu verhandeln, Gäste abzuholen, ihnen Mitteilungen zu machen oder etwas zu überbringen. Der Wirt haftet deshalb, abgesehen von besonderen Vertragspflichten, auch nach allgemeinen Grundsätzen für die Verkehrssicherheit des dem Verkehr eröffneten Raumes schlechthin und auch der von Sitzplätzen eingenommenen Teile des Raumes. Ebenso haftet er seinen Gästen für Verkehrssicherheit aus dem Vertragsverhältnis. Er hat für den Schaden aufzukommen, den er schuldhaft verursacht.

Seine Verantwortlichkeit erstreckt sich aber nicht nur auf die bauliche Beschaffenheit der Räume, sondern auch auf ihre Einrichtung und auf die Gefahren, die sich daraus ergeben, daß er vertragsmäßige Aufnahme und auf Grund des eröffneten Verkehrs freien Zutritt einer unbegrenzten oder nur durch die räumlichen Verhältnisse begrenzten Zahl von Personen gewährt. Er hat den im Wirtschaftsraume Verkehrenden auch einzustehen für die Gefahren, die ihnen aus dem Nebeneinander der mehreren Personen erwachsen, und hat ihnen den Schaden zu ersetzen, der ihnen aus rechtswidrigen Einwirkungen anderer in der Wirtschaft Anwesender entsteht, wenn er es schuldhaft unterläßt, diese Einwirkungen zu verhindern.

Im vorliegenden Falle haben sowohl die fehlerhafte Einrichtung des Raumes, d. h. die gefährliche Stellung des Tisches infolge ungenügender, am Unfalltage noch verringerter Entfernung vom Billard, als auch die unvorsichtige Handlung des Billard spielenden Gastes zur Verursachung der Verletzung des Klägers mitgewirkt. Für beides ist der Beklagte verantwortlich. Er handelte gegen die im Verkehr erforderliche Sorgfalt, als er, ohne der Möglichkeit eines Beginns des Billardspiels vorzubeugen, den Tisch dem Billard auf 1,20 m naherückte. Er verletzte aber auch diese Sorgfaltspflicht, als er es geschehen ließ, daß der Fremde das Billardspiel begann, während der Kläger ungewarnt im Bereiche des Billardstockes saß. Der Beklagte hält die Wirtschaft seines Erwerbes wegen; zur Steigerung der Erwerbsmöglichkeit hatte er den Tisch näher an das Billard gerückt, um mehr Plätze zu schaffen. Er mußte sich überlegen, ob diese seines Vorteils wegen getroffene Änderung mit seiner Pflicht vereinbar war, für die Sicherheit der Besucher zu sorgen.

Mit Unrecht leugnet die Revision, daß die Aufstellung der Tische und Stühle als eine „Einrichtung" des Gastzimmers zu gelten hat. Die Veränderlichkeit der Aufstellung nimmt den zur Ausstattung des Raumes verwandten Sachen nicht die Eigenschaft einer Einrichtung. Die Besucher haben auch nicht die Befugnis und jedenfalls keine Verpflichtung, diese Einrichtung zu ändern. Sie dürfen sich auf deren Sicherheit verlassen. Der Gast darf davon ausgehen, der Stuhl, den der Wirt zur Benutzung gerade an diesen Platz gestellt hat, werde von ihm, dem Gaste, eingenommen werden können, ohne daß dort unvermutete Einwirkungen von anderen zu befürchten wären. Der Beklagte hatte die Stühle um den Tisch stellen lassen, er hatte auch den Stuhl an den Tisch gestellt, dessen Rückseite dem Billard zugekehrt war. Auch diesen Stuhl stellte er den Besuchern zur Verfügung, auch auf ihn bezog sich seine Gewährpflicht für Verkehrssicherheit. Zur Erfüllung dieser Pflicht mußte er das dem Kläger Gefahr bringende Billardspiel verhüten oder, wenn er seines Gewinns wegen das Spiel zulassen wollte, Vorkehrungen zur Abwendung der Gefahr treffen, den Kläger und die Billardspieler warnen, dem Kläger einen anderen Platz anweisen oder anderweit die Gefahr abwenden.

Den Kläger trifft kein Verschulden. Er durfte unbesorgt an dem Tische und auf dem Stuhle Platz nehmen. Als er sich niederließ, hatte das Billardspiel noch nicht begonnen; eine begründete Aussicht, daß es bald beginnen würde, ist nicht festgestellt und brauchte dem Kläger nicht erkennbar zu sein. Ob er die Örtlichkeit mehr oder weniger genau kannte, ist gleichgültig. Der Beklagte, der durch Zulassung des Billardspiels die Gefahr erst schuf, mußte ihn warnen, und darauf konnte der Kläger sich verlassen. Das Verlangen des Landgerichts, daß er von Zeit zu Zeit sich hätte umsehen müssen, ob etwa mit dem Billardspiel begonnen werde, lehnt das Berufungsgericht mit Recht ab. Es macht ihm aber zum Vorwurfe, daß er sich überhaupt auf dem Stuhle niedergelassen habe. Darin liegt jedoch kein Verschulden. Der Platz war vom Wirte dazu bestimmt, daß er von Gästen eingenommen werde. Sie konnten es unbedenklich tun, solange nicht Billard gespielt wurde. Sobald durch Eröffnung des Spieles Gefahr zu drohen begann, konnten sie auf Warnung und Sicherungsmaßregeln rechnen. Hätte der Kläger das Billardspiel wahrgenommen, dann wäre es seine selbstverständliche Pflicht gewesen, sich vor Schaden zu bewahren. Aber das Gegenteil ist festgestellt. Im Gastzimmer herrschte bewegtes, geräuschvolles Treiben, der Kläger war in sein Kartenspiel vertieft, das Billardspiel dauerte erst wenige Augenblicke, als die Verletzung erfolgte. Die Zeugen B. und S. haben von früherher den Platz als „sehr gefährlich" gekannt. Daß dies auch beim Kläger der Fall war, nimmt das Berufungsgericht ohne weiteres — allerdings auch unangefochten — an. Die Gefährlichkeit bestand aber nur infolge und während des Billardspiels. Es stellt eine Verkennung des Begriffs der Fahrlässigkeit dar, wenn das Berufungsgericht annimmt, der Kläger habe den Platz nicht einehmen dürfen mit Rücksicht auf die bloße Möglichkeit, daß mit dem Billardspiele begonnen werden könnte.

Schon beim Einnehmen des Platzes konnte er damit und darauf rechnen, der Wirt werde ihn rechtzeitig aufmerksam machen.

Die Beschränkung der Haftung des Beklagten auf zwei Dritteile des Schadens ermangelt danach der Berechtigung. Er hat die vollen Arzt- und Apothekerkosten mit 148 *M* und, da er zugleich aus unerlaubter Handlung haftet, nach §§ 253, 847 BGB. also auch den Schaden, der nicht Vermögensschaden ist, ersetzen muß, das volle — vom Berufungsgericht als in Höhe von 300 *M* angemessen bezeichnete — Schmerzensgeld zu bezahlen. Er hat auch, jedenfalls bis zum vollendeten 60. Lebensjahre des Klägers, die volle Rente von 1200 *M* zu entrichten.

Der Revisionsangriff des Klägers gegen die zeitliche Begrenzung der Rente geht fehl. Land- und Oberlandesgericht erklären es übereinstimmend für eine Erfahrung des täglichen Lebens, also für eine gerichtsbekannte Tatsache, daß ein Friseur höchstens bis zum 60. Lebensjahre selbständig, und bis zum 65. nur mit einem Gehilfen seinen Beruf versehen kann. Eine Verkennung des Begriffs der gerichtsbekannten Tatsache (§ 291 ZPO.) ist nicht ersichtlich. Eine Nachprüfung der vom Berufungsgerichte nach freiem Ermessen unter Würdigung aller Umstände gemäß § 287 ZPO. getroffenen Schadensbemessung findet deshalb im Rechtszuge der Revision nicht statt. Das Oberlandesgericht hatte keinen Anlaß, durch Ausübung des Fragerechts Umstände ans Licht zu ziehen, die etwa geeignet gewesen wären, die Geltung der Erfahrungstatsache im gegebenen Falle auszuschließen. Namentlich brauchte es dazu nicht bestimmt zu werden durch das Gutachten des Dr. Z., wonach der Kläger seinen Beruf ohne den Unfall voraussichtlich „bis ins hohe Alter" würde haben ausüben können. Die Beschränkung der Rentendauer, wie sie das Oberlandesgericht vorgenommen hat, unterliegt deshalb, jedenfalls unter den gegenwärtigen Verhältnissen, keinem Bedenken." . . .

---

36. Ist ein die Unfallpension nach den Beamten-Unfall-Fürsorgegesetzen festsetzender Bescheid der Verwaltungsbehörden widerruflich?

Preuß. Gesetz, betr. die Fürsorge für Beamte infolge von Betriebsunfällen, vom 2. Juni 1902 (GS. S. 153) § 9.

III. Zivilsenat. Urt. v. 23. Juni 1914 i. S. preuß. Fiskus (Bekl.) w. T. (Kl.). Rep. III. 150/14.

I. Landgericht Cassel.
II. Oberlandesgericht daselbst.

Der als Schaffner auf Kündigung im preußischen Staatseisenbahndienst etatsmäßig angestellte ursprüngliche Kläger erlitt am 17. Mai 1905 einen Betriebsunfall. Das Dienstverhältnis wurde ihm zum 30. September 1909 gekündigt. Er hatte damals noch nicht zehn Dienstjahre zurückgelegt, erhielt aber wegen dauernder, vom Bahnarzt bescheinigter Dienstunfähigkeit, hervorgerufen durch jenen Betriebsunfall, eine Unfallpension von jährlich 1107 *M*. Der Unfall hatte darin bestanden, daß der Erblasser der Kläger beim Abladen eines schweren Sackes Mehl aus einem Güterzuge eine Muskelzerrung im Rücken erlitt. Eine Erinnerung der Oberrechnungskammer gab den Anlaß, daß er in der Göttinger Universitätsklinik untersucht wurde. Die auf Grund der Untersuchung erstatteten Gutachten gingen dahin, die Rückenbeschwerden, an denen er infolge des Unfalls zeitweilig gelitten habe, seien niemals so erheblich gewesen, daß dadurch eine dauernde Dienstunfähigkeit hätte veranlaßt werden können. Die Ursache für seine Pensionierung seien lediglich die Herzbeschwerden gewesen, die aber nicht auf einen Unfall zurückzuführen seien, vielmehr ihren Grund hätten in einem während seiner Heeresdienstzeit aufgetretenen Gelenkrheumatismus. Dem Kläger, der inzwischen den Beruf eines Mechanikers und Kraftwagenführers ergriffen hatte, wurde nunmehr auf höhere Anordnung durch Verfügung der zuständigen Eisenbahndirektion vom 30. Januar 1912 zum 31. März 1912 die Unfallpension entzogen. Er verlangte deren Weiterzahlung.

Das Landgericht wies die Klage ab, weil „dem Kläger der Nachweis, daß er infolge des Unfalls in seiner Erwerbsfähigkeit vermindert sei, nicht gelungen" sei. Das Oberlandesgericht gab der Klage statt, weil der Widerruf der Pensionsfeststellung gesetzlich unzulässig gewesen sei. Im Laufe des dritten Rechtszuges traten an die Stelle des inzwischen verstorbenen Klägers seine Erben. Auf die Revision des Beklagten ist das Berufungsurteil aufgehoben worden.

Gründe:

... „Die Klage stützt sich auf die angebliche Unabänderlichkeit der die Unfallpension festsetzenden Verfügung vom 14. Juni 1909 und darauf, daß auch sachlich die Gewährung einer Unfallpension nach dem Gesetze vom 2. Juni 1902 begründet sei. Das Oberlandesgericht hat die Unabänderlichkeit angenommen und deshalb der Klage stattgegeben. Seinen Ausführungen kann indes nicht beigepflichtet werden.

Die Pensionsfestsetzungsverfügung ist eine Verwaltungshandlung. Die Verwaltungsbescheide sind grundsätzlich, d. h. wenn nicht besondere Vorschriften etwas anderes ergeben, abänderlich. Die Möglichkeit ihrer Abänderung ist geboten durch das öffentliche Interesse, das den Einzelinteressen vorgeht und auch bei der Frage beteiligt ist, ob ein Unberechtigter Leistungen aus der Staatskasse empfangen soll.

Das Oberlandesgericht meint, die Eigenschaft der Unfallpension als einer Fürsorgemaßregel stehe der Widerruflichkeit des Unfallpensionsbescheides entgegen. Die freie Widerruflichkeit würde die Beamten schlechter stellen als die Arbeiter, die bei Unfallbeschädigungen Ansprüche an die Berufsgenossenschaften auf Grund der Unfallversicherungsgesetze stellen und mit der grundsätzlichen Unentziehbarkeit der zugesprochenen Entschädigungen rechnen könnten. Und es sei gerade die Absicht der Fürsorgegesetze, die Beamten mit gleichem Schutze zu versehen, wie er durch die allgemeinen Versicherungsgesetze den Arbeitern zuteil geworden sei. Zutreffend ist daran, daß nach den Gesetzgebungsvorarbeiten für das Reichsgesetz vom 15. März 1886 und das preußische Gesetz vom 18. Juni 1887 ausgesprochener Zweck dieser Gesetze ist, den Beamten eine Fürsorge angedeihen zu lassen, wie sie die Arbeiter durch die Unfallversicherungsgesetzgebung erfahren hatten. Damit ist aber noch nicht die Absicht völliger Gleichstellung kundgegeben. Nach der Begründung zum Reichsgesetze (vgl. Graef, Unfallversicherungsgesetze S. 549) hat man gerade davon abgesehen, das Unfallversicherungsgesetz auf die Beamten auszudehnen, und hat statt dessen den Weg des Erlasses „dienstpragmatischer Bestimmungen" gewählt, weil dieser Weg allein geeignet sei, den aus der besonderen Stellung der Beamten sich ergebenden Rücksichten Rechnung zu tragen. In der Begründung zum Entwurfe des

Reichsgesetzes vom 18. Juni 1901 (Graef, a. a. O. S. 551) wird gesagt, das Gesetz von 1886 sichere den „Beamten für die Folgen der durch Betriebsunfälle herbeigeführten Dienstunfähigkeit auf dienstpragmatischem Wege eine Fürsorge. Die Fürsorge solle derjenigen mindestens gleichwertig sein, die den Beamten nach den Unfallversicherungsgesetzen zustehen würde. Diese beabsichtigte Gleichwertigkeit bedeutet aber keine Gleichheit; Verschiedenheiten mußten sich aus den Besonderheiten des Beamtenverhältnisses ohne weiteres ergeben. Welchen Charakter und welche Bedeutung im Gegensatze zu der Arbeiterfürsorge die in dem Reichsgesetze vom 18. Juni 1901 und dem preußischen Gesetze vom 2. Juni 1902 den Beamten gewährte Unfallfürsorge hat, das sagen diese Gesetze selber. Der § 9 lautet: „soweit vorstehend nichts anderes bestimmt ist, finden auf die nach §§ 1 bis 3 zu gewährenden Bezüge die für die Beteiligten geltenden Bestimmungen über die Pension ... Anwendung." Die Ansprüche auf Grund dieser Gesetze, insbesondere des preußischen vom 2. Juni 1902, sind also Pensionsansprüche. Der erkennende Senat hat das mehrfach ausgesprochen, so in der Sache Rep. III. 329/06. Sie sind deshalb nach den für Pensionsansprüche geltenden Grundsätzen zu beurteilen, und es kommt für die Frage der Abänderlichkeit ihrer durch Verwaltungsbescheid getroffenen Festsetzung nicht darauf an, ob und unter welchen Umständen die Unfallbezüge der Arbeiter nach den Unfallversicherungsgesetzen dem Betrage oder dem Grunde nach einer Abänderungsmöglichkeit unterliegen.

Die Pensionsansprüche der preußischen unmittelbaren Staatsbeamten beruhen auf dem Gesetze (§ 1 des Gesetzes vom 27. März 1872/27. Mai 1907). In RGZ. Bd. 62 S. 237 hat der erkennende Senat ausgesprochen, daß der Pensionsfestsetzungsbescheid der Verwaltungsbehörde kein unentziehbares Recht auf den Bezug des dadurch festgesetzten Ruhegehalts für den Beamten begründe, vielmehr im Verwaltungswege abgeändert werden könne. Der Verwaltungsbescheid habe nicht die Bedeutung, daß erst durch ihn das Recht des Beamten auf den Bezug des Ruhegehalts in der festgesetzten Höhe begründet werde, sondern die, daß er das bereits durch das Gesetz begründete Recht des Beamten anerkenne und feststelle. Dieser Grundsatz hat auch hier Geltung zu beanspruchen. Die Frage, ob eine Handlung der Staatsgewalt rechtsbegründende oder nur feststellende Bedeutung hat, deckt sich nicht schlechthin mit der Frage nach ihrer Abänderlichkeit. Unter Umständen kann auch eine rechtsbegründende Staatshandlung der Abänderung unterliegen. Aber die bloß feststellende ist, wenn nicht besondere Vorschriften die Veränderung ausschließen, durch Verwaltungsmaßnahmen stets abänderbar. Um eine solche bloß rechtsverkündende Entscheidung handelt es sich hier. Der Pensionsbescheid von 1909 ist abänderlich; besondere Vorschriften stehen nicht entgegen. Der Bescheid vom 14. Juni 1909 hatte lediglich die Bedeutung, daß der Beklagte, auf Grund der damaligen Prüfung die Voraussetzungen des § 1 des Gesetzes vom 2. Juni 1902 für gegeben erachtend, den Unfallpensionsanspruch des Erblassers der Kläger als berechtigt einräumte und sich ihm ohne Richterspruch unterwarf. Damit, daß die Verwaltungsbehörde alsdann gemäß der — übrigens vom erkennenden Senate gerade auch für den Unfallpensionsbescheid in dem Urteile Rep. III. 282/13 angenommenen — Abänderlichkeit der bloß feststellenden Erklärung den Bescheid von 1909 auf Grund neuer Prüfung zurücknahm, fiel auch die in dem zurückgenommenen Bescheid etwa enthalten gewesene Anerkennung des Vorhandenseins aller Voraussetzungen des Pensionsanspruchs nach § 1 des Gesetzes weg. Eine Anerkenntnis im Sinne eines selbständigen Verpflichtungsgrundes liegt in dem Bescheide nicht.

Die nunmehrige Leistungsweigerung des Beklagten nötigte den Beamten und nötigt die jetzigen Kläger, zu tun, wessen es bis dahin infolge der freiwilligen Unterwerfung des Beklagten durch den Bescheid von 1909 nicht bedurfte, nämlich im Rechtsstreite die Voraussetzungen für den Unfallpensionsanspruch zu behaupten und erforderlichenfalls zu beweisen. Dieser Anspruch bleibt, wie er nicht durch den Festsetzungsbescheid verliehen war, durch dessen Zurücknahme unberührt, wenn er nach dem Gesetze begründet war.

Daß die zeitlich unbeschränkte Widerruflichkeit des Feststellungsbescheides von dem Beamten, der seine Lebensführung in der Erwartung dauernden Einganges der Pension eingerichtet hat, wirtschaftlich als Härte empfunden werden mag, ist zuzugeben. Es bedeutet aber rechtlich gewiß keine Unbilligkeit, wenn lediglich in Frage kommt, daß er die vielleicht lange Jahre hindurch unberechtigt bezogene Pension künftig nicht mehr erhalten, oder daß er doch wenigstens darüber im Rechtswege entscheiden lassen soll. Gegen den etwaigen Anspruch auf Herausgabe der bereits verbrauchten Pension ist er insoweit geschützt, als die Voraussetzungen des § 818 Abs. 3 BGB. vorliegen (RGZ. Bd. 83 S. 161).

Ob die Pensionsverfügung auf dem eingeholten Einverständnis des Erblassers der Kläger „über seine Pensionierung unter Gewährung einer Pension" beruhte, ist für die Frage nach der Widerrufsmöglichkeit gleichgültig. Durch dieses Einverständnis wurde kein vertragsähnliches Verhältnis geschaffen. Der Erblasser war auf Kündigung angestellter Beamter, die zum 1. Oktober 1909 erfolgte Kündigung setzte sein Einverständnis nicht voraus, für die Pensionierung war es sachlich in keiner Hinsicht eine wesentliche Grundlage. Darauf ferner, ob die Oberrechnungskammer befugt war, den Anlaß zur Zurücknahme der Pensionsverfügung zu geben, kommt es nicht an. Was die Kläger beschwert, ist nicht die Verfügung der Oberrechnungskammer, sondern die Leistungsweigerung des Beklagten, die ihren Ausdruck gefunden hat in dem Widerruf der Pensionsfestsetzung. Dem Klaganspruche gegenüber hat der Wille der Oberrechnungskammer lediglich die Bedeutung eines Beweggrundes für jene Weigerung. Übrigens ist deren Befugnis nach § 12 des Gesetzes vom 27. März 1872, betreffend Einrichtung und Befugnisse der Oberrechnungskammer, außer Zweifel (RGZ. Bd. 62 S. 238).

Das angefochtene Urteil mußte deshalb aufgehoben und die Sache an das Berufungsgericht zurückverwiesen werden. Zu verhandeln und zu entscheiden ist nunmehr über die Voraussetzungen des Unfallpensionsanspruchs, d. h. abgesehen von der Dienstunfähigkeit, die mit bindender Kraft für das Gericht von der Verwaltungsbehörde (vgl. RGZ. Bd. 82 S. 264, so auch Rep. III. 329/06) zu bestimmen ist, übrigens in Ansehung der für die Klage in Betracht kommenden Zeit — seit dem 1. April 1912 — unbestritten besteht, und abgesehen von dem unstreitigen Betriebsunfall namentlich über den zwischen beiden erforderlichen ursächlichen Zusammenhang."

37. Zur Unterschrift des Wechselausstellers. WO. Art. 4 Nr. 5.

II. Zivilsenat. Urt. v. 23. Juni 1914 i. S. Fürst zu L. u. Gen. (Bekl.) w. A.-D.-Landesbank (Kl.). Rep. II. 113/14.

I. Landgericht Görlitz, Kammer für Handelssachen.
II. Oberlandesgericht Breslau.

Die gegen die Akzeptantin W. und den Fürsten Ernst zu Lynar eingeklagten Wechsel trugen als Ausstellervermerk unter den Worten „Das Fürstlich Lynarsche Rent- und Forstamt" die Unterschrift: „Köhler, Fürstlicher Rentenmeister und Generalbevollmächtigter". Der Unterzeichner war der Bevollmächtigte des Fürsten.

Beide Beklagten bestritten ihre Haftung, weil die Unterschrift nicht in Ordnung sei. Während der erste Richter die Klage abwies, erkannte das Oberlandesgericht auf Verurteilung. Das Reichsgericht bestätigte aus folgenden

Gründen:

„Für die Revision der Akzeptantin handelt es sich darum, ob das Formerfordernis des Art. 4 Nr. 5 WO. erfüllt ist. Das Oberlandesgericht, das diese Frage bejaht, hat erwogen, die Bezeichnung „Fürstlich Lynarsches Rent- und Forstamt" stelle zwar nicht, als Ganzes betrachtet, einen Namen dar, wohl aber enthalte sie einen solchen, nämlich den des Fürsten Lynar. Daß dieser Name in dem Vermerke nur in adjektivischer Form erscheine, tue der Bedeutung seines Vorhandenseins keinen Eintrag. Genau derselbe Sinn werde wiedergegeben, wenn man den Vermerk auflöse in „Rent- und Forstamt des Fürsten Lynar". Der Zusatz bezeichne nur die Verwaltungsstelle, die sich mit der Ausstellung der Wechsel befaßt habe.

Diese Erwägungen lassen einen Rechtsirrtum nicht ersehen. Die Revision meint, es sei zweifelhaft, ob der Träger des Namens Lynar oder etwa das „Rent- und Forstamt" aus den Wechseln berechtigt und verpflichtet werden sollte. Dem ist jedoch nicht beizutreten. Es kommt bei hochgestellten Persönlichkeiten häufig vor, daß die in ihrem Namen abgefaßten Urkunden in der Unterschrift den Geschäftszweig angeben, zu dem die betreffende Angelegenheit gehört. Wenn sich das Oberlandesgericht diese Erfahrungstatsache vor Augen gehalten hat, so kann das nur gebilligt werden. Auch wechselmäßige Erklärungen und Unterschriften dürfen nicht ausgelegt werden, ohne daß auf die Verkehrssitte Rücksicht genommen wird. Der Gedanke, daß das Rent- und Forstamt eine öffentliche Behörde oder eine selbständige Vermögensmasse sei, liegt hier um so ferner, als der Zusatz Generalbevollmächtigter zu dem Namen des Unterzeichners auf eine physische Person als Vollmachtgeber hindeutet. Richtig ist allerdings, daß sich das Geschlecht des Vollmachtgebers — Fürst oder Fürstin — aus dem Ausstellervermerk nicht ergibt. Aber es bedarf keiner Ausführung, daß dies für die Formgültigkeit nicht erforderlich ist. Unzählige Wechsel werden mit dem Familiennamen allein oder unter Beifügung eines abgekürzten Vornamens ausgestellt. Das Geschlecht des Ausstellers ist aus den meisten dieser Wechsel nicht zu erkennen; es liegt auf der Hand, daß sie deshalb nicht ungültig sind.

Ob das Berufungsurteil in der hier fraglichen Beziehung von dem Urteile des RGZ. Bd. 14 S. 17 abweicht, mag dahingestellt bleiben. Wenn das Reichsgericht damals der Ansicht war, daß der Name „Fürst zu Isenburg-Birstein" in der Wechseladresse „Fürstlich Isenburgsche Fabrikverwaltung zu Birstein" nicht enthalten sei, so scheint es mehr an dem Fehlen des Beiworts „Birsteinsche" vor „Fabrikverwaltung" als an diesem letzteren Worte Anstoß genommen zu haben. Jedenfalls ist jenes alte Erkenntnis des dritten Zivilsenats, das das entscheidende Merkmal für die Gültigkeit des Wechsels darin erblickte, ob eine mit der Adresse übereinstimmende Firma von dem Beklagten tatsächlich geführt wurde, durch spätere Urteile längst überholt worden. Wie in der Literatur, so steht auch in der Rechtsprechung des Reichsgerichts völlig fest, daß es für die Gültigkeit eines Wechsels genügt, wenn die in der Adresse oder im Ausstellervermerk vorkommenden Bezeichnungen überhaupt als Namen einer wechselrechtsfähigen Person gedacht werden können. Davon, ob die konkreten einzelnen Personen richtig bezeichnet sind, hängt die Gültigkeit nicht ab; vgl. zuletzt das Urteil des ersten Zivilsenats RGZ. Bd. 77 S. 191.

Sind die Klagewechsel hiernach formgültig, so ist die Akzeptantin mit Recht verurteilt worden. Aber auch der Erstbeklagte beschwert sich vergeblich über Gesetzesverletzung. Er wurde aus den Wechseln als Aussteller haftbar, ungeachtet der Tatsache, daß der in dem Ausstellervermerke steckende Personenname auch als „Fürstin" Lynar gedeutet werden kann. Wird doch auch sonst ein Aussteller verpflichtet, obgleich die gebrauchte Unterschrift ebensogut auf eine Frau paßt wie auf einen Mann. Der Einwand der Revision, sämtliche wesentlichen Erfordernisse müßten aus dem Wechsel selber hervorgehen, verfehlt das Ziel aus einem doppelten Grunde. Auf der einen Seite handelt es sich hier nicht mehr um die Formgültigkeit der Wechsel, weshalb auch das von der Revision angezogene Urteil des Reichsgerichts (RGZ. Bd. 66 S. 7: Unbestimmtheit des Remittenten; zwei Aussteller; „zahlen Sie mir") mit der Sache schlechterdings nichts zu tun hat. Anderseits wird verkannt, was das RGZ. Bd. 73 S. 281 schon hervorgehoben hat, daß Identitätsfragen durch die Urkunde allein niemals gelöst werden können. Der hier vorliegende Tatbestand bietet auch keinen Anlaß, auf die fernere Behauptung der Revision einzugehen, daß Art. 4 WO. strenger sei als § 126 BGB. und nur die Benutzung des bürgerlichen Namens oder der rechtmäßigen Firma, nicht auch die Benutzung eines gebräuchlichen Namens (Künstler-, Schriftstellername, sonstiges Pseudonym) gestatte. „Fürst zu Lynar" ist der Name, der dem Beklagten nach dem Rechte zukommt."

---

38. 1. Zu der Frage, wann der Inhalt eines Warenzeichens im Sinne des § 9 Abs. 1 Nr. 3 WarBezG. den tatsächlichen Verhältnissen nicht entspricht und die Gefahr einer Täuschung begründet.

2. Verstößt ein Geschäftstreibender gegen die guten Sitten, wenn er an einer in gutem Glauben angenommenen Warenbezeichnung festhält, obwohl, wie ihm bewußt geworden ist, diese Warenbezeichnung im Laufe der Zeit zu einer unrichtigen Angabe geworden ist, die Irrtümer und Täuschungen hervorruft?

Gesetz zum Schutz der Warenbezeichnungen vom 12. Mai 1894 (RGBl S. 441).
BGB. § 826.

II. Zivilsenat. Urt. v. 23. Juni 1914 i. S. D. & S. (Bekl.) w. M. (Kl.). Rep. II. 116/14.

I. Landgericht Leipzig, Kammer für Handelssachen.
II. Oberlandesgericht Dresden.

Die Parteien stellen Fischmarinaden, insbesondere sog. Rollmöpse her. Die gewerbliche Niederlassung der Klägerin befindet sich in Berlin, die der Beklagten in Sachsen-Altenburg. Beide bezeichnen die von ihnen hergestellten Rollmöpse als „Berliner Rollmops" oder als „Feinster Berliner Rollmops" (die Klägerin auch als „Echter Berliner Rollmops"). Für die Beklagten ist — auf Anmeldung vom 4. April am 15. Juni 1910 — in die Zeichenrolle des Patentamts ein Bildzeichen mit der Aufschrift „Feinster Berliner Rollmops" für Rollheringe eingetragen. Die Klägerin ist der Meinung, daß die Beklagten zu Unrecht ihre Ware als Berliner Rollmops bezeichneten, und daß das für die Beklagten eingetragene Zeichen inhaltlich unwahr sei und die Gefahr einer Täuschung begründe. Auf ihre Klage wurden die Beklagten verurteilt:

1. es zu unterlassen, die Bezeichnung „Berliner Rollmops" oder „Feinster Berliner Rollmops" auf ihren „Waren usw." anzubringen oder derartig gekennzeichnete Waren feilzubieten oder in den Verkehrzu bringen;
2. in die Löschung des Zeichens zu willigen;

ferner wurde

3. der von der Klägerin geltend gemachte Schadensersatzanspruch insoweit, als er darauf gestützt ist, daß die Beklagten Rollmöpse mit der Aufschrift „Feinster Berliner Rollmops" noch nach dem 28. Oktober 1908 in den Handel gebracht haben und noch bringen, dem Grunde nach festgestellt.

Die hiergegen von den Beklagten eingelegte Revision ist zurückgewiesen worden aus folgenden

Gründen:

... „Der Berufungsrichter, der annimmt, daß die bei dem Landgerichte Leipzig gegen die in Altenburg ansässigen Beklagten erhobene Klage zufolge des § 14 des Ges. gegen den unlauteren Wettbewerb auf dieses Gesetz nicht gestützt werden könne und von der Klägerin in II. Instanz auch nicht gestützt worden sei, hat den Unterlassungs- und den Schadensersatzanspruch der Klägerin auf Grund des § 826 BGB., die Löschungsklage auf Grund des § 9 Abs. 1 Nr. 3 WarBezG. für gegeben erachtet.

1. Die Beklagten haben sich in erster Linie gegen die Zusprechung der Löschungsklage gewendet und materiellrechtlich Ver-

letzung des § 9 Abs. 1 Nr. 3 WarBezG. gerügt. Die Rüge ist nicht begründet. Der Berufungsrichter hat zunächst festgestellt, daß das Publikum — nicht die Fabrikanten von Rollmöpsen und deren erste Abnehmer, aber die Schankwirte und kleineren Händler sowie der große Kreis der Verbraucher — unter der in dem Warenzeichen der Beklagten enthaltenen Bezeichnung „Berliner Rollmops" nicht, wie die Beklagten behauptet hatten, eine Sortenbezeichnung, sondern lediglich und allein eine Herkunftsbezeichnung erblicke. Danach nimmt der Berufungsrichter rechtlich zutreffend die eine Voraussetzung des § 9 Abs. 1 Nr. 3 für gegeben an, daß der Inhalt des Warenzeichens den tatsächlichen Verhältnissen nicht entspricht. Der Inhalt des Warenzeichens sagt dem großen Publikum, die ihm unter dem Zeichen angebotene Ware komme von Berlin her (stamme von dort); diese Angabe ist aber unwahr. Weiter hat der Berufungsrichter auch die zweite Voraussetzung des Paragraphen für vorliegend erachtet: daß der unwahre Inhalt des Zeichens die Gefahr einer Täuschung begründet. In dieser Beziehung gehen die Ausführungen des Berufungsrichters dahin: zu der Zeit, als der Name „Berliner Rollmops" unter den norddeutschen Fischhändlern (die die Ware in größerem Umfang in Berlin eingeführt und sodann dort und in anderen Gegenden Deutschlands unter jenem Namen vertrieben hätten) aufgekommen sei, habe eine irgendwie erhebliche Industrie, die sich mit der Herstellung dieser Ware befaßte, in Berlin nicht bestanden. Solange das nun so verblieben sei, sei der Gebrauch der Bezeichnung für nicht aus Berlin stammende Rollmöpse zu einer Täuschung des Publikums nicht geeignet gewesen; wenn das Publikum auch (irrig) angenommen habe, daß die ihm als „Berliner Rollmops" angebotene Ware aus Berlin stamme, so sei doch dieser Irrtum bis dahin belanglos gewesen. Das habe sich aber geändert, als die Klägerin mit ihren Waren erschienen sei, in verschiedenen Gebieten festen Fuß gefaßt habe und (nach den eigenen Angaben der Beklagten) die Beklagten und die Klägerin die übrigen norddeutschen Fischmarinadengeschäfte aus Sachsen und Thüringen mehr und mehr verdrängt hätten. Nunmehr sei der Ausdruck geeignet geworden, das Publikum zu täuschen. Es könnten diejenigen, die das ihnen bekannt gewordene Fabrikat der Klägerin wünschten, durch die Bezeichnung „Berliner Rollmops" für andere, nicht aus Berlin stammende Ware in den Irrtum versetzt werden, es handele sich bei der ihnen so angebotenen Ware um ein wirklich aus Berlin stammendes Fabrikat. — Auch in diesen Ausführungen ist ein Rechtsirrtum nicht ersichtlich. Es hat nach den Feststellungen des Berufungsrichters die Bezeichnung „Berliner Rollmops" für den Verkehr jetzt eine wirtschaftliche Bedeutung erlangt; der Verkehr legt jetzt Gewicht auf die Herkunftsbezeichnung „Berlin". Dann ist auch die Gefahr einer Täuschung begründet, wenn nicht aus Berlin stammende Ware als Berliner Ware angeboten wird. Die Revisionsausführungen, mit denen die Beklagten trotzdem das Vorliegen einer Täuschungsgefahr bekämpfen, beruhen auf folgender Erwägung. Es handele sich nach den Feststellungen des Berufungsrichters nur darum, daß durch den Inhalt des Warenzeichens die Gefahr der Verwechselung der Ware der Beklagten mit der Ware eines anderen, nämlich der Klägerin, begründet werde; dieser Gesichtspunkt komme aber für die Anwendbarkeit des § 9 Nr. 3 nicht in Betracht. Letzteres ist rechtlich zutreffend; es ist ein Zeichen nach § 9 Nr. 3 nicht lediglich deshalb als inhaltlich unwahr und Täuschungsgefahr begründend zu erachten, weil es für einen anderen eingetragen ist oder von einem anderen benützt wird und im Verkehr als Kennzeichen der Ware dieses anderen gilt, also nach der Verkehrsauffassung auf die Herkunft aus einem bestimmten anderen Betriebe hinweist. Dadurch allein wird allerdings der objektiv in Betracht zu ziehende Inhalt des Zeichens noch nicht unwahr und begründet der Inhalt des Zeichens noch nicht die Täuschungsgefahr (RGZ. Bd. 44 S. 17, Bd. 55 S. 35; Jur. Wochenschr. 1906 S. 605 Nr. 5, auch im Bl. für Patent- usw. Wesen Bd. 5 S. 21, Bd. 6 S. 294; Beschl. d. Patentamts in demselben Blatte Bd. 4 S. 34/35). Aber das verkennt der Berufungsrichter nicht. Seine Feststellungen und Annahmen sind nur andere und weitergehende, als die Revision vermeint. Der Berufungsrichter findet die Gefahr einer Täuschung darin begründet, daß das Publikum, nachdem sich in Berlin eine erhebliche Industrie in der fraglichen Beziehung entwickelt hat und dadurch die Bezeichnung „Berliner Rollmops" zu einer wirtschaftlich bedeutsamen Angabe über die Herkunft der Ware geworden ist, die so bezeichnete Ware als aus Berlin herrührend ansehen kann und wird. Daß dabei anscheinend Rollmöpse in größerem Umfang in Berlin nur von der Klägerin hergestellt werden, ist belanglos. Es kann an der Bedeutung und dem Gewichte, die einer Herkunftsangabe im Verkehr beigelegt werden, nichts ändern, wenn in dem betreffenden Orte, wenigstens zurzeit, nur von einem Fabrikanten die in Betracht kommende Ware hergestellt wird. Mißt ferner der Verkehr der Herkunft von Rollmöpsen aus Berlin Gewicht bei, wie dieses der Berufungsrichter festgestellt hat, so erscheint es nicht von besonderem Belang, ob die aus Berlin stammende Ware sich dabei zugleich den Ruf einer besonders guten Qualität erworben hat; es genügt, daß im Verkehr zwischen Ware aus Berlin und nicht aus Berlin stammender Ware unterschieden wird. Es sind dann Täuschungen möglich, und für die Entscheidung der Frage, ob ein — inhaltlich unwahres — Zeichen die Gefahr einer Täuschung begründet, sind auch außerhalb des Zeichens selbst liegende Umstände in Betracht zu ziehen (RGZ. Bd. 54 S. 127).

2. Den zugesprochenen Unterlassungs- und Schadensersatzanspruch der Klägerin hat der Berufungsrichter aus § 826 BGB. mit folgenden Feststellungen und Ausführungen für begründet erachtet. Ein Schaden sei der Klägerin dadurch entstanden, daß Leute, die das von ihnen früher unter der Bezeichnung „Berliner Rollmops" bezogene Fabrikat der Klägerin wünschten, das ihnen unter der gleichen Bezeichnung angebotene Fabrikat der Beklagten gekauft hätten, weil sie es wegen der gleichen Bezeichnung für das gewünschte Berliner Fabrikat gehalten hätten. Die Handlungsweise der Beklagten verstoße objektiv gegen die guten Sitten. Sie hätten die Bezeichnung „Berliner Rollmops" für die von ihnen außerhalb Berlins hergestellten Rollmöpse benutzt, um dadurch ihren Absatz in dieser Ware zu fördern; sie hätten also die unrichtige Bezeichnung zu Wettbewerbszwecken benutzt und wollten sie künftig dazu benutzen. Ein solcher Gebrauch einer zu Täuschungen über die Herkunft der Ware geeigneten Bezeichnung widerspreche dem Anstandsgefühl aller billig und gerecht Denkenden und insbesondere der Anschauung eines ehrsamen Kaufmanns. Die Beklagten hätten auch vorsätzlich gehandelt. Es sei ihnen bekannt gewesen, daß das große Publikum die Bezeichnung als Herkunftsbezeichnung auffasse, und sie seien sich bewußt gewesen, daß bei diesem Massenartikel Fälle vorkommen müßten, in denen sich das Publikum durch die gleiche Bezeichnung „Berliner Rollmops" zur Annahme von Ware der Beklagten in dem Irrtum verleiten

lasse, es sei wirklich aus Berlin stammende Ware der Klägerin, und daß der Klägerin in diesen Fällen der Gewinn, der ihr sonst zugute gekommen wäre, entgehe. Es sei das alles den Beklagten, nachdem früher schon die objektiven Voraussetzungen gegeben gewesen seien, durch die am 27. Oktober 1908 erfolgte Warnung der Klägerin zum Bewußtsein gebracht worden; von da an seien sie daher der Klägerin zum Ersatz des dieser durch die Fortführung der Bezeichnung zugefügten Schadens verpflichtet.

Diese Feststellungen und Ausführungen des Berufungsrichters tragen die Verurteilung der Beklagten aus § 826 BGB. Ein Rechtsirrtum ist in ihnen nicht zu ersehen. Die Beklagten, die in den Instanzen behauptet haben, daß sie die Bezeichnung „Berliner Rollmops" viel früher als die Klägerin (und zwar seit 35 bis 40 Jahren) eingeführt — oder doch geführt — hätten, haben mit der Revision die Meinung vertreten, daß sie — die Richtigkeit der soeben bezeichneten Behauptung vorausgesetzt — durch das Festhalten an der Bezeichnung „Berliner Rollmops" nicht gegen die guten Sitten verstoßen haben könnten. Dem ist nicht zuzustimmen. Da den Beklagten nach den Feststellungen des Berufungsrichters bekannt und bewußt war, daß das große Publikum die Bezeichnung als Herkunftsbezeichnung auffaßt, sie also mit der Bezeichnung eine unwahre Angabe machten, konnten sie an dieser Bezeichnung ohne Verletzung von Treu und Glauben und ohne Verstoß gegen die im Verkehr zu verlangende Redlichkeit nicht mehr festhalten, nachdem sie auch das Bewußtsein erlangt hatten, daß sie mittels ihrer unwahren Angabe Irrtümer und Täuschungen veranlaßten. Mit bewußt falschen Angaben darf nicht bewußt getäuscht werden. Wenn die Revision geltend machen will: es sei sittenwidrig von der Klägerin, daß sie eine Bezeichnung, die von einem anderen Fabrikanten für dessen Fabrikate eingeführt gewesen sei, auf Grund des zufälligen Umstandes, daß sie in Berlin wohne, an sich reiße, so übersehen die Beklagten einmal, daß die Bezeichnung „Berliner Rollmops" nach ihrer eigenen Angabe eine allgemein gebräuchliche Bezeichnung der Sorte gewesen sein soll, sie also an dieser allgemein gebräuchlichen Bezeichnung kein Sonderrecht erworben haben und gar nicht erworben haben können (letzteres übrigens auch schon um deswillen nicht, weil an der Bezeichnung „Berliner" nicht ein

Monopol erworben werden konnte), und sie übersehen ferner, daß auch die Klägerin an der Herkunftsbezeichnung „Berlin" naturgemäß kein Sonderrecht hat und die Klägerin schon darum eine einem anderen Fabrikanten zustehende Bezeichnung gar nicht an sich gerissen haben kann. Die Klägerin hat vielmehr nur von einer ihr, wie jedem anderen der in Berlin Rollmöpse herstellt, zustehenden Befugnis Gebrauch gemacht, die aus Berlin stammende Ware auch als Berliner Ware zu bezeichnen.

Die Beklagten haben gegenüber dem Berufungsurteile dann noch vorgebracht: der Berufungsrichter spreche den von der Klägerin verlangten Schadensersatz für die Zeit seit dem 28. Oktober 1908 zu, wiewohl er unterstelle, daß zur Zeit der Eintragung des Warenzeichens — die 1910 erfolgt sei — eine Täuschungsgefahr noch nicht in Frage gekommen sei. Auch dieses Vorbringen ist nicht begründet. Der Berufungsrichter hat nicht unterstellt, daß zur Zeit der Eintragung des Warenzeichens eine Täuschungsgefahr noch nicht begründet gewesen sei; er hat es vielmehr bei der Erörterung des Löschungsanspruchs — übrigens rechtlich zutreffend — für rechtsunerheblich erklärt, wenn etwa zur Zeit der Eintragung die Täuschungsgefahr noch nicht begründet gewesen wäre, da es bezüglich des Löschungsanspruchs nur darauf ankomme, ob jetzt das inhaltlich unwahre Zeichen die Gefahr einer Täuschung begründe. Im übrigen hat aber der Berufungsrichter bei Erörterung der Unterlassungs- und Schadensersatzklage festgestellt, daß die objektiven Voraussetzungen des § 826 BGB. für diese Klagen schon vor dem 27. Oktober 1908 gegeben gewesen seien, und daß die subjektive Voraussetzung der vorsätzlichen (bewußten) Schadenszufügung zufolge der Warnung der Klägerin vom 27. Oktober 1908 von diesem Tage an vorhanden gewesen sei. Bemerkt mag dabei noch werden, daß die Eintragung des Zeichens der Beklagten (ausweislich des Auszugs aus der Zeichenrolle) erst am 15. Juni 1910 stattgefunden hat, also zu einer Zeit, als die Beklagten wußten, daß die auch in ihrem eingetragenen Warenzeichen enthaltene Bezeichnung ihrer Ware täuschend wirke und die Klägerin schädige." ...

39. Kann ein Ehegatte wegen eines Verhaltens des anderen Ehegatten, dem er zugestimmt hat, Ehescheidung verlangen? Wann ist eine solche Zustimmung anzunehmen?

IV. Zivilsenat. Urt. v. 25. Juni 1914 i. S. Ehefrau H. (Bekl.) w. H. (Kl.). Rep. IV. 168/14.

I. Landgericht Hamburg.
II. Oberlandesgericht daselbst.

Aus den Gründen:

„Das Berufungsgericht nimmt an, daß die Ehe der Parteien auf die Klage schon nach dem bisherigen Ergebnis der Beweisaufnahme zu scheiden sei, und zwar . . . wegen des ehewidrigen Verhältnisses der Beklagten zu dem Zeugen W.

Zur Widerklage führt das Berufungsgericht aus, es sei zwar die Behauptung der Beklagten, daß der Kläger den Zeugen W. zu dem vertraulichen Umgange mit ihr angestiftet habe, nicht erwiesen, jedoch durch das Ergebnis der Beweisaufnahme derart gestützt, daß es geboten erscheine, dem Kläger darüber den Reinigungseid aufzuerlegen. Eine Anstiftung des W. durch den Kläger berechtige die Beklagte, ihrerseits auf Grund des § 1568 BGB. die Scheidung zu begehren. Leiste also der Kläger den Eid nicht, so sei die Ehe auf die Klage und die Widerklage aus beiderseitigem Verschulden zu scheiden.

Die Entscheidung ist rechtlich zu beanstanden. Wie die Revision mit Recht rügt, hat das Berufungsgericht nicht beachtet, daß der Kläger, wenn er selbst den W. zu dem unerlaubten Umgange mit seiner Frau veranlaßt hat, aus diesem Umgange keinen Scheidungsgrund entnehmen kann. Für den Fall des Ehebruchs ist im § 1565 Abs. 2 BGB. ausdrücklich bestimmt, daß das Recht des Ehegatten auf Scheidung ausgeschlossen sein soll, wenn er dem Ehebruche zustimmt oder sich der Teilnahme schuldig macht. Die Zustimmung im Sinne dieser Vorschrift ist, wie der Senat noch neuerdings in den Urteilen vom 14. Mai und 8. Juni 1914, Rep. IV. 71/14 und 592/13, ausgesprochen hat, ein rein tatsächlicher Vorgang; sie braucht deshalb nicht dem anderen Ehegatten gegenüber erklärt, nicht einmal zu seiner Kenntnis gebracht zu werden. Der Zustimmung wird auch nicht etwa dadurch ihre Wirksamkeit genommen, daß sie aus dem Wunsche heraus, geschieden zu werden, erteilt wird. Für den Fall des § 1568 BGB. ist allerdings eine dem § 1565 Abs. 2 entsprechende Vorschrift nicht gegeben. Allein es leuchtet ohne weiteres ein, daß, wenn der Ehebruch, dem der andere Teil zugestimmt hat, kein Scheidungsgrund sein soll, dies erst recht von einer geringeren Verfehlung, wie es ein ehewidriges Verhalten gegenüber einer Person des anderen Geschlechts ist, gelten muß. In den Motiven zum ersten Entwurfe des Bürgerlichen Gesetzbuchs ist denn auch gesagt, daß das Prinzip der Relativität in Ansehung der unter den jetzigen § 1568 BGB. fallenden Scheidungsgründe eine besondere Vorschrift, wie sie im § 1565 Abs. 2 im Hinblick auf die im Abs. 1 dieser Vorschrift bezeichneten absoluten Scheidungsgründe habe getroffen werden müssen, entbehrlich mache (Bd. 4 S. 596). Der Grundsatz der Relativität ergibt aber, daß, wenn ein Ehegatte einem Verhalten des anderen zugestimmt hat, das an und für sich einen Scheidungsgrund nach § 1568 BGB. abzugeben geeignet wäre, der zustimmende Ehegatte, selbst wenn sich feststellen ließe, daß durch jenes Verhalten seine eheliche Gesinnung zerrüttet wäre, jedenfalls der Verpflichtung, die Ehe mit dem unter seiner Zustimmung handelnden Ehegatten fortzusetzen, nicht für überhoben erachtet werden könnte. So liegt die Sache hier. Das Berufungsgericht durfte den vertraulichen Umgang der Beklagten nur dann als Scheidungsgrund verwerten, wenn feststand, daß der Kläger dieser Verfehlung nicht, wie die Beklagte behauptete, zugestimmt hatte. Es hätte also auch die Scheidung auf die Klage von dem Urteilseide abhängig machen müssen."

---

40. 1. Ist in dem Falle, wenn die Gesellschafterversammlung einer Gesellschaft m. b. H. die Erhöhung des Stammkapitals um einen bestimmten Betrag beschlossen hat, aber ein niedrigerer Betrag zur Eintragung angemeldet und in das Handelsregister eingetragen worden ist, der Beschluß in Höhe der geringeren Summe gültig?
2. Kann in einem solchen Falle der Registerrichter die Eintragung von Amts wegen löschen?

Gesetz, betr. die Gesellschaften mit beschränkter Haftung vom 20. Mai 1898 (RGBl. S. 846) § 54 Abs. 3, § 57 Abs. 1.
FrGG. §§ 142, 144.

II. Zivilsenat. Urt. v. 26. Juni 1914 i. S. Rheinisches Eisenwerk Konkurs (Kl.) w. v. L. (Bekl.). Rep. II. 109/14.

I. Landgericht II Berlin.
II. Kammergericht daselbst.

Am 11. April 1911 beschloß die Gesellschafterversammlung der Gesellschaft m. b. H. Rheinisches Eisenwerk, das Stammkapital, das damals 270000 *M* betrug, um 130000 *M* auf 400000 *M* zu erhöhen. Abweichend von diesem Beschlusse wurde im Juni 1911 auf Veranlassung des damaligen Geschäftsführers der Gesellschaft in das Handelsregister eingetragen, daß das Kapital um 100000 *M* auf 370000 *M* erhöht worden sei. In den Versammlungen vom 26. September und 28. November 1911 übernahm der Beklagte auf das erhöhte Kapital eine Einlage von 10000 *M*. Gezahlt hat er diese Einlage nicht. Nachdem im Januar 1912 über die Gesellschaft das Konkursverfahren eröffnet war, wurde er von dem zum Verwalter bestellten Kläger auf Zahlung in Anspruch genommen.

Während der erste Richter der Klage stattgab, erkannte das Kammergericht auf Abweisung. Die Revision des Klägers wurde zurückgewiesen aus folgenden

Gründen:

„Das Kammergericht hat erwogen, der Registerrichter habe eine Kapitalerhöhung um 100000 *M*, die gar nicht beschlossen worden sei, nicht eintragen dürfen. Eine Eintragung des wirklich gefaßten Erhöhungsbeschlusses auf 130000 *M* sei nicht erfolgt. Daher habe der Beschluß keine rechtliche Wirkung erlangt, vgl. § 54 Abs. 3 GmbHG. Wie das Reichsgericht (RGZ. Bd. 77 S. 152) dargelegt habe, könne die Eintragung nach Eröffnung des Gesellschaftskonkurses nicht mehr nachgeholt werden.

Diese Erwägungen enthalten keinen Rechtsirrtum.

Die erste Frage ist die, ob der Erhöhungsbeschluß vom 11. April 1911 als eingetragen oder als nicht eingetragen zu gelten hat. Die Revision, die sich insofern dem Landgericht anschließt, glaubt die beschlossene Erhöhung teilweise, nämlich zum Betrage von 100000 *M*, als eingetragen behandeln zu können. Demgegenüber hat das Kammergericht mit Recht entschieden, daß es sich bei der Abweichung zwischen Beschluß und Eintragung nicht um ein Mehr oder Minder, sondern um einen sachlichen Gegensatz handelt. Die Frage ist vom objektiven Standpunkt aus zu beurteilen, die subjektive Ansicht des einzelnen Zeichners kommt nicht in Betracht. Ob der Beklagte die Eintragung der 100000 *M* kannte und gleichwohl die 10000 *M* übernahm, ist unerheblich. Hat eine Gesellschafterversammlung eine bestimmte Kapitalerhöhung beschlossen, so muß im allgemeinen davon ausgegangen werden, daß die Erhöhung gerade um diesen Betrag, um nicht mehr und nicht weniger, für jede einzelne Übernahmeerklärung wesentlich ist. Wer sich an einem Unternehmen beteiligen will, das ihm mit einer bestimmten Summe gesichert erscheint, ist nicht ohne weiteres bereit, seine Beteiligung auch für eine andere finanzielle Ausrüstung des Unternehmens zuzusagen. Daher ist es nicht ein minus, sondern ein aliud, wenn statt der beschlossenen Summe eine geringere im Handelsregister eingetragen wird.

An diesem Ergebnis vermögen die Gründe, welche die Eintragung der geringeren Summe veranlaßt haben, nichts zu ändern. Offenbar hat der Geschäftsführer deshalb nur 100000 *M* zur Eintragung angemeldet, weil er der Meinung war, die Übernahme der vollen beschlossenen 130000 *M* werde sich nicht erzielen lassen. Das eingeschlagene Verfahren verstieß aber gegen § 57 Abs. 1 GmbHG. Abgesehen davon, daß auch 100000 *M* noch nicht gezeichnet waren, durfte nichts anderes angemeldet werden, als was beschlossen war. Der richtige Weg wäre der gewesen, einen neuen Beschluß der Gesellschafterversammlung auf Erhöhung des Kapitals um die durch Übernahme gedeckte Summe zu erwirken. Bestehen von vornherein Zweifel, so mag es sich empfehlen, daß die Versammlung die Erhöhung nicht um einen bestimmten Betrag, sondern bis zu einer Höchstgrenze beschließt. Geschieht dies, so wird demnächst der übernommene Teil des Höchstbetrages eingetragen, der dann der endgültig beschlossene ist. Wird aber durch den Beschluß eine bestimmte Ziffer als Betrag der Kapitalvermehrung festgesetzt, so kann, wenn diese Ziffer durch die Übernahme nicht erreicht wird, der Beschluß überhaupt nicht durchgeführt werden.

Hiernach hat der Registerrichter, indem er eine Erhöhung um 100000 *M* eingetragen hat, etwas anderes als was beschlossen war eingetragen. Der wirkliche Erhöhungsbeschluß ist daher nicht eingetragen worden und kann, da die Konkurseröffnung dazwischen gekommen ist, nicht mehr durch Eintragung wirksam werden. Die Sache liegt genau so, wie in dem vom erkennenden Senat Bd. 77 S. 152 entschiedenen Falle. Der Umstand, daß das Handelsregister über das Ergebnis der Gesellschafterversammlung vom 11. April 1911 nicht einfach schweigt, sondern eine bestimmte Maßnahme, die aber in Wirklichkeit nicht beschlossen war, als beschlossen angibt, kann einen Unterschied nicht begründen. Dies um so weniger, als der Registerrichter das ihm überreichte Versammlungsprotokoll auf seine Übereinstimmung mit dem Inhalte der Anmeldung hätte prüfen müssen und als er jederzeit in der Lage war und ist, die wegen Mangels einer wesentlichen Voraussetzung unzulässige Eintragung auch ohne Antrag von Amts wegen zu löschen. Die Befugnis hierzu gibt ihm § 142 FrGG. Der vom Kammergericht angezogene § 144 daselbst ist erheblich enger, insofern er die Löschungsbefugnis nur gewährt, wenn ein Beschluß durch seinen Inhalt zwingende Vorschriften des Gesetzes verletzt und seine Beseitigung im öffentlichen Interesse erforderlich erscheint. Diese Bestimmung findet hier, wo es sich nicht um Nichtigkeit des Beschlusses vom 11. April 1911, sondern um Abweichung der Eintragung von dem an sich gültigen Beschlusse handelt, keine Anwendung.

Auch den rechtspolitischen Bedenken, womit die Revision die Abweisung der Klage bekämpft, läßt sich nicht beitreten. Die Revision meint, das öffentliche Interesse an der Aufbringung des Stammkapitals gestatte es nicht, daß der Übernehmer einer Stammeinlage die auf irgendwelchen Gründen beruhende Nichtigkeit der Eintragung, mittels deren eine Gesellschaft m. b. H. zur Entstehung gebracht werde oder eine Kapitalerhöhung erfahre, geltend mache. Hierfür verweist sie auf das Urteil des erkennenden Senats Bd. 83 S. 256 der Sammlung, das die Nichtigkeit einer im Handelsregister eingetragenen Gesellschaft m. b. H. wegen Bedingtheit der Übernahmeerklärungen betrifft. Der Senat hat in dem damaligen Falle unter Anwendung des § 77 Abs. 3 GmbHG. ausgesprochen, soweit die Rücksicht auf die Gläubiger es verbiete, dürfe sich ein Gesellschafter auf die Nichtigkeit seines Einzahlungsversprechens auch dann nicht berufen, wenn die Nichtigkeit der Gesellschaft gerade in der des Einzahlungsversprechens ihren Grund habe (S. 266). Ob ähnliches auch bei einem nichtigen Kapitalerhöhungsbeschlusse anzunehmen sein möchte, der in §§ 75flg. GmbHG. nicht geregelt wird, ist bisher nicht entschieden worden und braucht auch jetzt nicht erörtert zu werden. Im vorliegenden Falle gibt weder das Einzahlungsversprechen noch der Erhöhungsbeschluß als solcher zu Beanstandungen Anlaß. Was mangelhaft ist, ist vielmehr die Eintragung des Beschlusses, so daß gerade diejenige Voraussetzung, an welche das Gesetz die Publizitätswirkungen knüpft, versagt. Wollte man auch in solchem Falle das Interesse der Gläubiger durchschlagen lassen, so hätte dies nicht nur mit dem § 77 GmbHG. nichts mehr zu tun: auch über die bekannte Rechtsprechung, die bei der Zusage der Beteiligung an kapitalistischen Gesellschaften die Geltendmachung von Willensmängeln ausschließt, würde der Satz weit hinausgehen. Das Reichsgericht hat daran immer festgehalten, daß eine gültige, insbesondere dem tatsächlichen Hergange nicht zuwiderlaufende Eintragung vorliegen muß, wenn das Vertrauen der Gläubiger geschützt werden soll. Dies ist auch fernerhin als Grenze anzuerkennen, zumal nach § 9 HGB. die Einsicht der zum Handelsregister eingereichten Schriftstücke — hier des Protokolls über den Kapitalerhöhungsbeschluß sowie der Urschrift oder beglaubigten Abschrift der Übernahmeerklärungen — vgl. § 54 Abs. 2, § 57 Abs. 3 Nr. 1 GmbHG. — jedermann freisteht. Ausdrücklich bemerkt die Denkschrift zum HGB. S. 23: das Recht auf Einsicht jener Schriftstücke wurde gewährt, weil sie zur Prüfung der Rechtsgültigkeit der Eintragungen unentbehrlich seien."

---

41. Mit welchem Zeitpunkt entsteht der Anspruch einer Genossenschaft mit unbeschränkter Haftpflicht gegen ihre Mitglieder auf Leistung von Nachschüssen?

Gesetz, betr. die Erwerbs- und Wirtschaftsgenossenschaften, vom 1. Mai 1889/20. Mai 1898 (RGBl. 1898 S. 810) §§ 2, 73, 105. BGB. § 241.

II. Zivilsenat. Urt. v. 30. Juni 1914 i. S. des Spar- u. Kreditvereins. e. G. m. u. H. zu N. (Kl.) w. Eheleute M. (Bekl.). Rep. II. 161/14.

I. Landgericht Darmstadt.
II. Oberlandesgericht daselbst.

Aus den den Sachverhalt ergebenden

Gründen:

„Der Kläger ist der Konkursverwalter der Genossenschaft m. u. H. zu N., die am 19. Dezember 1911 in Konkurs geraten ist. M., der Vater des beklagten Ehemannes, war seit 1889 Mitglied dieser Genossenschaft und ist auf Grund der vollstreckbaren Nachschußberechnung des zuständigen Amtsgerichts zur Leistung eines Beitrages von 200000 ℳ verpflichtet. Er hat durch Vertrag vom 27. September 1908 seinen gesamten Grundbesitz nebst totem und lebendem Inventar, außer dem er wesentliches Vermögen nicht besaß, an seinen Sohn und dessen Ehefrau, die beiden Beklagten, für Gegenwerte von etwa 15000 ℳ übertragen.

Der Kläger macht geltend, daß die Beklagten durch diesen Vertrag das Vermögen ihres Vaters und Schwiegervaters übernommen hätten. Er nimmt sie deswegen auf Grund BGB. § 419 für die Haftsumme in Anspruch, hat aber zunächst seine Forderung auf 15000 ℳ beschränkt.

Beide Vorinstanzen haben zugunsten des Klägers angenommen, daß der zwischen M. und den Beklagten geschlossene Vertrag unter den § 419 BGB. fällt, daß also die Beklagten für die am 27. September 1908 bestehenden Verbindlichkeiten des Übergebers mit den übernommenen Werten haften. Diese Entscheidung wird von den Beklagten nicht angegriffen. Sie ist auch unbedenklich richtig. Es genügt, dafür auf die Urteile des Reichsgerichts RGZ. Bd. 69 S. 283 und S. 416 zu verweisen.

Es kommt aber auf diesen Punkt nicht an; denn es ist den Vorinstanzen auch darin beizutreten, daß die Forderung, wegen derer der Kläger sich an die Übernehmer des Vermögens seines Schuldners halten will, beim Abschlusse des Übernahmevertrages noch nicht bestanden hat.

Nach dem jetzt geltenden Genossenschaftsgesetze §§ 2 und 120 (vgl. auch § 113 des Gesetzes von 1889) hat M. durch den Beitritt de unbeschränkte Haftung für die Verbindlichkeiten der Genossenschaft gegenüber dieser sowie unmittelbar gegenüber den Gläubigern übernommen. Es fragt sich, in welchem Zeitpunkt aus dieser Übernahme der Haftung ein Schuldverhältnis im Sinne des § 241 BGB. zwischen M. und der Genossenschaft sowie ihren einzelnen Gläubigern entstanden ist.

Was zunächst das Rechtsverhältnis zu den einzelnen Gläubigern angeht, so kann durch den Beitritt eine Verbindlichkeit des M. höchstens gegenüber denjenigen Gläubigern entstanden sein, die derzeit von der Genossenschaft etwas zu fordern hatten. Anderen Personen, die erst später Forderungen an die Genossenschaft erwarben, wurde er durch seinen Beitritt nicht verpflichtet. Der Beitritt schuf vielmehr nur eine rechtlich erhebliche Tatsache, aus der später durch Hinzutritt der weiteren Tatsache, daß die Genossenschaft Schulden kontrahierte, Verbindlichkeiten M.'s gegen die neuen Gläubiger entstehen konnten. Zwischen M. und jedem einzelnen Gläubiger der Genossenschaft ist also ein Schuldverhältnis keinesfalls früher entstanden, als der Betreffende eine Forderung gegen die Genossenschaft erwarb. Bis dahin bestand auch keine aufschiebend bedingte Schuld, weil es sowohl an einem Gläubiger wie an einem Gegenstande der Forderung fehlte. Zur Zeit des Abschlusses des Übernahmevertrages standen also nur denjenigen Gläubigern, die damals schon Forderungen gegen die Genossenschaft hatten, Ansprüche gegen M. zu. Es würden sich jedenfalls nur diese zur Zeit des Übernahmevertrages vorhandenen Gläubiger im Einzelangriff auf Grund des § 419 an die Beklagten halten können. Ob diesen Gläubigern ein solches Recht wirklich zusteht, oder ob ihnen gegenüber noch andere Gegengründe vorliegen, kann unerörtert bleiben; denn über einen Einzelangriff ist hier nicht zu entscheiden, sondern nur über den Anspruch des Konkursverwalters.

Nach der auf Gesetz und Satzung begründeten Organisation der Genossenschaft lag dem M. nicht nur eine Pflicht ob, für die durch die Genossenschaft erstrebten gemeinschaftlichen Zwecke die aus dem Statut und seiner Beitrittserklärung sich ergebenden Beiträge zu leisten, sondern er hatte darüber hinaus im Falle seines Austritts (§ 73) und im Falle des Konkurses der Genossenschaft (§ 105) für einen sich aus der Bilanz ergebenden Fehlbetrag in der im Gesetze geregelten Weise einzustehen. Der Genossenschaft gegenüber haftete er aber gemäß dem Inhalte des Gesetzes nicht, wie gegenüber den Gläubigern, für einzelne Schulden, sondern für den bilanzmäßigen Fehlbetrag. Es fragt sich, ob aus dieser Haftpflicht zur Zeit des Übernahmevertrages schon ein Forderungsrecht der Genossenschaft gegen M., sei es auch ein aufschiebend bedingtes, entstanden war.

Ein Forderungsrecht besteht laut § 241 BGB., wenn eine Person, der Gläubiger, berechtigt ist, von einer anderen, dem Schuldner, eine Leistung zu fordern. Das Recht kann befristet oder bedingt sein, aber es kann nicht ohne einen bestimmten oder irgendwie bestimmbaren Inhalt der Leistung gedacht werden. Hängt das Recht eines Gläubigers, eine bestimmte Leistung zu fordern, von dem ungewissen Eintritt einer künftigen Tatsache ab, so besteht ein bedingtes Forderungsrecht; soll aber auch der Inhalt der Leistung erst durch diese Tatsachen bestimmt werden, ohne daß vorher aus der Natur des Rechtsverhältnisses sich auch nur irgendwelche unteren und oberen Grenzen der Leistung ergeben, so besteht nach dem obigen ein Forderungsrecht nicht, wenn auch schon der Grund zu einem künftigen Forderungsrechte gelegt ist. So ist aber, jedenfalls so lange wie ein Fehlbetrag im Vermögen der Genossenschaft nicht besteht, die Rechtslage eines Genossen, der durch seinen Beitritt die Haftung für einen etwaigen Fehlbetrag im Vermögen der Genossenschaft übernommen hat. Bis ein Fehlbetrag entsteht, ist seine Haftung gegenstandslos. Die Leistungspflicht, in die er durch Eintritt weiterer Ereignisse verstrickt werden kann, ist bis dahin weder bestimmt noch bestimmbar. Seine Mitgliedschaft begründet für den Genossen also wohl die Möglichkeit des künftigen Bestehens einer Schuldverbindlichkeit gegenüber der Genossenschaft, nicht aber eine Schuldverbindlichkeit, auch keine bedingte.

Daß dies richtig und notwendig ist, zeigt sich besonders klar, wenn man den Fall des Konkurses eines Genossen betrachtet. Wäre seine Haftpflicht eine aufschiebend bedingte, aber bestehende Schuld, so wäre die Genossenschaft ohne Rücksicht auf ihre Vermögenslage gemäß § 67 KO. berechtigt, Sicherung ihrer Forderung zu beanspruchen; was offenbar unausführbar ist, weil es an jeder Möglichkeit, die Forderung zu bemessen, fehlt. An diesem Beispiel erweist sich auch der Unterschied zwischen der Haftpflicht des Genossen und dem Falle der Ausfallbürgschaft (vgl. RGZ. Bd. 69 S. 416), der gewisse Ähnlichkeiten mit jenem haben mag. Von der Masse des in Konkurs geratenen Ausfallbürgen kann und darf Sicherstellung gemäß § 67 KO. gefordert werden.

Danach bestand also für M. bei Abschluß des Übergabevertrages, am 27. September 1908, eine Schuldverbindlichkeit gegenüber der Genossenschaft jedenfalls nur dann und nur insoweit, als im Vermögen der Genossenschaft derzeit schon ein Fehlbetrag vorhanden war. Schon hiernach muß die Klage abgewiesen werden; denn die damals letzte Bilanz von Ende 1907 zeigte nach dem vorgetragenen Tatbestande des Landgerichts noch einen Gewinn von 4013,94 *M*. Ein bilanzmäßiger Fehlbetrag war nicht vorhanden. Ob die Bilanz sachlich richtig, insbesondere die Aktiva richtig bewertet waren, ist gleichgültig; denn der Genosse haftet laut §§ 73 und 105 nur für den sich aus der Bilanz ergebenden Fehlbetrag, und die Genossenschaft muß die von ihren Organen, dem Vorstande und der Generalversammlung, aufgestellte und genehmigte Bilanz im Rechtsverhältnisse zu den Genossen gegen sich gelten lassen.

Es kommt aber hierauf nicht einmal an. Denn wenn auch im September 1908 bereits ein bilanzmäßig festgestellter Fehlbetrag vorhanden gewesen wäre, so wäre dadurch eine Schuld des M. gegenüber der Genossenschaft nicht begründet gewesen. Da er nicht ausgeschieden, sondern bis zum Konkurse Genosse geblieben ist, so steht ein Anspruch der Genossenschaft auf Grund einer Auseinandersetzung gemäß § 73 nicht in Frage. Abgesehen von diesem Falle kann aber die Genossenschaft während ihres Bestehens die Mitglieder nicht wegen eines bilanzmäßigen Fehlbetrages in Anspruch nehmen, sondern nur im Falle der Konkurseröffnung und nur für den Fehlbetrag, der sich aus der vom Konkursverwalter gemäß § 124 KO. aufgestellten Bilanz ergibt. Wenn auch eine während des Betriebes der Genossenschaft festgestellte Unterbilanz eine gewisse Gefahr ergibt, daß Konkurs eintreten und die Genossen in Anspruch genommen werden könnten, so ist eine aufschiebend bedingte Verbindlichkeit, den zurzeit bestehenden Fehlbetrag zu decken, damit noch nicht begründet. Die Genossen haben nicht den Fehlbetrag einer während des Bestandes der Genossenschaft aufgestellten Bilanz, der wieder verschwinden oder anwachsen kann, sondern nur den Fehlbetrag der vom Konkursverwalter aufzustellenden Bilanz zu decken. Und ihre Pflicht hierzu ist nicht nur durch den Eintritt des Konkurses bedingt, sondern es steht auch über Inhalt und Höhe ihrer Leistung im voraus nichts fest. Der Inhalt ihrer sich aus der genossenschaftlichen Haftung dereinst ergebenden Verbindlichkeit wird also auch durch die während des Bestandes der Genossenschaft festgestellte Unterbilanz weder bestimmt, noch bestimmbar gemacht. Erst durch die Eröffnung des Konkurses ergibt sich aus der genossenschaftlichen Haftpflicht die Verbindlichkeit zu einer Leistung von bestimmbarem Inhalt, indem jetzt nur noch vom Konkursverwalter durch Aufstellung der Bilanz ermittelt werden muß, wie hoch sich die Nachschußpflicht der Genossen beläuft. Danach entsteht also erst durch die Eröffnung des Konkurses aus der Haftpflicht der Genossen ein Schuldverhältnis zwischen ihnen und der Genossenschaft, d. h. ein Anspruch der Genossenschaft gegen die Genossen auf Nachschuß.

Da somit die im gegenwärtigen Prozesse geltend gemachte Forderung der Konkursmasse gegen M. zur Zeit der Übernahme seines Vermögens durch die Beklagten noch nicht bestanden hat, so sind die Beklagten nicht gemäß § 419 BGB. für die Forderung haftbar, weshalb es bei der Abweisung der Klage verbleiben muß."

---

42. 1. Ist eine Leistung, die auf Grund eines für vorläufig vollstreckbar erklärten Urteils vor Eröffnung des Konkurses über das Vermögen des Schuldners gemacht wird, Erfüllung, so daß § 17 KO. auf das Vertragsverhältnis keine Anwendung findet?

2. Bedarf es, wenn unrichtigerweise ein Teilurteil erlassen ist, in der Revisionsinstanz einer Rüge nach § 554 Nr. 2b ZPO.?

3. Kann mit der Revision gerügt werden, daß der Berufungsrichter von seiner Befugnis, ein Teilurteil zu erlassen, hätte Gebrauch machen müssen?

KO. § 17.

ZPO. §§ 301, 545, 554 Nr. 2b, 559, 717 Abs. 2.

III. Zivilsenat. Urt. v. 3. Juli 1914 i. S. S. M. (Kl.) w. den Konkursverwalter P. K. (Bekl.). Rep. III. 41/14.

I. Landgericht I Berlin.
II. Kammergericht daselbst.

Auf Grund eines zwischen dem Kläger und dem ursprünglichen Beklagten, Bankier L., geschlossenen Vertrages wurde dieser vom Landgerichte verurteilt, dem Kläger 25 Kuxe der Gewerkschaft R.

in H. Zug um Zug gegen Zahlung von 93750 ℳ zu liefern und ihm über die Übertragung eine schriftliche Urkunde auszustellen. Zugleich wurde dieses Urteil gegen Sicherheitsleistung von 100000 ℳ in bar oder mündelsicheren Papieren für vorläufig vollstreckbar erklärt. Zur Abwendung der Zwangsvollstreckung lieferte der damalige Beklagte dem Kläger die 25 Kuxe, stellte auch die Abtretungsurkunde aus und zahlte 928,50 ℳ Kosten. Der Kläger bezahlte seinerseits urteilsgemäß 93649 ℳ und rechnete mit dem Reste bis zu 93750 ℳ auf.

Nachdem der Beklagte Berufung eingelegt hatte, wurde über sein Vermögen der Konkurs eröffnet und der jetzige Beklagte zum Konkursverwalter bestellt. Er hat den Rechtsstreit gemäß § 250 ZPO. aufgenommen, später die Erfüllung nach § 17 KO. abgelehnt und beantragt, den Kläger mit der Klage abzuweisen und ihn ferner nach § 717 Abs. 2 ZPO. zu verurteilen, an die Konkursmasse die 25 Kuxe nebst Abtretungsurkunde herauszugeben und 928,50 ℳ nebst 4% Zinsen seit 12. März 1910 zu bezahlen. In zweiter Reihe hat er beantragt, den Kläger zur Zahlung von 101 ℳ nebst Zinsen zu verurteilen. Das Berufungsurteil änderte durch Teilurteil das Urteil des Landgerichtes dahin ab, daß es die Klage abwies.

Von den von beiden Teilen hiergegen eingelegten Revisionen ist die des Beklagten als unzulässig verworfen, auf die des Klägers dagegen das Berufungsurteil aufgehoben und die Sache zur anderweiten Verhandlung und Entscheidung an das Berufungsgericht zurückverwiesen worden.

Gründe:

I. Revision des Klägers.

„Nachdem das landgerichtliche Urteil, das gegen Sicherheit von 100000 ℳ für vorläufig vollstreckbar erklärt ist, erlassen war, unterhandelten die Parteien über diese Sicherheitsleistung. Da der Kläger zwar eine Sicherheit von 100000 ℳ zu leisten hatte, die Kuxe und die Abtretungserklärung aber nur gegen Zahlung von 93750 ℳ erlangen konnte, waren nur 6250 ℳ eigentlich zu hinterlegen. Darüber, daß dem so sei, einigten sich die Parteien. Zugleich einigte man sich weiter, daß diese 6250 ℳ bei dem Prozeßbevollmächtigten des Klägers zu hinterlegen seien und hinterlegt seien. Dies alles ergibt sich aus dem Briefwechsel bis zum 12. Februar 1910, wie der Berufungsrichter feststellt.

Am 14. Februar 1910 sind in Vollziehung des Urteils und dieser Einigung dem Kläger die 25 Kuxe nebst Zessionsurkunde ausgehändigt worden. Der Kläger zahlte aber nicht 93750 *M*, sondern an den Beklagten nur 93649 *M*. Mit dem Rest von 101 *M* rechnete er auf. Er hatte nämlich den Beklagten am 12. Februar 1910 notariell in Verzug gesetzt. Die Kosten der Verzugssetzung, die der Kläger auf 101 *M* angibt, hat er an den 93750 *M* gekürzt. Daraus erklärt sich der Hilfsantrag des Beklagten auf Verurteilung des Klägers zur Zahlung von 101 *M*.

Durch Übertragung der Kuxe und Übergabe der schriftlichen Abtretungserklärung hat der damalige Beklagte das Eigentum an den Kuxen auf den Kläger nach § 105 des allgemeinen preußischen Berggesetzes vom 24. Juni 1865 übertragen. Auf diese Tatsache stützt der Kläger seinen mit der Klage verfolgten Erfüllungsanspruch. Er meint, auf die Klagebegründung im übrigen komme es nicht an, weil der Beklagte vor Eröffnung des Konkurses ebenso wie er selbst erfüllt habe die Erfüllung eines beiderseits vollständig erfüllten Vertrags könne der Konkursverwalter nach der ausdrücklichen Vorschrift des § 17 KO. nicht ablehnen.

Der Klage liegt folgender Sachverhalt zugrunde. Am 15. Dezember 1909 bestätigte L. dem Kläger, diesem 25 Kuxe bis zum 15. Januar 1910 in des Klägers Wahl an Hand zu lassen. Der Kläger erblickt in dieser Bestätigung einen unwiderruflichen Verkaufsantrag, den er am 18. Dezember 1910 angenommen habe. Der Beklagte L. wollte in seiner Bestätigung vom 15. Januar einen widerruflichen Kommissionsauftrag sehen, den er am 17. Dezember 1910 widerrufen und am 18. Dezember 1910 wegen arglistiger Täuschung angefochten habe. Das Landgericht hat sich auf die Seite des Klägers gestellt und die Einwendungen des Beklagten verworfen.

Der Berufungsrichter geht auf diese Seite der Sache nicht ein; denn die Parteien hätten ihre Vorträge allein auf die Frage beschränkt, ob § 17 KO. Platz greife. Er weist die Klage ab, weil die Leistung, die ein durch vorläufig vollstreckbares Urteil verurteilter Beklagter zum Zwecke der Abwendung der Zwangsvollstreckung aus diesem Urteile seinem Gegner macht, nicht als Erfüllung des dem Klaganspruche zugrunde liegenden Rechtsgeschäfts angesehen werden könne; folglich sei das Geschäft im Augenblicke der Konkurseröffnung noch von keiner Seite erfüllt, der Konkursverwalter nach § 17 KO. zur Ablehnung der Erfüllung berechtigt und der Kläger auf die Anmeldung seiner vermeintlichen Ansprüche im Konkurse von L. beschränkt gewesen. Die Erfüllungsklage sei abzuweisen; auf alles Weitere komme es nicht an.

Das Revisionsgericht hat davon auszugehen, daß die Revision zulässig ist. Denn der Berufungsrichter hat ausdrücklich ein Teilurteil nach § 301 ZPO. erlassen und erlassen wollen (vgl. RGZ. Bd. 73 S. 87, Bd. 24 S. 423). Dies ergibt sich aus der Überschrift des Urteils und aus dem Schlusse der Entscheidungsgründe. In eine Untersuchung darüber, ob ein solches Teilurteil zulässig war, ob nicht etwa ein untrennbarer Zusammenhang zwischen dem Klagantrage und dem Antrage des Konkursverwalters bestand, weil beide Anträge denselben Gegenstand betreffen, hatte das Revisionsgericht nicht einzutreten, weil es sich um eine Verletzung des Verfahrens handeln würde und ein solcher Mangel weder unmittelbar noch mittelbar gerügt ist (§ 554 Nr. 2b, § 559 ZPO.). Das Reichsgericht hat bereits erkannt, daß die prozessuale Zulässigkeit einer Vorabentscheidung über den Grund des Anspruchs eine das Verfahren betreffende Frage im Sinne des § 554 Nr. 2b und des § 559 ZPO. ist (RGZ. Bd. 75 S. 19 oben). Dasselbe muß von der Frage gelten, ob ein Teilurteil erlassen werden durfte.

Das Revisionsgericht hat also die angegriffene Entscheidung sachlich zu prüfen. Dieser sachlichen Prüfung hält das Berufungsurteil nicht stand; denn der Berufungsrichter verkennt die rechtliche Bedeutung der Beitreibung der Klageforderung auf Grund eines vorläufig vollstreckbaren Urteils. Der entscheidende Gesichtspunkt ist allerdings nicht der vom Kläger geltend gemachte, daß sowohl die Leistung auf ein rechtskräftiges Urteil wie auch die Leistung auf ein nur für vorläufig vollstreckbar erklärtes Urteil hin die Klageforderung in gleicher Weise zum Erlöschen bringe, und daß der verurteilte Schuldner in beiden Fällen denselben erzwungenen Erfüllungswillen habe. Durch diese Gleichstellung des rechtskräftigen und des nur vorläufig vollstreckbaren Urteils, die der Kläger in § 815 Abs. 3, § 897 ZPO. bestätigt findet, vermöchte der Entscheidungsgrund des Berufungsrichters nicht beseitigt zu werden, daß der Schuldner auf Grund eines „vorläufig“ vollstreckbaren Urteils nur „vorläufig“ bis zum Austrag des Urteils über die Klageforderung zwangsweise leisten, also nicht endgültig erfüllen will, daß er seine Leistung sogar wieder zurückfordern kann, wenn er im schwebenden Rechtsstreit obsiegt. Der Berufungsrichter führt nämlich aus, beide Teile seien bei ihren beiderseitigen Leistungen des Willens gewesen, nicht etwa den Vertrag zu erfüllen, der ja streitig blieb, sondern das Urteil auszuführen. Sei aber die Übertragung der Kuxe und der Abtretungsurkunden nicht als Vertragserfüllung anzusehen, so gelte dasselbe von der Gegenleistung des Klägers, d. h. von dessen Zahlung und von der Aufrechnung; Leistung und Gegenleistung ständen in unlösbarem rechtlichem Zusammenhange. Hieraus zieht der Berufungsrichter den Schluß, eine Leistung zum Zwecke der Zwangsvollstreckung aus einem nur vorläufig vollstreckbaren Urteile beeinflusse den materiellen Streit nicht; der Kläger könne seine Ansprüche nur als Konkursgläubiger verfolgen.

Diese Schlußfolgerung des Berufungsrichters kann nicht als richtig anerkannt werden. Die vorläufige Vollstreckbarkeit soll den Gläubiger gegen die Gefahr späterer Vermögensunzulänglichkeit des Schuldners schützen. Der Gläubiger, der durch Beitreibung der Schuldsumme vorläufige Befriedigung erhalten hat, kann nicht schlechter gestellt sein, als der Gläubiger, dem der Schuldner zur Abwendung der Zwangsvollstreckung Sicherheit geleistet und damit ein Pfandrecht und Absonderungsrecht für den Konkurs eingeräumt hat, das den Gläubiger von der Anmeldung im Konkurse befreit (§§ 11, 48 KO.; RGZ. Bd. 12 S. 222). In RGZ. Bd. 39 S. 108 wird hieraus gefolgert, es könne dem Gläubiger, wenn er auch nur vorläufig zum Zweck der Abwendung der Zwangsvollstreckung Zahlung erhalten habe, nicht zugemutet werden, das Empfangene zurückzuzahlen und sich auf die Konkursmasse verweisen zu lassen, wenn die beigetriebene Forderung auch in der höheren Instanz als begründet erkannt wird. Danach würde der Kläger von einem Zangsvergleich nicht betroffen worden sein, weil er nicht Konkursgläubiger war. Er hatte folglich auch seine Forderung nicht zum Konkurs anzumelden, obgleich er nur vorläufig befriedigt war (RGZ. Bd. 11 S. 401 oben, Jur. Wochenschr. 1897 S. 562[4]). Mit dieser Auffassung steht nicht, wie der Berufungsrichter meint, RGZ. Bd. 63 S. 332 im Widerspruch. Dieser Entscheidung will sich der Berufungsrichter anschließen, indem er auf deren Endsätze verweist. Sie endigt mit den Sätzen:

„Die Hingabe oder Wegnahme des Geldes auf Grund der vorläufigen Vollstreckung ist die vorläufige Regelung des Streitverhältnisses zugunsten des Klägers, aber unter voller Wahrung der Rechte des Beklagten; und der Bestand dieser vorläufigen Regelung ist abhängig gemacht von dem Bestand oder der Aufhebung des Urteils, nicht von dem Bestande der Klageforderung zur Zeit der Erlassung des Urteils oder seiner Vollstreckung. Die Entscheidung über die rechtliche Wirkung der Auslieferung des Geldes ist hiernach hinausgeschoben bis zur rechtskräftigen Entscheidung des Streites. . . ."

Aus diesen Sätzen wurde dort hergeleitet, daß der Beklagte, der auf Grund eines vorläufig vollstreckbaren Urteils geleistet hatte, doch noch eine an und für sich zulässige Aufrechnung mit Hilfe einer erst nach seiner Zahlung an den Gerichtsvollzieher erworbenen Gegenforderung vornehmen kann.

Diesen Sätzen ist beizutreten. Es ergibt sich aus ihnen aber nichts zur Stütze des Berufungsurteils. Vielmehr folgt aus ihnen, daß der Beklagte mit seiner Leistung einen Anspruch auf Rückerstattung des zur Abwendung der Zwangsvollstreckung Geleisteten erwirbt, wenn dem Kläger ein Anspruch auf das Geleistete nicht zustand. Dieser durch § 717 Abs. 2 ZPO. noch weiter bekräftigte aufschiebend bedingte Anspruch bildete einen Teil der Aktivmasse, als über das Vermögen des Beklagten der Konkurs eröffnet wurde. Der Konkursverwalter hat diesen die Konkursmasse betreffenden Rechtsstreit nach §§ 240flg. ZPO. aufgenommen. Dieser Rechtsstreit war für den Gemeinschuldner nach § 10 KO. anhängig, insofern nämlich der Konkursverwalter den Anspruch auf Rückerstattung des Geleisteten in demselben Prozesse verfolgte (RGZ. Bd. 11 S. 400). Aber der Kläger hatte, nachdem er seine Forderungen eingezogen hatte, keine Ansprüche mehr im Konkurse anzumelden.

Im Sinne des § 17 KO. ist Erfüllung auch die Leistung auf Grund vorläufig vollstreckbaren Urteils. Es kann nach dem Erörterten nicht im Sinne des § 17 KO. gelegen sein, daß eine Leistung auf Grund eines vorläufig vollstreckbaren Urteils, mag diese Leistung auch infolge des durch das Urteil ausgeübten Zwanges gemacht worden sein, deshalb einer Nichterfüllung gleichgestellt werde, weil zur Zeit der Leistung die Möglichkeit bestand, daß in der höheren Instanz ein anderes Urteil ergehen und auf Grund dessen die gemachte Leistung wieder zurückverlangt werden konnte.

Hieraus folgt die Aufhebung des angefochtenen Urteils. Die Zurückverweisung hatte stattzufinden, weil nun erst zur Erörterung kommen muß, ob die Klageforderung begründet ist. Mit der Revision ist gerügt gewesen, ob nicht etwa der Konkursverwalter seines Rechtes der Erfüllungsablehnung aus § 17 KO. durch sein Verhalten verlustig gegangen sei. Auf diese Frage, die übrigens in den Vorinstanzen nicht aufgeworfen war, konnte in der Revisionsinstanz schon deshalb nicht eingegangen werden, weil der Vorderrichter die erforderlichen tatsächlichen Unterlagen noch nicht zum Gegenstande seiner Erörterung gemacht hat. Es mag jedoch darauf hingewiesen werden, daß vom Beklagten das Vorliegen einer Verkaufskommission behauptet und diese Behauptung nicht geprüft worden ist.

II. Revision des Beklagten.

Der Konkursverwalter hat selbständig Revision eingelegt. Der Revisionsantrag geht zunächst auf Aufhebung des Berufungsurteils. Dieser Antrag hat, wörtlich genommen, keinen Sinn; denn der Beklagte hat es ja erreicht, daß die Klage abgewiesen worden ist. Der Beklagte ist auch nicht mit Kosten belastet. Das Berufungsurteil sagt am Schlusse der Gründe ausdrücklich, die Entscheidung über die Kosten bleibe dem Endurteile vorbehalten. Der Antrag, das Urteil aufzuheben, ist daher als nicht geschrieben und nicht gestellt zu erachten. Der Antrag auf Aufhebung wird nur erklärlich, wenn man den zweiten Teil des Revisionsantrags damit in Verbindung bringt.

Der zweite Teil des Revisionsantrags geht auf Herausgabe der 25 Kuxe und der Abtretungsurkunde oder der Abtretungsurkunden, die der Kläger auf Grund des vorläufig vollstreckbaren Urteils erster Instanz erhalten hat, um die Vollstreckung abzuwenden. In der Berufungsinstanz hatte der Beklagte noch weiter 928,50 ℳ nebst Zinsen begehrt. Dieses Begehren ist in der Revisionsinstanz nicht wiederholt worden. Der Revisionsantrag wird dahin zu rechtfertigen versucht, der Berufungsrichter habe von seiner Befugnis, einen entscheidungsreifen Teil des Rechtsstreites durch Teilurteil auszuscheiden

(§ 301 Abs. 1 ZPO.), keinen Gebrauch macht; aus unzutreffenden Gründen habe er den Antrag des Beklagten auf Verurteilung des Klägers zur Rückgabe der Kuxe und Abtretungsurkunden abgelehnt.

Die Revision des Beklagten ist unzulässig. Die Entscheidung über den Antrag des Beklagten, der auf § 717 Abs. 2 ZPO. gestützt ist, hat durch Urteil zu erfolgen (§ 322 ZPO.). Eine Entscheidung über diesen Antrag liegt nicht vor. Der Berufungsrichter erklärt ausdrücklich, der Antrag des Beklagten sei noch nicht entscheidungsreif, er könne deshalb nur ein Teilurteil über den Klaganspruch nach § 301 ZPO. erlassen. Der Beklagte meint, sein Antrag sei entscheidungsreif, der Berufungsrichter behandle den Antrag unzutreffenderweise als nicht entscheidungsreif. Auf diesen Angriff kommt es gar nicht an, weil eben der Berufungsrichter keine Entscheidung geben wollte und keine Entscheidung gegeben hat. Die Revision des Beklagten war also zu verwerfen, weil die Revision nur gegen Endurteile der Oberlandesgerichte stattfindet.“ . . .

---

43. 1. Was ist im Falle eines Sukzessivlieferungsvertrags unter Verlangen der Erfüllung im Sinne des § 17 KO. zu verstehen?
2. Zum Begriffe des Anfechtungsgrundes bei der Anfechtung wegen Irrtums.

KO. § 17.
BGB. §§ 119, 121.

II. Zivilsenat. Urt. v. 3. Juli 1914 i. S. L. E. Qu. (Bekl.) w. Zwirnerei S. A.-G. (Kl.). Rep. II. 174/14.

I. Landgericht Dresden.
II. Oberlandesgericht daselbst.

Die Klägerin hatte der Kommanditgesellschaft Qu. & Co., bevor diese in Konkurs geriet, 20000 Epfd. Baumwollzwirn auf Lieferung verkauft. Aus diesem Vertrage hatte die Klägerin bei Ausbruch des Konkurses 7699,20 *M* für gelieferte Waren zu fordern, während etwa 7000 Epfd. noch zu liefern waren. Sie behauptet, der Konkursverwalter habe von der rückständigen Menge 400 Epfd. abgerufen.

Da er hierdurch die Erfüllung des zweiseitigen Vertrages verlangt habe, seien die gesamten Ansprüche aus diesem Vertrage Masseschulden geworden und würden von dem später geschlossenen Zwangsvergleiche nicht betroffen. Sie forderte daher von dem Beklagten, der nach beendetem Konkurse das Geschäft der Gemeinschuldnerin als alleiniger Inhaber mit Aktiven und Passiven übernommen hatte, volle Zahlung der 7699,20 *M*.

Der Beklagte wandte ein: der Konkursverwalter habe bei Bestellung der fraglichen 400 Epfd. nicht gewußt, daß aus dem alten Schlusse noch Lieferungen ausständen. Deshalb habe er auch nicht die Erfüllung des alten Vertrages gefordert. Für den Fall aber, daß seine Bestellung dennoch diesen Sinn haben sollte, habe der Konkursverwalter sie durch seinen Brief vom 10. Juli unverzüglich nach Kenntnis der Sachlage wegen Irrtums über den Inhalt seiner Erklärung angefochten.

Beide Vorinstanzen gaben der Klage statt. Die Revision des Beklagten führte zur Aufhebung des Berufungsurteils aus folgenden

Gründen:

„Die Revision kann insoweit keinen Erfolg haben, als sie sich gegen die Entscheidung wendet, daß der Konkursverwalter die Erfüllung des streitigen Sukzessivlieferungsvertrages gefordert habe. Nach der tatsächlichen Feststellung des Berufungsgerichts hat der Konkursverwalter in der dritten telephonischen Unterredung, die über die Bestellung der 400 Pfund Zwirn stattfand, auf die Mitteilung S.'s, daß ein Schluß bestehe, auf den noch ungefähr 7000 Pfund abzunehmen seien, durch den Mund des jetzigen Beklagten (eines damaligen Teilhabers der im Konkurse befindlichen Gesellschaft) erwidert: wenn sie noch Schluß hätten, so hätte die Lieferung der 400 Pfund à conto desselben zu erfolgen. Damit hat er deutlich gefordert, daß dieser Schluß, d. h. der Sukzessivlieferungsvertrag, erfüllt werden sollte, und hieraus ergibt sich nach § 17 KO. und der feststehenden Rechtsprechung die Folge, daß die sämtlichen aus dem Sukzessivlieferungsvertrage entstandenen Verbindlichkeiten, insbesondere also die Klageforderung, als Masseschulden vorweg aus der Masse zu befriedigen waren und von dem Zwangsvergleiche nicht betroffen wurden.

Da aber nach der weiteren Feststellung des Berufungsgerichts der Konkursverwalter bei der Bestellung nicht gewußt hat, daß auf den Vertrag noch Zahlungen für gelieferte Waren rückständig waren, so konnte er seine Erklärung, wie der Vorderrichter, der Rechtsprechung folgend, mit Recht annimmt, wegen Irrtums gemäß § 119 BGB. anfechten. Der Beklagte behauptet, daß der Konkursverwalter die Anfechtung rechtzeitig erklärt habe und die Gründe, aus denen diese Verteidigung zurückgewiesen ist, müssen zur Aufhebung des Urteils führen.

Zunächst ist in dem Briefe des Konkursverwalters vom 10. Juli, auf den der Beklagte sich beruft, eine Anfechtung enthalten. . . . (Wird ausgeführt.)

Es fragt sich daher weiter, ob die Anfechtung im Sinne des § 121 BGB. rechtzeitig, d. h. unverzüglich nachdem der Konkursverwalter von dem Anfechtungsgrunde Kenntnis erlangt hatte, erklärt worden ist. Das Berufungsgericht verneint dies; aber auf Grund von tatsächlichen Feststellungen, die dafür nicht ausreichen. Seine Ausführungen beruhen auf unrichtiger Anwendung des § 121.

Im Falle der Anfechtung wegen Irrtums ist unter dem Anfechtungsgrunde der in der Erklärung enthaltene Irrtum zu verstehen; nicht die Tatsache, über die der Erklärende geirrt hat. Demzufolge erlangt der Erklärende Kenntnis von dem Anfechtungsgrunde nicht unter allen Umständen dadurch, daß er hinsichtlich der fraglichen Tatsache den richtigen Sachverhalt erfährt, sondern er muß sich — dies ist das Entscheidende — des in seine Erklärung gekommenen Irrtums bewußt werden. Im Streitfalle besteht der Anfechtungsgrund darin, daß der Konkursverwalter, weil er von dem Bestande unbezahlter Kaufpreisforderungen nichts wußte, sich von dem Vertrage, dessen Erfüllung er forderte, eine falsche Vorstellung gemacht hat, und somit seinen Worten nach etwas anderes gefordert hat, als er fordern wollte. Der hierdurch in seine Erklärung gekommene Irrtum ist der Anfechtungsgrund.

Nach der Feststellung des Oberlandesgerichts hat der Konkursverwalter spätestens am 29. Juni, dem Tage der Gläubigerversammlung, in der er über den Stand der Masse Bericht erstattete, Kenntnis davon erlangt, daß auf den streitigen Schluß erhebliche Zahlungen rückständig waren. Die Feststellung ist einwandfrei, genügt aber nicht, weil damit nicht die Kenntnis des Anfechtungsgrundes, nämlich des in der Bestellung vorgekommenen Irrtums festgestellt ist. Dazu mußte der Konkursverwalter sich, als er den streitigen Schluß zwecks Aufmachung eines Status der Masse bearbeitete, auch bewußt werden, daß dies gerade derjenige Schluß war, auf den er die fraglichen 400 Pfund Zwirn abgerufen hatte. Es ist nicht ausgeschlossen, daß ihm dies gar nicht eingefallen ist.

Ein weiterer Zweifel kommt hinzu. Das Oberlandesgericht stellt zwar fest, daß der Konkursverwalter sich bei der streitigen Bestellung durch den Mund des Beklagten nicht so, wie er selbst als Zeuge bekundet, sondern so, wie S. aussagt, geäußert hat. Es macht ihm aber nicht den Vorwurf subjektiver Unwahrhaftigkeit, sondern nimmt einen Irrtum, nämlich eine Verwechselung der streitigen mit einer späteren Bestellung an. Danach ist es auch zweifelhaft gelassen, ob der Konkursverwalter bei der Prüfung des Standes der Masse und überhaupt in der Folgezeit, solange die streitigen Vorgänge nicht im Prozesse geklärt waren, sich bewußt gewesen ist, die von dem Berufungsgerichte festgestellte Erklärung abgegeben zu haben. Solange er sich dieser Erklärung nicht bewußt war, konnte er sich auch des in ihr begangenen Irrtums, also des Anfechtungsgrundes nicht bewußt werden. Ob in der mangelhaften Erinnerung dessen, was er im geschäftlichen Verkehr erklärt hatte, ein Verschulden des Konkursverwalters liegt, kann dahingestellt bleiben. Fahrlässige Unkenntnis schadet nicht. Nur dann, wenn der Irrende seinen Irrtum erkannt hat, ist er nach § 121 BGB. zur unverzüglichen Anfechtung verpflichtet und verliert durch Zögern das Recht zur Anfechtung.

Da somit das Oberlandesgericht dem Anscheine nach in seiner Beurteilung des Sachverhaltes von einem unrichtigen Verständnis des Begriffes des Anfechtungsgrundes ausgegangen ist, und die festgestellten Tatsachen die Entscheidung, daß der Konkursverwalter am 29. Juni von dem Anfechtungsgrunde Kenntnis gehabt habe, nicht rechtfertigen, so mußte der Revision stattgegeben und die Sache zur anderweiten Verhandlung und Entscheidung an die Vorinstanz zurückverwiesen werden."

44. 1. Vertragshaftung eines Rechtsanwalts und Notars für Mängel in der Fassung einer von seinen Angestellten entworfenen, von ihm selbst beglaubigten Urkunde.

2. Kann ein Hypothekengläubiger, obwohl er die Hypothekenforderung gegen volles Entgelt abgetreten und dem Erwerber gegenüber eine Gewährleistung nicht übernommen hat, einen Schadensersatzanspruch gegen den Notar erheben, durch dessen Verschulden der Hypothek ein Vorrang entgangen ist?

3. Ist der Hypothekengläubiger, der die Hypothekenforderung gegen Entgelt ohne Gewährleistungsabrede abgetreten hat, dem Erwerber gegenüber verpflichtet, einen ihm gegen einen anderen Hypothekengläubiger zustehenden Anspruch auf Einräumung des Vorranges dem Erwerber zu übertragen?

BGB. §§ 276, 278, 281, 437, 675.

III. Zivilsenat. Urt. v. 7. Juli 1914 i. S. Lö. (Bekl.) w. Le. (Kl.). Rep. II. 130/14.

I. Landgericht Torgau.
II. Oberlandesgericht Naumburg a. S.

Der Kläger war eingetragener Gläubiger einer Kaufgeld-Hypothekenforderung von 20000 ℳ, die auf der Schneidemühle des Müllers S. in F. lastete. Er übertrug zunächst im Juli 1909 von dieser Hypothek einen Teilbetrag von 7000 ℳ mit dem Vorrange vor dem Reste seinem Schwiegervater N. In einem notariellen Kaufvertrage vom 15. Juni 1910 trat er ferner zur Tilgung eines Teiles des darin vereinbarten Kaufpreises dem Verkäufer M. einen Teilbetrag von 6900 ℳ mit der Maßgabe ab, daß der ihm verbleibende Rest von 6100 ℳ dem abgetretenen Teile im Range vorgehen sollte, und bewilligte und beantragte die Umschreibung der Hypothek und die Übersendung des zu bildenden (Teil-) Hypothekenbriefs an den Gläubiger. Am 7. September 1910 schrieb der Kläger dem Beklagten, Rechtsanwalt und Notar Lö.:

„Sende Ihnen meinen Hypothekenbrief über 13000 ℳ. Sie wollen diese teilen und, wie aus dem Kaufvertrage mit M. ersichtlich ist, welchen ich bei Ihnen liegen ließ, im Grundbuch ordnen lassen, aber recht bald. Die Hypotheken folgen dann so auf Grundstück S.:

7000 ℳ N. I. St.
6100 ℳ behalte ich II. St.
6900 ℳ M. III. St.

Kosten erledige ich."

Bevor der Beklagte auf diesen Brief hin etwas veranlaßte, teilte der Verkäufer M. dem Kläger mit, daß er die ihm übertragene Teilhypothekenforderung von 6900 ℳ in Höhe von 2650 ℳ mit dem Range vor dem Reste von 4250 ℳ an B. L. und in Höhe von 4250 ℳ an Br. weiter abtreten wolle. Alle vier Personen begaben sich am 19. September 1910 zu dem Beklagten. In dessen Geschäftszimmer entwarf ein Angestellter die Teilabtretungserklärung, worin der Kläger von seiner Hypothekenforderung von 13000 ℳ 2650 ℳ an B. L. und 4250 ℳ an Br., und zwar mit dem Vorrange der 2650 ℳ vor den 4250 ℳ abtrat und die Eintragung der Teilabtretung und des Vorranges in das Grundbuch bewilligte, ohne über den Rang der ihm verbleibenden 6100 ℳ etwas zu bestimmen. Die Urkunde wurde von dem Kläger und dem M., der die Kosten übernahm, unterschrieben, und der Beklagte beglaubigte die Unterschriften. Die darin bewilligten Eintragungen in das Grundbuch sind erfolgt. Im Oktober 1910 trat der Kläger seine Resthypothekenforderung von 6100 ℳ an seinen Vater R. L. ab; auch diese Abtretung wurde eingetragen.

Im Januar 1911 wurde auf Antrag des ersten Hypothekengläubigers N. die Zwangsversteigerung des belasteten Grundstücks angeordnet. Im Versteigerungstermine vom 4. April 1911 war der Vater des Klägers zugegen, gab aber kein Gebot ab. Den Zuschlag erhielt der Maurermeister A. für das Meistgebot von 7540 ℳ, das nicht einmal zur völligen Befriedigung N.'s ausreichte; er fiel mit einem Betrage von 12,21 ℳ aus.

Der Kläger forderte nun kraft eigenen Rechtes mit der Behauptung, er habe seinem Vater Gewähr zu leisten, und auf Grund einer Abtretungserklärung seines Vaters vom 28. Oktober 1911 Ersatz der 6100 ℳ von dem Beklagten, weil durch dessen oder seiner Angestellten Verschulden der Teilhypothek von 6100 ℳ der Vorrang vor den 6900 ℳ entgangen sei; wenn die 6100 ℳ allein den zweiten

Rang hinter den 7000 ℳ des N. gehabt hätten, wie der Kläger und sein Vater bis zum Versteigerungstermin angenommen hätten, würde entweder der Ersteher A. nach einer mit dem Vater des Klägers getroffenen Vereinbarung die Hypothek mit ausgeboten oder der Vater selbst soviel geboten und, wenn er den Zuschlag erhalten hätte, das Grundstück zum Betrage der beiden ersten Hypotheken und der Kosten weiter veräußert haben.

Das Landgericht wies die Klage ab. Das Berufungsgericht hat den Anspruch des Klägers dem Grunde nach für gerechtfertigt erklärt. Die Revision des Beklagten ist zurückgewiesen worden.

Aus den Gründen:

„1. Der Vorderrichter hat mit Recht angenommen, daß zwischen dem Kläger und dem Beklagten ein Vertragsverhältnis bestanden hat, auf Grund dessen dieser jenem wegen Verschuldens schadensersatzpflichtig ist. Nach der eigenen Darstellung des Beklagten hatte der Kläger zunächst durch seinen Brief vom 7. September 1910 den Beklagten beauftragt, die Eintragung der in dem Kaufvertrage vom 15. Juni 1910 erklärten Teilabtretung der 6900 ℳ an M. mit dem Vorrange seiner Restforderung von 6100 ℳ und die Ausfertigung des Teilhypothekenbriefes zu besorgen, und dann am 19. dess. Mon. mündlich dem Bureauvorsteher des Beklagten die Aufnahme der Erklärung übertragen, die zu der unmittelbaren Abtretung der 6900 ℳ an M.'s Zessionare B. L. und Br. erforderlich war. Dadurch ist ein auf entgeltliche Geschäftsbesorgung gerichteter Vertrag zwischen dem Beklagten und dem Kläger zustande gekommen; der Bureauvorsteher hat als Vertreter des Beklagten den Auftrag zur Abfassung der Urkunde entgegengenommen und ausgeführt. Daß der Beklagte seinen Bureauvorsteher hierzu ermächtigt hatte, hat er nicht bestritten und folgt auch daraus, daß der Beklagte die Gebühr gemäß § 8 der preuß. Gebührenordnung für Notare vom 6. Oktober 1899 berechnet hat, also so, wie wenn der Notar selbst den Entwurf der später von ihm beglaubigten Urkunde gefertigt hätte. Der Beklagte ist also hier nicht nur als Beamter tätig gewesen, sondern auch als ein mit einer Geschäftsbesorgung gegen Entgelt Beauftragter. Als Beamter hatte er lediglich die Unterschriften zu beglaubigen und mit dem Inhalte der darüber stehenden Erklärung nichts zu tun; nach Art. 60 des preuß. Gesetzes über die freiwillige

Gerichtsbarkeit ist der Notar bei der Beglaubigung einer Unterschrift ohne Zustimmung der Beteiligten nicht einmal befugt, von dem Inhalte der Urkunde Kenntnis zu nehmen (vgl. RGZ. Bd. 49 S. 269 flg. und Urteil des erkennenden Senats vom 14. Oktober 1910, Rep. III. 510/09, Jur. Wochenschr. 1910 S. 1004 Nr. 14 und Gruchot Bd. 55 S. 361).

2. Aus dem Gesagten folgt gemäß § 278 BGB. die Haftung des Beklagten für ein Verschulden seiner Angestellten, deren er sich zur Erledigung des übertragenen Geschäfts bediente. Der Vorderrichter hat sich also keines Rechtsverstoßes dadurch schuldig gemacht, daß er nicht festgestellt hat, ob dem Beklagten selbst oder seinen Angestellten ein Verschulden zur Last zu legen ist. Er hat auch mit Recht in der Nichtberücksichtigung des Briefes vom 7. September 1910 bei der Abfassung der Urkunde ein Verschulden des Angestellten gefunden, der die Urkunde entworfen hat. Dieser mußte vor der Aufnahme der Urkunde den Brief des Klägers einsehen, zumal er dazu des dem Briefe beigefügten Hypothekenbriefs bedurfte.

Übrigens würde ein Verschulden des Beklagten selbst sogar dann anzunehmen sein, wenn er von dem Briefe keine Kenntnis erlangt haben sollte und erlangt zu haben brauchte. Bevor er die Unterschriften beglaubigte, mußte er, da es sich um eine von seinem Angestellten in seiner Vertretung entworfene Urkunde handelte, von ihrem Inhalte Kenntnis nehmen. Bei sorgfältiger, seiner Vertragspflicht entsprechenden Prüfung hätte er dann finden müssen, daß über den Rang der dem Kläger verbleibenden Teilhypothek im Verhältnis zu den abgetretenen Teilen keine Bestimmung getroffen war, und durch Fragen feststellen müssen, ob die sich daraus ergebende Rechtsfolge des gleichen Ranges dem wirklichen Willen der Beteiligten entsprach. Hierzu gab die in die Urkunde aufgenommene Rangbestimmung zwischen den beiden abgetretenen Teilen noch besonderen Anlaß. Daß die letzteren unter sich verschiedenen, mit der Resthypothek des Klägers aber gleichen Rang haben sollten, war nicht wahrscheinlich.

Ein den Beklagten verpflichtendes Verschulden ist demnach mit Recht bejaht worden. Die hiergegen gerichteten Revisionsangriffe sind nicht begründet. Insbesondere konnte der Berufungsrichter die von der Revision für erforderlich erachtete Vernehmung des Zeugen G. ohne Rechtsverstoß unterlassen, da er die von dem Kläger behauptete falsche Rechtsbelehrung über das Rechtsverhältnis durch den Bureauvorsteher, die der Beklagte durch G.'s Zeugnis widerlegen wollte, als nicht bewiesen ansieht.

3. Die Frage, ob dem Kläger durch die schuldhafte Vertragsverletzung ein Schaden erwachsen ist, obwohl er seine Resthypothekenforderung nach der — ohne Rechtsverstoß getroffenen — Feststellung des Berufungsgerichts gegen volles Entgelt abgetreten hat, wird von diesem mit der kurzen Begründung bejaht, daß der Kläger, weil er seinem Vater die Hypothek gegen Entgelt abgetreten habe, für den Rang der Hypothek als für einen Mangel im Rechte gewährleistungspflichtig sei (§ 437 BGB.). Dem kann nicht beigepflichtet werden. Nach §§ 437, 445 haftet derjenige, welcher eine Forderung oder ein sonstiges Recht verkauft oder sonst gegen Entgelt veräußert hat, nur für den rechtlichen Bestand der Forderung oder des Rechtes. Eine Hypothekenforderung entbehrt aber nicht deshalb des Rechtsbestandes, weil sie einen schlechteren Rang hat, als die Vertragsparteien bei der Abtretung angenommen haben. Eine Haftung des Veräußerers für den Rang besteht nur dann, wenn er die Haftung hierfür durch ausdrückliche oder stillschweigende Abrede übernommen hat, wenn ein bestimmter Rang der Hypothek zum Inhalte des Veräußerungsvertrages gemacht ist. Daß dies hier bei der Abtretung der Hypothek von 6100 ℳ von dem Kläger an seinen Vater geschehen sei, hat der Vorderrichter nicht festgestellt; als nicht bestritten ist nur anzusehen, daß bei der Abtretung beide Teile von der Annahme ausgegangen sind, der Hypothek stände der Vorrang vor den bereits früher abgetretenen 6900 ℳ zu.

Aber auch, wenn der Kläger seinem Vater gegenüber keine Haftung für diesen Rang der Hypothek übernommen hat, ist die Befugnis des Klägers zur Geltendmachung des eingeklagten Anspruchs doch zu bejahen. Zur Zeit der Abtretung stand den 6100 ℳ zwar nicht der Vorrang vor den 6900 ℳ, sondern der gleiche Rang mit diesen zu, weil es an der zu der Rangänderung erforderlichen Eintragung im Grundbuche fehlte. Der Kläger hatte aber den Anspruch auf Einräumung des Vorranges gegen den ersten Erwerber der Teilhypothek von 6900 ℳ, M., durch den Kaufvertrag vom 15. Juni 1910 erworben und auch durch die Verhandlung vom 19. September 1910, in der nur die unmittelbare Abtretung an M.'s Zessionare erklärt wurde, nicht verloren. Dieser Anspruch bildete ein Nebenrecht der Hypothekenforderung, das er auf Grund der Abtretung und des dieser zugrunde liegenden Veräußerungsvertrages seinem Vater mitzuübertragen verpflichtet war. Da es nach der Abtretung für den Kläger wertlos, für den neuen Gläubiger dagegen von erheblicher Bedeutung war und es anderseits auch nicht zu denjenigen Nebenrechten gehörte, die nach § 401 BGB. mit der Abtretung der Forderung ohne weiteres auf den neuen Gläubiger übergehen, erstreckte sich die Verpflichtung zur Übertragung nach Treu und Glauben auch auf dieses Nebenrecht, wenn auch der Kläger die Gewähr für einen bestimmten Rang nicht übernommen und sogar ausdrücklich abgelehnt haben sollte. Nachdem nun die Erfüllung des Anspruchs auf Einräumung des Vorranges durch den Ausfall der Hypothek in der Zwangsversteigerung unmöglich geworden ist, hat der Kläger gemäß § 281 BGB. seinem Zessionar den Ersatzanspruch gegen den Beklagten abzutreten, den er durch den Untergang jenes Anspruchs auf Grund des Verschuldens des Beklagten oder seiner Erfüllungsgehilfen erworben hat. Demnach hat der Kläger seinem Vater zwar nicht für den Rang der abgetretenen Hypothek Gewähr zu leisten, so daß dieser von ihm Schadensersatz wegen Nichterfüllung beanspruchen könnte, er hat ihm aber seinen Schadensersatzanspruch gegen den Beklagten abzutreten. Der Vater des Klägers hat nun seinerseits seinen etwaigen Anspruch gegen den Beklagten an den Kläger abgetreten und sich dadurch damit einverstanden erklärt, daß der Kläger diesen Ersatzanspruch geltend macht. Daher steht der Befugnis des Klägers, den Schadensersatzanspruch gegen den Beklagten einzuklagen, kein Bedenken entgegen." . . .

---

45. Bedeutung der Entscheidung im Nichtigkeitsverfahren für die Auslegung des Patentes im Verletzungsverfahren.

I. Zivilsenat. Urt. v. 6. Juli 1914 i. S. A. L. & Co. (Kl.) w. Deutsche Grammophon-Aktiengesellschaft (Bekl.). Rep. I. 4/14.

I. Landgericht I Berlin.
II. Kammergericht daselbst.

Der Beklagten ist auf Anmeldung vom 6. Oktober das Patent Nr. 127850 erteilt worden, dessen Anspruch lautet:

„Schallplatte für Grammophone, dadurch gekennzeichnet, daß am äußeren Umfange der Schallplatte ein über die Schallplattenebene vorragender Rand derart angebracht wird, daß die spiralförmige Schallinie direkt an dem vorspringenden Rande oder in unmittelbarer Nähe desselben ihren Anfang hat, zum Zweck, das Einsetzen der Nadel in den Anfang der Schallinie zu erleichtern bzw. zu sichern sowie ein Abgleiten der Nadel über den äußeren Rand der Schallplatte zu verhindern."

Die Klägerin stellt Schallplatten her, welche in der Nähe ihres Umfanges mit einem umlaufenden flachen erhabenen Rande versehen sind. Der Abstand des Anfanges der Schallinie von der inneren Kante dieses Wulstes (Rippe) schwankt zwischen 1 und 4 mm. Die Beklagte erblickt darin eine Verletzung ihres Patentes und hat daher der Klägerin die Herstellung und den Vertrieb durch Warnungsschreiben außergerichtlich verboten. Dies hat die Klägerin zur Anstellung einer negativen Feststellungsklage veranlaßt.

Der Streit der Parteien betrifft hauptsächlich den Schutzumfang des Patentes 127850. Die Klägerin will es beschränkt wissen auf Schallplatten, bei denen vermöge der Nähe des Beginns der Schallinie und des hervorragenden Wulstes das Einsetzen der Nadel in der Weise erleichtert wird, daß sie beim bloßen Anlehnen an den Wulst, ohne nachhelfendes Drücken, von selbst, spätestens nach einmaliger Umdrehung der Platte in den Anfang der Schallfurche hineingerät. Beklagte sieht dagegen eine Patentverletzung schon dann als vorliegend an, wenn der erhabene Rand das zweckmäßige Einsetzen der Nadel, so daß sie den Anfang der Schallinie nicht verfehlt, irgendwie erleichtert, sei es auch, daß dazu ein Drücken nach innen erforderlich ist.

Das Landgericht schloß sich nach Einholung eines Sachverständigengutachtens im wesentlichen der Ansicht der Klägerin an. Dagegen stellte sich das Berufungsgericht im wesentlichen auf den Standpunkt der Beklagten. Das Reichsgericht hat der Revision der Klägerin stattgegeben, während die der Beklagten keinen Erfolg hatte.

Aus den Gründen:

„Es ist davon auszugehen, daß der Patentinhaberin nicht etwa der erhabene Rand auf Grammophonplatten an sich geschützt ist, sondern nur die eigentümliche Vorteile bietende räumliche Beziehung des Randes zum Beginn der Schallinie. Schon im Erteilungsverfahren wurde vom Vorprüfer mehrfach hierauf hingewiesen. Auch die Patentbeschreibung und die Fassung des Anspruchs lassen hierüber keinen Zweifel. Ganz ausdrücklich wird es endlich in den beiden Entscheidungen im Nichtigkeitsstreite hervorgehoben. Das Patentamt sagt in der Entscheidung vom 2. Juli 1903: die beantragte Abänderung des Anspruchs würde berechtigt sein, wenn die Anbringung eines Randes an sich unter Schutz gestellt wäre, weil in der bloßen Übertragung dieses Gedankens von Phonographenwalzen auf Grammophonplatten eine schutzfähige Erfindung nicht zu erblicken sein würde; die besondere Beziehung des Randes zur Schallinie sei aber im Anspruche mit genügender Deutlichkeit zum Ausdrucke gekommen usw. Auch das Reichsgericht hält in der Entscheidung vom 27. Februar 1904 nach der Fassung des Anspruchs in Verbindung mit der Beschreibung „jeden Zweifel darüber für ausgeschlossen, daß er nur auf solche Platten mit erhabenem Rande, bei denen die Schallinie unmittelbar an diesem beginnt, nicht aber auf Grammophonplatten mit erhabenem Rande überhaupt bezogen werden kann.“ ...

Zwar ist die Auslegung eines Patentes im Nichtigkeitsstreite nicht unbedingt maßgebend für die Auslegung im Verletzungsstreite. Die Natur der Sache ergibt aber, daß, wenn aus einer Nichtigkeitsentscheidung letzter Instanz deutlich erhellt, daß nur deshalb von einer Einschränkung des Patentanspruchs abgesehen worden ist, weil die einschränkende Auslegung schon an sich als die richtige erscheint, dann der Patentinhaber nicht im Verletzungsprozesse auf die weitere Auslegung zurückgreifen kann. Denn es liegt dann der Fall vor, daß das Patent gewissermaßen nur mit der Maßgabe der engeren Auslegung aufrechterhalten ist, während es in der weiteren Auslegung teilweise vernichtet worden wäre. Damit wird von der zur Teilvernichtung zuständigen Behörde ebenso eine Richtlinie für die zukünftige Anwendung des Patentes gegeben, wie sie etwa von der Erteilungsbehörde gegeben werden könnte. Es macht keinen wesentlichen Unterschied, ob ein Patent nur in einem bestimmten Sinne erteilt, oder ob es in dem zur Nachprüfung des Erteilungsverfahrens bestimmten Nichtigkeitsverfahren in letzter Instanz nur in einem bestimmten Sinne aufrechterhalten wird. Bei einer Nichtigkeitsentscheidung erster Instanz, die in Ermangelung der Einlegung der Berufung rechtskräftig geworden ist, wird eine derartige Verwertung der Patentauslegung allerdings nicht möglich sein, weil der Patentinhaber nicht in der Lage ist, die ihm günstige Entscheidung wegen der Gründe anzufechten. . . .

Aus dieser beschränkenden Auslegung des Patentes 127850 folgt, daß alle Vorteile nicht in Betracht kommen, die mit dem erhabenen Rande an sich verbunden sind. Die Sache ist ganz so anzusehen, als ob die Grammophonplatten mit einem erhabenen Rande und alle damit verbundenen Vorteile, abgesehen von dem in der Patentbeschreibung hervorgehobenen, auf der besonderen Beziehung zwischen Rand und Schallinie beruhenden, bekannt waren und der Allgemeinheit zur Verfügung standen. So vergleicht denn auch die Nichtigkeitsentscheidung des Reichsgerichts Platten dieser Art mit den patentierten, um die Patentwürdigkeit der patentierten zu begründen, indem sie sagt: „Bei den mit erhabenem Rande versehenen Platten, auf denen die Schallinie nicht am Rande beginnt, ist allerdings die Gefahr des Abgleitens der Nadel ebenfalls von vornherein ausgeschlossen. Aber auch hier besteht der Übelstand usw.“ Für die Auslegung des vorliegenden Patentes ist hieraus zu folgern, daß auch solche Vorteile nicht in Betracht kommen, die mit dem erhabenen Rande an sich auch in bezug auf das richtige Einsetzen der Nadel verbunden sind. Es darf z. B. nicht in Betracht gezogen werden, daß der sich von der Platte abhebende Rand dem Auge oder dem Tastsinn einen Fingerzeig oder Anhalt zu geben vermag, um die Nadel nach Gewohnheit und Erfahrung an die richtige Stelle zu setzen.

Die Patentschrift selbst kennzeichnet das Wesen der Erfindung von zwei Gesichtspunkten aus, indem sie einmal die äußere Gestalt der patentierten Platte betrachtet, sodann die dadurch ermöglichte Arbeitsweise und den erzielten Vorteil. In ersterer Beziehung wird vorgeschrieben, daß die spiralförmige Schallinie „direkt an dem vorstehenden Rande oder in unmittelbarer Nähe desselben“ ihren Anfang hat. Wie sich aus den dem Reichsgericht im Nichtigkeitsverfahren vorgeführten Versuchen, welche die Grundlage der dem

Patente günstigen Entscheidung gebildet haben, ergibt, ist hier unter „Anfang der Schallinie" nicht die bereits tönende Schallinie, sondern die mindestens einen Umkreis betragende sog. inaktive Furche, welche in diese überleitet, zu verstehen. Es ist nun klar, daß die Bestimmung „direkt an dem vorstehenden Rande oder in unmittelbarer Nähe desselben" einen gewissen Spielraum läßt; immerhin ist aber schon hier zu erwägen, daß dieser Spielraum keineswegs ein erheblicher sein kann, weil ja Platten mit Rand an sich als frei vorausgesetzt werden und weil die Wirtschaftlichkeit auch bei diesen ohne weiteres darauf hinweist, möglichst keinen überflüssigen Zwischenraum zwischen Rand und Schallinie zu lassen. Mag man auch anderseits in Betracht ziehen, daß es technisch nicht möglich ist, den Fuß des Randes mathematisch genau mit dem Anfange der Schallinie zusammenfallen zu lassen, so wird man doch nach dieser Begriffsbestimmung ohne weiteres nur bei minimalen Abständen (etwa bis zu 1 mm) die Bedingungen des Patentes als erfüllt ansehen; vielleicht schon bei dieser Grenze, jedenfalls aber darüber hinaus, wird es wesentlich darauf ankommen, ob der Zweck des Patentes, der durch die „unmittelbare Nähe von Rand und Schallinie" erstrebte Vorteil, erreicht und die ihm eigentümliche Arbeitsweise ermöglicht wird. Nach der Patentbeschreibung kann es nun keinem Zweifel unterliegen, daß der Anmelder sich diesen Vorteil und demzufolge die Arbeitsweise, die mit den patentierten Platten ermöglicht werden soll, so vorgestellt hat, wie es der Auslegung des Landgerichts und der Gegnerin der Patentinhaberin entspricht. Maßgebend sind besonders Spalte 2 Zeile 16 flg. und Zeile 30 flg.:

> „Behufs Inbetriebsetzens des Grammophons ist alsdann nur nötig, die Nadel mit ihrer Spitze dicht an den vorspringenden Rand b auf der Platte a einzusetzen, wodurch die Nadel zuverlässig in den Anfang der Schallinie eingeführt wird," und . . . „da die Nadel, sofern sie direkt an dem vorspringenden Rande abwärts geführt wird, mit Sicherheit in den Anfang der Schallinie eingreift."

Damit ist klar gesagt, daß man die Nadel nur direkt am Rande abwärts zu führen hat, um des Erfolges sicher zu sein. Von einem Drucke nach innen zu ist keine Rede.

Dem entspricht auch die Stellungnahme der Patentinhaberin im Nichtigkeitsstreit und die Vorführung beim Reichsgericht. Das Patent wurde dort aufrecht erhalten, weil es sich in der Tat, entgegen dem Bestreiten der Nichtigkeitsklägerin, als leicht ausführbar erwies, die Nadel dicht am Rande hinabzuführen, und weil sie dann stets nach höchstens einmaliger Umdrehung in die unmittelbar am Rande beginnende Schallinie einlief, während dies bei den mit Rand versehenen Platten, bei denen die Schallinie in einem gewissen Abstande vom Rande begann, eben nicht geschah, vielmehr der Umlauf der Platte ohne Wirkung blieb. Bei den patentierten Platten brauchte man, wie es im Urteile des Reichsgerichts heißt, die Nadel an den Rand sozusagen nur anzulehnen. Deutlicher kann nicht zum Ausdruck kommen, daß bei dieser Arbeitsweise jeglicher Druck nach innen überflüssig und ausgeschlossen war. In der Tat liegt ja auch in diesem negativen Merkmale der Arbeitsweise der Unterschied gegenüber anderen Grammophonplatten mit erhabenem Rande, die an und für sich frei sein sollten. Sobald die Schallinie nicht unmittelbar, oder, um einen gewissen Spielraum zuzulassen, genügend unmittelbar am Rande beginnt, führt das bloße Anlehnen der Nadel an den Rand nicht zum Ziele.

Das Kammergericht gibt auch zu, daß es die vollkommenste Lösung der gestellten Aufgabe bedeute, wenn die Nadel von selbst, ohne handliche Nachhilfe, in den Beginn der Schallinie gelange, und daß dieser Fall dem Anmelder als das Wünschenswerte vorgeschwebt habe, will aber schon der Patentschrift selbst entnehmen, daß die Aufgabe nicht auf diesen Fall beschränkt werden sollte, und beruft sich hierfür auf die Worte „erleichtert bzw. sichert". Dies Argument kann aber nicht überzeugen. Immerhin erfordert auch das Ansetzen der Nadel an den Rand noch eine gewisse Geschicklichkeit, jedenfalls erfolgt es nicht automatisch, so daß man sehr wohl gegenüber dem Suchen der richtigen Einsatzstelle in einem gewissen Abstande vom Rande nur von einer „Erleichterung" sprechen kann. Das Wort „sichern" bezieht sich auf den zweiten Teil des Vorganges, der sich an das Anlehnen der Nadel anschließt; da nunmehr die Nadel automatisch einfällt, ist jetzt vollständige „Sicherheit" gewährleistet. Jedenfalls wäre es in Ermangelung irgendwelcher näheren Darlegung in der Beschreibung willkürlich, aus diesen sich zwanglos, wie angegeben, erklärenden Worten zu entnehmen, daß dem Anmelder nicht nur der besondere Vorgang vorgeschwebt habe, der aus Spalte 2 der Beschreibung erhellt und den er dem Reichsgericht im Nichtigkeitsstreite vorgeführt hat, sondern zugleich ein wesentlich hiervon abweichender und von dem bis dahin üblichen schwer zu unterscheidender.

Ist hiernach der unmittelbare Gegenstand des Patentes eine Platte, bei der die Schallinie in solcher Nähe des erhabenen Randes beginnt, daß das bloße Ansetzen der Nadel an diesen Rand ohne seitlichen Druck genügt, die Nadel in die Schallfurche einfallen zu lassen, so liegt zu einer ausdehnenden Auslegung im Sinne des Berufungsgerichts und der Patentinhaberin nicht der geringste Grund vor. Das Berufungsgericht sucht sich eine Grundlage für diese erweiternde Auslegung zu verschaffen, indem es ausführt, der Vorteil des Patentes bestehe darin, ein Abgleiten der Nadel zu verhindern und der Hand eine Stütze zu bieten. Das sind aber Vorteile, die hier nicht in Betracht gezogen werden dürfen, weil sie unmittelbar auf dem erhabenen Rande an sich beruhen, und nicht auf der unmittelbaren Nähe von Schallinie und Rand. Vom Standpunkte des Kammergerichts aus macht daher auch die Revision der Patentinhaberin mit Recht geltend, daß die Einschränkung auf eine Entfernung von 5 mm willkürlich und ungerecht ist, weil eine Erleichterung des Einsetzens durch den Rand selbst noch bei einer Entfernung von 50 mm erzielt wird. Sobald man den seitlichen Druck zuläßt, begibt man sich in der Tat jeder Möglichkeit der Begrenzung gegenüber den anderen gebräuchlichen Platten mit erhabenem Rande. Mag auch die Schwierigkeit des richtigen Einsetzens mit zunehmendem Abstande sich steigern, so fehlt es doch dem Abstande bis zu 5 mm an irgendwelcher eigenartigen Wirkung, da bei fortschreitendem Zunehmen des Abstandes auch die Schwierigkeit in demselben Verhältnisse fortschreitend wächst. Danach ist es auch ausgeschlossen, in der mehr oder weniger großen Annäherung der Schallinie an den Rand mit dem Erfolge des „erleichterten" Einsetzens eine Erfindung zu erblicken. Das Reichsgericht hat eine Erfindung angenommen, weil ihm nachgewiesen wurde, daß bei den patentierten Platten, im Gegensatze zu anderen, bei einer Anlehnung der Nadel an den Rand deren Einfallen von selbst erfolgt; es ist durchaus unwahrscheinlich, daß es zu demselben Ergebnis gelangt wäre, wenn die Patentinhaberin das Einsetzen mit seitlichem Drucke in gewisser Entfernung vom Rande vorgeführt und dabei nachzuweisen versucht hätte, daß das Einsetzen bis auf 5 mm Entfernung besser vor sich ginge, wie bei größeren Entfernungen." ...

---

46. Haftet der Rechtsvorgänger eines säumigen und seines Geschäftsanteils verlustig erklärten Gesellschafters wegen des nicht bezahlten Betrages der Stammeinlage auch dann noch der Gesellschaft mit beschränkter Haftung, wenn die Gesellschaft den Geschäftsanteil im Wege öffentlicher Versteigerung hat verkaufen lassen?

Gesetz, betr. die Gesellschaften mit beschränkter Haftung vom 20. Mai 1898 (RGBl. S. 846) §§ 21 bis 24.

II. Zivilsenat. Urt. v. 10. Juli 1914 i. S. F. & St. (Bekl.) w. M. (Kl.). Rep. II. 175/14.

I. Landgericht I Berlin, Kammer für Handelssachen.
II. Kammergericht daselbst.

Die in das Handelsregister eingetragene Klägerin ist durch notariellen Vertrag vom 8. Februar 1908 mit einem Stammkapital von 100000 *M* gegründet worden. Die Beklagte hat eine bar zu zahlende Stammeinlage von 74000 *M* übernommen. Ihren Geschäftsanteil von 74000 *M* hatte sie in Höhe von 22000 *M* — wie in den Vorinstanzen gesagt ist, mit 22 Anteilen über je 1000 *M* — behalten, im übrigen aber ihn veräußert und zwar unter anderem: an De. 5, an Do. 2, an W.-S. & Co. 2, an K. 1 und endlich an T. 1, zusammen also an diese Erwerber 11 Anteile über je 1000 *M*. Auf Grund Beschlusses der Gesellschafterversammlung vom 18. März 1911 ist von der Beklagten sowie von den anderen vorbenannten Gesellschaftern, deren Erwerb bei der Gesellschaft angemeldet war, die Zahlung der vollen Beträge ihrer Anteile gefordert worden. Zahlung ist nicht erfolgt. Die Klägerin hat die Anteile der Beklagten von 22000 *M* am 24. Juni und die 10 Anteile von De., Do., W.-S. & Co. und K. im Gesamtbetrage von 10000 *M* am 20. Oktober 1911, letzteres nach einer zuvor an die Beklagte fruchtlos gerichteten Aufforderung zur Zahlung der 10000 *M*, im Wege öffentlicher Versteigerung verkaufen lassen. Der Erlös hat die Unkosten der Versteigerung nicht gedeckt. Unversteigert blieb der von der Beklagten an T. veräußerte elfte Anteil. Durch Schreiben vom 13. September 1911 ist die Beklagte und sind mit ihr die vorbenannten fünf anderen Gesellschafter aus der Gesellschaft mit ihren Anteilen ausgeschlossen worden.

Mit der Klage nahm die Klägerin die Beklagte auf Einzahlung der Stammeinlagen nicht nur für die ihr seiner Zeit verbliebenen Anteile von 22000 *M*, sondern auch für die von ihr abgetretenen oben bezeichneten Geschäftsanteile zu je 1000 *M* in Anspruch und begehrte, da auf alle diese Stammeinlagen noch nichts gezahlt sei, die Verurteilung der Beklagten zur Zahlung von 33000 *M*.

Die Beklagte machte geltend, daß der Klaganspruch durch einen, in einem Vorprozesse der Parteien geschlossenen Vergleich beseitigt und daß die Stammeinlage bezüglich der 11 abgetretenen Anteile von deren Erwerbern vollgedeckt sei. Der erste Richter erachtete den Einwand des Vergleichs, unter Verwerfung des Vorbringens der Beklagten im übrigen, in Höhe von 25 % ($^1/_4$) der eingeklagten Summe für begründet. Er wies deswegen die Klage in Höhe von 8250 *M* ab und verurteilte die Beklagte zur Zahlung von 24750 *M*. Die Abweisung der Klage in Höhe der 8250 *M* ist rechtskräftig geworden. Gegen ihre Verurteilung zur Zahlung von 24750 *M* legte die Beklagte Berufung ein. Der Berufungsrichter hielt die Verurteilung der Beklagten in Höhe von 17250 *M* aufrecht und wies die Klägerin mit den weiteren 7500 *M* ab.

Die von beiden Parteien eingelegten Revisionen sind zurückgewiesen worden.

Gründe:

... „Der Berufungsrichter hat unangefochten tatsächlich festgestellt, daß der Einwand des Vergleichs nur in dem von dem ersten Richter angenommenen Umfange (25 % oder $^1/_4$ des eingeklagten Betrages von 33000 *M*) begründet sei und daher für die noch streitigen $^3/_4$ (mit 24750 *M*) nicht in Betracht komme. Anlangend diese $^3/_4$ hat der Berufungsrichter ausgeführt:

a) Der Anspruch sei bezüglich der 22 im Eigentum der Beklagten verbliebenen Anteile (d. i. mit $^3/_4$ von 22000 *M* Stammeinlage = 16500 *M*) begründet. Die Beklagte, die mit ihnen (als säumiger Gesellschafter) ausgeschlossen sei, hafte gemäß § 21 Abs. 3 GmbHG, für den Ausfall der Gesellschaft an dem rückständigen Betrage. Rechtsvorgänger kämen bei diesen Anteilen nicht in Frage (§ 22); die ordnungsmäßig durchgeführte öffentliche Versteigerung (§ 23) habe einen Erlös über die Kosten hinaus nicht erbracht. Die Versteigerung dieser Anteile habe zwar bereits am 24. Juni 1911 stattgefunden und die Kaduzierung erst am 13. September 1911; das sei aber unerheblich. Da die Klägerin mit der Kaduzierung das Verfügungsrecht über die Anteile erworben gehabt habe (§ 21 Abs. 2), sei die von ihr zuvor bewirkte Versteigerung bei entsprechender Anwendung des § 185 Abs. 2 BGB. nachträglich rechtswirksam geworden. Zudem sei im vorliegenden Falle, abweichend von der Regel, die Inanspruchnahme der Beklagten aus § 21 Abs. 3 ohne vorangegangene Versteigerung wegen der offenbaren Aussichtslosigkeit einer solchen zulässig gewesen.

b) In betreff der 11 Anteile, die die Beklagte an De., Do., W.-S. & Co., K. und T. abgetreten hatte, sei die Beklagte zufolge des Ausschlusses dieser Gesellschafter für den nicht bezahlten Betrag der Stammeinlage als deren unmittelbare Rechtsvorgängerin zwar nach § 22 der Klägerin haftbar geworden; die Klägerin habe sich aber des Rechtes, die Beklagte auf Grund dessen in Anspruch zu nehmen, bezüglich derjenigen 10 Anteile, die sie am 20. Oktober 1911 habe versteigern lassen, begeben. Nach der Versteigerung dieser Anteile sei die Inanspruchnahme der Beklagten wegen des Ausfalls an ihnen nicht mehr zulässig. Das erhelle aus der ausdrücklichen Anordnung des Gesetzes über die Reihenfolge der Ausfallhaftung (§§ 21 bis 24) und insbesondere aus § 22 Abs. 4, nach welcher Vorschrift der regreßpflichtige Rechtsvorgänger kraft Gesetzes mit der Zahlung des rückständigen Betrages den Geschäftsanteil des ausgeschlossenen Gesellschafters erwerbe; nach der Versteigerung aber sei dies nicht mehr angängig. Demgemäß sei der Klaganspruch wegen dieser 10 Anteile (in der noch streitigen Höhe von $^3/_4$) mit 7500 *M* unbegründet und abzuweisen.

c) Für den einen von der Beklagten an T. abgetretenen, nicht versteigerten Anteil hafte die Beklagte als unmittelbare Rechtsvorgängerin aus § 22. Ihr Einwand, die Stammeinlage bezüglich dieses Anteils sei von T. voll gedeckt, sei unbeachtlich. Sacheinlagen würden nicht in Betracht kommen, Barzahlung an die Klägerin sei aber nicht erfolgt. Demgemäß sei die Beklagte bezüglich dieses Anteils in Höhe von 750 ℳ zu verurteilen.

Die Revisionen beider Parteien erscheinen unbegründet.

I. Revision der Beklagten.

(Diese Revision betrifft einen hier nicht in Betracht kommenden Punkt.)

II. Revision der Klägerin.

Die Klägerin macht mit ihrer Revision geltend: die Rechtsauffassung des Berufungsrichters, daß die Klägerin ihr Recht, wegen des Ausfalls an den 10 veräußerten Anteilen die Beklagte in Anspruch zu nehmen, durch deren Versteigerung verloren habe, verletze die §§ 21 bis 23 GmbHG., sie würde auch zu bedenklichen Folgen führen. Der Rechtsauffassung des Berufungsrichters ist jedoch beizutreten.

Nach § 21 Abs. 3 des Gesetzes bleibt der Gesellschafter, der wegen seiner Säumigkeit in der Einzahlung seiner Stammeinlage seines Geschäftsanteils — zugunsten der Gesellschaft — verlustig erklärt und damit aus der Gesellschaft ausgeschlossen ist, dieser wegen des Ausfalls, den sie an der Stammeinlage erleidet, verhaftet. Diese Haftung kommt hier nicht in Frage. Bezüglich der für die Revision der Klägerin in Betracht kommenden 10 Anteile war die Beklagte nicht der ausgeschlossene Gesellschafter. Die Beklagte war aber insoweit der Rechtsvorgänger der ausgeschlossenen Gesellschafter, und zwar unstreitig der letzte bei der Gesellschaft angemeldete Rechtsvorgänger. Auch der Rechtsvorgänger ist der Gesellschaft wegen des von dem ausgeschlossenen Gesellschafter nicht bezahlten Betrages der Stammeinlage an sich verhaftet (§ 22 Abs. 1). Er erwirbt aber, falls er die Zahlung leistet, ohne weiteres von Rechts wegen den Geschäftsanteil des ausgeschlossenen Gesellschafters (§ 22 Abs. 4). Falls die Zahlung von ihm und auch von etwaigen früheren Rechtsvorgängern nicht zu erlangen ist, hat die Gesellschaft das Recht, den Geschäftsanteil im Wege öffentlicher Versteigerung verkaufen zu lassen (§ 23). Im vorliegenden Falle hat die Klägerin von der Beklagten zwar Zahlung gefordert, aber nicht erhalten und daraufhin ist sie (am 20. Oktober 1911) zum Verkauf geschritten. Sie ist also selbst davon ausgegangen, daß von der Beklagten Zahlung nicht zu erlangen sei, und sie hat es dadurch, daß sie die Anteile verkaufte, unmöglich gemacht, daß die Beklagte, wenn diese nun — infolge einer Verurteilung — die Zahlung leisten würde, den Gegenwert der Zahlung, die Geschäftsanteile der ausgeschlossenen Gesellschafter, gemäß § 22 Abs. 4 erwerben könnte. Es ist freilich in § 22 Abs. 2 über die subsidiäre Haftung früherer Rechtsvorgänger gesagt: es sei unter bestimmten näher bezeichneten Voraussetzungen bis zum Beweise des Gegenteils anzunehmen, daß von deren vor ihnen haftenden Rechtsnachfolgern Zahlung nicht zu erlangen sei; aber die dort aufgestellte widerlegbare Vermutung bezieht sich — ganz abgesehen davon, daß das Vorliegen ihrer näheren Voraussetzungen von der Klägerin selbst nicht behauptet ist — einmal überhaupt nur auf die Haftbarkeit früherer Rechtsvorgänger im Gegensatze zum letzten Rechtsvorgänger. Sodann ist aus ihr auch insbesondere nur zu entnehmen, daß damit die Zulässigkeit der Haftbarmachung und Klage gegen einen weiter zurückliegenden Rechtsvorgänger hat begründet werden sollen; es ist aber mit ihr nichts an der grundsätzlichen Bestimmung geändert, daß der Rechtsvorgänger, wenn er den rückständigen Betrag bezahlt, mit der Zahlung den Geschäftsanteil des ausgeschlossenen Gesellschafters erwirbt. Die Haftbarmachung eines Rechtsvorgängers kann deshalb nur in Frage kommen und nur stattfinden, solange der Anteil von der Gesellschaft, zu deren Gunsten er verfallen war, noch nicht veräußert ist. Denn mit der Versteigerung seitens der Gesellschaft erwirbt den Anteil der Ersteher, und es könnte ein Erwerb durch den zahlenden Rechtsvorgänger nicht mehr stattfinden. Nach der Versteigerung haftet ihr zwar vermöge der positiven Vorschrift des § 21 Abs. 3 noch der ausgeschlossene Gesellschafter, es steht ihr aber kein Regreßanspruch mehr an dessen Rechtsvorgänger zu. Die Haftung des Rechtsvorgängers für den Ausfall, der sich nach der Versteigerung des Anteils herausstellt, ist im Gesetze gerade (§ 21 Abs. 3) nicht gegeben und konnte nach der Konstruktion des Gesetzes gar nicht gegeben werden, da der Rechtsvorgänger, wenn er zahlt, auch den Anteil erwerben muß, während doch bei der Versteigerung ihn schon der Käufer erworben hat. Wenn die Revision angedeutet hat, die vom Berufungsrichter vertretene, vorstehend gebilligte Rechtsauffassung würde zu der bedenklichen Folge führen, daß die Gesellschaft bei ungenügendem Ergebnis der Versteigerung das ihr zukommende Stammkapital dauernd entbehren müßte und daß der Rechtsvorgänger schon durch seine bloße Zahlungsverweigerung leistungsfrei werde, so wird dabei in der ersteren Beziehung die Bestimmung des § 24 des Gesetzes übersehen, nach der, soweit eine Stammeinlage weder von den Zahlungspflichtigen eingezogen noch durch Verkauf des Geschäftsanteils gedeckt werden kann, die übrigen Gesellschafter den Fehlbetrag aufzubringen haben. Im übrigen ist aber darauf hinzuweisen, daß die Gesellschaft nicht nötig hat, sich mit der bloßen Zahlungsverweigerung des Zahlungspflichtigen zu begnügen, es vielmehr ihre Sache ist, sich zu vergewissern, ob die Zahlung von dem Zahlungspflichtigen nicht eingezogen werden kann, und dann erst zum Verkaufe des Geschäftsanteils zu schreiten. Die Klägerin hätte ebensowohl, wie sie es jetzt nach der Versteigerung der 10 Anteile will, auch vor dieser die Beklagte auf Zahlung belangen können. Hingewiesen mag endlich noch werden auf die Bestimmungen in § 220 Abs. 1 und 3 HGB., sowie auf die Begründung zu dem Entwurfe des Ges., betr. die Gesellschaften mit beschränkter Haftung (in den Drucks. des Reichstags 8. Legisl.-Periode I. Session 1890/92 Bd. VIII Nr. 660 S. 55), worin es heißt: die Haftung des Veräußerers (Rechtsvorgängers) bestehe zwar fort, könne aber nur mit der Maßgabe geltend gemacht werden, daß zugleich der Geschäftsanteil dem in Anspruch genommenen früheren Gesellschafter wieder zur Verfügung gestellt werde.

Danach war auch die Revision der Klägerin zurückzuweisen."

---

47. Zur Frage der Verjährung von Vertragsstrafen. Was ist in § 196 Abs. 1 Nr. 1 BGB. unter einem Anspruche „für Lieferung von Waren" zu verstehen?

II. Zivilsenat. Urt. v. 10. Juli 1914 i. S. Eheleute B. (Bekl.) w. Lothringer Brauerei (Kl.). Rep. II. 233/14.

I. Landgericht Saargemünd.
II. Oberlandesgericht Colmar.

Die Klägerin hatte den Beklagten den Alleinverkauf ihres Bieres für einen bestimmten Bezirk auf mehrere Jahre übertragen. Für jedes

Hektoliter Bier, das sie während der Vertragszeit aus einer anderen Brauerei zum Weiterverkaufe bezogen, sollten die Beklagten der Klägerin 20 *M* als Vertragsstrafe zahlen. Der Geltendmachung des Anspruchs auf die Strafe begegneten die Beklagten neben sonstigen Einwendungen mit der Einrede der Verjährung. Das Landgericht wies die Klage ab, das Oberlandesgericht gab ihr statt. Die Revision der Beklagten wurde zurückgewiesen.

Aus den Gründen:

... „Aber auch die weiter vorgebrachte Einrede der Verjährung wurde ohne Rechtsirrtum zurückgewiesen. Nach der vom ersten Richter gebilligten Meinung der Beklagten unterläge der geltend gemachte Anspruch nicht der regelmäßigen dreißigjährigen Verjährung des § 195 BGB., sondern der vierjährigen Verjährung nach § 196 Abs. 1 Nr. 1 und Abs. 2 a. a. O., die zur Zeit der Erhebung der vorliegenden Klage allerdings abgelaufen gewesen wäre. Das Landgericht hat, um seine Auffassung zu begründen, zwei Gesichtspunkte angezogen. Unter Hinweis auf das Urteil des Reichsgerichts RGZ. Bd. 61 S. 390 nimmt es einmal an, daß die Vertragsstrafe sich als eine Ersatzleistung darstelle für den der Klägerin entgangenen Anspruch auf den Kaufpreis, und weiter ist es der Ansicht, daß auch die Vorschrift des § 224 BGB. Platz greife. Die Anwendung dieser Vorschrift ist jedoch ohne weiteres dadurch ausgeschlossen, daß ein Hauptanspruch, von dem der Anspruch auf die Vertragsstrafe als gleichzeitig verjährender Anspruch auf eine Nebenleistung abhängen könnte, überhaupt nicht vorhanden ist. Denn der Anspruch auf den Kaufpreis, den das Landgericht hier als Hauptanspruch im Auge hat, ist, soweit die Beklagten die Vertragsstrafe zu entrichten haben, gar nicht entstanden. Was sodann den Gesichtspunkt der Ersatzleistung betrifft, so hat dieser, wie das Berufungsgericht zutreffend annimmt, auszuscheiden, weil die Strafe so bemessen war, daß sie das Interesse der Klägerin am Verkaufe der entsprechenden Menge von Bier weit überstieg. Das ergab sich aus dem Zwecke der Strafe. Sie sollte der Klägerin, wie diese geltend gemacht hat, nicht nur für das einzelne nicht verkaufte Hektoliter eine Entschädigung gewähren, sondern namentlich dazu dienen, den dem Beklagten zugewiesenen Bezirk der klägerischen Brauerei als Absatzgebiet zu erhalten.

In Frage könnte danach nur noch kommen, ob die Verjährungsvorschrift des § 196 Nr. 1 nicht etwa unmittelbar anwendbar ist in dem Sinne, daß es sich bei dem Versprechen der Beklagten, nur Bier der Klägerin zu führen, und bei der zur Sicherung des Versprechens vereinbarten Strafe um einen Anspruch des Kaufmanns oder Fabrikanten „für Lieferung von Waren", hier der Klägerin für die Lieferung ihres Bieres, handelt. Allein auch das ist zu verneinen. Wenn auch anzuerkennen ist, daß die hier in Betracht kommenden Ansprüche des Kaufmanns oder Fabrikanten nicht notwendig solche auf einen Kaufpreis sein müssen, so bleibt doch immer erforderlich, daß die geschuldete Leistung sich als Äquivalent gerade für die Warenlieferung darstellt. Daran fehlt es aber im gegebenen Falle. Denn das Versprechen der Beklagten und die Vertragsstrafe stehen zwar in enger Beziehung zu einem Lieferungsverhältnisse, bilden aber nicht ein Äquivalent gerade für die Warenlieferungen, sondern sind allgemein ein Teil des auch sonstige Rechte und Pflichten umfassenden Vertragsverhältnisses der Parteien."

---

48. 1. Kann für ein Amortisationsdarlehen eine Rente, die Zinsen, Tilgungsbeiträge und Verwaltungskostenzuschlag umfaßt, als Reallast eingetragen werden?

2. Darf im Zwangsversteigerungsverfahren an Stelle der Reallast neben der regelmäßigen vertragsmäßigen Ablösungssumme ein Zuschlag für vorzeitige Ablösung und an Stelle der Zinsen vom Tage des Zuschlags bis zum Verteilungstermine die volle Rente in Ansatz gebracht werden?

V. Zivilsenat. Urt. v. 11. Juli 1914 i. S. T. (Kl.) w. Mitteldeutsche Boden-Kreditanstalt A.-G. (Bekl.). Rep. V. 118/14.

I. Landgericht II Berlin.
II. Kammergericht daselbst.

Ein inzwischen verstorbener Bankier O. H., der ein größeres zur Bebauung bestimmtes Gelände in Britz bei Berlin besaß, hatte zur Deckung der Straßenbaukosten und der Erwerbskosten für den dazu erforderlichen Grund und Boden bei der Beklagten ein amortisierbares Kapital von 1540000 ℳ aufgenommen. Der Versuch, dieses Kapital als amortisierbare Rentenschuld eintragen zu lassen, war in letzter Instanz an der Entscheidung des Kammergerichts vom 9. Juli 1900 (Johow, Jahrbuch Bd. 20 A S. 212) gescheitert, die eine solche Rentenschuld mit den Vorschriften der §§ 1199flg. BGB. für unvereinbar erklärte. Darauf hatte H. mit der Beklagten den Rentenvertrag vom 15. Oktober 1900 geschlossen, demzufolge eine mit dem 1. Januar beginnende und bis zum 1. Juli 1956 in halbjährlichen Teilbeträgen zu entrichtende, zur Verzinsung und Tilgung der Schuldsumme bestimmte jährliche Rente von 77000 *M* als Reallast eingetragen werden sollte. Diese Reallast war in Abt. II unter Billigung des Kammergerichts (Johow, Jahrbuch Bd. 21 A S. 312, Bd. 17 S. 70) mit dem Zusatz eingetragen worden, daß der Eigentümer berechtigt sei, die Reallast durch die aus der Verschreibung vom 15. Oktober 1900 ersichtlichen Kapitalbeträge abzulösen.

Von der Erbin des H. hatte dann ein Kaufmann A. L. aus M. einen Teil des Geländes von etwa 4660 Quadratruten mit einer Rentenbelastung, die einem Kapital von 777500 *M* entsprach, durch notariellen Vertrag vom 28. Oktober 1905 gekauft und aufgelassen erhalten. Er teilte das Gelände in 56 einzelne Grundstücke und nahm eine entsprechende Unterverteilung der Rente vor, verzichtete dann aber, laut Eintragungsvermerk vom 15. August 1911, auf das Eigentum an den Grundstücken. Auf Antrag der Beklagten wurde wegen der rückständigen Rentenbeträge die Zwangsversteigerung eingeleitet und der Kläger, für den auf den Grundstücken in der III. Abteilung, mit dem Range hinter der Rente, zwei Darlehnshypotheken von 400000 und 50000 *M* hafteten, erstand sie insgesamt für 638000 *M*. Die Beklagte kam mit ihrer angemeldeten Forderung von zusammen 481194,30 *M* voll zur Hebung, während auf die Hypotheken des Klägers nur 150144,90 *M* entfielen. Der Kläger erhob deshalb in Höhe von zusammen 210000 *M* gegen das Liquidat der Beklagten Widerspruch, worauf zur Deckung des streitigen Betrages 240000 *M* $3^1/_2$ %ige preuß. Staatsschuldverschreibungen hinterlegt worden sind. Der Widerspruch erstreckte sich auf Teilbeträge (etwa die Hälfte) der liquidierten Ablösungssumme, 1 % Zinsen für die Zeit vom Versteigerungs- bis zum Kaufgelderbelegungstermin, weil für diese Zeit die laufende 5 %ige Rente angesetzt war, und auf die weiter liquidierten 2 % Entschädigung für vorzeitige Ablösung.

Der Kläger hat geltend gemacht, die ganze Reallast sei nichtig, weil zur Befriedigung eines Kreditbedürfnisses nicht eine Reallast bestellt werden könne. Jedenfalls sei sie unzulässig gewesen, soweit das Kapital den Betrag von 535300 *M* überstiegen habe. Denn nur so hoch seien in der Taxe des Architekten B. vom 28. April 1900 die eigentlichen Straßenbaukosten veranschlagt gewesen. Die auf 868400 *M* bewertete Entschädigung für das Straßenland könne nicht zu den Straßenherstellungskosten gerechnet werden und ebensowenig der in der Schuldsumme enthaltene Verwaltungskostenzuschlag von 140000 *M* (10%). Unzulässig sei ferner seit dem Zuschlag eine Verzinsung von mehr als 4%, sowie die Ablösungsentschädigung von 2%, die im Vertrage nur für den Fall der Kündigung vorgesehen sei. Der Kostenersparnis wegen hat jedoch der Kläger seinen Widerspruch nur bei drei Grundstücken, Bd. 30 Nr. 949, Bd. 31 Nr. 984 und Bd. 36 Nr. 1096, auch hier aber nur wegen dreier Teilbeträge von zusammen 10000 *M*, im Wege der Klage verfolgt. Der Kläger hat beantragt, die Beklagte zu verurteilen, einzuwilligen, daß die in der L.'schen Zwangsversteigerungssache bei der Königlichen Ministerial-, Militär- und Baukommission noch hinterlegten Wertpapiere, $3\frac{1}{2}$%ige preußische Konsols im Nennbetrage von 12000 *M*, nebst den Zinsscheinen und Zinsscheinanweisungen dem Kläger ausgehändigt werden. Die Beklagte hat widerklagend beantragt, unter Abweisung der Klage den Kläger zu verurteilen, daß er die Herausgabe der hinterlegten Wertpapiere an die Beklagte bewillige.

Das Landgericht hat nach diesem Antrage der Beklagten erkannt, die Berufung des Klägers ist vom Kammergericht zurückgewiesen worden.

Der Revision des Klägers wurde der Erfolg versagt, aus folgenden

Gründen:

... „Unbegründet ist zunächst, wie der Berufungsrichter mit Recht angenommen hat, das gegen die Zulässigkeit der Reallast aus dem Umstande hergeleitete Bedenken, daß ihr ein Kreditgeschäft, ein Darlehn, zugrunde lag. Es besteht nirgends eine gesetzliche Vorschrift, die den Eigentümer zwänge, sein Kreditbedürfnis nur im Wege der Verpfändung, bei Grundstücken also durch Eintragung einer Belastung in der III. Abteilung des Grundbuchs, zu befriedigen. Kann er seinen Zweck durch eine Belastung der II. Abteilung erreichen, so ist nicht einzusehen, warum ihm dies verwehrt sein sollte. Was insbesondere die Reallast anlangt, so stehen dem weder die Vorschriften der §§ 1105 flg. BGB., noch die nach Art. 113, 115 EinfG. z. BGB. für den Inhalt und das Maß der Reallasten maßgebenden landesgesetzlichen Vorschriften im Wege. Danach ist die Reallast, ähnlich der Grundschuld, ein selbständiges von dem obligatorischen Grundgeschäft unabhängiges dingliches Recht, dessen dingliche Wirksamkeit nicht davon abhängig ist, ob dafür ein Gegenwert gegeben worden ist und ob gegebenenfalls dieser, wie beim Altenteil, in einem Kauf- oder Überlassungsvertrage, oder in einem Darlehn bestanden hat.

Ebensowenig erfordert die Reallast begrifflich, daß sie auf ewige Dauer und nicht auf Zeit bestellt, insbesondere amortisiert wird. Die neuere Gesetzgebung, insbesondere das preußische Ablösungsgesetz vom 2. März 1850 (§§ 6, 91), wendet sich gerade gegen die beständigen (festen) Reallasten; und während beständige Naturallasten (im Gegensatz zu den vorübergehenden, insbesondere dem Altenteil, Art. 15 preuß. AusfG. z. BGB.) durch § 91 des Gesetzes vom 2. März 1850 ganz verboten worden sind, werden feste Geldrenten darin zwar für zulässig erklärt, aber der Ablösung unterworfen. Insbesondere ist die Amortisationsrente (als Reallast) eine in der neueren preußischen Gesetzgebung mehrfach wiederkehrende Erscheinung (§ 2 des preuß. Rentenbankgesetzes vom 2. März 1850, § 3 Abs. 2 des Rentengutsgesetzes vom 7. Juli 1891). Demnach besteht über die Zulässigkeit solcher Reallasten kaum eine Meinungsverschiedenheit.

Vgl. Motive zum ersten Entw. eines BGB. Bd. 3 S. 574; Gruchots Beitr. Bd. 48 S. 351; Dernburg, Preuß. Privatrecht Bd. 1 § 305; Förster-Eccius Bd. 3 § 188 Anm. 14; Jäckel, Komm. zum ZwVG. § 92 Anm. 2; Güthe, GBO. Bd. 2 S. 1752; Planck § 1105 BGB. Anm. 2d; v. Staudinger § 1105 Anm. 1[59] und § 1107 Anm. 2i; Biermann, Vorbem. 2, Anm. zu § 1107 BGB.

Unbegründet sind aber auch die gegen die einzelnen Posten des Liquidats der Beklagten gerichteten Einwendungen. Wenn neben der aus dem Vertrage sich ergebenden regelmäßigen Ablösungssumme (§ 92

Abs. 3 ZwVG.) noch eine besondere Ablösungsentschädigung von 2% für vorzeitige Ablösung angesetzt worden ist, so beruht auch dies nach der Feststellung des Berufungsrichters auf dem Vertrage, dessen Bestimmungen für den Betrag der Ablösungssumme maßgebend sind. Die fraglichen 2% bilden danach einen Teil der nach § 92 Abs. 3 ZwVG. auszusetzenden Ablösungssumme. Der Umstand, daß der Fall der Zwangsversteigerung in dem Vertrage nicht besonders erwähnt, der Zuschlag vielmehr nur für den Fall der Kündigung des Eigentümers festgesetzt ist, steht nach der Auslegung, die der Berufungsrichter in dieser Beziehung dem Vertrage gegeben hat, dem Ansatze nicht entgegen. Diese Auslegung zu beanstanden, lag keine Veranlassung vor, denn es kann, wie der Berufungsrichter mit Recht geltend gemacht hat, keinen Unterschied machen, ob der Eigentümer kündigt oder durch Nichtzahlung der Renten den Reallastberechtigten zur Zwangsversteigerung nötigt.

Wenn sodann die Beklagte neben den rückständigen Renten auch die laufende Rente (zu 5%) vom Tage des Zuschlags bis zum Verteilungstermin und nicht 4% von der Ablösungssumme (§ 92 Abs. 3 ZwVG.) gefordert hat, so beruht auch dies auf dem Gesetze. Denn die Ablösungssumme wird erst im Verteilungstermine fällig, und bis dahin vertritt die Rente nach § 1107 BGB. die Stelle der Zinsen. Der Umstand, daß in der Rente ein Tilgungsbeitrag mitenthalten ist, ändert daran nichts, da diese Tilgung bei Feststellung der Ablösungssumme mit in Betracht kommt.

Vgl. auch § 197 BGB. und Planck, Anm. 2; v. Staudinger, Anm. 4; Biermann a. a. O.“

---

49. Unterscheidung zwischen Bearbeitung und freier Benutzung von Schriftwerken, insbesondere bei Reklamebroschüren.

Gesetz, betr. das Urheberrecht an Werken der Literatur und der Tonkunst, vom 19. Juni 1901 (RGBl. S. 227) §§ 12, 13.

I. Zivilsenat. Urt. v. 11. Juli 1914 i. S. Th. G. Aktiengesellschaft (Kl.) w. M. Gesellschaft m. b. H. (Bekl.). Rep. I. 133/14.

I. Landgericht Hagen.
II. Oberlandesgericht Hamm.

Die Klägerin stellt seit einer Reihe von Jahren kohlenstofffreies Mangan und Chrom, sowie kohlenstofffreie Legierungen dieser Metalle her. Dasselbe tut seit einer gewissen Zeit die Beklagte. Beide Parteien versandten an die Interessenten Broschüren, in denen die Metalle und die Legierungen beschrieben, die Vorzüge dargestellt und Angaben über die Verwendungsweise gemacht wurden. Im Prozesse behauptete die Klägerin, ihre Broschüre sei von der Beklagten nachgedruckt worden; sie verlangte Schadensersatz und Verurteilung der Beklagten, die Vervielfältigung und Verbreitung der von der Klägerin unter dem Titel „Aluminogenetische Metalle und Legierungen als Zusatz zu Kupfer-, Nickel-, Zink-, Aluminium-, Messing- und anderen Güssen" veröffentlichten Broschüre zu unterlassen.

Das Landgericht erkannte zugunsten der Klägerin, wogegen das Oberlandesgericht die Klage abwies. Das Reichsgericht hat die Revision der Klägerin zurückgewiesen aus folgenden

Gründen:

„Mit dem Berufungsgericht ist davon auszugehen, daß die Broschüre der Klägerin ein Schriftwerk darstellt, das nach dem Gesetze über das literarische Urheberrecht Schutz genießt. Der Berufungsrichter sagt mit Recht, daß „es sich nicht um rein tatsächliche Mitteilungen handele; vielmehr sei auf die Darstellung eine selbständig schaffende, geistige Arbeit verwendet worden, um den Inhalt in einer zweckentsprechenden faßlichen Weise darzustellen". Es ist auch zutreffend, wenn die Revision folgendes hervorhebt. Die Klägerin habe aus dem Gebiete ihrer Fabrikation einen bestimmten Teil herausgegriffen und über die in Frage kommenden Metalle das veröffentlicht, was ihr für eine wirksame Reklame dienlich erschienen sei. Die Broschüre der Klägerin enthalte eine Darstellung der Eigenschaften des kohlefreien Mangans, der Möglichkeit und der Wirkungen von Manganzusätzen zu anderen Metallen, der Vorzüge des reinen Mangans gegenüber Ferromangan, der Verwendbarkeit des Mangans als Desoxydationsmittel, der Herstellung von Manganlegierungen, des Manganzinks und Manganzinns, des Chrommangans, des Chromkupfers und weiterer vier Legierungen. Wenn nun auch zuzugeben ist und von der Revision nicht bestritten wird, daß der wesentliche sachliche Inhalt der Broschüre der Klägerin dem Techniker bekannt war, so läßt sich doch nicht verkennen, daß für die Abfassung der Broschüre eine auslesende, sichtende Tätigkeit erforderlich gewesen ist, die sich über eine mechanische Aneinanderreihung deutlich erhebt. Ganz zweifelsfrei würde es hiernach erscheinen, daß eine wörtliche oder nahezu wörtliche Wiedergabe der Broschüre eine Verletzung des Urheberrechts enthielte.

Eine solche Wiedergabe liegt indessen nicht vor. Das Berufungsgericht stellt vielmehr einwandfrei fest, daß sich in der Broschüre der Beklagten eine eigene, dem Zwecke der Schrift entsprechende Darstellung findet, die in vielen Punkten wesentlich eingehender ist, als die der Klägerin, während sie anderseits ihr gegenüber auch große Lücken aufweist; vor allem aber weist das Berufungsgericht zutreffend darauf hin, daß „die formale Gestaltung der einzelnen Schilderungen verschieden und bei der Beklagten selbständig ist". Anderseits übersieht der Berufungsrichter nicht, daß die Anordnung des Stoffes in großem Umfange Übereinstimmung zeigt. Allein es ist richtig, wenn das Berufungsurteil dabei hervorhebt, die übereinstimmende Reihenfolge der behandelten Gegenstände ergebe sich zum großen Teil aus der Natur der Sache. Die Revision macht hier freilich den Einwand, es sei rechtsirrig, daß ein Nachdruck dann gestattet sei, wenn es für die Veröffentlichung eines bestimmten Stoffes zu einem bestimmten Zwecke nur eine einzige logisch mögliche und zweckmäßige Form der Darstellung gebe. Man möge z. B. an ein Schulbuch denken. In diesem möchten auch Darstellungen und Stoffanordnungen vorkommen, die in sich so naturgemäß und zweckmäßig erschienen, daß man sich eine andere Behandlung des Stoffes nicht vorstellen könne. Aus diesem Grunde dürfe aber nicht der Urheber des Schutzes beraubt werden; der gesetzliche Schutz würde nur andere hindern, den gleichen Inhalt zum gleichen Zwecke literarisch zu bearbeiten.

Diesen Ausführungen der Revision ist nicht zuzustimmen. Ist die Gestaltungsweise, insbesondere die Anordnung für einen bestimmten Stoff in dem Maße, wie die Revision unterstellt, naturgemäß, so ist eine solche Stoffgestaltung in aller Regel für die Feststellung des Nachdrucks von keiner entscheidenden Bedeutung. Denn was sich aus dem Stoffe von selbst ergibt, beruht nicht auf individuell schaffender Geistesarbeit. Die entgegengesetzte Ansicht würde zu der Folgerung führen, daß die zweckentsprechende Bearbeitung gewisser Stoffe gleichsam geistiges Vorbehaltsgut eines Einzelnen wäre. Das widerspricht dem Wesen des literarischen Urheberrechts, das nicht einen erstmalig von einem Schriftsteller bearbeiteten Stoff diesem als sein alleiniges Besitztum zuweist, sondern nur dem, was er aus dem Stoffe geschaffen hat, dem eigenartigen Schriftwerke Schutz gewähren will. Eine freie selbständige Benutzung desselben Stoffes unter Beibehaltung des mit dem Stoffe naturgemäß Gegebenen, aus ihm mit einer gewissen Notwendigkeit Hervorgehenden steht jedem frei (vgl. RGZ. Bd. 63 S. 158 und Bd. 82 S. 17/18).

Im vorliegenden Falle konnte, wie der Berufungsrichter zutreffend darlegt, der Beklagten, welche mit der Klägerin in der hier in Betracht kommenden Betriebsabteilung dieselben Waren führt, nicht verwehrt werden, den Interessenten und ihren Kunden mitzuteilen, welche Vorteile die Waren gewähren, wie sie zu verwenden sind und welche Erscheinungen bei der Verwendung auftreten. Die Beklagte durfte dabei die aus der Natur des behandelten Gegenstandes folgende Anordnung zugrunde legen. Sie durfte sich auch über bekannte technische Erfahrungen, Methoden und Tatsachen verbreiten, sie war insoweit, wie der Berufungsrichter sagt, nicht gehindert, Erklärungen gleichen Inhalts zu machen, wie sie in den Heften der Klägerin enthalten sind. Die Selbständigkeit der Bearbeitung der Beklagten zeigt sich im übrigen nicht nur in der Auslese dessen, was zum Inhalte ihrer Broschüre gemacht worden ist, sondern auch in manchen Abweichungen der Einzeldarstellung. In mehreren Fällen hat auch die Beklagte nicht die in der Broschüre der Klägerin enthaltenen bestimmten Zahlen übernommen, sondern durch andere, einen Spielraum gewährende Zahlenangaben ersetzt. Was endlich die zahlreichen technischen Bezeichnungen anlangt, die in beiden Broschüren gleichlautend vorkommen, so ist zu beachten, daß sie dem wissenschaftlichen Sprachgebrauch entsprechen.

Werden die vorstehenden Erwägungen zusammengefaßt, so kann kein Rechtsirrtum in der Annahme des Berufungsgerichts gefunden werden, daß die Beklagte über die zulässige freie Benutzung der Broschüre der Klägerin nicht hinausgegangen ist und in ihrer eigenen Broschüre eine eigentümliche Schöpfung hervorgebracht hat (§ 13 LitUrhG.). Der erkennende Senat hat bereits im Urteile vom

8. März 1913 (RGZ. Bd. 82 S. 17) ausgesprochen, daß eine scharfe begriffliche Scheidung zwischen der unzulässigen Bearbeitung und der zulässigen freien Benutzung eines Werkes schwer zu finden ist; „vielmehr werde in jedem einzelnen Falle zu erwägen sein, ob der Verfasser des neuen Werkes von der Darstellung und den Gedanken des älteren Urhebers sich soweit losgelöst habe, daß es billig erscheine, seine Tätigkeit als eine selbständige literarische Leistung aufzufassen". Diese Frage durfte das Berufungsgericht um so eher bejahen, als jede Überspannung des Erfordernisses der „eigentümlichen Schöpfung" bei Reklamebroschüren der hier fraglichen Art leicht zu praktisch unhaltbaren Folgerungen führt. In geeigneten Fällen gewährt hier auch das Gesetz gegen den unlauteren Wettbewerb den erforderlichen Schutz."

---

50. Darf der Käufer eines mit Schwamm behaftet gewesenen Hauses den sog. merkantilen Minderwert beanspruchen, wenn der Schwamm vollständig beseitigt werden kann, so daß die Gefahr seiner Wiederkehr und damit der Schwammverdacht nicht mehr besteht?

BGB. §§ 459, 463.

V. Zivilsenat. Urt. v. 11. Juli 1914 i. S. D. (Kl.) w. F. (Bekl.). Rep. V. 67/14.

I. Landgericht I Berlin.
II. Kammergericht daselbst.

Der Kläger kaufte von der Beklagten am 16. Januar 1905 ein Hausgrundstück in Berlin für 195000 ℳ, das er am 18. Februar 1905 übergeben erhielt. Er zahlte auf den Kaufpreis 15000 ℳ bar und übernahm für 180000 ℳ Hypotheken. Mit der Behauptung, daß das Haus zur Zeit der Übergabe mit Schwamm behaftet gewesen sei, verlangte er Minderung um 60000 ℳ und beantragte, die Beklagte zu verurteilen, an ihn 15000 ℳ zurückzuzahlen und ihn in Höhe von 45000 ℳ von den auf dem Grundstücke lastenden Hypotheken zu befreien, oder in Höhe von 45000 ℳ Sicherheit durch Hinterlegung zu leisten, äußerstenfalls an ihn weitere 45000 ℳ nebst Zinsen zu zahlen. Durch rechtskräftiges Urteil des Kammergerichts wurde der Minderungsanspruch dem Grunde nach für gerechtfertigt erklärt. Im weiteren Verfahren über den Betrag vor dem Landgerichte gab der Kläger seinen Minderungsanspruch auf 30931 ℳ an, nämlich 9707,25 ℳ für Kosten der Ausbesserung, 11223,75 ℳ für fünfjährigen Mietausfall und 10000 ℳ für sog. merkantile Wertminderung. Das Landgericht billigte für die Kosten der Ausbesserung 4000 ℳ, für einjährigen Mitausfall 2050 ℳ zu, verneinte dagegen das Vorhandensein eines merkantilen Minderwerts, da der Schwamm dauernd beseitigt werden könne. Es sprach daher dem Kläger unter Abweisung seiner Mehrforderung 6050 ℳ nebst Zinsen zu. Auf die Berufung des Klägers verurteilte das Kammergericht die Beklagte zur Zahlung weiterer 5042,21 ℳ, wobei es ebenfalls das Vorhandensein eines merkantilen Minderwerts verneinte. Der Kläger legte Revision ein mit dem Antrage, ihm noch fernere 9871,43 ℳ nebst Zinsen (merkantilen Minderwert) zuzusprechen. Die Revision wurde zurückgewiesen.

Aus den Gründen:

„Die Revision wendet sich im wesentlichen nur dagegen, daß das Urteil den geforderten sog. merkantilen Minderwert verneint. Sie bemängelt, daß es einfach der Schätzung des Sachverständigen N. folge, ohne selber die Nichtberücksichtigung der Entwertung durch Schwammverdacht zu begründen. Eine derartige Begründung sei aber um so mehr geboten gewesen, als bisher die Verkehrsanschauung dahin gegangen sei, daß die Besorgnis der Wiederkehr des echten Hausschwamms niemals ausgeschlossen sei. Indessen erkennt gerade das von der Revision angezogene Urteil des erkennenden Senats vom 17. Mai 1913 (Warneyer, Erg.-Bd. 1913 Nr. 313) an, daß die Wissenschaft nicht mehr auf diesem Standpunkte stehe, vielmehr annehme, daß auch der echte Hausschwamm völlig und endgültig beseitigt werden könne. Solange die Anschauungen des Verkehrs sich jedoch zu dieser Wahrheit noch nicht durchgerungen haben und noch mit der Besorgnis der Wiederkehr des Schwammes rechnen, muß allerdings die Ursache dieser Besorgnis, d. h. der Verdacht, daß das Haus von neuem von dem Schwamme wieder befallen werden möchte, als ein den Verkaufswert des Grundstücks erheblich mindernder Fehler angesehen werden, wie das angezogene Urteil neben zahlreichen anderen ausspricht (vgl. die Jur. Wochenschr. 1912 S. 1103 Nr. 4 aufgeführten Urteile und das Urteil des I. Zivilsenats vom 4. November 1908, Jur. Wochenschr. 1908 S. 742 Nr. 11). Diese Verkehrsanschauung kann indessen den Verkaufswert eines Grundstücks nur in den Gegenden nachteilig beeinflussen, wo sie noch besteht. Der erkennende Senat hat bereits in einem Urteile vom 25. September 1912 (Jur. Wochenschr. 1912 S. 1103 Nr. 4) ausgesprochen, daß es keine Rechtsfrage, sondern Sache tatsächlicher Beurteilung sei, ob nach Beseitigung des Schwammes noch eine Schwammverdächtigkeit bestehe, und daß die Beantwortung dieser Frage abhänge von der jeweiligen Einsicht in die Natur des Schwammes, insbesondere von dem in der Wissenschaft und im Verkehr über die Möglichkeit seiner vollständigen und nachhaltigen Beseitigung bestehenden Anschauungen. Jenes Urteil führt dann weiter aus, daß, wenn „objektiv" die Befürchtung der Wiederkehr, auch nach den Anschauungen des Verkehrs, nicht bestehe, ein Minderwert nicht damit begründet werden könne, daß ein Teil der Kauflustigen, obgleich innerlich von der Nachhaltigkeit der Beseitigung des Schwammes überzeugt, eine angebliche Schwammverdächtigkeit zum Vorwande nahm, um auf den Preis zu drücken.

Dem darf noch folgendes hinzugefügt werden. Der Hauptgrund, den der Käufer für den merkantilen Minderwert geltend zu machen pflegt — wie dies auch hier geschehen ist —, ist der, daß er verpflichtet sei, seinem Abkäufer wegen des Bestehens des Schwammverdachts von der früheren Schwammerkrankung Mitteilung zu machen, was zur Folge haben werde, daß dieser daraufhin eine Preisminderung verlangen werde. Ist aber in der Tat kein Schwammverdacht mehr vorhanden, so entfällt für den Verkäufer diese Mitteilungspflicht, und zwar völlig unbedenklich dort, wo jener Widerspruch zwischen Verkehrsanschauung und dem Stande der Wissenschaft nicht mehr besteht. Allerdings wäre es für das Berufungsgericht angezeigt gewesen, sich über diese Gesichtspunkte eingehender auszulassen, aber trotzdem ist der ihm von der Revision gemachte Vorwurf einer Verletzung der §§ 286, 313 Nr. 4 ZPO. unbegründet. Denn das Urteil schließt sich dem Gutachten des Sachverständigen N. ausdrücklich an, indem es sagt, es sei mit ihm der Ansicht, daß nur bei einer auch schon äußerlich sich als völlig durchgreifend darstellenden Ausbesserung aller Schwammschäden eine Nachwirkung dieser auf die Verkäuflichkeit und den im regelmäßigen Verkehre zu erzielenden Kaufpreis ausgeschlossen erscheine. Der Sachverständige gibt aber in seinen beiden schriftlichen Gutachten dafür eine ausreichende Begründung. N., der beeidigter Sachverständiger bei den Berliner Gerichten ist, erklärt, daß man in den Kreisen des Grundstückshandels — womit er in jedem Falle mindestens die entsprechenden Berliner Kreise meint — der Ansicht zuneige, daß bei heutigem Stande von Wissenschaft und Technik ein mit Schwamm behaftet gewesenes, aber sachgemäß ausgebessertes Haus dauernd geheilt sei und auch nicht mehr schwammverdächtig sein könne, man sogar annehme, daß bei sorgfältiger und entsprechender Ausführung der Ausbesserungen das Bauwerk eine gewisse Verbesserung erfahre. Wenn der Sachverständige hier den Ausdruck „der Ansicht zuneigen" gebraucht, so will er damit nicht, wie die Revision meint, sagen, daß der Verkehr erst im Begriffe stehe, sich dieser Ansicht anzuschließen, sondern, daß die Verkehrsanschauung sich der Anschauung der Wissenschaft nunmehr angeschlossen hat. Im zweiten Gutachten fügt er hinzu, daß diese Anschauungen auch bereits zur Zeit des Verkaufs an den Kläger galten, und zwar auch bei nicht gewerbsmäßigen Verkäufern und Käufern. Besteht hiernach jene dem Stande der Wissenschaft nicht entsprechende Anschauung in den maßgebenden Berliner Kreisen nicht mehr, so fällt damit auch jeder Grund fort, trotz Unbegründetheit des Schwammverdachts einen aus solchem Verdachte mit Rücksicht auf eine Verkehrsanschauung hergeleiteten Verkaufsminderwert anzuerkennen (vgl. Urt. v. 6. Juni 1914, Rep. V. 456/13). Selbstverständlich sind diese Ausführungen nicht dahin zu verstehen, daß, weil die Wissenschaft nicht mehr auf dem Standpunkte steht, die endgültige, jeden Verdacht der Wiederkehr ausschließende Beseitigung des echten Hausschwamms sei unmöglich, der Schwammverdacht aufgehört habe, überhaupt noch als Gewährsfehler zu gelten. Dies trifft vielmehr nur für solche Fälle zu, in denen festgestellt werden kann, daß die Voraussetzungen für die endgültige Beseitigung gegeben sind, solche durchführbar ist und die Verkehrsanschauung sich dieser wissenschaftlichen und technischen Erkenntnis angeschlossen hat. Da diese Voraussetzungen hier sämtlich erfüllt sind, so fällt die Revision." . . .

51. 1. Liegt eine Klageänderung vor, wenn ein verklagter nicht rechtsfähiger Verein nach der Klageerhebung durch Eintragung in das Vereinsregister die Rechtsfähigkeit erlangt und den Rechtsstreit fortsetzt?

2. Welche Bedeutung hat der Erwerb der Rechtsfähigkeit für das Vereinsvermögen?

3. Liegt es stets außerhalb der Zwecke eines Idealvereins, wenn er zum Erwerbe eines Vereinshauses, das teilweise vermietet werden soll, eine Bürgschaft eingeht?

BGB. § 21.
ZPO. § 50.

VI. Zivilsenat. Urt. v. 11. Juli 1914 i. S. Arbeitgeberverband (Bekl.) w. Vereinsbank in K. (Kl.). Rep. VI. 111/14.

I. Landgericht Kiel.
II. Oberlandesgericht daselbst.

In K. bestand seit längerer Zeit der „Arbeitgeber-Verband K." als nicht eingetragener Verein. Als Vereinszweck nannte § 2 der Satzung vom 15. November 1906 hauptsächlich die Herbeiführung gedeihlicher Verhältnisse zwischen Arbeitgebern und Arbeitnehmern, den Schutz der Arbeitswilligen und die Regelung des Arbeitsnachweises. Wirtschaftlicher Geschäftsbetrieb war ausgeschlossen und im § 4 ausdrücklich bestimmt, daß der Arbeitgeberverband in das Vereinsregister des Amtsgerichts K. eingetragen werden sollte. Der Verein hatte einen aus zwei Personen bestehenden Vorstand (§ 25 der Satzung) und ein Direktorium von neun Mitgliedern (§ 26), die Vorstandsmitglieder konnten zugleich Mitglieder des Direktoriums sein. Im Jahre 1910 traten die damaligen Mitglieder des Vorstandes und des Direktoriums zu einer Gesellschaft mit beschränkter Haftung zusammen, deren Gesellschaftsvertrag vom 14. Mai 1910 datiert. Die Firma der Gesellschaft lautete: „Vereinshaus des Arbeitgeberverbandes K., GmbH.". Gegenstand des Unternehmens war nach § 2 des Gesellschaftsvertrags „der Erwerb und Betrieb der in K. ... belegenen Gebäudegrundstücke für den Zweck des Arbeitgeberverbandes K.". Nach § 6 hat die Gesellschaft zwei Geschäftsführer, von denen jeder für sich die Gesellschaft vertreten kann (§ 7).

Geschäftsführer waren der Zimmermeister Fr. und der Malermeister J., beide zugleich Vorstandsmitglieder des Arbeitgeberverbandes. Das Stammkapital wurde auf 20000 *M* festgesetzt (§ 3), Fr. und J. sollten eine Einlage von je 3000 *M*, die übrigen Gesellschafter solche von je 2000 *M* leisten. Ein etwaiger Reingewinn sollte nach § 9 dem Arbeitgeberverband zufallen, an den auch das bei einer Liquidation sich ergebende Gesellschaftsvermögen abzuführen war (§ 10). Das Vereinshaus ist errichtet worden, und der Arbeitgeberverband benutzt einen Teil der Räume für seine Zwecke.

Für die Herstellung des Hauses hat die klagende Bank Geld gegeben und die Gesellschaft mbH. auf einem ihr errichteten Konto damit belastet. Ihrer Auffassung nach ist ihr Schuldner der verklagte Arbeitgeberverband; es sei das Anfang Juni 1910 zwischen ihr und dem Verbande ausdrücklich so abgemacht worden. Er hafte ihr aber auch als Bürge aus einer von dem Vorstande am 2. Februar 1912 übernommenen selbstschuldnerischen Bürgschaft. Sie hat im vorliegenden Rechtsstreite einen Teilbetrag ihres Guthabens neben anderen Ansprüchen geltend gemacht.

Nach Erhebung der Klage wurde der Arbeitgeberverband am 19. März 1913 ohne Änderung seines Namens in das Vereinsregister eingetragen.

Das Landgericht K. hat der Klage entsprochen. Die von dem Beklagten eingelegte Berufung wurde zurückgewiesen und auch seine Revision hatte keinen Erfolg.

Aus den Gründen:

„Die Revision rügt Verletzung des materiellen Rechtes sowie der §§ 253, 286 ZPO. Sie vertritt den Standpunkt, daß der eingetragene Verein überhaupt nicht als verklagt anzusehen sei; neben ihm bestehe der alte, nicht rechtsfähige Verein weiter, und es bedürfe für den Übergang der Rechte und Pflichten einer Liquidation des alten Vereins und besonderer Übertragungsakte. Dagegen hat das Berufungsgericht angenommen, daß die Stellung des Beklagten als Prozeßpartei durch seine Eintragung in das Vereinsregister nicht verändert werde und daß die Rechte und Pflichten des nicht rechtsfähigen Vereins auf den rechtsfähigen ohne weiteres übergingen, sofern nur in tatsächlicher Hinsicht der eingetragene Verein als Fortsetzung des nicht eingetragenen anzusehen sei.

Daß der Beklagte bis zu seiner Eintragung in das Vereinsregister die rechtliche Stellung eines nicht rechtsfähigen Vereins hatte, ist nicht zweifelhaft. Träger aller Rechte und Verbindlichkeiten waren seine Mitglieder, nicht der Verein als solcher, BGB. § 54. Durch § 50 Abs. 2 ZPO. ist aber dem nicht rechtsfähigen Verein die Fähigkeit beigelegt worden, verklagt zu werden. In dem Rechtsstreite kommt ihm die Stellung eines rechtsfähigen Vereins zu und er ist daher als Beklagter parteifähig. Durch die Eintragung in das Vereinsregister hat der Beklagte mit der Rechtsfähigkeit (BGB. § 21) auch die volle Parteifähigkeit nach § 50 Abs. 1 ZPO. erlangt. Die Revision meint nun, daß der eingetragene Verein ein anderes Rechtssubjekt sei als der Beklagte, dem die Klage zugestellt wurde und der durch seinen Vorstand mit der Klägerin rechtlich verkehrt hat.

Ob ein eingetragener Verein die Fortsetzung eines bereits bestehenden nicht eingetragenen oder eine Neugründung ist, hängt zunächst von den tatsächlichen Verhältnissen ab. Wenn die Mitglieder eines nicht rechtsfähigen Vereins einen eingetragenen Verein gründen, der sich nach Namen, Zweck und Verfassung erheblich von dem älteren unterscheidet, so wird es sich selbst bei Identität der Mitglieder regelmäßig um einen neuen Verein handeln, neben dem der alte Verein fortbestehen kann. Im vorliegenden Falle führt aber der rechtsfähige Verein den gleichen Namen wie der frühere, nur mit dem Zusatze „eingetragener Verein", sein Zweck ist der gleiche, so daß ein Nebeneinander beider Vereine nicht gewollt sein kann. Von der Satzung sagt der Vorderrichter, daß sie keine erheblichen Veränderungen gegenüber der älteren aufweist und daß die Änderungen weder den Vereinszweck noch die Organisation in ihrem Wesen berühren. Die organisatorischen Veränderungen betreffen namentlich den Vorstand, der jetzt aus drei Personen besteht und nach § 24 in seiner Vertretungsmacht mehrfach beschränkt ist. Weder er noch Direktorium und Ausschuß sind zur Übernahme von Bürgschaften, zur Erteilung von Kreditaufträgen, zur Eingehung von Verbindlichkeiten irgendwelcher Art oder zum Erwerbe von Grundbesitz befugt, während es in der älteren Satzung nur hieß, daß der aus zwei Personen bestehende Vorstand den Verein gerichtlich wie außergerichtlich zu vertreten hat. Aber weder diese noch die sonstigen Änderungen betreffen, wie der Vorderrichter mit Recht sagt, das

Wesen der Organisation; sie sind mit der Annahme, daß der ursprüngliche Verband in etwas geänderter Form weiter bestehen sollte, völlig vereinbar. Es kommt hinzu, daß schon die Satzung vom November 1906 den Eintrag in das Vereinsregister vorsah und daß der in einer Mitgliederversammlung des alten Vereins gewählte Vorstand die Anmeldung zum Vereinsregister bewirkt hat. Wenn daher der Vorderrichter tatsächlich feststellt, daß der eingetragene Verein eine Fortsetzung des nicht eingetragenen sei, so kann dem aus Rechtsgründen nicht entgegengetreten werden. Unerheblich ist es namentlich, wenn eine Anzahl der Mitglieder bei der Umwandlung des Verbandes in einen rechtsfähigen Verein ausgeschieden sein sollte, weil ein Wechsel des Mitgliederbestandes in der Satzung (§ 7 bis 10) vorgesehen war und die Identität des Vereins nicht beeinträchtigt; vgl. auch RGZ. Bd. 60 S. 99, Bd. 74 S. 373, Bd. 76 S. 27.

Rechtlicher Natur ist dagegen die Frage, in welcher Weise die Eintragung eines schon bestehenden nicht rechtsfähigen Vereins auf dessen rechtliche Stellung einwirkt. Hier ist zunächst die Auffassung abzulehnen, daß der eingetragene Verein deswegen, weil er juristische Persönlichkeit besitzt, den nicht eingetragenen Verein nicht fortsetzen könne. Der Wortlaut des Gesetzes (BGB. § 21, vgl. auch §§ 55, 59) läßt im Gegenteil erkennen, daß ein Verein die Rechtsfähigkeit erlangen kann, ohne hierdurch im übrigen in seinem Bestehen beeinflußt zu werden. Der bereits vorhandene Verein besteht von der Eintragung an als juristische Person weiter, als solcher stellt er zwar ein neues Rechtssubjekt dar, aber dieses Rechtssubjekt setzt ein bereits vorher vorhandenes Rechtsgebilde fort. Hieraus folgt, daß Eigenschaften, die dem nicht rechtsfähigen Verein als solchem zukamen, bei dem eingetragenen fortdauern, ohne daß eine Rechtsnachfolge angenommen werden müßte. In prozessualer Hinsicht hat das die Bedeutung, daß die Erlangung der Rechtsfähigkeit während eines gegen den nicht rechtsfähigen Verein anhängigen Rechtsstreits an der prozessualen Lage nichts ändert. Passive Parteifähigkeit besaß schon der nicht rechtsfähige Verein, eine Klageänderung durch Einführung eines neuen Prozeßbeteiligten aber kann wegen der sachlichen Identität des neuen rechtsfähigen mit dem älteren nicht rechtsfähigen Vereine nicht angenommen werden. Hinsichtlich des materiellen Rechtes ist es zwar nicht zweifelhaft, daß bei dem nicht rechtsfähigen

Verein nur seine Mitglieder als Träger der Rechte und Verbindlichkeiten in Frage kommen. Das hindert aber nicht, daß ein Gesellschaftsvermögen als gesondertes Zweckvermögen rechtlich anerkannt wird (BGB. §§ 719, 725 Abs. 2, 738 Abs. 1; ZPO. § 735; KO. § 213) und die Rechtsprechung hat angenommen (RGZ. Bd. 74 S. 324), daß als Regel die Vollmacht des Vorstandes eines nicht rechtsfähigen Vereins sich dahin beschränkt, daß er die Mitglieder nur mit ihren Anteilen am Vereinsvermögen verpflichten darf. Der Zweckbestimmung dieses Sondervermögens würde es widersprechen, wenn man annehmen wollte, das Vermögen stehe den Mitgliedern des früheren nicht rechtsfähigen Vereins auch nach der Eintragung in das Vereinsregister zu; es muß vielmehr daraus, daß der eingetragene Verein nur die Fortsetzung des nicht rechtsfähigen ist, geschlossen werden, daß das seinen Zwecken dienende Vermögen aktiv und passiv auf den rechtsfähigen Verein übergeht. Daß es vorher den Mitgliedern des nicht rechtsfähigen Vereins gehörte, steht nicht entgegen, weil diese es nur in ihrer Eigenschaft als Vereinsmitglieder besaßen und die von ihnen beschlossene Umwandlung des Vereins im Zweifel auch bedeutet, daß das Vereinsvermögen künftig nach Maßgabe der neuen rechtlichen Verhältnisse besessen werden soll. Wie sich die Sachlage gestaltet, wenn die Mitglieder oder der Vorstand des nicht rechtsfähigen Vereins wegen früherer Schulden nach Erwerb der Rechtsfähigkeit von den Gläubigern in Anspruch genommen werden, wie sich ferner der Übergang von Grundstücken auf den rechtsfähigen Verein vollzieht, bedarf jetzt keiner Entscheidung.

Das von der Revision angeführte, in Seuff. Arch. Bd. 67 Nr. 171 abgedruckte Urteil des Reichsgerichts VII. Zivilsenats vom 11. April 1911 steht der angenommenen Ansicht nicht entgegen, erkennt vielmehr an, daß sich durch die spätere Erlangung der Rechtsfähigkeit nur die Rechtsform des bestehenden Vereins ändert und daß der Verein als rechtsfähiger für die Verpflichtungen einzustehen hat, die er in seiner früheren Rechtsform übernommen hatte. Wenn sodann die Einschränkung gemacht wird, der rechtsfähig gewordene Verein sei nur insoweit gebunden, als die Übernahme von Verpflichtungen vor dem Erwerbe der Rechtsfähigkeit notwendig gewesen sei, während Rechtsgeschäfte, die weder der Vereinsgründung als solcher noch der Erlangung der Rechtsfähigkeit dienten, sondern schon zu dem Vereinsbetriebe gehörten, auszuscheiden seien, so wird dabei vorausgesetzt, daß die Absicht der Beteiligten auf die alsbaldige Gründung eines rechtsfähigen Vereins gerichtet war. Den späteren gesetzlichen Vertretern desselben soll im Gründungsstadium möglichst wenig vorgegriffen werden. Im vorliegenden Falle muß dieser Gesichtspunkt ausscheiden. Der beklagte Verein hat eine längere Reihe von Jahren als nicht rechtsfähiger Verein bestanden und seine Tätigkeit entwickelt, er kann daher nicht nur als eine Art „Vorverein" und als Vorbereitung des eingetragenen Vereins aufgefaßt werden. Daß die Satzung vom 15. November 1906 die Eintragung in das Vereinsregister in Aussicht nimmt, ändert hieran nichts; denn tatsächlich bestand der nicht eingetragene Verein trotz des § 4 der Satzung noch bis zum März 1913 fort.

Das Berufungsgericht stützt die Verurteilung des Beklagten zur Zahlung auf die Bürgschaft vom 2. Februar 1912 und läßt dahingestellt, ob er schon aus dem Darlehn als solchem haftbar sei. Zwar sei die Bürgschaftsurkunde nur von einem Vorstandsmitgliede, dem Vorsitzenden Fr., unterzeichnet, während nach § 25 der Satzung der Vorstand aus zwei Personen bestanden habe, die in Zweifel gemeinschaftlich hätten handeln müssen. Es sei aber erwiesen, daß das zweite Mitglied des Vorstandes, J., seine Zustimmung gegenüber Fr. erklärt habe, was formlos möglich gewesen sei und zur Verpflichtung des Beklagten genüge. Diese Ausführungen enthalten keinen Rechtsirrtum und stehen auch im Einklange mit dem von dem II. Zivilsenate des Reichsgerichts in seinem Urteile vom 14. Februar 1913 (RGZ. Bd. 81 S. 325 flg.) angenommenen Grundsätzen. Die Revision wendet aber ein, daß die Vertretungsmacht des Vorstandes durch den Vereinszweck beschränkt werde, daß der Hausbau wie die Bürgschaftsübernahme dem Vereinszwecke zuwiderliefen und daß der Vorstand damit zu einem wirtschaftlichen Geschäftsbetriebe übergegangen sei; es sei für die Klägerin auch erkennbar gewesen, daß die Übernahme der Bürgschaft außerhalb der Zwecke des Vereins gelegen habe.

Zutreffend nimmt der Vorderrichter an, daß dem Vorstande gemäß § 25 der Satzung nach außen hin eine unbeschränkte Vertretungsbefugnis übertragen war. Ob dabei als selbstverständlich die Beschränkung hinzuzufügen ist, der Vorstand könne den Verein nicht außerhalb der Vereinszwecke verpflichten, kann dahingestellt bleiben, weil der Revision nicht zuzugeben ist, daß die Bürgschaft unter den gegebenen Verhältnissen außerhalb des Vereinszwecks lag und dies der Klägerin erkennbar gewesen wäre. Daß sich ein großer Verein ein eigenes Haus erwirbt, ist nichts Ungewöhnliches; wie der Vorderrichter feststellt, haben sich auch die Gewerkschaften in K. ein stattliches Gewerkschaftshaus erbaut. Für seinen Geschäftsbetrieb hatte der Beklagte die erforderlichen Räume nötig, deren Beschaffung in Ermangelung abweichender Bestimmungen dem Vorstande oblag. Ob sie in einem fremden Gebäude ermietet oder durch Erwerb eines eigenen Hauses beschafft wurden, ist eine Frage der Zweckmäßigkeit. Auch darauf kann es nicht ankommen, ob das Haus ausschließlich dem Vereinszwecke dient oder ob die nicht erforderlichen Räume vermietet werden; insbesondere hat der Vorderrichter mit Recht angenommen, daß in einer solchen Vermietung im Zweifel nicht der Übergang zu einem, dem Beklagten untersagten wirtschaftlichen Geschäftsbetriebe liegt (Kommentar von RGR., Anm. 2 zu § 1 BGB.). Allerdings darf der Erwerb durch Vermietungen nicht zu einem selbständigen Erwerbsunternehmen werden; daß dies aber hier geschehen sei, ist nicht ersichtlich. Weiter ist der Revision zwar zuzugeben, daß die Übernahme einer Bürgschaft für einen Dritten seitens des Beklagten regelmäßig und für den Dritten erkennbar außerhalb des Vereinszwecks liegt, nicht aber daß dies auch in dem vorliegenden Falle zutrifft. Die formell als Hauseigentümerin und Darlehnsschuldnerin auftretende Gesellschaft m. b. H. erscheint lediglich als eine Zweckgründung der Organe des Beklagten, der damals Grundeigentum auf seinen Namen noch nicht erwerben konnte, die Art ihrer Entstehung und die Bestimmungen des Gesellschaftsvertrags lassen hierüber keinen Zweifel. Es kommt aber noch hinzu, daß alle Geschäftsanteile der Gesellschaft m. b. H. zur Zeit der Bürgschaftsübernahme von der Klägerin als Treuhänderin des Beklagten besessen wurden und daß sich die Klägerin verpflichtet hatte, als Geschäftsführer der Gesellschaft m. b. H. nur die von ihr von dem Beklagten bezeichneten Personen zu wählen. Die Gesellschaft m. b. H. war sonach tatsächlich völlig in der Hand des Beklagten. Ob er für ihre durch die Erbauung des Vereinshauses erwachsenen Schulden Bürgschaft leistete, oder zu diesem Zwecke selbst ein Darlehn aufnahm, war wirtschaftlich wesentlich dasselbe." ...

52. Zur Frage der Stempelpflichtigkeit, wenn die Rückzahlungsfrist eines Darlehens ohne Beurkundung verlängert wird.

Stempelsteuergesetz vom 31. Juli 1895/26. Juni 1909 (Bekanntmachung vom 30. Juni 1909 GS. S. 535), Tarifst. 58 I Abs. 2b Nr. 6.

VII. Zivilsenat. Urt. v. 26. Juni 1914 i. S. der Rh. W. B. Cr. Bank (Kl.) w. preuß. Fiskus (Bekl.). Rep. VII. 128/14.

I. Landgericht I Berlin.
II. Kammergericht daselbst.

Am 11. August 1909 war für den Architekten D. ein notarielles Schuldbekenntnis über ein am 14. Dezember 1909 rückzahlbares Darlehen von 80000 ℳ ausgestellt werden, und zwar unter gleichzeitiger Bewilligung einer Hypothek. Am 25. Januar 1910 trat D. diese 80000 ℳ, deren Rückzahlungstermin inzwischen hinausgeschoben worden war, an die Klägerin ab. Infolge dieser Verlängerung der Rückzahlungsfrist forderte der Beklagte auf Grund der Tarifst. 58 I Abs. 6 preuß. StempStG. von der Klägerin, die im Besitz einer einfachen (ersten, stempelfreien) Ausfertigung und zweier vollstreckbarer, nach Tarifst. 16 verstempelter Ausfertigungen war, eine Nachversteuerung von 51 ℳ. Mit der vorliegenden Klage verlangt die Klägerin Rückerstattung der gezahlten 51 ℳ, weil sie nur Inhaberin ordnungsmäßig verstempelter Ausfertigungen der zur Zeit ihrer Errichtung zutreffend versteuerten Urschrift sei, nicht aber Inhaberin der Urschrift selbst, die allein dem Nachtragsstempel unterliege. Demgegenüber macht der Beklagte geltend, daß der zu einer Urkunde erforderliche Stempel auf allen Duplikaten hafte und deren Inhaber treffe, gleichviel ob er vor oder nach Ausfertigung der Duplikate fällig geworden sei. Das Landgericht hat sich der Auffassung der Klägerin angeschlossen und klaggemäß erkannt. Auf die Berufung des Beklagten hin hat das Kammergericht die Klage abgewiesen. Die Revision der Klägerin hat den Erfolg gehabt, daß das angefochtene Urteil aufgehoben und die Berufung zurückgewiesen wurde.

Gründe:

„Der Streit der Parteien dreht sich darum, ob die Klägerin für den Stempel, der infolge der tatsächlichen Verlängerung der Rückzahlungsfrist nach Tarifst. 58 I Abs. 2 unter b Nr. 6 preuß.

StempStG. in der Fassung vom 30. Juni 1909 „zur ursprünglichen Urkunde" nachträglich zu verwenden ist, haftet oder nicht. Da das Gesetz irgendwelche besonderen Vorschriften zur Sicherstellung dieser Nachverstempelung nicht getroffen hat, ist lediglich an der Hand der allgemeinen Bestimmungen zu prüfen, ob die Stempelpflicht der Klägerin gegeben ist.

Der Berufungsrichter hat seine die Stempelpflicht bejahende Entscheidung damit begründet, daß die Klägerin als „Inhaberin" der notariellen Verhandlung vom 11. August 1909 im Sinne des § 13 Abs. 1 zu c StempStG. anzusehen sei; denn Inhaber im Sinne dieser Vorschrift sei nicht derjenige, der die Urschrift der notariellen Verhandlung im körperlichen Besitz habe, sondern derjenige, dessen Interesse Gegenstand der Urkunde sei. Dieser Auffassung kann nicht beigetreten werden. Allerdings ist es eine Voraussetzung der Haftbarkeit nach § 13 Abs. 1 zu c, daß der wegen des Stempels in Anspruch Genommene „ein rechtliches Interesse an dem Gegenstande der Urkunde hat", allein nach dem klaren Wortlaute des Gesetzes wird doch als erste Voraussetzung der Haftbarkeit die „Innehabung" der stempelpflichtigen Urkunde gefordert, d. h. der körperliche, mit tatsächlicher Verfügungsmacht verbundene Besitz. Die nach der ausdrücklichen Vorschrift des § 9 Abs. 2 StempStG. der Verstempelung allein unterliegende „Urschrift" der notariellen Verhandlung hat aber der Notar in seinem Besitze zu behalten, und sie ist denn auch im gegebenen Falle nicht in den Besitz der Klägerin gelangt. Daß die Klägerin von dem Notar Ausfertigungen der Urschrift verlangen kann, ein Umstand, auf den der Berufungsrichter hinweist, gibt ihr keineswegs eine tatsächliche Verfügungsmacht über die Urschrift, die sie als Inhaberin erscheinen lassen könnte.

Es fragt sich aber weiter, ob die Klägerin etwa deshalb zur Nachversteuerung herangezogen werden kann, weil sie sich im Besitze von drei Ausfertigungen befindet. Auch das ist zu verneinen. Zunächst ist die erste Ausfertigung unbestritten entsprechend den Vorschriften in § 9 Abs. 2 des Gesetzes und gemäß den Ausführungsbestimmungen Nr. 17 Abs. 4 als „erste" bezeichnet und auf ihr bescheinigt, welcher Stempel zur Urschrift verwendet ist. Damit ist aber nach dem ganz unzweideutigen Wortlaute des Gesetzes die Voraussetzung der Stempelfreiheit dieser ersten Ausfertigung gegeben.

Hätte die Stempelfreiheit von der Verwendung eines ausreichenden Stempels zu der notariellen Urschrift abhängig sein sollen, so hätte das doch irgendwie im Gesetze zum Ausdrucke gebracht sein müssen (vgl. Urteil des erk. Senats vom 5. Oktober 1906 in der Jur. Wochenschr. 1906 S. 727 Nr. 29). Dasselbe muß aber auch in bezug auf den klägerischen Besitz der zwei weiteren Ausfertigungen gelten, die unstreitig mit dem vorgeschriebenen Duplikatstempel versehen sind und auf denen gleichfalls bescheinigt ist, welcher Stempel zur Urschrift verwendet worden ist. Auch hier fehlt es an einer gesetzlichen Vorschrift, aus der eine Verantwortlichkeit des Inhabers solcher Ausfertigungen von notariellen Verhandlungen hergeleitet werden könnte dafür, daß zur Urschrift eine ausreichende Stempelverwendung erfolgt ist. Dies muß ganz besonders angenommen werden in dem vorliegenden Falle, in dem eine erst nach Aufnahme der notariellen Verhandlung eingetretene Verpflichtung zur Nachverstempelung der Urschrift in Frage steht. Eine solche Haftung kann auch nicht etwa aus § 9 Abs. 1 Satz 2 StempStG. entnommen werden, denn diese Bestimmung paßt auf Notariatsverhandlungen überhaupt nicht, bei denen der Stempel nach Abs. 2 daselbst gar nicht zu „der Hauptausfertigung", sondern zu der „Urschrift" zu verwenden ist und bezüglich deren es dem Notar bei eigener Haftbarkeit verwehrt ist, vor der Verwendung eines ausreichenden Stempels zur Urschrift irgend eine Ausfertigung zu erteilen (§ 13 Abs. 2 und § 15). Vgl. auch Heinitz, Komm., 3. Aufl., § 13 A. 4e. Schließlich findet aber auch die in den Vorinstanzen von dem Beklagten vertretene Auffassung, daß die Ausfertigungen mit der Urschrift zusammen das einheitliche Substrat der Versteuerung bildeten, in dem Gesetz, das ausdrücklich die Verwendung des Stempels zur Urschrift der notariellen Verhandlung vorschreibt, keinerlei Grundlage." . . .

---

53. Inwieweit können öffentliche Feuerversicherungsanstalten von der ihnen für die Gebäudeversicherung zustehenden Stempelfreiheit Gebrauch machen, wenn es sich um den Mietstempel für Räume handelt, die zugleich der Fahrnisversicherung dienen?

Preuß. Gesetz, betr. die öffentl. Feuerversicherungsanstalten, vom 25. Juli 1910 (GS. S. 241) §§ 1, 2, 3, 32.
Preuß. Stempelsteuergesetz vom 30. Juni 1909 (GS. S. 535) Tarifst. 48 und §§ 5 Abs. 5 und 6, 34 Abs. 2 Satz 1.

VII. Zivilsenat. Urt. v. 18. September 1914 i. S. preuß. Fiskus (Bekl.) w. Landfeuersozietät d. Pr. Br. (Kl.). Rep. VII. 165/14.

I. Landgericht I Berlin.
II. Kammergericht daselbst.

Die Klägerin hatte für die Zwecke ihres Feuerversicherungsbetriebes in dem Hause Geisbergstraße 21 in B. für einen Jahreszins von 16500 *M* vom Eigentümer J. Räume gemietet, die sie bis zum 10. Mai 1912 benutzte. Hiervon wurden für die beiden Jahre 1910 und 1911 vom Vermieter J. je 105 *M* Mietstempel entrichtet. Die Klägerin nimmt für sich die Freiheit von der Mietstempelabgabe in Anspruch. Die Steuerbehörde widerspricht dem, weil die Klägerin neben der Gebäudeversicherung, für die jene Freiheit an sich bestehe, zugleich auch die Versicherung beweglicher Sachen gegen Feuerschaden in den gemieteten Räumen betrieben habe. Insgesamt wurden auf Anordnung der Steuerbehörde 247,50 *M* Mietstempel nacherhoben. Die Klägerin hat diesen Betrag gezahlt und fordert die davon auf die Jahre 1910 und 1911 entfallenden 186 *M* nebst Zinsen mit der vorliegenden Klage zurück. Das Landgericht hat den beklagten Fiskus zur Zahlung von 89,34 *M* nebst Zinsen verurteilt, mit der Mehrforderung die Klägerin abgewiesen und die Prozeßkosten gegeneinander aufgehoben. Nur der Beklagte legte Berufung ein, die zurückgewiesen worden ist. Auf die Revision des Beklagten ist das Berufungsurteil aufgehoben und die Sache in die Berufungsinstanz zurückverwiesen worden.

Aus den Gründen:

„Nach § 3 des Gesetzes, betr. die öffentlichen Feuerversicherungsanstalten vom 25. Juli 1910 steht der Klägerin, „soweit ihr Geschäftsbetrieb die Versicherung unbeweglicher Sachen gegen Feuer betrifft", die Freiheit von der Entrichtung der Stempelsteuer zu. Es ist kein Streit darüber, daß sie auch schon vor dem Inkrafttreten jenes Gesetzes dasselbe Privileg (auf Grund landesherrlicher Verleihung) genoß, wie das in ihren älteren, staatlich genehmigten Satzungen zum Ausdrucke gebracht war. Außer Streit ist auch, daß das Privileg nicht etwa nur auf die eigentlichen Versicherungsurkunden zu beziehen ist, sondern sich auch auf die Rechtsgeschäfte der Innenverwaltung, insbesondere also auch auf die für den Geschäftsbetrieb geschlossenen Mietverträge der Klägerin erstreckt. Bestünde also dieser Betrieb nur in der Gebäudeversicherung, so würde kein Zweifel obwalten können, daß für gemietete Geschäftsräume der Klägerin ein Mietstempel nicht obläge. Es würden dann die Vorschriften des § 5 Abs. 5 und 6 StempStG. zur Anwendung kommen. Für die beiden in Betracht kommenden Jahre 1910 und 1911 würde, bei dem Jahresmietzinse von 16500 *M* und unter Berücksichtigung der Vorschrift des § 34 Abs. 2 Satz 1, deren Voraussetzung unstreitig gegeben ist, die nach § 5 Abs. 6 vom Vermieter J. zu entrichtende Stempelhälfte gemäß Tarifst. 48 I Nr. 1 Abs. 1 je 99 *M*, zusammen also 198 *M* betragen. Daß etwa die Ermäßigung aus Abs. 2 a. a. O. einzutreten hätte, behauptet die Klägerin selbst nicht; es handelt sich nicht, wie im Abs. 2 vorausgesetzt wird, um gewerbliche oder um berufliche Zwecke. Gezahlt hat J. für beide Jahre zusammen 210 *M*, so daß der Beklagte mehr als ihm zustand erhalten haben würde. Demnach würde sich der Anspruch der Klägerin, daß von der bei ihr erhobenen Nachzahlung der auf jene zwei Jahre entfallende Betrag von 186 *M* zurückgezahlt werde, als berechtigt erweisen.

Unstreitig betreibt aber die Klägerin neben der Gebäudeversicherung auch die Versicherung beweglicher Sachen gegen Feuer, und zwar ungetrennt in denselben Geschäftsräumen. Der Beklagte hatte geltend gemacht, bei solcher Sachlage könne der Klägerin das Privileg für den Mietstempel überhaupt nicht zugute kommen. Dieser Auffassung ist schon das Landgericht mit Recht entgegengetreten. Weder aus dem Gesetze vom 25. Juli 1910, noch aus Sinn und Zweck eines Privilegs überhaupt ist ein Anhalt dafür zu entnehmen, daß die Klägerin für einen Mietvertrag den Vorteil aus dem Privileg grundsätzlich darum einbüßen müsse, weil die Mieträume nicht nur dem Versicherungsbetriebe, für den das Privileg erteilt war und jetzt durch das Gesetz erteilt ist, sondern zugleich und ungesondert auch einem Versicherungsbetriebe dienen, für den es nicht erteilt ist.

Es wäre durchaus unbillig, der Klägerin zuzumuten, gesonderte Räume und infolgedessen wohl auch gesondertes Personal für die Fahrnisversicherung anzuschaffen, um sich den Vorteil für die Gebäudeversicherung zu erhalten; durch die höheren Kosten könnte dieser Vorteil leicht mehr als aufgewogen werden. Nicht weniger unbillig aber wäre es, wenn die Klägerin die Möglichkeit des Betriebes der Fahrnisversicherung mit dem Verzicht auf die für die Gebäudeversicherung gewährte Vergünstigung zu erkaufen hätte. Die Klägerin gehört zu den öffentlichen Feuerversicherungsanstalten. Die §§ 1 und 2 des Gesetzes vom 25. Juli 1910 ergeben, daß das Gesetz diese Anstalten als gemeinnützige, nicht als gewerbliche Unternehmungen behandelt. Wenn ihnen durch § 32 auf dem Wege ministerieller Erlaubnis die Möglichkeit eröffnet ist, ihren eigentlich (§ 2) für die Gebäudeversicherung bestimmten Betrieb auf die Fahrnisversicherung auszudehnen, so ist das nicht geschehen, um ihnen damit eine Gewinnquelle zu erschließen. Auch hier war vielmehr, wie die im Berufungsurteile wiedergegebene Stelle aus der Begründung des Gesetzes erkennen läßt, der gemeine Nutzen bestimmend: die Versicherungsnehmer, die mit ihren Gebäuden bei einer öffentlichen Anstalt versichert sind, sollen nicht genötigt sein, die Fahrnisversicherung anderswo abzuschließen und so „in derselben wirtschaftlichen Angelegenheit mit mehreren Versicherern in Geschäftsbeziehungen zu treten". Hiernach fehlt es auch an einem inneren Grunde, aus dem es als Sinn des Gesetzes angesehen werden könnte, daß die Ausdehnung des Betriebes auf die Fahrnisversicherung den Verlust des Vorteils aus der Stempelfreiheit in sich schließen solle. Aber auch der Wortlaut des Gesetzes steht solcher Auslegung entgegen. Die Bestimmung des § 3 geht nicht dahin, daß die Stempelfreiheit eintrete, „wenn" der Geschäftsbetrieb die Versicherung unbeweglicher Sachen gegen Feuer betrifft, sondern „soweit" das der Fall ist. Dabei ist, offenbar im Hinblick auf § 32, auch an einen die Fahrnisversicherung oder sonstige durch § 32 zugelassene Versicherungszweige mitumfassenden Betrieb gedacht, und das Wort „soweit" gibt zu erkennen, daß in Fällen solcher Art die Stempelfreiheit auf die Gebäudeversicherung beschränkt, keineswegs also ihr verloren sein solle.

Das Berufungsgericht geht weiter. Es billigt der Klägerin die Freiheit von dem Mietstempel im vollen Umfange zu und würde darum, wenn das landgerichtliche Urteil auch von der Klägerin mit dem Rechtsmittel angefochten worden wäre, der Klage ganz entsprochen haben. Daß diese Auffassung nicht richtig sein kann, ist schon aus dem der Gesetzesabsicht sicher nicht entsprechenden Schlusse zu entnehmen, zu dem sie doch folgerichtig führen würde. Hätte nämlich die Klägerin für ihren gesamten Versicherungsbetrieb die Vergünstigung des Privilegs zu beanspruchen, so würde ihr auch für ihre Fahrnisversicherungsurkunden ein Landesstempel, solange dieser für Urkunden solcher Art überhaupt bestand, nicht obgelegen haben. Daß dies mit der Vorschrift des § 3 des Gesetzes vom 25. Juli 1910 nicht vereinbar wäre, bedarf keiner besonderen Darlegung. Das Berufungsgericht begründet seine Auffassung mit folgender Erwägung. In dem Falle des § 5 Abs. 1 zu g StempStG. sei anerkannt, daß das dort Aktien- und anderen Gesellschaften mit gewissen gemeinnützigen Zwecken erteilte Steuerprivileg unbedingt anzuwenden sei, auch wenn sich zu diesen Zwecken noch ein andersartiger geselle, sofern dies nur ein Nebenzweck sei. Nun seien in der Begründung zu § 32 des Gesetzes vom 25. Juli 1910 die Versicherungszweige, deren Betrieb vom Minister des Innern der Anstalt neben der Gebäudeversicherung soll gestattet werden können, ausdrücklich als Nebenbetriebe bezeichnet, und in der Tat müsse auch nach der zu den Gerichtsakten beigebrachten Aufzeichnung und den daraus ersichtlichen Geschäftszahlen die Fahrnisversicherung als bloßer Nebenbetrieb der Klägerin gelten, so daß, wie im Falle des § 5 Abs. 1 zu g StempStG., das Privileg in seiner Anwendung eine Einschränkung durch ihn nicht erfahre. Man mag zugeben können, daß, wenn neben den privilegierten Betrieb noch ein anderer tritt, der im Verhältnis zu jenem einen ganz geringfügigen Umfang und Geschäftswert hat, ein Einfluß auf die Anwendung des Privilegs für Fälle der vorliegenden Art nicht stattzufinden haben wird. Diesen Standpunkt nimmt die Revision selbst ein. Daraus indessen, daß in der Begründung zu § 32 a. a. O. die besonders zu gestattenden Versicherungszweige in ganz anderem Zusammenhang als Nebenbetriebe bezeichnet werden (vgl. übrigens auch die Überschrift vor § 30 zu Abschnitt III des Gesetzes), kann nicht geschlossen werden, daß die Fahrnisversicherung bei der Klägerin auch in dem hier in Betracht kommenden Sinne grundsätzlich nur als Nebenbetrieb zu gelten habe. Aus den Geschäftszahlen in der schon erwähnten Aufzeichnung scheint sich aber bei der Klägerin im Vergleiche zur Gebäudeversicherung eine erheblichere Entwicklung der Fahrnisversicherung zu ergeben. Jedenfalls kann bei dem in den beiden Jahren 1910 und 1911 bereits erreichten Verhältnis zwischen beiden Betriebszweigen die Fahrnisversicherung nicht mehr nur als ein ganz geringfügiger und für den Gesamtumfang des Betriebes bedeutungsloser Geschäftsteil angesehen werden.

Die Auffassung des Berufungsgerichts ist hiernach rechtlich nicht zu billigen. Vielmehr kann der Klägerin, wie das Landgericht zutreffend annimmt, die Freiheit vom Mietstempel nur anteilig zugesprochen werden, und es würde deshalb der das landgerichtliche Urteil aufrechterhaltenden Berufungsentscheidung zwar nicht in der Begründung, aber im Ergebnis beizutreten sein, wenn nicht die Anteilsberechnung des Landgerichts rechtlich beanstandet werden müßte.

Da nach Tarifst. 48 StempStG. der Mietstempel in seinen fortschreitend gestaffelten Sätzen nach dem Betrage des Mietzinses zu bestimmen ist, so mußte das Gericht sich für die Anteilsberechnung die Frage stellen, wieviel von dem Jahresmietzins auf den Betrag der Gebäudeversicherung und wieviel auf den der Fahrnisversicherung als entfallend anzunehmen ist. Wenn hierfür die aus der mehrerwähnten Aufzeichnung ersichtlichen Geschäftszahlen beider Betriebszweige als Maßstab verwendet worden wären, so würden rechtliche Bedenken hiergegen nicht zu erheben sein. Statt dessen hat aber das Landgericht nicht den Mietzins, sondern unmittelbar den Stempel entsprechend geteilt. Ob bei richtigem Verfahren das Ergebnis nicht dem Beklagten günstiger sein wird, läßt sich nicht ohne weiteres übersehen. Es muß zuvor in der Tatsacheninstanz darüber verhandelt und befunden werden, wie der Mietzins sich auf die beiden Betriebszweige verteilt oder als sich verteilend anzusehen ist." ...

---

54. Ist bei Entschädigungs-Feststellungsbeschlüssen, die vom Vorsitzenden des Bezirksausschusses erlassen werden, ohne weiteres der Rechtsweg zulässig?

Preuß. Gesetz über die Enteignung von Grundeigentum vom 11. Juni 1874 (GS. S. 221) § 30.

Preuß. Gesetz über die Zuständigkeit der Verwaltungs- und Verwaltungsgerichtsbehörden vom 1. August 1883 (GS. S. 237) § 150.
Preuß. Gesetz über die allgemeine Landesverwaltung vom 30. Juli 1883 (GS. S. 195) §§ 53, 117.

VII. Zivilsenat. Urt. v. 18. September 1914 i. S. W.'sche Eheleute (Kl.) w. preuß. Fiskus (Bekl.). Rep. VII. 175/14.

I. Landgericht Lyck.
II. Oberlandesgericht Königsberg i. Pr.

Auf Antrag des Beklagten wurden den Klägern von ihrem Grundstück in W. zum Ausbau eines Sees als Staubecken 22 a enteignet. Die Entschädigung wurde durch Beschluß des Vorsitzenden des Bezirksausschusses vom 28. Januar 1912 vorbehaltlich der Schlußvermessung auf 168 *M* festgesetzt. Der Regierungspräsident beantragte rechtzeitig die Entscheidung des Bezirksausschusses. Am 5. Juli 1912, ehe eine Entscheidung des Bezirksausschusses ergangen war, wurden die Kläger mit dem Antrage klagbar, den Beklagten zu verurteilen, außer den im Beschlusse vom 28. Januar 1912 festgesetzten 168 *M* weitere 2928 *M* zu zahlen oder zu hinterlegen. Der Beklagte beantragte Abweisung. Das Landgericht sprach den Klägern weitere 2818,12 *M* zu. Mit der Mehrforderung wurden die Kläger abgewiesen. Gegen dieses Urteil legte der Beklagte Berufung ein. Er erhob nunmehr den Einwand der Unzulässigkeit des Rechtswegs und verweigerte die Verhandlung zur Hauptsache. Die Kläger beantragten Zurückweisung der Berufung. Das Oberlandesgericht änderte das erste Urteil und wies die Klage wegen Unzulässigkeit des Rechtswegs ab. Die Revision der Kläger blieb ohne Erfolg.

Gründe:

„Nach § 30 EntG. in Verbindung mit § 150 Abs. 1 des Gesetzes vom 1. August 1883 ist wegen der Enteignungsentschädigung der Rechtsweg erst zulässig, wenn sie durch Beschluß des Bezirksausschusses festgestellt worden ist. Ein Rechtsmittel gegen diesen Beschluß findet nicht statt, insbesondere nicht die sonst gegen die in erster Instanz gefaßten Beschlüsse des Bezirksausschusses zulässige Beschwerde. Im vorliegenden Falle hat nicht der Bezirksausschuß, sondern dessen Vorsitzender auf Grund des § 117 Abs. 1 und 2 des Gesetzes vom

30. Juli 1883 die Enteignungsentschädigung festgesetzt, und es fragt sich, ob dieser Bescheid geeignet war, den Rechtsweg zu eröffnen. Der Berufungsrichter hat die Frage verneint, weil der Beklagte auf Beschlußfassung angetragen hatte und weil nach § 117 Abs. 4 nur diesem Antrage stattgegeben werden dürfe. Diese Begründung ist allerdings nicht zutreffend. Zwar ist an der bezeichneten Stelle gesagt, daß, wenn einer der Beteiligten auf Beschlußfassung angetragen, ein anderer das „Rechtsmittel" eingelegt hat, nur dem Antrag auf Beschlußfassung stattgegeben wird; unter Rechtsmittel ist aber nur die Beschwerde im Verwaltungsverfahren zu verstehen, nicht auch die Beschreitung des Rechtswegs. Im Ergebnisse muß dem Berufungsrichter jedoch beigetreten werden. Der Bescheid des Vorsitzenden wird nach § 117 Abs. 4 in Verbindung mit § 53 erst endgültig und rechtswirksam, wenn innerhalb der gesetzlichen Frist ein Antrag auf Beschlußfassung des Kollegiums nicht gestellt ist. Da nun aber im vorliegenden Falle der Beklagte rechtzeitig einen solchen Antrag gestellt hat, so ist der Streit über die Enteignungsentschädigung auch jetzt noch im Verwaltungsverfahren anhängig, und der Berufungsrichter hat deshalb mit Recht angenommen, daß der Rechtsweg noch nicht zulässig ist.

An diesem Ergebnis wird auch dadurch nichts geändert, daß, wie die Revision behauptet, gerade der Punkt, der dem Beklagten Anlaß gegeben hatte, die Entscheidung des Kollegiums anzurufen, inzwischen seine Erledigung gefunden hat. Solange der Antrag auf Beschlußfassung vom Beklagten nicht zurückgenommen wird, bleibt die Rechtswirksamkeit des Bescheids vom 28. Januar 1912 gehemmt." ...

---

55. 1. Ist die Heilung des Formmangels beim Grundstücksveräußerungsvertrage nach § 313 Satz 2 BGB. unbedingt auf den Fall beschränkt, daß die Auflassung dem Käufer des Veräußerers oder einem Rechtsnachfolger des Käufers erteilt wird?

2. Muß, wenn Heilung eintreten soll, der Dritte, dem die Auflassung erteilt wird, damit einverstanden sein, daß durch diese Eigentumsübertragung zugleich die Verpflichtung des Auflassenden seinem Käufer gegenüber erfüllt wird?

V. Zivilsenat. Urt. v. 19. September 1914 i. S. S. (Bekl.) w. F. (Kl.). Rep. V. 83/14.

I. Landgericht Flensburg.
II. Oberlandesgericht Kiel.

Der Kläger behauptete: er habe im Herbst 1906 seinen in Branderup belegenen Hof durch mündliche Vereinbarung an den Beklagten und an den Stellenhändler H. für den Preis von 59000 ℳ verkauft. Die beiden Käufer hätten das Hofgrundstück in Teilstücken weiter veräußern wollen. Um Kosten zu ersparen, sei dazu vereinbart worden, daß er, der Kläger, in den vom Beklagten und dem H. mit ihren Abnehmern demnächst abzuschließenden Kaufverträgen formell als der Verkäufer auftreten, auch die Auflassung unmittelbar den Abkäufern erteilen und anderseits auch den erzielten Erlös unmittelbar von den Genannten erhalten solle. Durch notariellen Vertrag vom 6. Dezember 1906 hat alsdann der Kläger in eigenem Namen seinen Grundbesitz in einzelnen Teilen an die einzelnen Parzellenkäufer verkauft, und er hat diesen auch die Auflassung erteilt. Die Preise betragen indes zusammen nur die Summe von 49150 ℳ. Auf Grund des ersten von ihm behaupteten mündlichen Kaufvertrages hat daher der Kläger vom Beklagten und dem H. die Zahlung von noch 9849 ℳ verlangt. Der Beklagte wie auch der inzwischen aus dem Prozeß ausgeschiedene H. bestritten die Sachdarstellung des Klägers, namentlich, daß es sich bei den Vereinbarungen mit dem Kläger um einen Kaufvertrag gehandelt habe. Durch das Landgericht abgewiesen, legte der Kläger Berufung ein. Das Oberlandesgericht hat daraufhin unter Abweisung des Klägers mit dem Mehrbetrage den Beklagten zur Zahlung von 4589 ℳ unbedingt und zur Zahlung von weiteren 1000 ℳ für den Fall der Ableistung eines Eides durch den Kläger verurteilt. Die vom Beklagten eingelegte Revision ist zurückgewiesen worden; soweit es hier darauf ankommt, aus folgenden

Gründen:

„Daß der vom Kläger behauptete Kaufvertrag zwischen ihm einerseits und dem Beklagten sowie H. anderseits wirklich zustande gekommen ist, stellt das Berufungsurteil tatsächlich fest, und dagegen erhebt die Revision auch keine Einwendungen. Sie rügt zunächst nur, daß das Berufungsgericht auch angenommen hat, der Formmangel des Vertrags sei durch die vom Kläger den einzelnen Parzellenkäufern erteilte Auflassung und durch deren Eintragung als Eigentümer gemäß § 313 Satz 2 geheilt worden. Sie meint, die Heilung würde nur dann haben eintreten können, wenn die Parzellenkäufer Zessionare des Beklagten und des H. gewesen wären, was nicht zutreffe. Die Revision irrt jedoch. Es mag sein, daß die Fälle, in denen es sich um die Anwendbarkeit des § 313 Satz 2 dann handelt, wenn die Eigentumsübertragung nicht unmittelbar an den Käufer des Veräußerers, sondern an einen Dritten erfolgt ist, regelmäßig so liegen und in den bisher entschiedenen Sachen so gelegen haben, daß der Dritte ein Rechtsnachfolger jenes Käufers war. Aber daß der Fall so liegen muß, ist kein gesetzliches Erfordernis. Geht man auf den Grundgedanken der angezogenen Bestimmung zurück, so ist er unbedenklich allein in der Auffassung zu finden, daß auf den Formmangel dann nicht mehr Rücksicht genommen werden soll, wenn der Veräußerer seiner Verpflichtung zur Veräußerung des Grundstücks bereits wirksam nachgekommen ist und insoweit also schon Vertragserfüllung vorliegt. Die Gesetzesbegründung geht davon aus, daß in solchem Falle „die Aussicht auf ein wohlüberlegtes, alle Verhältnisse berücksichtigendes Handeln gewährleistet sei" (Motive Bd. 2 S. 191), und meint mithin, daß alsdann auch der Grund fortgefallen sei, aus dem zum Schutze des Veräußerers das Formerfordernis des § 313 Satz 1 aufgestellt werden müsse. Folgt man diesem Gedanken, der entsprechend auch den Vorschriften der §§ 518 Abs. 2 und 766 Satz 2 über das formlose Schenkungs- und Bürgschaftsversprechen zugrunde liegt, daß nämlich die Erfüllung den Formmangel heilt, so wird die Anwendbarkeit des § 313 Satz 2 grundsätzlich gerade auf die Frage abzustellen sein, ob im gegebenen Falle durch die Auflassung und die Eigentumseintragung die durch den formlosen Veräußerungsvertrag begründete Verpflichtung zur Veräußerung erfüllt worden ist. Wäre nun der Eintritt eines solchen Ergebnisses immer nur dann möglich, wenn die Eigentumsübertragung an den Käufer selbst oder an seinen Rechtsnachfolger oder an seinen Abkäufer bewirkt worden ist, dann müßte sich die Anwendung der bezeichneten Vorschrift allerdings auf Fälle der vorausgesetzten Art beschränken. Indessen in Wirklichkeit ist diese Einschränkung keineswegs geboten. Denn jeweils kann die Sache auch so liegen, daß derjenige, der sich einem anderen gegenüber zur Veräußerung des Grundstücks verpflichtet hat und demnächst die gleiche Verpflichtung noch einem Dritten gegenüber eingegangen ist, durch die Auflassung an diesen Dritten mit nachfolgender Eigentumsübertragung zugleich dem ersten Käufer gegenüber den Veräußerungsvertrag erfüllt. Dies wird jedenfalls dann zutreffen, wenn dieser Vertrag zugleich die Bestimmung enthielt, daß der Verkäufer das Grundstück demnächst an einen Dritten (oder an mehrere Dritte) verkaufen und dem Dritten auch die Auflassung unmittelbar erteilen, anderseits aber auch den Kaufpreis von dem dritten Käufer unmittelbar erhalten solle. Auch unter solchen Umständen werden die Vertragschließenden beabsichtigt haben, die Kosten einer mehrfachen Auflassung zu vermeiden. Durch welche besonderen Gründe aber die eigentümliche Regelung der Sache sonst veranlaßt worden, ist rechtlich ohne Bedeutung. Eine innere Beziehung indes zwischen dem ersten Kaufe und dem nachfolgenden würde sich aus der Abrede ergeben, daß das von dem späteren Käufer zu gewährende Kaufgeld auf das von dem ersten Käufer versprochene anzurechnen sei, und denkbar ist es dabei, daß weiter vereinbart wurde, das, was bei dem späteren Verkaufe mehr erlöst werde, solle dem ersten Käufer zukommen. Hätte dieser auf einen Mehrerlös beim Abschlusse seines Vertrags gerechnet, so würde etwa hierin sein Interesse an der besonderen Regelung des Geschäfts zu finden sein. Mit der Aussicht auf die Erzielung eines Mehrerlöses kann nun besonders dann gerechnet sein, wenn der nachfolgende Verkauf im Wege einer Parzellierung erfolgen sollte.

Fälle vorausgesetzter Art mögen sich im Rechtsverkehre zwar nur selten und nur sehr ausnahmsweise ereignen. Indes, daß ihr Vorkommen nicht ausgeschlossen ist, lehrt nach den Feststellungen des Berufungsgerichts, denen lediglich zu folgen ist, die gegebene Sache... Geht man aber einmal von diesem Sachstande aus, dann läßt sich auch hier die erforderliche innere Beziehung zwischen dem ersten, formlosen Kaufvertrag und dem Vertrage vom 6. Dezember 1906 gar nicht mehr verkennen, und insbesondere nicht bezweifeln, daß die Beziehung zwischen den Verträgen eine derartige war, daß der Kläger durch die Leistung an die Parzellenkäufer zugleich seine Verpflichtung dem Beklagten und H. gegenüber erfüllen sollte und tatsächlich erfüllte, und daß also nunmehr auch insoweit abgemachte Sache vorlag.... Daß die Parzellenkäufer über die Beziehungen der Verträge auch ihrerseits unterrichtet, und daß sie mit der gleichzeitigen Erfüllung des voraufgegangenen Kaufgeschäfts ebenfalls einverstanden gewesen wären, ist nicht festgestellt. Unter den gegebenen Umständen kommt es aber auf diese Fragen auch gar nicht an, weil der Erfolg der gleichzeitigen Erfüllung sowohl den Parzellenkäufern wie dem Beklagten und H. gegenüber von dem Einverständnis der Parzellenkäufer in keiner Weise abhängig war. Nach dieser Richtung war maßgebend nur das zwischen dem Kläger, dem Beklagten und H. Vereinbarte. Der gegenwärtige Fall liegt wesentlich anders als der Bd. 82 S. 346 entschiedene, wo die Anwendbarkeit des § 313 Satz 2 verneint worden ist, insofern nämlich als dort angenommen war, daß durch die Auflassung nur der zwischen dem Veräußerer und dem Auflassungsgegner abgeschlossene Vertrag erfüllt worden sei." ...

---

56. Ist, wenn das Amtsgericht es abgelehnt hat, auf Anregung eines Verletzten die Löschung einer Eintragung im Handelsregister von Amts wegen zu betreiben, das Landgericht aber auf Beschwerde das Amtsgericht zur Einleitung des Verfahrens angewiesen hat, gegen diese Anweisung die weitere Beschwerde zulässig?

FrGG. §§ 141, 142.

II. Zivilsenat. Beschl. v. 22. September 1914 in der Handelsregistersache Bl. 973 Dresden. Rep. II B. 3/14.

I. Amtsgericht Dresden.
II. Landgericht daselbst.

Die Firma Aug. K. & Söhne in D. brachte beim Amtsgerichte die Löschung der Firma „A. K. jr. früher F. W., Inhaberin die Aktiengesellschaft Dresdner Gasmotorenfabrik vorm. M. H. in D." in Anregung, weil eine Aktiengesellschaft nicht neben ihrer eigenen Firma eine gemäß § 22 HGB. erworbene weitere Firma führen dürfe. Das Amtsgericht lehnte die Einleitung des Löschungsverfahrens ab. Es wurde jedoch auf Beschwerde vom Landgerichte hierzu angewiesen.

Hiergegen legte die Aktiengesellschaft weitere Beschwerde ein. Das Oberlandesgericht in Dresden wollte der weiteren Beschwerde abhelfen, hielt sich aber durch die Beschlüsse des Kammergerichts in Berlin vom 20. März 1900 (KGJahrb. Bd. 20 S. A 36) und vom 29. November 1912 (RJAmtEntsch. Bd. 12 S. 222) für daran verhindert und legte die Sache gemäß § 28 Abs. 2 FrGG. dem Reichsgerichte vor. Dieses verwarf die weitere Beschwerde, ohne die streitige Rechtsfrage zu entscheiden.

Aus den Gründen:

„Das Reichsgericht nimmt an, daß die Voraussetzungen des § 28 Abs. 2 a. a. O. gegeben sind, erachtet aber, abweichend vom Oberlandesgerichte, das eine sachliche Entscheidung treffen wollte und damit die Zulässigkeitsfrage stillschweigend bejaht hat, die weitere Beschwerde für unzulässig.

Die Eintragung hat zum Inhalte, daß die Aktiengesellschaft Dresdner Gasmotorenfabrik vorm. M. H. in D. unter Beibehaltung ihrer alten Firma für ihr bisheriges Geschäft das bis dahin von der offenen Handelsgesellschaft A. K. jr. früher F. W. in D. betriebene und ihr von dieser übertragene Geschäft unter der Firma „A. K. jr. früher F. W., Inhaberin die Aktiengesellschaft Dresdner Gasmotorenfabrik vorm. M. H." fortführe. Wenn daher, wie das Landgericht in Übereinstimmung mit der Rechtsauffassung des Kammergerichts in Berlin angenommen hat, eine Aktiengesellschaft an demselben Orte nicht mehrere Geschäfte unter verschiedenen Firmen betreiben darf, so ist diese Eintragung bewirkt worden, obgleich sie wegen Mangels einer wesentlichen Voraussetzung unzulässig war, und das Registergericht kann sie in Gemäßheit des § 142 FrGG. von Amts wegen löschen.

Das Löschungsverfahren des § 142 ist aber dahin geordnet, daß das Registergericht den Beteiligten von der beabsichtigten Löschung zu benachrichtigen und ihm zugleich eine angemessene Frist zur Geltendmachung eines Widerspruchs zu bestimmen hat (§ 142 Abs. 2), daß die Entscheidung über einen etwa erhobenen Widerspruch vom Registergerichte zu treffen ist (§ 142 Abs. 3, § 141 Abs. 3 Satz 1), daß gegen die den Widerspruch zurückweisende Verfügung die sofortige Beschwerde stattfindet (§ 141 Abs. 3 Satz 2), und daß die Löschung nur erfolgen darf, wenn Widerspruch nicht erhoben oder wenn die den Widerspruch zurückweisende Verfügung rechtskräftig geworden ist (§ 141 Abs. 4). Wie die Denkschrift hervorhebt (S. 73), kommen diese Vorschriften auch dann zur Anwendung, „wenn ein Dritter, der durch die Eintragung in seinen Rechten beeinträchtigt ist, oder das zur Vertretung des Handelsstandes berufene Organ (vgl. § 126 FrGG.) die Löschung einer zu Unrecht erfolgten Eintragung beantragt. Weigert sich das Registergericht, einem solchen Antrage stattzugeben und wird hiergegen Beschwerde erhoben, so ist dem Landgerichte, falls es den Antrag für begründet erachtet, durch die allgemeinen Vorschriften über die Beschwerde frei Hand gelassen, entweder selbst die Sache zu erledigen, oder sie an das Amtsgericht zurückzuverweisen. Wählt das Landgericht den ersteren Weg, so muß es seinerseits in Gemäßheit des § 142 Abs. 2 (§ 138 Abs. 2 des Entwurfs) dem von der beabsichtigten Löschung Betroffenen eine angemessene Frist zur Geltendmachung eines Widerspruchs bestimmen."

Im vorliegenden Falle hat die Firma Aug. K. & Söhne in D., als durch die Eintragung angeblich Beeinträchtigte, den Löschungsantrag gestellt. Das Amtsgericht hat es abgelehnt, die beteiligte Aktiengesellschaft von der beabsichtigten Löschung zu benachrichtigen und ihr eine Widerspruchsfrist zu bestimmen, weil es der Ansicht ist, daß eine Aktiengesellschaft an demselben Orte mehrere Geschäfte unter verschiedenen Firmen führen könne. Auf die Beschwerde der Antragstellerin hat dagegen das Landgericht dem Amtsgerichte die Anweisung erteilt, von dem erwähnten Bedenken gegen die Einleitung des Löschungsverfahrens abzusehen.

Eine derartige Anweisung enthält jedoch, wie schon in einem gleichliegenden Falle das Kammergericht in Berlin durch Beschluß vom 26. November 1908 (Jahrb. Bd. 37 S. A 194 = RJAmtEntsch. Bd. 10 S. 23) ausgesprochen hat, keine mit der weiteren Beschwerde anfechtbare Entscheidung. In der Begründung dieses Beschlusses heißt es: „Indem das Gesetz vorschreibt, daß der Registerrichter dem Beteiligten bei Benachrichtigung von der beabsichtigten Löschung eine angemessene Frist zur Geltendmachung eines Widerspruchs zu bestimmen und selbst über den Widerspruch zu entscheiden habe, entzieht es die Benachrichtigung dem Beschwerdewege. Die Beschwerde ist erst gegen die Entscheidung über den Widerspruch zulässig, und zwar im Falle der Zurückweisung des Widerspruchs nur als sofortige

Beschwerde. Gerade das letztere beweist deutlich, daß es nicht im Belieben des Beteiligten liegen kann, ob er gegen die Benachrichtigung von der beabsichtigten Löschung beim Beschwerdegericht oder beim Registergericht Abhilfe suchen will. Dem Registerrichter darf die Möglichkeit nicht entzogen werden, mittels einer nur binnen bestimmter Frist anfechtbaren Entscheidung die gesetzliche Grundlage für die beabsichtigte Löschung zu schaffen. Hätte deshalb im vorliegenden Falle das Landgericht, wozu es nach den oben wiedergegebenen Ausführungen der Denkschrift befugt gewesen wäre, die in § 142 Abs. 2 FrGG. vorgeschriebene Benachrichtigung an den Beteiligten unter Bestimmung einer angemessenen Frist selbst erlassen, so würde gegen diese von ihm in der Beschwerdeinstanz getroffene Verfügung gleichfalls nicht die weitere Beschwerde, sondern nur der Widerspruch zulässig gewesen sein, und dann würde die Entscheidung über einen etwaigen Widerspruch ebenso, wie wenn es als Gericht erster Instanz die Benachrichtigung erlassen hätte (§ 143 FrGG.), ihm als dem an die Stelle des Registerrichters tretenden Beschwerdegerichte zugestanden haben (Josef zu § 142 FrGG. Anm. 8, zu § 23 Anm. 4B, Ebert-Dudek-Lindemann zu § 141 Anm. 3). Ist dies aber richtig, so kann auch gegen die vom Landgerichte tatsächlich erlassene Anordnung, daß das Amtsgericht die in § 142 Abs. 2 FrGG. vorgeschriebene Benachrichtigung und Fristbestimmung vorzunehmen habe, die weitere Beschwerde nicht zugelassen werden. Diese Anordnung des Landgerichts enthält ebensowenig eine selbständig mit der Beschwerde anfechtbare Entscheidung, wie die Benachrichtigung und Fristbestimmung. Ob sie gerechtfertigt war, darüber ist vom Amtsgericht auf einen etwaigen Widerspruch hin zu entscheiden." Dem kann nur beigepflichtet werden. Vom Standpunkte des Gesetzes aus liegt in der unter Bestimmung einer Widerspruchsfrist erfolgenden Benachrichtigung von der beabsichtigten Löschung noch keine „Beeinträchtigung" des Rechtes des Beteiligten, und noch weniger läßt sich schon in der Anweisung zum Erlaß einer solchen Benachrichtigung eine Beeinträchtigung im Sinne des § 20 FrGG. (vgl. § 27 das.) finden. Der Beteiligte kann der beabsichtigten Löschung widersprechen, und erst die nach Ablauf der Widerspruchsfrist zu treffende Entscheidung eröffnet ihm, wenn sie auf Vornahme der Löschung gerichtet ist, den Weg der (sofortigen) Beschwerde." . . .

57. Kann der Rücktritt vom Vertrage wegen Verzuges von dem nicht säumigen Teile auch dann noch gewählt werden, wenn er in einem früheren Rechtsstreit auf Schadensersatz wegen Nichterfüllung geklagt hatte?

BGB. § 326.

V. Zivilsenat. Urt. v. 23. September 1914 i. S. G. (Kl.) w. Bank P. (Bekl.). Rep. V. 181/14.

I. Landgericht Gnesen.
II. Oberlandesgericht Posen.

Durch notariellen Vertrag vom 12. September 1912 vertauschten die Parteien das Grundstück O. Bl. Nr. 60, das dem Kläger gehörte, und das Grundstück J. Bl. Nr. 11, das die beklagte Bank von der Eigentümerin S. gekauft, aber noch nicht aufgelassen erhalten hatte, gegeneinander. In einem Vorprozesse der Beklagten gegen den Kläger ist der jetzige Kläger durch Versäumnisurteil vom 13. November 1912 rechtskräftig verurteilt worden, das Grundstück O. an die Beklagte aufzulassen und zwar Zug um Zug gegen Entgegennahme der Auflassung des Grundstücks J. und mit der Maßgabe, daß er bei der Auflassung 15000 *M* zu zahlen und 8000 *M* auf das Grundstück J. eintragen zu lassen habe; ferner wurde durch das Urteil festgestellt, daß der Kläger mit der Annahme der Auflassung des Grundstücks J. im Verzuge sei. Auf Grund dieses Urteils wurde die Beklagte als Eigentümerin des Grundstücks in das Grundbuch eingetragen. Durch Schreiben vom 11. Dezember 1912 setzte Kläger der Beklagten eine Frist vom 16. bis zum 21. Dezember mit der Erklärung, daß, wenn die Auflassung des Grundstücks J. innerhalb dieser Zeit nicht erfolge, er die Annahme der Leistung nach dem Ablaufe der Frist ablehnen werde. Demnächst richtete er an die Beklagte ein Schreiben vom 14. Januar 1913, in welchem er nach der Behauptung der Beklagten dieser erklärte, daß er Schadensersatz wegen Nichterfüllung beanspruche. Sodann erhob er gegen die Beklagte Klage auf Zahlung von 28000 *M* nebst Prozeßzinsen. In der Klageschrift erklärte er, er verlange Schadensersatz für den von der Beklagten nicht erfüllten Vertrag. Jedoch nahm er diese Klage vor der mündlichen Verhandlung ohne Zustimmung der Beklagten zurück.

Im gegenwärtigen Rechtsstreite hat nunmehr der Kläger beantragt, unter Bezugnahme auf das Schreiben vom 11. Dezember 1912, die Beklagte zu verurteilen: 1. das Grundstück O. an ihn aufzulassen, 2. ihm eine geordnete Zusammenstellung über die Einnahmen und Ausgaben dieses Grundstücks auszustellen und den aus der Zusammenstellung sich ergebenden Überschuß an ihn zu zahlen.

Die Beklagte machte unter anderem geltend: dadurch, daß der Kläger in dem Briefe vom 14. Januar 1913 sowie in dem voraufgegangenen Rechtsstreite Schadensersatz wegen Nichterfüllung verlangt habe, sei sein Recht, vom Vertrage zurückzutreten, erloschen, die Klage sei deshalb ohne weiteres hinfällig.

In beiden Vorinstanzen wurde die Klage abgewiesen. Die Revision des Klägers hatte Erfolg.

Gründe:

... „Wiewohl in dem Urteile des Vorprozesses vom 13. November 1912 rechtskräftig festgestellt worden ist, daß der Kläger mit der Annahme der Auflassung des Grundstücks J. Bl. Nr. 11 im Verzuge sei, geht der Berufungsrichter davon aus, daß die Beklagte sich mit der ihr aus dem Tauschvertrage vom 12. September 1912 obliegenden Leistung, der Auflassung dieses Grundstücks, im Verzuge befinde, und daß, nachdem die Beklagte die Frist vom 16. bis zum 21. Dezember 1912, die ihr vom Kläger am 11. Dezember 1912 zur Erteilung der Auflassung mit der Erklärung gesetzt war, daß er nach fruchtlosem Fristablauf die Leistung ablehne, habe verstreichen lassen, ohne die Auflassung zu erteilen, der Kläger gemäß § 326 Abs. 1 Satz 1, 2 BGB. berechtigt sei, Schadensersatz wegen Nichterfüllung zu verlangen oder vom Vertrage zurückzutreten. Jedoch erachtet der Berufungsrichter die Klage, mit der der Kläger den Rücktritt vom Vertrage erklärt und auf Grund dieser Rücktrittserklärung Ansprüche geltend macht, deswegen für unbegründet, weil der Kläger in dem späteren Vorprozesse Klage auf Erstattung des Schadens wegen Nichterfüllung erhoben, er demnach von den beiden ihm wahlweise zustehenden Rechten das Recht auf Schadensersatz wegen Nichterfüllung gewählt habe und an diese durch die Klagezustellung der Beklagten zugegangene Wahlerklärung gebunden sei, so daß er jetzt auf den Schadensersatzanspruch beschränkt sei und nicht auf Grund Rücktritts vom Vertrage Ansprüche geltend machen könne. Dies ist rechtsirrig.

Wenn die Voraussetzungen des § 326 Abs. 1 Satz 1, 2 BGB., wie hier nach der Annahme des Berufungsrichters, gegeben sind, steht es im Belieben des nicht säumigen Vertragsteils, ob er Schadensersatz wegen Nichterfüllung des Vertrags verlangen oder vom Vertrage zurücktreten will. Daß das Recht zum Rücktritte vom Vertrage durch eine Erklärung des Berechtigten, Schadensersatz wegen Nichterfüllung zu verlangen, und durch Geltendmachung eines Schadensersatzanspruchs im Wege der Klage ohne weiteres ausgeschlossen werde, ergibt sich aus dem Gesetze nicht. Allerdings kann der nicht säumige Vertragsteil, wenn er dem anderen Teile gegenüber die Erklärung abgegeben hat, er trete vom Vertrage zurück, nicht mehr Schadensersatz wegen Nichterfüllung des Vertrags verlangen. Denn die Rücktrittserklärung ist gemäß §§ 327, 349 BGB. eine empfangsbedürftige rechtsgeschäftliche Willenserklärung, die nach § 130 BGB. nicht einseitig widerrufen werden kann und mit der gemäß §§ 327, 346 BGB. die Rechtsfolge verbunden ist, daß der Vertrag endgültig aufgehoben wird und die beiderseitigen Verbindlichkeiten aus dem Vertrage erlöschen; und daher ist für einen das Bestehen des Vertrages voraussetzenden Anspruch auf Schadensersatz wegen Nichterfüllung kein Raum mehr (RGZ. Bd. 50 S. 266, Bd. 61 S. 130, Bd. 66 S. 432; Jur. Wochenschr. 1904 S. 536 Nr. 3, 1910 S. 229 Nr. 4, 1911 S. 751 Nr. 5). Die Erklärung aber, Schadensersatz wegen Nichterfüllung zu verlangen, ist nicht eine rechtsgeschäftliche Willenserklärung, welche eine Änderung der Rechtslage zur Folge hätte. Sie kann daher auch nicht für sich allein die Wirkung haben, daß nun das Recht auf Rücktritt vom Vertrage erloschen ist. § 263 BGB., wonach, wenn mehrere Leistungen in der Weise geschuldet werden, daß nur die eine oder die andere zu bewirken ist, die Wahl durch Erklärung gegenüber dem anderen Teile erfolgt und die gewählte Leistung als die von Anfang an allein geschuldete gilt, ist hier nicht anwendbar. Denn das Recht, Schadensersatz wegen Nichterfüllung zu verlangen oder vom Vertrage zurückzutreten, ist nicht ein unmittelbar aus dem Schuldverhältnis sich ergebendes Recht auf eine von mehreren wahlweise geschuldeten Leistungen. Auch eine entsprechende Anwendung dieser

Vorschrift ist abzulehnen. Denn wer von mehreren ihm wahlweise geschuldeten Leistungen die eine wählt, erklärt damit, daß er diese Leistung wolle und nicht die andere. Wenn dagegen der nicht säumige Vertragsteil Schadensersatz wegen Nichterfüllung verlangt, bringt er damit nicht zum Ausdruck, daß er sich des Rechtes auf Rücktritt vom Vertrage, gleichviel welchen Erfolg er mit seinem Verlangen auf Schadensersatz erziele, begeben wolle. Vielmehr macht er nur von zweien auf der nämlichen Grundlage ihm wahlweise zustehenden Rechten vorderhand das eine Recht geltend, ohne sich hinsichtlich der Nichtverfolgung des anderen Rechtes zu binden. Daher kann in der Erklärung, Schadensersatz wegen Nichterfüllung zu verlangen, auch nicht ein Verzicht auf das Rücktrittsrecht gefunden werden. Ebensowenig darin, daß ein solcher Schadensersatzanspruch im Wege der Klage für sich allein geltend gemacht wird. Wenn allerdings der andere Teil den geforderten Schadensersatz geleistet und der nicht säumige Teil die Erfüllung seines Anspruchs angenommen hat, wird, weil dadurch zum Ausdrucke gebracht ist, daß der nicht säumige Teil wegen seiner Rechte aus dem Verzuge des anderen Teiles völlig befriedigt sein solle, eine Beseitigung des Rücktrittsrechts zufolge Verzichts anzunehmen sein. Streitig in der Rechtslehre ist, ob auch schon durch eine rechtskräftige Verurteilung des anderen Teiles zum Schadensersatze das Rücktrittsrecht ausgeschlossen wird oder ob auch in einem solchen Falle zur Ausschließung des Rücktrittsrechts noch die Erfüllung des Anspruchs erforderlich ist. Diese Streitfrage bedarf vorliegend der Entscheidung nicht. Denn hier hat der Kläger seine Klage auf Schadensersatz vor der mündlichen Verhandlung zurückgenommen. Der Kläger konnte daher, wenn er es seinem Interesse nunmehr für dienlicher erachtete, von seinem bisherigen Verlangen auf Schadensersatz Abstand nehmen und im gegenwärtigen Rechtsstreit Ansprüche auf Grund seines Rücktritts vom Vertrage geltend machen.

Allerdings ist in dem vom Berufungsrichter in Bezug genommenen Urteile des II. Zivilsenats vom 9. Dezember 1902 Rep. II. 265/02 (RGZ. Bd. 53 S. 167) die einseitige wirksame Zurücknahme von Erklärungen des nicht säumigen Vertragsteils, daß er nach dem Ablaufe der gesetzten Frist die Annahme der Leistung des anderen Teiles ablehne und Schadensersatz wegen Nichterfüllung aus § 326

Abs. 1 BGB. verlange, mit der Begründung für nicht zulässig erklärt worden: die Erklärungen nach dem ersten und zweiten Satze des § 326 Abs. 1 BGB. seien einseitige empfangsbedürftige Rechtsgeschäfte. Jedoch beruht auf diesem Ausspruche, soweit er die Erklärung, Schadensersatz wegen Nichterfüllung zu verlangen, mitumfaßt, die Entscheidung nicht. Denn in dem betreffenden Falle hatte der nicht säumige Teil einen Anspruch auf Schadensersatz wegen Nichterfüllung geltend gemacht, und dieser Anspruch ist damals in Übereinstimmung mit dem Berufungsrichter deswegen für begründet erachtet worden, weil der Kläger noch eine spätere Erklärung, daß er künftige Leistung nach dem Ablaufe der gesetzten Frist ablehne und Schadensersatz wegen Nichterfüllung verlange, abgegeben hatte." ...

---

58. Ist ein Zeichnungsschein ungültig, wenn er statt der Anzahl der gezeichneten Aktien den Gesamtbetrag der übernommenen Geldeinlage enthält?

HGB. § 189 Abs. 2, § 281 Abs. 1.

II. Zivilsenat. Urt. v. 25. September 1914 i. S. Teppichmanufaktur-Aktiengesellschaft in B. (Kl.) w. W. H. (Bekl.). Rep. II. 227/14.

I. Landgericht Bonn, Kammer für Handelssachen.
II. Oberlandesgericht Cöln.

Am 15. Dezember 1911 beschloß die Generalversammlung der klagenden Aktiengesellschaft die Erhöhung des Grundkapitals um 200000 *M* durch Ausgabe von Aktien zum Nennwerte von je 1000 *M*. Der Beklagte übernahm 50 Aktien. Sein Zeichnungsschein hatte folgenden Wortlaut:

„In der Generalversammlung der Teppichmanufaktur-Aktiengesellschaft in Beuel vom 15. Dezember 1911 ist beschlossen worden, das Aktienkapital um einen Betrag von 200000 *M* zu erhöhen. Die Ausgabe erfolgt zu 100 %; außerdem ist der Aktienstempel zu entrichten. Die Einzahlung hat in bar zu erfolgen in drei gleichen Raten vom 1. Januar 1912, 1. Juli 1912 und 1. Oktober 1912. Mit der ersten Rate ist der Aktienstempel zu entrichten. Ich nehme von den Aktien 50000 (Mark Fünfzigtausend) gegen Barzahlung. Die Zeichnung wird unverbindlich, wenn nicht bis zum 31. März 1912 die erfolgte Erhöhung im Handelsregister eingetragen ist.

B., den 15. Dezember 1911.

W. H."

Nachdem am 6. Februar 1912 die Eintragung im Handelsregister stattgefunden hatte, bezahlte der Beklagte die erste Rate. Die beiden anderen weigerte er sich zu zahlen. Gegenüber der Klage wandte er ein, der Zeichnungsschein sei nichtig, weil nicht die Anzahl der gezeichneten Aktien daraus hervorgehe.

Die Kammer für Handelssachen mißbilligte diesen Einwand und verurteilte den Beklagten antragsgemäß zur Zahlung. Dagegen wies das Oberlandesgericht die Klage ab. Die Revision führte zur Wiederherstellung des ersten Urteils aus folgenden

Gründen:

„Das Oberlandesgericht hat ausgeführt, der in § 281 HGB. in Bezug genommene § 189 Abs. 2 das. verlange für die Zeichnung eine schriftliche Erklärung, „aus der die Beteiligung nach der Anzahl und, falls verschiedene Aktien ausgegeben werden, nach dem Betrag oder der Gattung der Aktien hervorgehen muß". Aus dem Scheine selbst müsse also hervorgehen, wieviel Aktien der Zeichner übernehmen wolle. Mit Unrecht meine das Landgericht, daß es genüge, wenn dies für die Nächstbeteiligten, den Zeichner und die Gesellschaft, erkennbar sei, und daß ergänzend außerhalb des Scheines liegende Umstände herangezogen werden dürften. Der Zeichnungsschein sei nicht nur von Bedeutung unter den Parteien, sondern stelle, wie das Reichsgericht Bd. 54 S. 129 der Sammlung entschieden habe, einen dem Registergericht und der Öffentlichkeit gegenüber vollzogenen rechtspolizeilichen Akt dar. Daher müsse er aus sich, ohne Rücksicht auf das in ihm nicht zum Ausdrucke gekommene Wissen des Zeichners, verstanden werden können. Für jeden, im vorliegenden Falle also auch für den, der nicht wisse, daß der Nennwert der Aktien 1000 ℳ betrage, müsse er die Möglichkeit bieten, die Zahl der übernommenen Aktien zu ersehen. Damit werde nicht gefordert, daß die Zahl wörtlich, also hier mit „50 Aktien" angegeben sein müsse. Es würde genügt haben, wenn es geheißen hätte „50000 ℳ Aktien im Nennwerte von je 1000 ℳ". Da aber diese Angabe fehle, sei die Beteiligung nach der Anzahl der Aktien aus dem Scheine nicht für jeden zu ersehen, mithin der Schein wegen Verstoßes gegen eine zwingende Formvorschrift nichtig. Handlungen des Beklagten gemäß § 189 Abs. 4 HGB. — Abstimmen in den Generalversammlungen, Ausübung von Aktionärrechten und Erfüllung von Verpflichtungen — könnten, da das Gesetz eine Heilung nur bei Verstößen gegen Abs. 3 eintreten lasse, an der Nichtigkeit nichts ändern.

Diese Erwägungen gehen rechtlich fehl. Aus der sog. rechtspolizeilichen Natur der Zeichnungserklärung läßt sich für die hier zu entscheidende Frage nichts entnehmen. Allerdings faßt die Rechtsprechung des Reichsgerichts die Zeichnungs- und Übernahmeerklärung des künftigen Aktionärs nicht nur als an die Gründer oder die Gesellschaft gerichtet auf, sondern erblickt darin zugleich eine Erklärung gegenüber der Öffentlichkeit. Das hat zur Folge, daß die Mitgliedschaftsrechte und -Pflichten durch die Erklärung unabhängig von der Gültigkeit ihres Rechtsgrundes erzeugt werden. Nicht aber folgt daraus, daß die Erklärung in dem Zeichnungsscheine vollständig und abschließend enthalten sein müsse. Die Erkennbarkeit des Erklärten aus der Urkunde allein ist ein Bedürfnis bei Wertpapieren, die im Verkehr von Hand zu Hand gehen sollen und deshalb über alle in Betracht kommenden Umstände ohne Zuhilfenahme anderer Erkenntnisquellen Auskunft zu geben haben. Die Verpflichtungsurkunde des Aktienzeichners ist aber kein Wertpapier. Von den zwei Exemplaren, in denen sie ausgestellt werden soll, wird das eine zum Handelsregister überreicht und bleibt dort bei den Akten, während das andere der Gesellschaft zur Erhebung etwaiger Ansprüche gegen den Zeichner ausgehändigt wird (vgl. §§ 189, 195, 281, 284 HGB.). Bei dieser Unschlüssigkeit der Begründung mag nur nebenbei auf das seltsame Ergebnis hingewiesen werden, zu dem das Oberlandesgericht gelangt. Der Zeichnungsschein, wonach der Beklagte für 50000 ℳ zu pari auszugebende Aktien übernahm, wird von ihm deshalb verworfen, weil Dritte, mit den Verhältnissen unbekannte Personen daraus nicht die Anzahl der Aktien ersehen konnten. Wäre in dem Scheine mit den vom Gesetze gebrauchten Worten gesagt, der Beklagte übernehme 50 Aktien, so würden diese Dritten infolge der Verschweigung des Nennbetrags der Aktien erst recht über die Beteiligung des Beklagten an der Kapitalerhöhung im unklaren gewesen sein.

In den Instanzen hatte der Beklagte zu weiterer Begründung

seines Einwandes die Verschiedenheit betont, daß nach Abs. 4 des § 189 nur Verstöße gegen Abs. 3, nicht solche gegen Abs. 2 heilbar sind. Er schloß daraus, den Erfordernissen des Abs. 2 komme gesteigerte Bedeutung zu; sie seien absolut, die anderen nur relativ wesentlich, und müßten daher besonders wortgetreu erfüllt werden. In Wirklichkeit hat es mit diesem Unterschied eine andere Bewandtnis. Ihrer Natur nach ist die Aktienzeichnung die Erklärung, sich an einer bestimmten Aktiengesellschaft oder Kapitalerhöhung mit einem bestimmten Betrage zu beteiligen. Nötig würde also an sich nur sein, erstens die Namhaftmachung der Gesellschaft, der der Zeichner sich anschließen will, und zweitens die Angabe der Höhe der Beteiligung. Aus wohlerwogenen Gründen hat sich nun das Gesetz, als es die Beteiligungserklärung unter Formzwang stellte, nicht damit begnügt, die Gesellschaft einfach mit Firma und Sitz nennen zu lassen, sondern hat die Hinzufügung weiterer kennzeichnender Merkmale verlangt. Es fordert zugleich das Datum des Statuts oder des Erhöhungsbeschlusses und sichert damit die Befolgung der Vorschrift, daß die Statutfestsetzung (die Beschlußfassung) der Zeichnung vorhergehen soll (vgl. § 189 Abs. 3 Nr. 1 mit Abs. 1, § 281 Abs. 1 Nr. 1). Um ferner dem Zeichner die Wichtigkeit seines Schrittes nachdrücklich vor Augen zu führen, ist vorgeschrieben, daß die für ihn erheblichsten Punkte des Gründungs- oder Erhöhungsplanes in den Schein aufgenommen werden (vgl. § 189 Abs. 3 Nr. 1 bis 3, § 281 Abs. 1 Nr. 2, 3). Daneben wird, um den Zeichner nicht ins Ungemessene haften zu lassen, die Angabe eines Endtermins für seine Bindung verlangt (vgl. das. Nr. 4). Alle diese Vorschriften sind durchaus zwingend, ihre Mißachtung hat Nichtigkeit des Zeichnungsscheines zur Folge. Da es sich dabei aber nur um Wahrung des Interesses des Zeichners selber handelt, soll es genügen, wenn die Gesellschaft (der Erhöhungsbeschluß) im Handelsregister eingetragen ist und der Zeichner sich als Aktionär betätigt hat; die Nichtigkeit soll dann geheilt sein.

Anders verhält es sich mit dem zweiten Begriffsbestandteile der Zeichnungserklärung, mit der Angabe der Höhe, in der der Zeichner an der Gesellschaft teilnehmen will. Hier kommt eine heilbare Nichtigkeit der Natur der Sache nach nicht in Frage, vielmehr kann die Angabe nur entweder verständlich oder unverständlich sein. Im letzteren Falle ist sie unwirksam. Läßt sie sich aber verstehen, so macht es keinen Unterschied, ob Maß und Art der Beteiligung darin vollständig umschrieben sind oder ob zur Erläuterung das Statut (der Erhöhungsbeschluß) zur Hilfe genommen werden muß. Wie wenig der Gesetzgeber daran gedacht hat, die Beteiligungsangabe müsse auch ohne diese Hilfsmittel sich selbst erläutern, beweist doch eben der § 189 Abs. 2, wonach in dem gewöhnlichen Falle, wenn Verschiedenheiten der Aktien nicht bestehen, die Angabe der Anzahl genügen soll. Daran, daß sich Nennbetrag und Ausgabekurs hier erst aus dem Statut (dem Erhöhungsbeschluß) ergeben, nimmt das Gesetz keinen Anstoß. Es würde geradezu sinnlos sein, wenn in dem gleichen Regelfalle nicht auch die Angabe des Gesamtbetrags der Geldeinlage hinreichen würde. Ist doch für den, der das Statut (den Erhöhungsbeschluß) kennt, damit genau so deutlich die Anzahl der Aktien angegeben.

Zum Überfluß wird das gewonnene Ergebnis auch durch die Geschichte des Gesetzes bestätigt. Der Zeichnungsschein verdankt seine Entstehung der Novelle vom 18. Juli 1884, die ihn für den Fall der Sukzessivgründung neu eingeführt hat. Der zweite Entwurf dieser Novelle (Art. 209 d) wollte vorschreiben, daß die Zeichnung durch schriftliche Erklärung erfolge, daß der Zeichnungsschein die unter den vier Ziffern des Abs. 2 aufgezählten Punkte angeben müsse, die jetzt den § 189 Abs. 3 HGB. ausmachen, und daß Scheine, welche diesen Erfordernissen nicht entsprechen oder außer dem Vorbehalte unter Nr. 4 noch andere Beschränkungen in der Verpflichtung des Zeichners enthalten, zum Nachweise der Zeichnung des Grundkapitals ungeeignet seien. Demgegenüber meinte Wiener, Der Aktiengesetzentwurf (1884) S. 19 flg., als Folge der Nichtbeobachtung der Bestimmungen sei die Ungültigkeit des Zeichnungsscheines anzudrohen; doch erscheine es zweckmäßig, zu bestimmen, daß der Zeichner, „wenn er auf Grund einer schriftlichen Beteiligungserklärung, welche einen bestimmten Betrag der Beteiligung erkennen läßt", in einer der Gründungs-Generalversammlungen oder fernerhin als Aktionär Rechte ausgeübt oder Pflichten erfüllt habe, der eingetragenen Gesellschaft gegenüber den Mangel nicht mehr geltend machen könne. Diese Vorschläge eignete sich die Reichstagskommission an. Den Abs. 3 des Entwurfs gestaltete sie so um, wie er als

Abs. 3 des Art. 209e ADHGB. und als Abs. 4 des § 189 HGB. n. F. Gesetz geworden ist. In Abs. 1 fügte sie zu der Bestimmung des Entwurfs, daß die Zeichnung durch schriftliche Erklärung erfolge, die hier streitigen Worte hinzu: „aus welcher die Beteiligung nach Anzahl und, im Falle einer Verschiedenheit der Aktien, nach Betrag, Art oder Gattung derselben hervorgehen muß". Dabei bemerkte sie zu dieser letzteren Änderung nur: „Der Zusatz spricht ausdrücklich aus, was von dem Entwurf als selbstverständlich vorausgesetzt ist" (vgl. Reichstagsdrucksachen 1884 Nr. 128 S. 6 flg.).

Nach alledem war der Zeichnungsschein vom 15. Dezember 1911 gültig." ...

---

59. Zur Frage der Bestimmtheit oder Bestimmbarkeit einer Leistung. BGB. § 315.

V. Zivilsenat. Urt. v. 30. September 1914 i. S. K. (Kl.) w. K. (Bekl.). Rep. V. 172/14.

I. Landgericht Coblenz.
II. Oberlandesgericht Cöln.

Der Kläger, der das Hotel B. in C. von den H.'schen Erben erworben hatte, geriet in Konkurs, worauf im Februar 1907 die Zwangsverwaltung und Zwangsversteigerung des Grundstücks eingeleitet wurde. Um einen Zwangsvergleich zu ermöglichen, schlossen zwei Brüder H., für die von dem Restkaufgelde noch gegen 30000 ℳ und 29500 ℳ eingetragen standen, sowie die beklagte Ehefrau, deren Mutter zu den Mitverkäufern gehört hatte und für die an Restkaufgeld noch 32721,74 ℳ eingetragen waren, am 5. Februar 1907 mit dem Kläger einen notariell beurkundeten Vertrag, in dem sie sich verpflichteten, falls der Zwangsvergleich zustande komme, ihre Forderungen auf je 25000 ℳ zu ermäßigen und auf die Zinsen für eine gewisse Zeit zu verzichten. Für den Fall, daß bis zum 1. Januar 1912 eine Aktiengesellschaft mit Einbringung des Hotels gegründet würde, verpflichteten sie sich ferner, sich an dieser Gesellschaft mit 75000 ℳ in Anrechnung auf ihre drei Hypotheken zu beteiligen. Die Aktiengesellschaft ist vor dem 1. Januar 1912 gegründet worden; der Kläger hat das Hotel eingebracht. Er hat daher beantragt, die beklagte Ehefrau zu verurteilen, die zur Löschung ihrer Hypothek erforderlichen Urkunden an ihn oder an die Grundstückseigentümerin herauszugeben und zwar Zug um Zug gegen Aushändigung von 25 Aktien der neu gegründeten Gesellschaft zu je 1000 *M*. Der Kläger stützt seinen Anspruch, abgesehen von dem Vertrage vom 5. Februar 1907, auf eine spätere Bestätigung, die die beklagten Eheleute nach Kenntnis vom Inhalte des beabsichtigten Gründungsvertrags erteilt hätten. Die Beklagten haben die Abweisung der Klage beantragt, weil der Vertrag mangels ausreichender Bestimmtheit oder Bestimmbarkeit seines Inhalts unwirksam und eine Bestätigung nicht erfolgt sei. Die Klage wurde abgewiesen und die Berufung des Klägers zurückgewiesen. Auf seine Revision ist das Urteil aufgehoben und die Sache an das Berufungsgericht zurückverwiesen worden.

Aus den Gründen:

„Das Berufungsgericht stellt zugunsten des Klägers fest, daß nach dem Vertrage vom 5. Februar 1907, in dem sich die Beklagte für den Fall der Gründung einer Aktiengesellschaft bis zum 1. Januar 1912 und der Einbringung des Hotels verpflichtet hatte, sich an dieser Aktiengesellschaft mit dem Betrage von 25000 *M* in Anrechnung auf ihre Hypothek zu beteiligen, keine Beteiligung der Beklagten an der Gründung, sondern nur die Übernahme von Aktien vereinbart worden ist. Da aber der Gegenstand der Übernahme weder vertraglich hinreichend bestimmt noch bestimmbar sei, auch wenn man davon ausgehe, daß es sich um eine einwandfreie Gründung handeln müsse, so sei der Vertrag mangels Einigung über einen wesentlichen Punkt nach § 154 BGB. als nicht geschlossen zu erachten. Es liege auch keine nachträgliche Bestätigung und nicht einmal eine bedingte vor.

Verfehlt erscheint der Angriff der Revision gegen die Verneinung einer Bestätigung des Vertrages." ... (Dies wird näher begründet. Anderseits wird ausgeführt, daß das Berufungsgericht den § 154 BGB. zu Unrecht angewendet hat. Alsdann wird fortgefahren:)

„Trotzdem würde das Ergebnis, zu dem das Berufungsgericht gelangt, zu billigen sein, wenn man annehmen müßte, die der einen oder der anderen Seite auferlegte Leistung sei weder ausreichend bestimmt noch auch bestimmbar, es handle sich vielmehr um eine in die nackte Willkür des Schuldners gestellte Leistung, die Lücken aber seien so groß, daß sie auch mit Anwendung des § 315 BGB. nicht beseitigt werden könnten und daß der Vertrag daher rechtsunwirksam bleibe (RGZ. Bd. 40 S. 199; Warneyer Rechtspr. 1913 Nr. 221). Dies hat das Berufungsgericht angenommen. . . . Ob die grundlegenden Voraussetzungen für eine vertragliche Bindung erfüllt sind, ist nicht eine reine Auslegungsfrage und unterliegt daher der unbeschränkten Nachprüfung durch das Revisionsgericht. Auf Grund der Feststellung des Berufungsgerichts ist davon auszugehen, daß zur Zeit des Vertragsschlusses vom 5. Februar 1907 bereits mit der Möglichkeit der Gründung einer Aktiengesellschaft gerechnet wurde, in die das unter der Leitung des Klägers gefährdete Hotel einzubringen war. Wenn dieser Plan sich bis zum 1. Januar 1912 verwirklichte, dann sollten die Gläubiger der ebenfalls gefährdeten Kaufpreisresthypotheken, darunter die Beklagte, für ihre dem Betrage nach bereits ermäßigten Hypotheken durch entsprechende Überlassung von Aktien abgefunden werden. Dann aber kam es ihnen nur darauf an, daß sie als Gegenwert für ihre Hypotheken Aktien einer bedenkenfreien Gründung erhielten, die ihrem Werte nach eine Umsetzung in bares Geld ungefähr zum Nennbetrage ihrer Hypotheken gestatteten. Für diesen Zweck aber fehlte es dem Vertrage nicht an der ausreichenden Bestimmtheit oder doch Bestimmbarkeit. Bot eine einwandfreie Gründung Gewähr für einen dem Nennwerte der ermäßigten Hypotheken entsprechenden Wert der Aktien, dann konnte es der Beklagten völlig gleichgültig sein, ob lediglich das bisherige Hotel oder dessen erhebliche Erweiterung oder ob außerdem auch die Errichtung und Verwertung von Wohnhäusern Gegenstand des Unternehmens der Aktiengesellschaft war, wenn nur jedenfalls ein Hotelunternehmen den wesentlichen Gegenstand der Gründung bildete. Denn wenn es sich auch, wie das Berufungsgericht hervorhebt, in dem einen und in dem anderen Falle um wirtschaftlich ganz verschiedene Unternehmungen gehandelt haben würde, und wenn man auch weder über die Einrichtungen der Gesellschaft im übrigen, noch auch insbesondere über die Bewertung des Hotelgrundstücks als Sacheinlage Bestimmung getroffen hatte, so kann doch daraus, — vorausgesetzt daß die Gründung, wie das Berufungsgericht unterstellt, einwandfrei war — keineswegs mit dem Berufungsurteil entnommen werden, daß die Beklagte im weitesten Umfange der Willkür des Klägers unterworfen worden sei. Handelte es sich um eine einwandfreie Gründung, so hatten auch die Aktien einen ihrem Nennwert ungefähr entsprechenden Verkehrswert. Daran allein hatte die Beklagte Interesse. Soweit aber etwa die Frage auftauchte, ob sie Aktien im Nennwerte dem Hypothekenbetrage gleichkommend nehmen müsse oder fordern dürfe, oder ob der Emissionskurs oder ein Börsenkurs maßgebend sei, konnte die Entscheidung nach § 315 BGB. getroffen werden.

Zu Unrecht stützt sich das Berufungsurteil auf die Entscheidung des I. Zivilsenats vom 6. April 1898 (RGZ. Bd. 41 S. 282). Denn da, wie das Berufungsurteil selbst betont, sich dort die Verpflichtung nicht auf die Übernahme von Aktien beschränkte, sondern die Übernehmer sich auch an der Gründung beteiligen sollten, so ging ihr Interesse selbstverständlich erheblich weiter, und wenn auch der Vertragsinhalt dort als zu unbestimmt bezeichnet werden konnte, so trifft nicht das gleiche zu für den völlig anders gearteten Fall, wie er hier vorliegt. Verfehlt erscheint insbesondere die Erwägung des Berufungsgerichts, daß während dort den Aktienübernehmern eine Mitwirkung beim Gesellschaftsvertrage gesichert gewesen sei, hier der Fall insofern krasser liege, als die Vertragsgegner des Klägers auf den Abschluß des Gründungsvertrages keinen Einfluß gehabt hätten, die ihnen geschuldete Leistung daher in höherem Maße dem Belieben des Klägers anheimgegeben gewesen sei. Es übersieht eben hier, daß das Interesse der Beklagten sich in der Zuweisung von Aktien einer bedenkenfreien Gesellschaft erschöpfte, von denen sich erwarten ließ, daß sie einen Umsatz in Geld zur ungefähren Höhe ihres Nennbetrags zulassen würden.

Hiernach war die der Beklagten zustehende Leistung, bei einwandfreier Gründung der Gesellschaft entweder ausreichend bestimmt oder doch ausreichend bestimmbar, so daß der Grund, aus dem das Berufungsgericht die Klage abgewiesen hat, nicht standhält."

60. Steht dem Wucherer § 817 Satz 2 BGB. entgegen, wenn er wegen des vom Bewucherten durch Betrug erlangten Darlehens Schadensersatz durch Rückzahlung verlangt? Kausalzusammenhang. Anwendung des § 254 BGB.

BGB. §§ 817 Satz 2, 823 Abs. 2.

StGB. § 263.

VI. Zivilsenat. Urt. v. 1. Oktober 1914 i. S. v. Sp. (Bekl.) w. H. (Kl.). Rep. VI. 251/14.

I. Landgericht Frankfurt a. M.
II. Oberlandesgericht daselbst.

Kläger verlangt vom Beklagten aus abgetretenen Rechten eines gewissen B. 32661,50 *M* nebst Zinsen, die B. dem Beklagten darlehnsweise im Sommer 1911 hingegeben haben will. Der Beklagte, in der Folge wegen Verschwendung entmündigt, stand zur Zeit der Darlehenshingabe bereits unter vorläufiger Vormundschaft (§ 1906 BGB.) wegen Verschwendung. Gemäß §§ 114, 107, 108 BGB. konnte er infolgedessen ohne Einwilligung seines gesetzlichen Vertreters, als welcher ihm sein Oheim A. v. Sp. beigeordnet worden war, einen Darlehnsvertrag nicht abschließen. Unstreitig ist eine solche Einwilligung nicht erklärt worden.

Mit der vorliegenden Klage wird Schadensersatz in Höhe des hingegebenen Geldes verlangt, und zwar wegen unerlaubter Handlung. Eine solche haben die Vorinstanzen darin gefunden, daß der Beklagte bei der Erlangung des Geldes den Geldgebern die ihm bekannte Tatsache verschwiegen hat, er stehe wegen Verschwendung unter vorläufiger Vormundschaft.

Die Vorinstanzen haben dem Klagebegehren in Höhe der tatsächlich hingegebenen Darlehnsbeträge (nebst Zinsen) stattgegeben. Die Revision des Beklagten wurde zurückgewiesen.

Aus den Gründen:

... „Die Revision bezweifelt zunächst, ob der Tatbestand des § 263 StGB. auch schon dadurch erfüllt worden sei, daß der Beklagte, wie festgestellt, durch Verschweigen der Vormundschaft den Abschluß des vom Rechtsvorgänger des Klägers beabsichtigten —

wucherischen — Geschäfts nicht verhindert habe. Der Zweifel ist nicht begründet.

Nach einwandfreier Feststellung des Berufungsgerichts wäre B., wenn er von der vorläufigen Entmündigung erfahren hätte, auf das Darlehnsgeschäft nicht eingegangen. Das Verschweigen der Tatsache der vorläufigen Entmündigung ist also für das Darlehnsgeschäft und die Hingabe des Geldes an den Beklagten ursächlich gewesen. Daran ändert es auch nichts, wenn das Darlehnsgeschäft, was das Berufungsgericht übrigens dahingestellt läßt, als wucherisch angesehen wird. Auch in diesem Falle wäre es, wie das Berufungsgericht zutreffend ausführt, wenngleich ohne gültigen Vertragsschluß zu der Geldhingabe gekommen, die die Schädigung der Geldgeber darstellt. Diese Geldhingabe aber wäre bei Offenlegung der Tatsache der vorläufigen Vormundschaft unterblieben, in diesem Falle mithin keine Vermögensverschiebung, kein Vermögensnachteil für die Geldgeber, kein Vermögensvorteil für den Beklagten eingetreten.

Diese Darlegungen über den ursächlichen Zusammenhang lassen keinen Rechtsirrtum erkennen. Ebensowenig kann bezweifelt werden, daß die für die Geldhingabe ursächliche Unterdrückung der Tatsache der beschränkten Geschäftsfähigkeit nach Maßgabe der im übrigen getroffenen tatsächlichen Feststellungen zur Annahme eines im Sinne des § 263 StGB. betrügerischen Verhaltens genügt. Durch die größere oder geringere Bereitwilligkeit der Geldgeber, mit dem Beklagten ein — wucherisches — Geschäft abzuschließen, wird die Ursächlichkeit des erregten Irrtums, der zur Vermögensschädigung geführt hat, nicht ohne weiteres ausgeschlossen. Eine Verkennung der Tatbestandserfordernisse des § 263 StGB. tritt im Berufungsurteile nirgends zutage.

Der Geltendmachung des Schadensersatzanspruchs steht nach Ansicht der Revision auch § 817 BGB. Satz 2 entgegen, da B. durch Abschluß des, wie zu unterstellen sei, wucherischen Geschäfts gegen ein gesetzliches Verbot und gegen die guten Sitten verstoßen habe (§ 138 BGB.), nach dem Gesetze aber daraus Rechtsansprüche nicht hergeleitet werden dürften. Dem kann nicht beigetreten werden.

Wie der erkennende Senat schon in der Entscheidung RGZ. Bd. 70 S. 5 flg. ausgesprochen hat, ist die Vorschrift des § 817 Satz 2 nur für die Ansprüche aus ungerechtfertigter Bereicherung gegeben und kann nicht auf Forderungen aus anderen Rechtsverhältnissen, insbesondere nicht auf solche aus unerlaubten Handlungen angewendet werden (vgl. auch Rep. VI. 441/13, bei Warneyer 1914 Nr. 74 S. 101 flg., 103 vorl. Abs. a. E.). Auch der gegen ein gesetzliches Verbot oder sittenwidrig Handelnde braucht nicht einen ihm durch Betrug oder sonst deliktisch zugefügten Vermögensschaden ohne weiteres auf sich zu behalten. Es ist ein anderes, ob die auszugleichende Vermögensverschiebung lediglich auf Grund eines nichtigen Geschäfts oder sonst ohne rechtlichen Grund eingetreten ist, oder ob der mit der Rückforderung in Anspruch Genommene dieses Geschäft mittels unerlaubter Handlung herbeigeführt und dadurch Schaden gestiftet hat.

Für rechtsirrtümlich endlich hält es die Revision, daß das Berufungsgericht auch nicht auf Grund des § 254 BGB. zur Klagabweisung gelangt ist. Auch dieser Angriff ist unbegründet. Nach Ansicht des Berufungsgerichts hat sich der Beklagte bei Eingehung des streitigen Geschäfts als ein überaus leichtsinniger Mensch gezeigt; das Berufungsgericht nimmt auch an, daß B. den Leichtsinn des Beklagten erkannt habe. Im allgemeinen hält das Berufungsgericht, insoweit zugunsten des Beklagten, dafür, daß, wenn, wie im übrigen dahingestellt bleibt, ein wucherisches Geschäft vorlag, zwar das Maß der Schuld bei dem Wucherer ebenso hoch wie bei dem Betrüger sein möge. Indessen habe hier der Beklagte in den Köpfen der Geldgeber die Vorstellung von der in seiner Person gegebenen Ausbeutungsmöglichkeit erst dadurch betrügerisch hervorgerufen, daß er ihnen, wie näher dargelegt, Hoffnung auf künftigen Reichtum und Zuversicht auf seine Familienbeziehungen erweckt habe. Auch hätten die materiellen Vorteile vorwiegend auf seiner Seite, nicht auf der der Geldgeber, gelegen: er sei sich bewußt gewesen, daß die vertraglichen Verpflichtungen, die er im Austausche gegen die Geldzuwendungen einging, von ihm vermutlich nie erfüllt zu werden brauchten.

Diese Erwägungen lassen nirgends einen Verstoß von rechtsgrundsätzlicher Bedeutung erkennen; vgl. auch RGZ. Bd. 70 S. 6. Sowohl die Bewertung des beiderseitigen Verschuldens wie die Abwägung, ob der nachteilige Erfolg vorwiegend auf das Verhalten des einen oder des anderen Teiles ursächlich zurückzuführen ist, findet in dem festgestellten Sachverhalte eine ausreichende Grundlage. Zu einer Abänderung des Urteils war kein ausreichender Anlaß zu erkennen.

Schließlich soll nach Ansicht der Revision mindestens wegen zweier an S., einen früheren Geldgeber des Beklagten, gelangter Beträge eine Vermögensbeschädigung, die das Klagebegehren zu stützen vermöchte, zu Unrecht angenommen worden sein. Die Geschäfte mit S. habe der Beklagte im Juni 1911 geschlossen. Ganz abgesehen davon, ob sie wucherisch seien, seien sie also (einschließlich einer dem S. erteilten Vollmacht) schon um deswillen nichtig, weil der Beklagte damals bereits unter vorläufiger Vormundschaft stand. S. habe deshalb nichts vom Beklagten zu beanspruchen, auch auf Grund der Vollmacht nichts für ihn zu empfangen gehabt, und der Kläger könne die an S. geleisteten Beträge von diesem wegen ungerechtfertigter Bereicherung zurückfordern. Der Einwand erledigt sich dadurch, daß, wie festgestellt ist, auch die Leistungen an S. auf Rechnung des Beklagten, mit seinem Einverständnis und auf seine Veranlassung erfolgt sind. Auch die Hergabe dieser Beträge, worin die Schädigung der Geldgeber besteht, hat lediglich der Beklagte veranlaßt. Für diese Tatsache der durch Hingabe des Geldes bewirkten Vermögensschädigung ist die von der Revision vorgetragene Beurteilung der rechtlichen Stellung des S. zum Beklagten belanglos." ...

---

61. Ist das Kündigungsrecht des Vermieters nach § 554 BGB. ausgeschlossen, wenn der Verzug des Mieters mit der Entrichtung des Mietzinses für zwei aufeinanderfolgende Termine dadurch, daß ein dem Mieter zustehendes Zurückbehaltungsrecht wegfällt, auf einmal eintritt?

III. Zivilsenat. Urt. v. 2. Oktober 1914 i. S. N. (Bekl.) w. D. (Kl.). Rep. III. 437/14.

I. Landgericht Königsberg.
II. Oberlandesgericht daselbst.

Der Kläger forderte die Räumung des von ihm durch Vertrag vom 22. Januar 1913 dem Beklagten verpachteten Grundstücks gemäß § 554 BGB. wegen nicht rechtzeitiger Zahlung der anfangs Juni, September und Dezember 1913 fälligen Pachtzinsraten. Das Landgericht wies die Klage ab. Das Berufungsgericht hat dagegen den Beklagten zur Räumung verurteilt. Die Revision ist zurückgewiesen worden.

Aus den Gründen:

„Das Berufungsgericht erachtet die vom Kläger auf Grund des § 554 BGB. ausgesprochene Kündigung für rechtswirksam, obwohl dem Beklagten bis zum 29. November 1913 das Recht zugestanden habe, die Zahlung der Pachtzinsen zu verweigern, da der Kläger erst an diesem Tage seiner Verpflichtung, das dem Beklagten verkaufte Zubehör des Pachtguts von der Haftung für die Hypothekenschulden zu befreien, vollständig nachgekommen sei. Das Berufungsgericht nimmt an, daß der Beklagte, da er erst am 1. Dezember 1913 davon Kenntnis erhalten habe, daß auch der letzte der Hypothekengläubiger die Entpfändungserklärung abgegeben habe, erst mit dem 2. Dezember hinsichtlich aller drei in Betracht kommenden Zinsraten in Verzug gekommen sei, daß aber dieser, auf einmal eingetretene, Verzug mit der Zahlung der drei Pachtzinsraten genüge, die Anwendung des § 554 zu rechtfertigen. Die Revision führt dagegen aus, daß das Kündigungsrecht des § 554 nur gegeben sei, wenn der Mieter zunächst mit der Zahlung einer Zinsrate, und sodann, zu einem späteren Zeitpunkte, mit der Zahlung für einen weiteren Termin in Verzug geraten sei.

Die Meinung der Revision ist nicht begründet. Das Gesetz macht das Kündigungsrecht nicht abhängig von einem wiederholten Verzuge, sondern von dem Verzuge mit der Entrichtung des Mietzinses für zwei aufeinanderfolgende Termine. Voraussetzung ist danach allerdings, daß der Verzug sich erstreckt auf Mietzinsraten, die an zwei aufeinanderfolgenden Terminen geschuldet und fällig waren, nicht aber daß dieser Verzug zu zwei verschiedenen Zeitpunkten eingetreten ist. Das letztere ist freilich das Regelmäßige. Die Nichtzahlung der einzelnen Zinsrate am Fälligkeitstermine begründet im allgemeinen ohne weiteres den Verzug, so daß der Zeitpunkt des Verzugs mit dem der Fälligkeit zusammentrifft. Anders, wenn die

Leistnng infolge eines Umstandes unterbleibt, den der Schuldner nicht zu vertreten hat, oder wenn dem Schuldner eine Einrede zur Seite steht, die ihn berechtigt, die an sich geschuldete und fällige Leistung zu verweigern, wie dies beim Zurückbehaltungsrechte der Fall ist. Vgl. hierzu Planck (4. Aufl.) Erl. 1c zu § 273 BGB. Bd. 2 S. 168, und Oertmann (3./4. Aufl.) Erl. 1a zu § 273 Bd. 2 S. 92. In diesen Fällen kann mit dem Wegfall der Einrede oder des die Leistung hindernden, vom Schuldner nicht zu vertretenden Umstandes der Verzug für mehrere aufeinanderfolgende Termine auf einmal eintreten. Aber auch diese Fälle werden von dem Wortlaute des Gesetzes getroffen, und die Entstehungsgeschichte des § 554 bietet keinen Anhalt für eine einschränkende Auslegung.

Wohl soll nicht, wie nach gemeinem Rechte, der Rückstand mit der Miete für einen längeren Zeitraum, oder überhaupt mit einer Mietrate genügen; es wird der Rückstand mit zwei aufeinanderfolgenden Terminen gefordert. Ein Antrag, der schon an den Rückstand mit einer Mietrate die Folge des Kündigungsrechts knüpfen wollte, sofern der Mieter eine ihm gesetzte Nachfrist verstreichen ließ, wurde abgelehnt, weil eine solche Bestimmung auch da, wo der Mietzins für ein ganzes Jahr bezahlt werden müßte, für den Mieter höchst gefährlich sein würde. Denn es könne leicht vorkommen, daß der Mieter, gerade wenn der Zins für ein ganzes Jahr bezahlt werden müßte, ein einziges Mal außerstande wäre, die erforderlichen Geldmittel zu beschaffen; vgl. Prot. 2. Lesung zu § 528 Entw. I BGB. (Guttentagsche Ausgabe Bd. 2 S. 228). Die Lage des Mieters aber, der hinterher mit der Zahlung zweier früher fällig gewesener Mietraten in Verzug gerät, ist eine andere, als die desjenigen, der die einmalige, für einen längeren Zeitraum zu zahlende Mietrate schuldig bleibt. Jener hatte von vornherein die Verpflichtung, für jeden der beiden Zinstermine den Betrag des Mietzinses bereit zu halten. Insbesondere ist in dem hier vorliegenden Falle unbedenklich anzunehmen, daß der Beklagte die Mittel zur Tilgung der einzelnen Rate zu dem jedesmaligen Fälligkeitstermine beschaffen und sie für den Fall des Erlöschens seines Zurückbehaltungsrechts bereithalten mußte.

Das Gesetz macht, was im gemeinen Rechte streitig war und aus dem Wortlaute des § 298 ALR. I, 21 sich nicht ergab, das

Kündigungsrecht des Vermieters davon abhängig, daß der Mieter mit der Entrichtung des Zinses sich im Verzuge befindet. Daß aber dieser Verzug ein wiederholter sein müsse, wird auch in den Motiven nicht angedeutet.

Die Auffassung der Revision würde berechtigt sein, wenn § 554 die Bedeutung einer Strafbestimmung für den Schuldner hätte, der die Zahlung des Mietzinses wiederholt böswillig oder fahrlässig versäumt. Die Bestimmung bezweckt aber nach ihrer Entstehungsgeschichte vornehmlich den Schutz der Interessen des Vermieters. Dieser soll nicht an den Vertrag mit einem Mieter gebunden sein, welcher mit der Zahlung zweier aufeinanderfolgender Raten sich im Verzuge befindet. Vgl. Motive zu § 528 Entw. I BGB. Bd. 2 S. 417.

Die Meinung der Revision ist denn auch, soweit ersichtlich, in der Rechtsprechung und in der Rechtslehre bisher weder für das geltende Recht noch für das preußische Landrecht vertreten worden." ...

---

62. 1. Hat die Novelle vom 30. Mai 1908 etwas daran geändert, daß der Wechselprotest unter Umständen den Vermerk enthalten muß, ein Geschäftslokal sei nicht zu ermitteln gewesen? Wann ist dieser Vermerk erforderlich?

2. Wirkung einer im Akzept angegebenen Zahlstelle. Liegt eine Zahlstellenangabe auch dann vor, wenn die Wohnung des Bezogenen in der Adresse erwähnt wird?

WO. Art. 88 Nr. 3, Art. 91.

II. Zivilsenat. Urt. v. 2. Oktober 1914 i. S. J. W. (Kl.) w. Paul W. u. Gen. (Bekl.). Rep. II. 288/14.

I. Landgericht I Berlin, Kammer für Handelssachen.
II. Kammergericht daselbst.

Die Klage stützte sich auf einen im Jahre 1913 von Anna, Ehefrau des Fabrikbesitzers Paul W. in C. an eigene Order auf ihren Ehemann gezogenen, von dem Manne akzeptierten Wechsel, dessen Adresse lautete: „Herrn Fabrikbesitzer Paul W. in C., Bahnhofstraße 28". Der Wechsel war mangels Zahlung im Auftrage des legitimierten Inhabers protestiert worden. In der Protesturkunde hieß es, der Beamte habe sich in die Wohnung des Paul W. in C., Bahnhofstraße 28, begeben, dort den Bezogenen nicht persönlich, sondern dessen Ehefrau getroffen, dieser den Wechsel vorgelegt und vergeblich Zahlung gefordert.

Der Kläger, ein Indossant, der den Wechsel im Rücklauf eingelöst hatte, beanspruchte Wechselsumme, Unkosten und Zinsen von den Eheleuten W. als Gesamtschuldnern. Der erste Richter gab diesem Antrage gegenüber dem Ehemanne W. statt, erkannte aber im übrigen auf Abweisung, da der Protest dem Gesetze nicht entspreche. Berufung und Revision des Klägers blieben erfolglos.

Aus den Gründen:

„Nach Art. 91 Abs. 1 WO. muß die Vorlegung des Wechsels zur Zahlung und die Protesterhebung im Geschäftslokale des Protestaten und darf erst in Ermangelung eines solchen in seiner Wohnung vorgenommen werden. Das Kammergericht ist davon ausgegangen, daß diese Vorschrift durch die Protestnovelle vom 30. Mai 1908 nicht geändert worden sei. Allerdings, erwägt es, sei der Protestbeamte nach richtiger Auslegung der Vorschrift nicht in jedem Falle verpflichtet, nach einem Geschäftslokale zu forschen. Wohl aber liege ihm eine solche Verpflichtung dann ob, wenn der Protestat nach seiner Bezeichnung im Wechsel zu den Personen gehöre, welche vermöge ihres Standes, Berufs oder Gewerbes nach der Erfahrung des Lebens in der Regel ein Geschäftslokal haben. Sei das der Fall, so müsse der Protest gegen einen nicht angetroffenen oder mit der Vornahme der Handlung nicht einverstandenen Protestaten, um gültig zu sein, entweder die Ermittelung oder die Nichtermittelung des Geschäftslokals ergeben. Ein auf andere Weise als durch den Protest geführter Nachweis, daß der Protestat kein Geschäftslokal besaß, vermöge den Mangel des Protestes nicht zu heilen.

Die Revision sucht diesen Ausgangspunkt des Berufungsurteils zu widerlegen. Die Novelle vom 30. Mai 1908 habe eine Änderung der formellen Erfordernisse des Wechselprotestes gebracht. Nach der jetzigen Fassung des Art. 91 WO. komme es nur noch darauf an, ob der Protest tatsächlich an der richtigen Stelle erhoben wurde. Die Aufnahme des Vermerks in die Protesturkunde, ein Geschäftslokal sei nicht zu ermitteln gewesen, habe nur die Bedeutung, daß ein derartiger Vermerk den Gegenbeweis ausschließe. Fehle der Vermerk, so mache dies den Protest nicht ungültig, sondern es müsse in eine Beweisaufnahme über die Richtigkeit der Proteststelle, d. h. über das Vorhandensein eines Geschäftslokals, eingetreten werden. Wenn die Beweisaufnahme das Bestehen eines solchen Lokals nicht ergebe, sei der Protest trotz mangelnden Vermerks gültig. Im vorliegenden Falle habe der Kläger behauptet — und die Wahrheit der Behauptung werde vom Berufungsrichter unterstellt, — daß Paul W. ein von seiner Wohnung getrenntes Geschäftslokal nicht besessen habe.

Bei dieser Verschiedenheit der Meinungen gehen beide Teile zu weit. Es handelt sich um einen Fall des Abwesenheitsprotestes, nämlich um den, wenn der Wechsel in der Privatwohnung protestiert wurde, obgleich nach der wechselmäßigen Bezeichnung des Protestaten das Vorhandensein eines Geschäftslokals anzunehmen war. Das Kammergericht, das hier allemal im Protest vermerkt wissen will, ein Geschäftslokal sei nicht zu ermitteln gewesen, übersieht, daß sich die Protesturkunde über die Räumlichkeit überhaupt nicht auszusprechen braucht. Nach Art. 88 Nr. 3 (früher Nr. 4) wird nur die Angabe des „Ortes" der Protesterhebung verlangt. Daß unter Ort die Ortschaft, die politische Gemeinde, nicht die Örtlichkeit (Lokalität) innerhalb der Ortschaft zu verstehen ist, war von jeher die herrschende Ansicht. Der Widerspruch Grünhuts, Wechselrecht Bd. 2 S. 63, kommt nicht mehr in Betracht, seit die Novelle durch Änderung des Art. 91 Satz 2, wo sie statt „Ort" „Stelle" setzte, den Sinn des Art. 88 Nr. 3 (früher 4) aufgeklärt hat. Würde daher die Protesturkunde, wie dies freilich durchaus nicht üblich ist, über die Örtlichkeit schweigen, so wäre sie gültig, denn es wird vermutet, daß der Beamte seinen Verpflichtungen nachgekommen ist. Nur dann, wenn die Urkunde selber die Privatwohnung als Stelle der Vornahme der Amtshandlung nennt, hat die oberstrichterliche Rechtsprechung gefordert, daß zugleich die Nichtermittelung des Geschäftslokals aus ihr hervorgehen muß (vgl. Entsch. des ROHG. Bd. 25 S. 30, RGZ. Bd. 2 S. 59, 62). In der Literatur wird die erörterte Beschränkung zutreffend hervorgehoben von Bernstein, Wechselordnung S. 385, 392; vgl. auch Staub 4. Aufl. Art. 91 § 12.

Mit dieser Beschränkung ist an der Notwendigkeit der Angabe festzuhalten. Man kann dagegen weder einwenden, daß Überflüssiges, nämlich die Erwähnung der Privatwohnung, nicht schaden könne, noch kann man den Satz legalia praesumuntur soweit ausdehnen, daß er auch den Fall einer solchen Erwähnung deckt. Ergibt die Urkunde, daß der Protest an einer Stelle erhoben wurde, die nach der zwingenden Vorschrift des Gesetzes nur unter einer bestimmten Voraussetzung zulässig war, so muß, soll die Regreßbedingung des Art. 41 WO. erfüllt sein, auch der Eintritt der Voraussetzung urkundlich feststehen. Es ist etwas anderes, ob es beim Proteste gegen eine Person, die dem Wechsel oder der Protesturkunde zufolge ein Kaufmann, ein Rechtsanwalt, ein Notar oder ein Fabrikant ist, einfach heißt, der Beamte habe den Protestaten nicht angetroffen, oder ob gesagt wird, er habe ihn in seiner Wohnung nicht angetroffen. Im ersten Falle enthält die Urkunde bei ihrer allgemeinen Fassung nichts, was den Verdacht erregen könnte, der Versuch, den Protestaten anzutreffen, sei an der unrechten Stelle gemacht worden. Wohl aber wird dieser Verdacht im zweiten Falle wachgerufen. Daß er durch einen außerhalb der Protesturkunde zu führenden Beweis des Nichtbestehens eines Geschäftslokals entkräftet werden kann, hilft dem Regreßnehmer nichts. Es bleibt dabei: die Protesturkunde selber spricht gegen die Ordnungsmäßigkeit des Protestes. Der Vorschrift des Gesetzes, daß die Regreßbedingung durch die Urkunde allein dargetan sein muß, ist daher nicht Genüge geschehen.

Die Novelle vom 30. Mai 1908 hat an der Rechtslage nichts geändert. Sie hat die Nachforschungspflicht des Protestbeamten zweckmäßiger gestaltet, insofern er nicht mehr unter allen Umständen bei der Polizeibehörde anfragen muß (vgl. Abs. 3). Durch die Vorschrift des Abs. 2 hat sie ferner einem bestimmten Vermerke, wenn er in die Urkunde aufgenommen wird, eine Wirkung verliehen, die seine Bedeutung über die eines durch Gegenbeweis widerlegbaren Zeugnisses hinaushebt. Ist in dem Protest angegeben, daß das Geschäftslokal oder die Wohnung nicht ermittelt werden konnte, so soll der Protest nicht deshalb ungültig sein, weil die Ermittelung möglich war. Wie schon der Wortlaut dieser Vorschrift („oder" die Wohnung) ergibt, gilt sie nicht nur für den Windprotest, wenn also gar keine Räumlichkeit aufgefunden wird, sondern auch für den Abwesenheitsprotest, wenn die Urkunde lautet, ein Geschäftslokal sei nicht zu ermitteln gewesen, in der Wohnung habe sich der Protestat nicht antreffen lassen. Damit sind aber die Neuerungen der Novelle auch erschöpft. Wäre es die Absicht des Gesetzes gewesen, eine Protesturkunde als gültig anzuerkennen, worin nur berichtet wird, der Wechsel sei dem Kaufmann X. in seiner Wohnung vorgelegt worden, so hätte es der Beseitigung des Grundes bedurft, auf dem die Unschlüssigkeit dieses Berichts beruht. Die Zwangsvorschrift, wonach der Protest in erster Linie im Geschäftslokal aufgenommen werden muß und die Aufnahme in der Wohnung nur dann zulässig ist, wenn ein Geschäftslokal nicht ermittelt wird, hätte gestrichen, die Wahl der Proteststelle dem pflichtmäßigen Ermessen des Beamten anheimgegeben werden müssen. Diesen Schritt hat weder die Novelle vom 30. Mai 1908 getan, noch wird er von Art. 89 des Entwurfs einer neuen WO. (Beil. zum Reichsanzeiger vom 21. Januar 1914 Nr. 18) in Aussicht genommen. Beide Gesetzeswerke geben die ersten beiden Sätze der ursprünglichen Fassung des Art. 91 sachlich unverändert wieder.

Die rechtlichen Grundlagen, von denen das Berufungsgericht ausgegangen ist, sind somit zu billigen. Dem Kammergerichte muß auch darin beigetreten werden, daß die Wechseladresse „Herrn Fabrikbesitzer Paul W." den Bezogenen als eine Person kennzeichnet, die ein von der Wohnung getrenntes Geschäftslokal zu haben pflegt. Wenn die Revision einwendet, das Wort Fabrikbesitzer weise hierauf nicht „zwingend" hin, auch könne das Geschäftslokal an einem anderen Orte als am Wohnsitze des Bezogenen, wo doch der Protest erhoben werden müsse, liegen, so ist das zwar richtig, aber unerheblich, da es sich immer nur darum handelt, was im Leben das Gewöhnliche ist.

Zu prüfen bleibt hiernach nur, ob es für die Entscheidung von Einfluß ist, daß die Adresse die Wohnungsangabe „Bahnhofstraße 28" enthält und daß nach Behauptung des Klägers diese Angabe entweder vom Akzeptanten selbst herrührt oder doch schon zu der Zeit, als er das Giro seiner Frau genehmigte, auf dem Wechsel geschrieben stand. Die Frage muß indes mit dem Berufungsrichter verneint werden. Der Tatbestand ist keineswegs derselbe wie in dem von der Revision in Bezug genommenen Urteile des Reichsgerichts Rep. I. 416/02 vom 15. Dezember 1902 (Jur. Wochenschr. 1903 S. 51), wo die Wohnungsangabe dem Akzepte beigefügt war. Gibt der Bezogene bei der Annahme eine Wohnung an, so ist dies für die Protesterhebung maßgebend. Freilich trifft es auch dann nicht zu, daß in der Angabe ein „beiderseitiges Einverständnis“ im Sinne des Art. 91 Abs. 1 Satz 2 WO. läge. Diese Begründung des angeführten Urteils geht fehl; der Art. 91 denkt nur an das zwischen dem Protestanten und dem anwesenden Protestaten bei der Protestaufnahme unmittelbar betätigte Einverständnis, vgl. RGZ. Bd. 66 S. 295, 301 flg. Wohl aber darf der Wohnungsangabe im Akzept deshalb gefolgt werden, weil der Bezogene auf solche Weise deutlich den Willen an den Tag legt, daß die wechselrechtlichen Handlungen in dem genannten Lokale vorgenommen werden können. Der Vermerk stellt sich als Angabe einer Zahlstelle dar. Über die Befugnis des Akzeptanten, eine Zahlstelle zu nennen, vgl. Grünhut Bd. 2 S. 223 sowie die im Haag beschlossene einheitliche WO. Art. 26 Abs. 2.

Ganz anders verhält es sich, wenn die Wohnung nur in der Adresse des Wechsels erwähnt wird. Ob der Akzeptant hiervon weiß oder nicht, tut nichts zur Sache, da durch sein Wissen an der Bedeutung des Zusatzes nichts geändert werden kann. Was aber diese Bedeutung anlangt, so erblickt der Verkehr in einem solchen Zusatze keine Zahlstelle, sondern versteht ihn dahin, daß er nur eine die Auffindung erleichternde nähere Bezeichnung des Bezogenen bezweckt (vgl. Entsch. des ROHG. Bd. 22 S. 403, RGZ. Bd. 2 S. 62 flg., Bd. 73 S. 253). Legt man dies zugrunde, so ist klar, daß im vorliegenden Falle die Worte „Bahnhofstraße 28“ unerheblich waren. Sie entbanden den Protestbeamten nicht von der Pflicht, nach einem Geschäftslokale des Paul W. zu forschen und, wenn ein solches nicht zu ermitteln war, diese Tatsache in der Protesturkunde, worin er die Wohnung als Proteststelle nannte, mitzuvermerken.“ ...

---

63. Zum Austrittsrechte der Genossen. Ist es zulässig, daß Mitglieder einer Produktivgenossenschaft sich für den Fall des Austritts aus der Genossenschaft zur Enthaltung vom Wettbewerbe verpflichten?

Gesetz, betr. die Erwerbs- und Wirtschaftsgenossenschaften vom 1. Mai 1889/20. Mai 1898 (RGBl. 1898 S. 810) § 65.

II. Zivilsenat. Urt. v. 2. Oktober 1914 i. S. Kr. u. Gen. (Bekl.) w. Stern e. G. m. b. H. (Kl.). Rep. II. 202/14.

I. Landgericht I Berlin.
II. Kammergericht daselbst.

Die Klägerin, eine eingetragene Genossenschaft m. b. H., betrieb die Herstellung und den Verkauf von Möbeln durch gemeinsame Arbeit und für gemeinschaftliche Rechnung der Genossen. Die Genossen, unter ihnen die drei Beklagten, hatten sich durch einen mit der Genossenschaft geschlossenen Vertrag verpflichtet, während des ersten Jahres nach ihrem Ausscheiden sich des Wettbewerbs gegenüber der Klägerin in näher bestimmten Grenzen zu enthalten. Die Klägerin behauptete, daß diese Pflicht von den Beklagten verletzt worden sei, und forderte die bedungene Vertragsstrafe.

Beide Vorinstanzen erkannten auf Verurteilung. Auf die Revision der Beklagten wurde die Klage abgewiesen.

Gründe:

... „Laut § 65 des Genossenschaftsgesetzes hat jeder Genosse das Recht, mittels Kündigung aus der Genossenschaft auszuscheiden. Durch das Statut kann höchstens eine zweijährige Kündigungsfrist festgesetzt werden. Ein diesen Bestimmungen zuwiderlaufendes Abkommen ist ohne rechtliche Wirkung. Hierdurch soll eine übermäßige Beschränkung der wirtschaftlichen Freiheit der Genossen verhütet werden. Das Recht zum freiwilligen Austritt nach Ablauf einer zweijährigen Kündigungsfrist soll ihnen unter allen Umständen gesichert bleiben; seine Ausübung darf nicht durch Bestimmungen beschränkt oder erschwert werden, die dem ausscheidenden Genossen besondere Vermögensnachteile oder andere Lasten auferlegen. So hat das Reichsgericht mehrfach, insbesondere in den veröffentlichten Urteilen RGZ. Bd. 33 S. 66, Bd. 42 S. 82, Bd. 71 S. 391 erkannt. In dem hier streitigen Falle ist durch den der Klage zugrunde liegenden Vertrag dem ausscheidenden Genossen die Pflicht auferlegt, sich während eines Jahres nach der Beendigung des Arbeitsverhältnisses des Wettbewerbs zu enthalten. Da laut Ziff. 1 des Vertrages alle Genossen verpflichtet sind, ihre Arbeitskraft der Genossenschaft zu widmen, so ist ihnen also für ein Jahr nach dem Ausscheiden aus der Genossenschaft der Wettbewerb verboten. Dadurch wird den Genossen der Austritt wesentlich erschwert, und zwar in anderer Weise als das Gesetz, das ausschließlich eine Verlängerung der Kündigungsfrist bis auf zwei Jahre erlaubt, es zuläßt.

Das vertragliche Verbot des Wettbewerbs läuft also dem Sinne und Zwecke des § 65 GenG. zuwider." ...

---

64. Haften zwei Rechtsanwälte, die sich zur gemeinschaftlichen Ausübung des Anwaltsberufs verbunden haben, als Gesamtschuldner für den Schaden, der durch Verschulden des einen von ihnen der Partei erwachsen ist, wenn diese mit der Wahrnehmung ihrer Rechte beide betraut hatte?

BGB. § 425 Abs. 2.

III. Zivilsenat. Urt. v. 6. Oktober 1914 i. S. C. u. Gen. (Bekl.) w. W. (Kl.). Rep. III. 156/14.

I. Landgericht Breslau.
II. Oberlandesgericht daselbst.

Dem Kläger stand eine Werklohnforderung für Maurerarbeiten zu. Er verklagte auf Zahlung des Werklohns den bauleitenden Architekten, mit dem er den Werkvertrag geschlossen hatte, wurde aber mit seiner Klage unter der Annahme abgewiesen, daß dieser den Vertrag im Namen und mit Ermächtigung des Bauherrn abgeschlossen habe. Der Anspruch des Klägers gegen den Bauherrn war inzwischen verjährt.

Der Kläger nimmt jetzt die Beklagten, die sich zur gemeinsamen Ausübung des Anwaltsberufs verbunden haben und beide bei dem Landgerichte Br. zugelassen sind, auf Schadensersatz in Anspruch. Er hatte ihnen nämlich für das Verfahren gegen den bauleitenden Architekten Vertretungsvollmacht erteilt und beiden die Durchführung seiner Rechte übertragen; beraten hatte ihn aber nur der Beklagte F. Dieser hat dem Kläger von einer Klage gegen den Bauherrn zwecks Verhinderung der Verjährung abgeraten. Hierin sieht der Kläger ein Verschulden des Beklagten F., für das beide Beklagte haftbar seien. Das Revisionsgericht hat ein Verschulden des Beklagten F. angenommen und, in Übereinstimmung mit den Vorinstanzen, die Haftung des Beklagten C. als Gesamtschuldner neben dem F. für dessen Verschulden bejaht.

Aus den Gründen:

... „In demselben Umfange wie der Beklagte F. haftet dem Kläger aber auch der Beklagte C.

... Die Entscheidung hängt von der Beantwortung der Frage ab, ob zwei Rechtsanwälte, die sich zur gemeinschaftlichen Ausübung des Anwaltsberufs verbunden haben und bei demselben Gerichte zugelassen sind, als Gesamtschuldner für den Schaden haften, der durch fahrlässig falsche Ratserteilung oder sonstiges Verschulden des einen von ihnen der Partei erwachsen ist, der gegenüber sie sich beide zur Wahrnehmung ihrer Rechte verpflichtet haben. Wenn nämlich auch nur der Beklagte F. die hier fragliche Rechtssache des Klägers bearbeitet und diesen beraten hat, so hat doch nach dem unstreitigen Sachverhalte der Kläger beiden Beklagten die Durchführung seiner Rechte übertragen, und beide hatten den Auftrag angenommen. Für diesen Fall bejaht aber der Vorderrichter im Anschluß an Josef, Jur. Wochenschr. 1912 S. 511 (ebenso Friedländer, Kommentar zur Rechtsanwaltsordnung S. 171) die obige Frage mit Recht.

Die Regel des § 425 Abs. 2 BGB., nach der ein Gesamtschuldner nicht für Verschulden des anderen haftet, gilt nur, „soweit sich nicht aus dem Schuldverhältnis ein anderes ergibt"; sie findet daher keine Anwendung, wenn der eine Gesamtschuldner für das Verschulden des anderen dem Vertragsgegner gegenüber ausdrücklich oder auch nur stillschweigend die Haftung übernommen hat. Eine solche stillschweigende Haftungsübernahme ist aber nach Treu und Glauben mit Rücksicht auf die Verkehrssitte in dem gekennzeichneten Falle anzunehmen. Wenn auch die verbundenen Anwälte die ihnen übertragenen Sachen nicht gemeinsam bearbeiten, sondern ein jeder selbständig diejenigen Geschäfte erledigt, welche ihm nach der zwischen ihnen vereinbarten Geschäftsverteilung zufallen, und höchstens bei besonders wichtigen oder schwierigen Fragen die Ansicht des anderen einholt, so ist doch der Zweck der Verbindung ein gemeinsames Wirken beider zwecks Erzielung gemeinschaftlichen Erwerbes. Beiden Anwälten kommt nach näherer Bestimmung der zwischen ihnen getroffenen Veinbarung die Vergütung für die Tätigkeit des einzelnen zugute; werden wie hier beide mit dem Berufsgeschäfte betraut, so haben sie auch gemeinsam Anspruch auf die Vergütung, die im gegebenen Falle in dem Gebühren-Vorprozeß auch von ihnen beiden eingeklagt worden ist. Diesen Vorteilen und Rechten der verbundenen Anwälte müssen bei Berücksichtigung der Würde des Anwaltstandes auch ihre Pflichten entsprechen; wie jeder aus der Tätigkeit des anderen Vorteil zieht, muß er auch ebenso wie der tätige selbst der Partei haften. Mit der Standesehre der Anwälte ist eine Ablehnung der Verantwortung für die Tätigkeit des anderen nicht vereinbar, zumal die Verteilung der Geschäfte unter die verbundenen Anwälte lediglich deren innere Angelegenheit ist und die Partei häufig keine Kenntnis davon hat, welcher Anwalt ihre Sache bearbeitet oder hätte bearbeiten müssen. Könnte sie nur diesen belangen, so würde sie Gefahr laufen, zunächst einen Rechtsstreit zu verlieren, wenn sie sich über die Person des Bearbeiters ihrer Angelegenheit geirrt haben sollte. Alles dieses rechtfertigt den Schluß, daß die zur gemeinsamen Berufsausübung verbundenen, bei demselben Gerichte zugelassenen Anwälte sich durch gemeinsame Übernahme der Vertretung einer Partei nicht nur zur Ausführung des Auftrags durch einen von ihnen verpflichten, sondern damit auch die Haftung als Gesamtschuldner für die ordnungsmäßige Ausführung des Auftrags, für den der Partei durch Verschulden des einen von ihnen erwachsenen Schaden übernehmen." . . .

---

65. Ist bei mündlicher Erklärung des letzten Willens nach § 2238 BGB. der Gebrauch einer fremden Sprache auch ohne Zuziehung eines Dolmetschers zulässig?

BGB. § 2238.
GVG. § 186.

IV. Zivilsenat. Urt. v. 8. Oktober 1914 i. S. Sz. (Bekl.) w. K. (Kl.). Rep. IV. 137/14.

I. Landgericht Ostrowo.
II. Oberlandesgericht Posen.

Der am 5. Dezember 1912 in K. verstorbene Wirt Sz. hat ein Testament hinterlassen, das am 29. November gleichen Jahres als Nottestament in den Formen der §§ 2249, 2238 BGB. vor dem als Urkundsperson amtlich bestellten Lehrer Sm. errichtet worden war. Der Kläger verlangt die Feststellung, daß das Testament wegen Formmangels nichtig sei. Die Beklagte hat dem Lehrer Sm. den Streit verkündet und dieser ist ihr beigetreten. Das Landgericht hat der Klage stattgegeben, das Oberlandesgericht hat die vom Nebenintervenienten ergriffene Berufung zurückgewiesen. Auf die von letzterem eingelegte Revision hat das Reichsgericht die Klage abgewiesen aus folgenden

Gründen:

„Das streitige Testament ist doppelt, und zwar nebeneinander in deutscher und polnischer Sprache, niedergeschrieben worden. Was den polnischen Teil der Urkunde anlangt, so steht außer Streit, daß er kein gültiges Testament darstellt, weil darin die im § 2245 Abs. 2 BGB. vorgeschriebene Erklärung des Erblassers fehlt, daß er der deutschen Sprache nicht mächtig sei. Dagegen wird vom Nebenintervenienten geltend gemacht, daß der deutsche Teil der Urkunde für sich allein den für ein Testament dieser Art geltenden Anforderungen genüge und deshalb eine gültige letztwillige Verfügung darstelle. Das Berufungsgericht nimmt in dieser Hinsicht an, der Erblasser habe die deutsche Sprache ausreichend beherrscht, so daß die Aufnahme eines deutschen Testaments nicht außer dem Bereiche der Möglichkeit gelegen habe; es nimmt ferner an, daß auch der deutsche Teil der Urkunde vorgelesen worden sei, und endlich, daß die Unterschriften, die sich auf der Seite des polnischen Textes befinden, nach dem Willen der Beteiligten sich auch auf den deutschen Text beziehen sollten. Es spricht dem deutschen Testamente nur deshalb die Gültigkeit ab, weil der Erblasser der Urkundsperson gegenüber seinen Willen nicht in deutscher, sondern in polnischer Sprache zum Ausdruck gebracht habe. Es erachtet dadurch den § 2238 BGB. als verletzt, indem dieser zwar nicht ausdrücklich vorschreibe, daß die Erklärung des letzten Willens in deutscher Sprache erfolgen müsse, aber das als selbstverständlich voraussetze. Denn wenn der Erblasser seinen letzten Willen in einer fremden Sprache erkläre, so gebe er dadurch zugleich die Erklärung ab, daß er der deutschen Sprache nicht mächtig sei; alsdann müsse die Urkundsperson nach §§ 2244, 2245 BGB. verfahren.

Dieser Rechtsanschauung kann nicht beigetreten werden. Zunächst muß die Schlußfolgerung abgelehnt werden, daß im Gebrauch einer fremden Sprache stets die Erklärung enthalten sei, der deutschen Sprache nicht mächtig zu sein; sie ist willkürlich und findet im Gesetze keinen Anhalt. Die §§ 2244 flg. BGB., die die Erklärung des Verfügenden voraussetzen, daß er der deutschen Sprache nicht mächtig sei, sind deshalb nicht anwendbar.

Es ist aber auch nicht richtig, daß aus § 2238 BGB. eine zwingende Anordnung über den Gebrauch der deutschen Sprache zu entnehmen sei. Wohl ist davon auszugehen, daß entsprechend der allgemeinen Vorschrift des § 186 GVG. der Gebrauch der deutschen Sprache die Regel zu bilden hat. Aber gerade bei § 2238 BGB. kommt in Betracht, daß er keinerlei besondere Vorschrift darüber enthält, in welcher Weise die mündliche Erklärung des letztwillig Verfügenden zu erfolgen habe. Aus dieser unbestimmten Fassung des § 2238 hat die Rechtsprechung des Reichsgerichts die Anschauung entnommen, daß das Gesetz für die Art und Weise des Zustandekommens der mündlichen Erklärung einen ziemlich weiten Spielraum lassen wolle (RGZ. Bd. 63 S. 87, Gruchot Bd. 50 S. 119, 1010). Dies kann unbedenklich auch auf die bei Abgabe der Erklärung zu gebrauchende Sprache ausgedehnt werden. Gegen die Stellung zu strenger Anforderungen hinsichtlich des Gebrauchs der deutschen Sprache sprechen die Bedürfnisse des Lebens, zumal in gemischtsprachigen Bezirken. Es wird hier häufig sehr nahe liegen und kaum zu vermeiden sein, daß eine Person, die so viel deutsch versteht, daß sie die Erklärung, der deutschen Sprache nicht mächtig zu sein, mit gutem Gewissen nicht abgeben kann und will (§ 2244), die aber anderseits doch Schwierigkeiten hat, sich bei der Darlegung sonst ungewohnter, dem Rechtsgebiet angehöriger Begriffe vollkommen klar und verständlich deutsch auszudrücken, sich der ihr geläufigeren fremden Sprache zur Erläuterung ihres Willens bedient. Dies für unzulässig zu erachten, sofern alle bei der Beurkundung mitwirkenden Personen sowohl die fremde wie die deutsche Sprache beherrschen, liegt nicht im Sinne des Gesetzes. Dem erwähnten Bedürfnis wollen in gewissem Umfang auch diejenigen Rechnung tragen, die im § 186 GVG. eine auch hier eingreifende zwingende Vorschrift sehen (vgl. Planck, Bürgerliches Gesetzbuch, Kommentar zu § 2238 Nr. 2 Abs. 2,

Strohal, Erbrecht Bd. 1 § 21 III, mit S. 22 oben der ersten Auflage). Läßt man aber überhaupt einmal das Verhandeln in fremder Sprache zu, dann kann es für die Frage der formellen Gültigkeit der letztwilligen Verfügung keinen wesentlichen Unterschied machen, wenn sich der Erklärende überwiegend oder auch ausschließlich der Urkundsperson gegenüber in der fremden Sprache ausspricht. In solchen Fällen stets noch eine Wiederholung des vom Erblasser Erklärten in deutscher Sprache zu verlangen, bevor das Protokoll in deutscher Sprache vorgelesen wird, würde einen zwecklosen Formalismus bedeuten, der im Gesetze keine Grundlage findet.

Es kann nämlich nicht zugegeben werden, daß im § 186 GVG. in Verbindung mit § 8 FrGG. ein jede Ausnahme ausschließender Grundsatz für alle gerichtlichen und diesen entsprechenden sonstigen amtlichen Verhandlungen aufgestellt worden sei. Denn schon im Gerichtsverfassungsgesetze selbst ist die Möglichkeit des Verhandelns in fremder Sprache in gewissem Umfange vorgesehen (§ 187 Abs. 1 und 2, § 189 Abs. 2 des Gesetzes). Für das Gebiet der freiwilligen Gerichtsbarkeit ist die Frage in den §§ 8 und 9 des bezeichneten Gesetzes entsprechend geregelt. Für das Sondergebiet der Testamentserrichtung ergibt sich ein gleiches daraus, daß § 2238 BGB. keine Vorschrift über die zu gebrauchende Sprache enthält, während der mit ihm in unmittelbarem Zusammenhange stehende § 2240 bestimmt:

„Über die Errichtung des Testaments muß ein Protokoll in deutscher Sprache aufgenommen werden."

Dieser in die Augen springende Gegensatz weist deutlich darauf hin, daß für die mündliche Erklärung der Gebrauch einer fremden Sprache nicht ausgeschlossen sein soll.

Es läßt sich auch nicht etwa sagen, daß es unstatthaft sein müsse, über eine in fremder Sprache geführte Verhandlung ein Protokoll in deutscher Sprache aufzunehmen; denn dies wird in § 187 Abs. 2 GVG. ausdrücklich zugelassen." . . .

---

66. 1. Schafft ein Urteil, durch das ein Beschluß der Gesellschafterversammlung einer Gesellschaft m. b. H. auf Klage eines Gesellschafters für nichtig erklärt wird, nur zwischen den Parteien Rechts-

kraft, oder wirkt es auch für und gegen die Gesellschafter, die nicht Parteien sind?

2. Welche Wirkungen entstehen, wenn die Erhöhung des Stammkapitals einer Gesellschaft m. b. H. beschlossen und in das Handelsregister eingetragen, später aber der Beschluß auf Klage eines Gesellschafters für nichtig erklärt wird?

Gesetz, betr. die Gesellschaften mit beschränkter Haftung vom 20. Mai 1898 (RGBl. S. 846), insbesondere § 77 Abs. 3.

II. Zivilsenat. Urt. v. 9. Oktober 1914 i. S. Frau R. (Kl.) w. A. u. Gen. (Bekl.). Rep. II. 223/14.

I. Landgericht I Berlin.
II. Kammergericht daselbst.

Nachdem die Sache durch das Urteil RGZ. Bd. 82 S. 116 in die Vorinstanz zurückverwiesen war, bestritten die Beklagten, Gesellschafter geworden zu sein. Sie stützten sich auf die Tatsache, daß der Kapitalerhöhungsbeschluß vom 20. Februar 1906, auf Grund dessen sie ihre Stammeinlagen übernommen hatten, auf Anfechtungsklage des Gesellschafters K. für nichtig erklärt war. Diese Entscheidung, behaupteten sie, wirke für und gegen jedermann. Dem Umstande, daß vorher die Eintragung des Beschlusses in das Handelsregister stattgefunden habe, komme Bedeutung nicht zu.

Das Kammergericht, das sich diesen Ausführungen anschloß, erkannte wiederum auf Abweisung der Klage. Die Revision führte von neuem zur Aufhebung und Zurückverweisung aus folgenden

Gründen:

... „Festgestelltermaßen ist der Beschluß der Generalversammlung von 1906, betreffend die Kapitalerhöhung, an der die Beklagten sich beteiligt haben, auf die gegen die Gesellschaft gerichtete Klage des Gesellschafters K. durch rechtskräftiges Urteil für nichtig erklärt worden. Dieses Urteil wirkt nicht nur zwischen den Parteien, also zwischen K. und der Gesellschaft, sondern auch zwischen ihr und allen anderen Gesellschaftern. Zwar wird dies für die Gesellschaft m. b. H. nicht, wie im § 273 HGB. für die Aktiengesellschaft, ausdrücklich im Gesetze bestimmt; das Klagerecht der Gesellschafter gegen Beschlüsse der Gesellschaftsorgane wird im GmbHG. überhaupt nicht geregelt.

Es ist aber den Mitgliedern rechtsfähiger Personenvereine und Gesellschaften die Anfechtungsklage gegen gesetz- oder statutenwidrige Beschlüsse der Vereinsorgane in der Rechtsprechung stets zugestanden worden. Sie ist z. B. den Aktionären gegenüber der Aktiengesellschaft zugestanden, bevor sie durch die Aktienrechtsnovelle von 1884 gesetzlich geordnet war. Schon das Reichsoberhandelsgericht hat in seinem Urteile von 1877 Bd. 23 Nr. 91 ausgesprochen: „Das Recht des Aktionärs, um der Gesellschaft und seiner Mitgliedschaft willen zu verlangen, daß der Gesellschaftswille sich entsprechend den Gesetzen und statutarischen Bestimmungen betätige ... dieses Recht des Einzelaktionärs, gemeinhin gegenüber geschehenen gesetz- oder statutenwidrigen Beschlüssen Anfechtungsrecht genannt, kann im Prinzip als bestehend anerkannt werden." In gleicher Weise ist auch das Recht der Gesellschafter einer Gesellschaft m. b. H., gesetz- oder statutenwidrige Beschlüsse durch eine gegen die Gesellschaft gerichtete Klage anzufechten, in der Rechtsprechung stets anerkannt worden, solange diese Gesellschaftsform besteht. Es bedarf daher keiner weiteren Begründung. Ist aber eine solche Klage gegeben, so muß nach ihrem Inhalt und Zweck das zu erstreitende Urteil auch die Wirkung haben, die angefochtenen Beschlüsse in bezug auf das innere Gesellschaftsverhältnis gänzlich zu beseitigen. Jeder Gesellschafter hat ein Recht darauf, daß der Wille der Gesellschaft gemäß den gesetzlichen und statutarischen Vorschriften betätigt wird. Zur Verwirklichung dieses Rechtes ist ihm die Anfechtungsklage gegeben. Es würde aber nicht verwirklicht, wenn durch ein die Nichtigkeit aussprechendes Urteil die angefochtenen Beschlüsse nur gegenüber dem klagenden, nicht gegenüber den übrigen Gesellschaftern ihre Kraft verlören. Zudem würde eine auf die Parteien beschränkte Wirkung des Nichtigkeitsurteils in der Mehrzahl der Fälle zu unlösbarem Wirrsal führen, wie z. B. in dem streitigen Falle ein nicht zu schlichtender Widerstreit entstände, wenn die beschlossene Kapitalerhöhung dem Gesellschafter K. gegenüber unwirksam wäre, gegenüber den übrigen Gesellschaftern aber zu Recht bestände.

Endlich beweisen auch die inhaltlich übereinstimmenden Vorschriften des § 273 HGB. und § 51 des Genossenschaftsgesetzes, daß die Gesetzgebung es für das Vernünftige und Natürliche hält, einem Urteile, das einen Beschluß der Gesellschaftsorgane auf Grund der Klage eines Mitglieds für nichtig erklärt, Wirkung zwischen der Gesellschaft und allen Mitgliedern beizulegen. Das gleiche muß daher auch für die Gesellschaft m. b. H. gelten.

Da nun im vorliegenden Prozeß eine auf das Gesellschaftsverhältnis begründete Forderung der B.-W. Hartsteinwerke gegen deren Gesellschafter kraft der geschehenen Pfändung und Überweisung von der Klägerin geltend gemacht wird, so wirkt das auf die Klage des K. ergangene rechtskräftige Urteil auch für das zwischen den Parteien streitige Schuldverhältnis. Es steht also auch für diesen Prozeß fest, daß die Kapitalerhöhung, an der die Beklagten beteiligt sind, nichtig ist.

Danach sind die Beklagten nicht rechtswirksam Gesellschafter geworden, und die Entscheidung des Kammergerichts wäre nicht zu beanstanden, wenn keine weiteren erheblichen Umstände hinzukämen. Der nichtige Beschluß der Kapitalerhöhung ist aber ausgeführt, indem die neuen Geschäftsanteile von den Beklagten und anderen Personen übernommen sind, auch ist die vollzogene Kapitalerhöhung in das Handelsregister eingetragen und öffentlich bekannt gemacht. Mit Unrecht spricht das Kammergericht diesen Vorgängen die Wirkung deswegen ab, weil der Eintragung eine allgemein heilende Wirkung nicht zukomme. Das ist an sich richtig, aber das Gesetz spricht auch ebensowenig denjenigen Rechtshandlungen jede Wirkung ab, die auf Grund eines gesetz- oder statutenwidrigen Beschlusses vor seiner Vernichtung vorgenommen wurden. Wie für das Aktienrecht, so läßt sich auch für das Recht der Gesellschaft m. b. H. keine allgemeine Regel darüber aufstellen, welche Wirkung die Ungültigkeitserklärung eines solchen Beschlusses auf die ihm zufolge schon zur Ausführung gebrachten Rechtshandlungen hat, und ob sie deren Ungültigkeit ohne weiteres nach sich zieht. Die Entscheidung ist nur im Einzelfalle gemäß den in Betracht kommenden Verhältnissen zu finden.

Die Gesellschaft m. b. H. erlangt rechtlichen Bestand durch die Eintragung der Gründung ins Handelsregister. Die Erhöhung des Stammkapitals ist ein nach Inhalt und Wesen der Gründung ähnlicher Vorgang; denn durch sie wird der durch die Gründung und Eintragung geschaffene rechtliche Bestand der Gesellschaft erweitert. Die Erweiterung ist auch mit ähnlichen Sicherheiten umgeben, wie die

Gründung und erlangt nach § 54 Abs. 3 ebenso wie diese erst durch die Eintragung in das Handelsregister rechtliche Wirkung. Es ist daher berechtigt, die für die Gründung gegebenen Vorschriften da, wo das Gesetz Lücken zeigt, auf die Erhöhung des Kapitals entsprechend anzuwenden.

Nun bestimmt das Gesetz im § 77 Abs. 3 für den Fall der Nichtigkeit der Gründung einer Gesellschaft m. b. H., daß die Gesellschafter die versprochenen Einzahlungen dennoch zu leisten haben, soweit es zur Erfüllung der eingegangenen Verbindlichkeiten erforderlich ist. Der innere Grund der Vorschrift ist offenbar das Interesse der Gläubiger. Sie können sich auf die Eintragungen des Handelsregisters verlassen und dürfen im Vertrauen auf diese nicht deswegen getäuscht werden, weil wesentliche Bestimmungen des Gesellschaftsvertrages fehlen oder nichtig sind. Dieser Grund besteht auch im Falle einer Kapitalerhöhung. Die Sicherheit der Gläubiger wäre arg gefährdet, wenn sie sich auf den Bestand einer in das Handelsregister eingetragenen Kapitalerhöhung nicht verlassen könnten, sondern dem ausgesetzt wären, daß eine solche auf Grund eines nach beliebiger Frist erwirkten Nichtigkeitsurteils gänzlich fortfiele, und die neu hinzugetretenen Gesellschafter auch den Gläubigern gegenüber von der übernommenen Haftung frei würden. Deswegen entspricht es dem Sinne des Gesetzes und ist durch das Interesse der Verkehrssicherheit geboten, die Vorschrift des § 77 Abs. 3 auf den Fall einer nichtigen, aber in das Handelsregister eingetragenen Kapitalerhöhung entsprechend anzuwenden. Die an dieser beteiligten neuen Gesellschafter müssen also die ihnen obliegenden Einzahlungen insoweit leisten, als es zur Erfüllung der eingegangenen Verbindlichkeiten erforderlich ist. Dabei sind selbstverständlich die nach Eintragung der Nichtigkeit in das Handelsregister begründeten Verbindlichkeiten nicht in Rechnung zu stellen.

Die Verbindlichkeit der Beklagten ist also durch die Nichtigkeit der Kapitalerhöhung nicht aufgehoben, sofern ihre Zahlungen zur Tilgung der Schulden der Hartsteinwerke erforderlich sind. Dies ist wahrscheinlich, bedarf aber noch der Feststellung." ...

67. Erwirbt der Ersteher durch den Zuschlag auch an solchen Grundstücksflächen das Eigentum, die irrtümlich auf dem Grundbuchblatte des Schuldners, gleichzeitig aber auf dem Grundbuchblatte des wahren Eigentümers verzeichnet sind, wenn in der Terminsbestimmung ohne Erwähnung der doppelten Eintragung das Grundstück nur nach dem Grundbuchblatte des Schuldners bezeichnet ist?

Zwangsversteigerungsgesetz §§ 37, 38, 90.

V. Zivilsenat. Urt. v. 10. Oktober 1914 i. S. B. u. Gen. (Kl.) w. Sch. (Bekl.). Rep. V. 156/14.

I. Landgericht III Berlin.
II. Kammergericht daselbst.

Der Beklagte war im Grundbuche von St. Bd. 18 Bl. Nr. 25 als Eigentümer eines Grundstücks eingetragen, das aus 33 Katasterparzellen, darunter Nr. 103/44 und Nr. 104/44 bestand. Von diesem Grundstücke ließ er die beiden bezeichneten Parzellen und fünf weitere am 4. November 1908 an Frau T. auf. Diese 7 Parzellen wurden unter Eintragung des Eigentums der Frau T. nach St. Bd. 37 Bl. Nr. 273 übertragen. Am 19. Januar 1910 veräußerte der Beklagte sein Restgrundstück an F. Demnächst wurden auf Grund eines Katasterauszugs vom 11. März 1910, der die bereits abgeschriebenen Parzellen Nr. 103/44 usw. und Nr. 104/44 usw. noch als Bestandteile des Grundstücks St. Bd. 18 Bl. 25 aufführte, auf dieses Grundbuchblatt die beiden abgeschriebenen Parzellen mit anderen Parzellen irrtümlich vom Grundbuchamt als Bestandteile des Grundstücks eingetragen. Infolgedessen waren die bezeichneten beiden Parzellen sowohl auf St. Bd. 37 Bl. Nr. 273 als auch auf St. Bd. 18 Bl. Nr. 25 als Grundstücksbestandteile vermerkt. Im März 1912 wurde die Zwangsversteigerung des Grundstücks des F., St. Bd. 18 Bl. Nr. 25, angeordnet. Die Terminsbestimmung enthielt folgende Grundstücksbezeichnung: „Das Grundstück St. Bd. 18 Bl. Nr. 25 mit einer Gesamtgröße von 3 ha 61 a 16 qm, Kartenblatt 15 Parzellennummern 103/44, 104/44 (folgen 25 weitere Parzellennummern), ist unter Art. 850 der Grundsteuermutterrolle von St. verzeichnet." Am 30. Mai 1912 wurde das Grundstück mit der Bezeichnung „St. Bd. 18 Bl. Nr. 25" den Klägern zugeschlagen.

Am 14. Januar 1913 kam auf Antrag des Beklagten auch das Grundstück der Frau T., St. Bd. 37 Bl. Nr. 273 zur Zwangsversteigerung. Auf Antrag der Kläger wurde aber die Zwangsvollstreckung in die Parzellen Nr. 103/44 und 104/44 vom Vollstreckungsgericht einstweilen eingestellt. Die Kläger erhoben sodann Klage mit dem Antrage, die Zwangsversteigerung der Parzellen Nr. 103/44 und 104/44 für unzulässig zu erklären. Sie machten geltend, durch den Zuschlagsbeschluß vom 30. Mai 1912 hätten sie das Eigentum an den beiden Parzellen erworben.

Der erste Richter wies die Klage ab. Die Berufung der Kläger hatte keinen Erfolg. Auch ihre Revision wurde zurückgewiesen aus folgenden

Gründen:

... „Der Berufungsrichter führt aus: an sich erwerbe der Ersteher durch den Zuschlag das Eigentum an dem zur Zwangsversteigerung gestellten Grundstück in dem Umfange, in dem das Grundstück tatsächlich und rechtlich zur Zwangsversteigerung gestanden habe, also so, wie es in der Terminsbestimmung und in dem aus dieser nötigenfalls zu ergänzenden Zuschlagsbeschlusse bezeichnet sei, ohne daß es dabei auf die Willensmeinung irgend eines Beteiligten ankomme; er erwerbe es in diesem Umfang auch, wenn das Eigentum nicht dem Schuldner, sondern einem Dritten zugestanden habe, gleichviel ob der Ersteher in gutem Glauben über das Eigentum des Schuldners gewesen sei oder ob er gewußt habe, daß das Grundstück einem Dritten gehörte. Jedoch nimmt der Berufungsrichter anderseits an, ein Rechtsverlust dritter, an dem Grundstücke berechtigter Personen trete nur dann ein, wenn die Terminsbestimmung bezüglich des Grundstücks alle Angaben enthalte, welche etwaige Berechtigte in den Stand setzen könnten, ihr Recht in dem Zwangsversteigerungsverfahren gehörig zu verfolgen. Im vorliegenden Falle erachtet der Berufungsrichter den Inhalt der in Rede stehenden Terminsbestimmung hinsichtlich der streitigen beiden Parzellen als diesen Anforderungen nicht entsprechend: die Parzellen seien zwar mit anderen Katasterparzellen als Bestandteile des zur Zwangsversteigerung gestellten Grundstücks St. Bd. 18 Bl. Nr. 25 in der Terminsbestimmung aufgeführt gewesen. Aber, da die Parzellen vom Grundbuchblatte St. Bd. 18 Bl. Nr. 25 auf das Grundbuchblatt St. Bd. 37

Bl. Nr. 273 übertragen, von Frau T. auf Grund der ihr vom Beklagten erteilten Auflassung und der Eintragung auf das zuletzt genannte Grundbuchblatt zum Eigentum erworben und nur aus Versehen auch noch auf dem Grundbuchblatte Bd. 18 Bl. Nr. 25 als Grundstücksbestandteile vermerkt gewesen seien, könne jene Bezeichnung in der Terminsbestimmung nicht als ausreichend angesehen werden; vielmehr müsse bei einer solchen Sachlage verlangt werden, daß die Terminsbestimmung auch die Bezeichnung des Grundbuchblatts enthalte, auf dem der wahre Eigentümer eingetragen sei, weil nur dann dieser in der Lage sei, seine Rechte zu wahren. Deshalb verneint der Berufungsrichter, daß durch den Zuschlag vom 30. Mai 1912 das Eigentum an den beiden Parzellen der Frau T. verloren gegangen und von den Klägern erworben sei.

Dieser Rechtsauffassung ist beizutreten. Damit, daß das Eigentum an dem zur Zwangsversteigerung gestellten Grundstücke gemäß § 90 ZwVG. durch den Zuschlag auf den Ersteher übergeht, gleichviel ob das Grundstück dem Vollstreckungsschuldner oder einem Dritten gehört hat, ist notwendig das Erlöschen etwaiger Rechte Dritter an dem Grundstücke verbunden. Dieses Erlöschen, insbesondere die Vernichtung des etwaigen Eigentums eines Dritten, ist die Verwirklichung des bei der Bekanntmachung des Versteigerungstermins gemäß § 37 Nr. 5 ZwVG. anzudrohenden Rechtsnachteils. Deshalb ist der Eintritt des Rechtsverlustes nur dann gerechtfertigt, wenn dem Dritten durch die Bekanntmachung Gelegenheit und Veranlassung gegeben ist, sich gegen den Rechtsverlust durch die im § 37 Nr. 5 ZwVG. bezeichneten Maßnahmen zu schützen. Dies setzt aber voraus, daß der Gegenstand der Zwangsversteigerung in der Bekanntmachung des Versteigerungstermins so deutlich und genau bezeichnet war, daß Dritte und insbesondere derjenige Dritte, gegen den die Androhung verwirklicht werden soll, die Beziehung der Bezeichnung auf das ihm gehörige und in seinem Besitze befindliche Grundstück erkennen konnte (RGZ. Bd. 57 S. 203; Gruchots Beitr. Bd. 54 S. 401). Dem entspricht es auch, daß die Terminsbestimmung nach § 37 Nr. 1 ZwVG. die Bezeichnung des Grundstücks enthalten muß und nach § 38 ZwVG. die Bezeichnung des eingetragenen Eigentümers sowie die Angabe des Grundbuchblatts und der Größe des Grundstücks enthalten soll, und daß ferner durch § 6 EinfG. z.

ZwVG. die Landesjustizverwaltungen ermächtigt sind, auch noch die Aufnahme anderer Angaben über das Grundstück vorzuschreiben, was für Preußen durch die Allg. Verfügung vom 7. Dezember 1899 (JMinBl. 1899 S. 790) geschehen ist. Wenn die Bekanntmachung das vorbezeichnete Erfordernis nicht erfüllt, geht das Eigentum des Dritten an dem Grundstücke nicht unter und erwirbt deshalb auch der Ersteher nicht das Eigentum (RGZ. Bd. 11 S. 277, Bd. 57 S. 203; Gruchots Beitr. Bd. 54 S. 401).

Im gegebenen Falle enthielt die Terminsbestimmung die Angabe des Grundbuchblatts und der Größe des Grundstücks, außerdem auch noch die Angabe der nach dem Grundbuchblatte den Bestand des Grundstücks bildenden Katasterparzellen, darunter der streitigen Parzellen Nr. 103/44 und Nr. 104/44. Diese Angaben würden hinsichtlich beider Parzellen, da diese sowohl nach dem Grundbuch als auch nach dem Kataster bezeichnet waren, den an den Inhalt der Bekanntmachung in der Terminsbestimmung zu stellenden Anforderungen genügen, wenn die beiden Parzellen nur auf dem einen Grundbuchblatt als Grundstücksbestandteile vermerkt gewesen wären. Da sie aber nicht nur auf dem Grundbuchblatt über das Grundstück des Vollstreckungsschuldners F., St. Bd. 18 Bl. Nr. 25, sondern auch auf dem Grundbuchblatt über das Grundstück der Frau T., St. Bd. 37 Bl. Nr. 273, gebucht waren, entbehrte die Bekanntmachung in der Terminsbestimmung insofern der Vollständigkeit, als nur angegeben war, daß die beiden Parzellen auf dem ersteren Grundbuchblatte, nicht auch, daß sie auf dem letzteren Grundbuchblatt ebenfalls als Grundstücksbestandteile eingetragen standen. Diese Unvollständigkeit war hinsichtlich der Frage, ob Frau T., welche die wahre Eigentümerin der beiden Parzellen zufolge der ihr vom Beklagten auf Grund des Kaufvertrages vom 4. November 1908 erteilten Auflassung war, ihres Eigentums an den beiden Parzellen verlustig gegangen ist und die Kläger durch den Zuschlag das Eigentum auch an diesen Parzellen erworben haben, von entscheidender Bedeutung. Zwar waren die beiden Parzellen in der Terminsbestimmung nach dem Kataster bezeichnet. Da jedoch die Parzellen nach dem Grundbuchblatt über das Grundstück der Frau T. zu diesem Grundstücke gehörten, war gegenüber Frau T. die Bezeichnung nach dem Grundbuchblatt allein maßgebend. Diese Bezeichnung enthielt aber nur die Angabe des Grundbuchblatts über ein anderes Grundstück. Weder war das Grundbuchblatt über das ihr gehörige, die beiden Parzellen umfassende Grundstück für sich allein angegeben, noch war vermerkt, daß die mit zur Zwangsversteigerung gestellten Parzellen nicht nur auf dem Grundbuchblatt über das Grundstück des F., sondern auch auf dem Grundbuchblatt über das Grundstück der Frau T. als Grundstücksbestandteile gebucht seien. Daher konnte die in der Terminsbestimmung enthaltene Aufforderung zur Geltendmachung von Rechten an dem zur Zwangsversteigerung gestellten Grundstück hinsichtlich der beiden streitigen Parzellen als wirksam gegen Frau T. gerichtet nicht gelten und ist deshalb das Eigentum an den Parzellen nicht durch den Zuschlag von Frau T. auf die Kläger übergegangen (vgl. RGZ. Bd. 11 S. 275 flg., Gruchots Beitr. Bd. 54 S. 402)."

---

68. Geht die Gefahr des Unterganges der verkauften Sache auch dann mit der körperlichen Übergabe auf den Käufer über, wenn sich der Verkäufer das Eigentum bis zur Zahlung des Kaufpreises vorbehalten hat?

BGB. §§ 446, 455.

II. Zivilsenat. Urt. v. 13. Oktober 1914 i. S. J. G. (Kl.) w. R., G. m. b. H. (Bekl.). Rep. II. 253/14.

I. Landgericht Bochum.
II. Oberlandesgericht Hamm.

Die Beklagte verkaufte dem Kläger am 1. August 1912 ihr Lichtspieltheater mit dem gesamten Inventar für den Preis von 26000 *M*. Die Übergabe der verkauften Sachen erfolgte sofort. Auf den Preis bezahlte der Kläger 5000 *M* bar, den Rest sollte er in monatlichen Raten, über die er Wechsel gab, mit je 1000 *M* abtragen. Bis zur völligen Berichtigung behielt sich die Beklagte das Eigentum an den verkauften Gegenständen vor. Nachdem der Kläger im ganzen 11000 *M* bezahlt hatte, gingen am 4. April 1913 das Theater und alle verkauften Gegenstände durch Brand unter.

Der Kläger behauptete, daß die Beklagte als Eigentümerin des verkauften Theaters die Gefahr getragen habe und den Vertrag nicht mehr erfüllen könne. Er forderte daher Rückgabe der bezahlten 11000 M nebst 5 % Zinsen vom Klagetage und der über den 15000 M betragenden Rest des Kaufpreises von ihm ausgestellten Wechsel.

Das Landgericht wies die Klage ab, ebenso das Oberlandesgericht. Die Revision hatte keinen Erfolg.

Gründe:

„Es handelt sich um einen Kaufvertrag. Die verkauften Sachen sind beim Abschlusse des Vertrages gegen Leistung einer Anzahlung dem Käufer übergeben worden. Die Verkäuferin hat sich das Eigentum bis zur völligen Abtragung des Preises vorbehalten. Gemäß § 455 BGB. ist also anzunehmen, daß durch die körperliche Übergabe das Eigentum unter der aufschiebenden Bedingung vollständiger Zahlung des Kaufpreises übertragen ist. Irgend ein Grund, der gegen die Rechtsvermutung des § 455 spräche, liegt im Streitfalle nicht vor. Es fragt sich, ob diese zum Zwecke aufschiebend bedingter Übereignung geschehene Übergabe als eine Übergabe im Sinne des § 446 BGB. zu erachten ist, und ob demgemäß die Gefahr des zufälligen Unterganges der verkauften Sachen durch sie von der Verkäuferin auf den Käufer übergegangen ist.

Der Senat hat diese in der Literatur bestrittene, vom Reichsgericht noch nicht entschiedene Frage bejaht.

Gemäß § 323 verliert allerdings der Kontrahent eines gegenseitigen Vertrages den Anspruch auf die Gegenleistung, wenn die ihm obliegende Leistung durch Zufall unmöglich wird. Der Verkäufer ist gemäß § 433 verpflichtet, dem Käufer die Sache zu übergeben und ihm das Eigentum zu verschaffen. Er hat also die ihm obliegende Leistung nicht vollendet, wenn er dem Käufer zwar die Sache übergeben, aber noch nicht übereignet hat. Er würde daher gemäß § 323, falls nicht eine andere Vorschrift des Gesetzes eingriffe, des Anspruchs auf den Kaufpreis verlustig gehen, wenn die Kaufsache nach der Übergabe, aber vor der Übereignung, durch Zufall unterginge. Eine solche Vorschrift ist aber der § 446, welcher bestimmt, daß schon mit der Übergabe allein die Gefahr des zufälligen Unterganges der verkauften Sache auf den Käufer übergehen soll.

Da das Gesetz die vom Verkäufer geschuldete Leistung in die Pflichten zur Übergabe der Sache und zur Verschaffung des Eigentums trennt, so ist es unzulässig, da, wo nur von Übergabe die Rede ist, die Verschaffung des Eigentums unter diesem Ausdrucke mitzubegreifen. Der § 446 ist also dahin auszulegen, daß durch die bloße Übergabe, gleichviel ob mit ihr die Übereignung verbunden ist oder nicht, die Gefahr des Unterganges der Sache auf den Käufer übertragen wird. Hierzu stimmt auch der § 447, nach dessen klarem Inhalt im Falle der Übersendung die Gefahr sogar schon dann übergeht, wenn der Käufer das Seinige getan hat, um die Übergabe zu vollziehen, also zweifellos vor dem Übergange des Eigentums.

Selbstverständlich kann unter „Übergabe der verkauften Sache" im Sinne des § 446 nur eine Übergabe verstanden werden, die zur Erfüllung des Kaufvertrages und nicht aus einer anderen Ursache geschieht. Das trifft aber im Streitfalle zu. Die Verkäuferin hat dem Käufer die verkauften Sachen zur Erfüllung ihrer Lieferpflicht übergeben.

Deswegen ist also durch die Übergabe die Gefahr des zufälligen Unterganges der verkauften Sachen gemäß § 446 BGB. auf den Käufer übergegangen, obwohl nach der zwischen den Parteien getroffenen Einigung das Eigentum erst nach voller Zahlung des Preises übergehen sollte.

Der Käufer, hier der Kläger, hat also die Folgen des nach der Übergabe geschehenen Unterganges der Kaufsachen zu tragen und kann folglich weder die geleisteten Teilzahlungen, noch die über den Rest ausgestellten Wechsel zurückfordern." ...

---

69. Irrtum des Ausfallsbürgen über die Höhe des zu erwartenden Ausfalls. Ausschluß der Anfechtung nach § 119 BGB. bei Willenserklärungen, die auf zweifelhaften Schätzungen, Annahmen u. dgl. beruhen. Irrtum im Beweggrunde. Irrtum über den Erklärungsinhalt.

BGB. § 119 Abs. 1.

VI. Zivilsenat. Urt. v. 15. Oktober 1914 i. S. S. (Bekl.) w. M. Bank (Kl.). Rep. VI. 297/14.

I. Landgericht Bochum.
II. Oberlandesgericht Hamm.

Durch Bürgschaftsurkunde vom 26. Februar 1907 hat sich der Beklagte zugunsten des Bauunternehmers P. der Klägerin gegenüber für den Ausfall verbürgt, den die Klägerin wegen ihrer Forderung an P. erleiden würde. In der Folge von der Klägerin in Anspruch genommen, hat der Beklagte erklärt, daß er die Bürgschaftserklärung vom 26. Februar 1907 wegen Irrtums anfechte. Er will sich über die Höhe der Buchschuld des P. geirrt haben, da ihm vor der Übernahme der Bürgschaft bei der Klägerin versichert worden sei, daß dessen Konto nach Gutschrift einer aus dem Konkurse seines Schwiegervaters Wg. zu erwartenden Dividende nur mit 8000 *M*, d. h. mit etwa 18000 *M* weniger belastet sein werde, als jetzt von ihm auf Grund der Bürgschaft verlangt werde. Die Vorinstanzen haben diese Anfechtung nicht für begründet erachtet; hiergegen richtet sich die Revision, die zurückgewiesen wurde.

Aus den Gründen:

„Wie das Berufungsgericht einwandfrei feststellt, hat der Direktor der Klägerin, We., bei den der Bürgschaftsübernahme vorangegangenen Verhandlungen mit dem Beklagten, denen übrigens auch der Hauptschuldner P. anwohnte, dessen gesamtes Schuldverhältnis eingehend besprochen und berechnet. We. hat dem Beklagten u. a. mitgeteilt, daß für etwa 25000 *M* Wechselschulden die Mithaftung des Wg. bestehe, daß diese Summe in dessen Konkurs angemeldet sei und daß die Konkursdividende die Schuld des P. bei der Klägerin vermindern werde. Über deren voraussichtliche Höhe hatte We. bei dem Konkursverwalter B. eine Berechnung aufgestellt, seine Aufzeichnung aber hat er dem Beklagten gleichfalls vorgelegt und ist sie mit ihm durchgegangen. Danach stand einer Passivmasse von etwa 68000 *M* eine Aktivmasse von etwa 47500 *M* gegenüber, was eine Dividende von mindestens 70 % erwarten ließ. Der Beklagte hat hierzu dem Direktor We. erklärt, er mache sich seine Berechnung selbst; auch er habe mit B. gesprochen und gehört, daß 70 bis 80 % Dividende zu erwarten seien. Nach Abzug dieser voraussichtlichen Dividende ist We. dann zu dem Ergebnis gekommen, daß voraussichtlich ein Schuldsaldo P.'s von 8000 *M* übrig bleiben werde. Daß dieser Betrag nur als der der Hauptsumme ohne Zinsen und Kosten —

deren Höhe insbesondere von der Dauer des Konkurses Wg. wesentlich abhing — gemeint war, ist dem Beklagten nach Annahme des Berufungsgerichts klar gewesen. Danach wäre, wie das Berufungsgericht darlegt, jene Berechnung des Direktors We. richtig gewesen, wenn der Konkurs Wg. in der Tat, wie erwartet, 70 % Dividende gebracht hätte. Statt dessen ergaben sich nur etwa 20 %. In diesem einen Punkte war nach den Feststellungen des Berufungsgerichts die Rechnung falsch; nur auf diesem Irrtum beruhte das falsche Endergebnis. Die für die Revisionsinstanz allein entscheidende Frage ist, ob der Irrtum über die schließliche Höhe des Kontos P. zur wirksamen Anfechtung berechtigt. Das hat das Berufungsgericht mit zutreffender Begründung verneint.

1. Vor Prüfung der Anfechtbarkeit einer Willenserklärung ist zunächst deren Inhalt — gegebenenfalls durch Auslegung — klarzustellen. Die vorliegende Bürgschaftserklärung vom 26. Februar 1907 hat das Berufungsgericht ohne Rechtsirrtum dahin verstanden, daß der Bürge für den Ausfall, den die Klägerin bei dem Hauptschuldner erleiden werde, in voller Höhe aufkommen zu wollen erkläre.

Daß dieser spätere Ausfall bei der Bürgschaftsübernahme noch nicht der Höhe nach als feststehend angesehen werden konnte, ergaben die Umstände ohne weiteres. Schon hiernach konnte also ein Irrtum über die Haftungshöhe nur ein Irrtum über Faktoren sein, die die Beurteilung von Aussichten für die Zukunft zu bestimmen geeignet waren; jene Faktoren konnten teilweise schon zur Zeit der Bürgschaftserklärung gegeben sein, sie konnten aber auch der Zukunft angehören und insoweit noch ungewiß sein.

Der rechtsgeschäftliche Irrtum (§ 119 BGB.) besteht seinem Wesen nach darin, daß der Erklärende in falschen Vorstellungen befangen ist; dem steht gleich die auf dem völligen Fehlen der entscheidenden Vorstellungen beruhende Unwissenheit, wenn sie eine dem Irrenden unbewußte ist (RGZ. Bd. 62 S. 203 flg., 205; vgl. auch Bd. 77 S. 309 flg. und das daselbst Angeführte). Dagegen liegt kein Irrtum im Sinne des § 119 vor, wo Zweifel vorhanden ist: wer das Vorliegen einer Tatsache oder ihren Eintritt nur für wahrscheinlich oder möglich hält, kann nicht wegen des Nichtvorliegens oder wegen des Nichteintritts aus § 119 anfechten. Dies trifft insbesondere dann zu, wenn die Willenserklärung auf Grund von (nicht betrüglichen) Schätzungen, Annahmen, Mutmaßungen abgegeben wird. In solchem Falle liegt nur die Hoffnung vor, die zugrunde liegende Annahme werde sich bestätigen, dagegen kein Falschwissen auf Grund bestimmter irriger Vorstellungen. Wer in der gekennzeichneten Weise ein Geschäft vornimmt, übernimmt regelmäßig ein Risiko; das Geschäft ist seinem Inhalte nach ein gewagtes. Der Handelnde kann nicht in der Folge mit Erfolg versuchen, das übernommene Risiko im Wege der Anfechtung auf den Gegner überzuwälzen (vgl. u. a. das Urteil des Reichsgerichts in der Zeitschrift für Rechtspfl. 1910 S. 77; auch Rep. II. 440/05, Rep. I. 376/06).

Soweit nun der Irrtum des Beklagten bei Berechnung der voraussichtlichen Höhe seiner Ausfallshaftung sich lediglich auf ein der Zukunft angehörendes Moment, nämlich darauf bezog, wie hoch die Konkursdividende Wg. ausfallen werde, erhellt aus der Sachlage ohne weiteres, daß die Beurteilung dieser Aussicht Zweifel in sich schloß und übrig ließ. Gerade auf diesen Punkt konnte von allen Beteiligten nach den festgestellten Umständen nur im Sinne einer Schätzung eingegangen werden. Es war ein solcher, der von vornherein nach dem Geschäftsinhalt in einer auch dem Beklagten erkennbaren Weise zweifelhaft blieb; wie denn auch das Berufungsurteil auf Grund seiner Feststellungen zutreffend ausgeführt hat, daß der künftige Ausfall auf 8000 ℳ kalkuliert war auf Grund von Faktoren, die, auch dem Beklagten erkennbar und von ihm erkannt, ihrer Natur nach ungewiß und nicht mit Sicherheit übersehbar waren. Unter solchen Umständen lag mit Bezug auf den künftigen Ausfall des Konkurses Wg. ein zur Anfechtung geeigneter Irrtum überhaupt nicht vor.

2. Einen wenn auch unbeachtlichen Irrtum über bereits gegenwärtige tatsächliche Verhältnisse sieht dagegen das Berufungsurteil insofern als gegeben an, als man angenommen hat, es seien bei Wg. mehr Aktiva da. Es ist keine nähere tatsächliche Feststellung darüber vorhanden, ob weniger Aktiva als angenommen vorhanden waren oder ob die vorhandenen sich in der Folge nur weniger vorteilhaft verwerten ließen, als man erwartet hatte. Letzterenfalls träfen die bereits unter 1. gegebenen Darlegungen zu, da auch insoweit nur eine — erkennbar zweifelhafte — Schätzung in Frage käme. Erstenfalls dagegen läge in der Tat eine unrichtige Vorstellung von den

zur Zeit der Willenserklärung bestehenden tatsächlichen Verhältnissen vor. Daß dieser Irrtum an sich dem Bereich der Beweggründe zugehört, also Umstände betrifft, die vor der Willenserklärung liegen, erhellt ohne weiteres. Die für die Beurteilung der Anfechtbarkeit entscheidende Frage ist, ob dieser Irrtum nach der Sachlage zu einem Irrtum über den Erklärungsinhalt im Sinne des § 119 geworden ist. Das Berufungsgericht hat dies verneint, die Revision will es bejahen. Dem Berufungsgericht war auch in diesem Teile der Urteilsbegründung beizutreten. Grundsätzlich kann der Motivirrtum die Anfechtung nur begründen, wenn er den Inhalt der abgegebenen Erklärung dergestalt beeinflußt hat, daß dieser ein anderer geworden ist, als er bei richtiger Kenntnis der Dinge geworden wäre. Der Beweggrund muß also nicht nur dem Geschäftsgegner mitgeteilt, sondern mit zum Gegenstande der entscheidenden Verhandlungen gemacht worden sein und in der Erklärung einen Ausdruck gefunden haben (vgl. RGZ. Bd. 64 S. 268; weitere Rechtspr. s. Kommentar von RGR. 2. Aufl., § 119 Erl. 1, S. 126).

Nun muß es im vorliegenden Falle an sich schon Bedenken begegnen, bei urkundlicher Willenserklärung eine nur mündlich vorausgegangene Erörterung von Beweggründen in diese Erklärung hereinzuziehen, wenn die Urkunde ihrer keine Erwähnung tut und eine Beschränkung der Bürgenhaftung auf eine bestimmte Ausfallshöhe nicht einmal andeutet. Die Urkunde hat nach einem in der Rechtsprechung des Reichsgerichts feststehenden Grundsatze (vgl. die in dem Kommentar von RGR. 2. Aufl., Bd. 1 S. 147 Erl. 6 zu § 125 angef. Entscheidungen; dazu RGZ. Bd. 77 S. 405, Jur. Wochenschr. 1910 S. 800 u. a. m.) die Vermutung der Vollständigkeit und Richtigkeit für sich. Was nicht darin geschrieben steht, sollte nicht Gegenstand der rechtsgeschäftlichen Erklärung sein. Beklagter hätte seiner Bürgschaftserklärung „für den Ausfall" beifügen können: „bis zur Höhe von 8000 ℳ". Das hat er nicht getan. Seine Voraussetzung, der Ausfall und damit seine Haftung werde sich nicht über diesen Betrag belaufen, blieb also bloße Voraussetzung. Hätte er sie als irrig erkannt, so würde er die Bürgschaftserklärung gar nicht abgegeben haben; hätte er sich entschlossen, sie dennoch abzugeben, so würde sie sich inhaltlich in keiner Weise anders gestaltet haben (vgl. u. a. auch Rep. VI. 220/03, Rep. II. 539/08, Rep. IV. 539/12).

Die Entscheidung des Senats in RGZ. Bd. 75 S. 271, welche in den Parteivorträgen der Revisionsverhandlung besonders in Bezug genommen worden ist, steht diesem Ergebnis nicht entgegen. Nach dem dort festgestellten Sachverhalte nahm die Bürgschaftserklärung ausdrücklich auf „obige Darlehensschuld" Bezug, sie war auf die Darlehensurkunde gesetzt und diese enthielt eine Forderungspfändung, die sich in der Folge als rechtsunwirksam erwies. Demnach war diese weitere Sicherung durch jene Inbezugnahme dergestalt der Bürgenerklärung einverleibt, daß man sie wohl als mit zum Gegenstande dieser Erklärung gemacht ansehen konnte; die Begründung des Urteils (S. 274 oben a. a. O.) nimmt auch gerade auf diese „Bezugsworte" Rücksicht.

3. Zur Nachprüfung hat endlich die Revision noch gestellt, ob die Bürgenverpflichtung nicht wenigstens der Höhe nach auf den mehrerwähnten Betrag von 8000 *M* zu beschränken gewesen wäre; sei der Ausfall, den die Klägerin gewärtigte, bei den maßgebenden Verhandlungen auf diesen Betrag berechnet worden, so habe diese Berechnung zu einer den Erfordernissen von Treu und Glauben Rechnung tragenden Auslegung des Bürgschaftsscheins herangezogen werden können.

Demgegenüber genügt es, darauf hinzuweisen, daß bezüglich der Unbeschränktheit des Haftungsbetrags der Wortlaut der Urkunde klar und unzweideutig und daß deshalb für eine Auslegung in dem von der Revision gewollten Sinne überhaupt kein Raum ist (vgl. Jur. Wochenschr. 1906 S. 807, 1912 S. 69 u. a. m.). Und darüber, daß der Inhalt der Urkunde etwa durch eine mündliche Nebenabrede dahin abgeändert worden sei, die Bürgschaft solle des Wortlauts ungeachtet nur für den Betrag von 8000 *M* gelten, ist in den Vorinstanzen keine schlüssige Behauptung aufgestellt worden." ...

---

70. Ist der Anschaffungsstempel zu erheben, wenn der Zeichner der bei der Kapitalerhöhung einer Aktiengesellschaft auszugebenden jungen Aktien vor Eintragung der Erhöhung in das Handelsregister und vor Auslieferung der Aktien an ihn die Aktiengesellschaft gegen Entgelt „ermächtigt", über die Aktien in ihrem eigenen Namen

zu verfügen, und die Aktiengesellschaft diese Ermächtigung annimmt?

RStempG. vom 15. Juli 1909 (RGBl. S. 717, 833) Tarifnr. 4a. HGB. §§ 226, 287.

VII. Zivilsenat. Urt. v. 22. September 1914 i. S. Aktienbauverein P. (Kl.) w. preuß. Fiskus (Bekl.). Rep. VII. 137/14.

I. Landgericht I Berlin.
II. Kammergericht daselbst.

Der klagende „Aktienbauverein P." beschloß in der Generalversammlung vom 15. Juni 1912, sein Grundkapital von 3900000 *M* um 3600000 *M* zu erhöhen. Der volle Betrag von 3600000 *M* wurde am 30. August 1912 vom Bankier Fr. gezeichnet und zwar unter den vereinbarten Bedingungen, daß der Ausgabepreis der jungen, mit Dividendenberechtigung vom 1. Januar 1912 ab versehenen Aktien 120 v. H. betragen, daß ein Viertel des Nennbetrags und das Agio sofort zahlbar sein und daß endlich 4 v. H. Stückzinsen für die Zeit vom 1. Januar 1912 ab bis zum Zahlungstage entrichtet werden sollten. Am 31. August 1912 zahlte Fr. verpflichtungsgemäß 1620000 *M* als ein Viertel des Nennbetrags der Aktien nebst dem Agio ein. Der klagende Bauverein hatte den Aktionären der Berliner Hotelgesellschaft angeboten, ihre Aktien gegen seine eigenen jungen Aktien im Verhältnis von 5 zu 3 umzutauschen. Die Aktionäre hatten darauf Aktien der Hotelgesellschaft im Nennwerte von 5338000 *M* bei den ihnen bezeichneten Handelsstellen zum Umtausch eingereicht, so daß ihnen der Kläger junge Aktien im Nennbetrage von 3202800 *M* für den Umtausch zur Verfügung stellen mußte. Zu diesem Zwecke wurde in einer Sitzung des Klägers vom 31. August 1912 zwischen diesem und Fr. folgende schriftliche Vereinbarung getroffen: „Die Firma Fr. ermächtigt den Aktienbauverein P., in seinem eigenen Namen von den von der Firma Fr. gezeichneten 3600000 *M* neuen Aktien des Aktienbauvereins (mit Dividendenberechtigung ab 1. Januar 1912) 3202800 *M* zum Zwecke des Umtausches gegen die eingelieferten Aktien der Berliner Hotelgesellschaft über nominell 3202800 *M* zu verfügen. Die Firma Fr. verzichtet auf eine Auslieferung dieses Teilbetrags ihrer Zeichnung.

Dagegen erhält die Firma Fr. als Gegenwert 3928768 *M* gezahlt." Auf Grund dieser Vereinbarung erklärte Fr., daß er dem Kläger gegen Zahlung von 3928768 *M* die zum Umtausch benötigten jungen Aktien zur Verfügung stellen wolle, und vereinbarte mit dem Kläger die Aufrechnung seiner Forderung von 3928768 *M* mit der dem Kläger aus der Aktienzeichnung gegen ihn zustehenden Restforderung von 75 v. H. nebst 4 v. H. Stückzinsen des gezeichneten Nennbetrags. Das dem Fr. gewährte Entgelt von 3928768 *M* setzt sich zusammen aus dem Werte der von ihm zur Verfügung gestellten jungen Aktien im Nennwerte von 3202800 *M* zum Ausgabepreise von 120 v. H., d. i. 3843360 *M*, und 4 v. H. Stückzinsen für die Zeit vom 1. Januar bis 31. August 1912 mit 85408 *M*. Auf Grund der Aufrechnung wurden die 3600000 *M* jungen Aktien vom Aufsichtsrat und Vorstande des Klägers als eingezahlt erklärt. Die erfolgte Kapitalerhöhung wurde am 6. September 1912 in das Handelsregister eingetragen. Der Beklagte erblickt in der zwischen dem Kläger und Fr. am 31. August 1912 getroffenen Vereinbarung ein nach Tarifnr. 4a RStempG. zu versteuerndes Anschaffungsgeschäft und hat die Ausstellung einer mit 1178,70 *M* zu verstempelnden Schlußnote gefordert. Der Kläger ist dieser Aufforderung nachgekommen und verlangt mit der Klage die entrichtete Abgabe von 1178,70 *M* nebst 4 v. H. Zinsen seit Klagezustellung zurück. Das Landgericht erkannte entsprechend dem Klagantrage. Auf die Berufung des Beklagten wurde diese Entscheidung in der zweiten Instanz abgeändert und der Kläger mit der Klage abgewiesen. Die Revision des Klägers wurde zurückgewiesen aus folgenden

Gründen:

„Der Stempelanspruch des Beklagten ist begründet, wenn die in der notariellen Verhandlung vom 31. August 1912 zwischen dem Vorstande der klagenden Aktiengesellschaft (unter Genehmigung des Aufsichtsrats) einerseits und Fr. anderseits zustande gekommene Vereinbarung ein Anschaffungsgeschäft, d. h. ein auf die Übertragung und den Erwerb von Eigentum an den auszugebenden jungen Aktien gerichtetes entgeltliches Vertragsgeschäft (Abs. 1 Tarifnr. 4a RStempG. vom 15. Juli 1909) oder eines der in Abs. 2 daselbst den Anschaffungsgeschäften gleichgestellten Geschäfte enthält. Der Berufungsrichter hält einen der in diesem Abs. 2 verzeichneten Fälle, nämlich eine „Ausreichung von Aktien“, für vorliegend. Hierin ist ihm jedoch nicht beizutreten, vielmehr ein Anschaffungsgeschäft im oben bezeichneten Sinne der Tarifnr. 4a Abs. 1 als abgeschlossen anzuerkennen.

Der Anschaffungsstempel ist zwar nicht ein Urkundenstempel, sondern ein Geschäftsstempel; es kommt aber hier auf diesen Unterschied nicht an, denn es ist nirgends behauptet, daß über den urkundlichen Inhalt der Verhandlung vom 31. August 1912 hinaus andere die Verfügung über die jungen Aktien betreffende Vereinbarungen, die für die Stempelfrage in Betracht kommen könnten, von den Vertragschließenden getroffen worden wären, und der beurkundete Inhalt der Vereinbarungen reicht zur Feststellung eines Anschaffungsgeschäfts aus. Der Stempel ruht auf dem schuldrechtlichen Grundgeschäfte der Veräußerung, nicht auf ihrer dinglichen Erfüllung. Der Inhalt der Verhandlung ergibt hier aber, daß nicht nur ein abstraktes dingliches Erfüllungsgeschäft, sondern, sollte ein solches Erfüllungsgeschäft auch als beurkundet anzusehen sein, jedenfalls daneben auch der dieser Erfüllung zugrunde liegende schuldrechtliche gegenseitige Vertrag beurkundet ist. Das folgt schon daraus, daß nicht nur die Leistung des die Aktien dem Kläger zur Verfügung stellenden Fr., sondern auch die „dagegen“ an diesen zu bewirkende Gegenleistung, die in der Zahlung des Kaufpreises besteht, im Vertrage dem anderen Vertragsteil angeboten und von diesem angenommen worden ist. Der Vertrag ist zwar schon vor der erst am 6. September 1912 erfolgten Eintragung der Kapitalerhöhung in das Handelsregister geschlossen worden, es soll aber zunächst zum Zwecke der Vereinfachung der Rechtslage unterstellt werden, daß zur Zeit des Vertragsschlusses die Eintragung schon bewirkt gewesen sei.

Mit der Eintragung trat die Kapitalerhöhung ins Leben und in demselben Augenblicke war die Verpflichtung zur Gewährung der Aktienrechte, die für die Aktiengesellschaft durch die Annahme der Zeichnung sämtlicher Aktien von seiten des Fr. entstanden war, kraft Gesetzes erfüllt. Als Eigentümer der Aktienrechte war Fr. zur Verfügung über die Aktienurkunden, die zu seiner Legitimation dienten, vom Augenblick ihrer Ausfertigung an allein berechtigt. Ihre Auslieferung konnte er vom Kläger nicht auf Grund des schuldrechtlichen Zeichnungsvertrags, sondern deshalb fordern, weil er Aktionär war, kraft seines gesetzlichen, dinglich wirkenden Rechtes, als Eigentümer der Urkunden. Er konnte die Auslieferung dieser Urkunden von der Gesellschaft mit der Eigentumsklage verlangen und über sein Eigentum wie jeder andere Eigentümer verfügen, es nach Belieben auch einem Dritten übertragen (RGZ. Bd. 79 S. 177). Übertrug er das Eigentum an den Aktien auf die klagende Gesellschaft, so handelte es sich dabei nicht um eine Rückübertragung, denn die Gesellschaft war vorher nicht Aktionär, also auch nicht Eigentümer der Aktien gewesen. Sie stand vielmehr beim Erwerbe der Aktien dem Eigentümer Fr. als ein Dritter gegenüber. Ihr neu erworbenes Eigentum konnte sie nur aus dem Eigentum Fr.'s herleiten. War die Übereignung gegen Entgelt erfolgt, so stellte sie ein Anschaffungsgeschäft über Wertpapiere (Aktien) im Sinne des Abs. 1 Tarifnr. 4a dar. Der Gültigkeit des Erwerbes durch den Kläger stand hier auch nach Lage des Falles nicht die Vorschrift des § 226 Abs. 1 HGB. entgegen, nach der die Aktiengesellschaft eigene Aktien in regelmäßigem Geschäftsbetriebe, sofern nicht eine Kommission zum Einkauf ausgeführt wird, weder erwerben noch zum Pfande nehmen soll. Denn wenn der Kläger die Wertpapiere erworben hat, so ist das nicht „im regelmäßigen Geschäftsbetriebe" geschehen, sondern unter dem ausnahmsweise eingetretenen Zwange, die Aktien durch Umtausch den Aktionären der Hotelgesellschaft übereignen zu müssen. Die Absicht des Klägers ging nicht dahin, durch den Erwerb der Aktien sein eigener Aktionär zu werden oder sonst ein gewinnbringendes Geschäft zu machen, vielmehr sollten die Aktien in seinen Büchern nur einen durchlaufenden Posten darstellen.

Bestehen hiernach gegen die rechtliche Möglichkeit der Übereignung der Aktien an den Kläger keine rechtlichen Bedenken, so fragt es sich weiter, ob durch den Vertrag vom 31. August 1912 eine Übereignung wirklich erfolgt ist oder ob der Vertrag, wie der Kläger meint, nur eine Ermächtigung, einen Verzicht oder Erlaß oder eine bloße Geschäftsbesorgung enthält.

Der Inhalt des Vertrages geht zwar dahin, daß Fr. den Kläger „ermächtigt", in seinem, des Klägers, Namen über 3202800 ℳ Aktien zu verfügen. Auf die von den Parteien gewählte Bezeichnung des Geschäfts kommt es aber für die Steuerpflicht nicht an. Entscheidend ist vielmehr die rechtliche Natur des Geschäfts und diese wird bestimmt durch die Gesamtheit der durch das Geschäft begründeten Rechte und Verpflichtungen. Von diesem Gesichtspunkt aus betrachtet, enthält die Verhandlung vom 31. August nicht eine bloße, einseitig erklärte und widerrufliche Ermächtigung, über die Aktien im Namen des Eigentümers Fr., also in dessen Vertretung, zu verfügen. Die dem Kläger erteilte „Ermächtigung" ist vielmehr eine unwiderrufliche und endgültige; sie ist gegen Entgelt, nämlich gegen Zahlung von 3928768 *M* gewährt und geht, wie der Berufungsrichter zutreffend feststellt, dahin, daß der Kläger nicht nur im eigenen Namen, sondern auch für eigene Rechnung über die Aktien verfügen darf derart, daß er sie als Gegenwert zum Eintausch der Aktien der Hotelgesellschaft verwenden soll, während nach der mit den Aktionären der Hotelgesellschaft getroffenen Vereinbarung deren Aktien von diesen in sein, des Klägers, Eigentum übertragen werden sollten. Darauf, daß die 3202800 *M* junger Aktien ihm vom Kläger ausgeliefert werden, verzichtet Fr. Er gibt daher sämtliche ihm an den Aktien zustehenden Rechte zugunsten des Klägers gegen Entgelt auf und setzt den letzteren dadurch in die Lage, die Rechte eines Eigentümers der Aktien in vollem Umfange mit Rechtswirkung für sich selbst auszuüben, und zwar gegen Entgelt. Dem rechtlichen Erfolge nach stellt hiernach das Geschäft nichts anderes dar als eine entgeltliche Veräußerung der Aktien durch Fr. an den Kläger. Einer Übertragung des Besitzes der Aktien auf den Erwerber bedurfte es zur Übereignung nicht, da der Erwerber (Kläger) bereits in ihrem Besitze war (§ 929 BGB.).

Davon, daß, wie die Revision meint, Fr. bei der Zeichnung der jungen Aktien nur als Geschäftsbesorger des Klägers gehandelt und daß deshalb die Übertragung der Verfügungsgewalt über die Aktien auf den Kläger nur die Abwickelung dieses Rechtsverhältnisses dargestellt habe, kann keine Rede sein. Fr. stand bei der Zeichnung und dem Erwerbe der Aktien dem Kläger als Dritter gegenüber. Er war der erste Erwerber der Aktien und hat dabei rechtlich lediglich seine eigenen Geschäfte, nicht die des Klägers besorgt. Ob er dabei wirtschaftlich im Interesse des Klägers gehandelt hat, um diesem die Durchführung des Umtauschgeschäfts zu erleichtern, ist für die rechtliche Beurteilung ohne Bedeutung. Es war rechtlich ausgeschlossen, daß der Kläger die von ihm auszugebenden Aktien selbst, wenn auch durch einen Mittelsmann, zeichnete. Bedurfte er der Aktien, um seine Verpflichtung zum Umtausche zu erfüllen, so mußte er sie sich von deren ersten Erwerber oder dessen Rechtsnachfolger beschaffen. Hat er sie sich auf diese Weise beschafft, so ist auch der Anschaffungsstempel für diesen Erwerb zu entrichten. Ob die rechtliche Möglichkeit vorlag, auf einem anderen geschäftlichen Wege diesen Stempel zu vermeiden, etwa dadurch, daß Fr. die Aktien unmittelbar an die zum Umtausch berechtigten alten Aktionäre der Hotelgesellschaft überließ, ist hier nicht zu erörtern.

Es fragt sich aber, ob an dem vorstehend gefundenen Ergebnis etwas dadurch geändert wird, daß zur Zeit des Vertrages vom 31. August 1912 die Eintragung der Kapitalerhöhung in das Handelsregister noch nicht erfolgt war und deshalb Aktienanteile und auch Aktienurkunden im Rechtssinne noch nicht bestanden. Die Frage ist zu verneinen. Bis zur Eintragung war die Übereignung der künftigen Aktienurkunden zwar aufschiebend bedingt, nämlich davon abhängig, daß die Aktien im Rechtssinne zur Entstehung gelangten. Im Augenblicke dieser Entstehung ging aber entsprechend der bereits vorher erfolgten Einigung (§ 929 Satz 2 BGB) das Eigentum von Fr. auf den Kläger endgültig über. Der Rechtsvorgang ist dabei im inneren Wesen kein anderer als bei der Abtretung künftiger, genügend bestimmter Forderungen. Schon im Urteile vom 25. Juni 1897 (RGZ. Bd. 39 S. 128) hat das Reichsgericht ausgesprochen, es sei zur Unterordnung eines Geschäfts als Anschaffungsgeschäfts unter das Reichsstempelgesetz nicht erforderlich, daß die Sache, die Gegenstand eines Anschaffungsgeschäfts sein soll, sich bereits vorher, schon als solche rechtlich existierend, in fremdem Eigentum befunden habe und aus ihm in das Eigentum des Anschaffenden übergehen solle. Aber auch abgesehen hiervon, ist es eine vom allgemeinen Rechte anerkannte Regel, daß auch künftige Sachen Gegenstand einer entgeltlichen Veräußerung sein können.

Der Annahme eines Anschaffungsgeschäfts steht hier auch die Vorschrift des § 287 Abs. 2 HGB. nicht entgegen. Nach ihr können die Anteilsrechte an dem zu erhöhenden Kapital einer Aktiengesellschaft vor der Eintragung der Erhöhung in das Handelsregister „mit Wirksamkeit gegenüber der Gesellschaft" nicht übertragen werden. Die Übertragung ist an sich rechtswirksam; nur die Aktiengesellschaft selbst hat das Recht, einer Übertragung der Aktien an Dritte, die vor jenem Zeitpunkt erfolgt, zu widersprechen und braucht sie nicht gegen sich gelten zu lassen. Im vorliegenden Falle hat jedoch die Gesellschaft auf dieses Widerspruchsrecht verzichtet, indem sie das auf den Erwerb der Aktien gerichtete Geschäft selbst abschloß.

Dem Berufungsrichter kann darin nicht beigetreten werden, daß die Vereinbarung vom 31. August 1912 nur so verstanden werden könne, Fr. habe sich lediglich zur Übertragung des ihm aus der Zeichnung zustehenden Rechtes auf Zuteilung der Aktien verpflichtet. Die Zuteilung der sämtlichen Aktien auf Fr. war zur Zeit jener Vereinbarung bereits erfolgt; nur die Auslieferung an ihn konnte vor der Eintragung ins Handelsregister nicht bewirkt werden. Nicht ein schuldrechtlicher Anspruch — was der Berufungsrichter anzunehmen scheint — auf Gewährung der Aktienurkunden stand Fr. gegenüber dem Kläger zu, sondern, wie oben dargelegt ist, ein kraft Gesetzes entstandenes dingliches Recht. Dagegen spricht auch nicht, daß schon vor dem Übergange des Eigentums der Aktien an den Kläger die Aufrechnung ihres Kaufpreises im voraus, in aufschiebend bedingter Weise, erfolgt ist. Der Berufungsrichter geht ebenso fehl in der Annahme, die Abtretung des Anspruchs auf Zuteilung der Aktien falle stempelrechtlich unter den Begriff der „Ausreichung der Aktien an den ersten Erwerber". Erster Erwerber war nicht der Kläger, sondern Fr. geworden, nämlich kraft Gesetzes im Augenblicke der Eintragung auf Grund der vom Kläger angenommenen Zeichnung. Zur „Ausreichung" war nur die Aktiengesellschaft, nicht Fr., befugt und imstande. Sie hat die Ausreichung an Fr. zu ihren eigenen Händen, als an dessen Rechtsnachfolgerin, bewirkt. Die Bezugnahme der Revision auf § 185 BGB. ist ebenfalls verfehlt. Es handelt sich hier lediglich um die Versteuerung des am 31. August 1912 vereinbarten Geschäfts. Bei diesem hat nicht ein Nichtberechtigter, sondern Fr. als bedingt Berechtigter über das Eigentum an den Wertpapieren Verfügung getroffen. Daß endlich die Annahme eines Anschaffungsgeschäfts im Streitfalle mit dem Urteile RGZ. Bd. 84 S. 17 in irgend einem Punkte in Widerspruch stände, kann nicht anerkannt werden. Übrigens handelt es sich in jenem Urteile nicht um Anschaffungsstempel, sondern um Aktienausgabestempel.

Hinsichtlich der Höhe des Stempelbetrages ist dem Berufungsrichter beizutreten. Sie bestimmt sich nach dem vereinbarten Kaufpreise, hier also nach dem Betrage von 3928768 M. Ob in diesem auch die Stückzinsen der veräußerten Aktien für die Zeit seit dem 1. Januar 1912 mit Rücksicht darauf enthalten sind, daß mit diesen Aktien zugleich der Anspruch auf Dividende für dieselbe Zeit übereignet wurde, ist für die Stempelberechnung ohne Bedeutung. Durch diesen Anspruch erhöhte sich der Wert der Aktien, und dem entsprach die Erhöhung der Gegenleistung um den Betrag der Stückzinsen." ...

---

71. Kann die geschiedene Frau von ihrem früheren Ehemanne Schadensersatz mit der Behauptung verlangen, daß er sie durch ehewidriges Verhalten an der Gesundheit geschädigt habe, oder ist sie auf den Unterhaltsanspruch aus § 1578 beschränkt?

BGB. § 823, 1568, 1578.

VI. Zivilsenat. Urt. v. 5. Oktober 1914 i. S. Emil K. (Bekl.) w. Helene K. (Kl.). Rep. VI. 269/14.

I. Landgericht Chemnitz.
II. Oberlandesgericht Dresden.

Die Streitteile waren seit dem 6. September 1892 miteinander verheiratet, ihre Ehe ist aber durch ein am 21. Januar 1909 rechtskräftig gewordenes Urteil des Landgerichts Chemnitz vom 4. Dezember 1907 geschieden worden. Beide Ehegatten wurden für schuldig erklärt. Mit der vorliegenden Klage verlangt die Klägerin Schadensersatz, weil sie von dem Beklagten an der Gesundheit geschädigt sei. Das Landgericht Chemnitz sprach ihr eine jährliche Rente von 1500 M seit dem 21. Januar 1909 zu, während die Mehrforderung abgewiesen wurde. Beide Parteien legten Berufung ein, ihre Rechtsmittel wurden aber, abgesehen von einer Abänderung der Kostenentscheidung, zurückgewiesen. Auch die von der Klägerin und dem Beklagten eingelegten Revisionen blieben erfolglos.

Aus den Gründen:

„Der Vorderrichter sieht als erwiesen an, daß sich der Beklagte gegenüber der Klägerin in ehewidriger Weise verhalten hat, und findet hierin in Verbindung mit der Erhebung und Durchführung der Scheidungsklage den Grund dafür, daß sich ein bei der Klägerin bereits früher mindestens in der Anlage vorhandenes Leiden verschlimmert hat. Sie leidet jetzt an einer schweren Nervenerkrankung und einem auf dem Gebiete der Gedankentätigkeit, des Gemütslebens und der Willenskraft nachweisbaren geistigen Schwächezustande, durch den ihre Erwerbsfähigkeit jedenfalls vom 21. Januar 1909 an aufgehoben ist. Die Schuld an diesem Zustande legt der Vorderrichter beiden Parteien zur Last, überwiegend jedoch, nämlich zu zwei Dritteln dem Beklagten, den er demgemäß zum Ersatze von zwei Dritteilen des der Klägerin erwachsenen Schadens verurteilt hat.

Die Revision des Beklagten hält es grundsätzlich für verfehlt, Ehewidrigkeiten als solche unter dem Gesichtspunkte der §§ 823 flg. BGB. zu beurteilen. Zwar könne eine Körperverletzung die Tatbestände der §§ 1568 und 823 BGB. erfüllen, nicht aber treffe das bei seelischen Erregungen zu. Das Verhalten des Beklagten gegenüber seiner Frau sei nur deswegen eine Verfehlung, weil es sich gerade gegen seine Ehefrau richtete; es dürfe nicht nach § 823, sondern nur nach seiner Bedeutung für die Schuldfrage im Scheidungsprozesse beurteilt werden. Hier greife aber § 1578 BGB. ein, der der Frau nur gegen den allein für schuldig erklärten Mann einen Unterhaltsanspruch gewähre. Der Wille des Gesetzes würde umgangen werden, wenn man dem für schuldig erklärten Gatten einen Schadensersatzanspruch zugestehe.

Diesen Ausführungen konnte nicht zugestimmt werden. Der Unterhaltsanspruch, den § 1578 BGB. dem unschuldigen Gatten gegen den schuldigen gewährt, ist als Nachwirkung der Ehe anzusehen. Er setzt neben der Bedürftigkeit des Berechtigten und neben der Fähigkeit des Verpflichteten zur Unterhaltsgewährung (§ 1579 BGB.) nur voraus, daß der eine Teil im Scheidungsprozeß allein für schuldig erklärt wurde. Welcher Art die Eheverfehlung war, ist unerheblich, insbesondere braucht sie keinen Verstoß gegen die §§ 823 flg. zu enthalten. Liegt aber ein solcher Verstoß vor, so ist nicht abzusehen, weswegen er seine regelmäßigen Folgen dann nicht haben sollte, wenn er in einem Scheidungsprozeß erfolgreich als Scheidungsgrund geltend gemacht war. In bezug auf Körperverletzungen nimmt das auch die Revision nicht an. Es kann ihr aber auch nicht zugegeben werden, daß Verfehlungen gegen die durch die Ehe begründeten Pflichten dann niemals einen Anspruch aus § 823 flg. begründen könnten, wenn sie gerade wegen ihrer Richtung gegen den anderen Gatten als Rechtsverletzung erscheinen. Daß die in den §§ 823 flg. behandelten unerlaubten Handlungen nicht auf die Verletzung von Vermögensrechten beschränkt sind, sondern auch in der Verabsäumung familienrechtlicher Pflichten bestehen können, hat das Reichsgericht schon mehrfach angenommen, Warneyer, Rechtsprechung 1913 Nr. 53 S. 69, RGZ. Bd. 75 S. 253, Jur. Wochenschr. 1912 S. 190 Nr. 7. Zu fordern ist nur, daß eins der im § 823 Abs. 1 geschützten Rechtsgüter widerrechtlich verletzt wird. Handelt es sich, wie hier, um die Gesundheit einer Person, so ist deren Verletzung auch durch rein seelische Einwirkungen möglich. Dem entspricht es, daß der erkennende Senat in einem Urteile vom 21. März 1907, Rep. VI. 328/06, ausgesprochen hat, wenn der damalige Beklagte durch die mit der Ehefrau des Klägers begangenen Ehebrüche wirklich die Gesundheit des letzteren beschädigt habe, so sei an der Widerrechtlichkeit dieser Handlungsweise nicht zu zweifeln, während der IV. Zivilsenat, Warneyer 1911 Nr. 259 S. 292, es für möglich erklärt, daß die Klägerin durch fortgesetztes Hinhalten Schaden an ihrer Gesundheit erlitten habe. Wie sich die Sachlage gestaltet, wenn der unschuldige Ehegatte Ansprüche aus § 1578 und aus § 823 flg. nebeneinander geltend macht, bedarf im vorliegenden Falle keiner Entscheidung." ...

---

72. Ist der beurkundende Notar amtlich auch dann verpflichtet, die Beteiligten über die Bedeutung der beurkundeten Erklärung zu belehren, wenn erst nach der Beurkundung Zweifel an der Einsicht der Beteiligten auftauchen?

BGB. § 839.

III. Zivilsenat. Urt. v. 16. Oktober 1914 i. S. A. (Bekl.) w. B. (Kl.). Rep. III. 226/14.

I. Landgericht Aachen.
II. Oberlandesgericht Cöln.

Am 29. April 1908 beurkundete der verklagte Notar ein Schuldbekenntnis nebst Hypothekbestellung der Eheleute F. über ein ihnen vom Kläger hingegebenes, mit $5^1/_2$ % verzinsliches Darlehen von 3000 *M*, sowie die Annahmeerklärung des Klägers. In der Urkunde heißt es, daß jene dem Kläger ihr Hausgrundstück „zur Hypothek nach vorstehenden 34840 *M*" stellten. Die Urkunde enthält ferner einen Antrag der Erschienenen, die auf Grund des Aktes zu erlassenden grundbuchamtlichen Benachrichtigungen dem Beklagten zuzustellen und ihm den Hypothekenbrief auszuhändigen. Nach der Aufnahme der Urkunde zahlte der Kläger in Gegenwart des Beklagten den Eheleuten F. die 3000 *M* aus. Der daraufhin in das Grundbuch eingetragenen Hypothek des Klägers gingen nicht nur 34840 *M*, sondern noch weitere 39000 *M* im Range vor. Die Hypothek ist unstreitig infolge der Vorbelastungen wertlos, die Eheleute F. aber sind inzwischen unpfändbar geworden; sie haben auch den Offenbarungseid geleistet.

Der Kläger nimmt nun den Beklagten auf Ersatz des Darlehnsbetrags nebst Zinsen sowie der Kosten des von ihm betriebenen Zwangsversteigerungsverfahrens in Anspruch. Er behauptet, der Beklagte habe ihm gegenüber seine Vertrags- und Amtspflicht schuldhaft verletzt, indem er sich nicht durch Einsicht des Grundbuchs von dem Range der Hypothek überzeugt und ihn, einen einfachen, geschäftsungewandten Mann, nicht über die Gefahren der sofortigen Auszahlung des Darlehnsbetrags aufgeklärt habe.

Die Klage ist vom Landgericht abgewiesen, vom Oberlandesgericht aber dem Grunde nach für gerechtfertigt erklärt worden. Die Revision des Beklagten wurde zurückgewiesen.

Gründe:

„Die von dem Berufungsgerichte verneinte Frage, ob der Beklagte dem Kläger auf Grund eines Vertrages hafte, ist der Nachprüfung in der Revisionsinstanz entzogen, weil die Revision beim Fehlen der Revisionssumme nur zulässig ist, soweit ein Anspruch wegen pflichtwidriger Unterlassung von Amtshandlungen erhoben ist (§§ 546, 547 ZPO., § 70 Abs. 3 GVG., § 39 Nr. 3 preuß. AusfG. zum GVG.). Der Klagegrund des Vertrages scheidet daher für die Revisionsinstanz aus und es bleibt nur zu prüfen, ob die Haftung des Beklagten aus § 839 BGB. mit Recht bejaht ist.

Nach der Ansicht des Berufungsrichters hat der Beklagte eine ihm dem Kläger gegenüber obliegende Amtspflicht nicht durch die

Unterlassung der Grundbucheinsicht, wohl aber dadurch fahrlässig verletzt, daß er den Kläger, als dieser nach der Beurkundung des Darlehnsschuldbekenntnisses sogleich zur Auszahlung des Darlehens schritt, nicht darüber belehrte, daß er durch die Beurkundung noch keine Hypothek mit bestimmtem Range erlangt habe, daß die Beurkundung allein keine Sicherheit biete und die Auszahlung des Darlehens vor der Eintragung der Hypothek Gefahren mit sich bringe; jenes auffällige, leichtsinnige Verhalten des Klägers habe den Beklagten erkennen lassen müssen, daß der Kläger sich der Bedeutung der beurkundeten Erklärung nicht voll bewußt gewesen sei. Dem ist beizupflichten. Wie der erkennende Senat wiederholt ausgesprochen hat (vgl. die in Gruchots Beitr. Bd. 55 S. 1003, in der Jur. Wochenschr. 1913 S. 490 u. S. 1152, 1914 S. 194 u. S. 354 sowie in dem Zentralbl. für freiw. Gerichtsbarkeit Bd. 14 S. 656 abgedruckten Entscheidungen, ferner die Urteile vom 6. und vom 10. März 1914, Rep. III. 438 und 530/13), ist der beurkundende Notar kraft seines Amtes verpflichtet, den wahren Willen der Beteiligten zu erforschen und ihnen zu diesem Zwecke Rechtsbelehrungen zu erteilen, sie namentlich auch über die Bedeutung der zu beurkundenden Erklärung zu belehren, soweit dies zur Erforschung des in der Urkunde festzulegenden Willens der Erklärenden erforderlich ist, vorausgesetzt, daß Anlaß besteht, an der Kenntnis der Beteiligten von der Bedeutung der Erklärung zu zweifeln. Danach hatte der Beklagte auch in dem vorliegenden Falle jedenfalls dann die Amtspflicht, den Kläger zu belehren, wenn dieser schon vor der Vollziehung der Urkunde die Absicht geäußert hätte, sofort nach der Beurkundung das Darlehen auszuzahlen. Denn diese Äußerung würde den Zweifel erweckt haben, ob der Kläger wußte, daß er die zugesagte Hypothek „nach vorstehenden 34840 ℳ“ nur dann erhalten würde, wenn das Grundstück zur Zeit der Eintragung der Hypothek nicht weiter belastet war, und ob er nicht vielmehr annahm, schon durch die notarielle Beurkundung erlange er Gewähr dafür, daß die für ihn zu bestellende Hypothek den zugesicherten Rang erhalte. Ein solcher Irrtum war auch für die Beurkundung von Bedeutung. Der Hypothekendarlehnsgeber wird häufig von dem Darlehnsgeschäft Abstand nehmen, wenn er erfährt, daß er auf eine Hypothek mit dem bestimmten Range nicht mit voller Sicherheit rechnen kann, oder er wird doch über die Beseitigung der weiteren Vorbelastungen und über die Auszahlung des Darlehens besondere Abreden treffen. Für den vorliegenden Fall hat denn auch der Vorderrichter festgestellt, daß es bei gehöriger Belehrung seitens des Beklagten überhaupt nicht zur Darlehnsgewährung gekommen wäre.

Nun war allerdings nicht eine Äußerung des Klägers während der Beurkundung, sondern erst sein späteres Verhalten geeignet, Zweifel an seiner Einsicht in die Bedeutung des beurkundeten Geschäfts zu erwecken. Das macht aber in dem gegebenen Falle keinen Unterschied. Der Kläger hat sofort nach der Vollziehung der notariellen Urkunde in Gegenwart des Beklagten den Darlehnsbetrag ausgezahlt und damit, wie der Berufungsrichter zutreffend ausgeführt hat, Anlaß gegeben, an seiner Einsicht zu zweifeln. Wenn aber ein Beteiligter im unmittelbaren Anschluß an die Beurkundung, also im zeitlichen, örtlichen und geschäftlichen Zusammenhange mit dieser, zu erkennen gibt, daß er die Bedeutung des Geschäfts nicht verstanden hat, und wenn deshalb bei dem Notar Zweifel entstehen müssen, ob jener das Geschäft, sei es überhaupt oder so, wie es beurkundet ist, wirklich gewollt hat, so muß ihn der Notar über die Rechtslage belehren und darf sich nicht dabei beruhigen, daß die Beurkundung bereits beendigt und damit seine Amtstätigkeit erledigt sei. Letzteres würde eine zu äußerliche, formale Auffassung seiner Amtspflichten enthalten und mit der Stellung des Notars als einer amtlichen Vertrauensperson der rechtsunkundigen Beteiligten nicht im Einklange stehen. Ob eine gleiche Amtspflicht zur Belehrung anzunehmen ist, wenn erst in einer späteren Zeit Zweifel an der Einsicht der Beteiligten auftauchen, bedarf hier keiner Entscheidung.

Die Feststellung der übrigen Voraussetzungen für die Haftung aus § 839 unterliegt keinem Bedenken. Dies gilt auch von der durch die Revision bekämpften Annahme eines ursächlichen Zusammenhanges zwischen der schuldhaften Amtspflichtverletzung und dem Schaden. Der Vorderrichter stellt einwandfrei fest, daß, wenn der zum Ersatze verpflichtende Umstand nicht eingetreten wäre (§ 249 BGB.), d. h. wenn der Beklagte den Kläger pflichtgemäß belehrt hätte, dieser das Darlehen überhaupt nicht gegeben haben würde, daß er also durch die Unterlassung der Belehrung mindestens um den Darlehnsbetrag geschädigt sei. Ob die Hypothek des Klägers, auch wenn sie den zugesicherten Rang erhalten hätte, wertlos gewesen wäre und ob der Kläger alsdann denselben Schaden erlitten haben würde, wird von dem Berufungsgerichte mit Recht für bedeutungslos erklärt. Der zugesicherte Rang ist dem Kläger nicht durch das Verschulden des Beklagten entgangen."

---

73. Steht dem Fiskus wegen des vom Notar eingezogenen, aber nicht verwendeten Stempels im Konkurse des Notars ein Vorrecht zu?

KO. § 61 Nr. 2.
Preuß. StempStG. vom 30. Juni 1909 (GS. S. 535) §§ 13, 14, 15.
RStempG. vom 15. Juli 1909 (RGBl. S. 717, 833) §§ 80, 85, 86.

VII. Zivilsenat. Urt. v. 16. Oktober 1914 i. S. Fiskus (Kl.) w. H. Konkursverw. (Bekl.). Rep. VII. 202/14.

I. Landgericht Crefeld.
II. Oberlandesgericht Düsseldorf.

Die Frage wurde bejaht.

Gründe:

„In § 61 Nr. 2 KO. ist öffentlichen Abgaben, insofern sie im letzten Jahre vor der Konkurseröffnung fällig geworden sind, ein Vorrecht eingeräumt. Zu den öffentlichen Abgaben gehört auch die Stempelsteuer; das ist unbedenklich, wird vom Beklagten auch nicht in Zweifel gezogen. Er stellt aber in Abrede, daß es sich bei der hier angemeldeten Forderung um eine Stempelforderung handele, und die Revision ficht deshalb das Berufungsurteil, soweit das Vorrecht zuerkannt ist, an. Sie macht geltend, daß der Fiskus gegen den Notar, welcher die ihm zur Beschaffung von Stempel gezahlten Beträge nicht bestimmungsmäßig verwende, nur eine privatrechtliche Schadensersatzforderung habe.

Der Revision war der Erfolg zu versagen.

Nach dem preußischen Stempelsteuergesetze vom 26. Juni 1909 und dem Reichsstempelgesetze vom 15. Juli 1909, die für den vorliegenden Fall zur Anwendung kommen, tritt die Haftung des Notars erst ein, wenn die Steuer vom Steuerpflichtigen selbst nicht zu erlangen ist.

Vgl. § 13 Abs. 2 des preußischen Gesetzes, § 86c des Reichsgesetzes.

Danach hat, wie auch das Berufungsgericht annimmt, der Anspruch gegen den Notar überhaupt und damit auch das Verlangen auf bevorrechtigte Befriedigung im Konkurse des Notars zur ersten Voraussetzung, daß der Fiskus sich wegen der Steuerforderung an den Steuerpflichtigen selbst nicht halten kann. Daß diese Voraussetzung vorliegt, ist vom Berufungsgericht aus zutreffenden Erwägungen bejaht worden. Der zur Stempelsteuer Verpflichtete genügt seiner Verpflichtung, wenn er binnen einer Frist von 2 Wochen den Stempel beibringt, d. h. den Stempelbetrag an den Notar zahlt. Geschieht das nicht, so ist vom Notar gegen ihn die zwangsweise Einziehung des Stempels zu beantragen.

Vgl. § 15 Abs. 1 des preußischen Gesetzes, § 85 Abs. 2 des Reichsgesetzes.

Dafür, daß der gezahlte Betrag bestimmungsgemäß zur Verstempelung der Urkunden verwendet wird, ist der Steuerpflichtige nicht verantwortlich zu machen. Denn eine Mitwirkung hierbei steht ihm nicht zu. Deshalb kann, weil der Verpflichtete, soweit seine Person in Betracht kommt, die Steuerpflicht erfüllt hat, nochmalige Zahlung von ihm nicht verlangt werden. Daraus folgt aber noch nicht, daß, wie die Revision will, mit der Zahlung des Stempelbetrages an den Notar die öffentlichrechtliche Abgabe überhaupt schon geleistet sei, und daß deshalb der Staatskasse, weil sie durch die rechtswidrige Zueignung des Stempelbetrages seitens des Notars geschädigt ist, nur ein privatrechtlicher Anspruch auf Schadensersatz gegen diesen zustehe. Die Revision verkennt die rechtliche Bedeutung, welche in der Stempelgesetzgebung — §§ 14, 15 des preußischen Gesetzes, §§ 80, 85 des Reichsgesetzes — der Stempelverwendung selbst beigemessen ist. Bei Urkunden, wie sie hier in Betracht kommen, wird die Abgabe erst entrichtet durch die unter Mitwirkung des Notars erfolgende Verwendung der Stempelzeichen. Solange diese Verwendung nicht den hierüber gegebenen Vorschriften entsprechend geschehen ist, ist die öffentliche Abgabe noch nicht geleistet, die Stempelforderung besteht fort. Sie richtet sich als solche in erster Reihe gegen die eigentlich Verpflichteten, sie ist aber, wenn sie beim Vorliegen der Voraussetzungen der Haftung des Notars diesem gegenüber erhoben wird, auch dann eine geltend gemachte Steuerforderung. Der Grund des Anspruchs ist in beiden Fällen der gleiche, das Unterbleiben der Stempelverwendung. Daß der Notar die an ihn gezahlten Beträge sich rechtswidrig zugeeignet hat, ändert die Rechtslage nicht. Dadurch wird der Anspruch des Fiskus an ihn nicht zu einer ausschließlich privatrechtlichen, auf unerlaubte Handlung gestützten Entschädigungsforderung. Was der Fiskus fordert, ist und bleibt immer noch eine Stempelsteuer. Die unerlaubte Handlung kommt nur insofern in Betracht, als sie das in der jetzigen Stempelgesetzgebung für die Beamtenhaftung geforderte Verschulden an der Nichtverwendung des Stempels darstellt.

Von der gleichen Beurteilung wird auch in dem Urteile des Obertribunals vom 11. Januar 1876 — abgedruckt im Zentralblatt der Abgaben-, Gewerbe- und Handels-Gesetzgebung und Verwaltung in dem Königlich preußischen Staate von 1876 S. 128 — ausgegangen. In dieser Entscheidung ist ebenfalls verneint, daß bei Unterschlagung von Stempelbeträgen seitens eines Notars der vom Fiskus gegen ihn auf Zahlung dieser Beträge erhobene Anspruch die rechtliche Natur einer Schadensersatzforderung habe. Der Notar ist lediglich wegen des Unterbleibens der Stempelverwendung für haftbar erachtet und deshalb angenommen worden, daß die im Konkursverfahren geltend gemachte Forderung des Fiskus unter den Begriff des Steuerrückstandes falle. Daß nach der damaligen Gesetzgebung — Allerh. Kabinettsorder vom 19. Juni 1834 — die Interessenten und der Notar solidarisch hafteten, hat für die Frage, wie eine solche Forderung des Fiskus rechtlich zu beurteilen ist, keine Bedeutung. Der Rechtsgrund der Forderung wird dadurch, daß der Notar jetzt erst in zweiter Reihe haftet, nicht geändert.

Mit Recht ist hiernach vom Berufungsgerichte der Forderungsbetrag, dessen Fälligkeit im letzten Jahre vor der Konkurseröffnung eingetreten ist, als bevorrechtigte öffentliche Abgabe festgestellt worden." ...

---

74. Unter welchen Umständen verstoßen Kreditsicherungsverträge mit einem in Zahlungsschwierigkeiten geratenen Schuldner, auch wenn sie bezwecken, ihm aufzuhelfen, im Sinne des § 826 BGB. wider die guten Sitten?

VI. Zivilsenat. Urt. v. 19. Oktober 1914 i. S. H. (Bekl.) w. R. u. Gen. (Kl.). Rep. VI. 354/14.

I. Landgericht Halberstadt.
II. Oberlandesgericht Naumburg.

Der Architekt und Bauunternehmer J. zu H., der nur geringe eigene Mittel besaß, geriet Mitte 1909 in Zahlungsschwierigkeiten. Er schloß mit dem Kaufmann H., dem Erblasser der Beklagten, am 12. Juli, 13. Juli und 31. August 1909 eine Reihe von Verträgen, wodurch er dem H. für entstandene und künftige Forderungen aus Barvorschüssen und Lieferung von Baustoffen Sicherheiten gegewährte. Insbesondere bestellte er ihm Sicherungshypotheken, trat ihm die Mietzinse aus den von J. fertig zu stellenden Häusern, eine noch ausstehende Baugeldforderung sowie andere Forderungen ab, übereignete ihm sein ganzes Baurüstzeug, das H. ihm wieder leihweise überließ, und räumte ihm das Recht ein, die sonstigen Schulden des J. nach seinem alleinigen Ermessen ohne Pflicht zur Rechnungslegung zu bezahlen.

Im Februar 1910 wurde über das Vermögen des J. das Konkursverfahren eröffnet. Die Kläger hatten ebenfalls Lieferungen für seine Neubauten ausgeführt und gingen mit ihren Forderungen vollständig leer aus. Ihrer Klage auf Ersatz des Ausfalls wurde von beiden Vordergerichten stattgegeben. Die Revision der Beklagten blieb ohne Erfolg.

Aus den Gründen:

„Das Berufungsgericht stützt die Verurteilung der Beklagten auf § 826 BGB. Es sieht in den Verträgen zwischen J. und H. eine vorsätzliche wider die guten Sitten verstoßende Schädigung der übrigen Gläubiger des J., namentlich der Kläger. Zwar ließen die einzelnen Verträge für sich betrachtet keinen solchen Verstoß erkennen. Jedoch ergebe sich, wenn man sie in ihrer Gesamtheit ins Auge fasse, eine innerlich zusammenhängende Kette von Handlungen, die dem H. das ganze Vermögen des J. zuspielen und seinen Gläubigern entziehen, gleichzeitig ihn in vollste wirtschaftliche Abhängigkeit von H. bringen, ihn also wirtschaftlich knebeln sollten. ..." (Nach Besprechung der einzelnen Verträge wird fortgefahren:) „Mit dem Vertrage vom 31. August 1909 habe J., abgesehen von den mit

Hypotheken überlasteten Grundstücken, auch das letzte, was er an verfügbaren Vermögenswerten besaß, hingegeben und sei in vollständige geschäftliche und wirtschaftliche Abhängigkeit von den Entschließungen des H. geraten. Dem J. sei der äußere Anschein der Selbständigkeit und Kreditwürdigkeit belassen, in Wahrheit jedoch alles gegenwärtige und künftige Vermögen entzogen und zum Nachteil aller übrigen mit ihm in geschäftlicher Beziehung stehenden oder in solche eintretenden Dritten, um einen einzigen Gläubiger zu sichern, verwendet worden....

Wenn das Berufungsgericht auf Grund dieser Feststellungen, denen noch beizufügen ist, daß H. in den Verträgen keine bestimmten Gegenleistungen wie etwa die Gewährung von Kredit in bezifferter Höhe übernommen hat, die Verträge als sittlich anstößig betrachtet, so befindet es sich im Einklange mit der Rechtsprechung des Reichsgerichts. Freilich kann die Grenze zwischen dem, was auf dem Gebiete der Kreditsicherung noch erlaubt, und dem, was für den redlichen Verkehr unerträglich und deshalb sittlich unstatthaft ist, nicht fest gezogen werden. Sie fließt, und es wird von den Umständen des Einzelfalls abhängen, ob eine den guten Sitten widerstreitende Handlungsweise vorliegt. Die rechtliche Auffassung des Berufungsgerichts ist jedoch irrtumsfrei.

Der Gläubiger, der einen in Zahlungsschwierigkeiten geratenen Schuldner zu stützen sucht, soll selbstverständlich keineswegs daran gehindert sein, sich zu sichern, bevor er ihm ausgiebigen Kredit gewährt; wohl aber daran, aus gesicherter Stellung die Hilfeleistung unter Irreführung Dritter lediglich auf deren Gefahr und Kosten zu bewerkstelligen. Dies hat H. getan. Wer so verfährt, wie er, mag die Absicht hegen, dem Schuldner aufzuhelfen, und selbst der Meinung sein, daß durch diese Hilfe auch die anderen Gläubiger befriedigt werden könnten. Läßt er sich von dem Schuldner alles übereignen, was dieser besitzt und zwingt ihn in eine tatsächliche Schuldknechtschaft, ohne beides offenkundig werden zu lassen, so tritt unausbleiblich und für den Gläubiger deutlich voraussehbar die Wirkung ein, daß der Schuldner infolge der ihm bewilligten Mittel und des äußeren Anscheins der Zahlungsfähigkeit und geschäftlichen Selbständigkeit von anderer Seite Kredit erhält oder daß ihm der Kredit belassen wird. Schlägt der Rettungsversuch, wie es häufig der Fall ist, fehl, so ist der Gläubiger durch seine Sicherheiten gedeckt, die übrigen Kreditgeber sehen sich aller Befriedigungsmittel beraubt. Ein Rettungsversuch von dieser Art, der alleinig auf Kosten der im Dunkel gelassenen und getäuschten Dritten geschieht, widerspricht dem Anstandsgefühl jedes rechtlich Denkenden, insbesondere dem eines redlichen Geschäftsmanns. Dabei kommt es nicht darauf an, ob die Täuschung von dem Gläubiger beabsichtigt war oder nicht, und ob er mit seiner Hilfeleistung einen besonders hohen Gewinn erstrebt oder sich mit dem üblichen Nutzen aus Barkredit und Warenlieferungen begnügt hat.

Hiernach hat das Berufungsgericht ohne Rechtsirrtum die Beweisanträge der Beklagten als unerheblich abgelehnt, daß H. bei Abschluß der Verträge keine unsittlichen Zwecke verfolgt, sondern nur aus Wohlwollen für den aufstrebenden J. ihn vor dem Zusammenbruche habe bewahren wollen; daß er weder auf diesen Zusammenbruch noch auf die billige Erstehung der Grundstücke des J. — die er nachmals in der Zwangsversteigerung weit unter dem Werte erworben hat — gerechnet, daß er für Barvorschüsse nur 5% und nur die gewöhnlichen Warenpreise berechnet habe. Zutreffend erachtet das Berufungsgericht für bedeutungslos, von welchen Beweggründen H. geleitet wurde, weil das Mittel, zu dem er gegriffen habe sittenwidrig sei. Damit fällt die Beschwerde der Revision wegen Nichterhebung jener Beweise. . . .

Ebensowenig begründet ist die Rüge der Revision, das Berufungsgericht habe dem Beweisantrage der Beklagten, daß keine Geheimhaltung der Verträge beabsichtigt war, stattgeben müssen. Das Berufungsgericht sagt mit Recht, daß ohne die Geheimhaltung der Verträge, auch wenn sie nicht zugesichert wurde, die Einmischung der Gläubiger nicht ferngehalten werden konnte. Wollte H. wirklich, wie die Beklagte behauptet, dem J. helfen, damit er sich halte, seine Häuser vollende und seine Schulden bezahle, so durften die Gläubiger, die zu der Hilfeleistung nicht zugezogen worden, von den Verträgen, durch die ihnen zunächst alle Zugriffsmittel entzogen und sie auf eine ungewisse künftige Möglichkeit der Befriedigung verwiesen wurden, nichts erfahren. Denn andernfalls war dringend zu besorgen, daß sie dem Schuldner weiteren Kredit verweigern, gerichtlich gegen ihn vorgehen und so das Rettungswerk stören würden. Daß die Geheimhaltung nicht beabsichtigt war, wie die Beklagte zu Beweis stellt, ist gleichgültig. Sie war die Voraussetzung, um dem J. neuen Kredit zu verschaffen, den bisherigen zu erhalten und ihn vor dem Zugriffe der Gläubiger zu bewahren.

In der Hauptsache bekämpft die Revision das Berufungsurteil mit folgender Anführung. Die Verträge vom 12. und 13. Juli, die sich in nichts von den allgemein üblichen Kreditversicherungsverträgen unterschieden, könnten, wie auch das Berufungsgericht anerkenne, keinesfalls unter § 826 BGB. fallen. Bedenklich sei höchstens der Vertrag vom 31. August. Er rechtfertige indes die Klagansprüche nur dann, wenn gerade zwischen ihm und dem Schaden der Kläger ein ursächlicher Zusammenhang bestehe. Dieser sei jedoch nicht festgestellt. Die einheitliche Beurteilung aller Verträge sei für die Klage nur verwertbar, wenn sie sich als eine planmäßige, von vornherein beabsichtigte und mit dem Vertrage vom 31. August abschließende Machenschaft darstellten. Dafür fehle jeder Nachweis.

Der Angriff ist nicht berechtigt. Die Planmäßigkeit in dem Vorgehen des H. könnte ein Beweisanzeichen für die Sittenwidrigkeit seines Handelns, namentlich für einen unlauteren Beweggrund bilden. Sie ist aber kein notwendiges Merkmal des Sittenverstoßes. Die Juliverträge wie der Vertrag vom 31. August mögen jeder für sich nicht zu beanstanden sein. Wenn indes im Vertrage vom 31. August dem J. alles, was er noch sein eigen nannte, genommen und dadurch wie durch andere Bedingungen insgeheim seine wirtschaftliche Unabhängigkeit und seine Kreditfähigkeit vernichtet wurden, so ergibt sich, wie das Berufungsgericht zutreffend darlegt, der Sittenverstoß erst aus der Gesamtheit der Verträge. Der letzte Vertrag konnte die mißbilligte Wirkung nur äußern, weil sie durch die vorausgegangenen Verträge tatsächlich — gleichviel ob auch absichtlich — vorbereitet war. Zur Erfüllung des Tatbestandes des § 826 genügt es, daß das Mittel, dessen sich H. bediente, objektiv anstößig war."...

---

75. Können die in § 2338 BGB. vorgesehenen Anordnungen wirksam getroffen werden, wenn das dem Abkömmling Hinterlassene die Hälfte des gesetzlichen Erbteils übersteigt?

IV. Zivilsenat. Urt. v. 19. Oktober 1914 i. S. F. (Bekl.) w. W. (Kl.). Rep. IV. 190/14.

I. Landgericht I Berlin.
II. Kammergericht daselbst.

Die im Jahre 1902 verstorbene Witwe F. hat ein Testament hinterlassen, worin sie ihre beiden Söhne Raimund und Bruno F. als alleinige Erben eingesetzt und eine Testamentsvollstreckung angeordnet hat. In dem Testament ist verfügt: „Nach vollendetem 25. Lebensjahr ist einem jeden meiner Söhne sein Kapitalvermögen auszuzahlen mit Ausnahme eines Betrags von 150 000 M, der für jeden zurückzubehalten ist und von den Testamentsvollstreckern verwaltet werden soll. Die Zinsen der zurückbehaltenen 150 000 M fließen dem betreffenden Sohne zu. Die Einkünfte aus diesen reservierten Vermögen sollen gemäß § 850 Nr. 3 ZPO. der Pfändung nicht unterworfen sein. Ich erwarte, daß meine Söhne in dieser Bestimmung keine unbillige Verkümmerung ihrer Rechte erblicken, sondern verstehen werden, daß ich dieses nur in ihrem wohlverstandenen Interesse verordne, um ihnen für den hoffentlich nicht eintretenden Fall, daß sie ihr übriges Vermögen durchbringen oder verlieren, einen festen Vermögensbestandteil zu sichern."

Im Jahre 1911 hat Raimund F. zur Tilgung eines Darlehens einen den jährlichen Tilgungsraten von 4000 M gleichkommenden Betrag aus den Einkünften der 150 000 M an den Kläger abgetreten und den Testamentsvollstrecker angewiesen, an den Kläger Zahlung zu leisten. Der Testamentsvollstrecker verweigerte die Auszahlung. Es wurde deshalb gegen ihn Klage erhoben. Das Landgericht wies den Kläger ab. Auf Berufung des Klägers erklärte das Kammergericht den Anspruch des Klägers dem Grunde nach für gerechtfertigt.

Die Revision des Beklagten wurde zurückgewiesen.

Aus den Gründen:

„Der Beklagte hält die Abtretung für unwirksam auf Grund des § 863 Abs. 1 Satz 2 ZPO. in Verbindung mit § 400 BGB., da der jährliche Reinertrag des seiner Verwaltung unterliegenden Vermögens von 150 000 M zur Bestreitung des standesmäßigen Unterhalts des Raimund F. erforderlich sei. Das Berufungsgericht hat jedoch angenommen, daß § 2338 BGB., also auch § 863 ZPO., nicht anwendbar sei, 1. weil § 2338 voraussetze, daß dem Abkömmling lediglich der Pflichtteil hinterlassen sei, bei Hinterlassung eines Erbteils aber, der größer als der Pflichtteil sei, der Fall des § 2338 überhaupt nicht vorliege, sondern § 2306 zur Anwendung komme, 2. weil die Erblasserin nicht zum Ausdruck gebracht habe, daß eine Beschränkung des Pflichtteilrechts wegen — zur Zeit der Testamentserrichtung bestehender — Verschwendung oder Überschuldung eintreten solle (§ 2338 mit 2336 Abs. 2).

Der erste Grund, den das Kammergericht angeführt hat, kann nicht für richtig erachtet werden. Die in § 2338 vorgesehenen Anordnungen können wirksam getroffen werden, wenn auch das dem Abkömmling Hinterlassene die Hälfte des gesetzlichen Erbteils übersteigt. Nach § 2002 des I. Entwurfs sollten die in guter Absicht erfolgenden Beschränkungen nur zulässig sein, sofern der Erblasser dem Abkömmling als Erben mindestens die Hälfte des gesetzlichen Erbteils hinterlasse. Dem Erblasser sollte die Befugnis zu den in § 2002 bezeichneten Beschränkungen nur zustehen, wenn er den Pflichtteilsberechtigten als Erben einsetze und ihm mindestens den Pflichtteil hinterlasse (Motive Bd. 5 S. 439, 440). Nach dem System des Entwurfs sollten trotzdem die nach § 2002 zu beurteilenden Anordnungen als Beschränkungen des Plichtteils angesehen werden, die unter den Begriff der Entziehung des Pflichtteils fielen (Motive Bd. 5 S. 438 Abs. 2). Nach den Beschlüssen der Kommission für die zweite Lesung sah man davon ab, die „Enterbungsbefugnis" davon abhängig zu machen, daß der Erblasser dem Abkömmlinge mindestens den Pflichtteil als Erbteil hinterlasse, und hielt es für genügend, wenn der Erblasser ihm mindestens den Pflichtteil hinterlasse (Kom.-Prot. Bd. 5 S. 571 und S. 566 unter Nr. 6). Bei der Beratung darüber, ob beim Wegfall des Entziehungsgrundes die Beschränkung von selbst unwirksam werden solle oder ob es hierzu einer Anfechtung bedürfe, wurde auf die Bestimmungen der §§ 1981, 1981a der Vorläufigen Zusammenstellung (Kom.-Prot. Bd. 5 S. 578) hingewiesen, aus denen die Vorschriften des § 2306 Abs. 1 Satz 1 und 2 BGB. hervorgegangen sind, und es wurde erwogen, für die Anfechtung könne in den Fällen, in denen der in wohlmeinender Absicht Enterbte auf mehr als seinen Pflichtteil eingesetzt sei, der Vorgang des § 1981a (vgl. § 2306 Abs. 1 Satz 2 BGB.) entscheidend sein, dagegen spreche der Vorgang des § 1981 (vgl. § 2306 Abs. 1 Satz 1 BGB.) dafür, in den Fällen, in denen der in wohlmeinender Absicht Enterbte nur gerade zur Hälfte seines gesetzlichen

Erbteils berufen sei, die Unwirksamkeit der Pflichtteilsbeschränkung ipso jure eintreten zu lassen; beide Fälle könnten nicht verschieden geregelt werden, überwiegende Gründe aber sprächen dafür, an den Wegfall des Entziehungsgrundes die Unwirksamkeit der Anordnungen des Erblassers zu knüpfen (Kom.-Prot. Bd. 5 S. 577, 578). Durch die Kommission für die zweite Lesung erhielt alsdann § 2002 des I. Entwurfs eine Fassung, die — von hier nicht in Betracht kommenden Abweichungen abgesehen — im § 2338 BGB. Gesetz geworden ist. Bei Berücksichtigung dieser Vorgänge erscheint die Annahme ausgeschlossen, daß, wenn es in § 2338 heißt, der Erblasser könne das Pflichtteilsrecht des Abkömmlings beschränken, damit zum Ausdruck gebracht werden solle, § 2338 setze den Fall voraus, daß dem Abkömmling lediglich der Pflichtteil hinterlassen sei. In der Denkschrift (S. 742) ist betont, daß der Entwurf sich hinsichtlich der Bestimmungen über die Enterbung in guter Absicht im wesentlichen dem preußischen Recht anschließe. Mit der Auffassung der Kommission für die zweite Lesung steht denn auch im Einklange, wenn es bei Rehbein-Reincke, Allgemeines Landrecht Tl. II Tit. 2 zu § 419 heißt: „Voraussetzung ist die Hinterlassung mindestens des Pflichtteils; daß mehr hinterlassen, hindert die Beschränkung aus §§ 419 flg. nicht" (vgl. Förster-Eccius, Preußisches Privatrecht Bd. 4 § 248 Anm. 91).

Das Berufungsgericht hat unter Hinweis auf § 2306 ausgeführt, nur wenn der Abkömmling den Erbteil ausschlage und den Pflichtteil verlange, sei § 2338 anwendbar, alsdann sei zu prüfen, ob die Voraussetzungen für die Pflichtteilsbeschränkung gegeben seien. Richtig ist an den Ausführungen des Berufungsgerichts, daß der Pflichtteilsberechtigte im Falle des § 2306 Abs. 1 Satz 2, wenn er den Erbteil nicht ausschlägt, sich die ihm auferlegten Beschränkungen gefallen lassen muß, gleichviel, ob die Voraussetzungen des § 2338 gegeben sind oder nicht, und daß, wenn er den Erbteil ausschlägt und den Pflichtteil verlangt, die von dem Erblasser angeordneten Beschränkungen nur nach Maßgabe des § 2338 wirksam sind. Allein für die Frage, ob und inwieweit die Nutzungen nach § 863 ZPO. der Pfändung entzogen sind, kommt es in beiden Fällen, sowohl wenn der Abkömmling den Erbteil ausschlägt als auch wenn er ihn nicht ausschlägt, darauf an, ob der Erblasser eine unter § 2338 fallende Anordnung getroffen hat.

Der vom Berufungsgericht an erster Stelle angeführte Grund kann demnach die Entscheidung nicht tragen. Dagegen ist der zweite Grund, daß nämlich die Erblasserin keine Verfügung nach § 2338 getroffen habe, rechtlich nicht zu beanstanden." ...

---

76. 1. Forderung einer Gesellschaft m. b. H. gegen einen Gesellschafter auf Einzahlung der Stammeinlage. Greift der Rechtssatz, daß der Gesellschafter nicht mit einem Gegenanspruch an die Gesellschaft aufrechnen kann, auch dann Platz, wenn die Forderung von einem Zessionar oder Pfandgläubiger geltend gemacht wird?

2. Inwieweit ist vertragsmäßige Aufrechnung gegenüber einer solchen Forderung möglich?

Gesetz, betr. die Gesellschaften mit beschränkter Haftung vom 20. Mai 1898 (RGBl. S. 846) § 19 Abs. 2.

II. Zivilsenat. Urt. v. 20. Oktober 1914 i. S. La. (Bekl.) w. Li. u. Gen. (Kl.). Rep. II. 219/14.

I. Landgericht Altona.
II. Oberlandesgericht Kiel.

Der Beklagte war an der Gesellschaft m. b. H. „Großfarm- und Faktorei-Kamerun-Hochland" in H. mit einer Stammeinlage von 75000 *M* beteiligt, auf die er 66850 *M* eingezahlt hatte. Die restlichen 8150 *M* ließen die Kläger, die eine vollstreckbare Forderung gegen die Gesellschaft hatten, am 13. Oktober 1910 pfänden und sich zur Einziehung überweisen. Am 31. desselben Monats wurde über das Vermögen der Gesellschaft der Konkurs eröffnet. Der Konkursverwalter forderte die Gesellschafter unter dem 18. Januar 1911 auf, die rückständigen Einlagen einzuzahlen.

Gegenüber der Klage auf Zahlung von 8150 *M* nebst 4% Zinsen vom 18. Januar 1911 berief sich der Beklagte auf Gegenforderungen, da er im Jahre 1910 Vieh und landwirtschaftliche Maschinen, die zum Transport nach Kamerun bestimmt waren, für die Gesellschaft aufgekauft und das Vieh gefüttert hatte. Er behauptete, diese Gegenforderungen unter Zustimmung des Geschäftsführers Sch. mit seinem

Einlagerest verrechnet zu haben; hilfsweise erklärte er die Aufrechnung im Prozeß.

Beide Instanzen erachteten die Verteidigung für unstichhaltig und gaben der Klage statt. Die Revision des Beklagten wurde zurückgewiesen aus folgenden

Gründen:

„Die Möglichkeit, den Anspruch einer Gesellschaft m. b. H. auf Einzahlung der Stammeinlagen abzutreten oder zu pfänden, wird von der Rechtsprechung des Reichsgerichts anerkannt (vgl. RGZ. Bd. 36 S. 113, Bd. 76 S. 434). Die Revision will diese Möglichkeit auch nicht bezweifeln, ist aber der Meinung, daß der Einzahlungsanspruch in der Hand eines Zessionars oder Pfändungsgläubigers einen von seiner sonstigen Natur abweichenden Charakter annehme und daß namentlich das Verbot der Aufrechnung (§ 19 Abs. 2 GmbHG.) allein zugunsten der Gesellschaft selbst wirke. Unter Berufung auf Hachenburg in Staubs Kommentar zum GmbHG. 4. Aufl. § 19 Anm. 33 flg. hat sie ausgeführt, das Aufrechnungsverbot falle mit dem Grunde, auf dem es beruhe. Gegenüber Zessionaren oder Pfändungsgläubigern sei von Erhaltung des Stammkapitals nicht mehr die Rede. Nur dann rechtfertige sich eine andere Beurteilung, wenn eine Umgehung des Gesetzes vorliege, wenn also z. B. die Pfändung im Einverständnis mit dem Gesellschafter lediglich zu dem Zwecke vorgenommen sei, damit dieser mit seiner Gegenforderung gegen die Gesellschaft aufrechne.

Der Ansicht der Revision läßt sich nicht beitreten. Es ist willkürlich, in dem dem Aufrechnungsverbot entsprechenden Vorzug ein persönliches Recht der Gesellschaft zu erblicken. Vielmehr handelt es sich um eine der Forderung als solcher anklebende, ihren Wert steigernde Eigenschaft, die naturgemäß auf einen neuen Gläubiger mitübergeht und auch dem Pfändungsgläubiger, der einzugsberechtigt ist, zugute kommt. Die ratio legis ist durchaus nicht weggefallen. Müßte man den Schutz des Stammkapitals dahin verstehen, daß die Einlagen unter allen Umständen bar in die Verfügungsmacht der Gesellschaft gelangen, die zu zahlenden Gelder ihr Eigentum werden sollen, so dürfte die Abtretung der Einlageforderungen überhaupt nicht zugelassen werden. Auf den Eigentumserwerb ist aber kein ausschlaggebendes Gewicht zu legen, zumal die erworbenen Gelder doch sofort dem Zugriffe der Gläubiger ausgesetzt sind. Anderseits kommt es für die Gesellschaft nicht nur auf die Beschaffung von Betriebsmitteln an, sondern ebenso wichtig ist die Bezahlung der Schulden. Vor allem soll das Vertrauen der Gläubiger geschützt werden, die bei ihrem Entschlusse, der Gesellschaft Kredit zu geben, die ausstehenden Einlageforderungen in Betracht zu ziehen pflegen, ja vielleicht gerade durch die Rücksicht auf das Aufrechnungsverbot geleitet sind. Dieses Vertrauen würde getäuscht werden, wenn sich die gepfändeten Forderungen infolge von Aufrechnungen mit Gegenansprüchen gegen die Gesellschaft in Luft auflösen könnten. Daß ein Gesellschafter, dessen Einlageschuld gepfändet ist, mit einem unmittelbar gegen den Pfändungsgläubiger gerichteten Anspruch aufrechnen darf, hat hiermit nichts zu tun. Einer so begründeten Aufrechnung steht die Eigenart der gepfändeten Forderung nicht entgegen; auch bleibt es in solchem Falle dabei, daß der Gläubiger — wenn auch oft anders als er es sich gewünscht hat — wegen seiner Forderung gegen die Gesellschaft befriedigt wird. Nur soweit der Gegenanspruch des Gesellschafters die Gesellschaft zur Schuldnerin hat, greift das Aufrechnungsverbot des § 19 Abs. 2 GmbHG. Platz. Insoweit muß es aber auch gleichgültig sein, ob die Einlageforderung durch die Gesellschaft selbst oder durch einen Zessionar oder Pfandgläubiger geltend gemacht wird. Eine Unterscheidung in dieser Richtung würde den Zwecken des Gesetzes zuwiderlaufen.

Hiernach war schlüssig nur der Einwand des Beklagten, er habe die Gegenforderung, die ihm aus Lieferungen und Aufwendungen für die Großfarmgesellschaft erwachsen war, durch wirksamen Vertrag mit dem Geschäftsführer Sch. verrechnet. In den Vorinstanzen waren drei auseinanderliegende Zeitpunkte genannt, in denen die Verrechnung stattgefunden haben sollte. Zwei von diesen Vorgängen — die vom 30. September und 21. Oktober 1910 — kommen nach den rechtlich bedenkenfreien Erörterungen des Oberlandesgerichts ohne weiteres in Wegfall. Die Revision beruft sich nur noch auf den zeitlich ersten Vorgang, nämlich auf das am 2. Juli 1910 im Restaurant zum Dammtorbahnhof in H. zwischen dem Beklagten und Sch. gepflogene Gespräch. Indes auch mit Bezug auf diesen Vorgang sind die Voraussetzungen der Einlagetilgung ohne Rechtsirrtum verneint worden.

Wie das Oberlandesgericht feststellt, hat der Beklagte bei der erwähnten Zusammenkunft auf Drängen Sch.'s eine größere Summe auf die Einlageschuld abbezahlt, zugleich aber erklärt, wegen des Restes verlange er Aufrechnung mit seinen Forderungen aus dem Ankaufe von Vieh. Dabei hat er dem Sch. einen Zettel übergeben, auf welchem seine Gegenposten verzeichnet waren. Sch. hat die Aufrechnung zugesagt, den Zettel aber erst Ende September 1910 an den Buchhalter C. weitergegeben, der daraufhin die Posten dem Beklagten gutgeschrieben hat. Wenn bei diesem Tatbestande das Oberlandesgericht der Ansicht ist, daß die Überreichung der kurzen, summarischen Übersicht ohne Beifügung von Belegen nicht genügt habe, so kann das nur gebilligt werden. § 19 Abs. 2 GmbHG. spricht nicht von einseitiger Aufrechnung, sondern bestimmt schlechthin: „eine Aufrechnung können die Gesellschafter nicht geltend machen". Es ist auch nicht richtig, daß die reichsgerichtliche Rechtsprechung vertragsmäßige Aufrechnungen, sofern nur die Gegenforderung vollwertig war, allgemein für wirksam erklärt hätte. Lediglich so viel ist nachgelassen worden, daß nicht unbedingt gezahlt und zurückgezahlt zu werden braucht. Wo die gegenseitige Verrechnung ausschließlich die Wirkung hat, ein zweckloses Hin- und Herschieben von Geldstücken zu ersparen, da und nur da steht sie der Barzahlung der Einlage gleich. Ein solcher Sachverhalt liegt aber nicht vor, wenn die Gegenforderung der Höhe nach nicht liquid ist, vielmehr erst geprüft und festgestellt werden muß. Ob die Parteien alsdann ihr Einverständnis wie ein Versprechen künftiger Verrechnung auffassen oder ob sie eine vorbehaltlich des Ergebnisses der Prüfung sofort vollzogene Aufrechnung im Sinne haben, macht keinen Unterschied; die Einlageschuld wird einstweilen noch nicht getilgt. Daher hat es im Streitfall auch keine Bedeutung, wenn die Revision rügt, das Oberlandesgericht habe mit Unrecht einen Vertrag auf spätere Verrechnung angenommen. Immerhin mag hervorgehoben werden, daß für diese Annahme ein selbständiger Entscheidungsgrund angeführt worden ist. Das Oberlandesgericht hat erwogen, der Beklagte habe noch Ende September 1910 die Aufrechnung verlangt; dieses Begehren sei widersinnig gewesen, wenn die Aufrechnung schon stattgefunden hätte."

77. Kann ein ausgeschlossenes Mitglied gegen den Verein auf Feststellung der Unwirksamkeit des Ausschließungsbeschlusses klagen, ohne in dem durch die Satzung vorgeschriebenen Verfahren die höheren Vereinsstellen angerufen zu haben?

IV. Zivilsenat. Urt. v. 22. Oktober 1914 i. S. W. (Kl.) w. Krieger-Hilfsverein in E. (Bekl.). Rep. IV. 246/14.

I. Landgericht Elberfeld.
II. Oberlandesgericht Düsseldorf.

Der Vorstand des beklagten Vereins hatte durch Beschluß vom 20. Januar 1911 den Kläger, ein langjähriges Vereinsmitglied, aus dem Verein ausgeschlossen. Der Kläger focht diesen Beschluß in dem durch die Satzung des Vereins vorgesehenen Verfahren an, hatte damit aber keinen Erfolg. Der Vorstandsbeschluß wurde vielmehr sowohl durch die Mitgliederversammlung des Vereins vom 12. Februar 1912 als auch späterhin durch die Vorstände der höheren Verbände, dem der Verein angehört, bestätigt. Darauf beschritt der Kläger in einem Vorprozesse den ordentlichen Rechtsweg, und auf seine gegen den beklagten Verein erhobene Klage traf das Landgericht in Elberfeld durch Urteil vom 20. Dezember 1913 die Feststellung, daß der Kläger noch Mitglied des Vereins sei. Dieses Feststellungsurteil war damit begründet, daß die Einberufung der Mitgliederversammlung vom 12. Februar 1912 den Anforderungen der Satzung nicht entsprochen habe, weil die Einladung der durch Krankheit an der Teilnahme verhinderten Mitglieder unterblieben und auch der Gegenstand der Beschlußfassung in der mitgeteilten Tagesordnung ungenügend angegeben gewesen sei. Der Beklagte ließ das Urteil rechtskräftig werden.

Bevor jedoch die Rechtskraft eintrat, faßte der Vorstand des Vereins am 9. Januar 1913 nochmals einstimmig den Beschluß, den Kläger aus dem Verein auszuschließen, und teilte durch ein Schreiben vom 11. Januar 1913 diesen Beschluß dem Kläger mit. Nunmehr hat der Kläger, ohne in dem satzungsmäßig vorgeschriebenen Verfahren die dem Vorstand übergeordneten höheren Vereinsstellen anzurufen, von neuem bei Gericht Klage erhoben und wiederum darauf angetragen, festzustellen, daß er noch Mitglied des beklagten Vereins sei.

Das Landgericht gab dem Klagantrage statt, indem es auch jetzt die Formerfordernisse der Ausschließung für nicht erfüllt erachtete; denn der Kläger habe keine Gelegenheit gehabt, sich vor dem Vorstande zu verteidigen, und es sei ihm auch in dem Beschlusse der Ausschließungsgrund nicht angegeben worden. Auf die Berufung des Beklagten hat das Oberlandesgericht den Kläger mit der Klage abgewiesen. Die Revision wurde zurückgewiesen aus folgenden

Gründen:

„Die Entscheidung hängt allein von der Frage ab, ob ein Vereinsmitglied, das durch Beschluß des hierfür satzungsmäßig zuständigen Vorstandes aus dem Verein ausgeschlossen ist, die Satzungsvorschriften über die Anfechtung des Beschlusses durch Anrufung der Mitgliederversammlung oder eines anderen höheren Vereinsorgans umgehen und auf der Stelle die Unwirksamkeit des Beschlusses durch gerichtliche Klage geltend machen, insbesondere auf richterliche Feststellung des Fortbestehens seiner Mitgliedschaft antragen kann. Für das Recht des Bürgerlichen Gesetzbuchs ist diese Frage durch die reichsgerichtliche Rechtsprechung noch nicht unmittelbar entschieden worden. Der erkennende Senat hat sie jedoch in Sachen R. wider den Freiwilligen Unterstützungsverein der Breslauer Gewerbegehilfen (Rep. IV. 586/12) durch Urteil vom 13. März 1913 in bezug auf eine erlaubte Privatgesellschaft des preußischen Rechtes bereits verneint und ist dabei einem Urteile des Reichsoberlandesgerichts vom 7. März 1877 (Entsch. des ROHGer. Bd. 22 S. 103flg.) gefolgt, worin die gleiche Entscheidung in Ansehung eines aus einer eingetragenen Genossenschaft ausgeschlossenen Mitgliedes getroffen war. Es unterliegt keinem Bedenken, das nämliche für die Vereine des jetzt geltenden Rechtes nach Bürgerlichem Gesetzbuch anzunehmen.

Wird durch die Satzung eines Vereins eine Anfechtung der Ausschließung in der Weise zugelassen, daß dem ausgeschlossenen Mitgliede die Anrufung eines übergeordneten Vereinsorgans freigestellt ist, so kommt dadurch der eine Satzungsnorm enthaltende Wille zum Ausdruck, daß im Falle der Anrufung bis zur Entscheidung der höchsten dafür vorgesehenen Vereinsinstanz die Ausschließung nicht als endgültig beschlossen gelten darf, daß jedoch die

Nichtanrufung der höheren Vereinsinstanz als Unterwerfung unter den Ausschließungsbeschluß zu gelten hat. Wer sich deshalb durch seinen Beitritt zum Verein an derartige Satzungsvorschriften bindet, muß im Falle seiner Ausschließung den satzungsmäßig ihm gewiesenen Weg der Anfechtung beschreiten, wenn sein Verhalten nicht in gleicher Weise beurteilt werden soll, wie wenn er freiwillig aus dem Verein ausgeschieden wäre. Daß hierin eine unzulässige Beeinträchtigung oder eine gänzliche Abschneidung des ordentlichen Rechtsweges läge, kann der Revision nicht zugegeben werden. Die Möglichkeit einer Anrufung des Richters bleibt, wenn das ausgeschlossene Mitglied in dem satzungsmäßig vorgeschriebenen Verfahren nicht zum Ziele gelangt, ihm immer noch gewahrt. Sie führt in den Grenzen, die dafür nach allgemeinen Rechtsgrundsätzen überhaupt bestehen, zur gerichtlichen Entscheidung über die Rechtsgültigkeit des von dem obersten Vereinsorgan über die endgültige Bestätigung der Ausschließung gefaßten Beschlusses. Im übrigen dient die Regelung eines Instanzenzuges innerhalb des Vereins auf der einen Seite zum größeren Schutze der Mitglieder gegen übereilte und unbillige Ausschließungsbeschlüsse und schützt auf der anderen Seite auch den Verein dagegen, daß, bevor das Ausschließungsverfahren die satzungsmäßig vorgesehenen Wege erneuter reiflicher Erwägung durchlaufen hat, er vorzeitig mit Prozessen überzogen und für unfertige, weil noch nicht endgültige Beschlüsse im ordentlichen Rechtswege verantwortlich gemacht werden darf. Wenn daher der Kläger die Umgehung der satzungsmäßig zur Beschlußfassung an höherer Stelle berufenen Vereinsorgane damit zu rechtfertigen sucht, daß es ihm freistände, auf das Recht zu deren Anrufung Verzicht zu leisten, so steht ihm entgegen, einmal daß es sich hierbei zugleich um eine Beeinträchtigung der satzungsmäßigen Rechte des Vereins handelt, und sodann daß vermöge seiner Gebundenheit an die Vereinssatzung die Abstandnahme von der Anrufung der höheren Vereinsinstanzen eine dem freiwilligen Austritt gleichstehende Annahme und Anerkennung des Ausschließungsbeschlusses in sich schließt. Auch die dem Ausschließungsbeschlusse und dem Verfahren der unteren Vereinsinstanz etwa anhaftenden formellen Mängel verlieren dadurch ihre rechtliche Erheblichkeit und rechtfertigen nicht eine Übergehung der satzungsmäßig zuständigen höheren Vereinsstellen. Denn, wie der erkennende

Senat in Sachen Deutscher Musikverein gegen J. Rep. IV. 354/12 durch Urteil vom 9. Januar 1913 (Warneyer 1913 Nr. 182) näher dargelegt hat, erstreckt sich die Beschlußfassung des über die endgültige Ausschließung entscheidenden höheren Vereinsorgans nicht nur auf die sachliche Rechtmäßigkeit und auf die administrative Zweckmäßigkeit der Ausschließung, sondern ebenso auf die Frage, ob das die endgültige Entschließung nachsuchende Vereinsmitglied durch Verfahrensmängel der nachgeordneten Vereinsinstanz oder durch äußere Mängel des von ihr erlassenen Beschlusses in seinen formellen Rechten verkürzt ist. Damit erledigt sich die Rüge der Revision, daß der Ausschließungsbeschluß vom 9. Januar 1913, weil er auf einem „tumultuarischen Verfahren" beruhe, überhaupt rechtsunwirksam sei.

Daß die formelle Beanstandung des früheren Ausschließungsbeschlusses durch das im Vorprozeß ergangene rechtskräftige Urteil einer erneuten Ausschließung des Klägers nicht entgegenstand, auch wenn sie aus demselben sachlichen Grunde beschlossen wurde, haben beide Vorderrichter mit Recht angenommen, und dies ist auch vom Kläger in der Revisionsinstanz nicht mehr in Zweifel gezogen worden." ...

---

78. 1. Unter welchen Voraussetzungen entsteht bei Pflegschaften, Beistandschaften und Vormundschaften die durch § 92 Abs. 1 preuß. GKG. vom 25. Juli 1910 (GS. S. 184) vorgesehene Gerichtsgebühr?

2. Sind Pauschsätze nach § 114 Abs. 1 desselben Gesetzes auch dann zu berechnen, wenn eine Gerichtsgebühr nicht entsteht?

IV. Zivilsenat. Beschl. v. 22. Oktober 1914 i. S. betr. B.'sche Pflegschaft. Rep. IV. B. 7/14.

I. Kaiserl. Generalkonsul in Alexandrien.

Die den Sachverhalt ergebenden

Gründe

lauten:

„Auf das Gesuch des Beschwerdeführers Ludwig B. vom 4. März 1914 hat der Kaiserliche Generalkonsul in Alexandrien durch Beschluß vom gleichen Tage die Anordnung getroffen, daß auf Grund des

§ 1910 BGB. der in Alexandrien wohnhaften, damals aber in München befindlichen Frau Agnes B. geb. M. wegen schwerer Erkrankung zur Verwaltung ihres Vermögens ein Pfleger zu bestellen sei. Bevor es jedoch zur Verpflichtung des in Aussicht genommenen Pflegers kam, verstarb Frau Agnes B. am 14. März 1914. Der Gerichtsschreiber des Kaiserlichen Konsulargerichts hat hierauf unter dem 12. Juni 1914 eine Kostenrechnung aufgestellt, die sich wie folgt zusammensetzt. Es sind berechnet:

1. als Gebühr für die Pflegschaft gemäß § 92 preuß. GKG. vom 25. Juli 1910 in Verbindung mit § 73 (und mit § 19 Nr. 1) des Gesetzes über die Konsulargerichtsbarkeit vom 7. April 1900 nach einem auf 1560000 *M* angenommenen Vermögenswerte 7800 *M*,
2. als Höchstbetrag des Pauschsatzes gemäß § 114 preuß. GKG. 40 *M*.

Diese Kosten sind „zu Händen" des Beschwerdeführers, eines Sohnes der Frau B., von deren Erben als Kostenschuldnern erfordert worden. Die von dem Beschwerdeführer auf Grund des § 25 preuß. GKG. angebrachte Erinnerung wurde durch Beschluß des Generalkonsuls vom 17. Juni 1914 zurückgewiesen. Gegen diesen Beschluß richtet sich die vorliegende Beschwerde. Sie ist nach § 27 preuß. GKG. zulässig und auch begründet.

Zunächst unterliegt sie in Ansehung der Person des Beschwerdeführers keinem Bedenken. Seine Benennung als Empfänger der Kostenrechnung läßt sich so verstehen, daß er selbst als Erbe seiner Mutter oder als einer der Erben zur Entrichtung der Kosten herangezogen worden ist. Diese würden, da über die Anordnung der Pflegschaft gemäß §§ 1774, 1915 BGB. nicht auf Antrag, sondern von Amts wegen Entscheidung zu treffen war, der Konsul aber mit einer vormundschaftsgerichtlichen Tätigkeit im Interesse der Erblasserin begonnen hatte, gemäß § 1 preuß. GKG. in der Tat als Kostenschuldner allein in Betracht kommen. Das Beschwerderecht steht in einem solchen Falle einem jeden der Erben zu.

Zur Sache selbst sind zwar die Ausführungen der Beschwerdebegründung, wonach aus der gegenwärtigen Kriegslage ein Grund zur Abstandnahme von der Kostenberechnung herzuleiten sei, durchweg verfehlt. Es braucht jedoch hierauf nicht eingegangen zu werden, weil der Kostenansatz so, wie er zur Prüfung steht, überhaupt nicht aufrecht erhalten werden konnte.

Unbegründet war zunächst die Berechnung der Gerichtsgebühr von 7800 ℳ für die Pflegschaft. Bei Pflegschaften, die nicht zur Wahrnehmung einzelner Geschäfte „eingeleitet“ werden (§ 91 Abs. 1 preuß. GKG.), sondern wie im vorliegenden Falle eine umfassende Geschäftsführung zum Zweck haben, entsteht allerdings die im § 92 Abs. 1 des Gesetzes vorgesehene Gebühr als eine Gesamtvergütung für die Tätigkeit des Gerichts und sie richtet sich in ihrer Höhe nach dem Vermögen des Pflegebefohlenen, „auf welches sich die Pflegschaft erstreckt“. Auch unterliegt es keinem Bedenken, aus dem Zusammenhange zwischen § 91 und § 92 herzuleiten, daß schon die Einleitung der Pflegschaft den Anspruch auf die Gebühr entstehen läßt, gleichviel wieweit die pflegschaftliche Fürsorge sachlich und zeitlich über den Einleitungsakt hinausgeht. Allein schon das Verhältnis, in das die Gebühr zu dem Vermögen des Pflegebefohlenen mit der Anforderung gesetzt ist, daß die Pflegschaft sich darauf zu erstrecken habe, legt die Annahme nahe, daß, solange durch die gerichtliche Tätigkeit irgendwelche Beziehungen zu diesem Vermögen noch nicht hergestellt sind, auch die Gebühr noch nicht als entstanden gelten kann. Der die Pflegschaft anordnende Beschluß stellt solche Beziehungen noch nicht her. Da wie erwähnt die Einleitung und Durchführung des Verfahrens unabhängig von jedem Antrage dem Richter zur Pflicht gemacht ist (§§ 1774, 1915 BGB.), stellt er für sich allein einen ausschließlich innerdienstlichen Vorgang dar. Er kann als eine rein innere Entschließung des Vormundschaftsrichters auf Grund entgegengesetzter Erwägungen vor der Bestellung des Pflegers ohne weiteres rückgängig gemacht werden. Insbesondere trifft dies, wiewohl es entscheidend darauf nicht ankommt, dann zu, wenn der Anordnungsbeschluß nach außen hin noch niemand und insbesondere wie (im gegebenen Falle) auch der unter Pflegschaft zu stellenden Person noch nicht in aller Form bekannt gemacht worden ist. Erst dann, wenn durch die Verpflichtung des Pflegers (§§ 1789, 1915 Abs. 1 BGB.) dieser für sein Amt bestellt wird und damit die Befugnis erhält, für die Person und für das Vermögen des Fürsorgebedürftigen tätig zu werden, kann im Sinne der §§ 91, 92 des Gesetzes die Pflegschaft als eingeleitet und die Gerichtsgebühr damit als erwachsen gelten. Zu dem gleichen Ergebnis gelangt, soweit ersichtlich, für ähnliche Fälle der preußische Justizminister in dem Runderlasse vom 25. Februar 1902, mitgeteilt von Müller, Die preußische Justizverwaltung, 6. Aufl., Bd. 2 S. 1579, sowie Mügel, Die preußischen Kostengesetze (6. Aufl.) durch die Ausführungen in Erl. 9 zu § 91 des Gesetzes. Eine andere Gebührenvorschrift, die auf den vorliegenden Fall Anwendung fände, enthält das Gesetz nicht. Insbesondere treffen die Voraussetzungen des § 108 Abs. 2 auf ihn nicht zu, schon weil es sich um einen Antragsfall im Sinne der Gesetzesvorschriften überhaupt nicht handelt.

Unter diesen Umständen muß aber auch der nach § 114 des Gesetzes berechnete Pauschsatz von 40 *M* in Wegfall kommen. Nach dem Wortlaute der Vorschrift hängt der Betrag der Pauschsätze, die zur Deckung der von den Parteien nicht zu ersetzenden baren Auslagen zu erheben sind, von der „zum Ansatze gelangenden Gebühr" ab. Von vornherein weist dies auf die Annahme hin, daß die Entstehung einer Gebühr zugleich eine sachliche Voraussetzung für den Anspruch auf den Pauschsatz bildet, dieser also nicht als eine unabhängige und selbständige Kostenforderung dem Fiskus erwachsen kann. Die gegenteilige Annahme hat allerdings da, wo es sich in Fällen der persönlichen Gebührenfreiheit um die Anwendung des § 80b des deutschen Gerichtskostengesetzes handelt, in den reichsgerichtlichen Entscheidungen zu wiederholten Malen Anerkennung gefunden (RGZ. Bd. 75 S. 311, Bd. 78 S. 126, Beschlüsse des VII. Zivilsenats vom 7. März 1912 Rep. VII. 541/10 und des III. Zivilsenats vom 8. März 1912 Rep. III. 389/10). Es bedarf im gegebenen Falle keiner Prüfung, ob an dieser Rechtsauffassung für das Anwendungsgebiet des Reichskostengesetzes festzuhalten oder den Bedenken beizupflichten sein würde, die dagegen in der Literatur hervorgetreten und unter umfassender Erörterung des Gesetzesmaterials in der dem Reichsgerichte zu der vorhin erwähnten Beschlußsache Rep. VII. 541/10 überreichten gutachtlichen Auslassung des preußischen Justizministers vom 27. Mai 1911 näher begründet worden sind. Denn jedenfalls entspricht der Standpunkt des Justizministers, der dem Pauschsatze die Bedeutung einer selbständigen, von der Entstehung einer Gerichtsgebühr unabhängigen Kostenforderung abspricht und von dieser Rechtsauffassung aus durch Allgemeine Verfügung vom 19. März 1910

(JMB. 1910 S. 119) die Vorschrift in § 8 Abs. 1 Nr. 3 der Kassenordnung erlassen hat, den Vorschriften des preußischen Gerichtskostengesetzes. In ihm findet der Wille des Gesetzgebers, daß mit dem Fortfall der Gerichtsgebühr auch der Pauschsatz fortfallen soll, durch die Vorschriften der §§ 112 Nr. 1a, 113, 114 seinen Ausdruck. Der Pauschsatz dient nämlich auch hier — von den unter besonderen Voraussetzungen stehenden Fällen des § 112 Nr. 1b und c abgesehen — zugleich zur Abgeltung des Aufwandes für das Schreibwerk. Dieses aber soll nach § 112 Nr. 1a in den Fällen der persönlichen oder sachlichen Gebührenfreiheit durch besondere, sich nach der Einzelarbeit richtende Schreibgebühren (§ 113 Abs. 1) abgegolten werden, weil — wie es in der Begründung des Regierungsentwurfs zu dem Gesetze (Sammlung der Drucksachen des Abgeordnetenhauses Bd. 2 Nr. 24 S. 1361 zu § 113 des Entwurfs) heißt — in diesen Fällen ein Pauschsatz nicht in Frage kommen kann. Soweit also Gebührenfreiheit gilt, soll die Staatskasse nicht durch den Pauschsatz und durch die Schreibgebühren für das Schreibwerk doppelte Deckung erhalten, sondern die Vergütung soll allein in den Schreibgebühren bestehen, der Pauschsatz aber unter der angegebenen Voraussetzung überhaupt außer Ansatz bleiben. Handelt es sich nun vorliegend auch nicht um eine persönliche oder sachliche Befreiung von der Gebührenpflicht, sondern um die Frage, mit welchem Akte der richterlichen Tätigkeit die im Gesetze vorgesehene Gebühr zur Entstehung gelangt, so muß doch das, was für Fälle der Gebührenfreiheit gilt, in gleicher Weise auch dann gelten, wenn die gerichtliche Tätigkeit noch nicht bis zur Entstehung einer Gebührenschuld vorgeschritten ist. Für das preußische Gerichtskostengesetz hat denn auch bereits der VII. Zivilsenat des Reichsgerichts in dem vorhin erwähnten Beschlusse vom 7. März 1912 sich in Übereinstimmung mit dem Beschlusse des Kammergerichts vom 15. Dezember 1911 (Johow, Jahrb. Bd. 42 S. B 332 flg.) der Rechtsauffassung der preußischen Justizverwaltung angeschlossen.

Demgemäß mußte der Beschwerde in vollem Umfange stattgegeben werden."

79. 1. Kann bei der Übertragung einer Forderung von dieser eine dafür bestellte Bürgschaft derart abgetrennt werden, daß das Recht daraus dem bisherigen Gläubiger ohne die Hauptforderung verbleiben soll?

2. Ist § 181 BGB. anwendbar auf den Fall, daß ein Vertreter durch ein Doppelgeschäft gleichzeitig sich als Hauptschuldner und die von ihm vertretene Person als Bürgen verpflichtet?

3. Gehen auf den Grundstückseigentümer, der als nur dinglicher Schuldner den Gläubiger befriedigt, mit der Forderung gemäß § 1143 BGB. auch die für sie bestehenden Bürgschaftsrechte über?

§§ 181, 401, 767, 776, 1143, 1225 BGB.

VI. Zivilsenat. Urt. v. 22. Oktober 1914 i. S. B. u. Gen. (Bekl.) w. M. (Kl.). Rep. VI. 179/14.

I. Landgericht Posen.
II. Oberlandesgericht daselbst.

Aus den Gründen:

... „Ob die von der Revision geforderte entsprechende Anwendung des § 181 BGB. auf einen Fall, in welchem ein Vertreter nicht im Namen des Vertretenen mit sich im eigenen Namen oder als Vertreter eines Dritten ein Rechtsgeschäft abschließt, sondern durch ein Doppelgeschäft gleichzeitig sich und die von ihm vertretene Person verpflichtet, möglich sein würde — die Urteile des Reichsgerichts Bd. 71 S. 219 der Entscheidungen und Warneyer Rechtspr. 1909 Nr. 189 haben sie bereits verneint —, kann unerörtert bleiben. Es bedarf auch des weiteren nicht der Untersuchung, ob die Rechtsauffassung des Berufungsgerichts, wonach die Befriedigung des Hypothekengläubigers durch den dinglichen Schuldner nach § 1143 BGB. den gesetzlichen Übergang der hypothekarisch versicherten Forderung und der Bürgschaftsforderung auf den zahlenden dinglichen Schuldner zur Folge habe, für rechtlich haltbar erachtet werden kann, oder ob nicht vielmehr der vom Landgerichte vertretenen Anschauung zu folgen sein würde, daß mit Rücksicht auf die Vorschrift des § 775 BGB. ein solcher Rechtsübergang hinsichtlich der Bürgschaftsforderung nicht stattfindet und auch ein Rückgriff des dinglichen Schuldners gegen den Bürgen nicht gegeben ist (Strohal in D. JurZeit. 1903 S. 373), oder ob vielleicht auch jene dritte Rechtsansicht zu billigen wäre (Strohal in Jher. Jahrb. Bd. 61 S. 59, RGRKomm. Anm. zu § 1225 BGB.), wonach ein Rückgriff des dinglichen Schuldners, der die Schuld bezahlt hat, insoweit, aber auch nur insoweit statthaben kann, als er über den Wert des Pfandes hinaus, mit dem er haftet, gezahlt hat. Denn jedenfalls ist der letzte Angriff der Revision, der sich gegen die Rechtswirksamkeit des Vorbehalts der Bürgschaftsforderung in der Abtretungsurkunde vom 7. März 1911 und gegen die Auslegung dieser Urkunde durch das Berufungsgericht richtet, für begründet zu erachten und muß zur Abweisung der Klage, also zur Zurückweisung der Berufung des Klägers gegen das diese aussprechende Urteil des Landgerichts führen.

In der Abtretungsurkunde vom 7. März 1911 ist ausdrücklich erklärt, „daß die Rechte und Ansprüche aus der Bürgschaftserklärung des Herrn M. B. zu P. vom 30. Januar 1905 von der Abtretung ausgeschlossen sind. Diese Bürgschaftserklärung hat Herr M. B. abgegeben namens der damaligen Inhaber der Firma v. D. & L.". Ein solcher Ausschluß ist rechtlich möglich. Da aber nach § 767 BGB. die Bürgschaftsforderung nur verbunden mit der Hauptforderung bestehen kann, hat die Abtrennung von ihr durch solchen Ausschluß bei der Abtretung der Hauptforderung notwendig die Wirkung, daß die Bürgschaft erlischt. Hinsichtlich des Pfandrechts an beweglichen Sachen ist dies in § 1250 Abs. 2 BGB. ausdrücklich ausgesprochen. Der Satz muß aber ebenso für andere Nebenrechte, die dem abgetretenen Hauptrechte folgen, insbesondere für das Recht aus einer Bürgschaft für die übertragene Forderung gelten (Jur. Wochenschr. 1905 S. 428 Nr. 6, RGRKomm. z. BGB. Anm. 1 zu § 401); nur die Hypothek macht eine Ausnahme in dem Sinne, daß wegen des engen Zusammenhanges zwischen Forderung und Hypothek eine Abtretung der erstern ohne die letztere schlechthin unzulässig und deshalb nichtig ist (§ 1153 Abs. 2 BGB.). Im gegebenen Falle ist mithin dadurch, daß das Recht aus der Bürgschaft durch die Abtretungsurkunde vom 7. März 1911 von der Abtretung der Hauptforderung ausgeschlossen wurde, die Bürgschaftsforderung untergegangen. Daran kann es nichts ändern, wenn die Abtretung nur zur Sicherheit wegen einer Forderung des Abtretungsempfängers gegen den Abtretenden erfolgte. Auch die Sicherheitsübereignung ist wirkliche Übereignung; sie gibt dem Abtretenden nur im inneren Verhältnisse zu dem Abtretungsempfänger den Anspruch auf Rückübertragung des abgetretenen Rechtes, sobald der Zweck der Sicherstellung erfolgt ist." ...

---

80. Wird, wenn der Besteller des gelieferten Werkes wegen eines diesem anhaftenden Mangels einen Anspruch auf Schadensersatz, und zwar nur einen Teil dieses Anspruchs aufrechnungsweise im Prozesse geltend macht, dadurch die Verjährung seines Anspruchs auf Beseitigung des Mangels unterbrochen?

BGB. §§ 209, 633, 638, 639, 477.

VII. Zivilsenat. Urt. v. 23. Oktober 1914 i. S. Montanwachsfabrik (Kl.) w. Braunschw. Maschinenbauanstalt (Bekl.). Rep. VII. 229/14.

I. Landgericht Braunschweig.
II. Oberlandesgericht daselbst.

Die Beklagte hat der Klägerin auf Bestellung im Frühjahr 1911 zu einer Bitumen-Extraktionsanlage Maschinen geliefert. Am 9. Mai 1911 rügte die Klägerin, daß der Benzolverlust zu groß sei. Sie verweigerte auch die Zahlung des Preises von 22064,76 ℳ mit der Behauptung, daß ihr wegen jenes Mangels gegen die Beklagte ein Gegenanspruch von 26052,20 ℳ zustehe, mit dem sie aufrechne. Durch Urteil vom 5. Juli 1912 wurde sie jedoch zur Zahlung von 22064,76 ℳ rechtskräftig verurteilt. Die Entscheidung stützte sich auf Nr. 7 der Lieferungsbedingungen, wonach eine Zurückhaltung wegen irgendwelcher Gegenansprüche ausgeschlossen war. Nunmehr wurde die Klägerin im Mai 1913 mit dem Antrage klagbar, die Beklagte zu verurteilen, die gelieferte Extraktionsanlage innerhalb eines Monats so abzuändern, daß der Benzolverlust 1 % des Chargengewichts nicht übersteige. Die Beklagte beantragte Abweisung, weil der Anspruch verjährt sei. Das Landgericht hielt diesen Einwand für begründet und wies die Klage ab. Berufung und Revision hatten keinen Erfolg.

Gründe:

... „Die Klägerin hat eingewendet, die Verjährung sei gemäß § 209 Abs. 1 Nr. 3, § 477 Abs. 1 u. 3, § 639 Abs. 1 BGB. durch

Erhebung der Aufrechnungseinrede im Vorprozeß unterbrochen. Diesen Einwand hat der Berufungsrichter mit Recht verworfen. Die Einrede im Vorprozesse betraf einen Anspruch auf Zahlung; jetzt wird ein Anspruch auf Nachbesserung, also auf Leistung einer nicht vertretbaren Handlung geltend gemacht. Es könnte sich fragen, ob § 477 Abs. 3, insofern er sich auch auf die Unterbrechung der Verjährung durch Aufrechnung bezieht, nicht voraussetzt, daß alle in Betracht kommenden Ansprüche an sich zur Aufrechnung geeignet sind. Allein wenn auch von diesem Bedenken abgesehen und also angenommen wird, daß durch Aufrechnung mit einem Geldanspruch auch die Verjährung eines Nachbesserungsanspruchs unterbrochen werden konnte, so steht im vorliegenden Falle der Klägerin doch entgegen, daß durch Erhebung der Aufrechnungseinrede im Vorprozesse die Verjährung nicht hinsichtlich des ganzen Geldanspruchs, sondern nur hinsichtlich eines Teiles dieses Anspruchs unterbrochen worden ist, da der Anspruch 26052,20 *M* betrug, während nur 22064,76 *M* zur Aufrechnung gestellt werden konnten und gestellt worden sind (vgl. RGZ. Bd. 57 S. 375). Es ist nicht einzusehen, weshalb die Erhebung der Aufrechnungseinrede auf die Erhaltung des Nachbesserungsanspruchs eine stärkere Wirkung ausgeübt haben sollte, als auf die Erhaltung des Schadensanspruchs. Man wird vielmehr annehmen müssen, daß die Verjährung des unteilbaren Nachbesserungsanspruchs nur dann unterbrochen worden wäre, wenn die Klägerin im Vorprozesse den Rest ihrer Schadensforderung im Wege der Widerklage geltend gemacht hätte (§ 209 Abs. 1 BGB.)." . . . .

81. Müssen rückständige Aktienbeträge von allen Aktionären gleichmäßig eingefordert werden?

HGB. § 218.

II. Zivilsenat. Urt. v. 23. Oktober 1914 i. S. O. L. (Bekl.) w. die Elbsandstein-Industrie-A.-G., jetzt deren Konkursverwalter (Kl.). Rep. II. 148/14.

I. Landgericht Leipzig.
II. Oberlandesgericht Dresden.

Die jetzt in Konkurs verfallene Klägerin ist eine Aktiengesellschaft. Der Beklagte hat als Mitgründer zehn Aktien zu je 1000 ℳ gezeichnet und 25 % des Betrages eingezahlt. Die Klägerin hat durch die öffentlichen Anzeigen vom 30. Januar 1913 diejenigen Aktionäre, die die übrigen 75 % ihrer Bareinlage nicht geleistet hatten, unter Angabe bestimmter Aktiennummern, worunter die des Beklagten angeführt sind, aufgefordert, diese rückständigen Einzahlungen binnen einer Woche zu leisten. Sie hat, da der Beklagte nicht zahlte, im Urkundenprozesse gegen ihn Klage auf 7500 ℳ nebst Zinsen erhoben. Der Beklagte hat eingewendet, daß nicht alle Aktionäre, deren Einzahlungen rückständig wären, zur Zahlung aufgefordert seien, und daß die Aufforderung deswegen keine ordnungsmäßige sei.

Das Landgericht hat die Klage als im Urkundenprozesse unstatthaft abgewiesen, weil die Klägerin nicht durch Urkunden nachweisen könne, daß auf die in den öffentlichen Anzeigen nicht genannten Aktien der eingeforderte Betrag bezahlt sei. Das Oberlandesgericht hat auf Berufung den Beklagten unter Vorbehalt seiner Rechte der Klage gemäß verurteilt. Seine Revision wurde zurückgewiesen aus folgenden

Gründen:

„Allerdings sind die Organe einer Aktiengesellschaft verpflichtet, deren Rechte und Interessen in bezug auf die Einzahlung der Aktienbeträge gegenüber allen Aktionären gleichmäßig wahrzunehmen. Sie sind hierfür der Gesellschaft verantwortlich. Das ist zweifellos. Aber eine Vernachlässigung dieser Pflicht berechtigt nicht den einzelnen Aktionär, von dem der Betrag seiner Aktie eingefordert wird, zu einer Einrede gegenüber der Gesellschaft. Die Verbindlichkeit zur Einzahlung dieses Betrages beruht auf einem einseitigen Schuldverhältnisse des Aktionärs zur Gesellschaft. Der Aktionär kann keine Einrede daraus herleiten, daß andere gleichgestellte Schuldner ihre Verbindlichkeit gegenüber der Aktiengesellschaft nicht erfüllen. Er kann ebensowenig eine Einrede darauf begründen, daß die Organe der Aktiengesellschaft ihre Pflicht zur ordnungsmäßigen Führung der Geschäfte in bezug auf die Einziehung der übrigen rückständigen Aktienbeträge nicht erfüllen.

Voraussetzung der Fälligkeit der zu leistenden Einzahlung ist allerdings ihre dem § 218 Abs. 3 HGB. entsprechende Einforderung durch die Organe der Gesellschaft. Deswegen ist vom Oberlandesgericht mit Recht geprüft worden, ob eine solche Aufforderung im Streitfall auf gültige Weise erlassen ist. Die geschehene Aufforderung entspricht aber den Vorschriften der Satzung und des Gesetzes. Sie wird auch von dem Beklagten nur deswegen beanstandet, weil sie nicht an alle Aktionäre gleichmäßig gerichtet sei. Das ist jedoch vom Gesetze nicht vorgeschrieben. Es ist weder im § 218 ausgesprochen, noch ist es aus dem Zusammenhange des Gesetzes zu entnehmen, daß die Aufforderung zur Einzahlung der Aktienbeträge an alle rückständigen Aktionäre gleichzeitig ergehen muß. Im Gegenteil weist die verschiedene Fassung der §§ 218 und 219, wenn auch nicht mit Bestimmtheit, so doch mit einiger Wahrscheinlichkeit darauf hin, daß der Gesetzgeber die Aufforderung zur Einzahlung als ein gegenüber dem einzelnen Aktionär vorzunehmendes Rechtsgeschäft, die Kaduzierung dagegen als ein nur gleichzeitig gegenüber sämtlichen säumigen Aktionären zulässiges Verfahren erachtet hat. Zudem ergibt der Kommissionsbericht zum HGB. von 1897 (Hahn, Materialien S. 591), daß man sich in den Verhandlungen der Kommission eine verschiedenartige Behandlung der Aktionäre als möglich und, sofern sie im Interesse der Gesellschaft liegt, als berechtigt vorgestellt hat. Auch innere Gründe sprechen in keiner Weise dafür, die Pflicht des einzelnen Aktionärs zur Leistung des ausstehenden Aktienbetrages davon abhängig zu machen, daß dieser von allen gleichgestellten Aktionären gleichmäßig eingefordert wird. Vielmehr müßte es zu bedenklichen und für die Gesellschaft möglicherweise gefährlichen Verwickelungen führen, wenn jeder Aktionär das Recht hätte, gegenüber dem an ihn gerichteten Anspruch auf Zahlung des Aktienbetrages Einreden aus dem Rechtsverhältnis der Gesellschaft zu anderen Aktionären zu entnehmen und die Gesellschaft in einen Streit darüber zu verwickeln, ob andere Aktionäre den Betrag ihrer Einlagen noch schulden oder schon getilgt haben.

Die Sicherheit gegen eine pflichtwidrig ungleichmäßige Behandlung der einzelnen Aktionäre muß in der Verantwortlichkeit des Vorstandes und Aufsichtsrats gegenüber der Generalversammlung gefunden werden. Außerdem ist es natürlich jedem Aktionär unbenommen, geltend zu machen, daß die an ihn gerichtete Aufforderung gegen die §§ 226 oder 826 BGB. verstoße. Dies steht hier nicht in Frage. Der Beklagte hat nur behauptet, daß in der veröffentlichten Aufforderung gewiß noch nicht volleingezahlte Aktien ohne Grund ausgelassen seien. Dies berechtigt ihn, auch wenn es richtig ist, nicht, die Zahlung des auf seine Aktien unstreitig noch rückständigen Betrages zu verweigern."

---

82. Unter welchen Voraussetzungen kann die Leistung von Schlepperdiensten als Hilfe in Seenot angesehen werden? Kann die Hilfe auch darin bestehen, daß der Schlepper das gefährdete Schiff nur begleitet, um bei Eintritt unmittelbarer Gefahr sofort eingreifen zu können?

HGB. §§ 740 Abs. 2, 750 Nr. 1.

I. Zivilsenat. Urt. v. 24. Oktober 1914 i. S. Hochseefischerei J. W., Aktiengesellschaft (Bekl.) w. Hochseefischerei Nordstern, Aktiengesellschaft (Kl.). Rep. I. 166/14.

I. Landgericht Bremen, Kammer für Handelssachen.
II. Oberlandesgericht Hamburg.

Der Fischdampfer der Beklagten „Burhave" hatte in der Nacht zum 15. Februar 1913 vor Westermann (Island) vor Anker gelegen, hievte 9 Uhr 15 Min. vormittags den Anker und fuhr nach der anderen Seite von Heimay. Auf dieser Fahrt blieb plötzlich die Maschine infolge eines erheblichen Maschinenschadens stehen, wodurch dringende Gefahr entstand, daß der Dampfer auf die Klippen geriet. Im letzten Augenblicke sprang jedoch die Maschine auf rückwärts an, so daß es gelang, von den Klippen frei zu kommen. Die „Burhave" wurde alsdann durch den hinzukommenden britischen Fischdampfer „Secoot" in den Südhafen von Heimay geschleppt, woselbst sie 11 Uhr vormittags vor Anker ging. Der Schaden wurde nun an Bord, soweit möglich, repariert und die Maschine auf vorwärts und rückwärts probiert. Am 16. Februar 8 Uhr 30 Min. vormittags dampfte die „Burhave" südöstlich nach Portland, setzte 11 Uhr 40 Min. vormittags das Netz aus und fischte. Um 1 Uhr nachmittags meldete der 1. Maschinist, daß es nicht mehr ginge und er keine Garantie wegen der Maschine übernehmen könne. Es wurde darauf die Notflagge aufgezogen und das Netz eingehievt. Auf das Notsignal fuhr der mit Fischen beschäftigte klägerische Fischdampfer „Auguste" heran. Der Schiffer der „Burhave" erklärte, er habe Maschinenschaden und müsse deshalb die Heimreise nach Aberdeen (Schottland) antreten; er bat die „Auguste", ihn zu begleiten. Die „Auguste" gab hierauf den beabsichtigten Fischfang auf und begleitete die „Burhave", um sie erforderlichenfalls gemäß vereinbarter Signale ins Schlepptau zu nehmen; dies war aber, weil das Wetter günstig blieb, nicht erforderlich, obwohl die Maschine der „Burhave" unterwegs vorübergehend versagte. Beide Schiffe trafen am 19. Februar abends in Aberdeen ein.

Die Klägerin verlangt mit der Klage den Betrag von 12 000 ℳ nebst Zinsen als Hilfslohn wegen Rettung aus Seenot. Die Beklagte will nur eine Vergütung für geleistete Dienste bezahlen und bestreitet, daß Hilfe in Seenot geleistet worden sei. Beide Vorinstanzen haben den Anspruch auf Hilfslohn dem Grunde nach für berechtigt erklärt. Die Revision der Beklagten ist zurückgewiesen worden aus folgenden

Gründen:

„Wenn die Revision das Vorliegen der Seenot bestreitet, indem sie ausführt, die „Auguste" hätte ohne jede Gefahr nach Heimat zurückkehren und dort einen Schleppdampfer annehmen können; sie hätte auch die Reise nach Aberdeen nicht im Winter antreten müssen, sondern eine bessere Jahreszeit abwarten und sich in dem nächsten Hafen in Sicherheit bringen können, so sind das neue Behauptungen, die in dieser Instanz nicht berücksichtigt werden können. Sie stehen auch mit den Feststellungen des Berufungsgerichts und dem ganzen Tatbestande im Widerspruche. Das Berufungsgericht geht davon aus, daß die „Burhave" sich infolge ihres Maschinenschadens in Seenot auf offenem Meere in sehr gefährlicher Gegend zu einer der schlechtesten Jahreszeiten befunden hat und daß sie allein die Fahrt nach Aberdeen nicht unternehmen konnte und wollte; ohne die Begleitung der „Auguste" würde sie die Fahrt nicht unternommen haben, insofern sei sie durch deren Hilfe aus der Seenot, in der sie sich befand, gerettet worden. Der Tatbestand ergibt, daß die „Burhave" in gleicher Lage tags zuvor durch Auftreiben auf die Klippen um ein Haar völlig verloren gegangen wäre, wenn nicht im letzten Augenblicke die Maschine nach rückwärts angegangen und sie alsdann durch einen in der Nähe befindlichen Fischdampfer in den Hafen geschleppt worden wäre. Welcher Art dieser Hafen (Heimay), der auf den allgemein zugänglichen Karten nicht zu ermitteln ist, war, und ob der Dampfer mit Rücksicht auf Verproviantierung und etwa eintretendes schlechtes Wetter längere Zeit dort bleiben konnte, erhellt nicht; noch weniger, daß dort ein Schlepper zur Verfügung stand. Dagegen steht fest, daß der Schiffer erklärt hat, er müsse wegen Maschinenschadens nach Aberdeen fahren und daß er sich tags zuvor auch nicht etwa der Hilfe eines zu Schlepperdiensten bestimmten Schiffes, sondern der außerordentlichen Hilfe eines dort fischenden Fahrzeugs bedient hat.

In Ermangelung anderweiten Vorbringens in den Instanzen muß daher jetzt davon ausgegangen werden, daß die Rückkehr nach Aberdeen die einzig richtige Maßnahme und daß sie notwendig war, um das Schiff aus der bei Island drohenden Seegefahr zu retten. Ferner aber auch, daß die „Burhave" nach vernünftigem Ermessen die mehr als drei Tage währende Reise nach Aberdeen allein, ohne ständige Bereitschaft von Schlepphilfe, nicht machen konnte und daß gewöhnliche Schlepperdienste ihr nicht zur Verfügung standen. Die „Auguste" aber leistete die erbetene Hilfe in außergewöhnlicher Weise, da sie nicht, um Schlepperdienste zu tun, sondern um der Seefischerei obzuliegen, zur Stelle war und auf ihre gewinnbringende Betätigung verzichtete, um die Hilfe gewähren zu können. Die Annahme einer Rettung aus Seenot wird nicht dadurch widerlegt, daß die Reise unter den obwaltenden Umständen, insbesondere unter der Gunst des Wetters, tatsächlich gelang, ohne daß eigentliche Schleppdienste erfordert wurden. Es mußte sowohl mit Eintritt von schlechtem Wetter, wie auch mit dem dauernden Versagen der Maschine gerechnet werden, so daß, wie das Berufungsgericht feststellt, die Fahrt „rationell" ohne Begleitung der „Auguste" unausführbar war. Rettung aus einer unmittelbar drohenden Gefahr wird nicht erfordert, vielmehr genügt es, daß das Schiff nach damaliger vernünftiger Beurteilung im Falle des Unterbleibens der Maßnahme der Gefahr des Unterganges oder der erheblichen Beschädigung ausgesetzt war (Entsch. des RG.'s vom 22. Oktober 1904 HansGZ. 1905 Nr. 20). Dies hat aber das Oberlandesgericht angenommen.

Umsonst bestreitet auch die Revision, daß Hilfe im Sinne des Gesetzes geleistet sei. Die Begleitung seitens der „Auguste“ und ihre ständige Bereitschaft, das gefährdete Schiff im Notfall ans Tau zu nehmen, war eine mit erheblichen Opfern verbundene Leistung, welche die rettende Maßnahme allein ermöglichte. Sie erfolgte in gefährlicher Gegend, wo die „Burhave“ von ordnungsmäßiger Schlepphilfe abgeschnitten war (vgl. Burchard, Bergung und Hilfeleistung in Seenot S. 29). Dies ist gerade der Fall, den § 740 HGB. im Auge hat. Wie die Sache zu beurteilen wäre, hätte die „Burhave“ die Reise allein unternommen und hätte die „Auguste“ sie begleitet, ohne dazu aufgefordert zu sein, ist hier nicht zu entscheiden, zumal da dann in ganz anderer Weise Zweifel bestehen müßten, ob die Begleitung notwendig war, ferner in Frage kommen würde, ob sie nicht aufgedrängt wurde (§ 750 Nr. 1 HGB.).“ ...

---

83. Zur Anwendung des § 254 BGB., insbesondere unter Berücksichtigung des § 3 des Gesetzes, betr. die privatrechtlichen Verhältnisse der Binnenschiffahrt vom 15. Juli 1895 (RGBl. S. 301).

VI. Zivilsenat. Urt. v. 26. Oktober 1914 i. S. Schiffsversicherungsverein zu A. (Kl.) w. preuß. Fiskus (Bekl.). Rep. VI. 201/14.

I. Landgericht Stade.
II. Oberlandesgericht Celle.

Der Kläger fordert in abgetretenen Rechten des Schiffseigners W. Ersatz des Schadens, den dieser durch den Untergang seines Kahnes im neuen Harburger Hafen am 31. August 1907 erlitten hat. Das Berufungsgericht hat angenommen, daß dieser Schaden durch Verschulden der verfassungsmäßigen Vertreter des Beklagten verursacht worden sei, daß aber bei seiner Entstehung auch ein Verschulden, wenn auch nicht des W. so doch seines Bootsmannes N., das jenem nach § 3 BinnSchG. zuzurechnen sei, mitgewirkt habe, ohne daß ihm ein Entlastungsbeweis gemäß § 831 BGB., wie ihn das bürgerliche Recht zulasse, freistehe. Deswegen hat es den Klaganspruch nur zur Hälfte dem Grunde nach für gerechtfertigt erklärt, im übrigen aber die Klage abgewiesen.

Die Revision des Klägers wurde zurückgewiesen.

Gründe:

... „Ohne Grund beschwert sich die Revision darüber, daß das Berufungsgericht dem Kläger den Entlastungsbeweis bezüglich des N. versagt hat. Sie weist darauf hin, daß ein solcher Beweis dem Geschädigten stets zustehe, wenn — wie hier — Schadensersatz auf Grund unerlaubter Handlung gefordert werde und das Verschulden eines Angestellten des Geschädigten bei der Entstehung des Schadens mitgewirkt habe; § 3 BinnSchG. könne hier nicht zur Anwendung kommen, da es sich nicht um den Schaden eines Dritten handle, der durch die Schiffsbesatzung verschuldet worden sei. Dieser Auffassung kann nicht beigetreten werden. Richtig ist zwar, daß jene Bestimmung sich darüber nicht verhält, in welcher Weise auf den, dem Schiffseigner gegen einen Dritten wegen dessen Verschuldens zustehenden Schadensersatzanspruch das mitwirkende Verschulden einer Person der Schiffsbesatzung in Ausführung ihrer Dienstverrichtungen einwirkt. Allein die durch den § 3 bestimmte Haftung des Schiffseigners muß auch bei der Schadensteilung im Rahmen des § 254 BGB. entsprechende Anwendung finden. Was eine Haftung wegen Verschuldens Dritten gegenüber begründet, begründet regelmäßig auch die Haftung gegen sich selbst in der Form der Berücksichtigung des eigenen Verschuldens bei der Schadensteilung. Nach der Feststellung des Berufungsgerichts ist der Schaden, für den der Kläger Ersatz fordert, auch durch ein Verschulden des Bootsmanns seines Rechtsvorgängers in Ausführung seiner Dienstverrichtungen herbeigeführt worden. Der Kläger muß daher sich selbst dieses Verschulden in derselben Weise zurechnen lassen, wie es ihm zugerechnet werden müßte, wenn der Bootsmann in Ausführung seiner Dienstverrichtungen durch sein Verschulden einem Dritten Schaden zugefügt hätte. Da der angezogene § 3 letzterenfalls den Schiffseigner schlechthin für den Schaden haften läßt, ohne ihm einen Entlastungsbeweis in der Richtung des § 831 BGB. zu gestatten, so hat die gleiche Haftung auch einzutreten, soweit es sich um einen Schaden handelt, den ihm selbst der Bootsmann zugleich mit dem Beklagten zugefügt hat, d. h. bei der durch § 254 BGB. gebotenen, nach Befinden zur Versagung oder Abminderung des Schadensersatzanspruchs führenden Abwägung ist das Verschulden des Bootsmanns schlechthin einzustellen, ohne daß dem Schiffseigner (oder seinem Rechtsnachfolger) zu gestatten wäre, einen Entlastungsbeweis in der Richtung des § 831 zu führen. Von den gleichen Erwägungen ist der I. Zivilsenat in seinem RGZ. Bd. 55 S. 316 flg., 321 abgedruckten Urteil ausgegangen. Der darin entschiedene Fall betraf zwar den § 485 HGB.; dieser Bestimmung ist aber § 3 BinnSchG. nachgebildet worden. Der Anwendung dieser Vorschrift im Rahmen des § 254 BGB. steht auch § 4 Abs. 1 Nr. 3 nicht entgegen, wonach der Schiffseigner nicht persönlich, sondern nur mit Schiff und Fracht haftet, wenn der Anspruch auf das Verschulden einer Person der Schiffsbesatzung gegründet wird. Denn bei der Anwendung des § 254 kann von einer eigentlichen Haftung des Schiffseigners, sei es mit seinem ganzen Vermögen, sei es nur mit Schiff und Fracht, überhaupt nicht die Rede sein, sondern nur davon, ob überhaupt oder in welchem Umfange ihm als dem Geschädigten Ersatz zu leisten ist." ...

---

84. 1. **Wirkung des Krieges auf die Privatrechte der Angehörigen feindlicher Völker nach deutschem Recht. Ist das Prioritätsrecht nach Art. 4 der Pariser Konvention für die Angehörigen der mit Deutschland im Kriege befindlichen Völker erloschen? Zeit der Entstehung des Prioritätsrechts.**

2. **Bedeutung einer neuen im Patent offenbarten technischen Erkenntnis für die Aufrechterhaltung des Patentes, wenn bei der Anmeldung die Abbildung eines dem Patent entsprechenden Apparats druckschriftlich veröffentlicht war.**

Reichsverfassung Art. 11 Abs. 1 u. 3.
Unionvertrag zum Schutze des gewerbl. Eigentums vom 20. März 1883 Art. 4 (RGBl. 1903 S. 147 flg.).

I. Zivilsenat. Urt. v. 26. Oktober 1914 i. S. H. H. (Kl.) w. L. Ch. in Paris (Bekl.). Rep. I. 83/14.

I. Patentamt.

Dem Beklagten ist auf Anmeldung vom 13. November 1909 mit der auf Grund des französischen Patentes Nr. 405961 anerkannten Priorität vom 26. November 1908 das Patent Nr. 244211 erteilt worden, dessen Anspruch lautet: Hölzerne Luftschraube, dadurch gekennzeichnet, daß der vordere Rand der Spitze jedes Flügels erheblich stärker und auf eine längere Strecke nach rückwärts gebogen ist als der hintere Rand nach vorne. Kläger beantragte die Nichtigerklärung, weil die behauptete technische Wirkung nicht eintrete und weil die Erfindung durch eine Reihe von druckschriftlichen Veröffentlichungen sowie durch offenkundige Vorbenutzung im Inlande vorweggenommen sei.

Das Kaiserliche Patentamt wies die Nichtigkeitsklage ab. Auf Berufung des Klägers hat das Reichsgericht das Patent für nichtig erklärt aus folgenden

Gründen:

„Die Parteien haben zunächst die Frage erörtert, ob dem Beklagten als Angehörigen eines mit uns im Kriege befindlichen Staates gemäß Art. 4 des Unionvertrags zum Schutze des gewerblichen Eigentums vom 20. März 1883 (Pariser Konvention) die Priorität nach Maßgabe der Anmeldung seines französischen Patentes zuzuerkennen sei. Diese Frage ist aus mehreren Gründen zu bejahen.

Der Beitritt Deutschlands zur Pariser Konvention, in Kraft tretend mit dem 1. Mai 1903, ist der schweizerischen Regierung am 21. März 1903 angezeigt worden, und das Abkommen wurde damit für das Deutsche Reich gemäß Art. 11 Abs. 1 der Reichsverfassung international verbindlich. Nach Art. 11 Abs. 3 daselbst (vgl. Art. 4 Nr. 5, 6 und 13) bedurfte es jedoch zur innerstaatlichen Wirksamkeit noch der Zustimmung des Bundesrats und der Genehmigung des Reichstages, also eines Aktes der Reichsgesetzgebung. Die Zustimmung des Bundesrats ist am 9. Mai 1901, die des Reichstages am 15. Mai 1901 erklärt worden, und es ist alsdann der Beitritt des Reichs unter dem 9. April 1903 im Reichsgesetzblatt (S. 147) bekannt gemacht worden. Dadurch ist die Konvention zum Reichsgesetz erhoben und ein Bestandteil des deutschen Rechtes über den gewerblichen Rechtsschutz geworden. Wenn es nun auch richtig sein mag, daß die völkerrechtliche Verbindlichkeit des Abkommens denjenigen Staaten gegenüber, mit denen wir uns im Kriege befinden, durch den Ausbruch des Krieges ohne weiteres aufhört, so tritt hierdurch noch nicht der Inhalt der Konvention, soweit er zum Bestandteil unseres bürgerlichen Rechtes geworden ist, bezüglich der Angehörigen der uns feindlichen Staaten außer Kraft. Die internationale Verbindlichkeit und die innerstaatliche Wirksamkeit sind nicht unbedingt voneinander abhängig. Beide stehen und fallen miteinander nur bei solchen Verträgen, deren Ausführung mit den Zwecken der Kriegführung unvereinbar wäre. Davon kann aber, wenigstens vom Standpunkte des deutschen Rechtes aus, bei einem sich lediglich auf Privatrecht beziehenden Abkommen, wie bei dem Unionvertrage, keine Rede sein. Dem deutschen Völkerrechte liegt die Anschauung gewisser ausländischer Rechte fern, daß der Krieg unter möglichster wirtschaftlicher Schädigung der Angehörigen feindlicher Staaten zu führen ist und daß diese daher in weitem Umfange der Wohltaten des gemeinen bürgerlichen Rechtes zu berauben sind. Vielmehr gilt der Grundsatz, daß der Krieg nur gegen den feindlichen Staat als solchen und gegen dessen bewaffnete Macht geführt wird und daß die Angehörigen der feindlichen Staaten in bezug auf das bürgerliche Recht den Inländern in demselben Maße gleichgestellt sind, wie dies vor dem Kriege der Fall war, mithin, soweit nicht gesetzliche Ausnahmen bestehen, in allen Beziehungen.

Selbstverständlich schließt dieser Grundsatz nicht aus, daß, insbesondere nach dem Rechte der Vergeltung, durch ein besonderes Gesetz eine andere Behandlung feindlicher Ausländer vorgeschrieben wird, wie dies ja auch im gegenwärtigen Kriege mehrfach geschehen ist. Ein solches Gesetz ist aber für den gewerblichen Rechtsschutz bisher nicht ergangen. Solange dies nicht geschehen ist, hat der deutsche Richter die Bestimmungen der Konvention nach wie vor anzuwenden. Denn wenn auch die im Kriege befindlichen Staaten einander gegenüber völkerrechtlich nicht mehr an die Konvention gebunden sein sollten, so besteht doch für sie alle die Möglichkeit, den bisher bestehenden Zustand im vollen Umfang aufrecht zu erhalten und die Bestimmungen der Konvention innerhalb ihres Herrschaftsgebiets durchzuführen. Es ist keineswegs zu vermuten, daß die gesetzgebenden Faktoren Deutschlands stillschweigend die Bestimmungen der Konvention bezüglich der Angehörigen der feindlichen Staaten außer Kraft setzen wollen, und zwar um so weniger, als große

Zweifel darüber bestehen können, ob und insbesondere inwieweit die Aufhebung zweckmäßtg erscheint, z. B. ob sie sich auf die in Art. 3 bezeichneten Personen erstrecken soll und ob und inwieweit ihr rückwirkende Kraft beizulegen ist. Es wäre sehr bedenklich, von einer Regelung dieser und anderer schwieriger Fragen im Wege eines Gesetzes abzusehen und sie dem richterlichen Ermessen zu überlassen.

Wenn man sich aber auch auf den Standpunkt stellen wollte, die Pariser Konvention sei mit Ausbruch des Krieges auch als Reichsgesetz, soweit sie die Angehörigen der uns feindlichen Staaten betrifft, automatisch erledigt, so würde dies doch für den gegenwärtigen Rechtsstreit unerheblich sein. Denn nach deutschem Staatsrechte bewirkt die Außerkraftsetzung eines Gesetzes im Zweifel niemals die Aufhebung bereits erworbener Rechte. Verfehlt aber ist die Ausführung des Klägers, daß der Bekagte, solange das Nichtigkeitsverfahren anhängig sei, auf Grund des bisherigen Rechtszustandes noch kein Recht erworben habe. Vielmehr hat er nach Art. 4 der Konvention das Recht auf Patenterteilung in Deutschland mit der Priorität des französischen Patentes jedenfalls in dem Zeitpunkt erworben, in welchem er innerhalb der Frist des Art. 4 seine Erfindung in Deutschland zum Patent anmeldete, selbstverständlich unter der Voraussetzung, daß sich bei der in Deutschland vorgeschriebenen Prüfung und bei der durch das Nichtigkeitsverfahren eröffneten Nachprüfung der Anmeldungsgegenstand als patentwürdig und die erfolgte Patenterteilung als haltbar erwies. Es kann sogar zweifelhaft sein, ob der Prioritätsanspruch nicht schon durch die unter dem Rechte der Konvention erfolgte Anmeldung in Frankreich unter der Bedingung erworben wurde, daß ihr eine ordnungsmäßige Anmeldung in Deutschland innerhalb Jahresfrist nachfolgte. Doch kann diese Frage dahingestellt bleiben, weil sogar die Erteilung des Patentes lange vor dem Ausbruche des gegenwärtigen Krieges erfolgt ist. Nach § 3 des Patentgesetzes hat derjenige Anspruch auf die Erteilung des Patentes, welcher die Erfindung zuerst ordnungsmäßig angemeldet hat. Hiernach ist der Zeitpunkt der Anmeldung entscheidend für die gesetzlichen Voraussetzungen einer rechtsbegründenden Anmeldung. Es kann höchstens der Zweifel entstehen, ob nicht das Gesetz in Verbindung mit Art. 4 der Konvention dahin auszulegen ist, daß als erste Anmeldung die Anmeldung im Ausland unter der Bedingung zu gelten hat, daß ihr rechtzeitig eine Anmeldung im Inlande nachfolgt. Solange daher nicht ein deutsches Gesetz die Außerkraftsetzung der Konvention mit rückwirkender Kraft für die Angehörigen der feindlichen Staaten verfügt, muß dem Beklagten der Anspruch auf Priorität vom Tage der französischen Anmeldung zuerkannt werden.

Es kommen somit für die gegenwärtige Nichtigkeitsklage nur solche Vorveröffentlichungen in Betracht, welche vor dem 26. November 1908 liegen.[1] Die Verhandlung vor dem Reichsgerichte hat nun aber ergeben, daß die Erfindung durch mehrere solche Veröffentlichungen völlig vorweggenommen ist.

Gegenstand des Patentes ist nach dem Anspruch eine hölzerne Luftschraube, von solcher Gestaltung der Flügel, daß an deren Spitze der vordere Rand erheblich stärker und auf eine längere Strecke nach rückwärts gebogen ist, als der hintere Rand nach vorne. Zweck dieser Formgebung ist, diejenigen Vibrationen zu vermeiden, welche infolge des seitlichen Luftdrucks und eines unregelmäßigen Arbeitens des Motors dann eintreten, wenn die Resultierende der Luftdrucke nicht auf einen in der Trägheitsachse gelegenen Punkt wirkt. Nach den Darlegungen des Sachverständigen läßt sich nun aber bei einer gegebenen Luftschraube keineswegs mit Sicherheit bestimmen, an welchem Punkte die Resultierende der Luftdrucke angreift und ob dieser Punkt in die Trägheitsachse fällt, vielmehr ergibt nur die Erfahrung und die praktische Probe, ob die hergestellte Luftschraube dem Zwecke des Patentes insofern entspricht, als die in Frage stehenden Vibrationen vermieden werden. Es läßt sich nur so viel sagen, daß die im Anspruche vorgeschriebene Formgebung eines der geeigneten Mittel ist, um die Erreichung des Zieles zu befördern, so daß, wenn zu dieser Formgebung noch sonstige günstige Bedingungen in betreff der Schwerpunktlage hinzutreten, die Vibrationen vermieden werden. Ferner ist anzuerkennen, daß die in der Beschreibung ent-

[1] Vgl. hierzu aus dem Schrifttum: Laband, Staatsrecht des Deutschen Reichs 5. Aufl S. 140 flg.; O. Ambitsch, Verfassung des Deutschen Reichs S. 296 flg.; Bluntschli, Völkerrecht S. 538; v. Liszt, Völkerrecht S. 171; Osterrieth, D. JurZtg. 1914 S. 1073; Niemeyer, Jur. Wochenschr. 1914 S. 801; Röthlisberger, Schweiz. JurZtg. Okt. 1914 S. 74; Düringer, Recht u. Wirtsch. 1914 S. 207; Rathenau, Recht u. Wirtsch. 1914 S. 242; Propriété Industrielle 1914 S. 131. D. E.

haltene Erkenntnis, durch welche die Ursachen des zu vermeidenden „Flatterns" der Flügel aufgeklärt werden, auch für den Praktiker nicht ohne Wert ist, indem ihm damit von vornherein eine richtigere Auffassung des Wesens der Vibrationen vermittelt wird, welche ihn unter Umständen vor Fehlgriffen bewahren kann. Es ist aber damit weder gesagt, daß ein Sachverständiger, welcher eine Schraube von der im Anspruche bezeichneten Form als Muster vor sich hat, nicht auch ohne diese theoretische Erkenntnis nach dem Muster eine vibrationsfreie Schraube herstellen könnte, noch daß der Sachverständige bei Hinzutritt dieser Erkenntnis vor allen praktischen Fehlern ohne weiteres bewahrt wird. Vielmehr bedarf es auch im letzteren Falle noch des Ausprobierens und der praktischen Bestätigung des erzielten Erfolges.

Die in dem Anspruche bezeichnete Form der Flügel war nun bereits bei Anmeldung des französischen Patentes mehrfach in öffentlichen Druckschriften bekannt gegeben, und zwar sowohl genau so, wie beschrieben, als auch in einer äquivalenten Form. Äquivalent ist nämlich nach dem Gutachten des Sachverständigen die von den Gebrüdern Wright benutzte Schraube, bei der die Spitzen der Flügel vorne abgeschrägt sind, weil diese Abschrägung unter Benutzung derselben Naturgesetze den gleichen Zweck verfolgt und die gleiche Wirkung erzielt, wie die Zurückbiegung nach dem Patente. Denn wie der Sachverständige erklärt, war die von den Gebrüdern Wright in dieser Weise hergestellte Schraube tatsächlich vibrationsfrei, so daß jeder Sachverständige in der Lage war, durch ihre Nachbildung sich die Vorteile des Patentes anzueignen. Diese Wright'sche Schraube ist nun mit voller Deutlichkeit im „American Machinist" vom 17. Oktober 1908 S. 474 und 475 bildlich dargestellt. Die eigentliche Form der Chauvière-Schraube aber, d. h. der des angefochtenen Patentes, ergibt sich aus der Abbildung im „Aérophile" vom 15. Mai 1908 S. 182 und ist außerdem noch mehrfach in gleicher Weise in Druckschriften, die vor dem 26. November 1908 erschienen sind (z. B. den „Illustrierten Aeronautischen Mitteilungen"), dargestellt. Form, Bewegungsrichtung und Drehsinn unterliegen bei diesen bildlichen Darstellungen nicht dem geringsten Zweifel, so daß alle Merkmale des Patentanspruchs daraus zu ersehen waren. Auch war nach dem Gutachten des Sachverständigen der Flugzeugingenieur im wesentlichen ebenso in der Lage, bei Benutzung dieser Vorbilder eine dem Patent entsprechende vibrationsfreie Schraube herzustellen, wie er es bei Benutzung der Patentschrift gewesen wäre, da es in dem einen wie in dem anderen Falle des Ausprobierens bedurfte. Nur hatte, wie bereits oben bemerkt, die in der Beschreibung gegebene wissenschaftliche Aufklärung für ihn immerhin auch einen gewissen praktischen Wert. Letzterer Umstand bietet aber keine Grundlage für die Aufrechterhaltung des Patentes. Denn das Patent betrifft eine vibrationsfreie Schraube von bestimmter Form, und dieser Gegenstand wird dadurch kein anderer, daß er von einem Sachverständigen unter Benutzung einer theoretischen Erkenntnis und daher vielleicht etwas schneller und unter Vermeidung von Umwegen beim Ausprobieren hergestellt worden ist." ...

---

85. Vertrag über die Befriedigung einer Gesellschaft mit beschränkter Haftung wegen ihrer unverbindlichen, aus Börsentermingeschäften herrührenden Forderungen. Ist der Inhaber sämtlicher Geschäftsanteile der Gesellschaft ein Dritter, mit dem ein solcher Vertrag wirksam geschlossen werden kann?

Gesetz, betr. die Gesellschaften mit beschränkter Haftung, vom 20. Mai 1898 (RGBl. S. 846) § 13.

Börsengesetz vom 8./27. Mai 1908 (RGBl. S. 182, 215) § 59.

III. Zivilsenat. Urt. v. 27. Oktober 1914 i. S. L. (Bekl.) w. Gesellsch. m. b. H. J. R. (Kl.). Rep. III. 127/14.

I. Landgericht I Berlin.
II. Kammergericht daselbst.

Der Geschäftsführer der Klägerin, R. R., und dessen Bruder, ihr Prokurist F. R., hatten mit dem Bankgeschäft St. & Co., Gesellsch. m. b. H., Börsentermingeschäfte abgeschlossen, bei denen sie erhebliche Verluste erlitten. Sie gehörten nicht zu den in § 53 des Börsengesetzes bezeichneten Personen; die Geschäfte waren also nicht verbindlich. Sie bezahlten jedoch einen Teil dieser unverbindlichen Schulden und gaben für andere Wechsel, die sie mit dem Akzepte der bei den Geschäften nicht beteiligten Klägerin versahen. Später aber stellten sie der Firma St. & Co. die Erhebung des Differenzeinwandes in Aussicht. Es kam darauf zu Verhandlungen zwischen den Brüdern R. und dem Beklagten, dem damals sämtliche Geschäftsanteile der Firma St. & Co. gehörten. Die Brüder R. vereinbarten für ihre Person und zugleich als Vertreter der Klägerin mit dem Beklagten, daß dieser ihnen ein Darlehen von 120000 ℳ in der Weise gewähre, daß er die von den Brüdern R. und der Klägerin aus Anlaß der Geschäftsverbindung mit St. & Co. eingegangenen Wechselverbindlichkeiten tilge; die Rückzahlung des Darlehens sollte in bestimmten Raten, über deren Beträge Wechsel zu geben seien, erfolgen. Die Klägerin bezeichnet diese am 4. Februar 1912 getroffene Vereinbarung aus verschiedenen Gründen als unverbindlich. Sie erhob Klage auf Feststellung, daß die Vereinbarung für sie nicht verbindlich sei, sowie auf Rückzahlung von 10000 ℳ, die sie ihr zufolge an den Beklagten gezahlt hat. Das Landgericht sprach die beantragte Feststellung aus, wies aber die Klage auf Zahlung der 10000 ℳ ab. Das Berufungsgericht änderte unter Zurückweisung der Berufung des Beklagten dieses Urteil insofern zugunsten der Klägerin ab, als es den Beklagten auch zur Rückzahlung von 5000 ℳ, welche die Klägerin unter Vorbehalt gezahlt hatte, verurteilte. Auf die Revision des Beklagten wurde das Berufungsurteil aufgehoben und die Sache zur weiteren Verhandlung und Entscheidung an das Berufungsgericht zurückverwiesen.

Aus den Gründen:

„Das Berufungsgericht hat die Vereinbarung vom 4. Februar 1912 gemäß § 59 des Börsengesetzes für unverbindlich erachtet. Es nimmt an, daß vor dem Abschlusse dieses Vertrages eine verbindliche Verpflichtung ebensowenig der Klägerin wie der Brüder R. bestanden habe; insbesondere sei auch durch die Hingabe der von der Klägerin gezeichneten Wechsel an der Unverbindlichkeit der Forderungen, die aus Börsentermingeschäften der nicht termingeschäftsfähigen Brüder herrührten, nichts geändert. Die Parteien seien sich überdies beim Abschlusse des Vertrages vom 4. Februar 1912 dessen bewußt gewesen, daß eine verbindliche Verpflichtung bis dahin nicht bestanden habe. Der Zweck des Vertrages sei gewesen, den Termineinwand wie die Einwendungen aus § 762 BGB. abzuschneiden. Aber auch durch diesen Vertrag und dessen Erfüllung seitens des Beklagten sei an diesem Rechtszustande nichts geändert. Allerdings würde dadurch eine verbindliche Verpflichtung der Klägerin begründet worden sein, wenn es sich wirklich um ein mit einem anderen als dem Terminsgläubiger abgeschlossenes Rechtsgeschäft handelte. Dies aber sei nicht der Fall. Vom streng rechtlichen Standpunkt aus seien allerdings die Beklagte und die Firma St. & Co. verschiedene rechtliche Persönlichkeiten. In Wahrheit habe aber der Beklagte das Rechtsgebilde dieser Gesellschaft mit beschränkter Haftung nur als Strohmann und Deckadresse benutzt, um seine Geschäfte mit außerhalb der Börse stehenden Provinzbankiers und Privatleuten durchzuführen. Das Geschäftslokal der Gesellschaft habe sich in demselben Hause befunden wie die Wohnung des Beklagten, ihr Geschäftsführer sei von dem Beklagten als dem einzigen Gesellschafter rechtlich und tatsächlich völlig abhängig gewesen, der Beklagte habe in wichtigen Dingen die maßgebenden Anweisungen gegeben. Der Schwiegervater des Beklagten, Ru., an den die Wechsel weitergegeben seien, habe nur mit dem Beklagten, nicht mit dem Geschäftsführer der Gesellschaft verhandelt und abgerechnet. Ob getrennte Kassen, Buchführungen und Bilanzen vorlägen, sei unerheblich. Der Beklagte selbst sei der eigentliche Terminsgläubiger gewesen. Er habe den Vertrag, bei dem es sich nur um die Umwandelung einer Terminsschuld in eine klagbare Darlehnsschuld gehandelt habe, in der Absicht der Gesetzesumgehung geschlossen. Der Umwandlung sei daher nach § 134 BGB. die Wirksamkeit zu versagen.

Von dem, was die Revision hiergegen vorbringt, ist der Angriff begründet, daß das Berufungsgericht zu Unrecht den Beklagten als Terminsgläubiger, also trotz der Verschiedenheit der rechtlichen Persönlichkeit als identisch mit der Gesellsch. m. b. H. St. & Co. erachte. Das Berufungsgericht verkennt zwar nicht, daß es sich hier vom juristischen Standpunkt aus um zwei verschiedene Rechtspersönlichkeiten handelt, spricht aber dieser Tatsache mit Unrecht eine Bedeutung für die Beurteilung der Rechtsverbindlichkeit des Vertrags vom 4. Februar 1912 ab. Die Gesellschaft mit beschränkter Haftung besteht trotz der Vereinigung aller Geschäftsanteile in einer Hand als gesonderte Rechtspersönlichkeit fort. Die Gläubiger der Gesellschaft sind nicht Gläubiger ihres alleinigen Gesellschafters; ihnen haftet nur das Gesellschaftsvermögen. Ebensowenig sind die Gläubiger des Inhabers sämtlicher Geschäftsanteile Gläubiger der Gesellschaft; sie können ihre Befriedigung aus dem Vermögen der Gesellschaft nur dadurch erwirken, daß sie den Geschäftsanteil ihres Schuldners pfänden. Die Gesellschaft mit beschränkter Haftung gilt als Handelsgesellschaft im Sinne des Handelsgesetzbuchs. Sie ist daher auch fähig, Termingeschäfte mit andern in § 53 des Börsengesetzes bezeichneten Personen verbindlich abzuschließen; der Inhaber aller ihrer Anteile ist deshalb noch nicht Kaufmann im Sinne des Handelsgesetzbuchs und noch nicht termingeschäftsfähig. Der Geschäftsführer einer Gesellschaft mit beschränkter Haftung darf, wie das Reichsgericht RGZ. Bd. 68 S. 172 ausgesprochen hat, mit sich selbst auch dann nicht ein Rechtsgeschäft im Namen der Gesellschaft abschließen, wenn er alle Anteile in seiner Hand vereinigt. Das Vermögen der Gesellschaft und das ihres alleinigen Gesellschafters bleiben getrennt. Was der Gesellschafter aus seinem Vermögen in das der Gesellschaft gibt, ändert den Eigentümer. Darum sind die Leistungen, die der Beklagte seiner Behauptung nach an die Firma St. & Co. behufs Tilgung der Wechsel der Klägerin und der Brüder R. gemacht hat, und so auch die Verrechnung mit einer ihm gegen die Firma zustehenden Forderung Leistungen eines Dritten an den Terminsgläubiger. Die Einlösung der Wechsel durch den Beklagten ist die Erfüllung der Verpflichtung, welche der Beklagte als ein Dritter im Vertrage vom 4. Februar 1912 der Klägerin gegenüber übernommen hatte. Und ebenso sind die Leistungen, zu denen sich die Klägerin und die Brüder R. in dem Vertrage verpflichtet hatten, nicht dem Terminsgläubiger, sondern einem Dritten zugesagt. Dies folgt notwendig aus der Stellung der Gesellschaft als einer selbständigen rechtlichen Persönlichkeit. An dieser rechtlichen Auffassung kann auch das, was das Berufungsgericht über den Zweck der Gründung der Gesellschaft feststellt, nichts ändern. Vom Standpunkte dieser Auffassung aus ist aber der Vertrag vom 4. Februar 1912 rechtsverbindlich.

Auch aus § 134 BGB. kann nichts anderes hergeleitet werden. Das Gesetz verbietet Geschäfte in den zum Börsenterminhandel zugelassenen Wertpapieren überhaupt nicht, und ebensowenig verbietet es die in § 59 des Börsengesetzes bezeichneten Vereinbarungen, welche die Erfüllung von Terminsschulden bezwecken. Es erklärt diese Vereinbarungen, sofern nicht beide Teile zu den terminfähigen Personen gehören, nur für unverbindlich. Wird die in der Vereinbarung festgesetzte Verbindlichkeit erfüllt, so kann das Geleistete nicht zurückgefordert werden: §§ 55, 59. Das Gesetz bezweckt durchaus nicht, die Erfüllung der Terminsschuld zu verhindern. Es verstößt daher ein Rechtsgeschäft, das der Schuldner mit einem Dritten zum Zwecke der Erfüllung der Terminsschuld abschließt, und gegen dessen Rechtsverbindlichkeit sonstige Bedenken nicht bestehen, in keiner Weise gegen den Zweck des Börsengesetzes; es enthält daher auch keine Umgehung eines gesetzlichen Verbots."

---

86. 1. Sind Aktiengesellschaften, die satzungsgemäß Gewinn nicht verteilen, von der Verpflichtung zur Entrichtung der Talonsteuer ausgenommen?

2. Maßstab für die Kürzung der Abgabe.

RStempG. vom 15. Juli 1909 Tarifnr. 3 A, §§ 9 u. 10.

VII. Zivilsenat. Urt. v. 27. Oktober 1914 i. S. preuß. Fiskus (Bekl.) w. W. Terrain-Rh.-Aktiengesellschaft (Kl.). Rep. VII. 158/14.

I. Landgericht I Berlin.
II. Kammergericht daselbst.

Die klagende Aktiengesellschaft ist im Jahre 1900 errichtet und in das Handelsregister eingetragen worden. Das Grundkapital betrug 3600000 *M*, wurde aber im Jahre 1905 auf 5000000 *M* erhöht. Gewinnanteilscheine hat die Klägerin nicht ausgegeben, eine Gewinnverteilung ist durch ihre Satzung ausgeschlossen. Nur in vier von den ersten zehn Jahren ihres Bestehens hat die Klägerin Gewinn erzielt, der sich im Geschäftsjahre 1902/03 auf 1,3 %, im Geschäftsjahre 1903/04 auf 0,6 %, im Geschäftsjahre 1906/07 auf 1,2 % und im Geschäftsjahre 1909/10 auf 2,3 % des jeweiligen Aktienkapitals belief. Durch Schreiben vom 14. Oktober 1913 setzte die zuständige Oberzolldirektion den von der Klägerin auf Grund der Tarifnummer 3 A des Reichsstempelgesetzes vom 15. Juli 1909 zu entrichtenden Stempel (in der Verkehrsübung als Talonstempel bezeichnet) auf 14400 *M* fest. Die Klägerin hat diesen Betrag gezahlt und fordert ihn mit der vorliegenden Klage zurück. Das Landgericht hat den beklagten Fiskus zur Zahlung von 13914 *M* an die Klägerin verurteilt und diese mit der Mehrforderung abgewiesen. Der Beklagte legte Berufung ein, mit der er seinen früheren Antrag auf völlige Abweisung der Klage wiederholte. Die Klägerin schloß sich der Berufung an und beantragte Verurteilung des Beklagten im vollen Umfange des Klagebegehrens. Das Kammergericht hat, in Abänderung der landgerichtlichen Entscheidung, den Beklagten zur Zahlung von 9540 *M* an die Klägerin verurteilt, deren Mehrforderung abgewiesen und den weitergehenden Berufungsantrag des Beklagten sowie die Anschlußberufung zurückgewiesen. Die Revision der Klägerin blieb ohne Erfolg; vielmehr hat das Reichsgericht auf die Revision des Beklagten die Klage ganz abgewiesen.

Aus den Gründen:

„Der durch das Reichsstempelgesetz vom 15. Juli 1909 neu eingeführten Abgabe aus Tarifnr. 3A unterliegen nach der dort unter a getroffenen Bestimmung „Gewinnanteilscheinbogen von inländischen Aktien"; die Abgabe beträgt 1 vom Hundert vom Nennwerte der Wertpapiere, für die die Bogen ausgegeben werden, in Abstufungen von 1 *M* für je 100 *M*. Der für diese Abgabe verkehrsüblich gewordene Ausdruck „Talonstempel" mag der Kürze halber hier beibehalten werden, obwohl er sie, auch soweit sie nach der Bestimmung unter a in Betracht kommt, nicht richtig bezeichnet, da sie durch diese Bestimmung nicht an den Erneuerungsschein (Talon), sondern an den Gewinnanteilscheinbogen geknüpft ist.

Regelmäßig geschieht die Ausgabe der Gewinnanteilscheinbogen bei den Aktiengesellschaften auf einen Zeitraum von 10 Geschäftsjahren. Die durch die Verfügung der Oberzolldirektion vom 14. Oktober 1913 festgesetzte Abgabe bezieht sich nun nicht etwa auf die ersten 10 Geschäftsjahre der Klägerin (von 1900/01 bis 1909/10); für diesen Zeitraum griff, auch abgesehen davon, daß der Talonstempel erst durch das Gesetz vom Jahre 1909 in Geltung gesetzt ist, jedenfalls die Befreiungsvorschrift Nr. 3 zur Tarifnr. 3A Platz. Nach Ablauf dieses Zeitraums war für die folgenden 10 Geschäftsjahre die Abgabe im voraus zu entrichten, da sie, immer die Ausgabe von Gewinnanteilscheinbogen vorausgesetzt, als Urkundenstempel an diese geknüpft ist. Daß hierbei die Oberzolldirektion für die Berechnung der Abgabe nur das ursprüngliche Grundkapital ohne Berücksichtigung der 1905 erfolgten Kapitalserhöhung angesetzt hat, beruht vermutlich darauf, daß bezüglich der Erhöhungssumme ebenfalls die entsprechende Freizeit gewährt wird, vgl. § 40 (jetzt § 53) Abs. 1 der Ausführungsbestimmungen des Bundesrats (Greiff, Reichsstempelgesetz, 2. Aufl. S. 821).

Die Frage ist nun, ob die Klägerin, die unstreitig Gewinnanteilscheine nicht ausgibt noch ausgegeben hat, gleichwohl die Abgabe zu entrichten verpflichtet ist, was sie in den Vorinstanzen bestritten hat und auch mit ihrer Revision in Abrede stellt. Wäre der Charakter der Abgabe als eines Urkundenstempels im Gesetze festgehalten, so müßte die Frage ohne weiteres verneint werden. Daß jenes aber nicht der Fall ist, zeigt der § 10 (in der späteren Gesetzesfassung vom 3. Juli 1913 § 17), wonach inländische Aktiengesellschaften, die keine Gewinnanteilscheine ausgeben, hinsichtlich der hier in Betracht kommenden Steuerpflicht so zu behandeln sind, als wenn sie von dem Zeitpunkte der handelsgerichtlichen Eintragung der Gesellschaft oder der Kapitalerhöhung für je zehnjährige Zeiträume Gewinnanteilscheinbogen ausgegeben hätten. Es fragt sich aber ferner, ob nicht die Anwendbarkeit des § 10, wie die Revision der Klägerin geltend macht, dadurch ausgeschlossen wird, daß nach der Satzung der Klägerin eine Gewinnverteilung überhaupt nicht stattfindet. Gemeint ist dabei natürlich eine laufende Gewinnverteilung; denn bei der Liquidation, die bei Terraingesellschaften von vornherein ins Auge gefaßt zu sein pflegt, wird der vorhandene Gewinn schließlich doch verteilt. Das Landgericht meint: unter dem Umstande, daß „aus irgendwelchen Zweckmäßigkeitsgründen die Verteilung unterbleibt", könne „das Steuerinteresse . . . nicht leiden". Diese Erwägung kann als ein rechtlicher Entscheidungsgrund nicht gelten. Das Kammergericht versagt jenem Umstand eine Bedeutung gegen die Anwendbarkeit des § 10 darum, weil dieser Paragraph keinen Unterschied mache „zwischen Aktiengesellschaften, die Gewinnanteile auszahlen, ohne Gewinnanteilscheine ausgegeben zu haben, und solchen, die die erzielten Gewinne nicht auszahlen". Die Auffassung des Kammergerichts ist als zutreffend anzuerkennen.

Wäre der Talonstempel als eine Kapitalrentensteuer anzusehen, so würden sich freilich Bedenken ergeben, weil es an dem Gegenstande solcher Besteuerung, an der Kapitalrente, fehlt, wenn eine Verteilung laufenden Gewinns von dem Kapital, also eine Rente, satzungsgemäß überhaupt ausgeschlossen ist. Aber die Frage ist eben, ob es sich um eine Kapitalrentensteuer handelt. Die Entstehungsgeschichte des Gesetzes gewährt keinen sicheren Anhalt für eine Feststellung in dieser Richtung, wie sie denn überhaupt als Erkenntnisquelle für die Lösung von Zweifeln über die Bedeutung der in Betracht kommenden Gesetzesvorschriften ganz oder nahezu ganz versagt. Die Einführung des Talonstempels beruht auf einem aus der Mitte des Reichstags eingebrachten Antrage (Drucksache Nr. 1573), zu dem eine schriftliche Begründung nicht gegeben ist. Auch von der Kommission, die den Antrag zu beraten hatte, ist ein schriftlicher Bericht nicht erstattet worden. Man ist also lediglich auf die Äußerungen in der Vollversammlung des Reichstags angewiesen, die aber überwiegend politische, nicht rechtliche Gesichtspunkte behandelten. In dem Umstande, daß der Talonstempel sich nicht nach dem Gewinne, sondern nach dem Nennwerte der Aktien, also im Gesamtbetrage nach dem Grundkapitale bestimmt, ist eine Unterstützung zu finden für die bei der Steuerverwaltung (vgl. Greiff a. a. O. S. 74 in der „Vorbemerkung", auch S. 521) herrschende Auffassung, diese Abgabe sei nichts anderes als eine in zehnjährigen Zeiträumen wiederkehrende Kapitalbesteuerung, nämlich eine beim Ablauf der ersten zehn Jahre (Befreiungsvorschrift Nr. 3) beginnende, wenn auch geringer bemessene Wiederholung der früher in der Form des Aktienstempels, jetzt (Reichsstempelgesetz vom 3. Juli 1913 Tarifnummer 1 A zu a) in anderer Form verordneten Steuer von dem in Aktien angelegten Kapital. Jedenfalls aber fehlt es nach alledem an einem sicheren Anhalte für die Annahme, daß die Abgabe als eine auf den jährlichen Gewinn gelegte Steuer gedacht und gewollt sei und darum, wie Greiff a. a. O. S. 74 und Weinbach, Reichsstempelgesetz, 2. Aufl. Anm. 3 zu § 17 annehmen, diejenigen Gesellschaften nicht treffen könne, bei denen eine Verteilung des im Geschäftsjahr erzielten Gewinns satzungsgemäß nicht stattfindet. Allerdings ist, wie von der Revision der Klägerin betont wird, in § 9 (16) Abs. 2 der Ausdruck „gezahlt", nicht „erzielt", gebraucht.

Daraus ist aber keineswegs zu entnehmen, daß nach der Absicht des Gesetzes der Grundsatz gelten solle: wo keine Gewinnzahlung, da keine Talonsteuer. Der § 9 Abs. 2 geht von dem Regelfall aus, daß die Gewinnverteilung stattfindet und daß Gewinnanteilscheine ausgegeben werden; innerhalb dieses Rahmens schreibt er vor, daß, wenn für ein oder mehrere Jahre des vorangegangenen zehnjährigen Zeitraums ein Gewinnanteil nicht gezahlt ist (z. B. ein Gewinn ist nicht erzielt oder die erzielte Gewinnsumme wird, soweit das nach § 262 HGB. nicht ohnehin zu geschehen hat, dem Reservefonds überwiesen, oder er wird wegen geringen Betrags auf nächstjährige Rechnung vorgetragen), eine Ermäßigung der bei der Ausgabe neuer Gewinnanteilscheinbogen fällig werdenden Abgabe eintreten soll. Der Ausnahmefall, daß Gewinnanteilscheine nicht ausgegeben werden, wird erst in dem nachfolgenden § 10 behandelt. Aus der Vorschrift des § 9, die eben jenen Regelfall im Auge hat, kann aber nicht für die Auslegung des den Ausnahmefall betreffenden § 10 gefolgert werden, daß dieser Paragraph nur gelten solle, wenn die Gesellschaft Gewinnanteile zahlt, ohne Gewinnanteilscheine auszugeben, nicht aber auch, wenn sie satzungsgemäß überhaupt keine Gewinnanteile zahlt. Die tatsächlich erzielten, aber nicht laufend verteilten Gewinne fließen, wie schon erwähnt, sofern sie nicht etwa in späteren Jahren wieder verloren gehen, den Aktionären in der einen oder anderen Form schließlich doch zu, äußerstenfalls bei der Liquidation. Mit der von der Revision der Klägerin vertretenen Auslegung würde in den § 10 eine Unterscheidung hineingetragen werden, die er nicht enthält und von der auch nicht erkennbar ist, daß Sinn und Zweck des Gesetzes sie forderten. Das im § 10 angegebene Merkmal, daß sie „keine Gewinnanteilscheine ausgeben", trifft für Aktiengesellschaften, bei denen satzungsgemäß eine Gewinnverteilung und darum natürlich auch eine Ausgabe von Gewinnanteilscheinen nicht stattfindet, nicht minder zu als für solche, die Gewinnanteilscheine nicht ausgeben, obwohl der Gewinn gegebenenfalls verteilt wird.

Hiernach kann es auf die Erwägung, von der die Revision meint, daß sie „höchstens" einzutreten hätte: ob nämlich die erzielten Gewinne, auch wenn es die Satzung nicht ausgeschlossen hätte, tatsächlich verteilt worden wären, nicht ankommen. . . . (Hier folgt eine nicht interessierende Ausführung zu anderen Einwänden der Klägerin.)

Dem Rechtsmittel der Klägerin mußte nach alledem der Erfolg versagt werden. Anders dagegen verhält es sich mit der Revision des Beklagten, mit der gefordert wird, daß die Abgabe, wie es durch die erwähnte Verfügung der Oberzolldirektion geschehen war, entsprechend der Zahl der (vier) Gewinnjahre auf $^4/_{10}$ vom Hundert des Grundkapitals festgesetzt werde.

In dem schon angeführten § 9 Abs. 2 ist für den Fall, daß im voraufgegangenen zehnjährigen Zeitraume für ein oder mehrere Jahre ein Gewinnanteil nicht gezahlt ist, „eine entsprechende Kürzung der Abgabe“ vorgeschrieben. Das Kammergericht nimmt an, daß diese Ermäßigungsvorschrift auch denjenigen Gesellschaften zugute zu kommen hat, welche Gewinnanteilscheine nicht ausgeben, aber auf Grund der bereits erörterten, in § 10 verordneten Fiktion gleichwohl die Abgabe zu entrichten haben. Hiergegen hat die Revision des Beklagten nichts eingewendet. Bei der uneingeschränkten Fassung des § 10 ist es in der Tat rechtlich zu billigen, daß die dort bezeichneten Gesellschaften, wie bezüglich der Steuerpflicht an sich, so auch bezüglich der Vergünstigung aus § 9 Abs. 2 den Gewinnanteilscheine ausgebenden Gesellschaften gleich behandelt werden. Nur sind hierbei den Jahren, für die eine sonst Gewinne verteilende Gesellschaft Gewinnanteile nicht gezahlt hat, bei den die Gewinnverteilung nach Satzungsvorschrift überhaupt ausschließenden Gesellschaften sinngemäß diejenigen Jahre gleichzusetzen, in denen ein Gewinn nicht erzielt ist. Die Frage ist aber, was unter der durch das Gesetz verordneten „entsprechenden“ Kürzung der Abgabe zu verstehen ist. Auch hier geben die Verhandlungen des Reichstags keinerlei Aufschluß über das, was mit dem Ausdrucke gemeint sein sollte. Bestände die Vorschrift nur aus den ersten zwei Satzteilen, hätte sie also nur folgenden Wortlaut: „Wird bei der Ausgabe neuer Gewinnanteilscheinbogen der Nachweis geführt, daß in dem vorhergehenden zehnjährigen Zeitraume für ein oder mehrere Jahre ein Gewinnanteil nicht gezahlt ist, so tritt eine entsprechende Kürzung der Abgabe ein“, so würde der Sinn einem berechtigten Zweifel kaum begegnen können. Für den zehnjährigen Zeitraum bemißt der Tarif die Abgabe auf eins vom Hundert des Grundkapitals, so daß auf jedes Jahr eins vom Tausend entfällt. Sollte also, wenn und weil zu jenem Zeitraum ein oder mehrere Jahre ohne Gewinnverteilung oder ohne Gewinnerzielung gehören, eine Ermäßigung der Abgabe Platz greifen, so müßte die „entsprechende" Kürzung darin gefunden werden, daß eben für jedes dieser Jahre eins vom Tausend des Grundkapitals, also $^1/_{10}$ der Abgabe, außer Ansatz bliebe. Das Kammergericht legt für die entsprechende Kürzung nicht diesen Maßstab an, sondern setzt die Abgabe in dem Verhältnis herab, „in dem der im Durchschnitt der zehn Jahre wirklich erzielte, an sich auszahlungsfähige Gewinn zu dem die volle Stempelabgabe rechtfertigenden Jahresdurchschnitt von vier vom Hundert steht". Eine nähere Begründung hierfür gibt das Kammergericht nicht; es verweist nur auf sein in einer anderen Streitsache ergangenes, hier nicht vorliegendes Urteil vom 8. April 1913. Es ist aber nicht zu bezweifeln, daß es die Stütze für seine Auffassung in den Gesetzesworten erblickt, die den vorhin wiedergegebenen Satzteilen der Vorschrift noch hinzugefügt sind und die wie folgt lauten: „es sei denn, daß der im Durchschnitte der zehn Jahre verteilte Gewinnanteil mindestens vier vom Hundert betragen hat". Indes kann nicht anerkannt werden, daß dieser Zusatz die Auffassung des Kammergerichts rechtfertige. Die hinzugefügten Worte haben den klaren Sinn, daß, wenn der Mindestdurchschnitt von vier vom Hundert erreicht ist, die vorher verordnete Kürzung nicht eintreten soll, oder mit anderen Worten: daß sie nur eintreten soll, wenn jener Mindestdurchschnitt nicht erreicht ist. Dem Zusatz ist somit eine Voraussetzung, nicht aber der Maßstab für die Kürzung zu entnehmen. Den Maßstab enthält die Kürzungsvorschrift selbst, für deren Verständnis in diesem Punkte der Zusatz eine Bedeutung nicht hat. Für die Auffassung des Kammergerichts ist aber auch ein sie stützender innerer Grund nicht erkennbar. Die Klägerin hat das Gegenteil an einem Beispiele darzutun versucht, indem sie bei der mündlichen Erwiderung auf den Revisionsvortrag des Beklagten geltend machte, daß nach dessen Gesetzesauslegung die volle Abgabe mit eins vom Hundert des Grundkapitals zu erheben sein würde, wenn in jedem der zehn Jahre nur überhaupt ein Gewinn, sei er auch noch so gering, verteilt worden wäre, so daß die Abgabe leicht den gesamten verteilten Gewinn übersteigen könnte. Diesem Bedenken wird der Boden schon dadurch entzogen, daß, wie in anderem Zusammenhange die Klägerin selbst hervorgehoben hat, geringe Gewinne von den Aktiengesellschaften nicht verteilt zu werden pflegen; diese haben es in solchen Fällen in der Hand, die im § 9 Abs. 2 angegebene Voraussetzung, daß ein Gewinnanteil nicht gezahlt ist, zu verwirklichen. Überdies ist es aber nicht schwer, an anderen Beispielen zu zeigen, daß die Auffassung des Beklagten unter Umständen den Gesellschaften günstiger ist als die des Kammergerichts. Wäre in acht von den zehn Jahren kein Gewinnanteil, in den übrigen zwei Jahren aber ein solcher von je 10 vom Hundert gezahlt, so würde die Abgabe nach der Auffassung des Kammergerichts auf $^5/_{10}$, nach der des Beklagten aber nur auf $^2/_{10}$ vom Hundert des Grundkapitals zu bestimmen sein. Hiernach ist aus den Ergebnissen, zu denen, je nachdem die einander gegenüberstehenden Auffassungen in der praktischen Anwendung führen, nichts für oder gegen die Richtigkeit der einen oder der anderen zu entnehmen. Dagegen ist nicht zu verkennen, daß die Auffassung des Beklagten eine gewisse Stütze findet in Abs. 3, 5 und 7 der Bestimmungen Spalte 4 Tarifnr. 3A, wo vorgeschrieben ist, daß für Bogen, die Anteilscheine (in den Fällen von Abs. 5 und 7 Zinsscheine) für einen längeren als zehnjährigen Zeitraum enthalten, die Abgabe sich für jedes fernere Jahr um ein Zehntel erhöht; es spricht die innere Wahrscheinlichkeit dafür, daß in demselben Verhältnis, in dem für die angegebenen Fälle die Erhöhung der Abgabe einzutreten hat, auch ihre Kürzung in den Fällen des § 9 Abs. 2 gewollt ist.

Aus den dargelegten Gründen ist der vom Beklagten vertretenen Gesetzesauslegung der Vorzug zu geben. Gewinnlos waren sechs von den in Betracht kommenden zehn Jahren; danach ergibt sich die Kürzung der Abgabe um $^6/_{10}$, so daß die Herabsetzung des dem Regelmaß entsprechenden Abgabebetrags von 36000 ℳ (eins vom Hundert des Grundkapitals von 3600000 ℳ) auf den erhobenen Betrag von 14400 ℳ dem richtig verstandenen Gesetz entspricht."

---

87. Kann das Vollstreckungsurteil erlassen werden, wenn der Schiedsspruch eine Bedingung enthält?

ZPO. §§ 255, 259, 303, 726, 731, 1034 flg., 1042, 1045, 1046.

VII. Zivilsenat. Urt. v. 27. Oktober 1914 i. S. E. L. (Bekl.) w. W. S. (Kl.). Rep. VII. 261/14.

I. Landgericht Halle.
II. Oberlandesgericht Naumburg.

Der Kläger hat vom Beklagten für seine Ziegelei eine Dampfmaschine bezogen. Nachdem er die Leistungen der Maschine bemängelt hatte, haben die Parteien am 12. Juli 1910 einen schriftlichen Vergleich geschlossen, der auch eine Schiedsvertragsklausel enthielt. Später hat der Kläger bei dem D.-R.-Verein in H. als Schiedsgericht gegen den Beklagten Klage auf Rücknahme der Maschine nebst Steuerung „gegen Zahlung" von 8910 ℳ erhoben. Der Vorstand des bezeichneten, eingetragenen Vereins hat hierauf am 24. September 1912 einen Schiedsspruch erlassen, dessen entscheidender Teil lautet:

Schiedsspruch.

Das Schiedsgericht gibt dem Beklagten L. auf, zunächst die dem Kläger G. gelieferte Maschine bis spätestens 1. März 1913 in einen Zustand zu versetzen, der den Bedingungen des Vergleichsvertrages vom 12. Juli 1910 entspricht. Mit der Feststellung, daß diese Bedingungen erfüllt sind, beauftragt der D.-R.-Verein seinen Sachverständigen, Oberingenieur Th. Der Sachverständige wird zu diesem Zweck ermächtigt, die Maschine nach Eröffnung der Kampagne nach seinem eigenen Ermessen zu kontrollieren. Sowohl der Kläger wie der Beklagte sind gehalten, dem Sachverständigen bei seinen Maßnahmen jede Unterstützung zuteil werden zu lassen.

a) Sollte die Maschine innerhalb 4 Wochen nach der Wiederinbetriebnahme den vertraglichen Abmachungen nicht entsprechen, so ist der Beklagte gehalten, die Maschine sofort zurückzunehmen, muß sie jedoch auf Ersuchen des Klägers diesem bis zum Schlusse der Kampagne 1913 belassen. Wird die Maschine zurückgegeben, so ist ebenfalls Zug um Zug der bereits vom Kläger dafür bezahlte Betrag von 8910 ℳ diesem vom Beklagten zurückzuerstatten. Die Zinsen des bereits bezahlten Kaufpreises verbleiben dem Beklagten als Ausgleichswert für die Benutzung der Maschine in der Zwischenzeit.

b) Genügt jedoch nach dem Urteile des Sachverständigen die Maschine den berechtigten Anforderungen, so hat der Kläger die Maschine zu behalten. Falls der Beklagte sich weigern sollte, die Maschine wie gefordert instand zu setzen, ist er gehalten, die Maschine sofort zurückzunehmen und den Kaufpreis sofort zurückzuzahlen, da die Maschine zurzeit den Anforderungen nicht entspricht. Der Beklagte hat binnen 4 Wochen nach Zustellung dieses Beschlusses dem Kläger, bzw. dessen Bevollmächtigten, eine entsprechende schriftliche Erklärung abzugeben.

In Erläuterung des Schlußsatzes hat das Schiedsgericht im Laufe des vorliegenden Rechtsstreits, am 27. Februar 1913, ausgesprochen, es habe damit zugleich auszudrücken beabsichtigt, daß eine eventuelle Nichtabgabe einer schriftlichen Erklärung des Beklagten an den Kläger innerhalb 4 Wochen gleichbedeutend sein sollte mit einer Weigerung des Beklagten, die Maschine instand zu setzen. In Gemäßheit des vom Kläger im ordentlichen Rechtswege gestellten Klagantrags erklärte das Landgericht den Schiedsspruch vom 24. September 1912 dahin für vollstreckbar, daß der Beklagte verurteilt wurde, die bei dem Kläger befindliche, näher bezeichnete Dampfmaschine mit anhängender Kondensationseinrichtung zurückzunehmen und Zug um Zug gegen Rücknahme an den Kläger 8910 ℳ nebst 5 % Zinsen seit dem 24. September 1912 zu zahlen. Die dagegen vom Beklagten erhobene Berufung wurde zurückgewiesen. Auch seine Revision wurde zurückgewiesen, indes mit der Maßgabe, daß die Vollstreckbarkeit des Schiedsspruchs in bezug auf den Zinsenpunkt in Wegfall kam.

Die Gründe besagen nach Zurückweisung mehrerer Revisionsangriffe:

„Endlich macht die Revision geltend, die Vorinstanzen hätten den Schiedsspruch vom 24. September 1912 unzulässig ergänzt. Schiedssprüche könnten nur dann für vollstreckbar erklärt werden, wenn sie Endurteile seien. Der bezeichnete Spruch sei aber ein Zwischenurteil. Das Schiedsgericht selbst hätte darüber entscheiden müssen, welche der in seinem Spruche vorgesehenen Möglichkeiten eingetreten sei, insbesondere also auch darüber urteilen müssen, ob der Beklagte sich rechtzeitig zur Nachbesserung der Maschine bereit erklärt habe. In der Hauptsache kann auch dieser Angriff nicht durchdringen. Würde der Schiedsspruch vom 24. September 1912 eine Zwischenentscheidung im Sinne des § 303 ZPO. darstellen, so könnte er nicht für sich allein zum Gegenstand einer auf Erlaß eines Vollstreckungsurteils gerichteten Klage gemacht werden (RGZ. Bd. 69 S. 53). Unzweifelhaft ergreift jedoch der fragliche Spruch den ganzen bei dem Schiedsgericht geltend gemachten Anspruch. Darum treffen die Tatbestandsmerkmale des § 303 hier nicht zu. Zweifelhaft kann aber sein, ob der Spruch als eine unter alternativen Bedingungen erlassene Endentscheidung, der noch eine abschließende unbedingte Entscheidung zu folgen hätte, oder als eine endgültige unbedingte Entscheidung über bedingte Leistungspflichten aufzufassen ist. Dabei scheidet der Schiedsgerichtsbeschluß vom 27. Februar 1913, durch den lediglich ein Satz aus dem Schiedsspruch erläutert wurde, als Entscheidung aus. Auf ihn ist nur als Auslegungsmittel zurückzukommen. Die den Fragepunkt angehenden Ausführungen des Berufungsurteils unter II der Begründung sind zum größten Teil unhaltbar." (Wird ausgeführt.) „Als beachtenswert bleibt nur übrig, daß das Berufungsurteil endlich auf den § 726 ZPO. hinweist. Dieser freilich sehr knappe Hinweis bezieht sich auf den Gesichtspunkt, auf den es für die Entscheidung ankommt, und läßt ersehen, daß nach Auffassung des Berufungsrichters der Schiedsspruch vom 24. September eine bedingungslos und endgültig erlassene Entscheidung über Leistungspflichten des Beklagten, die von Bedingungen abhängig sind, darstellt. Das erscheint auch zutreffend. Mag auch der Wortlaut des Schiedsspruchs in seinem entscheidenden Teile dahin deuten, daß die Schiedsrichter bedingte Alternativentscheidungen treffen wollten, so wäre doch ein solcher Urteilsspruch ungewöhnlich und auffällig. Nach der Zivilprozeßordnung kann bei bedingten Endurteilen die Bedingung nur auf einen Eid lauten. Die Tatsachen, welche den Inhalt des Eides bilden, gehören der Vergangenheit oder Gegenwart an. Wenn nun auch das schiedsrichterliche Verfahren grundsätzlich und vorbehaltlich der Bestimmungen der §§ 1034 bis 1039 ZPO. vom freien Ermessen der Schiedsrichter abhängt, so liegt immerhin von vornherein die Annahme ziemlich fern, daß ein Schiedsgericht einen der Prozeßordnung unbekannten Weg habe einschlagen und, wie hier in Frage kommt, seine Entscheidung von der Zukunft angehörenden und nicht in einem Eide bestehenden Umständen habe abhängig machen wollen. Hier sind aber auch noch positive Gründe gegen solche Annahmen gegeben.

Der Kläger hat ausdrücklich eine Ergänzung des Schiedsspruchs dahin beantragt, daß der Beklagte zur Rücknahme der Maschine und Rückzahlung der 8910 *M* vorbehaltlos verpflichtet sei. Das Schiedsgericht hat aber hierauf lediglich den Sinn des Schlußsatzes seiner Entscheidung vom 24. September durch Erläuterung klargestellt. Es hat damit zu erkennen gegeben, daß es seinen Schiedsspruch als endgültige Entscheidung betrachtet wissen wollte, die nicht wie ein bedingtes Endurteil noch einer bedingungslosen Schlußentscheidung bedürfe. Bei Berücksichtigung des Inhalts des Schiedsspruchs im ganzen erscheint dieser Standpunkt auch berechtigt. Das Schiedsgericht hielt die gelieferte Maschine nicht für vertragsgemäß, erachtete aber den Wandelungsanspruch des Klägers noch als abhängig von den Bedingungen, daß eine dem Beklagten auferlegte Nachbesserung entweder innerhalb 4 Wochen nach der Wiederinbetriebnahme der Maschine sich als unzureichend erwies oder überhaupt verweigert wurde. Als solche Weigerung sollte es auch gelten, wenn der Beklagte nicht binnen 4 Wochen nach Zustellung des Schiedsspruchs dem Kläger schriftlich seine Bereitwilligkeit zur Instandsetzung der Maschine zu erkennen gab. Das Schiedsgericht hat hiernach die Rücknahme- und Rückzahlungspflicht des Beklagten als bedingt behandelt. Dabei hat der Schiedsspruch in erster Reihe, indes durch eine nicht vollstreckungsfähige Anordnung, dem Beklagten auferlegt, die Maschine nachzubessern. Auch in einem den Vorschriften der Zivilprozeßordnung unterliegenden Prozeßverfahren kann es zu einem Urteile kommen, das mit der Auflage zur Beseitigung von Werkmängeln zugleich eine Frist bestimmt, nach deren Ablauf der Kläger zum Verlangen der Wandelung befugt sein soll (§ 255 ZPO.), und unter der im § 259 ZPO. bezeichneten Voraussetzung kann sich damit auch eine auf bedingte Vollziehung der Wandelung gerichtete Entscheidung verbinden (vgl. Stein, ZPO. § 255 Anm. I, II, 1, § 260 Anm. II 4). Allerdings ist bei dem Schiedsgericht eine Klage in Gemäßheit der §§ 255, 259 nicht erhoben worden. Dieser Umstand steht aber einer Heranziehung jener Vorschriften zur Ermittelung des Rechtscharakters der ergangenen schiedsgerichtlichen Entscheidung nicht im Wege. Wie ein gerichtliches, nach jenen Vorschriften erlassenes Urteil unbedenklich zu den unbedingten Endentscheidungen gehört, so ist auch der hier zu beurteilende, inhaltlich wesentlich ähnliche Schiedsspruch als eine unbedingte Endentscheidung aufzufassen. Daraus ist aber zu folgern, daß hinsichtlich des Wandelungsverlangens des Klägers die dem Schiedsgerichte zustehende Urteilstätigkeit mit dem Spruche vom 24. September 1912 ihren Abschluß gefunden hat. Indem das

Schiedsgericht den bei ihm erhobenen Anspruch als einen von gewissen Bedingungen abhängigen dem Kläger zuerkannte, genügte es erschöpfend der Aufgabe, die ihm als Organ zur Entscheidung über das Wandelungsverlangen gestellt war. Streitigkeiten darüber, ob die Bedingungen erfüllt sind, von denen in Gemäßheit des Schiedsspruchs die Verpflichtung des Beklagten zur Rücknahme der Maschine und Rückzahlung des Preises abhängt, betreffen nicht mehr unmittelbar den Vergleich vom 12. Juli 1910 und den daraus hergeleiteten materiellen Anspruch, sondern beziehen sich auf die durch den Schiedsspruch geschaffene Grundlage. Sie gehören nicht mehr zur Zuständigkeit des vertraglich berufenen Schiedsgerichts, sondern sind von dem Staatsgerichte zu erledigen, welches darüber zu befinden hat, ob aus dem Schiedsspruche die Zwangsvollstreckung zuzulassen ist. Da insbesondere die vorliegende Klage auf Erreichung der Ermächtigung abzielt, den — als bedingt — zuerkannten Wandelungsanspruch zwangsweise zur Befriedigung zu bringen, ergibt sich für das Staatsgericht die Aufgabe, nicht nur die Gesetzmäßigkeit des Schiedsspruchs zu prüfen, sondern in zweiter Reihe auch die Frage zu lösen, ob ein unbedingter Wandelungsanspruch erwachsen ist.

Ob der vorliegende Fall etwa Raum zur Anwendung des § 731 ZPO. bietet, der unter gewissen Voraussetzungen den Vollstreckungsgläubiger auf den Weg der Klage bei dem Prozeßgericht erster Instanz verweist, kann unerörtert bleiben. Jedenfalls unterliegt es bei der publizistischen Natur des dort behandelten Anspruchs auf eine Vollstreckungsklausel keinem Zweifel, daß sich der hervorgehobene Ausdruck des § 731 auf ein staatliches Gericht bezieht. Im Falle eines vorausgegangenen schiedsgerichtlichen Verfahrens ist daher unter dem Prozeßgericht erster Instanz im Sinne jener Vorschrift nicht das Schiedsgericht, sondern das nach §§ 1042, 1045, 1046 ZPO. zuständige Staatsgericht erster Instanz zu verstehen. Danach ist dem Berufungsrichter beizustimmen, wenn er auch darüber befunden hat, ob der dem Kläger zuerkannte bedingte Anspruch zu einem unbedingten erwachsen ist. Die Verurteilung des Beklagten, die 8910 ℳ seit dem 24. September 1912 zu verzinsen, geht jedoch über den Schiedsspruch hinaus und steht mit seinem Inhalt in Widerspruch. Die Verurteilung zur Zinszahlung war daher in Ablehnung des auf Zinsen gerichteten Klagebegehrens zu streichen.“ ...

88. Kann eine Gesellschaft mit beschränkter Haftung, die ihr Handelsgeschäft mit ihrer Firma veräußert, unter einer neuen Firma fortbestehen?

Gesetz, betr. die Gesellschaften mit beschränkter Haftung, vom 20. Mai 1898 (RGBl. S. 846) § 3 Nr. 1, § 4, § 68 Abs. 3, § 69.

II. Zivilsenat. Beschl. v. 30. Oktober 1914 in den Handelsregistersachen, betr. die Firma R. El., Hü. & Co., G. m. H. Beschw.-Rep. II. B 4/14 und 5/14.

I. Amtsgericht Dessau.
II. Landgericht daselbst.

Im Handelsregister von Dessau steht seit 1908 die „Richard Elze, Hübener & Co., Gesellschaft m. b. H." und seit 1910 der Kaufmann W. als ihr alleiniger Geschäftsführer eingetragen. Nach dem Gesellschaftsvertrag ist die Gesellschaft nur für die Zeit bis zum 1. April 1913 errichtet. Im Jahre 1914 meldete W. zur Eintragung an, daß sich die Gesellschaft in Liquidation befinde, daß er ihr Liquidator sei, und daß ihre Firma in „Holzbearbeitung, Gesellschaft m. b. H." geändert worden, die sich gleichfalls in Liquidation befinde. Gleichzeitig beantragten die Kaufleute Gr. und S. eine von ihnen und der „G. F. Graul, Gesellschaft m. b. H." unter der Firma „Dessauer Möbelfabrik, Gesellschaft m. b. H." neugegründete Gesellschaft, und zwar unter der Firma „Richard Elze, Hübener & Co., Gesellschaft m. b. H.", sowie sie selbst als Geschäftsführer einzutragen. Als Grundlage beider Anmeldungen wurden in notarieller Form außer dem Vertrag über die Errichtung der „Dessauer Möbelfabrik, Gesellschaft m. b. H." folgende Erklärungen beigebracht:

a) Die Kaufleute Gr. und S. in ihrer Eigenschaft als Geschäftsführer der „G. F. Graul, Gesellschaft m. b. H.", der Inhaberin sämtlicher Geschäftsanteile der „Richard Elze, Hübener & Co., Gesellschaft m. b. H.", ermächtigen den Geschäftsführer und Liquidator der letzteren, W., deren Handelsgeschäft mit dem Rechte der Fortführung der Firma an die neu errichtete „Dessauer Möbelfabrik, Gesellschaft m. b. H." zu veräußern;

b) sie beschließen ferner, daß vom Augenblicke des Übergangs des Geschäfts und der Firma auf die Erwerberin ab die in Liquidation befindliche alte „Richard Elze, Hübener & Co., Gesellschaft m. b. H." den Namen „Holzbearbeitung, Gesellschaft m. b. H." annehme;

c) sodann überträgt W. das Handelsgeschäft und die Firma der „Richard Elze, Hübener & Co., Gesellschaft m. b. H." käuflich auf die „Dessauer Möbelfabrik, Gesellschaft m. b. H.";

d) endlich treten Gr. und S. in ihrer Eigenschaft als Gesellschafter und als Geschäftsführer ihrer einzigen Mitgesellschafterin, der „G. F. Graul, Gesellschaft m. b. H.", zu einer Gesellschafterversammlung der „Dessauer Möbelfabrik, Gesellschaft m. b. H." zusammen und beschließen, daß diese Gesellschaft die erworbene Firma „Richard Elze, Hübener & Co., Gesellschaft m. b. H." führen solle.

Das Amtsgericht lehnte beide Eintragungen ab, und das Landgericht wies die hiergegen erhobenen Beschwerden zurück. Die Antragsteller haben je die weitere Beschwerde eingelegt. Das Oberlandesgericht in Naumburg wollte beide Beschwerden zurückweisen, weil es gleich den Vorinstanzen annahm, daß die in Liquidation getretene Gesellschaft m. b. H. nach § 69 GmbHG. eine Statutenänderung, also auch eine Firmenänderung, nicht mehr vornehmen könne, und daß sie auch nicht in der Lage sei, sich ihrer Firma zu entäußern. Es hielt sich aber an der Zurückweisung der Beschwerden durch den Beschluß des Oberlandesgerichts in Dresden vom 7. August 1906 (mitgeteilt im Recht 1907 S. 138) für behindert und legte demgemäß beide Beschwerden dem Reichsgerichte vor.

Dieses erkannte an, daß die Voraussetzungen des § 28 FGG. gegeben seien; es vermochte aber der zwischen den Oberlandesgerichten Naumburg und Dresden über die Auslegung des § 69 GmbHG. bestehenden Meinungsverschiedenheit für die hier zu treffende Entscheidung maßgebende Bedeutung nicht beizulegen.

Gründe.

„Die Gesellschaft m. b. H. hat, sobald ihre Eintragung in das Handelsregister erfolgt ist (§ 11 Abs. 1 GmbHG.), als solche selbständig ihre Rechte und Pflichten (§ 13 Abs. 1 das.) und gilt von da ab stets, also auch dann als Handelsgesellschaft im Sinne des Handelsgesetzbuchs (Abs. 3), wenn der Gegenstand ihres Unternehmens nicht in dem Betrieb eines Handelsgewerbes besteht (vgl. § 210

Abs. 2 HGB.). Dem entspricht es, daß sie eine Firma führen muß (§ 3 Nr. 1, § 4 GmbHG.). Die Firma einer Handelsgesellschaft ist aber nicht bloß, wie die eines Einzelkaufmanns, der Name, unter dem der Kaufmann im Handel seine Geschäfte betreibt und die Unterschrift abgibt, sondern zugleich ihr gesetzliches Unterscheidungsmerkmal. Sie bildet einen wesentlichen Bestandteil des Rechtsgebildes, von dem sie geführt wird (§§ 105, 161, § 182 Abs. 2 Nr. 1, § 322 HGB.), d. h. einen Bestandteil, ohne den dieses Rechtsgebilde in seiner Eigenart weder zur Entstehung gelangen, noch im Rechtsleben fortbestehen kann. Das bedeutet nicht, daß der Fortbestand einer Handelsgesellschaft von der Beibehaltung gerade des ihr einmal beigelegten Namens abhinge, die Firma sonach nicht geändert werden könnte, auch nicht, daß sich die Firma nicht mit dem von der Gesellschaft betriebenen Handelsgeschäfte veräußern ließe. Die Folge ist vielmehr die, daß eine Handelsgesellschaft — der Fall der Zweigniederlassung steht hier nicht in Frage — nicht gleichzeitig mehrere Firmen haben kann, wie es denn auch die herrschende Meinung als rechtlich unmöglich bezeichnet, daß eine Handelsgesellschaft an ihrem Sitze ein mit der Firma erworbenes Handelsgeschäft unter dieser Firma fortführe, ohne ihre bisherige Firma aufzugeben. Weiter aber folgt daraus mit Notwendigkeit, daß eine Handelsgesellschaft erlischt, wenn sie ihr Geschäft mit der Firma veräußert. Für die Gesellschaft m. b. H. gilt nicht etwa deshalb etwas Besonderes, weil sie eine juristische Person ist und ihr Unternehmen kein Handelsgeschäft zu sein braucht. Auch als juristische Person muß sie einen Namen und kann sie nur einen einzigen Namen haben (vgl. § 57 BGB.). Sie kann wohl ohne Handelsgeschäft, nicht dagegen ohne Firma ent- und bestehen. Betreibt sie ein Handelsgeschäft, so ist ihre Firma zugleich der Name des Geschäfts, und veräußert sie das Geschäft mit der Firma, so entäußert sie sich nicht bloß ihres Handelsnamens, sondern ihres Namens überhaupt und damit eines wesentlichen Bestandteils ihrer Rechtspersönlichkeit. Sie wird nicht nur aufgelöst, sondern zugleich ihres Charakters als einer zur Firmenführung befähigten Handelsgesellschaft entkleidet. Der Satz, daß im Falle der Auflösung die Gesellschaft m. b. H. als solche unter ihrer bisherigen Firma bis zur Beendigung der Liquidation fortbestehe (vgl. Jur. Wochenschr. 1905 S. 184 Nr. 35), bedarf deshalb der Einschränkung.

Was nach Veräußerung des Handelsgeschäfts mit der Firma von der Gesellschaft m. b. H. übrig bleibt, ist, je nachdem mehrere Gesellschafter vorhanden oder die Gesellschaftsanteile in einer Hand vereinigt waren, Gesamthandvermögen der mehreren Gesellschafter oder Sondervermögen des einzigen Gesellschafters. In beiden Fällen hat bis zur Durchführung der Liquidation der Liquidator, ohne eine Firma zu führen, im Interesse aller Beteiligten das übrig gebliebene Vermögen der als solche erloschenen Gesellschaft m. b. H. im Rechtsverkehr zu vertreten. Die Vorschrift des § 68 Abs. 3 GmbHG., wonach die Zeichnungen für die aufgelöste Gesellschaft in der Weise geschehen, daß die Liquidatoren der bisherigen, nunmehr als Liquidationsfirma zu bezeichnenden Firma ihre Namensunterschrift beifügen, darf nicht dahin verstanden werden, daß bis zur völligen Beendigung der Liquidation eine Firma vorhanden sein müßte. Denn anderenfalls würde dies nur die bisherige Firma sein können. Die Folge würde also die sein, daß eine Veräußerung des Handelsgeschäfts mit der Firma schlechthin ausgeschlossen wäre, und zwar nicht nur nach Eintritt der Liquidation, sondern auch während des Bestehens der Gesellschaft, da ja die Veräußerung des Geschäfts mit der Firma die Liquidation der Gesellschaft mit Notwendigkeit herbeiführen würde.

Verliert aber eine Gesellschaft m. b. H., mag sie sich schon in Liquidation befinden oder noch nicht, im Falle des Verkaufs ihres Handelsgeschäfts mit der Firma überhaupt die Fähigkeit, noch eine Firma zu führen, so stellt sich der in seinen einzelnen Teilen ausdrücklich als einheitlich bezeichnete Antrag des W., im Handelsregister zu vermerken,

„a) daß die Gesellschaft „Richard, Elze, Hübener & Co., Gesellschaft m. b. H." sich in Liquidation befinde,

b) daß er Liquidator der Gesellschaft sei,

c) daß die Firma umgewandelt sei in „Holzbearbeitung, Gesellschaft m. b. H." in Dessau, die sich ebenfalls in Liquidation befinde",

ohne weiteres als unbegründet dar. Denn der Antrag verfolgt nur scheinbar den Zweck, eine bloße Firmenänderung zur Eintragung zu bringen, in Wirklichkeit soll für ein erloschenes und deshalb zur Firmenführung gar nicht mehr geeignetes Rechtsgebilde eine neue

Firma eingetragen werden. Infolgedessen kann keine der beiden weiteren Beschwerden Erfolg haben. Nach der ganzen Sachlage würde es dem Willen der Beteiligten zuwiderlaufen, wenn nicht alle von ihnen gestellten Eintragungsanträge einheitlich erledigt werden könnten.

Handelte es sich um voneinander unabhängige Anträge, so würde der Eintragung des Überganges der Firma „Richard Elze, Hübener & Co., Gesellschaft m. b. H." auf die von G., S. und der Gesellschaft „G. F. Graul, Gesellschaft m. b. H." neu gegründete Gesellschaft m. b. H. allerdings der Umstand nicht entgegenstehen, daß sich die „Richard Elze, Hübener & Co., Gesellschaft m. b. H." in Liquidation befindet. Auch der Liquidator einer Gesellschaft m. b. H. kann das Handelsgeschäft mit der Firma der Gesellschaft jedenfalls dann wirksam veräußern, wenn, wie hier, der Alleininhaber aller Gesellschaftsanteile sich mit der Veräußerung einverstanden erklärt hat. Dagegen bliebe dann noch eine Reihe weiterer Bedenken zu erörtern. Zunächst würde zu berücksichtigen sein, daß eine Gesellschaft m. b. H. erst mit ihrer Eintragung zur Führung einer Firma fähig wird, und daß somit die Bezeichnung „Dessauer Möbelfabrik, Gesellschaft m. b. H." nach dem wirklichen Willen der Beteiligten gar nicht als Firmenname der neu gegründeten Gesellschaft in Betracht kommt. Der sogenannte Gesellschafterbeschluß auf Änderung der gewählten Firma „Dessauer Möbelfabrik, Gesellschaft m. b. H." in die erworbene Firma „Richard Elze, Hübener & Co., Gesellschaft m. b. H." hat rechtlich keine andere Bedeutung, als die einer Änderung des Gründungsvertrages dahin, daß die neu zu errichtende Gesellschaft nicht die Firma „Dessauer Möbelfabrik, Gesellschaft m. b. H.", sondern von vornherein nur die Firma „Richard Elze, Hübener & Co., Gesellschaft m. b. H." führen soll. Auch eine in der Entstehung begriffene Gesellschaft m. b. H. kann durch die bestellten Geschäftsführer ein Handelsgeschäft mit der Firma in der Weise erwerben, daß sich der Erwerb mit der Eintragung der Gesellschaft unter der erworbenen Firma in das Handelsregister für die Gesellschaft vollzieht. Des weiteren wäre zu prüfen, ob es dem Erfordernis des § 2 Abs. 1 Satz 2 GmbHG., wonach der Gesellschaftsvertrag von allen Gesellschaftern zu unterzeichnen ist, entspricht, daß die vorgelegten notariellen Urkunden zwar die Unterschriften der

Gründer Gr. und S., nicht dagegen die der dritten Gründerin, wenigstens nicht in der Form des § 35 Abs. 3 GmbHG., tragen, und endlich müßte erwogen werden, ob dem Registerrichter in genügender Form (§ 2 Abs. 2 GmbHG.) der Nachweis erbracht worden ist, daß Gr. und S. namens der Gesellschaft „G. F. Graul, Gesellschaft m. b. H." mit sich in eigenem Namen den Gesellschaftsvertrag schließen konnten (vgl. § 181 BGB.). Für die gegenwärtige Entscheidung bedarf es jedoch eines näheren Eingehens auf diese Bedenken nicht, da, wie ausgeführt, schon die Unzulässigkeit der von W. beantragten Eintragung zur Zurückweisung beider weiteren Beschwerden führen muß."

---

89. Hat im Sinne des § 17 KO. der Verkäufer den Kaufvertrag erfüllt, wenn er das Grundstück aufgelassen hat, oder gehört zur Erfüllung auch noch die Vollziehung der Auflassung durch Eintragung des Eigentumsüberganges?

KO. § 17.
BGB. § 433.

V. Zivilsenat. Urt. v. 2. November 1914 i. S. Kl. (Kl.) w. Br. (Bekl.). Rep. V. 232/14.

I. Landgericht Freiberg i. S.
II. Oberlandesgericht Dresden.

Der Kläger verkaufte durch notariellen Vertrag vom 13. Juni 1911 sein Grundstück in Zsch. an die Beklagte. Zur Tilgung des Restkaufgeldes wurde ihm eine für die Beklagte im Grundbuche von Th. eingetragene Hypothek von 12000 ℳ abgetreten.

Das Grundstück in Th. kam zur Zwangsversteigerung und wurde von der Beklagten erstanden. Im Kaufgelderbelegungstermin entfielen auf die Hypothek 5620,81 ℳ, und wegen der Zuweisung dieses Betrages entstand unter den Parteien Streit. Der Kläger war nämlich in Konkurs geraten und in dem — inzwischen durch Zwangsvergleich beendeten — Konkursverfahren hatte die Beklagte mit Schreiben vom 17. Januar 1912 unter Hinweis auf die Vorschrift des § 17 KO. den Verwalter zur Erklärung aufgefordert, ob er Erfüllung des Kaufvertrages verlange. Das Schreiben war unerwidert geblieben, und hieraus folgerte die Beklagte, daß der Erfüllungsanspruch beseitigt sei und der Kläger nunmehr aus der Abtretungsurkunde vom 13. Juni 1911 Rechte nicht mehr herleiten könne. Mit der Klage wurde beantragt:

den vom Kläger im Verteilungstermine gegen die Zuweisung der 5620,81 *M* an die Beklagte erhobenen Widerspruch für begründet zu erklären.

Die Klage wurde in erster Instanz und auch in zweiter Instanz abgewiesen.

Die Revision hatte keinen Erfolg.

Aus den Gründen:

„Der Kläger hat das Grundstück nach erfolgter Übergabe an die Beklagte aufgelassen, das Grundbuchamt hat aber die Eintragung des Eigentumsüberganges abgelehnt, weil der erforderte Kostenvorschuß nicht gezahlt wurde. Der Kläger hat nun unter Beweiserbieten behauptet, daß nach einem nachträglich getroffenen Abkommen nicht er, sondern die Beklagte den Vorschuß zu zahlen oder vorzulegen gehabt habe. Die Revision rügt die Ablehnung des Beweisantrages, indem sie ausführt, daß, wenn das Vorbringen als richtig unterstellt werde, der Kläger seinerseits den Kaufvertrag mit der Abgabe der Auflassungserklärung erfüllt gehabt habe.

Richtig ist, daß in der Rechtslehre vielfach zu § 433 BGB. die Ansicht vertreten wird, daß der Verkäufer seiner Verpflichtung zur Verschaffung des Eigentums dann genüge, wenn er in der vom Gesetz erforderten Weise bei der Auflassung mitwirke, und daß er dafür, daß die ordnungsmäßig erfolgte Auflassung auch zur Eintragung des Eigentumsüberganges führe, an sich nicht einzustehen habe. Ob diese Auslegung des § 433 BGB. zutreffend ist, kann dahingestellt bleiben, jedenfalls ist § 17 KO. in diesem Sinne nicht auszulegen. Die Erfüllung eines Vertrages bloß nach der schuldrechtlichen Seite ist keine gehörige Erfüllung, vielmehr muß Erfüllung auch nach der dinglichen Seite hin gefordert werden. Wird eine bewegliche Sache mit Eigentumsvorbehalt bis zur Zahlung des Kaufpreises verkauft, so tritt die dingliche Rechtswirkung erst mit Eintritt der Bedingung ein; bis dahin ist der Vertrag im Sinne des § 17 auch vom Verkäufer noch nicht erfüllt, mag der Verkäufer auch die Sache übergeben und damit seiner schuldnerischen Verbindlichkeit genügt haben. Dies ist in der Rechtsprechung des Reichsgerichts (RGZ. Bd. 64 S. 204 und 334) anerkannt, und beim Grundstückskaufe, bei dem sich der Eigentumsübergang erst mit der grundbuchlichen Eintragung vollzieht, kann die rechtliche Beurteilung keine andere sein. Die bloße Auflassung des Grundstücks wird denn auch von Petersen-Kleinfeller 4. Aufl. C Anm. b und in der neuesten (3./4.) Auflage auch von Jäger Anm. 11 zu § 17 KO. für nicht ausreichend erklärt. Ob die Beklagte den Kostenvorschuß zu zahlen oder vorzulegen hatte und ob daher die Nichterfüllung verschuldet oder unverschuldet ist, begründet für die Anwendung des § 17 keinen Unterschied. Daß endlich der Vertrag auch von der Beklagten, die dem Kläger das Recht an der Hypothek zu verschaffen hatte, noch nicht erfüllt war, unterliegt nach dem festgestellten Tatbestande keinem Bedenken, und nach dieser Richtung hat auch die Revision einen Angriff nicht erhoben. War aber der Vertrag beiderseits noch nicht erfüllt, so konnte sich der Konkursverwalter der Erklärung auf die mit Schreiben vom 17. Januar 1912 an ihn ergangene Aufforderung nicht entziehen, ohne daß dadurch der Erfüllungsanspruch beseitigt wurde."

---

90. Kann die Chausseeverwaltung eines Kreises im Sinne des § 8 Abs. 2, § 21 des Gesetzes vom 30. Juli 1899 eine Betriebsverwaltung sein?

Gesetz, betr. die Anstellung und Versorgung der Kommunalbeamten vom 30. Juli 1899 (GS. S. 141).

III. Zivilsenat. Urt. v. 3. November 1914 i. S. des Kreises K. (Bekl.) w. S. (Kl.). Rep. III. 240/14.

I. Landgericht Ostrowo.
II. Oberlandesgericht Posen.

Der Kläger stand seit dem 31. Oktober 1895 als Chausseeaufseher im Dienste des Provinzialverbandes der Provinz Posen. Er wurde am 1. April 1909 beim Übergange der im Kreise K.

belegenen Chausseestrecken auf diesen Kreis in den Dienst des beklagten Kreises übernommen, wobei nach § 2 des Anstellungsvertrages vom 30. März 1909 die ihm seinerzeit bei der Anstellung im Provinzialdienst ausgehändigte Anstellungsurkunde und die Dienstanweisung für die Provinzialchausseeaufseher der Provinz Posen vom 16. Dezember 1886 zugrunde gelegt wurden. Nach Z. 3 der bezeichneten Dienstanweisung erfolgte die Anstellung der Chausseeaufseher unter dem Vorbehalte der Kündigung. Infolge eines Beschlusses, den der Kreisausschuß am 26. Februar 1912 faßte, ist dem Kläger der Dienst gekündigt worden. Der Kläger erklärt diese Kündigung für unzulässig, weil er nach §§ 8, 21 KBG. auf Lebenszeit habe angestellt werden müssen; er habe daher als auf Lebenszeit angestellt zu gelten. Mit der erhobenen Klage forderte er die Feststellung, daß die Kündigung unverbindlich sei, sowie die Fortzahlung seines Gehalts. Das Landgericht wies die Feststellungsklage als prozeßrechtlich nicht begründet ab, verurteilte dagegen den Beklagten zur Weiterzahlung des Gehalts an den Kläger. Die Berufung des Beklagten wurde mit der Maßgabe zurückgewiesen, daß der Beklagte an den Kläger von dessen vollendetem 65. Lebensjahre ab nur noch den Betrag der gesetzlichen Pension zu zahlen habe. Die Revision ist zurückgewiesen worden aus folgenden

Gründen:

„Das Berufungsgericht erachtet die von dem Beklagten ausgesprochene Kündigung für unwirksam, da der Kläger als Kreiskommunalbeamter mangels einer entgegenstehenden statutarischen Bestimmung nach §§ 8, 9, 21 KBG. als auf Lebenszeit angestellt anzusehen sei. Die Chausseeverwaltung des beklagten Kreises stelle nicht, wie dieser behauptet, eine Betriebsverwaltung im Sinne des § 8 Abs. 2 dieses Gesetzes dar, da sie weder ein abgesondertes wirtschaftliches Unternehmen bilde noch eine gesonderte Verwaltung mit eigenem Personal habe. Nur drei Unterbeamte, deren Tätigkeit auf technische Fragen untergeordneter Art sich beschränke, seien für sie angestellt, während die eigentliche Verwaltungstätigkeit in den Händen des Landrats liege, der sie mit Hilfe der mittleren Beamten des Kreisausschusses ausübe. Auch habe weder eine besondere Kassenführung für sie bestanden, noch sei ein in sich abgeschlossener Etat für sie aufgestellt worden.

Die Revision rügt, daß das Berufungsgericht der Chausseeverwaltung des beklagten Kreises zu Unrecht die Eigenschaft einer Betriebsverwaltung im Sinne des Gesetzes abgesprochen habe. Das Merkmal äußerlicher Trennung der Verwaltung sei zu willkürlich, als daß es im Gesetze besondere Beachtung gefunden haben könnte. Gemeint könne nur sein, daß Beamte, die nicht einem der Selbstverwaltung wesentlich zugehörigen, sondern einem nur freiwillig angegliederten Dienstzweige angehören, nach Belieben der Stadt oder des Kreises von der lebenslänglichen Anstellung ausgeschlossen bleiben können. Daher sei die Behauptung des Beklagten erheblich, daß er die Provinzialchausseen deshalb übernommen habe, weil er dies für vorteilhaft gehalten habe. Die Vorteile, welche sich der Beklagte von der Übernahme der Chausseen versprochen habe, hätten verloren gehen können, wenn ein bis zur Spitze gehender besonderer Beamtenkörper für ihre Verwaltung angestellt worden wäre. Die Revision rügt ferner als eine Verletzung des § 139 ZPO., daß nicht aufgeklärt sei, ob die beiden andern im Dienst der Chausseeverwaltung beschäftigten Beamten nicht auch auf Kündigung angestellt worden seien. Wäre dies geschehen, so hätte dies einen Anhaltspunkt dafür gegeben, daß der Beklagte die Verwaltung seiner Chausseen als Betriebsverwaltung im Sinne des Gesetzes ansehen wollte. Denn wenn die Verwaltung nach dem Gesetze so habe eingerichtet werden können, müsse man auch dem Willen des Verwaltungskörpers einen entscheidenden Einfluß einräumen.

Die Revision ist nicht begründet.

Zutreffend führt das Berufungsgericht aus, daß eine Betriebsverwaltung im Sinne des Gesetzes notwendig das Bestehen eines abgesonderten wirtschaftlichen Unternehmens oder doch einer abgesonderten Verwaltung mit eigenem Personal voraussetzt. Es handelt sich hierbei nicht, wie die Revision annimmt, um ein rein äußerliches Merkmal. Die Trennung der Verwaltung braucht allerdings nicht bis zur Spitze zu reichen. Damit aber, daß einige untergeordnete Beamte vorwiegend oder ausschließlich für den Dienst eines bestimmten Verwaltungszweiges angestellt sind, ist dem Erfordernis einer Trennung der Verwaltung nicht genügt. Es ist deshalb für die Entscheidung gleichgültig, ob etwa der Beklagte auch die anderen beiden Beamten der Chausseeverwaltung nur auf Kündigung anstellen wollte. Aus diesem Willen würde noch nicht die Absicht des Kreises entnommen werden können, die Chausseeverwaltung als Betriebsverwaltung zu gestalten. Diese Absicht würde aber auch unerheblich sein, wenn die sachlichen Voraussetzungen einer Betriebsverwaltung im Sinne des Gesetzes nicht gegeben sind.

Grundsätzlich kann die Chausseeverwaltung eines Kreises überhaupt nicht zu den Betriebsverwaltungen gerechnet werden; dies auch dann nicht, wenn für sie eine gesonderte Verwaltung mit eigenem Beamtenpersonal eingerichtet ist. Bei der Beratung des Entwurfs des Kommunalbeamtengesetzes in der Kommission des Herrenhauses — siehe den auch die Vorgeschichte der Vorschrift des § 8 erwähnenden Bericht der Kommission, Sess. 1899 Nr. 63 S. 12 ff. — ist als der für die Begrenzung des Kreises der Betriebsverwaltungen entscheidende Gesichtspunkt der Gegensatz bezeichnet worden, in dem die Betriebsverwaltung zu der „obrigkeitlichen und der sonstigen, mit den wesentlichen gemeindlichen Aufgaben verbundenen Verwaltung" stände, ein Gegensatz, der ganz ähnlich sei der von der Wissenschaft gemachten Unterscheidung zwischen dem Finanz- (d. h. dem zufälligen, werbenden, wirtschaftlichen) Vermögen und dem Verwaltungsvermögen (d. h. dem für die Erfüllung der Staatszwecke wesentlichen, erforderlichen Vermögen). In der Tat kann eine Verwaltung, welche der Erfüllung wesentlicher öffentlicher Aufgaben dient und welche das Verwaltungsvermögen zum Unterschiede vom Finanzvermögen der Körperschaft zum Gegenstande hat, nicht unter den Begriff der Betriebsverwaltung gebracht werden. Unter diesen Begriff fallen in erster Reihe die gewerblichen Unternehmungen der Städte, welche die Anstellung besonderer technisch oder kaufmännisch gebildeter Beamten erfordern. Hier liegt die Ausschließung der Anstellung auf Lebenszeit vielfach im beiderseitigen Interesse, und zwar, wie der Kommissionsbericht a. a. O. S. 12 hervorhebt, in dem der Angestellten auch um deswillen, weil sich erwarten ließe, daß die Gemeinden leichter bereit sein würden, anstelle einer rein zivilrechtlichen Annahme sie als Beamte anzustellen, sofern die Kündbarkeit von vornherein gesetzlich festgelegt sei. Die Abgrenzung der gewerblichen gegenüber den im wesentlichen den öffentlichen Interessen dienenden Unternehmungen ist allerdings schwierig. Die Entwicklung besonders der Großstädte in neuerer Zeit weist ihnen mannigfaltige Aufgaben zu, bei denen das öffentliche Interesse und die Rücksicht auf Gewinnerzielung Hand in Hand gehen, bald aber jenes, bald diese, wechselnd auch nach der Auffassung der beteiligten Behörden, überwiegt. Darum ist in der Kommissionsberatung zutreffend hervorgehoben worden, daß die Kennzeichnung eines Verwaltungszweiges als Betriebsverwaltung dadurch nicht ausgeschlossen wird, daß der Betrieb in erster Reihe aus Gründen des öffentlichen Interesses geführt wird, während die Gewinnerzielung nur mehr oder weniger nebensächlich, ja vielleicht gar nicht bestimmend ist. Ebenso ist auch von den Vertretern der Staatsregierung anerkannt worden, daß eine Betriebsverwaltung, wenn deren Bedingungen im übrigen gegeben sind, auch dann als vorhanden anzusehen sei, wenn nicht finanzielle, sondern öffentliche Interessen allgemeinerer Art (Gesundheitspflege, Verkehrsförderung usw.) für Übernahme und Führung des Betriebes entscheidend waren. Diese Erwägungen stehen aber keineswegs einer grundsätzlichen Scheidung derjenigen Verwaltungszweige, welche wesentlichen Gemeindezwecken dienen, von den Betriebsverwaltungen entgegen.

Die Chausseen, d. h. die als solche von den zuständigen Behörden anerkannten Kunststraßen, sind dem allgemeinen Verkehr und dem öffentlichen Wohle derart gewidmet, daß ihre Verwaltung zu den wesentlichen öffentlichen Aufgaben gerechnet werden muß. Die Rücksicht auf das „gemeine Beste“ — § 4 ALR. II, 15 — muß durchaus der leitende Gesichtspunkt für ihre Verwaltung sein. Mit den bei der Beratung des Gesetzes erwähnten zahlreichen Beispielen von Betriebsverwaltungen hat die Verwaltung der Chausseen nichts gemein; von einem gewerblichen Unternehmen steckt in ihr nichts. Die Chausseen selbst gehören ihrer dem Gemeinwohle dienenden Bestimmung gemäß zu dem Verwaltungs-, nicht zu dem Finanzvermögen der öffentlichen Körperschaft. In der staatlichen Verwaltung der Chausseen konnte gegenüber den Vorschriften des Allgemeinen Landrechts Tl. II Tit. 15, insbesondere der §§ 4, 7, 11, keine andere Auffassung Platz greifen. Durch die Übertragung dieser Verwaltung auf die Provinzialverbände und weiter auf engere Kommunalverbände, wie sie in § 18 des Gesetzes vom 8. Juli 1875, betreffend die Ausführung der §§ 5 und 6 des Gesetzes vom 30. April 1873 wegen der Dotation der Provinzial- und Kreisverbände, erfolgt oder vorgesehen ist, ist hieran nichts geändert. Die Verwaltung mußte auch fernerhin ganz ausschließlich von der Rücksicht auf das öffentliche Wohl beherrscht werden. Nur unter dieser Voraussetzung konnte der Staat die Verwaltung, die er bis dahin geführt hatte, den Verbänden übertragen und ihnen in § 20 des Gesetzes seine Mittel zur Deckung der Kosten der Verwaltung und Unterhaltung der Chausseen zur Verfügung stellen. Ob der Kreis durch die Hoffnung, für sich einen Gewinn daraus zu ziehen, bewogen wurde, die Verwaltung der Chausseen seinerseits von dem Provinzialverbande zu übernehmen, ist gleichgültig. Nicht seine Beweggründe für die Übernahme der Verwaltung, sondern die Zweckbestimmung der Chausseen, die sachliche Eigenart der Verwaltung sind entscheidend für die Frage, ob eine Betriebsverwaltung im Sinne des Gesetzes vorliegt.

Unerheblich würde es auch sein, daß etwa, wie der Beklagte geltend macht, die Verwaltung von Chausseen gelegentlich einer Aktiengesellschaft oder einem einzelnen Großgrundbesitzer überlassen worden wäre. Es könnte sich hier nur um Ausnahmefälle handeln, die durch besondere Verhältnisse veranlaßt wurden. Ihrem Wesen nach kann die Verwaltung der öffentlichen Chausseen, und insbesondere die den Provinzialverbänden und sonstigen Kommunalverbänden in § 18 des Gesetzes vom 8. Juli 1875 übertragene Verwaltung, nur von der Körperschaft des öffentlichen Rechts selbst, in Erfüllung der ihr obliegenden wesentlichen Aufgaben, geführt werden. Sie kann nicht als eine rein private gedacht werden.

Die Chausseeverwaltung des Beklagten ist also keine Betriebsverwaltung im Sinne des § 8 des Gesetzes. Damit rechtfertigt sich die Zurückweisung der Revision."

---

91. Kann die Erfüllung einer Amtspflicht des preußischen Notars für ihn Gegenstand vertraglicher Bindung sein?

BGB. §§ 675, 839.

III. Zivilsenat. Urt. v. 3. November 1914 i. S. K. u. Gen (Kl.) w. preuß. Fiskus (Bekl.). Rep. III. 246/14.

I. Landgericht Kiel.
II. Oberlandesgericht daselbst.

Am 30. Dezember 1910 erschienen die Kläger mit dem Mühlenbesitzer B. vor dem Amtsgericht in Neustadt und überreichten in Gegenwart des Amtsrichters einen privatschriftlichen Vertrag, wonach B. ihnen seinen Grundbesitz verkaufte, mit der Absicht, die Gebundenheit der Vertragschließenden herbeizuführen. Der Amtsrichter setzte einen Auflassungstermin an und überließ die Bearbeitung der Angelegenheit dem Gerichtsschreiber, der einen die Überreichung behandelnden Aktenvermerk aufnahm. Durch notariellen Vertrag vom 4. Januar 1911 verkauften die Kläger einen Teil des Grundbesitzes an einen Gutsbesitzer S. und schlossen am 9. Januar 1911 einen von dem Notar W. beurkundeten Vertrag mit B., wonach der am 30. Dezember 1910 überreichte Vertrag aufgehoben wurde, soweit nicht der an S. veräußerte Teil in Frage kam.

Die Kläger machen geltend, die Verträge vom 30. Dezember 1910 und vom 9. Januar 1911 seien wegen Formmangels durch die Schuld des Amtsrichters und des Notars nichtig. Hierdurch sei ihnen, da B. die Erfüllung des Vertrages weigere, ein Schaden insofern entstanden, als sie nun den Vertrag vom 4. Januar 1911 nicht hätten erfüllen können, dem S. vergleichsweise 7000 *M* hätten zahlen und die Kosten eines mit ihm geführten Rechtsstreits hätten tragen müssen. Zum Ersatze des Schadens seien der Fiskus und der Notar verpflichtet. Dieser hat vergleichsweise 15000 *M* gezahlt und ist aus dem Rechtsstreit ausgeschieden. Das Landgericht hat die Entscheidung dem Grunde nach von einem Eide der Kläger darüber abhängig gemacht, daß sie bei Abschluß des Vertrages mit S. nicht gewußt hätten, der Vertrag vom 30. Dezember 1910 mit B. sei nicht rechtsgültig zustandegekommen. Das Oberlandesgericht hat die Klage völlig abgewiesen. Der Revision der Kläger wurde stattgegeben.

Aus den Gründen:

„... Das angefochtene Urteil stellt fest, daß, wenn die Kläger den Kaufvertrag mit S. vom 4. Januar 1911 in der Überzeugung geschlossen haben, der Vertrag vom 30. Dezember 1910 sei gültig, das Verschulden des Amtsrichters ursächlich sei, da er in ihnen durch sein fahrlässiges Handeln diese Überzeugung erweckt habe. Der Vertrag vom 30. Dezember 1910 war wegen Nichtbeobachtung der im § 313 BGB. vorgeschriebenen Form und in Ermangelung einer Heilung durch Auflassung nichtig, seine Gültigkeit konnte auch nicht durch den Vertrag vom 9. Januar 1911 herbeigeführt werden, da diesem gleichfalls wegen Formmangels die Rechtsbeständigkeit fehlt. Es ist nur eine ungenaue Ausdrucksweise, wenn das Berufungsgericht sagt, die Nichtigkeit des Vertrages vom 30. Dezember sei auf eine Fahrlässigkeit des Amtsrichters zurückzuführen. Der Amtsrichter hat nicht die Nichtigkeit des privatschriftlichen Vertrages verschuldet. Ja, er hat nicht einmal verschuldet, daß nicht anstelle des privatschriftlichen ein den Formerfordernissen des § 313 entsprechender Vertrag geschlossen wurde. Denn am 30. Dezember brauchte er nach den Ausführungen des Oberlandesgerichts den Vertrag nicht aufzunehmen, und nach den Feststellungen des Oberlandesgerichts würde der am Gerichtsorte wohnende Notar an diesem Tage einen solchen Vertrag nicht beurkundet, später aber B. ihn nicht geschlossen haben. Die Fahrlässigkeit des Amtsrichters besteht vielmehr, wie das Berufungsgericht auch annimmt, darin, daß er es unterließ, die Erschienenen über die Notwendigkeit der Beurkundung gemäß § 313 zu belehren, und daß er die Entgegennahme des überreichten Vertrages durch den Gerichtsschreiber, offenbar unter dem Einfluß unrichtiger Auslegung des § 873 Abs. 2 BGB., anordnete. Ohne Rechtsirrtum geht das Berufungsgericht davon aus, daß, wenn die Kläger sich in dem Irrglauben befanden, der Vertrag vom 30. Dezember sei rechtsgültig, sie in diesen Glauben versetzt oder darin erhalten sind durch das schuldhafte Verhalten des Amtsrichters, und daß, wenn sie bei Abschluß des Vertrages mit S. in diesem Irrglauben befangen waren, der ihnen dadurch oder durch die Unmöglichkeit, den Vertrag mit S. zu erfüllen, erwachsene Schaden in ursächlichem Zusammenhange mit dem Verschulden des Amtsrichters steht.

Für den durch die Amtspflichtverletzung des Amtsrichters — um eine solche handelt es sich hier — entstandenen Schaden haftet nach § 1 des Gesetzes vom 1. August 1909 der preußische Staat in demselben Umfange, in dem ohne diese Gesetzesbestimmung nach § 839 BGB. der Amtsrichter gehaftet haben würde. Er kann insbesondere (§ 839 Abs. 1 Satz 2) nur dann in Anspruch genommen werden, wenn die Kläger nicht auf andere Weise Ersatz zu erlangen vermögen.

Aber ebensowenig, wie der Amtsrichter die Kläger darauf würde haben verweisen können, daß auch ein anderer Beamter durch unerlaubte Handlung, nämlich Verletzung der Amtspflicht, den Schaden verursacht habe und deshalb zunächst in Anspruch zu nehmen sei, kann der Staat sich darauf berufen. Wenn der andere Beamte ein solcher ist, für den nach § 1 Abs. 3 des Gesetzes vom 1. August 1909 der Staat nicht einzutreten hat, besteht zwischen dem Staate und diesem Beamten in Ansehung der Schadensersatzpflicht ein Gesamtschuldverhältnis, nicht aber haftet der Staat alsdann bloß hilfsweise.

Das Berufungsgericht hat die Klage auf Ersatz des Schadens deshalb abgewiesen, weil eine Schadenshaftung des Notars W. nicht nur wegen Verletzung von Amtspflichten, also nach § 839, sondern auch wegen Verletzung vertraglicher Pflichten begründet gewesen sei. Wäre dies richtig, so würde wegen der alsdann gegebenen bloß bedingten Haftung des Staates die Klagabweisung, vorausgesetzt, daß die Ursächlichkeit der Vertragsverletzung für den Schaden dargetan wäre, keinem Bedenken unterliegen.

Allein die Annahme, daß der Notar W. auch aus einem Vertrage den Klägern hafte, kann als zutreffend nicht anerkannt werden.

Auch der vom Notar W. beurkundete Vertrag (vom 9. Januar 1911) war wegen eines, in Nichtbeachtung der Vorschriften des § 176 FGG. bestehenden Formmangels nichtig. Diese Nichtigkeit hat der Notar schuldhaft herbeigeführt. Es war seine Amtspflicht, das Rechtsgeschäft unter Beobachtung der gesetzlich vorgeschriebenen Formen zu beurkunden. Gegenstand eines Dienstvertrages zwischen den Klägern und dem Notar, nicht in dieser seiner Eigenschaft, sondern in der Eigenschaft als eines Rechtskundigen, konnte die Rechtsberatung darüber sein, ob der Vertrag vom 30. Dezember gültig und wie er bindend zu machen sei. Dies aber kommt hier nicht in Frage, denn die Unrichtigkeit und Schuldhaftigkeit eines solchen Rates werden dem Notar nicht vorgeworfen. Der Notar W. hatte nach dem Willen der Kläger und nach seiner ihnen erteilten Zusage dem zu beurkundenden Vertrage mit B. eine Form und einen Inhalt zu geben, die dem Zwecke der von ihm über die Ungültigkeit des Vertrages vom 30. Dezember aufgeklärten Kläger entsprachen, nämlich dem Zwecke, den Verkäufer insoweit an die privatschriftlich beredete Veräußerung zu binden, als die von ihnen an S. verkauften Grundstücke in Betracht kamen. Den erklärten Willen der Vertragschließenden in klarer, gültiger Fassung und Form urkundlich festzulegen, der Urkunde den Inhalt zu geben, der dem Willen der Vertragsteile und dem Zwecke der Urkundenerrichtung entspricht, ist aber gerade eine durch das Amt des Notars gebotene Pflicht (Jur. Wochenschr. 1913 S. 490 Nr. 12, S. 1152 Nr. 8; 1914 S. 194 Nr. 10, S. 354 Nr. 6; III. 438/13, 530/13, 226/14).

Die Erfüllung einer Amtspflicht kann nicht Gegenstand vertraglicher Bindung sein, jedenfalls gilt dies von der amtlichen Tätigkeit der preußischen Notare. Der preußische Notar ist Beamter. Er wird bei den ihm amtlich obliegenden Beurkundungen tätig nicht als Beauftragter oder Dienstverpflichteter des ihn Anrufenden. Die Inanspruchnahme seiner Tätigkeit durch einen Beteiligten ist nur der äußere Anlaß für diese Tätigkeit, bei deren Entfaltung die Beobachtung der Verkehrssorgfalt in der Einhaltung der gesetzlichen Formen und in der sachgemäßen Gestaltung des Inhalts der Urkunde ihm als amtlich gebotene Pflicht obliegt. Bedeutung und Umfang dieser Pflicht sind der Steigerung oder auch nur der Gewährleistung durch Stempelung zu einer Vertragsleistung nicht fähig. Die Rechtsprechung des erkennenden Senats ist früher von der entgegengesetzten Meinung ausgegangen. Der Senat betrachtete es früher als wesentlich für das Verhältnis zwischen Notar und Beurkundungsbeteiligten, daß sie durch einen Vertrag gebunden seien, der die dem Notar schon amtlich obliegende Beurkundungstätigkeit als seine vertragliche Pflicht umfaßte (RGZ. Bd. 49 S. 26; ferner III 540/10 vom 18. Oktober 1911, III 41/11 vom 19. Dezember 1911, III 334/05, III 65/09). Der Senat befand sich dabei im Einklange mit der damals herrschenden Meinung. In anderen Entscheidungen (z. B. Jur. Wochenschr. 1913 S. 490 Nr. 12) wurde es wenigstens als die Regel bezeichnet, daß der die Amtstätigkeit des Notars Anrufende zugleich mit ihm über die Leistung der Beurkundungstätigkeit einen bürgerlich-rechtlichen Vertrag, insbesondere einen Dienstvertrag abschließe. Späterhin ist der Senat jedoch von dieser Ansicht, namentlich unter der Einwirkung des über die Rechtsstellung des Gerichtsvollziehers bei der Zwangsvollstreckung ergangenen Beschlusses der Vereinigten Zivilsenate vom 2. Juli 1913 (RGZ. Bd. 82, 85) mehr und mehr abgegangen, indem er jedenfalls in einer Reihe von Fällen vermied, der Annahme der Berufungsgerichte, daß ein Vertrag vorliege, beizutreten (z. B. III 423/13 vom 9. Dezember 1913, III 419/13 vom 19. Dezember 1913, III 530/13 vom 10. März 1914).

Die frühere Rechtsauffassung kann nicht aufrechterhalten werden. Sie entspricht nicht einer zutreffenden Würdigung des Wesens der Amtspflicht und wird der öffentlichrechtlichen Stellung des Notars als Beurkundungsbeamten nicht völlig gerecht.

Die Rechtsprechung anderer Senate steht der jetzigen Rechtsmeinung des erkennenden nicht entgegen. Insbesondere beschäftigt sich der sechste Zivilsenat in RGZ. Bd. 49 S. 269 nicht mit der Erfüllung der Amtspflichten als Vertragsleistung, sondern betont, daß neben den Amtspflichten Verpflichtungen anderer Art für den Notar bestehen können, die Gegenstand des Dienstvertrages nach § 675 BGB. zu sein vermögen. Die Möglichkeit derartiger Verpflichtungen, die den Notar nicht als solchen, sondern als Rechtskundigen treffen, ist vom erkennenden Senate stets betont und auch in den hier gemachten Ausführungen anerkannt worden.

Da der Notar W. nicht aus einem Vertrage haftet, seine Verantwortlichkeit für den entstandenen Schaden aus unerlaubter Handlung aber die Haftung des Beklagten nicht beseitigt, so können die gegen die Ursächlichkeit des Notarverschuldens für den entstandenen Schaden erhobenen Revisionsangriffe unerörtert bleiben.

Das Berufungsgericht hat nicht festgestellt, daß die zur Begründung der Ursächlichkeit des Amtsrichterverschuldens erforderliche Überzeugung der Kläger von der Gültigkeit des Vertrages vom 30. Dezember 1910 zur Zeit des Vertragsabschlusses mit S. bestanden hat. Vielmehr ist unentschieden geblieben, ob es zum Nachweise dieser Überzeugung noch des den Klägern vom Landgericht auferlegten Eides bedurfte. Das Revisionsgericht kann diese Feststellung nicht treffen, das Oberlandesgericht wird sich darüber schlüssig zu machen, auch zu erwägen haben, welche Bedeutung im Verfahren über den Grund dem Umstande zukommt, daß auf den geltend gemachten Schaden der gesamtschuldnerisch haftende Notar durch Zahlung der Vergleichssumme eine Leistung bewirkt hat."

92. Zum Begriffe des tatsächlichen Angebots nach § 294 BGB.

III. Zivilsenat. Urt. v. 3. November 1914 i. S. Kirchengemeinde L. (Kl.) w. P. (Bekl.). Rep. III. 266/14.

I. Landgericht Königsberg.
II. Oberlandesgericht daselbst.

Der Beklagte hat das Pfarrland der Klägerin durch Vertrag vom 3. April 1900 für die Zeit vom 1. Oktober 1900 bis zum 1. Oktober 1918 gepachtet. Da er den am 1. Oktober 1913 fälligen Pachtzins weder an diesem Tage noch innerhalb einer ihm gewährten Nachfrist entrichtete, beschloß der Gemeindekirchenrat auf Grund einer Vertragsbestimmung, wonach der Rückstand mit einer Rate zur sofortigen Lösung des Vertragsverhältnisses berechtigte, am 14. Oktober 1913 nachmittags die Aufhebung des Pachtverhältnisses. Der Beschluß wurde dem Beklagten am 15. Oktober 1913 mitgeteilt. Der Beklagte hatte aber am 14. Oktober 1913 vormittags, also noch vor dem Beschlusse des Gemeindekirchenrats, wenn auch vergeblich, sowohl dem Kassenführer Kantor Ne. als dem Vorsitzenden des Gemeindekirchenrats Pfarrer Na. Zahlung angeboten und bestreitet mit Rücksicht hierauf die Wirksamkeit der Kündigung. Die Klägerin verlangt Räumung des Pachtguts. Das Berufungsgericht machte die Entscheidung von einem richterlichen Eide des Beklagten abhängig, daß er bei dem Angebot der Zahlung den dazu erforderlichen Geldbetrag bei sich gehabt habe. Die Revision der Klägerin wurde zurückgewiesen.

Aus den Gründen:

„Das Berufungsgericht legt den Pachtvertrag dahin aus, daß auch für das strengere vertragsmäßige Kündigungsrecht die Grundsätze des § 554 BGB. anzuwenden seien. Diese Auslegung ist rechtlich nicht zu beanstanden. Nach § 554 Abs. 1 S. 2 BGB. ist die Kündigung ausgeschlossen, wenn der Mieter den Vermieter befriedigt, bevor sie erfolgt. Der Befriedigung ist für die Anwendung des § 554 ein Angebot gleichzustellen, das den Vermieter als Gläubiger in Annahmeverzug versetzt (§ 293 BGB.)." ... (Wird näher ausgeführt.)

„Nach § 294 BGB. muß die Leistung, wenn der Gläubiger in

Verzug gesetzt werden soll, so, wie sie zu bewirken ist, tatsächlich angeboten werden. Das tatsächliche Angebot muß so erfolgen, daß der Gläubiger nichts weiter zu tun braucht, als zuzugreifen und die angebotene Leistung anzunehmen. Dazu genügte nicht, daß der Beklagte das Geld bei sich trug. Es war aber anderseits auch nicht, wie die Revision meint, notwendig, daß er das Geld aus der Tasche hervorholte. Er mußte nur durch sein Verhalten gegenüber demjenigen, der das Geld empfangen sollte, deutlich zum Ausdruck bringen, daß er das Geld bei sich habe, um es im Falle der Zustimmung sofort auszuhändigen. Das Berufungsgericht erachtet aber auf Grund der Aussage des Re. als erwiesen, daß dieser, als er die Annahme ablehnte, keinen Zweifel daran hegte, daß der Beklagte das Geld bei sich habe. War letzteres, wie durch die Eidesleistung festgestellt werden soll, richtig, so lag ein tatsächliches Angebot im Sinne des § 294 BGB. vor." ...

---

93. 1. Zur Auslegung des § 1848 BGB.

2. Stellt es eine Verletzung der Amtspflicht des Vormundschaftsrichters dar, wenn er bei seinen Anordnungen und Verfügungen einen mit Gefahren für den Mündel verknüpften Weg einschlägt, während ein anderer zum gleichen Ziele führender, gefahrloser Weg offen steht?

3. Stellt es eine Verletzung der Amtspflicht des Vormundschaftsrichters dar, wenn er es unterläßt, dafür zu sorgen, daß ein Rechtsgeschäft, das er zu genehmigen hat, in rechtswirksamer Weise vorgenommen wird?

4. Bedeutung der Vorschrift des § 1809 BGB.

III. Zivilsenat. Urt. v. 3. November 1914 i. S. preuß. Fiskus (Bekl.) w. N. (Kl.). Rep. III. 267/14.

I. Landgericht Breslau.
II. Oberlandesgericht daselbst.

Die Klägerin wurde im Jahre 1908 wegen Geistesschwäche entmündigt und unter Vormundschaft gestellt. Ihr Vermögen, bestehend aus einem Guthaben bei der Stadtsparkasse in B., behielt der

Vormund in seiner Verwaltung, auch nachdem die Klägerin sich unter seiner Zustimmung verheiratet hatte. Später wurde anstelle des bisherigen Vormundes der Schichtmeisterassistent R. P. zum Vormunde bestellt und ihm das über 3294,25 *M* lautende Sparkassenbuch mit der Eröffnung ausgehändigt, daß die nächste Verwaltungsrechnung am 1. Januar 1912 fällig sei.

Am 17. November 1910 überreichte der Vormund P. dem Vormundschaftsgerichte drei über 310 *M* lautende Rechnungen und suchte um Erteilung der vormundschaftsgerichtlichen Genehmigung zur Erhebung des genannten Betrags von dem Sparkassenguthaben der Klägerin nach. Er teilte dabei mit, daß zwei der Rechnungen bereits durch den Ehemann der Klägerin bezahlt seien, daß dieser sich aber das zur Bezahlung erforderliche Geld geborgt habe und es ohne Inangriffnahme des Vermögens der Klägerin nicht zurückerstatten könne. Das Vormundschaftsgericht gab nach einer Verhandlung mit dem Vormund über den Inhalt seiner Eingabe diesem die Ermächtigung, 310 *M* von dem Sparkassenguthaben abzuheben.

Am 12. Dezember überreichte der Vormund P. dem Vormundschaftsgericht ein Schreiben des Ehemanns der Klägerin, in dem dieser den Vormund bat, beim Vormundschaftsgerichte zu beantragen, daß ihm das Vermögen seiner Frau zur Gründung eines Geschäfts freigegeben werde. Der Vormund erklärte bei der Überreichung des Schreibens, daß er gegen die Aushändigung des Sparkassenbuchs an den Ehemann und gegen die Aufhebung der Sperre nichts einzuwenden habe. Bei einer vom Vormundschaftsgericht angeordneten Rücksprache mit dem Vormunde bat dieser, die Abhebung des gesamten Sparkassenguthabens der Klägerin zu genehmigen, und bemerkte dabei, er werde das Geld dem Ehemanne der Klägerin in Teilbeträgen aushändigen und sich wegen seiner Verwendung auf dem Laufenden erhalten. Darauf erteilte das Vormundschaftsgericht dem Vormunde die Ermächtigung zur Abhebung des gesamten Sparkassenguthabens der Klägerin.

Der Vormund hat von den ihm erteilten Abhebungsermächtigungen zwar Gebrauch gemacht, aber das abgehobene Geld bis auf einen kleinen Betrag veruntreut. Die Klägerin hat gegen ihn ein auf Zahlung des veruntreuten Betrags lautendes Urteil erstritten, jedoch nichts von ihm beitreiben können. Mit der vorliegenden Klage hat sie deshalb auf Grund des § 1 des Gesetzes vom 1. August 1909 die Zahlung des veruntreuten Betrages von dem beklagten Fiskus verlangt.

Das Landgericht hat die Klage abgewiesen.

Das Oberlandesgericht hat klaggemäß verurteilt.

Die Revision des Beklagten ist zurückgewiesen worden.

Aus den Gründen:

„1. Die Revision meint zunächst, weil es sich um einen Schadensersatzanspruch des früheren Mündels, nicht um einen Anspruch seines Ehemanns handle, habe die Frage, ob irgendwelche Rechte des Ehemanns verletzt seien, vollkommen auszuscheiden, und es komme nur darauf an, ob der Vormundschaftsrichter eine ihm dem Mündel gegenüber obliegende Amtspflicht verletzt habe. Sie macht Verletzung des § 1848 BGB. geltend.

Diese Rüge geht fehl. Sie beruht auf einer unrichtigen Auffassung der Bedeutung des § 1848. Der Zweck des § 1848 ist, die Vorschriften des Vormundschaftsrechtes dahin zu verdeutlichen, daß die dem Vormundschaftsrichter in Ansehung der Anordnung und Führung der Vormundschaft obliegenden Amtspflichten als solche aufzufassen sind, die im Sinne des § 839 Abs. 1 BGB. ihm gegenüber dem Mündel obliegen, und daß sich mithin die Verletzung jener Pflichten dem Mündel gegenüber als eine unerlaubte Handlung darstellt (Mot. IV 1191). Es kommt also nur darauf an, ob der Vormundschaftsrichter eine Amtspflicht fahrlässig verletzt hat. Weshalb die Verletzung einer Amtspflicht nicht auch darin soll liegen können, daß der Vormundschaftsrichter bei seinen Verfügungen dem Mündel gegenüber bestehende Rechte Dritter unberücksichtigt läßt, ist nicht einzusehen.

2. Der Vormundschaftsrichter hat bei der Führung seines Amtes in erster Linie das Wohl des Mündels zu berücksichtigen und zu wahren. Schlägt er bei seinen Anordnungen und Verfügungen einen Weg ein, der mit Gefahren für den Mündel verknüpft ist, während ein anderer zum gleichen Ziele führender Weg vorhanden ist, der Gefahren für den Mündel nicht mit sich bringt, so verletzt er seine Amtspflicht. Und sofern er bei der ihm obliegenden sorgfältigen Prüfung aller in Betracht kommenden Verhältnisse diese Gefährdung des Mündels bei dem tatsächlich eingeschlagenen Verfahren hätte er-

kennen müssen, trifft ihn der Vorwurf der Fahrlässigkeit. Dies muß ganz besonders dann gelten, wenn der Vormundschaftsrichter in einer Weise verfährt, die der bestehenden Rechtslage widerspricht.

Der wirtschaftliche Zweck, der nach dem Gesuche des Vormundes vom 17. November 1910 erreicht werden sollte, war der, 310 ℳ von dem Sparkassenguthaben der Klägerin in die Hände ihres Ehemanns zu bringen. Dieser Zweck wäre auf dem einfachsten und raschesten Wege dadurch erreicht worden, daß der Vormundschaftsrichter das Sparkassenbuch mit einem Vermerke versehen hätte, durch den die Auszahlung von 310 ℳ an den Ehemann der Klägerin genehmigt wurde. Dann konnte dieser unter Vorzeigung des ihm von dem Vormunde auszuhändigenden Sparkassenbuchs den Betrag von der Sparkasse sofort erheben. Die nach § 1375 BGB. erforderliche Zustimmung der Klägerin zur Verfügung über die Forderung gegenüber der Sparkasse lag darin, daß der Vormund der Klägerin um die Erteilung der vormundschaftsgerichtlichen Genehmigung zur Erhebung des Betrages zu dem bezeichneten Zwecke nachgesucht hatte. Hätte der Vormundschaftsrichter diesen Weg eingeschlagen, so wäre es vermieden worden, daß der Betrag in die Hände des Vormundes gelangte und von ihm veruntreut werden konnte. Gerade dem Zwecke, die beliebige Abhebung durch den Vormund und dessen Verfügung über den abgehobenen Betrag zu verhindern, dient aber die durch das Vormundschaftsgericht verfügte Sperre von Sparkassenguthaben. Sie darf mit Rücksicht auf das Wohl des Mündels nur insoweit beseitigt werden, als es im Interesse der Vormundschaftsführung unbedingt erforderlich ist. Hier war es nicht erforderlich, daß von dem Sparkassenguthaben etwas in die Hände des Vormundes gelangte. Der von dem Vormundschaftsgericht eingeschlagene Weg, die Erteilung der Ermächtigung zur Abhebung des Betrages von 310 ℳ durch den Vormund, führte vielmehr auf einem umständlicheren Wege zur Erreichung des erstrebten Zweckes; denn der Vormund mußte erst selbst das Geld erheben und es dann an den Ehemann der Klägerin, für den es bestimmt war, abführen. Dieser umständlichere Weg war auch nicht durch irgendeine in den Verhältnissen des Mündels liegende Erwägung geboten. Es kann in dieser Beziehung nicht etwa in Betracht kommen, daß das Sparkassenbuch in den Händen des Vormundes hätte bleiben müssen. Denn es widersprach geradezu den bestehenden Verhältnissen, daß sich das Sparkassenbuch im Besitze des Vormundes und nicht vielmehr im Besitze des Ehemanns der Klägerin befand. Dem Ehemanne der Klägerin stand nach §§ 1374, 1383 BGB. das Verwaltungs- und Nutznießungsrecht am eingebrachten Gute seiner Frau zu. Allerdings wird der Ehemann mit der Eheschließung nicht von Gesetzes wegen Besitzer des eingebrachten Gutes, sondern erlangt nach § 1373 nur das Recht, die zum eingebrachten Gute gehörenden Sachen in Besitz zu nehmen, und die Verwaltung und Nutznießung des eingebrachten Gutes ist auch ohne den Besitz der dazu gehörenden Gegenstände denkbar. Immerhin ist aber die Einräumung des Besitzrechts an den Ehemann durchaus wünschenswert, weil dieser hierdurch eine seiner Stellung als Familienhaupt entsprechende Stellung gegenüber dem eingebrachten Gute erhält und weil erst hierdurch eine dem Standpunkte des Gesetzes entsprechende Möglichkeit der Entfaltung des ehemännlichen Verwaltungs- und Nießbrauchsrechts erreicht wird. Es wäre daher schon alsbald nach der Eheschließung der Klägerin angebracht gewesen, wenn der Vormundschaftsrichter den Vormund darauf hingewiesen hätte, daß die Verwaltung des eingebrachten Gutes der Klägerin jetzt deren Ehemanne zustehe, und daß er daher diesem das Sparkassenbuch auszuhändigen habe. Hierauf wurde der Vormundschaftsrichter aber von neuem hingewiesen, als am 17. November 1910 der Vormund unter Überreichung des Sparkassenbuchs um die Genehmigung zur Erhebung von 310 ℳ nachsuchte. Hätte der Vormundschaftsrichter die Rechtslage geprüft, so hätte er zu der Überzeugung kommen müssen, daß der Besitz des Sparkassenbuchs dem Ehemanne der Klägerin gebühre. Die Herbeiführung eines den bestehenden rechtlichen Verhältnissen entsprechenden Zustandes gehört aber gleichfalls zu den Amtspflichten des Vormundschaftsrichters. Daß der Ehemann der Klägerin etwa die Abhebung des Betrages von 310 ℳ von der Sparkasse gerade durch den Vormund seiner Ehefrau gewünscht, also die Erhebung nicht selbst habe vornehmen wollen, hat das Berufungsgericht nicht festgestellt." . . . (Wird näher ausgeführt.)

„Wenn aber der Vormundschaftsrichter, wie er es in Wirklichkeit getan hat, die Genehmigung zur Abhebung des Betrages durch den Vormund erteilen wollte, so durfte er die Abhebung nur unter Berücksichtigung der nach § 1395 BGB. erforderlichen Einwilligung des Ehemanns gestatten, also nur unter der Bedingung der Beibringung dieser Einwilligung. Durch die Beifügung einer solchen Bedingung wahrte der Vormundschaftsrichter nicht nur das Recht des Ehemanns der Klägerin, sondern sorgte auch dafür, daß die von der Klägerin durch ihren Vormund vorgenommene Verfügung über eingebrachtes Gut in rechtswirksamer Weise erfolgte. Es gehört aber zu den Amtspflichten des Vormundschaftsrichters, dafür zu sorgen, daß ein Rechtsgeschäft des Mündels, bei dem er mitzuwirken hat, sei es auch nur in der Weise, daß er die Vornahme des Rechtsgeschäfts durch eine Verfügung seinerseits ermöglicht, in rechtswirksamer Weise vorgenommen werde. Durch die Beifügung der bezeichneten Bedingung hätte der Vormundschaftsrichter aber auch das Interesse des Mündels gewahrt; denn diesem Interesse entsprach es, daß das Geld nicht im Besitze des Vormundes blieb, sondern alsbald in den des Ehemanns, für den es bestimmt war, gelangte. Dies wäre erreicht worden, wenn durch die Beifügung der Bedingung die Mitwirkung des Ehemanns bei der Erhebung des Geldes durch den Vormund gesichert wurde, während bei dem von dem Vormundschaftsrichter eingeschlagenen Verfahren jede Gewähr dafür fehlte, daß der Ehemann von der Abhebung des Geldes durch den Vormund Kenntnis erhielt und die zur Erlangung des Geldes erforderlichen Schritte tun konnte.

Daß das Vormundschaftsgericht die ihm zustehende Genehmigung an Bedingungen knüpfen kann, erscheint unbedenklich (vgl. auch Mot. IV 1139) und ebenso, daß die Sparkasse diese Bedingung zu beachten gehabt hätte und beachtet haben würde. Denn durch die Anlegung des Geldes mit der Bestimmung, daß zur Erhebung die Genehmigung des Vormundschaftsgerichts erforderlich ist (§ 1809), wird die Anlegungsstelle vertragsmäßig verpflichtet, nur nach Beibringung der Genehmigung des Vormundschaftsgerichts auszuzahlen; sie wird also auch nur durch die Zurückzahlung in einer der Genehmigung entsprechenden Weise dem Mündel gegenüber befreit. Der Umstand, daß § 1809 nur von der Genehmigung „zur Erhebung des Geldes" spricht, und der weitere Umstand, daß eine Abhebungsermächtigung unter Hinweis auf die Notwendigkeit der Einwilligung des Ehemanns im Gesetze nirgends vorgesehen ist — Umstände, auf welche die Revision hinweist —, hindern nicht eine Auslegung des Gesetzes, die mit dessen Sinn im Einklange steht und dem Zielpunkt jeder Auslegung der Vorschriften des Vormundschaftsrechts, nämlich der Wahrung der Mündelinteressen, gerecht wird.

Wenn die Revision schließlich noch geltend macht, der Vormundschaftsrichter könne wegen § 808 BGB. der Sparkasse gar nicht mit vorbeugender Wirkung vorschreiben, nur an den Vormund und den Ehemann gemeinschaftlich zu zahlen, so beruht diese Ausführung auf einer völligen Verkennung der Bedeutung der Vorschrift des § 1809 BGB. Diese Vorschrift ist gerade gegeben, um den Gefahren zu begegnen, die für den Mündel mit der Aushändigung von Inhaber- oder Legitimationspapieren an den Vormund verbunden sind. Ist die Anlegung mit der Bestimmung erfolgt, daß zur Erhebung des Geldes die Genehmigung des Vormundschaftsgerichts erforderlich ist, dann ist damit die Vorschrift des § 808 Abs. 1 Satz 1 insofern außer Kraft gesetzt, als die Sparkasse nicht mehr schlechthin durch die Leistung an den Inhaber des Sparkassenbuchs befreit wird, sondern nur dann, wenn das Vormundschaftsgericht die Auszahlung genehmigt hat und wenn die Sparkasse entsprechend den etwa in der Genehmigung enthaltenen Bedingungen zahlt.

Diese Erwägungen greifen auch Platz bei Beurteilung der vom Vormundschaftsrichter erteilten Genehmigung zur Erhebung des Restbetrags des Sparkassenguthabens durch den Ehemann der Klägerin. In diesem Falle konnte der Vormundschaftsrichter noch weniger als im ersten Falle annehmen, daß der Ehemann der Klägerin in eine Abhebung des Sparkassenguthabens durch den Vormund einwilligen wollte." ... (Wird näher ausgeführt.) „In durchaus richtiger Beurteilung der Sach- und Rechtslage hatte auch der Vormund bei der Überreichung des Schreibens des Ehemanns der Klägerin zunächst erklärt, daß er gegen die Aushändigung des ihm übergebenen Sparkassenbuchs an den Ehemann der Klägerin und gegen die Aufhebung der Sperre nichts einzuwenden habe. Dieser Erklärung des Vormundes entsprechend hätte der Vormundschaftsrichter verfahren und das Sparkassenbuch nach Aufhebung der Sperre an den Ehemann der Klägerin aushändigen müssen. Erst bei einer vom Vormundschaftsgericht angeordneten Rücksprache mit dem Vormunde bat dann dieser um die Genehmigung zur Abhebung des gesamten Sparkassenguthabens mit dem Bemerken, er werde das Geld dem Ehemanne der Klägerin in Teilbeträgen aushändigen. Wie der Vormund zu dieser Änderung seiner früher abgegebenen Erklärung gekommen ist, ob etwa infolge einer Belehrung durch den Vormundschaftsrichter, ist nicht festgestellt. Jedenfalls stand das Verfahren, das der Vormund nach seiner Rücksprache mit dem Vormundschaftsrichter mit dem Geld einschlagen wollte, durchaus im Widerspruch mit der bestehenden Rechtslage und dem Interesse des Mündels. Dies ergibt die bei der Rücksprache abgegebene Erklärung des Vormundes, auf welche hin der Vormundschaftsrichter die Genehmigung zur Abhebung des Geldes erteilte. Denn einerseits wurde dem Ehemanne der Klägerin das Sparkassenbuch, auf dessen Besitz er kraft seines Verwaltungsrechts Anspruch hatte, und nach der Abhebung das Geld, dieses wenigstens zum Teil und vorläufig, ungerechtfertigterweise vorenthalten, andererseits blieb das Geld, soweit es nicht alsbald dem Ehemanne der Klägerin ausgehändigt wurde, in den Händen des Vormundes, in die es nach der Rechtslage nicht gehörte; es wurde somit der Gefahr des Verlustes und der Veruntreuung durch den Vormund ausgesetzt. Das mußte der Vormundschaftsrichter bei einiger Überlegung erkennen. Ein Grund, aus dem es im Interesse des Mündels geboten gewesen wäre, die Abhebung des Geldes durch den Vormund ohne jede Mitwirkung des Ehemanns der Klägerin erfolgen und einen Teil des Geldes für einige Zeit im Besitze des Vormundes verbleiben zu lassen, war aus der Sachlage nicht zu entnehmen. Selbst wenn aber ein solcher Grund vorhanden gewesen wäre, so hätte er den Vormundschaftsrichter noch nicht berechtigt, eine Verfügung über das Sparkassenguthaben durch den Vormund zu ermöglichen, ohne auf das Recht des Ehemanns der Klägerin Rücksicht zu nehmen, noch weniger aber Mündelgeld in der Hand des Vormundes zu belassen, obwohl dieser gar kein Recht zur Verwaltung dieses Geldes hatte.

Nach Lage der Verhältnisse konnte dem Vormundschaftsrichter bei einiger Aufmerksamkeit das Gesetzwidrige seiner Handlungsweise ebensowenig entgehen, wie die Gefahr, die das von ihm eingeschlagene Verfahren für das Mündelvermögen mit sich brachte."

94. 1. Ist Klagänderung anzunehmen, wenn ein Anspruch zuerst auf unerlaubte Handlung und dann auf Vertrag gestützt wird?

2. Wann beginnt die Verjährung aus § 852 BGB. für den Anspruch auf den Gehaltsausfall zu laufen, den ein durch eine Körperverletzung beschädigter Beamter erleidet, wenn er nach dem Unfalle zunächst im Dienste belassen und erst nach geraumer Zeit in den Ruhestand versetzt wird?

3. Unterbricht die Klage des verletzten Beamten gegen den Schädiger die Verjährung für den auf Grund des Beamtenfürsorgegesetzes auf den Staat übergegangenen Schadensersatzanspruch?

BGB. §§ 208, 209, 211, 852.

ZPO. § 268.

VI. Zivilsenat. Urt. v. 5. November 1914 i. S. Reichspostfiskus (Kl.) w. K. (Bekl.). Rep. VI. 350/14.

I. Landgericht Naumburg a. S.
II. Oberlandesgericht daselbst.

Die Telegraphengehilfin E. L. in N. erlitt am 30. September 1908 bei der Wahrnehmung ihres Dienstes auf dem Fernsprechamt einen Unfall dadurch, daß sie von einem von der Sprechstelle des Beklagten ausgehenden elektrischen Strome getroffen wurde. Sie ist wegen der Folgen dieses Unfalles zum 1. Januar 1910 mit einem Ruhegehalte von jährlich 1119 *M* in den Ruhestand versetzt worden. Der klagende Reichspostfiskus, auf den die Schadensersatzforderung der Verletzten gegen den Beklagten nach Maßgabe des Reichsbeamtenunfallfürsorgegesetzes übergegangen ist, verlangt von dem Beklagten klagend die Erstattung von ihm aufgewendeter Heilungskosten und der bis 15. November 1913 gezahlten Pensionsbeträge sowie die Feststellung, daß der Beklagte verpflichtet sei, dem Kläger alle weiteren der L. gesetzlich zu zahlenden Beträge an Ruhegehalt und Heilungskosten zu erstatten.

Das Landgericht hat die Klage abgewiesen. Das Oberlandesgericht hat abändernd den Klaganspruch in Höhe einer Teilsumme dem Grunde nach für gerechtfertigt und auf den Feststellungsantrag den Beklagten zum Ersatze der weiteren Kosten des Heilungsverfahrens für verpflichtet erklärt; mit der Mehrforderung hat es den Kläger abgewiesen.

Die Revision des Klägers und die Anschließung des Beklagten wurden zurückgewiesen aus folgenden

Gründen:

„Der Beklagte hat dem Anspruche des Klägers den Einwand der Verjährung aus § 852 BGB. entgegengesetzt und das Landgericht hat ihn für durchschlagend erachtet. In der Berufungsinstanz hat der Kläger dem Einwande dadurch zu begegnen versucht, daß er erklärte, der Klaganspruch sei nicht allein auf unerlaubte Handlung aus dem auf den Kläger übergegangenen Rechte der verletzten E. L., sondern auch auf Verletzung des zwischen den Parteien selbst abgeschlossenen Fernsprechanschlußvertrages gestützt und insofern nicht der dreijährigen Verjährung des § 852 BGB., sondern der allgemeinen dreißigjährigen Verjährung nach § 195 BGB. unterworfen. Der Beklagte hat diesem Vorbringen gegenüber, da es im Klagevortrage der ersten Instanz keine Unterlage habe, den Einwand der Klagänderung erhoben, den das Berufungsgericht für begründet erachtet hat. In der Sache hat es hinsichtlich der Verjährung angenommen, daß die von der Verletzten gegen den Beklagten im Vorprozesse erhobene Schadensersatzklage die Verjährung des Anspruchs unterbrochen habe. Allein für denjenigen Teil der gegenwärtigen Klageforderung, der auf Ersatz des Erwerbschadens der Verletzten in Höhe der vom Kläger aufzuwendenden Ruhegehaltsbeiträge geht, hat es die Unterbrechung für dadurch beendet betrachtet, daß die Verletzte den Klagantrag des Vorprozesses in der Verhandlung vom 6. November 1909 auf den Überschuß ihres seitherigen Gehalts über das ihr nach Maßgabe des Unfallfürsorgegesetzes für Reichsbeamte festgesetzte Ruhegehalt einschränkte. Die Unterbrechung der Verjährung hinsichtlich der Heilungskosten, für die eine Änderung des Klagantrages nicht vorliege, habe dagegen nach § 211 BGB. bis zur rechtskräftigen Entscheidung des Vorprozesses fortgedauert. Auf diese Weise sei der erstere Anspruch durch Verjährung erloschen, der letztere dagegen nicht. . . .

Die Revision des Klägers gegen das Urteil des Berufungsgerichts war ebenso wie die Anschließung des Beklagten nicht für begründet zu erachten. Der Entscheidung des Berufungsgerichts war vielmehr im Ergebnis beizutreten, wenngleich ihrer Begründung nicht überall zuzustimmen war.

A. Die Revision des Klägers rügt, daß eine Klagänderung vom Berufungsgerichte zu Unrecht angenommen worden sei. Die Klage, führt sie aus, enthalte die Tatsachen, die den Vertragsanspruch gegen den Beklagten begründeten, und lasse erkennen, daß der Kläger auch seinen eigenen Schaden geltend machen wollte. Aus der Erwähnung des Unfallfürsorgegesetzes folge nichts Gegenteiliges, und der Angabe der gesetzlichen Bestimmungen, auf die der Anspruch gestützt werde, bedürfe es nicht. Deshalb liege nur eine Ergänzung der rechtlichen Ausführungen im Sinne des § 268 Nr. 1 ZPO., nicht eine Änderung des Klagegrundes, der Summe der den Klaganspruch begründenden Tatsachen vor. Nach dem vom Berufungsgerichte nicht gewürdigten vorgetragenen Schriftsatze vom 14. Februar 1914 sei als Vertragsgegner des Klägers im Fernsprechanschlußvertrage der Beklagte anzusehen. Deshalb unterliege der Klaganspruch als Vertragsanspruch nur der dreißigjährigen Verjährung.

Der Revisionsangriff konnte keinen Erfolg haben.

Für die Entscheidung der Frage, ob eine Klagänderung in der Berufungsinstanz vorliege, ist der Inhalt der Klageschrift ausschlaggebend (Jur. Wochenschr. 1906 S. 718 Nr. 17; Warneyer, Rechtspr. 1914 Nr. 285), nicht der Tatbestand des ersten Urteils. Im gegebenen Falle besteht aber zwischen beiden keinerlei Unterschied. Die Klageschrift läßt keinen Zweifel, daß nur der auf den Kläger übergegangene Anspruch der Verletzten Fräulein L., nicht ein eigener Schadensersatzanspruch des Postfiskus, geltend gemacht wurde und geltend gemacht werden sollte. Von einem Fernsprechanschlußvertrage zwischen den Parteien, seinem Abschlusse wie seinen Rechten und Pflichten, ist nicht mit einem Worte die Rede. Daß die Verletzte, wie die Klage vorträgt, bei der Verrichtung des Fernsprechvermittelungsdienstes von einem Induktionswechselstrom getroffen wurde, der von der Sprechstelle des Beklagten ausging, erläutert die Ursächlichkeit einer Handlung des Beklagten zu dem Unfalle der Verletzten, deutet aber nicht auf den Vorgang eines Vertragsschlusses und einen Vertragsinhalt hin. Das wird noch deutlicher dadurch, daß die Klage weiter vorträgt: die alleinige Schuld an dem Betriebsunfalle der L. treffe den Beklagten; die Forderung der Entschädigungsberechtigten (der L.) sei im Rahmen des Fürsorgegesetzes auf den Kläger übergegangen, Beklagter habe „also" der Postverwaltung das der Genannten seit 1. Januar 1910 gezahlte und künftig zu zahlende Unfallruhegehalt und die verauslagten Heilkosten zu erstatten, wodurch der gestellte Antrag sich rechtfertige. Selbst wenn der Kläger mit diesem Klagevortrage beabsichtigt hätte, seinen Anspruch neben der unerlaubten Handlung auch auf eine Vertragsverletzung des Beklagten zu stützen, ist diese Absicht jedenfalls in dem Klagetexte nicht zum Ausdruck gekommen. Der Klagevortrag muß aber den Beklagten vergewissern, wogegen er sich zu verteidigen hat (Jur. Wochenschr. 1912 S. 384 Nr. 3; Warneyer Rechtspr. 1912 Nr. 153). Unerlaubte Handlung gegenüber einem Dritten und Verletzung einer Vertragspflicht gegenüber der Klagepartei selbst sind rechtlich und in ihrer tatsächlichen Grundlage durchaus verschiedene Dinge, und die Verteidigung gegen beide wird sich, wie das Berufungsgericht mit Recht ausführt, verschieden gestalten müssen. Es kann freilich in besonders gearteten Fällen derselbe vorgetragene Tatbestand genügen, den Anspruch nach beiden Seiten zu begründen (vgl. Jur. Wochenschr. 1912 S. 873 Nr. 36), so daß der Beklagte dadurch ohne weiteres seine Verteidigung nach beiden Seiten vorzubereiten genötigt wird. Das ist aber bei der vorliegenden Klage nicht der Fall. Es lag also in dem Vorbringen des Klägers, er wolle seinen Anspruch auch auf den mit dem Beklagten abgeschlossenen Fernsprechanschlußvertrag stützen, eine neue Klagebegründung, die eine Erweiterung der Klagetatsachen nötig machte und deshalb eine Klagänderung enthielt (Jur. Wochenschr. 1912 S. 384 Nr. 3; Leipz. Zeitschr. 1913 S. 614). Diese ist sonach vom Berufungsgerichte mit Recht angenommen worden. . . .

B. Ist hiernach Gegenstand des Rechtsstreits nur die Geltendmachung des Schadensersatzanspruches des Fräulein L. gegen den Beklagten aus unerlaubter Handlung, der gemäß den Bestimmungen des Unfallfürsorgegesetzes auf den Kläger übergegangen ist, so richtet sich die Verjährung des Anspruchs nach § 852 BGB., wonach sie mit dem Zeitpunkte beginnt, in welchem der Verletzte von dem Schaden und der Person des Ersatzpflichtigen Kenntnis erlangt. Im Regelfalle wird diese Kenntnis nach beiden Richtungen mit dem Unfalle selbst beginnen. Es kann aber auch ein Schaden als Folge des

Unfalls erst später hervortreten. Das ist insbesondere hinsichtlich des Erwerbschadens bei einem Beamten der Fall, der nach einer körperlichen Verletzung weiter im Dienste verblieben ist und sein Diensteinkommen ungeschmälert weiter bezogen hat. Diesem ist insoweit ein Schaden noch gar nicht entstanden, ein solcher entsteht erst mit dem Augenblick, in welchem seine Entlassung aus dem Dienste, seine Versetzung in den Ruhestand mit Verlust seines bisherigen Diensteinkommens, ausgesprochen wird (vgl. Jur. Wochenschr. 1914 S. 980 Nr. 5). Unrichtig ist der Standpunkt des Klägers, daß der Schaden erst entstanden sei mit dem Zeitpunkt, in dem der Verletzte wirklich aus dem Dienste ausgeschieden ist. Die Schadensfolge ist eingetreten, wenn der Einkommensverlust als sicher zutage tritt. Für die Verjährung aber, deren Beginn der Kläger erst mit jenem Zeitpunkt — im gegebenen Falle mit dem 1. Januar 1910 — annehmen will, kommt nicht sowohl der Eintritt der einzelnen Schadensfolge, als die Übersehbarkeit des Schadens überhaupt in Betracht. Entstand die Schadensfolge einer unerlaubten Handlung nicht bereits mit deren Begehung, sondern erst später, wie dies für den Erwerbschaden eines Beamten zutrifft, wenn er nach dem Unfalle zunächst noch im Dienste und im Genusse seines Diensteinkommens verblieb, später aber infolge der durch die unerlaubte Handlung verursachten Gesundheitsstörung dennoch dienstunfähig und in den Ruhestand versetzt wird, so ist die für den Tatbestand des § 852 BGB. erforderliche Kenntnis von diesem Schaden schon mit dem Zeitpunkte gegeben, in dem die Unausbleiblichkeit dieses Erwerbsverlustes dem Verletzten bekannt geworden ist (Warneyer Rechtspr. 1912 Nr. 29; Urt. vom 23. Februar 1914 IV. 573/13). Mit Recht hat im gegebenen Falle nach dem Tatbestande des ersten Urteils der Beklagte geltend gemacht, daß die Verjährung spätestens mit dem 6. November 1909 zu laufen begonnen habe, weil an diesem Tage die Verletzte in dem gegen den Beklagten geführten Vorprozesse ihre Klage entsprechend der ihr bekanntgegebenen Versetzung in den Ruhestand auf den Gehaltsausfall beschränkte. Danach war sie aber zur Zeit der Erhebung der jetzigen Klage vollendet. Hinsichtlich der Kurkosten hat dagegen die Verjährung vom Unfalle selbst ihren Anfang genommen. Denn daß solche entstehen würden, war sofort ersichtlich, wie denn auch die Verletzte mit der drei Monate nach dem Unfall erhobenen Klage des Vorprozesses erhebliche Beträge an Heilungskosten bereits eingefordert hat.

C. Das Berufungsgericht hat angenommen, daß für den ganzen jetzt vom Kläger als dem gesetzlichen Rechtsnachfolger der Verletzten erhobenen Anspruch, sowohl für den Erwerbschaden wie für die Heilungskosten, die Verjährung alsbald mit dem Unfalle zu laufen begonnen habe, daß sie aber in beiden Richtungen durch die Erhebung der Schadensfeststellungsklage des Vorprozesses seitens der verletzten L. im Januar 1909 unterbrochen worden sei. Dieser Rechtsstandpunkt erweist sich nach den oben gegebenen Ausführungen über den Beginn der Verjährung als unrichtig für die Erstattung der Ruhegehaltsbeträge (den Erwerbschaden); er ist dagegen zutreffend für den Anspruch auf Erstattung der Heilungskosten.

Nur die Klage des Berechtigten unterbricht die Verjährung; berechtigt ist aber nach der Übertragung oder nach dem gesetzlichen Übergange der Forderung an einen Dritten nur der Erwerber (RGZ. Bd. 52 S. 181). Geschieht nun nach der Rechtsprechung des Reichsgerichts, der das Revisionsgericht auch für den gegebenen Fall folgt, der gesetzliche Übergang des Schadensersatzanspruchs eines körperlich Verletzten auf die Unfallberufsgenossenschaft oder nach Maßgabe des Unfallfürsorgegesetzes auf den fürsorgepflichtigen Staat sofort mit der Entstehung des Anspruchs (RGZ. Bd. 60 S. 200 und S. 207, Bd. 63 S. 382, Bd. 73 S. 213, Bd. 80 S. 48), so ergibt sich, daß, soweit der Übergang sich erstreckt, der Verletzte überhaupt der Regel nach in keinem Zeitpunkte zur Klagerhebung befugt war. Denn der Regel nach entsteht der Schadensersatzanspruch mit dem Unfalle. Das ist denn auch der Standpunkt des Beklagten, der verneint, daß die Klage der L. im Vorprozesse die Verjährung des jetzt eingeklagten Anspruchs überhaupt habe unterbrechen können.

Die Klage des Vorprozesses hat nun in der Tat die Verjährung des jetzt vom Kläger aus dem Rechte der L. geltend gemachten Anspruchs auf Erstattung der Ruhegehaltsaufwendungen nicht unterbrochen, aber nicht, weil dieser Anspruch bereits mit dem Unfall auf den jetzigen Kläger übergegangen, sondern weil er, wie ausgeführt wurde, zur Zeit der Erhebung der Klage des Vorprozesses noch gar nicht entstanden war. Mit seiner Entstehung ging er aber sofort von der verletzten L. auf den Kläger über, so daß nur dieser in der Lage war, diesen Erwerbsschaden der L. klagend geltend zu machen. Diese Geltendmachung hat er, wie dargelegt wurde, in der Verjährungszeit versäumt.

Wohl aber hat die Klage der L. im Vorprozesse bewirkt, daß die Verjährung des nachmals auf den Kläger übergegangenen Anspruchs auf Ersatz der Heilungskosten unterbrochen wurde. Denn die Fürsorgeleistungen des Reichs nach Maßgabe des Gesetzes vom 18. Juni 1901 erstrecken sich nur auf die Kosten des Heilverfahrens, die den Verletzten nach dem Wegfalle des Diensteinkommens noch erwachsen (§ 1 Abs. 6 d. Ges.). Nur der Anspruch der Verletzten auf diesen Teil der Heilungskosten geht daher gemäß § 12 des Gesetzes auf das Reich, und zwar mit dem Zeitpunkt über, in welchem auch der Übergang des Rechtes auf Ersatz des Erwerbschadens durch den Verlust des Diensteinkommens erfolgt. Zur Zeit der Erhebung ihrer Klage im Januar 1909 war die verletzte L. daher in der rechtlichen Lage, den Anspruch auf Ersatz der entstandenen und noch künftig entstehenden Heilungskosten als einen einheitlichen nach Maßgabe der §§ 842, 843 BGB. klagend gegen den Beklagten geltend zu machen. Die durch ihre Klage bewirkte Unterbrechung der Verjährung dauerte aber, worin den Ausführungen des Berufungsgerichts beizutreten ist, auf Grund des § 211 Abs. 1 BGB. fort bis zur rechtskräftigen Entscheidung der Sache. Dafür, daß mit dem Zeitpunkte des Überganges des Anspruchs die Unterbrechung endet, fehlt es an einer gesetzlichen Unterlage. Es ist auch keineswegs rechtsirrig, wenn das Berufungsgericht auf die Bestimmung des § 265 ZPO. hinweist, wonach die während des Prozesses vorgenommene Abtretung des klagend geltend gemachten Anspruchs an einen Dritten an der Rechtshängigkeit und an der Berechtigung der Klagepartei, den Anspruch im Prozesse zu vertreten, nichts ändert. Denn der gesetzliche Übergang des Schadensersatzanspruchs eines Verletzten auf die Unfallberufsgenossenschaft oder eines unfallfürsorgeberechtigten Beamten auf den Staat steht einer solchen Abtretung gleich (RGZ. Bd. 76 S. 215), und daraus folgt, daß der Prozeß, in dem die Klagerhebung mit der Wirkung der Unterbrechung der Verjährung verbunden war, durch den Verlust der materiellen Klageberechtigung für den Kläger und durch den Übergang des Anspruchs auf einen Dritten nicht als

„anderweit erledigt“ im Sinne des § 211 Abs. 1 BGB. angesehen werden kann.

Die Revisionsrüge des Klägers, daß eine Verjährung des Schadensersatzanspruchs der L. wegen ihres Erwerbsverlustes, soweit dieser Anspruch auf den Kläger übergegangen ist, nicht eingetreten sei, und die Rüge der Anschließung des Beklagten, daß auch der Anspruch auf Ersatz der Heilungskosten als verjährt zu erachten sei, sind hiernach gleichmäßig unbegründet.“ ...

---

95. Was ist erforderlich a) zur Abtretung, b) zur Verpfändung einer Grundschuld, wenn der Grundschuldbrief sich im mittelbaren Besitze des Grundschuldgläubigers befindet? Kann die in § 1205 Abs. 2 erforderliche Anzeige von der Verpfändung an den Besitzer auch durch den Pfandgläubiger erstattet werden? Genügt zur Herstellung des in § 1206 erforderten mittelbaren Mitbesitzes, daß der Besitzer sich dem Pfandgläubiger gegenüber verpflichtet, den Grundschuldbrief nur an ihn und den Eigentümer (Grundschuldgläubiger) gemeinschaftlich herauszugeben?

BGB. §§ 1192, 1154, 1117 Abs. 1, 931; 1274, 1205, 1206.

V. Zivilsenat. Urt. v. 7. November 1914 i. S. E. u. V. Genossenschaft Konkurs (Kl.) w. T. u. Gen. (Bekl). Rep. V. 235/14.

I. Landgericht Dortmund.
II. Oberlandesgericht Hamm.

Im Grundbuche von M. war auf dem Blatte eines Grundstücks eine Grundschuld von 25000 *M* für den Beklagten Hermann W. eingetragen. Dieser hat durch notariell beglaubigte Urkunde vom 31. Dezember 1900 die Grundschuld dem D.er Bankverein verpfändet, der auch den Grundschuldbrief übergeben erhalten hat und besitzt. Der Beklagte W. hat sodann der D.er Handelsbank eine notariell beglaubigte Urkunde vom 3. Oktober 1901 ausgehändigt, in welcher er die Grundschuld an die D.er Handelsbank abtritt und die Eintragung der neuen Gläubigerin zum Grundbuche sowie die „Aushändigung der Schuldurkunde" an die neue Erwerberin, die D.er Handelsbank, bewilligt und beantragt.

Die D.er Handelsbank ihrerseits hat der Ein- und Verkaufsgenossenschaft, für welche der Konkursverwalter klagt, eine notariell beglaubigte, vom 29. Oktober 1901 herrührende Urkunde ausgehändigt, in der sie erklärt:

„An die Haupt-Ein- und Verkaufsgenossenschaft
D.

Hiermit übernehmen wir Ihnen gegenüber für die Ihnen im Geschäftsverkehr mit uns gelieferten und von uns weiter zu liefernden Akzepte des Herrn Hermann W. Ausfallbürgschaft. Als Sicherheit für die letztere überweisen wir Ihnen den zweiten Anspruch an nachstehend aufgeführten, dem D.er Bankverein an erster Stelle verpfändeten Grundschulden und Hypotheken." . . .

(Folgt eine Bezeichnung mehrerer Grundschulden, darunter an erster Stelle der hier in Frage stehenden Grundschuld von 25000 ℳ).

Die Ein- und Verkaufsgenossenschaft hat diese Urkunde dem D.er Bankverein „zur Kenntnisnahme" zugesandt. Der D.er Bankverein hat sie ihr zurückgesandt mit einem Schreiben vom 1. November 1901 folgenden Inhalts:

„Die uns heute gesandte Verpfändungsurkunde der D.er Handelsbank geben wir Ihnen hierneben, nachdem wir davon Abschrift genommen haben, zurück. Wir werden demnach die uns von Herrn Herm. W. verpfändeten Grundschuld- resp. Hypothekenbriefe nicht ohne Ihre Genehmigung herausgeben."

Das mit der Grundschuld belastete Grundstück ist zwangsweise versteigert worden. Von dem auf die Grundschuld entfallenden Teile des Erlöses ist in dem Verteilungsverfahren nach Befriedigung des D.er Bankvereins ein Restbetrag hinterlegt geblieben. Der Konkursverwalter hat Klage erhoben auf Auszahlung dieses Betrages an ihn für die E- und V.genossenschaft. Die Klage wurde in beiden Instanzen abgewiesen. Die Revision des Konkursverwalters ist zurückgewiesen worden.

Aus den Gründen:

„1. Der klagende Konkursverwalter stützt den Anspruch auf Einwilligung in die Auszahlung des noch hinterlegten Restbetrages von dem auf die Grundschuld von 25000 *M* entfallenen Teile des Steigerlöses auf ein Pfandrecht an der Grundschuld, das der E.- und V.genossenschaft von der D.er Handelsbank als der Grundschuldgläubigerin bestellt worden ist. Die Beklagten haben bestritten, daß die D.er Handelsbank zur Zeit der Verpfändung der Grundschuld an die E.- und V.genossenschaft, nämlich am 29. Oktober 1901, Gläubigerin der Grundschuld, die für den Beklagten W. im Grundbuch eingetragen war, gewesen sei. Das Berufungsgericht hat aber zugunsten der Klage angenommen, daß die Handelsbank durch die ihr am 3. Oktober 1901 von W. ausgehändigte schriftliche Erklärung des Inhalts, daß er die Grundschuld an sie abtrete und die Eintragung der neuen Gläubigerin zum Grundbuche sowie die Aushändigung der „Schuldurkunde" an die neue Erwerberin bewillige und beantrage, in rechtswirksamer Weise Gläubigerin der Grundschuld geworden sei. Es erblickt in dieser Abtretungserklärung zugleich eine die Übergabe des Grundschuldbriefs, die sich zur Zeit der Abtretung auf Grund erfolgter Verpfändung im Besitze des D.er Bankvereins befand, gemäß §§ 1192, 1154, 1117 Abs. 1 Satz 2 931 BGB. ersetzende Abtretung des Anspruchs auf Herausgabe des Grundschuldbriefs an die Erwerberin, und begründet diese Auffassung damit, daß mit der Schuldurkunde naturgemäß nur der Grundschuldbrief gemeint sein könne und daß in der Erklärung der Wille des bisherigen Gläubigers, die D.er Handelsbank solle berechtigt sein, den Grundschuldbrief für sich vom D.er Bankverein herauszuverlangen, ausreichend zum Ausdruck gelangt sei. Mit dieser bedenkenfreien Auslegung der Erklärung setzen sich die Ausführungen des Vertreters des Revisionsbeklagten zu 2 in Widerspruch, die dahin gehen, daß die Erklärung nur eine Ermächtigung zur Empfangnahme des Grundschuldbriefs gegenüber dem Grundbuchamte enthalten habe. Enthielt also die Erklärung die Abtretung des dem W. gegen den unmittelbaren Besitzer, den D.er Bankverein, zustehenden Herausgabeanspruchs, so konnte das Berufungsgericht auf Grund der von ihm angeführten Gesetzesvorschriften ohne Rechtsirrtum zu der Annahme gelangen, daß die D.er Handelsbank durch die Abtretung in rechtswirksamer Weise Gläubigerin der Grundschuld geworden ist.

2. Der Berufungsrichter gelangt aber zur Abweisung der Klage, weil er nicht für dargetan hält, daß ein wirksames Pfandrecht der E.- und V.genossenschaft an der Grundschuld entstanden sei. Er führt aus, die Urkunde vom 29. Oktober 1901, in der die D.er Handelsbank erklärt, als Sicherheit für die von ihr gegenüber der E.- und V.genossenschaft übernommene Bürgschaft für deren Forderungen an W. dieser „den zweiten Anspruch" an den dem D.er Bankverein verpfändeten Grundschulden und Hypotheken zu „überweisen", enthalte zwar eine ordnungsmäßige Verpfändungserklärung, es fehle aber zur Entstehung des Zweitpfandrechts an dem Nachweise der nach Maßgabe der §§ 1274, 1205, 1206 erforderlichen „Ersatzübergabe" des Grundschuldbriefs. Sollte auch vielleicht (was indessen das Berufungsgericht nicht für angängig erachtet) der Inhalt der Urkunde vom 29. Oktober 1901 eine Auslegung dahin zulassen, daß die D.er Handelsbank zugleich ihren Anspruch auf Herausgabe des Briefes gegen den D.er Bankverein für den Fall der Erledigung von dessen Erstpfandrecht an die E.- und V.genossenschaft abtreten wollte, sodaß eine Übertragung des mittelbaren Besitzes auf sie erfolgt wäre, so fehle doch der Nachweis einer ordnungsmäßigen Verpfändungsanzeige nach §§ 1274, 1205 Abs. 2 BGB. Diese Anzeige gehöre zu dem das Pfandrecht erzeugenden Tatbestande. Sie hätte von der D.er Handelsbank als der Grundschuldgläubigerin ausgehen, an den D.er Bankverein gerichtet sein und ihren Willen, die Verpfändung gegen sich gelten zu lassen, diesem gegenüber unmittelbar zur Erscheinung bringen müssen. Die Beweisaufnahme ergebe aber nicht, daß die D.er Handelsbank dem D.er Bankverein eine derartige Anzeige gemacht habe. Allerdings könne die Anzeige auch durch den Pfandgläubiger als Vertreter des Verpfänders erfolgen, sofern sich aus den Umständen für den Drittbesitzer zweifelsfrei erkennen lasse, daß sie mit Wissen und Willen des Verpfänders und „für diesen" geschehe. Solche Umstände lägen aber hier nicht vor. Die E.- und V.genossenschaft habe vielmehr mit Schreiben vom 1. November 1901 lediglich die Verpfändungsurkunde zur Kenntnisnahme und mit der Bitte übersandt, den Grundschuldbrief nicht ohne ihre Genehmigung an die D.er Handelsbank oder W.

herauszugeben, wobei sie offenbar nur in eigenem Namen gehandelt habe. Die Urkunde selbst richte sich auch inhaltlich nur an die Adresse der E.- und V.genossenschaft, nicht auch an die des D.er Bankvereins. Das Schreiben vom 1. November 1901 könne deshalb die vorgeschriebene Verpfändungsanzeige nicht ersetzen. In Ermangelung einer unmittelbaren Verfügung des Verpfänders gegenüber dem Drittbesitzer sei es auch unerheblich, ob der D.er Bankverein den Willen der Handelsbank, die Verpfändung gegen sich gelten zu lassen, aus der Verpfändungserklärung entnommen habe.

Mit der Revision ist davon auszugehen, daß die von dem Berufungsgericht ohne Angabe von Gründen lediglich in einem Zwischensatze zum Ausdruck gebrachte Meinung, es sei nicht angängig, den Inhalt der Urkunde vom 29. Oktober 1901 dahin auszulegen, daß die D.er Handelsbank damit zugleich ihren Anspruch auf Herausgabe des Grundschuldbriefs gegen den D.er Bankverein für den Fall der Erledigung von dessen Erstpfandrecht an die E.- und V.genossenschaft abtreten wollte, und es sei deshalb eine Übertragung des mittelbaren Besitzes des Grundschuldbriefs auf die zweite Pfandgläubigerin nicht anzunehmen, keinen Entscheidungsgrund bildet, der das Urteil tragen könnte. Das Berufungsgericht leitet vielmehr, indem es unterstellt, daß eine Übertragung des mittelbaren Besitzes als erfolgt angesehen werden könne, die Nichterfüllung der in § 1205 Abs. 2 für die Entstehung des Pfandrechts an dem Grundschuldbriefe vorgeschriebenen Form daraus her, daß es an einer Anzeige des Verpfänders an den Besitzer von der Verpfändung fehle. Die Ausführungen des Berufungsgerichts stehen in dieser Beziehung, soweit sie rechtlicher Natur sind, im Einklange mit der Rechtsprechung des Reichsgerichts insbesondere mit den in dem Berufungsurteil angeführten reichsgerichtlichen Urteilen vom 5. Juli 1904 VII. 64/04 (Jur. Wochenschr. S. 485) und RGZ. Bd. 68 S. 278 (281) sowie Bd. 79 S. 306. Richtig ist, was die Revision hervorhebt, daß diese Urteile sich unmittelbar nur auf den Fall der Verpfändung einer Forderung, zu deren Übertragung der Abtretungsvertrag genügt (§ 1280 BGB.), beziehen. Die ihnen zugrunde liegenden rechtlichen Erwägungen treffen aber in nicht minderem Grade auf die in der Form des § 1205 Abs. 2 erfolgende Bestellung eines Pfandrechts an einer im mittelbaren Besitze des Eigentümers befindlichen Sache und somit gemäß §§ 1274, 1154, 1192 BGB. auch auf den hier vorliegenden Fall der Bestellung eines Pfandrechts an einer Grundschuld zu, wenn der Grundschuldbrief sich im mittelbaren Besitze des Grundschuldgläubigers befindet. Auch in diesem Falle wird vom Gesetz außer der Einigung über die Entstehung des Pfandrechts und außer der Übertragung des mittelbaren Besitzes auf den Pfandgläubiger noch erfordert, daß der Eigentümer des Grundschuldbriefs — also der verpfändende Grundschuldgläubiger — die Verpfändung dem (unmittelbaren) Besitzer anzeigt. Die Anzeige hat hier gleichfalls, anders wie in § 409 BGB. die Anzeige von der Abtretung einer Forderung, die Bedeutung eines für die Entstehung des dinglichen Rechtes wesentlichen Tatbestandserfordernisses. Ein Ersatz für die Anzeige dadurch, daß der Pfandgläubiger die Verpfändungsurkunde dem unmittelbaren Besitzer vorlegt, wie dies gemäß § 409 hinsichtlich der Abtretungsurkunde gilt, ist auch hier nicht vorgesehen. Die vom Gesetz aufgestellten Erfordernisse der Entstehung eines Pfandrechts ohne Übertragung des unmittelbaren Besitzes auf den Pfandgläubiger haben, wie die Entstehungsgeschichte ergibt,

vgl. Protokolle der II. Kommission Bd. 3 zu § 1147 S. 441—443,

den Zweck, einen gewissen Ersatz für die Herstellung eines äußeren, das Bestehen des Pfandrechts erkennbar machenden Zustandes zu schaffen. Als ein solcher Ersatz wurde namentlich die Anzeige an den dritten Besitzer angesehen; jedoch nur dann sollte sie genügen, wenn sich an sie die Rechtsfolge knüpft, daß der Besitzer dadurch verpflichtet wird, die Sache dem Pfandgläubiger herauszugeben. Diese Rechtsfolge kann aber nur durch eine von dem Eigentümer ausgehende, an den unmittelbaren Besitzer gerichtete Willenskundgebung herbeigeführt werden. Der Abschluß des Verpfändungsvertrages erzeugt schuldrechtliche Wirkungen, sofern überhaupt solche daraus entstehen, nur zwischen dem Verpfänder und dem Pfandgläubiger. Erst die von dem Verpfänder an den unmittelbaren Besitzer gerichtete Anzeige enthält die Verfügungshandlung, durch welche dieser berechtigt und verpflichtet wird, die Sache statt an den Verpfänder an den Pfandgläubiger herauszugeben. Dieser Verfügungsakt kann dadurch nicht ersetzt werden, daß der unmittelbare Besitzer auf andere Weise von der Verpfändung Kenntnis erhält.

Das Berufungsgericht verkennt nicht, daß die erforderliche Kundgebung auch von dem Pfandgläubiger als Vertreter des Eigentümers auf Grund einer ihm von diesem verliehenen Vertretungsmacht erfolgen kann.

Vgl. RGZ. Bd. 79 S. 308.

Es nimmt aber ohne Rechtsirrtum an, daß die E.- und V.genossenschaft, als sie mit dem Schreiben vom 1. November 1901 die Verpfändungsurkunde an den D.er Bankverein sandte, dabei nur im eigenen Namen handeln konnte und gehandelt hat. Wollte man mit der Revision schon in der Ausstellung der Verpfändungsurkunde durch den Eigentümer eine Vollmacht für den Pfandgläubiger zur Erstattung der Anzeige im Namen des Eigentümers erblicken, so würde das Erfordernis einer besonderen, auf das Geltenlassen der Verpfändung gegenüber dem unmittelbaren Besitzer gerichteten Kundgebung des Eigentümers, auf die das Gesetz besonderen Wert legt, wieder ausgeschaltet werden. Daß das Gesetz in der Ausstellung einer solchen Urkunde nicht ohne weiteres eine Vollmacht zu der Anzeige erblickt, ist auch aus § 409 BGB. zu entnehmen, wo die Vorlegung der Abtretungsurkunde als Ersatz für die Anzeige zugelassen ist. Allerdings ist der Eigentümer auf Grund des Verpfändungsvertrages, sofern dieser schuldrechtliche Verpflichtungen zwischen ihm und dem Pfandgläubiger überhaupt erzeugt (was nicht immer der Fall zu sein braucht), verpflichtet, das Nötige zur Entstehung des Pfandrechts zu tun und also die Anzeige entweder selbst oder durch einen Bevollmächtigten zu erstatten. Aber daraus ergibt sich (auch wenn man mit der Revision davon ausgeht, daß er gegenüber dem Pfandgläubiger redlich handeln wollte) nicht, daß er bereits durch die Ausstellung der Verpfändungsurkunde auch der Verpflichtung zur Anzeige durch Bestellung des Pfandgläubigers zu seinem Bevollmächtigten hat Genüge leisten wollen. Ein solcher Wille müßte, um für die Entstehung des dinglichen Rechtes in Betracht kommen zu können, in der Verpfändungsurkunde zum allgemein erkennbaren Ausdruck gekommen sein. Ob der Bankverein auf Grund der Mitteilung der E.- und V.genossenschaft angenommen hat, daß die D.er Handelsbank den Willen gehabt habe, die Verpfändung gegen sich gelten zu lassen, konnte der Berufungsrichter ohne Rechtsirrtum für unerheblich erklären. Er brauchte deshalb auch nicht besonders zu erörtern, ob (wie die Revision aufstellt) diese Tatsache sich aus dem Schreiben des Bankvereins an die E.- und V.genossenschaft vom 1. November 1901 ergibt, in welchem der Bankverein erklärt, daß er den Grundschuldbrief nicht ohne Genehmigung der E.- und V.genossenschaft herausgeben werde.

3. Der Berufungsrichter erörtert auch die Frage, ob das Pfandrecht an der Grundschuld für die E.- und V.genossenschaft etwa durch eine den Voraussetzungen des § 1206 BGB. entsprechende Einräumung des Mitbesitzes an dem Grundschuldbriefe zur Entstehung gekommen sei. Auch diese Frage wird von dem Berufungsrichter verneint. Er hält (unter Bezugnahme auf Planck, 3. Aufl. Bem. 1b zu § 1206) zur Einräumung des mittelbaren Mitbesitzes im Sinne des § 1206 den Abschluß einer Vereinbarung für erforderlich, durch welche der unmittelbare Besitzer verpflichtet wird, die Sache (den Grundschuldbrief) nur an den Eigentümer und den Pfandgläubiger herauszugeben, eine Vereinbarung, die entweder von dem Eigentümer und dem Pfandgläubiger zusammen oder auch nur von dem Eigentümer allein, zugleich zugunsten des Pfandgläubigers im Sinne des § 328 BGB. mit dem unmittelbaren Besitzer getroffen werden könne. Dagegen sei eine Vereinbarung zwischen dem Pfandgläubiger allein und dem unmittelbaren Besitzer nicht hinreichend zur Entstehung des Pfandrechts, weil, ebenso wie im Falle des § 1205 Abs. 2, erforderlich sei, daß der Eigentümer (Verpfänder) seinerseits seinen Willen, die Verpfändung gegen sich gelten zu lassen, dem Besitzer gegenüber zur Erscheinung bringe. Demzufolge hält der Berufungsrichter nicht für ausreichend, daß im vorliegenden Falle der D.er Bankverein, nachdem die E.- und V.genossenschaft ihm mit Schreiben vom 1. November 1901 die Verpfändungserklärung zur Kenntnisnahme übersandt hatte, ihr mit Schreiben vom gleichen Tage mitgeteilt hat, er werde den Grundschuldbrief nicht ohne ihre Genehmigung herausgeben.

Es kann dahingestellt bleiben, ob diese Ausführungen in allen Teilen zu billigen sind. Jedenfalls ist es nicht rechtsirrtümlich und trägt die Entscheidung, daß das Berufungsgericht die Mitteilung des D.er Bankvereins an die E.- und V.genossenschaft, sie werde den Grundschuldbrief nicht ohne Genehmigung der letzteren herausgeben, nicht für hinreichend hält, um die Voraussetzungen des § 1206 BGB.

als erfüllt anzusehen. Allerdings wird in § 1206 nicht, wie in § 1205 Abs. 2, zur Entstehung des Pfandrechts eine Anzeige des Eigentümers von der Verpfändung an den unmittelbaren Besitzer verlangt. Diese Nichtübereinstimmung der beiden Vorschriften läßt sich daraus erklären, daß die den jetzigen § 1205 Abs. 2 bildende Vorschrift erst durch die Kommission für die zweite Lesung in das Gesetz hineingebracht worden ist, während der § 1206 des Gesetzes schon in § 1147 Abs. 3 des ersten Entwurfs zum Bürgerlichen Gesetzbuch enthalten war und nur in der Fassung geändert worden ist.

Vgl. § 1147 des ersten Entwurfs — Prot. Bd. 3 S. 441, Bd. 6 S. 260; §§ 1114, 1115 II. Entwurf.

§ 1206 erfordert demnach zwar nicht, daß der Eigentümer die Verpfändung dem unmittelbaren Besitzer anzeigt, wohl aber daß er dem Pfandgläubiger den mittelbaren Mitbesitz einräumt, und zwar durch Herstellung eines Verhältnisses, auf Grund dessen der unmittelbare Besitzer die Sache nur an ihn und den Pfandgläubiger gemeinschaftlich herausgeben „kann". Der Ausdruck „kann" ist hier ersichtlich im Sinne einer rechtlichen Befugnis, also eines Dürfens, gebraucht.

Vgl. Dernburg, Sachenrecht § 264 Note 9.

In den Motiven zum ersten Entwurf eines Bürgerlichen Gesetzbuchs (Bd. 3 S. 802) wird dazu ausgeführt, es könne zur Entstehung eines Pfandrechts an beweglichen Sachen nur eine derart qualifizierte Gestaltung der Mitinhabung zugelassen werden, welche eine unmittelbare und selbständige tatsächliche Verfügung des Eigentümers über das Pfand ausschließt und eine solche Verfügung als ein „Wegnehmen" im Sinne des § 289 StGB. erscheinen lassen würde; eine solche Gestaltung erblicke der Entwurf in dem gemeinsamen Mitverschlusse oder in der Verwahrung des Pfandes durch einen gemeinsamen „Treuhänder". Ein demgemäß gestalteter Mitbesitz kann, sofern die Sache bisher sich im unmittelbaren Besitze des Eigentümers befand, durch eine gemeinsame Vereinbarung des Eigentümers und des Pfandgläubigers mit dem zu bestellenden Treuhänder unter Übergabe der Sache an ihn geschaffen werden. Befindet sich aber die Sache bereits im Besitze eines Dritten, der sie als unmittelbarer Besitzer auf Grund eines der in § 868 bezeichneten Verhältnisse für den Eigentümer besitzt und nach näherer Maßgabe dieses Verhältnisses zur Herausgabe an den Eigentümer verpflichtet ist, so kann das in § 1206 erforderte Verhältnis des Mitbesitzes nur durch eine von dem Eigentümer ausgehende Willenskundgebung, nicht aber dadurch hergestellt werden, daß der unmittelbare Besitzer sich dem Pfandgläubiger gegenüber verpflichtet, die Sache nur an den Eigentümer und ihn gemeinschaftlich herauszugeben. Eine solche Verpflichtungserklärung ist dem Eigentümer gegenüber wirkungslos und ändert nichts an der Befugnis des Eigentümers, die Herausgabe der Sache an ihn allein von dem unmittelbaren Besitzer zu verlangen. Die vom Gesetze für die Entstehung des Pfandrechts als unerläßlich erklärte Ausschließung der alleinigen Verfügungsmacht des Eigentümers über die Sache wird daher auf diese Weise nicht erreicht.

Da somit das Berufungsgericht die Entstehung des Pfandrechts an der Grundschuld für die E.- und V.genossenschaft, welches die Grundlage des von dem Konkursverwalter erhobenen Anspruchs auf Einwilligung der Beklagten in die Auszahlung der aus dem Zwangsversteigerungsverfahren verbliebenen Restmasse an ihn bilden könnte, ohne Rechtsirrtum verneint hat, so mußte die Revision zurückgewiesen werden."

---

96. 1. Zur Frage der Zulässigkeit einer Feststellungsklage. 2. Zum Begriffe des objektiv berechtigten Interesse im Sinne des § 824 Abs. 2 BGB.

VI. Zivilsenat. Urt. v. 9. November 1914 i. S. P. (Kl.) w. B. (Bekl.). Rep. VI. 339/14.

I. Landgericht III Berlin.
II. Kammergericht daselbst.

Der Kläger, der im Geschäfte der Beklagten angestellt war, ist von ihnen im Jahre 1909 entlassen worden. In einer an die Königliche Staatsanwaltschaft gerichteten Eingabe haben die Beklagten behauptet, der Kläger habe ihnen eine Schreibmaschine entwendet und sich eines Vertrauensbruchs schuldig gemacht. Der Kläger macht des weiteren geltend, die Beklagten hätten diese Behauptung auch Privatpersonen gegenüber wiederholt und bis in die neueste Zeit, ja selbst nach Erhebung der gegenwärtigen Klage noch verbreitet. Er hat deshalb Klage mit dem Antrag erhoben, die Beklagten zu verurteilen:

1. anzuerkennen, daß ihre Behauptung, er habe ihnen im Jahre 1909 eine Schreibmaschine entwendet und einen Vertrauensbruch begangen, unwahr und von ihnen wider besseres Wissen aufgestellt sei;
2. die weitere Aufstellung dieser Behauptung zu unterlassen;
3. ihm den durch diese Behauptung erwachsenen Schaden und den entgangenen Gewinn, die im besonderen Verfahren zu ermitteln seien, zu ersetzen.

Die Klage ist in den Vorinstanzen abgewiesen, die Revision zurückgewiesen worden.

Aus den Gründen:

„1. Die Gründe des Berufungsurteils, mittels deren der Klagantrag zu 1. für unzulässig erklärt worden ist, geben zwar zu rechtlichen Bedenken Anlaß. Das Berufungsgericht hat nämlich diesen Antrag, ohne in eine Prüfung darüber einzutreten, ob er materiell berechtigt sein würde oder nicht, als „unzulässig" abgewiesen. Es führt in dieser Hinsicht aus, daß, wenn die Beklagten die von ihnen über den Kläger aufgestellten Behauptungen für wahr hielten, ihre diesem Antrag entsprechende Verurteilung einen Gewissenszwang bedeuten würde; sie würden sich zugleich selbst einer strafbaren Handlung nach §§ 186, 187 StGB. bezichtigen müssen.

Es erscheint zweifelhaft, ob diese Gründe ausreichen, um den gestellten Antrag für unzulässig zu erklären. Es bedarf aber keiner näheren Erörterung hierüber, sowie ferner darüber, ob gerade der Wortlaut des Antrags, der auf die Erklärung eines „Anerkenntnisses" durch die Beklagten gerichtet ist, in dem Vorbringen des Klägers, dessen Wahrheit unterstellt, eine genügende Stütze finden würde. Denn aus einem anderen Grunde erweist sich der gestellte Antrag in der vorliegenden Fassung als unzulässig. Der Antrag, anzuerkennen, daß die den Beklagten zur Last gelegte Behauptung unrichtig und wider besseres Wissen aufgestellt sei, enthält nämlich nichts anderes, als die Feststellung einer Tatsache, welche die Voraussetzung für einen Anspruch auf Schadensersatz oder Unterlassung bilden würde. Anträge aber, die lediglich bezwecken, eine „Tatsache" durch gerichtliches Urteil feststellen zu lassen, sind ebenso unzulässig, wie ein einem solchen Antrag entsprechendes Urteil unstatthaft sein würde. Denn eine unerlaubte Handlung, wie sie den Beklagten vom Kläger vorgeworfen wird, gibt nur einen Anspruch auf Schadensersatz, auf Beseitigung oder auf zukünftige Unterlassung. Als Feststellungsbegehren könnte der Antrag nur dann zugelassen werden, wenn er auf die Feststellung des Bestehens oder Nichtbestehens eines Rechtsverhältnisses gerichtet wäre. Alles dies ist aber nicht der Fall, so daß schon deshalb der Antrag in der Form, wie er gestellt worden, als unzulässig bezeichnet werden muß (vgl. Urteil des erkennenden Senats vom 29. November 1906, VI. 126/06, Jur. Wochenschr. 1907 S. 47 Nr. 8).

2. Die Revision rügt endlich, daß das Berufungsgericht aus rechtsirrtümlichen Erwägungen nicht geprüft habe, ob in dem Prozesse 3 C. 352/13 des Amtsgerichts Cöpenick die Mitteilung der Beklagten über die angebliche Entwendung der Schreibmaschine durch den Kläger erforderlich gewesen sei. In dieser Hinsicht heißt es allerdings in dem angefochtenen Urteile: mit Rücksicht auf die Vorschrift des § 824 Abs. 2 BGB. komme es nicht darauf an, ob die Beklagten in der Prozeßsache 3 C. 352/13 des Amtsgerichts Cöpenick die beanstandete Behauptung selbst oder durch ihren Bevollmächtigten aufgestellt hätten. „Wenn", fährt das Urteil wörtlich fort, „in den Akten 3 C. 352/13 der Prozeßbevollmächtigte der Beklagten diese Behauptung vorgetragen hat, so nimmt der Senat hieraus ohne weiteres an, daß er dies deshalb getan hat, weil er hierdurch die Rechte der Beklagten wahrnehmen wollte. Ob in objektiver Hinsicht jene Behauptung für die Entscheidung des Rechtsstreits von Bedeutung war, ist unerheblich. Hieraus ergibt sich ferner, daß die behauptete Mitteilung der Beklagten an ihren Prozeßbevollmächtigten lediglich zur Wahrnehmung ihrer berechtigten Interessen erfolgt ist." Diese Sätze können den Anschein erwecken, als ob das Kammergericht der Rechtsprechung des Reichsgerichts entgegentreten wolle. Der VI. Zivilsenat des Reichsgerichts hat nämlich im Einklange mit der in der Rechtslehre herrschenden Ansicht in ständiger Rechtsprechung (vgl. RGZ. Bd. 51 S. 369; Bd. 56 S. 271, insbes. S. 285) den Standpunkt vertreten, daß § 824 Abs. 2 BGB. das Vorhandensein eines objektiv berechtigten Interesses verlange.

Es muß jedoch verneint werden, daß das Berufungsgericht die Vorschrift des Abs. 2 des § 824 BGB. rechtsirrtümlich ausgelegt oder angewendet hat, mag auch die Ausdrucksweise des Berufungsurteils nicht ganz einwandfrei sein. Die Frage nämlich, ob ein objektiv berechtigtes Interesse vorliegt, ist nicht danach zu entscheiden, ob im konkreten Falle die beanstandete Äußerung zur zweckentsprechenden Rechtsverteidigung oder Rechtsverfolgung, also hier in dem Prozesse 3 C. 352/13 notwendig war, um den Beklagten zu einem Erfolge zu verhelfen, sondern danach, ob an und für sich das Vorbringen der Beklagten als ein solches angesehen werden konnte, das zur zweckentsprechenden Rechtsverfolgung oder -verteidigung dienlich war. Dies ist vom Berufungsgericht ohne Rechtsirrtum bejaht worden, indem es als seine Überzeugung hinstellt, daß der Prozeßbevollmächtigte der Beklagten jene Behauptung vorgebracht hat, um deren Rechte im Prozesse wahrzunehmen. Dies aber muß als genügend erachtet werden, um ein „objektiv" berechtigtes Interesse als vorliegend zu erachten, während es nicht darauf ankommt, ob das Vorbringen auch „objektiv betrachtet" für die Entscheidung des Prozesses 3 C. 352/13 von maßgebender Bedeutung war. M. a. W.: eine zum Zwecke der Rechtsverfolgung oder der Rechtsverteidigung in einem Prozesse aufgestellte Behauptung ist schon dann als ein zur Wahrnehmung objektiv berechtigter Interessen erfolgtes Vorbringen anzusehen, wenn es an und für sich geeignet ist, der Rechtsverfolgung oder der Rechtsverteidigung zu dienen, ohne Rücksicht darauf, ob es im konkreten Falle für die Entscheidung des Rechtsstreits von maßgebender Bedeutung ist. Nimmt man dies nicht an, so würde jede Partei, die in einem Prozesse eine nicht erweislich wahre, den Kredit des Gegners gefährdende Tatsache im Sinne des § 824 Abs. 1 BGB. vorbringt, sich der Gefahr aussetzen, dieserhalb auf Grund des § 824 BGB. belangt zu werden, wenn in jenem Prozesse das Gericht die Überzeugung gewinnt, daß das Vorbringen unerheblich war. Aber nicht dies allein. Auch der über den Schadensersatzanspruch urteilende Richter müßte von neuem nachprüfen, ob das Vorbringen in dem Vorprozesse erheblich war oder nicht; er müßte also eine Nachprüfung des bereits abgeurteilten Rechtsstreits vornehmen, um feststellen zu können, ob jene Behauptung „objektiv" zur Wahrnehmung berechtigter Interessen erforderlich war. Zu welchen Schwierigkeiten und Widersprüchen dies führen könnte, liegt ohne weiteres auf der Hand, wenn man unterstellt, daß der Richter des Vorprozesses das Vorbringen für unerheblich erklärt hat, wogegen der über den Schadensersatzanspruch aburteilende Richter das gleiche Vorbringen als erheblich für jenen Prozeß ansieht oder umgekehrt.

Man wird deshalb ein „objektiv" berechtigtes Interesse im Sinne des § 824 Abs. 2 BGB. (und RZG. Bd. 51 S. 379) auch dann stets als gegeben erachten müssen, wenn der Mitteilende die Behauptung zum Zwecke der Rechtsverfolgung oder der Rechtsverteidigung in einem Prozesse aufgestellt hat und das über den Schadensersatzanspruch urteilende Gericht, wie im vorliegenden Falle das Berufungsgericht, zu der Überzeugung gelangt, daß die Mitteilung zu diesem Zwecke erfolgt ist." ...

Register.

Die beigesetzten Zahlen beziehen sich auf die Seiten.

A. Sachregister.

J

K

M

B. Gesetzesregister.

1. Reichsgesetze.

a. Bürgerliches Gesetzbuch.

b. Einführungsgesetz zum Bürgerlichen Gesetzbuche.

c. Allgemeines Deutsches Handelsgesetzbuch (a. F.) (s. auch Gesetz vom 14. Juni 1884).

d. Handelsgesetzbuch von 1897.

e. Wechselordnung.

f. Gerichtsverfassungsgesetz.

g. Zivilprozeßordnung von 1898.

h. Gesetz über die Zwangsversteigerung und die Zwangsverwaltung.

2. Gemeines Recht.

3. Landesrecht.

4. Ausländisches Recht.

Österreich.

C. Zusammenstellung der Entscheidungen nach der Zeitfolge.

Zusammenstellung

der

im fünfundachtzigsten Bande, der neuen Folge fünfunddreißigsten Bande,

mitgeteilten Entscheidungen

nach

Oberlandesgerichtsbezirken.

Berichtigung.

Fünfundachtzigster Band.

S. 131 Z. 17 v. u. statt „Seeversicherungsrecht" lies „Seerecht".

MIX
Papier | Fördert gute Waldnutzung
FSC® C083411

Kolibri 360 GmbH
Ferdinand-Jühlke-Straße 7
99095 Erfurt, Deutschland
produktsicherheit@kolibri360.de